■2025年度中学受験用

国学院大学久我山中学校

5年間(＋3年間HP掲載)スーパー過去問

入試問題と解説・解答の収録内容

2024年度　１回	算数・社会・理科・国語	実物解答用紙DL
2024年度　ＳＴ１回	算数・国語	実物解答用紙DL
2024年度　ＳＴ２回	算数・国語（解答のみ）	実物解答用紙DL
2023年度　１回	算数・社会・理科・国語	実物解答用紙DL
2023年度　ＳＴ１回	算数・国語	実物解答用紙DL
2023年度　ＳＴ２回	算数・国語（解答のみ）	実物解答用紙DL
2022年度　１回	算数・社会・理科・国語	実物解答用紙DL
2022年度　ＳＴ１回	算数・国語	実物解答用紙DL
2022年度　ＳＴ２回	算数・国語（解答のみ）	実物解答用紙DL
2021年度　１回	算数・社会・理科・国語	
2021年度　ＳＴ１回	算数・国語	
2021年度　ＳＴ２回	算数・国語（解答のみ）	
2020年度　１回	算数・社会・理科・国語	
2020年度　ＳＴ１回	算数・国語	
2020年度　ＳＴ２回	算数・国語（解答のみ）	

2019～2017年度（HP掲載）

「カコ過去問」
（ユーザー名）koe
（パスワード）w8ga5a1o

問題・解答用紙・解説解答DL

◇**著作権の都合により国語と一部の問題を削除しております。**
◇一部解答のみ（解説なし）となります。
◇９月下旬までに全校アップロード予定です。
◇掲載期限以降は予告なく削除される場合があります。

～本書ご利用上の注意～　以下の点について，あらかじめご了承ください。

★**別冊解答用紙は巻末にございます。実物解答用紙は，弊社サイトの各校商品情報ページより，一部または全部をダウンロードできます。**
★編集の都合上，学校実施のすべての試験を掲載していない場合がございます。
★当問題集のバックナンバーは，弊社には在庫がご …… 一部在庫あり）。
★本書の内容を無断転載することを禁じます。また …… ジタル化等の無断複製は著作権法上での例外を除き禁じられてい ……

☆さらに理解を深めたいなら…動画でわかりやす ……
声の教育社ECサイトでお求めいただけ ……

合格を勝ち取るための
『スーパー過去問』の使い方

本書に掲載されている過去問をご覧になって，「難しそう」と感じたかもしれません。でも，多くの受験生が同じように感じているはずです。なぜなら，中学入試で出題される問題は，小学校で習う内容よりも高度なものが多く，たくさんの知識や解き方のコツを身につけることも必要だからです。ですから，初めて本書に取り組むさいには，点数を気にしすぎないようにしましょう。本番でしっかり点数を取れることが大事なのです。

過去問で重要なのは「まちがえること」です。自分の弱点を知るために，過去問に取り組むのです。当然，まちがえた問題をそのままにしておいては意味がありません。

本書には，長年にわたって中学入試にたずさわっているスタッフによるていねいな解説がついています。まちがえた問題はしっかりと解説を読み，できるようになるまで何度も解き直しをしてください。理解できていないと感じた分野については，参考書や資料集などを活用し，改めて整理しておきましょう。

このページも参考にしてみましょう！

◆どの年度から解こうかな　「入試問題と解説・解答の収録内容一覧」

本書のはじめには収録内容が掲載されていますので，収録年度や収録されている入試回などを確認できます。

※著作権上の都合によって掲載できない問題が収録されている場合は，最新年度の問題の前に，ピンク色の紙を差しこんでご案内しています。

◆学校の情報を知ろう!!「学校紹介ページ」

このページのあとに，各学校の基本情報などを掲載しています。問題を解くのに疲れたら息ぬきに読んで，志望校合格への気持ちを新たにし，再び過去問に挑戦してみるのもよいでしょう。なお，最新の情報につきましては，学校のホームページなどでご確認ください。

◆入試に向けてどんな対策をしよう？「出題傾向＆対策」

「学校紹介ページ」に続いて，「出題傾向＆対策」ページがあります。過去にどのような分野の問題が出題され，どのように対策すればよいかをアドバイスしていますので，参考にしてください。

◇別冊「入試問題解答用紙編」

本書の巻末には，ぬき取って使える別冊の解答用紙が収録してあります。解答用紙が非公表の場合などを除き，（注）が記載されたページの指定倍率にしたがって拡大コピーをとれば，実際の入試問題とほぼ同じ解答欄の大きさで，何度でも過去問に取り組むことができます。このように，入試本番に近い条件で練習できるのも，本書の強みです。また，データが公表されている学校は別冊の１ページ目に過去の「入試結果表」を掲載しています。合格に必要な得点の目安として活用してください。

本書がみなさんの志望校合格の助けとなることを，心より願っています。

株式会社　声の教育社　編集部

国学院大学久我山中学校

所在地	〒168-0082 東京都杉並区久我山1-9-1
電　話	03-3334-1151（代）
ホームページ	https://www.kugayama-h.ed.jp/
交通案内	京王井の頭線「久我山駅」南口より徒歩12分 京王線「千歳烏山駅」北口より関東バス約10分「国学院前」下車

くわしい情報は
ホームページへ

トピックス

★男女は別校舎となっているが，文化祭や体育祭などは男女合同で行われる。
★ST入試は一般・CCクラスへのスライド合格がある（2024年度は222名がスライド合格）。

創立年
昭和19年

男女別学

高校募集
あり

応募状況

年度	募集数			応募数	受験数	合格数	倍率
2024	①	男	45名	177名	162名	52名	3.1倍
		女	30名	95名	93名	33名	2.8倍
	②	男	75名	436名	277名	77名	3.6倍
		女	40名	281名	186名	75名	2.5倍
	ST①	男	40名	490名	469名	116名	4.0倍
		女	20名	198名	189名	53名	3.6倍
	ST②	男	25名	364名	301名	37名	8.1倍
		女	20名	173名	143名	22名	6.5倍
	ST③	男	約15名	174名	153名	26名	5.9倍
		女	約10名	99名	79名	12名	6.6倍

本校の特色

・ＳＴクラス…最難関国公立大学の現役合格を目指す特別進学クラスで，男子部・女子部のそれぞれに設置しています。
・一般クラス（男子部）…独自のシラバスによる先取り学習により，難関大学の現役合格を目指します。
・Cultural Communication（ＣＣ）クラス（女子部）…日本の文化・伝統を学び世界に発信できる人，他国の文化・伝統を相互に尊重し合える人，英語を意欲的に学びフレンドシップを深められる人になることを目標にしたクラスです。
※いずれのクラスとも，高入生と合流することはありません。

入試情報（参考：昨年度）

【第１回】４科（国・算・社・理）
入試日時：2024年２月１日午前
合格発表：2024年２月１日18時
【第２回】４科（国・算・社・理）
入試日時：2024年２月２日午前
合格発表：2024年２月２日18時

【ＳＴ第１回】２科（国・算）
入試日時：2024年２月１日午後
合格発表：2024年２月１日23時
【ＳＴ第２回】２科（国・算）
入試日時：2024年２月３日午後
合格発表：2024年２月３日23時
【ＳＴ第３回】４科（国・算・社・理）
入試日時：2024年２月５日午前
合格発表：2024年２月５日18時

2024年春の主な大学合格実績

＜国公立大学・大学校＞
東京大，東京工業大，一橋大，東北大，北海道大，筑波大，東京外国語大，千葉大，横浜国立大，東京医科歯科大，お茶の水女子大，東京学芸大，東京農工大，電気通信大，防衛医科大，東京都立大
＜私立大学＞
慶應義塾大，早稲田大，上智大，東京理科大，明治大，青山学院大，立教大，中央大，法政大，学習院大，成蹊大，成城大，明治学院大，東京女子大，日本女子大，順天堂大，昭和大，東京医科大，日本医科大，東京女子医科大

編集部注一本書の内容は2024年4月現在のものであり，変更されている場合があります。正確な情報は，学校のホームページ等で必ずご確認ください。

算数　出題傾向＆対策

◆基本データ(2024年度１回)

試験時間／満点	50分／100点
問題構成	・大問数…４題 計算１題(４問)／応用小問１題(７問)／応用問題２題 ・小問数…21問
解答形式	解答らんには必要な単位などが印刷されている。また，応用問題の一部は考え方を書くスペースも設けられている。
実際の問題用紙	Ｂ５サイズ，小冊子形式
実際の解答用紙	Ａ３サイズ

◆過去５年間の出題率トップ５

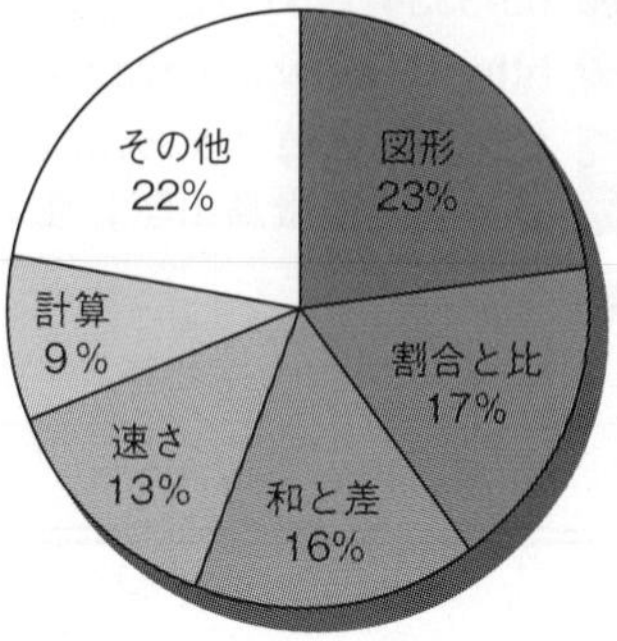

※　配点(推定ふくむ)をもとに算出

◆近年の出題内容

【　2024年度１回　】			【　2023年度１回　】		
大問	1	四則計算	大問	1	四則計算，計算のくふう
	2	方陣算，割合と比，時計算，相当算，売買損益，面積，体積		2	植木算，面積，割合と比，濃度，倍数算，和差算，相似，構成
	3	素数の性質		3	数列，計算のくふう
	4	水の深さと体積		4	速さと比，旅人算

◆出題傾向と内容

内容的には，１題めが**計算問題**，２題めが各種の分野からの**応用小問**，３題め以降が**応用問題**という形となっています。なお，ＳＴ選抜試験は応用小問と応用問題のみの構成で，計算問題はありません。

●**計算問題**…分数や小数をふくんだ基本的な四則混合計算です。計算のくふうが必要なものが出題されることもあります。

●**応用小問**…倍数・約数，濃度，面積，体積，割合，過不足算，速さ，つるかめ算，仕事算，長さなどが出題されています。

●**応用問題**…図形に関する問題や速さなどのグラフ，規則性に関するものがよく取りあげられています。また，数列，約束記号などが毎年のように顔を出しています。図形では，水の深さのグラフや比，点の移動などをおりこんだ融合問題になっていて，やや複雑です。速さは旅人算がよく出題されていますが，これもやや難度の高いものです。

◆対策～合格点を取るには？～

基礎問題が多く，**計算の正確さや公式の正しい理解力をためすものが目立つ**ようです。本校受験のためには，逆算や，分数と小数を加えるときの簡単な計算処理の方法などを身につけておきたいものです。計算力はすぐにはつかないものなので，ふだんから，たとえば１日10題ずつの計算練習を続けるなどの心がけが大切になるでしょう。また，短文の応用小問が数多く出されているので，各分野の基礎的公式を正確に使えるようにしておくことも大事です。

さて，本校の問題でここ数年目につく点として，図形の求積問題と数列や約束記号の出題率が高いことがあげられます。求積問題は，相似・図形の性質・図形の移動などと結びつけて出題されることが多いので，図形の公式や性質をただ単に丸暗記するだけでなく，それらを自由自在に使いこなせるようにしておくことが求められます。また，数列や約束記号に関しては，問題ごとに規則性をつかむことが求められるので，重点的な学習が必要でしょう。

算数 出題分野分析表

	年度 分野	2024			2023			2022			2021			2020		
		1回	ST1	ST2	1回	ST1	ST2	1回	ST1	ST2	1回	ST1	ST2	1回	ST1	ST2
計算	四則計算・逆算	●			●			●			●			●		
	計算のくふう				◎			○	○							
	単位の計算							○							○	
和と差	和差算・分配算				○			○								
	消去算			○		○										
	つるかめ算		○	○		◎			◎		○	○	○	◎	○	○
	平均とのべ		○			○	○					○			○	○
	過不足算・差集め算		○	○			○				○	◎				○
	集まり			○												
	年齢算		○			○	○		○			○	○			
割合と比	割合と比	○	○	○	○		○			○			○		○	
	正比例と反比例															
	還元算・相当算	○				○			○		○		○			
	比の性質		○													○
	倍数算				○				○	○						
	売買損益	○	○	○						○				○	○	
	濃度		○	○	○		○	○	○		○	○	○	○	○	○
	仕事算					○				○		○				
	ニュートン算												○			
速さ	速さ		○									○		○		○
	旅人算		○	○	○				○			○				○
	通過算			○						○	○		○		○	
	流水算		○				○	○						○		
	時計算	○					○			○		○				
	速さと比		○		○	○			○				○			○
図形	角度・面積・長さ	○	○	◎	○	●	◎	◎	○	○	○	○	○	○	○	
	辺の比と面積の比・相似			◎	○			○	◎				○		○	○
	体積・表面積	○					○			○		◎			○	
	水の深さと体積	○	○			○		○		○	○				○	
	展開図													○		
	構成・分割				○				○		○		○			
	図形・点の移動			○		○	○	○	○		○	○				○
表とグラフ								○								
数の性質	約数と倍数									○						○
	N進数															
	約束記号・文字式									◎						○
	整数・小数・分数の性質	○	○			◎	○		◎	○	○	○	○	○		
規則性	植木算				○	○				○						
	周期算		◎					○					○			○
	数列				○		○		○			○	○	○		
	方陣算	○														
	図形と規則			○												
場合の数				○			◎	○		○			○		○	
調べ・推理・条件の整理			○	○			◎		○			○			◎	○
その他																

※ ○印はその分野の問題が１題，◎印は２題，●印は３題以上出題されたことをしめします。

社会　出題傾向＆対策

◆基本データ（2024年度１回）

試験時間／満点	40分／50点
問　題　構　成	・大問数…３題 ・小問数…28問
解　答　形　式	用語の記入と選択式が多いが，記述問題も出題されている。用語の記入は，漢字指定のものもある。記述問題は，１～２行で書かせるものが数問出されている。
実際の問題用紙	Ｂ５サイズ，小冊子形式
実際の解答用紙	Ａ４サイズ

◆過去５年間の分野別出題率

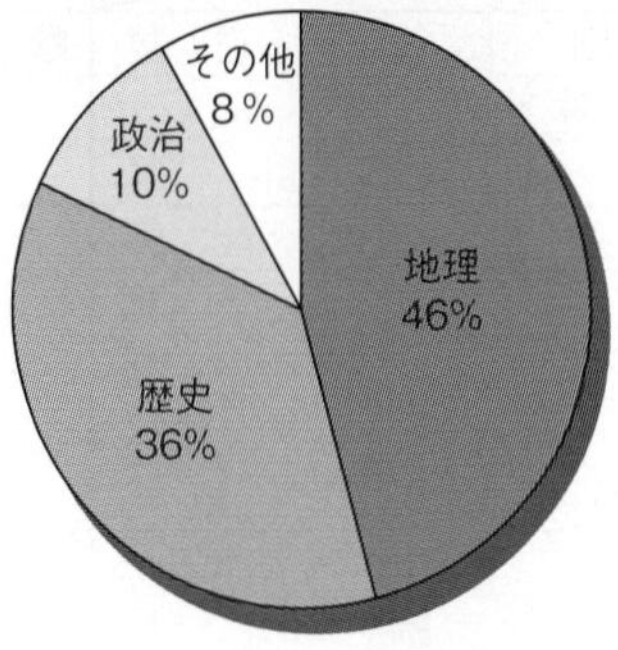

※　配点（推定ふくむ）をもとに算出

◆近年の出題内容

【　2024年度１回　】			【　2023年度１回　】		
大 問	1	〔**総合**〕お札と切手を題材とした問題	大 問	1	〔**総合**〕トウモロコシを題材とした問題
	2	〔**総合**〕時刻表を題材とした問題		2	〔**総合**〕日本の動物園を題材とした問題
	3	〔**歴史**〕犬を題材とした問題		3	〔**歴史**〕歴史的資料を題材とした問題

◆出題傾向と内容

本校の社会は，**地理分野と歴史分野に重きを置いた総合問題**になっており，政治分野からの出題は少なめになっています。また，グラフや絵・写真などの資料がふんだんに使われており，資料を読み取って答える問題が多く見られます。

１題めは，日常生活にかかわることがらをテーマとした総合問題です。お札と切手や，トウモロコシ，扇風機，自然教室などをテーマにした文章をもとに出題されています。なかには，受験勉強ではあまり学習しないようなこと，たとえば，リサイクルしにくいものを答えさせるものや，環境に配りょされたものをさらによくするためにできることを記述させる問いなども見られます。

２題めは，地理・歴史の融合問題です。ひとつのテーマに沿って，各地域で起こった歴史上のできごと，自然や産業がおもに問われています。たとえば，日本各地に見られるお雑煮の特ちょうをテーマに，それらの地域に関連することがらが問われています。

３題めは，史料を用いた歴史の総合問題で，基礎的なことがらを通史的に試される問題となっています。史料として取り上げられているのは，歴史上重要な歌・絵画・彫刻・建築物，および重大な事件が起こったときの新聞記事などです。

◆対策～合格点を取るには？～

地理では，**白地図を使った学習**が大切です。それも，ただ地名や地勢図をかきこむだけでなく，産業の特色・立地条件や，地勢との結びつき，あるいはその地方の特殊な産業とその中心地など，自然条件と産業との結びつきを重要視して取り組むようにしましょう。

歴史では，重要事件名，人物，事項などを**漢字で正確に書けるようにしておく**ことが大切です。また，自分で年表を作りながらまとめ，時代ごとに通観できるようにしておく必要もあるでしょう。個々バラバラの知識だけでなく，ある流れの中で見ると，記憶しやすいものです。重要な地名などを地図帳で確認しておくことも大事です。

政治では，**基礎的な知識さえマスターしておけばじゅうぶん**です。余裕があれば，テレビなどのニュースに注意するよう心がけ，気になったことがらをノートにまとめて，基礎知識と現実の問題との関連を考えてみましょう。

社会 出題分野分析表

分野		年度	2024	2023	2022	2021	2020
日本の地理		地図の見方	○	○			
		国土・自然・気候	○	○	○	○	○
		資源	○	○		○	
		農林水産業	○	○	○	○	○
		工業	○	○	○		
		交通・通信・貿易	○		○	○	○
		人口・生活・文化	○	○	○		
		各地方の特色					○
		地理総合					
世界の地理				○			
日本の歴史	時代	原始～古代	○	○	○	○	○
		中世～近世	○	○	○	○	○
		近代～現代	○	○	○	○	○
	テーマ	政治・法律史					
		産業・経済史					
		文化・宗教史					
		外交・戦争史					
		歴史総合	★	★	★	★	
世界の歴史			○				
政治		憲法					
		国会・内閣・裁判所					
		地方自治					
		経済	○				○
		生活と福祉					○
		国際関係・国際政治	○	○			
		政治総合					
環境問題			○	○	○	○	○
時事問題			○				
世界遺産					○		
複数分野総合			★	★	★	★	★

※ 原始～古代…平安時代以前，中世～近世…鎌倉時代～江戸時代，近代～現代…明治時代以降

※ ★印は大問の中心となる分野をしめします。

理科 出題傾向＆対策

◆基本データ（2024年度１回）

試験時間／満点	40分／50点
問　題　構　成	・大問数…４題 ・小問数…28問
解　答　形　式	ほとんどが記号選択であり，あてはまる記号を１つ選ぶものが多い。そのほかには，用語や数値の記入が数問見られる。記述や作図問題は出題されていない。
実際の問題用紙	Ｂ５サイズ，小冊子形式
実際の解答用紙	Ａ４サイズ

◆過去５年間の分野別出題率

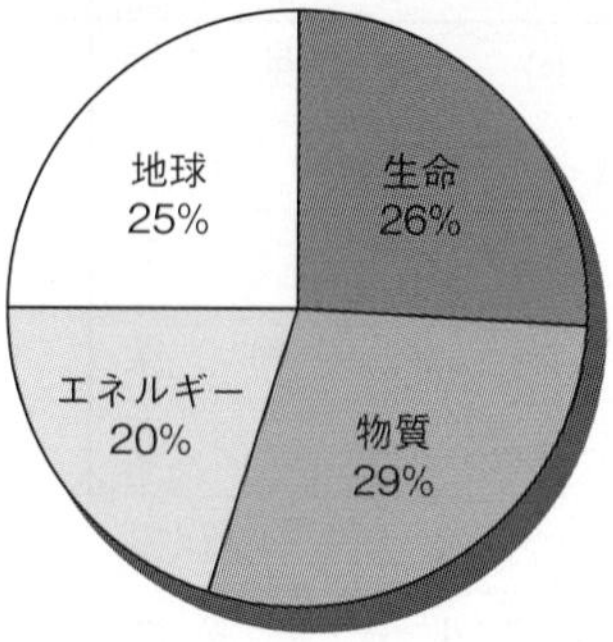

※　配点（推定ふくむ）をもとに算出

◆近年の出題内容

【　2024年度１回　】			【　2023年度１回　】		
大問	1	〔**エネルギー**〕音の高さ	大問	1	〔**総合**〕小問集合
	2	〔**地球**〕地層のでき方		2	〔**地球**〕台風
	3	〔**生命**〕ワサビの栽培		3	〔**エネルギー**〕電熱線と電流
	4	〔**物質**〕塩酸と炭酸カルシウム		4	〔**物質**〕アルミニウム，鉄，銅
				5	〔**生命**〕レタスの育て方

◆出題傾向と内容

年度によって特定の分野から出題されることもありますが，おおむね「生命」「物質」「エネルギー」「地球」の各分野からの出題となっていて，**全体的にはバランスの取れた構成**といえます。また，**取り上げる題材が目新しくユニークなものが多い**という特ちょうもあります。見慣れない問題もあるでしょうが，その場で問題をよく理解して整理する力が必要です。

●**生命**…植物のつくり，植物の分類，ワサビの栽培，動物や人体のつくり，こん虫，動物の分類などの問題が出されています。

●**物質**…気体の性質，水の状態変化，ものの溶け方，水溶液の性質などが出題されています。計算問題も多く，いくつかのヒントから推理するようなものも見られます。

●**エネルギー**…てこの利用，ばね，電気回路，音の伝わり方などが出題されています。身近なもののしくみを考えるものや，実験結果を分析して解く問題が出されています。

●**地球**…星座，月，地層のでき方や広がり方，台風と風向き，天気の変化，地球上の水のじゅんかんなどが取り上げられています。あたえられた資料から読み取り，推測する問題も出されています。

◆対策～合格点を取るには？～

各分野からまんべんなく出題されていますから，**基礎的な知識をはやいうちに身につけ，そのうえで問題集で演習をくり返しながら実力アップをめざしましょう。**「生命」は，身につけなければならない基本知識の多い分野ですが，楽しみながら確実に学習する心がけが大切です。「物質」では，気体や水溶液，金属などの性質に重点をおいて学習してください。「エネルギー」は，力のつり合いや電気回路，方位磁針のふれ方，磁力の強さなどの出題が予想される単元です。「地球」では，太陽・月・地球の動き，季節と星座の動き，天気と気温・湿度の変化，地層のでき方などが重要なポイントです。

なお，環境問題・身近な自然現象に日ごろから注意をはらうことや，テレビの科学番組，新聞・雑誌の科学に関する記事などを通じて科学にふれることも大切です。

理科 出題分野分析表

分野	年度	2024	2023	2022	2021	2020
生命	植物	★	★	○	○	
	動物			★	○	★
	人体		○			○
	生物と環境	○			★	
	季節と生物					
	生命総合					
物質	物質のすがた					○
	気体の性質	★	○	○		○
	水溶液の性質	○	○	○		★
	ものの溶け方			○	★	
	金属の性質		★			★
	ものの燃え方					
	物質総合			★		
エネルギー	てこ・滑車・輪軸			○		
	ばねののび方			★		
	ふりこ・物体の運動			○		
	浮力と密度・圧力					
	光の進み方		○		○	○
	ものの温まり方					
	音の伝わり方	★			○	
	電気回路		★	○	★	○
	磁石・電磁石					
	エネルギー総合					
地球	地球・月・太陽系			○		★
	星と星座		○			
	風・雲と天候		★			○
	気温・地温・湿度					
	流水のはたらき・地層と岩石	★	○	★	○	○
	火山・地震					
	地球総合				★	
実験器具				○	○	
観察						
環境問題				○		
時事問題						
複数分野総合			★	★	★	★

※　★印は大問の中心となる分野をしめします。

国語　出題傾向＆対策

◆基本データ（2024年度１回）

試験時間／満点	50分／100点
問題構成	・大問数…３題 　文章読解題２題／知識問題１題 ・小問数…18問
解答形式	記号選択と本文中のことばの書きぬきが大半をしめているが，字数制限のある記述問題も数問見られる。
実際の問題用紙	Ｂ５サイズ，小冊子形式
実際の解答用紙	Ａ４サイズ

◆過去５年間の分野別出題率

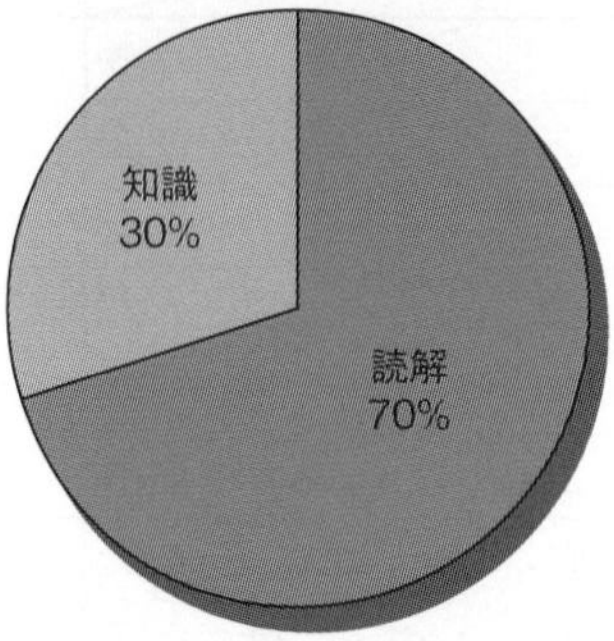

※　配点（推定ふくむ）をもとに算出

◆近年の出題内容

【　2024年度１回　】			【　2023年度１回　】		
大問	一	〔**随筆**〕岡根谷実里『世界の食卓から社会が見える』（約2800字）	大問	一	〔**説明文**〕山本和博『大都市はどうやってできるのか』（約4100字）
	二	〔**小説**〕今井美沙子『少女ミンコの日記』（約2300字）		二	〔**小説**〕壺井栄『二十四の瞳』（約2800字）
	三	〔**知識**〕漢字の書き取り，慣用句の完成，四字熟語の知識，熟語の成り立ち，敬語の知識		三	〔**知識**〕漢字の書き取り，ことわざの知識，熟語の組み立て，慣用句の完成，四字熟語の知識，敬語の知識

◆出題傾向と内容

本校の国語は，**文章の内容が的確に読み取れるかどうかを，表現力もためしながらあわせて見ようとする問題**だといえます。

●文章読解題…説明文，随筆文，物語文のうちの２つが組み合わされて出題されることが多いです。設問は，内容の把握，心情の理解，指示語の問題，接続詞や副詞の空所補充問題など，くせのない正攻法の内容です。随筆文・物語文では，内容把握に比べて心情を問うものが目につきます。これに対して説明文では，筆者の主張を正しくとらえて説明する力が求められます。物語文は読みやすい良質なものが多く，説明文はよく練られた具体的なものが取り上げられています。随筆文も実際の体験をもとにした説得力のある良文が選ばれています。かたい論理やくせのある文章は見当たりませんので，すなおに取り組むことができるといえます。なお，ＳＴ選抜試験では，文章中の空らんに入る内容を自ら考えて入れる問題も出されています。

●知識問題…近年は漢字の書き取りが毎年出題されています。それ以外に，漢字のパズル，ことわざ・慣用句の完成，四字熟語の知識，熟語の組み立て，敬語の知識，熟語の意味，短歌の鑑賞などが出題されています。

◆対策～合格点を取るには？～

本校の国語は**長文の読解問題がメイン**です。読解力を養成するには，多くの文章に接する必要があります。読書は読解力養成の基礎ですから，あらゆるジャンルの本を読んでください。

次に，**ことばのきまり・知識に関しては，参考書を１冊仕上げておけばよい**でしょう。ことわざや慣用句は，体の一部を用いたもの，動物の名前を用いたものなどに分類して覚えましょう。ことばのきまりは，ことばのかかりうけ，品詞の識別などを中心に学習を進めます。また，漢字や熟語については，読み書きはもちろん，同音（訓）異義語や，その意味についても辞書で調べておくようにするとよいでしょう。

国語 出題分野分析表

分野		年度	2024			2023			2022			2021			2020		
			1回	ST1	ST2	1回	ST1	ST2	1回	ST1	ST2	1回	ST1	ST2	1回	ST1	ST2
読解	文章の種類	説明文・論説文		★	★	★	★	★	★	★	★	★	★	★	★	★	★
		小説・物語・伝記	★	★	★	★	★	★	★	★	★	★	★	★	★		★
		随筆・紀行・日記	★										★			★	○
		会話・戯曲															
		詩															
		短歌・俳句			○		○	○		○	○		○	○		○	○
	内容の分類	主題・要旨	○	○	○	○	○	○		○	○		○	○	○	★	★
		内容理解	○	○	○	○	○	○	○	○	○	○	○	○	○	○	○
		文脈・段落構成	○	○						○					○		○
		指示語・接続語				○	○					○	○	○	○	○	○
		その他				○								○		○	
知識	漢字	漢字の読み															
		漢字の書き取り	○	○	○	○	○	○	○	○	○	○	○	○	○	○	○
		部首・画数・筆順															
	語句	語句の意味															
		かなづかい															
		熟語	○	○	○	○	○	○	○	○	○	○	○	○	○	○	○
		慣用句・ことわざ	○	○	○	○	○	○	○	○	○	○			○		
	文法	文の組み立て															
		品詞・用法					○	○									
		敬語	○	○	○	○			○			○			○		
	形式・技法																
	文学作品の知識																
	その他						○	○									
	知識総合		★	★	★	★	★	★	★	★	★	★	★	★			
表現	作文																
	短文記述																
	その他																
放送問題																	

※ ★印は大問の中心となる分野をしめします。

カコを追いかけ
ミライをつかめ
「今の説明、もう一回」を何度でも
web過去問
ストリーミング配信による入試問題の解説動画
もっと古いカコモンないの?
カコ過去問
「さらにカコの」過去問をHPに掲載(DL)
声の教育社
詳しくはこちらから

2024年度 国学院大学久我山中学校

【算　数】〈第１回試験〉（50分）〈満点：100点〉

〔注意〕１．分度器・コンパスは使用しないでください。

２．円周率は3.14とします。

1 次の計算をしなさい。

(1) $121 \div 11 + 7 \times (4 + 8)$

(2) $2.25 \times \left(\frac{1}{4} - \frac{1}{6}\right) + 0.5$

(3) $1\frac{2}{3} \times \frac{4}{11} \times 2\frac{1}{5} - \frac{27}{28} \div 1\frac{2}{7}$

(4) $3\frac{1}{4} + \left\{\frac{3}{8} \div \frac{4}{9} + \left(\frac{1}{4} - 0.125\right)\right\} \times 8$

2 次の問いに答えなさい。

(1) 同じ大きさの円形の石を正方形の周上にすき間なく並べたところ，正方形の１辺にある石の数は21個でした。並べられた石は全部で何個ですか。

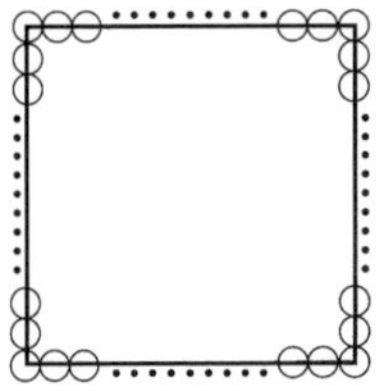

(2) スープＡの量を10％減らしたスープをＢとし，Ｂの量を11％増やしたスープをＣとします。Ｃの量はＡの量の何％ですか。

(3) ６時から７時の間で，時計の長針と短針が重なることが１回あります。その時刻は，６時20分から何分後ですか。

(4) あるケーキを１日目は全体の $\frac{1}{7}$ を食べ，２日目は残りから68ｇを食べたところ，全体の $\frac{1}{4}$ が残りました。ケーキは残り何ｇありますか。

(5) 原価600円の品物を仕入れ，それに10％の利益を見《み》込《こ》んで定価をつけて売ったところ，40個余りました。余った40個を定価の１割引ですべて売ったところ，9360円の利益を得ました。品物は全部で何個仕入れましたか。

(6) １辺の長さが１cm の正方形を25個，右の図のようにすき間なく並べました。

斜線《しゃせん》部分の面積は何 cm^2 ですか。

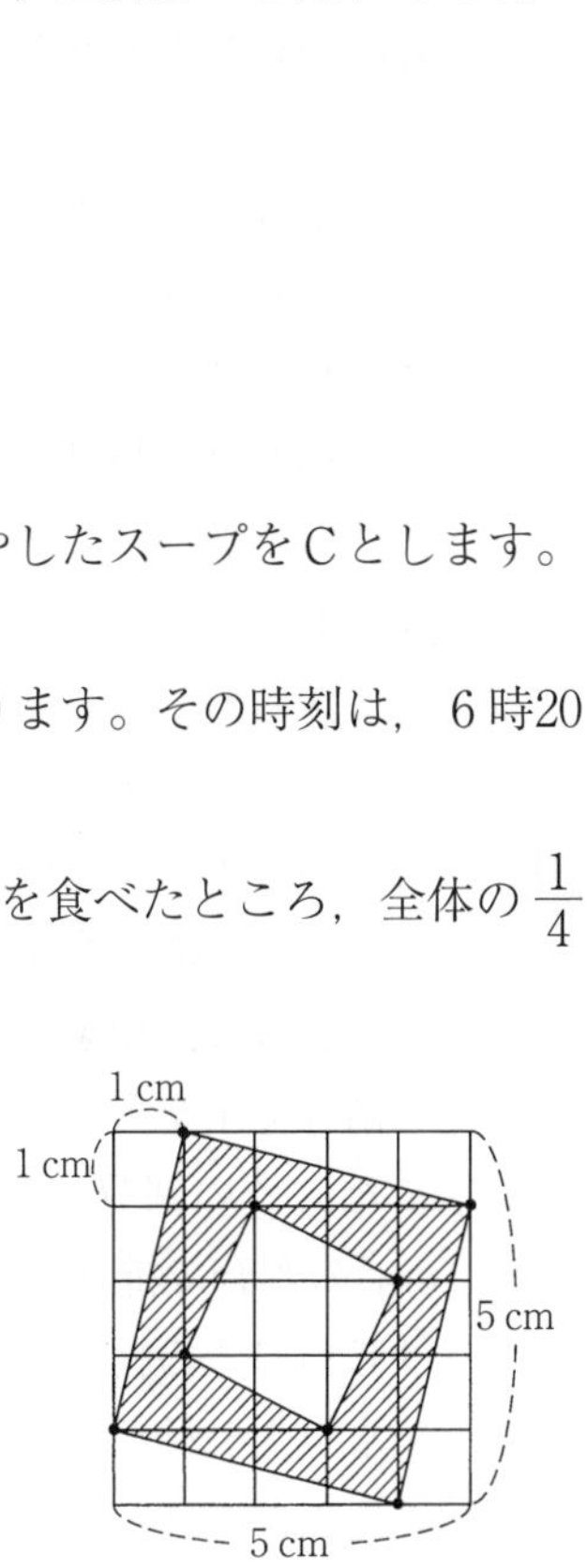

(7)　下の図は，底面の半径が5cmの円柱をある平面で切った立体Aと，底面の半径が10cmの円柱を，底面の中心を通り底面に垂直な平面で切った立体Bです。

立体Bの体積は，立体Aの体積の何倍ですか。

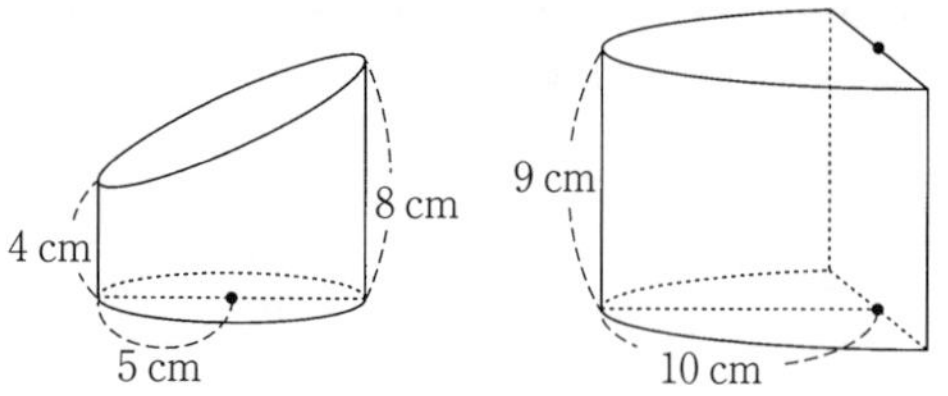

立体A　　立体B

3　1とその数以外に約数をもたない数を素数《そすう》といいます。例えば，3の約数は1と3なので，3は素数です。4の約数は1と2と4なので，4は素数ではありません。また，1は素数ではありません。次の問いに答えなさい。

(1)　2けたの素数で，一番小さい数はいくつですか。

1番目の数を4として，その数の約数のうち一番大きい素数をその数に加えて次の数をつくって並べていきます。

4の約数は1と2と4で，その中で一番大きい素数は2なので，2番目の数は4+2=6で6となります。

6の約数は1と2と3と6で，その中で一番大きい素数は3なので，3番目の数は6+3=9で9となります。

このようにして次々と数をつくって並べていくと下のようになります。

4，6，9，12，15，20，…………

この数の並びをAとします。次の問いに答えなさい。

(2)　Aの10番目の数はいくつですか。

(3)　Aにある数で，2つの素数をかけてできる一番大きい2けたの数はいくつですか。

(4)　Aにある数で，一番小さい23の倍数はいくつですか。

(5)　Aにある数で，2500に一番近い数はいくつですか。

4　右の図のように，直方体を組み合わせた形の空《から》の水そうがあります。

給水管Aは，栓《せん》を開くとアの部分の上から一定の割合で水を入れることができます。

また，イの部分には排水管《はいすいかん》Bがあり，毎秒2 cm^3の割合で排水されます。

はじめにAの栓を開いて水を入れ始めたところ，水を入れ始めてから16秒後にアの部分の水面の高さが3cmとなりました。

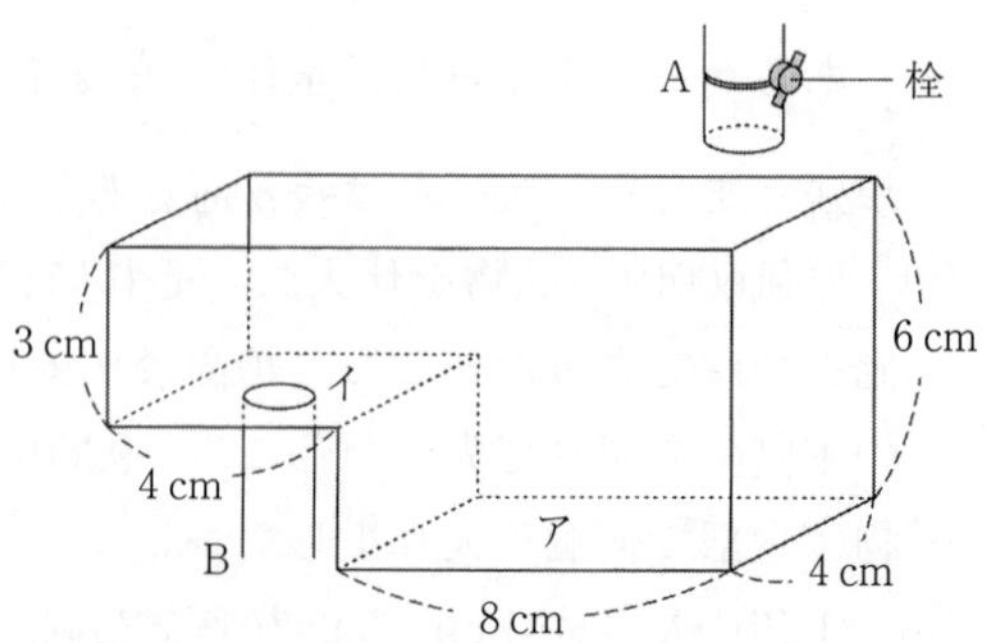

このとき，次の問いに答えなさい。ただし，(2)，(3)，(4)は途中《とちゅう》の考え方も書きなさい。

(1)　Ａから入れることのできる水の量は毎秒何 cm^3 ですか。

(2)　水そうが満水になるのは，水を入れ始めてから何秒後ですか。

水そうが満水になってから，Ａの栓を閉じて水を入れるのをやめ，アの部分に穴を開《あ》けました。穴からは一定の割合で排水され，水そうが空になるまでにＢから排水された水の量と穴から排水された水の量の比が１：７でした。

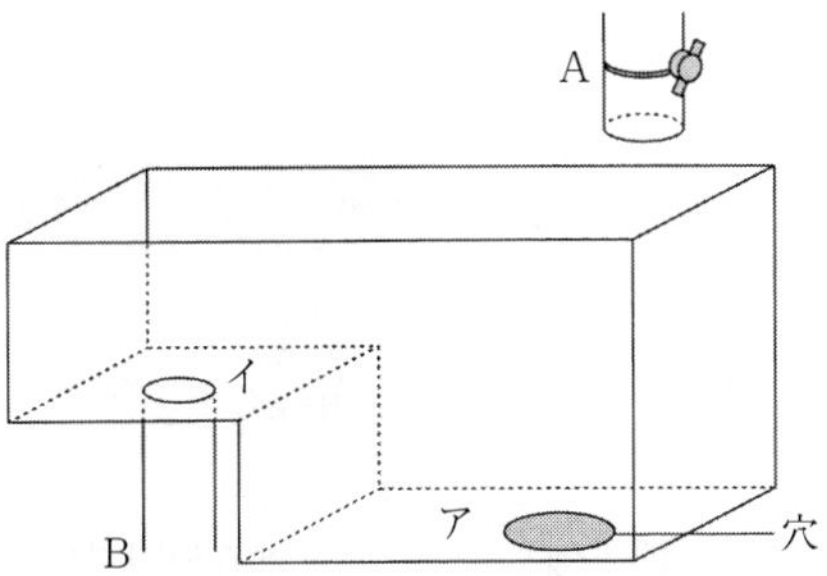

(3)　Ｂから排水されなくなるのは，水そうが満水になってから何秒後ですか。

(4)　穴から排水される水の量は毎秒何 cm^3 ですか。

(5)　水そうが空になるのは，水そうが満水になってから何秒後ですか。

【社　会】〈第１回試験〉（40分）〈満点：50点〉

〈編集部注：実物の入試問題では，**2**の地図１・２・３はカラー印刷です。〉

1　次の会話は，生徒Ａさんと K 先生の会話です。これを読んで，問いに答えなさい。

日本最古の印刷機
（お札と切手の博物館HPより）

Ａさん：先生，今年は新しい①お札が発行されるので，「お札と切手の博物館」に行ってきました。そこで，お札ができるまでの映像や日本最古の印刷機も見ることができました。

K先生：歴史上多くの功績《こうせき》を残した３人の肖像《しょうぞう》画も一新されますね。

Ａさん：博物館の２階にはたくさんの種類の切手が展示されていました。

K先生：現在，日本では，普通切手をはじめ，特殊《とくしゅ》切手と呼ばれるものがあります。②国家的行事やイベントなどが印刷された記念切手，観光名所や地域振興《しんこう》をモチーフとしたふるさと切手，春夏秋冬の季節ごとに発行されるものやお祝い事の挨拶《あいさつ》に用いられるグリーティング切手，新年の挨拶状に用いられる年賀切手，その他シリーズ切手など，さまざまな種類があります。

Ａさん：調べてみたら，昨年，普通切手を除く切手の新しいデザインは394種類あり，発行枚数は約13億6356万枚だったそうで，驚《おどろ》きました。また，その博物館には，古くて珍《めずら》しい切手もありました。

K先生：ではここで，切手の始まりについて触《ふ》れてみましょう。世界初の切手は，1840年，[redacted]で誕生しました。黒色の１ペニー切手「ペニー・ブラック」，青色の２ペンス切手「ペンス・ブルー」の２種類が発行されました。遅《おく》れること30年，1871年(明治４年)に日本で初めて発行された切手は竜《りゅう》の図《ず》柄《がら》が描かれていることから「竜文《りゅうもん》切手」と呼ばれ，48文，100文，200文，500文の４種類がありました。

ペニーブラック
（郵政博物館HPより）

竜文切手　48文
（切手の博物館HPより）

Ａさん：江戸時代には③飛脚による書状の配達がなされていたのですよね。日数《にっすう》が掛《か》かる上に，費用も高く，一般庶民《しょみん》はなかなか利用することができなかったと勉強しました。

K先生：そうですね。しかし，切手の誕生により，誰《だれ》もがより便利により安く，手紙を送ることが可能となりました。この４種類の切手を発行し，郵便制度をととのえた前島密は，「日本近代郵便の父」と呼ばれています。彼は，全国郵便料金の均一制の実施《じっし》，万国郵便連合に加盟，他にも功績をおさめました。1947年に発行されてから，変わることのない１円切手の肖像画が，前島密の偉業《いぎょう》を長く称《たた》えているのです。

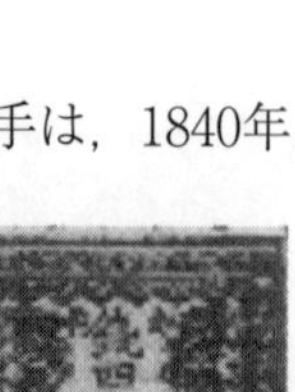

１円普通切手
（郵便局HPより）

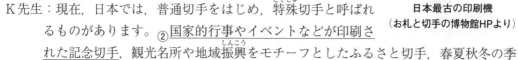

Ａさん：あまり深く考えていませんでしたが，どんなに離《はな》れているところでも，同じ料金で送ることができることはとても便利なことですね。④普段はあまり郵便を出すことはありませんが，博物館で「すかし入りの⑤はがき」を作るイベントに参加しました。とても楽しかったので，今度は，⑥家で使用済みの牛乳パックを再利用し，手作りのはがきを作ることに挑戦《ちょうせん》してみたいと思います。敬老の日には遠くにいるおじいちゃんとおばあちゃんにはがきを出しているので，今度は，手作りのはがきを送ろうと思います。

Ｋ先生：とてもいい体験ができましたね。そのはがきにグリーティング切手を貼《は》って，ぜひ投函《とうかん》してみてください。直筆で書いたはがきは，きっと気持ちが伝わり喜んでもらえると思います。Ａさん，機会があったときには切手が物語る過去のできごとや珍しい景色に触れてみてください。

Ａさん：これからは切手を通して，色々なことを考え，学んでみたいと思います。

問１　下線部①に関連して，日本で唯一《ゆいいつ》，紙幣《しへい》を発行している機関を漢字４字で答えなさい。

問２　下線部②に関連して，次の切手Ⅰ～Ⅳが発行された年を古い順に並べかえたものとしてふさわしいものを選び，記号で答えなさい。

Ⅰ

ペリー来航150周年

Ⅱ

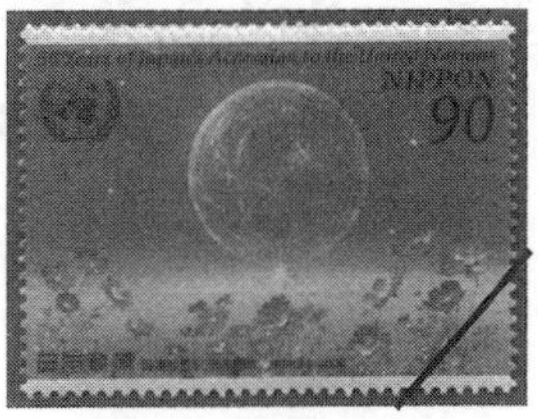

国際連合加盟50周年

Ⅲ

国連PKO協力20周年

Ⅳ

日本国憲法発布
(戦後50年メモリアル)

(公益財団法人　日本郵趣協会HPより)

ア．Ⅰ→Ⅳ→Ⅱ→Ⅲ
イ．Ⅱ→Ⅰ→Ⅳ→Ⅲ
ウ．Ⅲ→Ⅳ→Ⅰ→Ⅱ
エ．Ⅳ→Ⅰ→Ⅱ→Ⅲ

問３　空欄《らん》■■■■には，19世紀には「世界の工場」と称《しょう》され，1851年に第１回万国博覧会が開催《かいさい》された国が入ります。解答欄に合うようにその国名を答えなさい。

問４　下線部③による配達は，現代における運送業の始まりと言われています。その運送業界をはじめ，医療《いりょう》，建設業界において，数年前から問題視され始めたのが「2024年問題」です。その中でも，運送業界では残業時間の上限が年間960時間までに規制されることによって，さまざまな問題が起こることと予想されています。

次のグラフを参考にして，どのような問題が起こると考えられているか答えなさい。

●宅配便取扱個数と貨物自動車運送事業者数

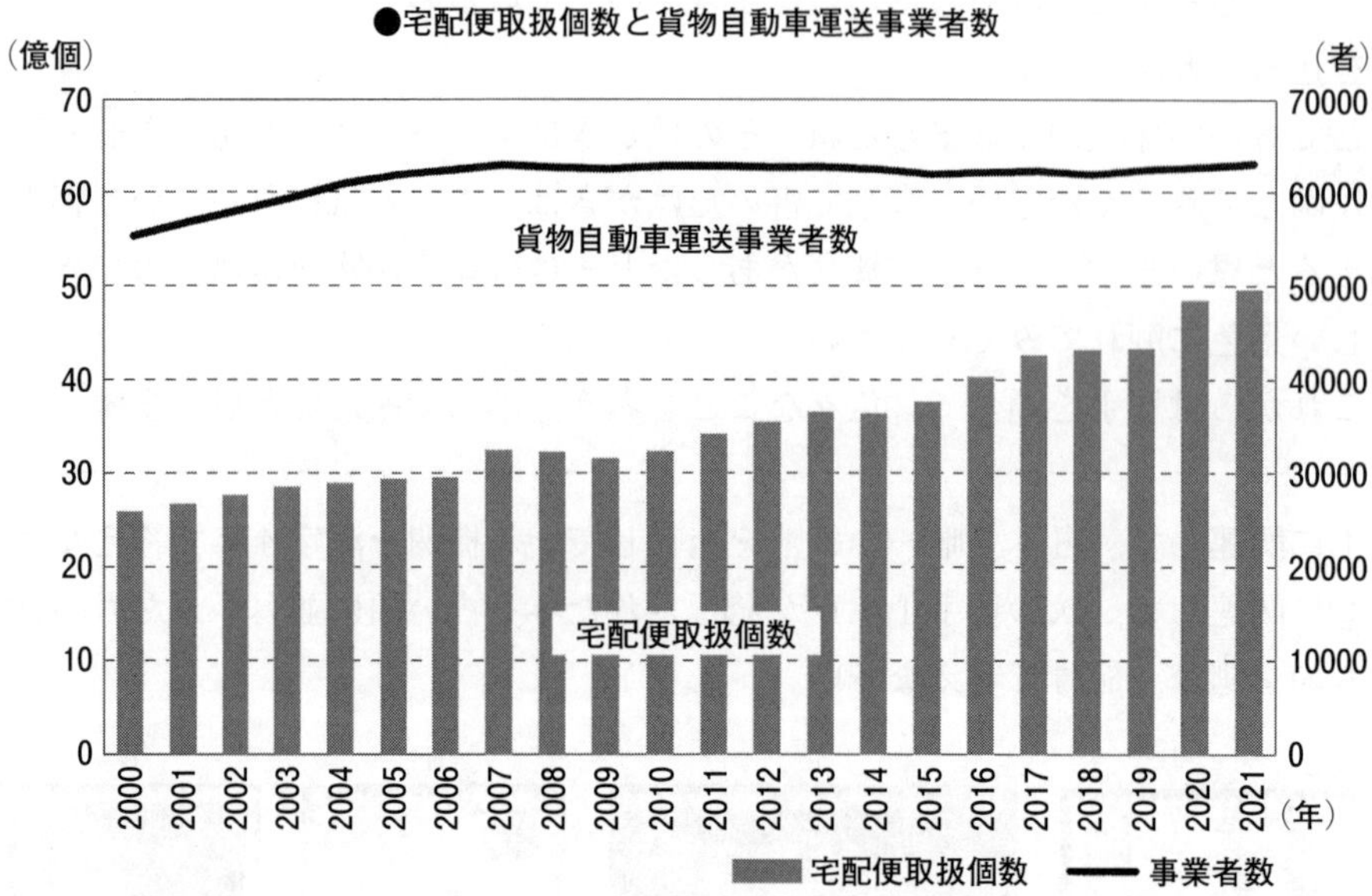

(国土交通省HPより作成)

問５　下線部④に関連して，次の表とグラフから考えられることとして，ふさわしくないものを選び，記号で答えなさい。

●郵便物数の推移

年	郵便物数(億個)
1990	223
1991	234
1992	238
1993	239
1994	235
1995	243
1996	250
1997	253
1998	255
1999	257
2000	261
2001	262
2002	257
2003	249
2004	236
2005	227
2006	224
2007	220
2008	212
2009	206
2010	198
2011	191
2012	189
2013	186
2014	182
2015	180
2016	177
2017	172
2018	168
2019	164
2020	152
2021	149
2022	144

(総務省　情報通信統計データベースHPより作成)

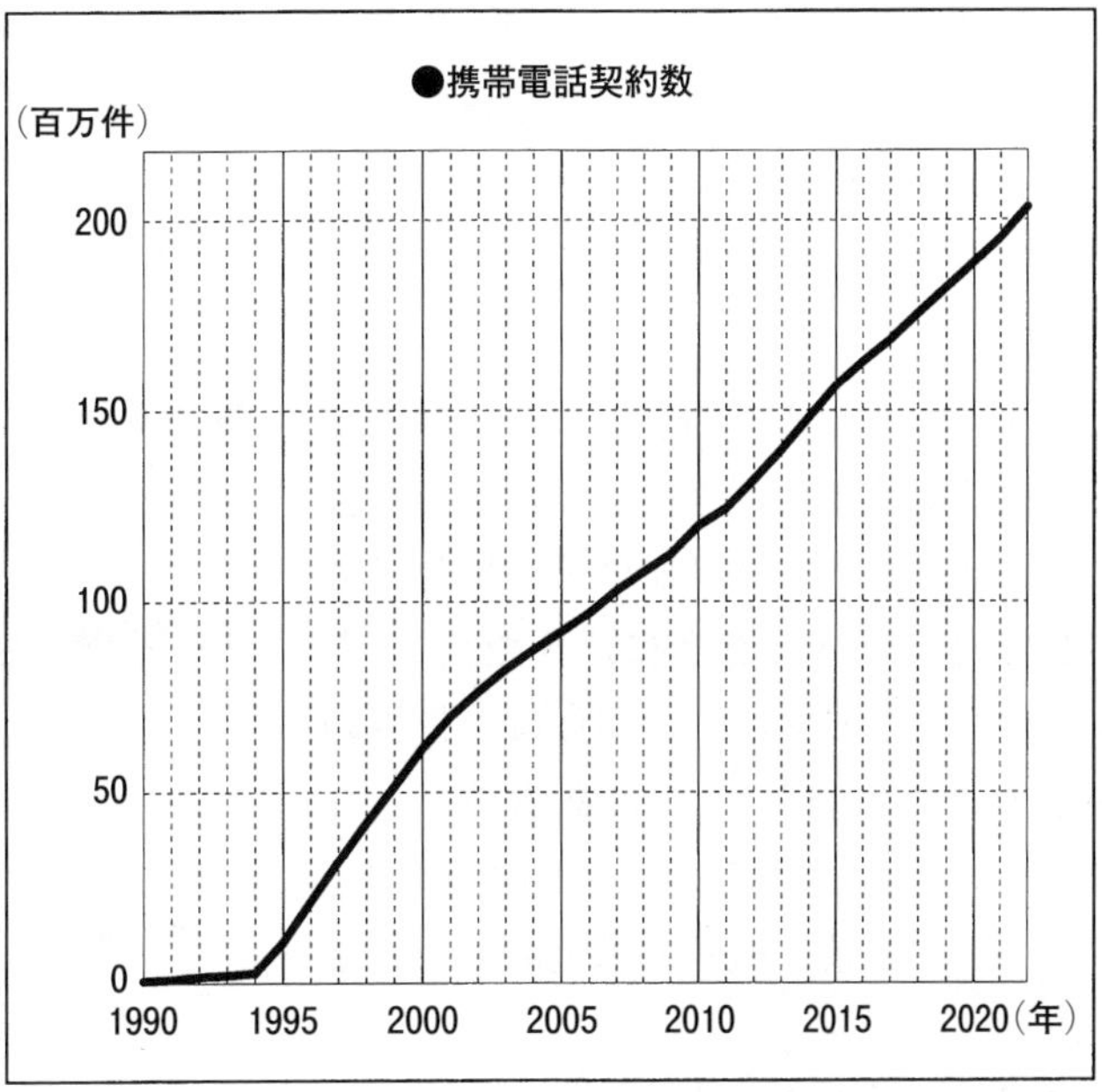

(㈳電気通信事業者協会HPより作成)

ア．2000年ごろから，携帯電話での電子メール等の使用が増えて，情報伝達手段として，郵便を利用することが少なくなった。

イ．2020年以降，郵便物数がさらに減った原因の一つは，新型コロナウイルスの感染拡大によって急激に進んだデジタル化が影響《えいきょう》していると考えられる。

ウ．2002年から20年間で携帯電話契約《けいやく》数が２倍以上に増加したのに対し，郵便物数は約55％ほどに減少している。

エ．2022年の携帯電話契約数は約２億件となり，一人あたり２台以上の携帯電話を持っていることになる。

問６　下線部⑤に関連して，国学院大学久我山中学高等学校では昨年「書き損じはがきを寄付するプロジェクト」の呼びかけを実施しました。回収したはがきはお金にかえた後，「ある団体」に寄付します。この団体は，世界の各国が協力して困難な状況《じょうきょう》にある子どもたちを守るために活動しており，日本では1956年から，小・中学校を通じて募金《ぼきん》活動が始まりました。

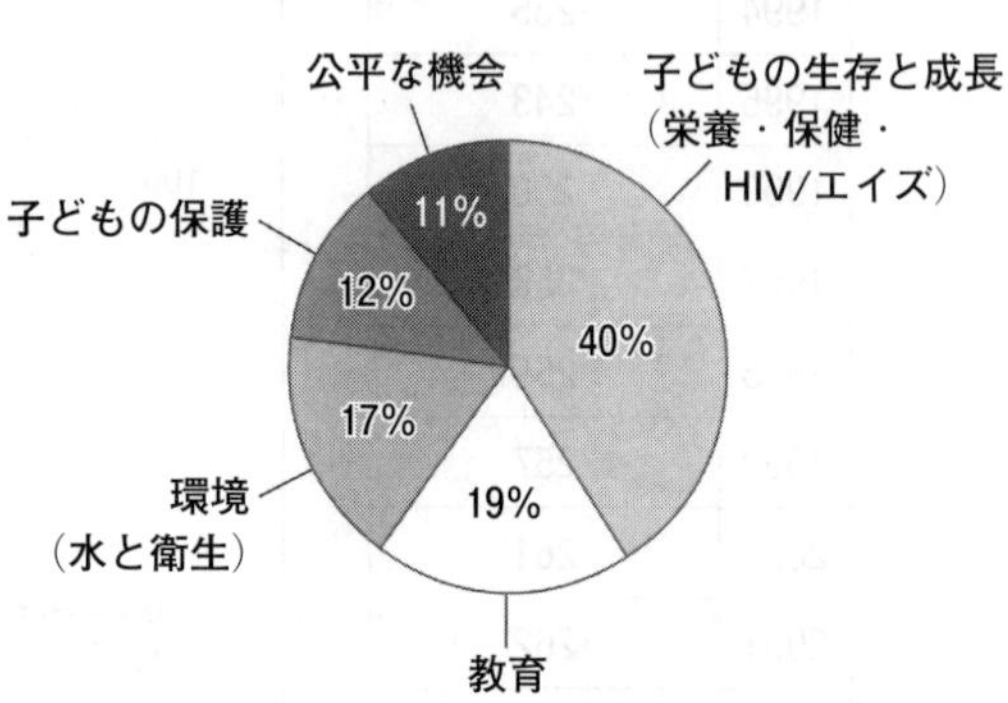

●「ある団体」の活動分野ごとの支出割合(2021年度)

国連に属する「ある団体」とは何か，カタカナで答えなさい。

問７　下線部⑥のように「生産」から「廃棄《はいき》」まで環境《かんきょう》への負担が少なく保全に役立つと認められた商品に表示されるのがエコマークです。

現在，使用量は国内で年間約２億個と推定されるインクカートリッジの再資源化に向けて，郵便局では「インクカートリッジ里帰りプロジェクト」を行っています。製造元と協力し，窓口での回収箱の設置，物流におけるしくみの提供を行い，回収率の向上に取り組んでいます。

今はインクカートリッジのように回収して再利用するものが多いですが，リユース・リサイクルできないものの例を１つあげなさい。

2　鉄道などが，いつ，どの駅を出発して運行しているのかを示している本が「時刻表」です。次に挙げるのは，1925年に日本で初めて出版された鉄道時刻表(当時は「汽車時間表」)です。これに関連した問いに答えなさい。

(『時刻表復刻版1925年４月号創刊号』より
［地図１・２・３］も同じ)

問１　この時刻表が出版された1925年についての説明として，ふさわしいものを選び，記号で答えなさい。

ア．この50年前に，江戸幕府15代将軍徳川慶喜が大政奉還を行った。

イ．前年にヨーロッパで第一次世界大戦が起こると，日本は好景気をむかえた。

ウ．翌年に大正天皇がなくなり，年号が「大正」から「昭和」となった。

エ．この50年後に，大阪で日本万国博覧会が開かれて多くの人でにぎわった。

問２　次の表は，1925年の鉄道の輸送人員について示しています。この表から読み取れることとしてふさわしいものを選び，記号で答えなさい。

●1925年の鉄道の旅客輸送人員と旅客輸送人キロ

輸送機関別国内旅客輸送人員（単位：百万人）		輸送機関別国内旅客輸送人キロ（単位：百万人キロ）	
国鉄	民鉄	国鉄	民鉄
677	1954	18741	2132

（『数字でみる日本の100年改訂第７版』より作成）

※国鉄…政府が運営する鉄道。　※民鉄…企業《きぎょう》が運営する鉄道（私鉄）。
※輸送人キロ…旅客の人数（輸送人員）に各旅客の乗車した距離《きょり》を乗じて（かけ算をして）全部を合計したもので，旅客の輸送総量を示す。

ア．国鉄に乗車した人は民鉄より多く，その平均乗車距離は民鉄より短い。
イ．民鉄に乗車した人は国鉄より多く，その平均乗車距離は国鉄より長い。
ウ．国鉄に乗車した人は民鉄より少なく，その平均乗車距離は民鉄より長い。
エ．民鉄に乗車した人は国鉄より少なく，その平均乗車距離は国鉄より短い。

［地図１］

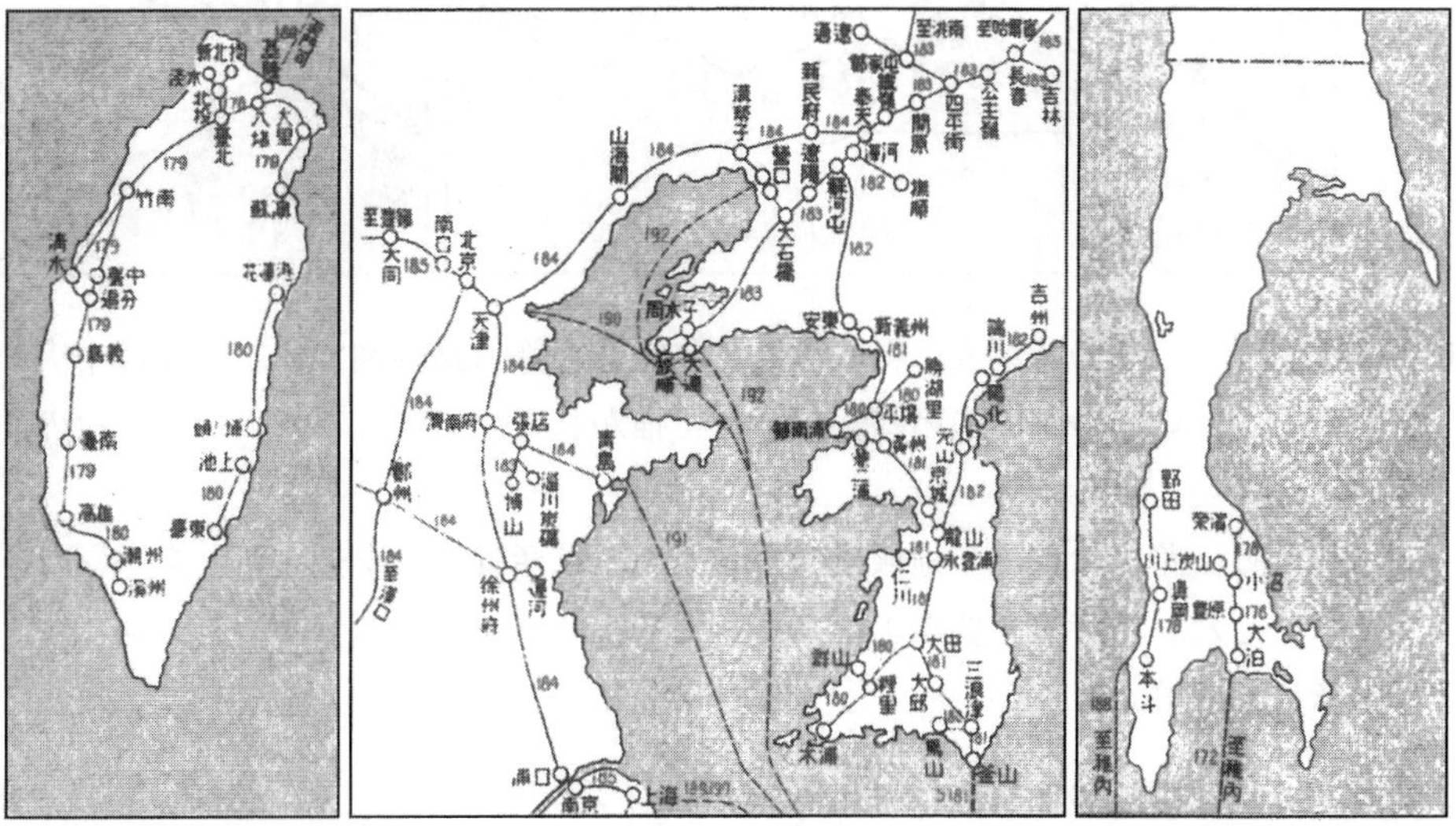

※地図中の太線は鉄道省線（政府が運営する鉄道），細線はそれ以外の鉄道（私鉄など），海上の---線は，連絡《れんらく》船などの航路を示している。また一部を問題のために修正している。（［地図１・２・３］ともに同じ）

問３　この本にある路線図では，［**地図１**］のように日清・日露戦争以後に日本が支配を進めた台湾や朝鮮半島，樺太（サハリン）の南部についても掲載《けいさい》しています。これに関して，次のうち日清・日露戦争について述べた文として，ふさわしいものを選び，記号で答えなさい。

ア．1904年，リャオトン（遼東）半島で起きた内乱に対して，日本と清がそれぞれ軍隊を送ったことをきっかけに，日清戦争が始まった。
イ．清に勢力を伸《の》ばそうとしていたアメリカは，ドイツやロシアとともに日本の動きに干《かん》渉《しょう》し，日本が日清戦争で手に入れた領土の一部を清に返させた。
ウ．日露戦争では，東郷平八郎がロシア艦隊《かんたい》を破るなどしたこともあり日本が勝利したが，戦争の費用負担など日本国民の間には不満が残った。

エ．「君死にたまふことなかれ」は，樋口一葉が日露戦争の戦場に向かった弟を思ってつくった詩であり，戦争に反対する気持ちが描《えが》かれている。

問４　［**地図１**］には，中国の中心部から東北部にかけても描かれています。1925年より後に日本が政治の実権をにぎった中国東北部を何と呼びますか，答えなさい。

問５　［**地図１**］の樺太の中部には国境線が描かれています。この国境線付近の緯度としてふさわしいものを次より選び，記号で答えなさい。

ア．北緯35度　　イ．北緯40度　　ウ．北緯45度　　エ．北緯50度

［地図２］

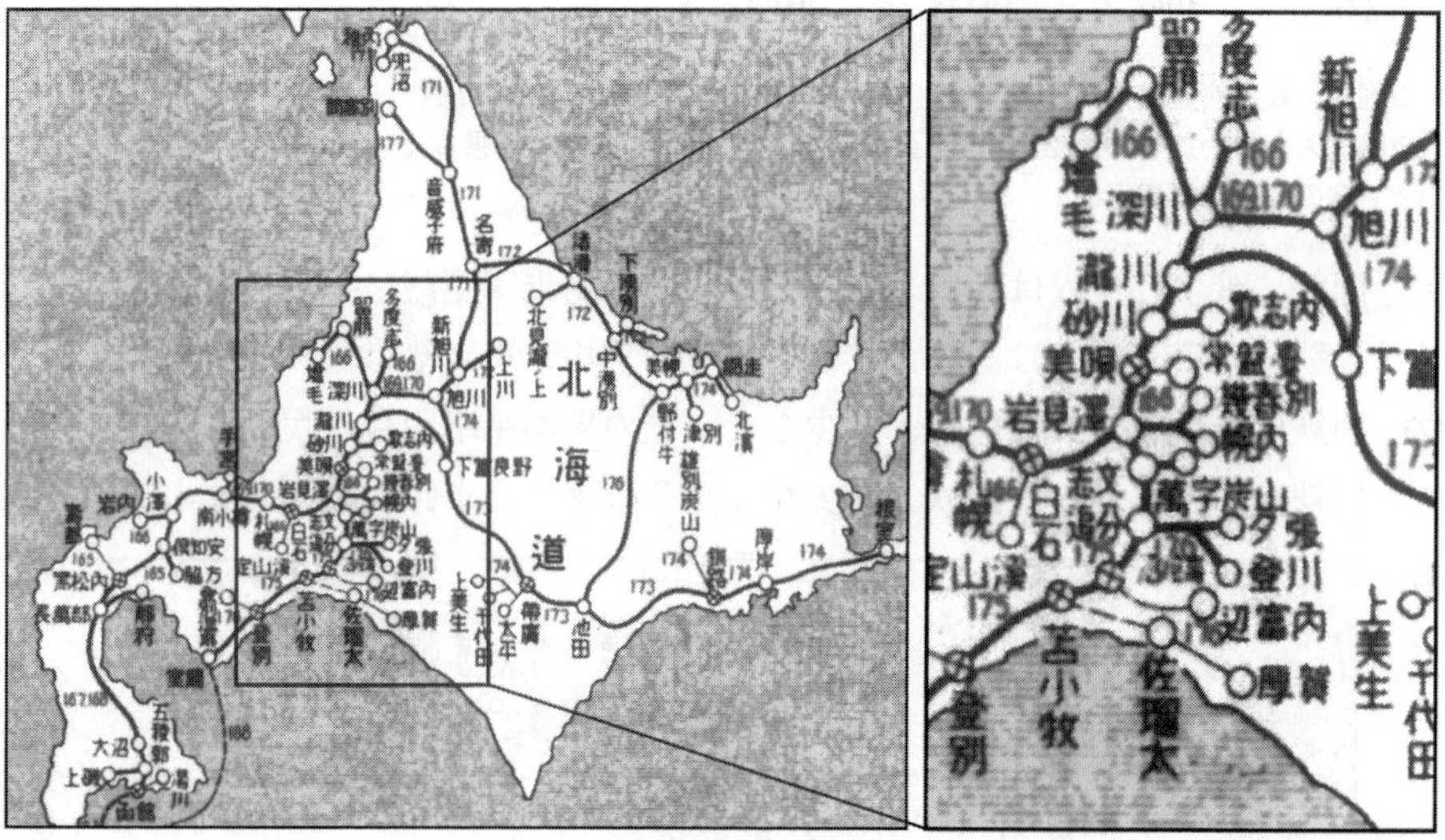

問６　［**地図２**］は，この時刻表に掲載された北海道の鉄道路線図です。右図は中央部を拡大したものですが，いくつもの短い路線が細かく描かれています。これについて次の問いに答えなさい。

⑴　これらの路線は，この地域で採れる「ある鉱産資源」を運ぶことを主な目的として建設されました。当時の主要なエネルギーであった「ある鉱産資源」とは何ですか。次の表も参考にして答えなさい。

●「ある鉱産資源」の日本国内の産出量（単位　千トン）

1925年	1960年	1990年	2018年
31459	52607	7980	1041

（『数字でみる日本の100年改訂第７版』より作成）

⑵　現在までの間に，これらの路線の多くは廃止《はいし》となり，なくなってしまいました。その理由について，⑴の表および⑴で解答した鉱産資源と，次の表に関連させて説明しなさい。

●この地域の主な市の人口

市名	歌志内市	夕張市
1925年の人口	14028人	48697人
2020年の人口	2989人	7334人

（歌志内市・夕張市HPより作成）

問７　下の図は，北海道中央部にある旭川市を起点として，主な都市である稚内市，釧路市，札幌市を結んで作成した，地形の断面図です。このうち，旭川市と札幌市の間の断面図を選び，記号で答えなさい。なお，断面図の左端《はし》はどれも旭川市を示し，右端はそれぞれ稚内市，釧路市，札幌市を示しています。

ア．
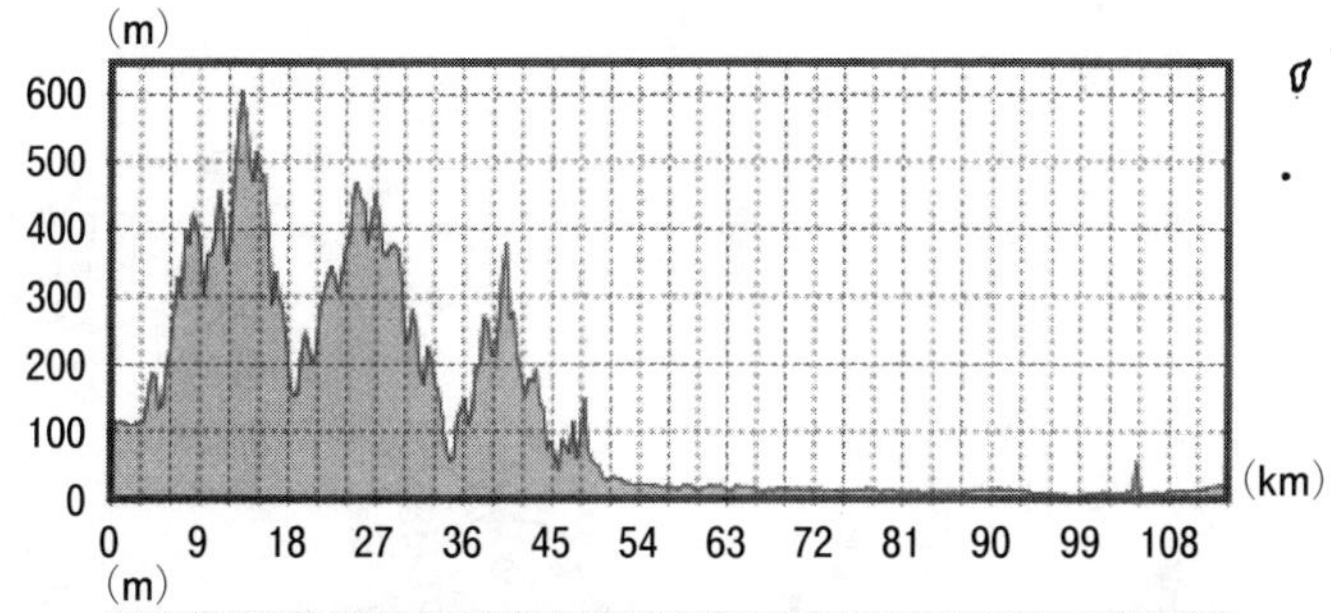

イ．
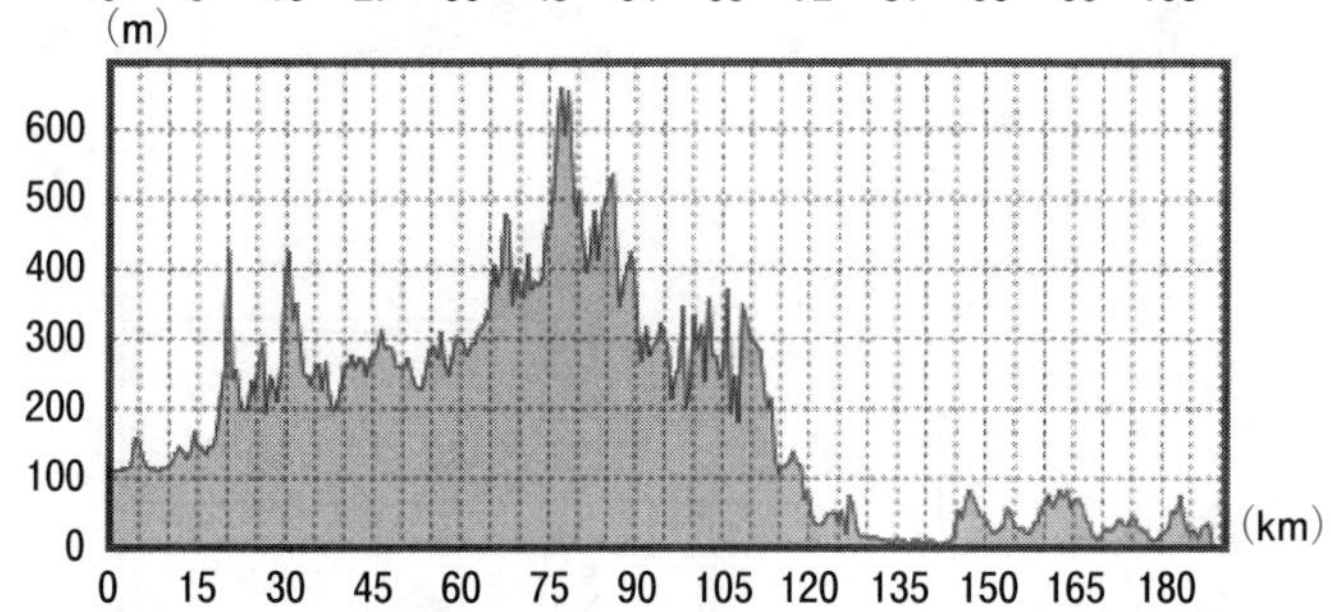

ウ．
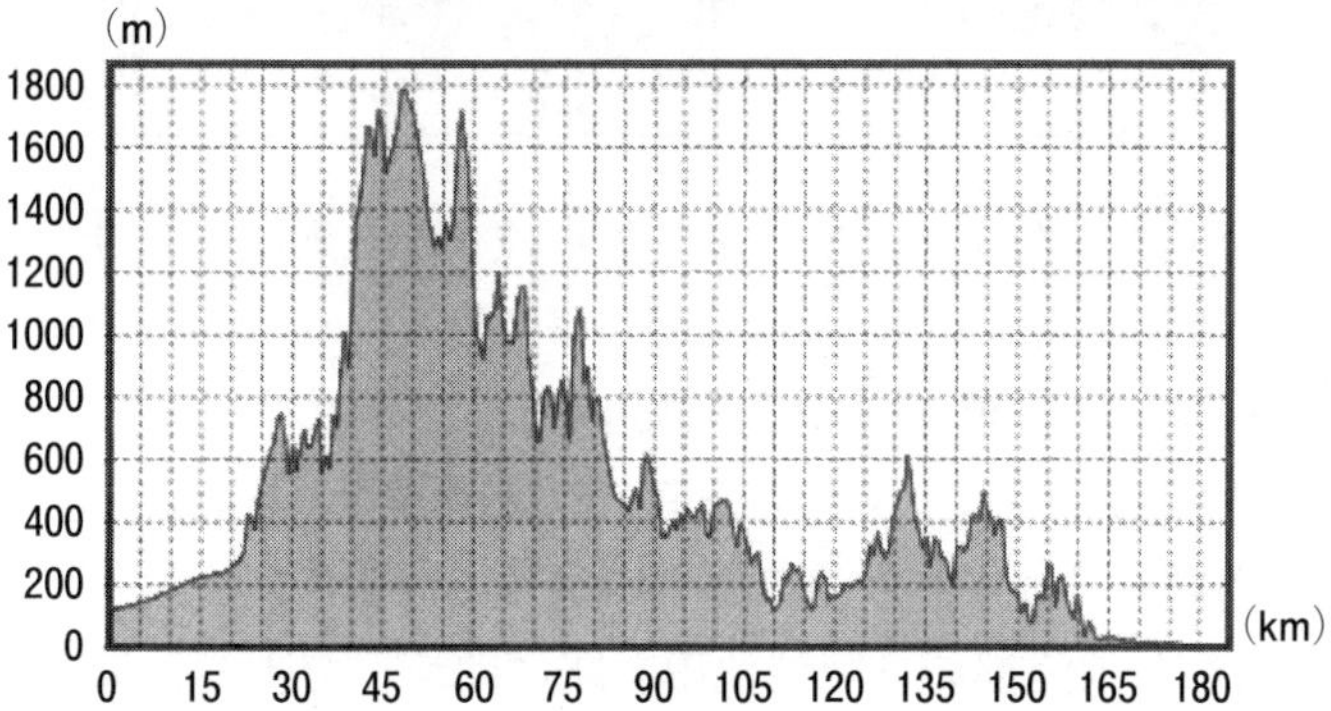

(国土地理院「地理院地図」HPより作成)

［地図３］

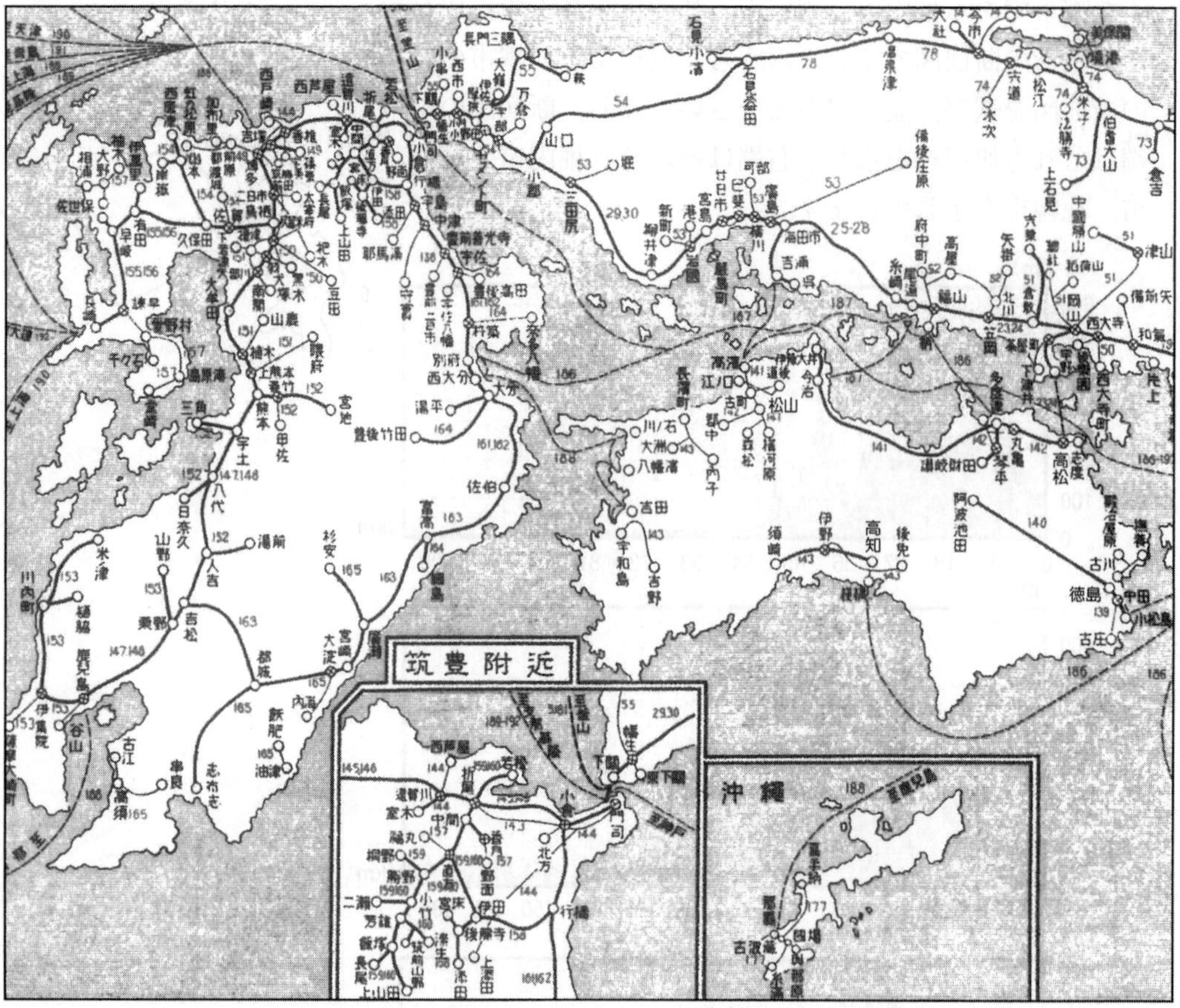

問８　［**地図３**］の四国地方について述べた文として，ふさわしいものを選び，記号で答えなさい。

ア．鉄道のみを利用して，四国の海沿いを一周することができる。

イ．本州や九州との航路が接続する都市を中心に，鉄道が建設されている。

ウ．現在の４つの県の県庁所在地の間は，すべて鉄道でつながっている。

エ．瀬戸内海側よりも太平洋側のほうが，鉄道の整備が進んでいる。

問９　［**地図３**］には，「徳島」駅から内陸部の「阿波池田」駅に向かって走る鉄道があります。この鉄道が走る地域は，ある大きな河川の流域と考えられます。この河川の名称を答えなさい。

問10　瀬戸内地方では，源氏と平氏の戦いが各所で起こりました。源義経たちに率いられた源氏は，一ノ谷の戦いや屋島の戦いを経て，ついに壇ノ浦で平氏を滅《ほろ》ぼしました。これらのできごとは，何世紀に起こりましたか。解答欄に合うように，整数で答えなさい。

問11　次の表は，九州・沖縄地方の福岡市，宮崎市，那覇市の月別の降水量，日照時間，雪(降雪)日数を示したものです。このうち，福岡市としてふさわしいものを選び，記号で答えなさい。

	ア			イ			ウ		
	降水量（mm）	日照時間（時間）	雪日数（日）	降水量（mm）	日照時間（時間）	雪日数（日）	降水量（mm）	日照時間（時間）	雪日数（日）
1月	74.4	104.1	6.3	72.7	192.6	1.3	101.6	93.1	0.0
2月	69.8	123.5	4.0	95.8	170.8	1.1	114.5	93.1	0.0
3月	103.7	161.2	1.4	155.7	185.6	0.1	142.8	115.3	0.0
4月	118.2	188.1	0.0	194.5	186.0	0.0	161.0	120.9	0.0
5月	133.7	204.1	0.0	227.6	179.7	0.0	245.3	138.2	0.0
6月	249.6	145.2	0.0	516.3	119.4	0.0	284.4	159.5	0.0
7月	299.1	172.2	0.0	339.3	198.0	0.0	188.1	227.0	0.0
8月	210.0	200.9	0.0	275.5	208.6	0.0	240.0	206.3	0.0
9月	175.1	164.7	0.0	370.9	156.5	0.0	275.2	181.3	0.0
10月	94.5	175.9	0.0	196.7	173.6	0.0	179.2	163.3	0.0
11月	91.4	137.3	0.1	105.7	167.0	0.0	119.1	121.7	0.0
12月	67.5	112.2	3.9	74.9	183.9	1.0	110.0	107.4	0.0
年間計	1686.9	1889.4	15.6	2625.5	2121.7	3.6	2161.0	1727.1	0.0

（1991～2020年の平均値。国立天文台「理科年表プレミアム」HPより作成）

問12　次の表とグラフは，［**地図３**］の範囲《はんい》にある島根県，愛媛県，高知県，大分県の現在の農業産出額構成割合と製造品出荷額構成割合を示したものです。これについて述べた文として，ふさわしいものを選び，記号で答えなさい。

●農業産出額構成割合（2021年）

	米（%）	野菜（%）	果実（%）	畜産（%）	その他（%）	農業産出額（億円）
❶	11.1	15.0	44.5	22.3	7.1	1244
❷	14.5	27.0	11.4	37.9	9.2	1228
❸	9.4	63.2	10.3	7.9	9.2	1069
❹	26.8	16.2	7.0	44.2	5.8	611

（農林水産省「生産農業所得統計」より作成）

●製造品出荷額等割合(単位%)と製造品出荷額等(2019年)

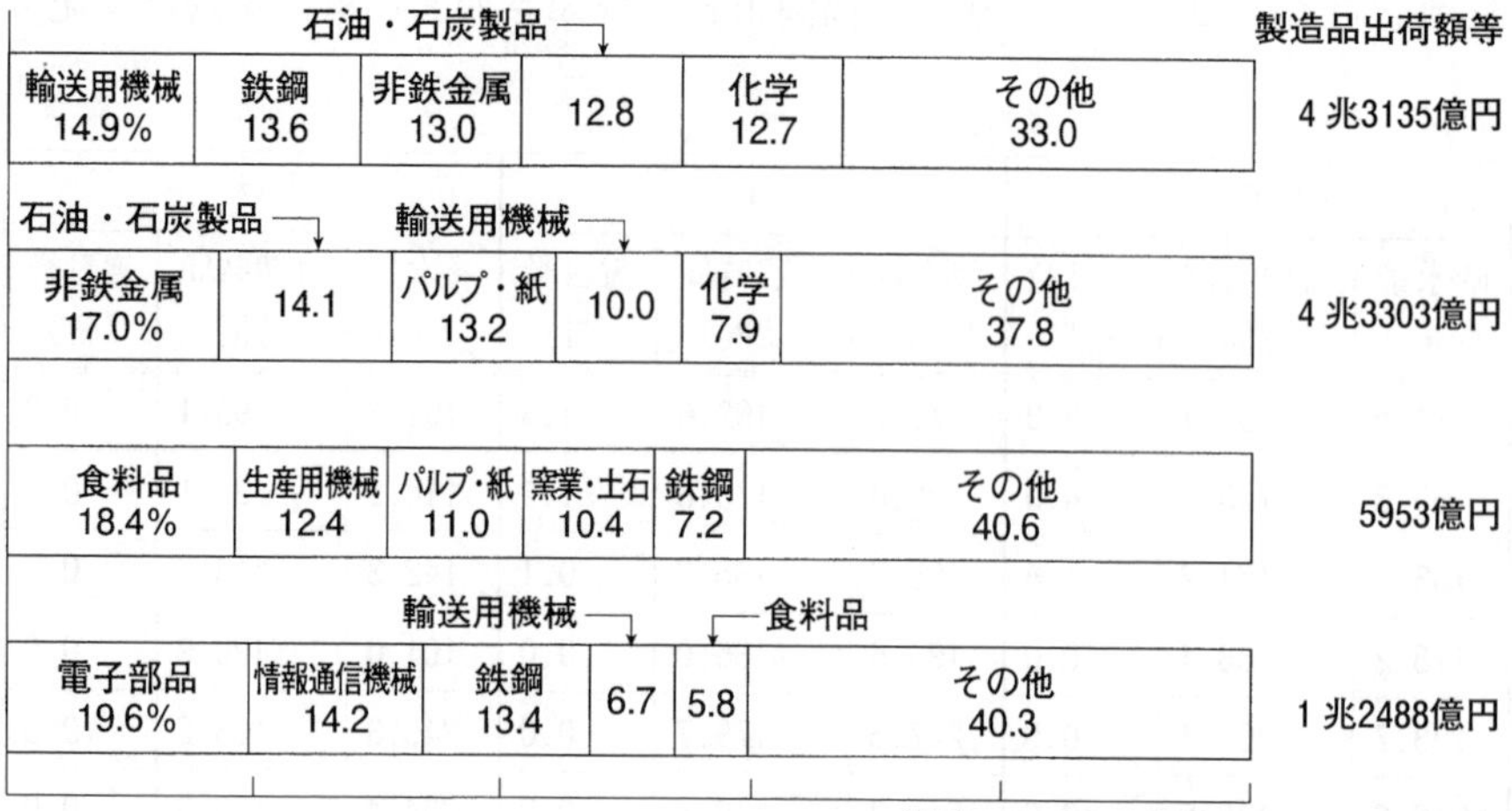

(『データでみる県勢 2023』より作成)

ア．島根県を示すものは，関西や九州の大都市に出荷する野菜の生産がさかんな❸と，水産物が豊富で食料品工業がさかんな❼である。

イ．愛媛県を示すものは，みかん類の生産がさかんな❶と，瀬戸内工業地域に含《ふく》まれて重化学工業が発達し，パルプ・製紙業もさかんな❻である。

ウ．高知県を示すものは，温暖な気候を利用してさまざまな作物を生産している❷と，臨海部に輸出を中心とした重工業地帯があることから❺である。

エ．大分県を示すものは，平野部で米の生産，山間部では畜産がさかんな❹と，瀬戸内海航路を利用して出荷する電子部品の生産がさかんな❽である。

問13 1925年当時，本州と北海道や四国，九州を結ぶトンネルや橋はまだありませんでした。そのうち本州と九州を結ぶ関門トンネルは，1942(昭和17)年に開業しました。これについて述べた次の文章から，この筆者が考える，当時の「関門トンネルの性格」とはどのようなものか，読み取れることを時代背景を含《ふく》めて具体的に答えなさい。

九州と本州を海底トンネルによって「陸続き」にしようとする着想は，すでに明治29年，博多商業会議所が採り上げ，伊藤博文内閣に持ちこんだ時にはじまると言われる。その後，(中略)昭和10年に関門トンネル計画が発表され，翌11年10月に着工したのであった。

この頃《ころ》までは，より速く便利に快適にを目指しての関門トンネル計画であったかもしれない。けれども，もしそれだけならば，昭和17年という時期に開通することはなかったであろう。他の新線計画と同様，工事中止になっていたにちがいない。関門トンネルは，※日中事変から太平洋戦争へと進むにつれて，その目的を平時型から戦時型へと変えつつ掘《ほ》り進まれ，最後は突貫《とっかん》工事となって昭和17年に開通したのである。貨物列車が走り始めたのは，ミッドウェイ海戦直後の6月11日，旅客列車の運転開始は，ガダルカナル島の死闘《しとう》が終局に近づいた11月15日であった。この，貨物列車と旅客列車の運転開始時に5ヶ月の差があることは，関門トンネルの性格をよくあらわしているように思う。

※日中事変…日中戦争のこと

（宮脇俊三 著『時刻表昭和史』より。漢数字を算用数字にするなど一部改変したところがあります。）

問14　この時刻表にある［**地図１**］から［**地図３**］のような地図は，国土地理院の地形図などとは異なり，方位や距離などが正確に表現されていません。それはなぜですか。［**地図１**］から［**地図３**］と，次に挙げるこの時刻表の表紙にある使い方（「時間表の引き出し方」）を参考にして，説明しなさい。

時間表の引き出し方

この表には必要の時間を容易に見出しうるよう『目次』の外に三つの便法が設けてありますからどれからでも引き出せます

一『目次』（第一―七ページ）によれば各線各航路の分が引き出せます

二『線路略図』（巻頭）には赤文字でその線の時間表のページ数を示してありますからこの図面からも引き出せます

三　駅名から引き出すには（第二百六―二一八ページ）のいろは別『駅名索引《さくいん》』を御覧《ごらん》下さい

四『国有鉄道線路名称及《およ》び汽船航路表』（目次第八・九ページ）にもその線の時間表のページ数を示してあります

（『時刻表復刻版1925年４月号創刊号』より。旧字体を新字体にするなど一部改変したところがあります。）

3　次の文章を読んで，以下の問いに答えなさい。

2021年時点で，日本国内で犬を飼育している世帯は，全世帯の11.3％にのぼります。歴史をひも解いてみても，犬は古来より人間と長い歴史をともに過ごしてきました。現代社会においても警察犬や盲導犬《もうどうけん》など，さまざまな役割を担っています。

問１　縄文時代の貝塚である千葉県の加曽利《かそり》貝塚では，犬の骨が発掘《はっくつ》されました。加曽利貝塚博物館の展示である次の【**写真**】や【**文章**】を参考にして，加曽利貝塚の周辺に住んでいた人々が，犬をどのような目的で飼育していたか，考えて答えなさい。

【写真】

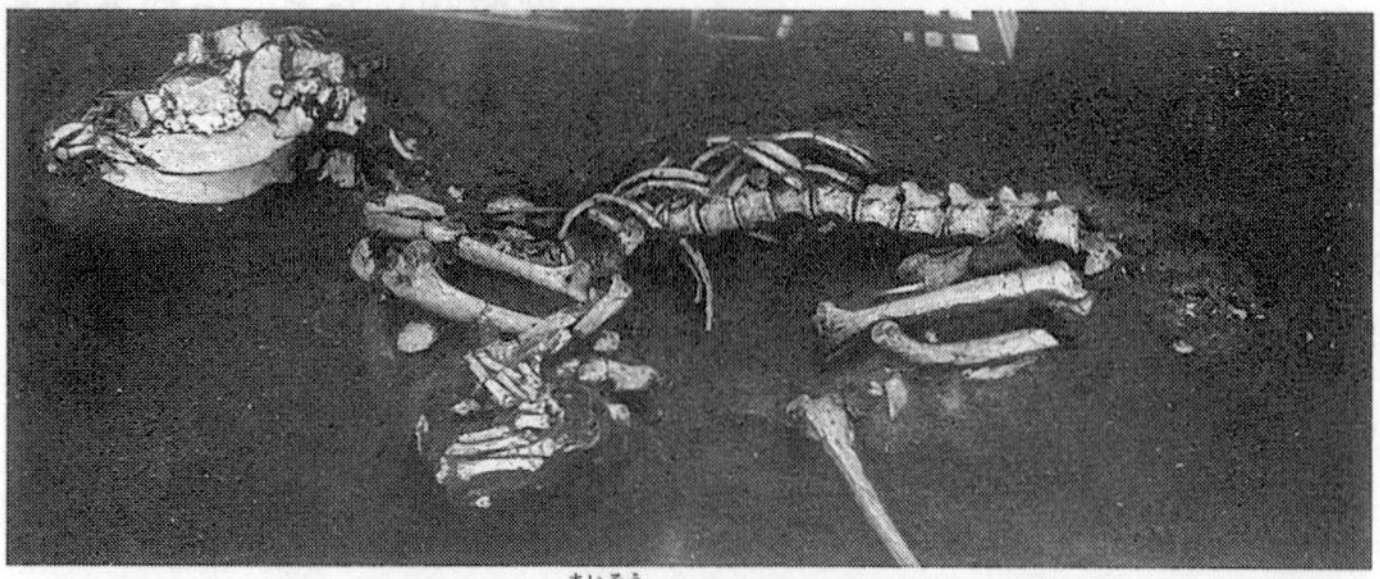

埋葬《まいそう》された犬

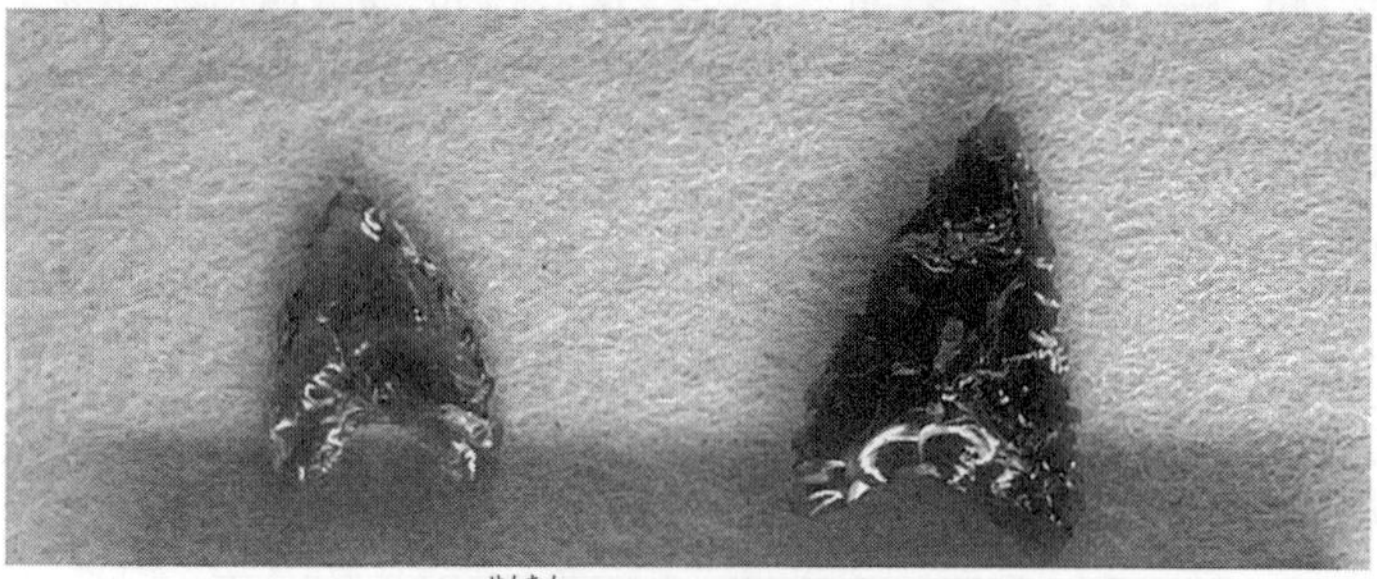

矢の先端《せんたん》に装着する石の矢じり

【文章】

・発掘された犬には若年でありながら歯が抜《ぬ》けていた例がある。
・骨折した野犬は死に至る可能性が非常に高いが，骨折後に治った痕《あと》のある犬の骨が発掘された。
・犬の排泄物《はいせつぶつ》である糞《ふん》の化石が発掘され，中から未消化の魚の骨がたくさん見つかっている。

問２　奈良時代，三河国では犬頭絲《けんとうし》と呼ばれる生糸が納められていました。奈良時代の税制について説明したものとして，ふさわしいものを選び，記号で答えなさい。

ア．税は現物を納めることがほとんどで，労働が課されることはなかった。

イ．調とは織物や地方の特産物を納めるもので，都に納められた。

ウ．現在の北海道から沖縄県に至るまで，幅広《はばひろ》い地域から税が納められた。

エ．この時期から日本では稲作が始まり，租として納められるようになった。

問３　平安時代の文学である『枕草子』の第六段には，「翁丸」という名の犬が登場し，当時の宮廷《きゅうてい》にはかなり多くの犬が棲《す》みついていた様子が読み取れます。この作品の筆者は誰か，答えなさい。

問４　鎌倉時代の武士は，さまざまな武芸の訓練を行っていて，中には犬が用いられるものもありました。次の**【文章】**を読み，**【資料１】**～**【資料３】**に描かれている武芸の名称の組み合わせとしてふさわしいものを選び，記号で答えなさい。

【文章】

犬追物とは馬場に放された犬を，馬上から追い射るものである。
流鏑馬《やぶさめ》とは馬場に平行して数間《すうけん》おきにおかれる的を，馬上から鏑矢《かぶらや》で射るものである。
笠懸とは馬上から遠距離にある射手の笠を懸《か》けて的として射るものである。

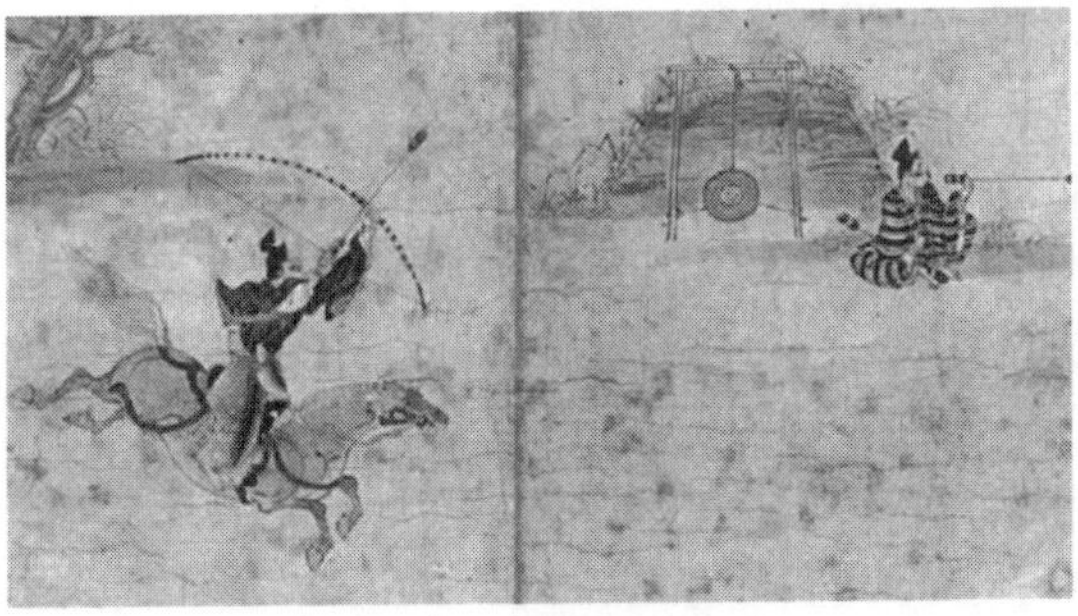
【資料１】（e国宝HPより）

【資料２】（鶴岡八幡宮HPより）

【資料３】（『日本史図録』より）

ア．**【資料１】** 犬追物 **【資料２】** 流鏑馬 **【資料３】** 笠懸
イ．**【資料１】** 犬追物 **【資料２】** 笠懸 **【資料３】** 流鏑馬
ウ．**【資料１】** 笠懸 **【資料２】** 流鏑馬 **【資料３】** 犬追物
エ．**【資料１】** 笠懸 **【資料２】** 犬追物 **【資料３】** 流鏑馬
オ．**【資料１】** 流鏑馬 **【資料２】** 笠懸 **【資料３】** 犬追物
カ．**【資料１】** 流鏑馬 **【資料２】** 犬追物 **【資料３】** 笠懸

問５ 江戸幕府５代将軍徳川綱吉は生類憐《あわれ》みの令を発布し，犬公方とも呼ばれました。また，綱吉は大名を統制するために武家諸法度も出しています。武家諸法度は２代将軍徳川秀忠の時代にも出されており，秀忠の時代のものは「元和令」，綱吉の時代のものは「天和令」と呼ばれています。以下の史料から読み取れる内容としてふさわしくないものを選び，記号で答えなさい。

なお，史料の文章は現代のわかりやすい表記に書き改めています。

●武家諸法度「元和令」

・学問と武道はつねに心がけてはげむべきである。
・諸大名の居城は，補修をする時でも幕府に届け出てすること。また新たに城を造営することは禁止されている。
・幕府の許可なく結婚《けっこん》してはいけない。

（『新日本史史料集成』より）

●武家諸法度「天和令」

・学問と武芸，忠孝の道徳を励行《れいこう》し，礼儀《れいぎ》を正しくするようにせよ。
・主人の死のあとを追って自殺することは禁止とする。

（『新日本史史料集成』より）

●生類憐みの令

・飼い主のいない犬に，近ごろ食べ物を与《あた》えないといううわさを聞く。つまり食べ物を与えると，その人の犬のようになってしまってあとがめんどうだと思って，犬をいたわらないと聞く。ふとどきなことである。以後，そのようなことのないよう気をつけること。
・犬ばかりでなく，すべての生き物に対して，人々は慈悲《じひ》の心をもととして，憐みいつくしむことが大切である。

（『グラフィックワイド歴史』より）

ア．秀忠が将軍の時代に出された武家諸法度には，居城の補修にも幕府の許可が必要なことが書かれ，幕府の権力の強さをうかがうことができる。
イ．綱吉が将軍の時代に発布された法令には犬だけでなく，魚類や鳥類などの命も重んじる考えをみることができる。
ウ．秀忠と綱吉の時代に出された武家諸法度を比べると，武士に対して求められていることが，学問にかわって忠孝の道徳を重んじることへと変化した。

問６　現在，日本では６種類の犬種が天然記念物に指定されています。右の表の，秋田犬が指定されてから，北海道犬が指定された年までに起きたできごととして，ふさわしいものを選び，記号で答えなさい。
ア．アメリカ軍が沖縄県に上陸し，激しい地上戦が行われた。
イ．国際連盟の決議に反対した日本はこれを脱退《だったい》した。
ウ．アメリカの海軍基地があるハワイの真珠湾を攻撃《こうげき》した。
エ．政治や社会を変えようとする運動などを取《と》り締《し》まる治安維持法が制定された。

●天然記念物となった日本在来犬種

犬種	指定年月
秋田犬	1931(昭和６)年７月
甲斐犬	1934(昭和９)年１月
紀州犬	1934(昭和９)年５月
柴犬	1936(昭和11)年12月
土佐犬	1937(昭和12)年６月
北海道犬	1937(昭和12)年12月

（『犬の日本史』より作成）

問７　犬は現代社会においてもさまざまな役割を担い，社会に貢献《こうけん》しています。兵庫県南部地方を中心に起きた阪神・淡路大震災では災害救助犬が活躍《かつやく》しました。この震災が起きたのは西《せい》暦《れき》何年のことですか，算用数字で答えなさい。

【理　科】〈第１回試験〉（40分）〈満点：50点〉

1　音の高さに関するあとの各問いに答えなさい。

図１のモノコードを使って，弦《げん》の中央をはじいたときに出る音の高さを調べる実験をしました。モノコードは図２のように，こまを動かして弦の長さを変えたり，おもりの数を変えたりすることができます。実験で使うおもり１個の重さはすべて同じです。

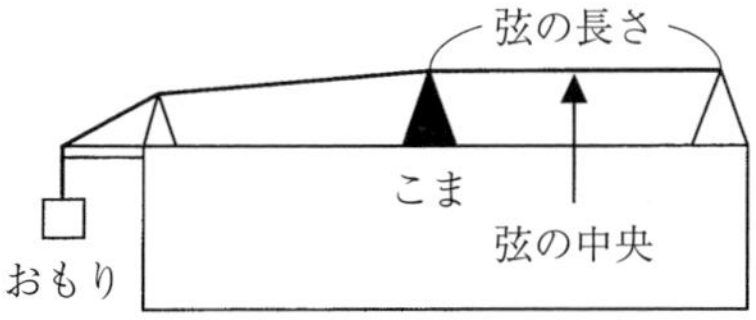

図１

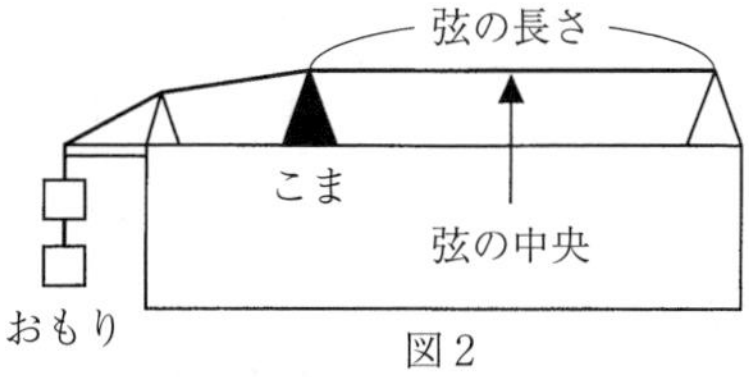

図２

〔実験１〕　太さの異なる３本の弦を用意し，それぞれの弦をはじいたときに出る音の高さを調べました。

弦の中央を同じしんぷくではじき，はじいたときに出る音の高さが同じになるように，弦の太さごとに弦の長さやおもりの数を調節しました。その組み合わせが表１のＡ～Ｋです。

表１

	A	B	C	D	E	F	G	H	I	J	K
弦の太さ(mm)	0.2	0.2	0.2	0.4	0.4	0.4	0.4	0.4	0.8	0.8	0.8
弦の長さ(cm)	24	48	72	12	☆	36	48	72	6	12	18
おもりの数	1	4	9	1	4	9	16	★	1	4	9

(1)　モノコードと同じように弦をはじいて音を出す楽器を次の①～④の中から１つ選び，番号で答えなさい。

①　カスタネット　　②　ギター　　③　リコーダー　　④　トライアングル

(2)　表１の☆に入る数値を答えなさい。

(3)　表１の★に入る数値を答えなさい。

１秒間で弦のしん動する回数をしん動数といいます。弦の太さと弦の長さ，おもりの数の組み合わせと，しん動数には次のア～ウの関係があることが分かっています。

ア　弦の長さとおもりの数が同じとき，弦の太さを２倍，３倍，４倍…にすると，しん動数は $\frac{1}{2}$ 倍，$\frac{1}{3}$ 倍，$\frac{1}{4}$ 倍…になる。

イ　弦の太さとおもりの数が同じとき，弦の長さを２倍，３倍，４倍…にすると，しん動数は $\frac{1}{2}$ 倍，$\frac{1}{3}$ 倍，$\frac{1}{4}$ 倍…になる。

ウ　弦の太さと弦の長さが同じとき，おもりの数を４倍，９倍，16倍…にすると，しん動数は２倍，３倍，４倍…になる。

次に，弦の太さと弦の長さ，おもりの数の組み合わせを表２のＬ～Ｓのように変えて，〔実験１〕と同じしんぷくで弦をはじいたときに出る音の高さを考えます。

表２

	L	M	N	O	P	Q	R	S
弦の太さ(mm)	0.4	0.8	0.8	0.8	1.2	1.2	1.2	1.2
弦の長さ(cm)	24	36	36	36	18	24	48	72
おもりの数	1	1	4	16	4	1	4	4

(4)　表２のＭ，Ｎ，Ｏの中で弦が出す音の高さが最も高い組み合わせを表２のＭ，Ｎ，Ｏの中から１つ選び，記号で答えなさい。

(5)　表２のＮのしん動数はＬのしん動数の何倍になりますか。最もふさわしいものを次の①～⑥の中から１つ選び，番号で答えなさい。

①　0.34　　②　0.45　　③　0.56　　④　0.67　　⑤　0.78　　⑥　0.89

(6)　表２のＭと同じ音の高さになる組み合わせを表２のＬ，Ｎ，Ｏ，Ｐ，Ｑ，Ｒ，Ｓの中からすべて選び，記号で答えなさい。

(7)　表２のＬ～Ｓの組み合わせの中で音の高さが最も高い弦のしん動数は，最も低い弦のしん動数の何倍になるか答えなさい。ただし，答えが割り切れない場合は小数第一位を四捨五入して整数で答えること。

2　図１の地形図に示した山について地下の地層のようすを調べるためにボーリング調査をしました。この山の山頂は標高(海面からの高さ)が105mほどです。図１のＡ～Ｄの４地点で調査をした結果を示したものが図２です。調査の結果より，Ａ地点の地下，地表からの深さ10mのところに火山灰の層があることがわかります。なお，この地域の地層は曲がっていません(しゅう曲していない)。

あとの各問いに答えなさい。

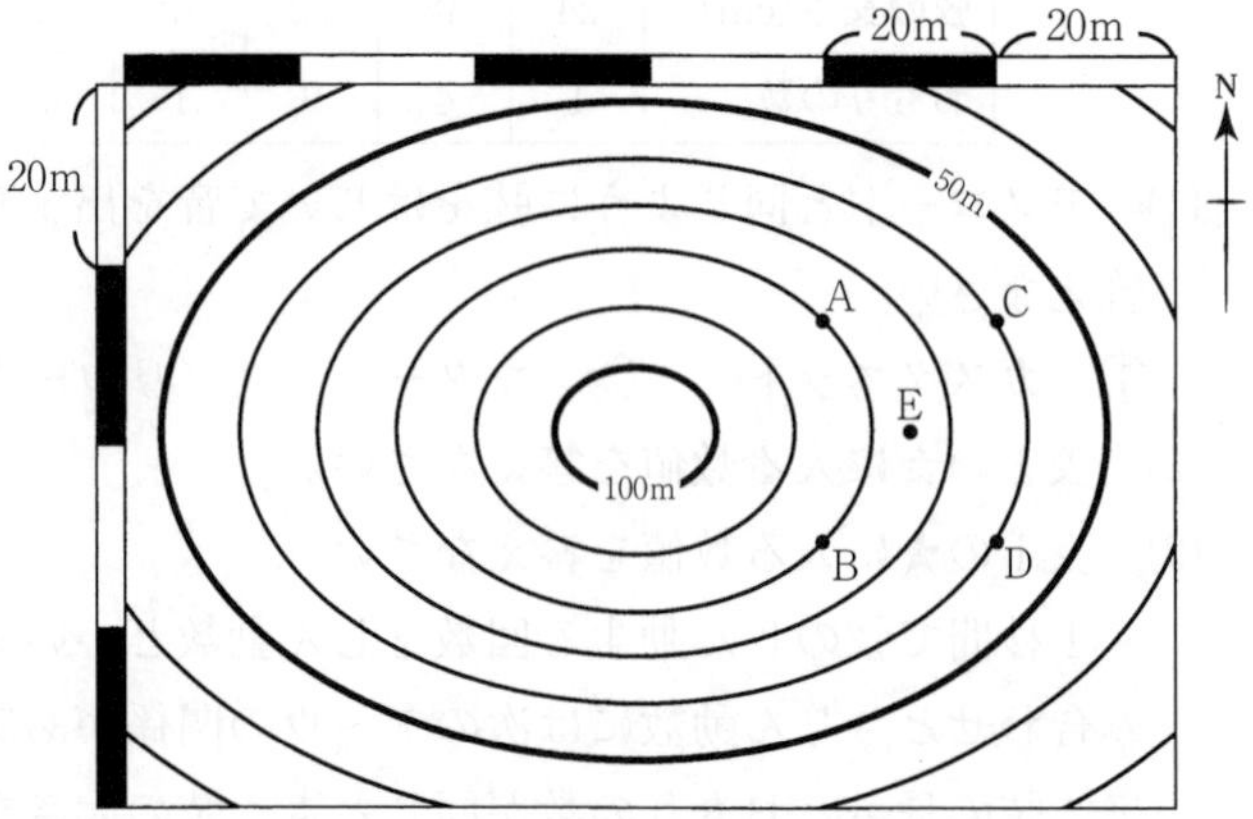

図１

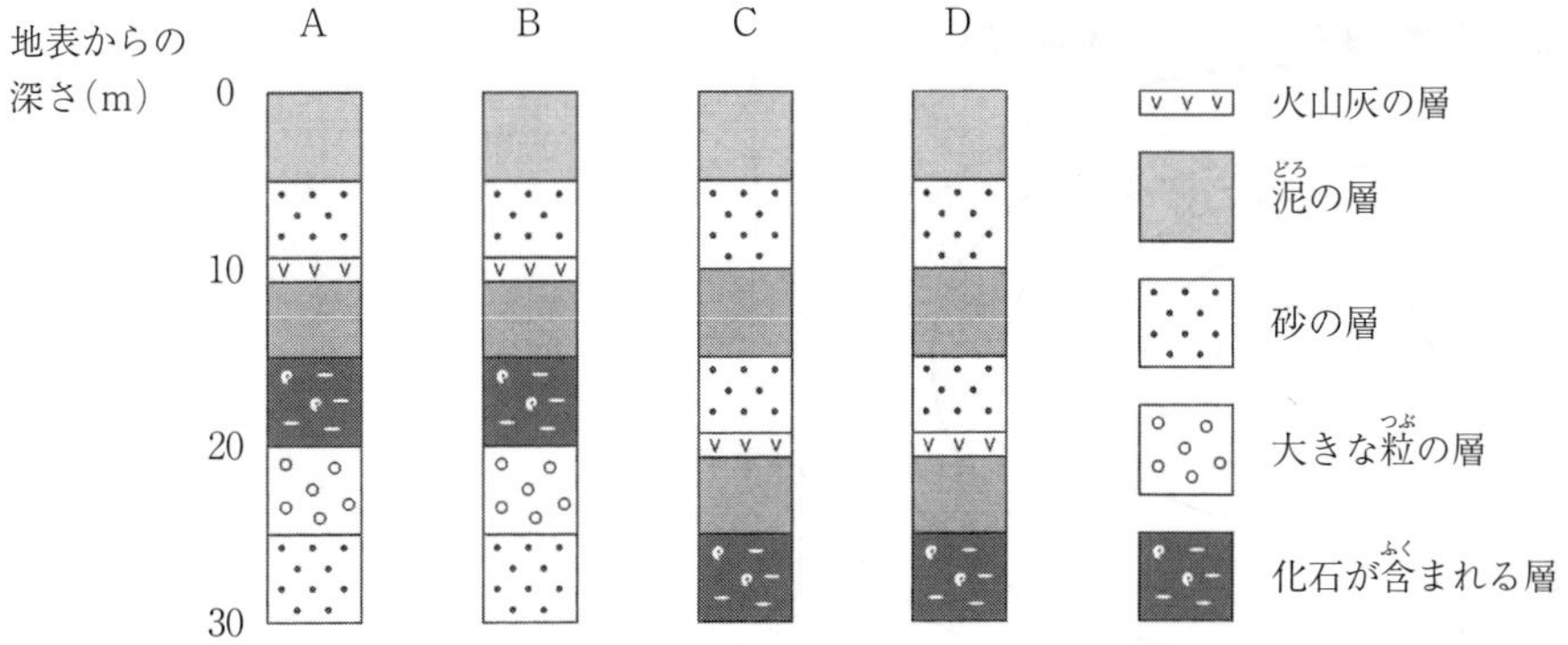

図２

(1)　図２の大きな粒《つぶ》の層は２mm 以上の大きさの粒が多く含《ふく》まれている層でした。このような粒の名前を答えなさい。

(2)　図２の化石が含まれる層からは右図のような化石が見つかりました。この化石の名前を答えなさい。

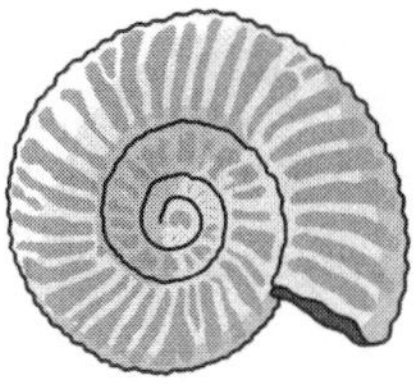

(3)　Ａ地点の真下にある火山灰の層は標高何ｍにあるか，答えなさい。

(4)　Ｄ地点の真下にある火山灰の層は標高何ｍにあるか，答えなさい。

(5)　図１のＥ地点でボーリング調査をしました。その結果を示したものとして最もふさわしいものを次の①～④の中から１つ選び，番号で答えなさい。

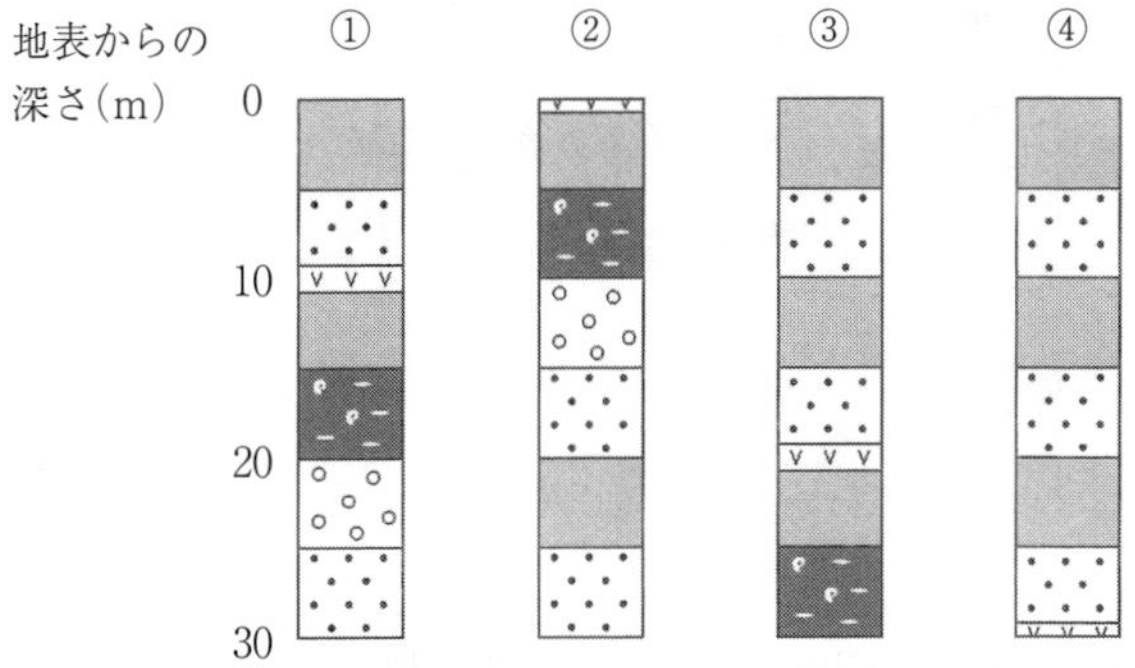

(6)　火山灰の層が地表で見られる場所としてふさわしい地点を，図１の一部を大きくした右図のア～カの中からすべて選び，記号で答えなさい。ただし，Ａ～Ｅ地点は黒点のみ示しています。また，火山灰の層は地表で観察できるように露出《ろしゅつ》しているものとします。

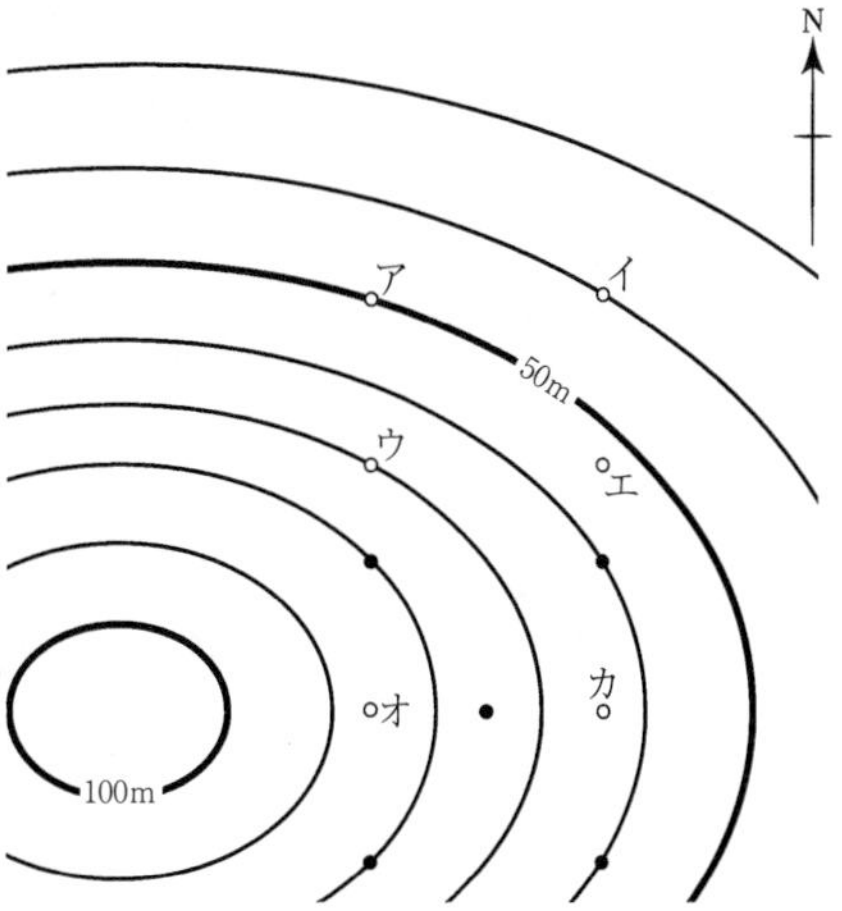

次に，図１とは別の山である図３の地形図に示した山で同じような調査をしました。このふたつの山はほとんど同じ形をしており，図３のＦ～Ｉ地点でボーリング調査をしました。その調査をした結果を示したものが図４です。また，この地域ではしゅう曲はありませんが，地層がずれる断層は見つかりました。

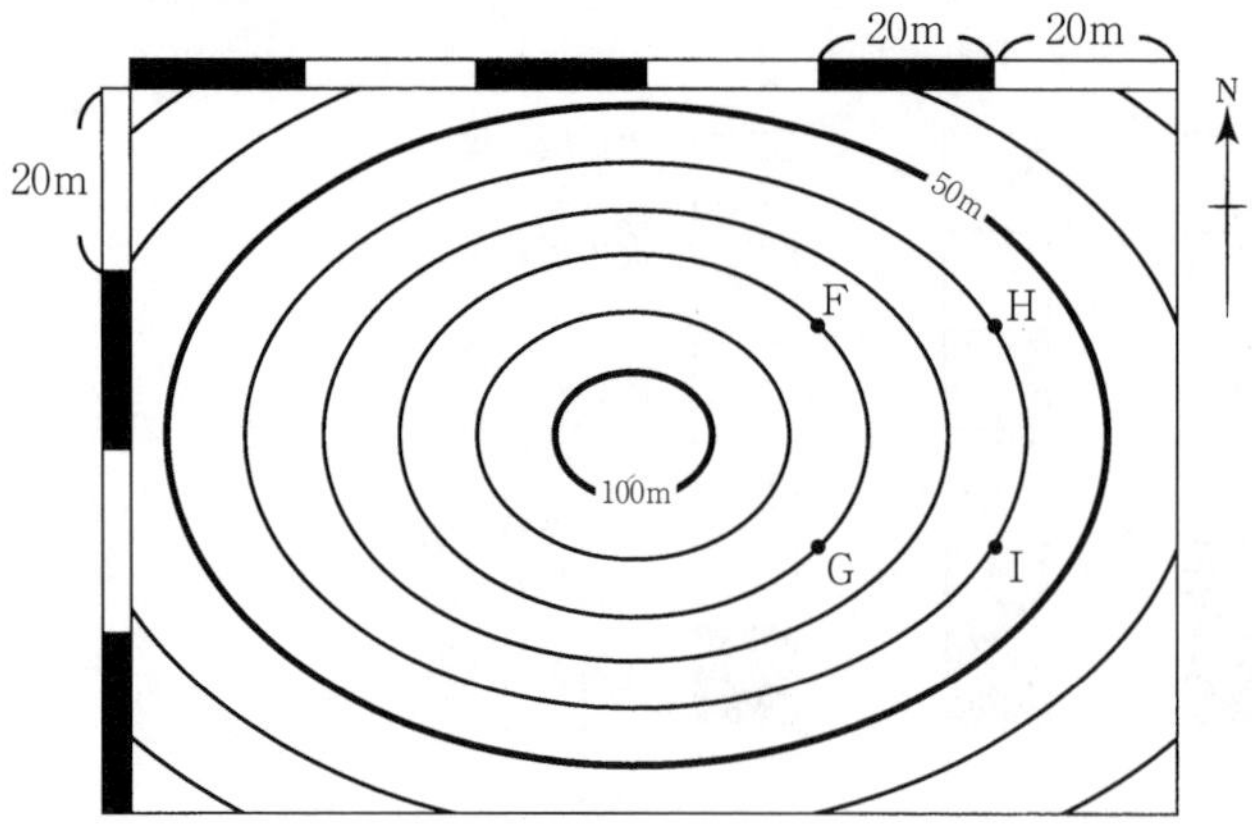

図３

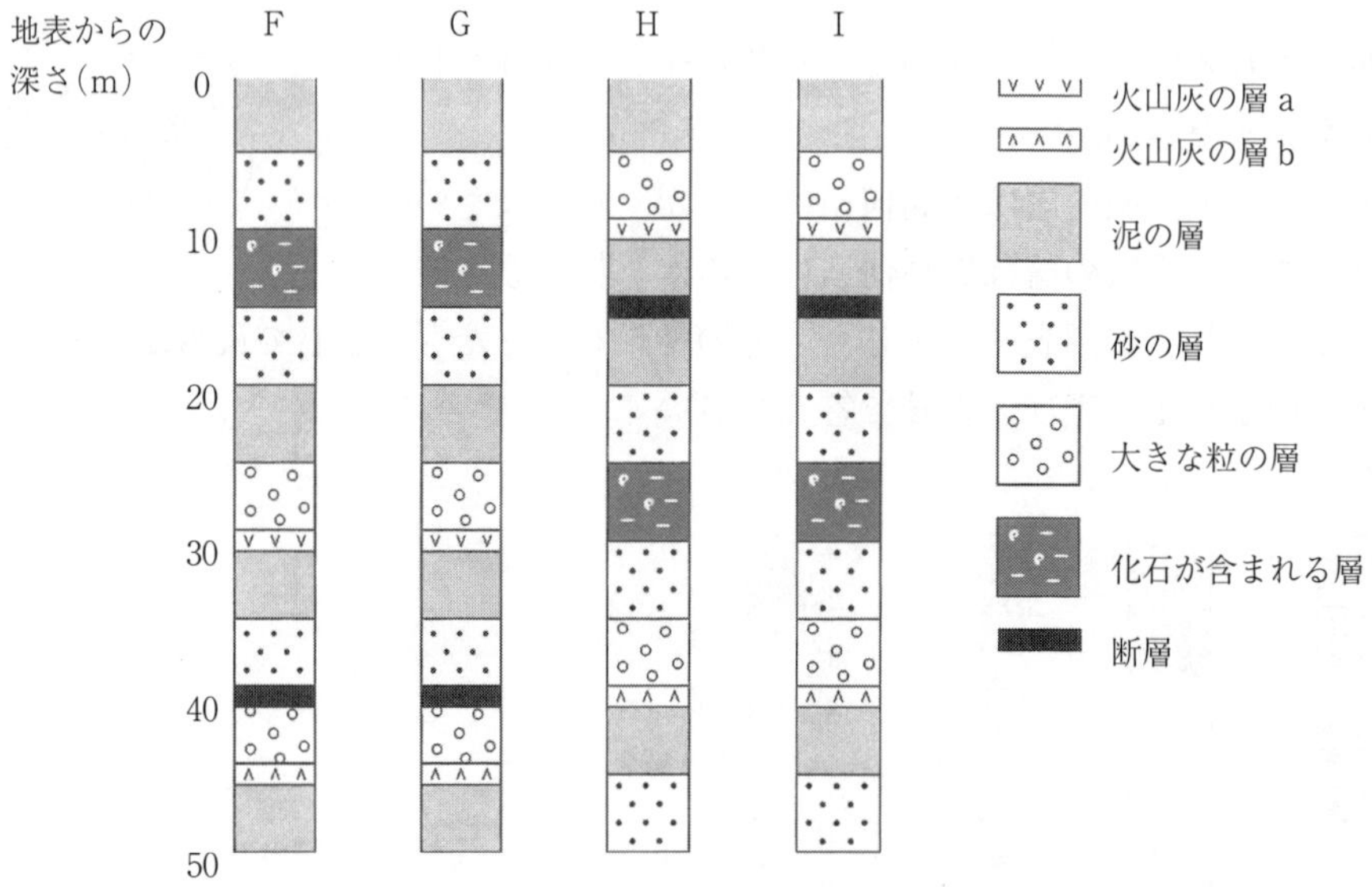

図４

(7)　この山の地質(地層や断層のようす)を東西方向で切り，南側から見た断面図のようすを示したものとして最もふさわしいものを，次の①～⑧の中から１つ選び，番号で答えなさい。ただし，この断面図には火山灰の層と断層しか示していません。

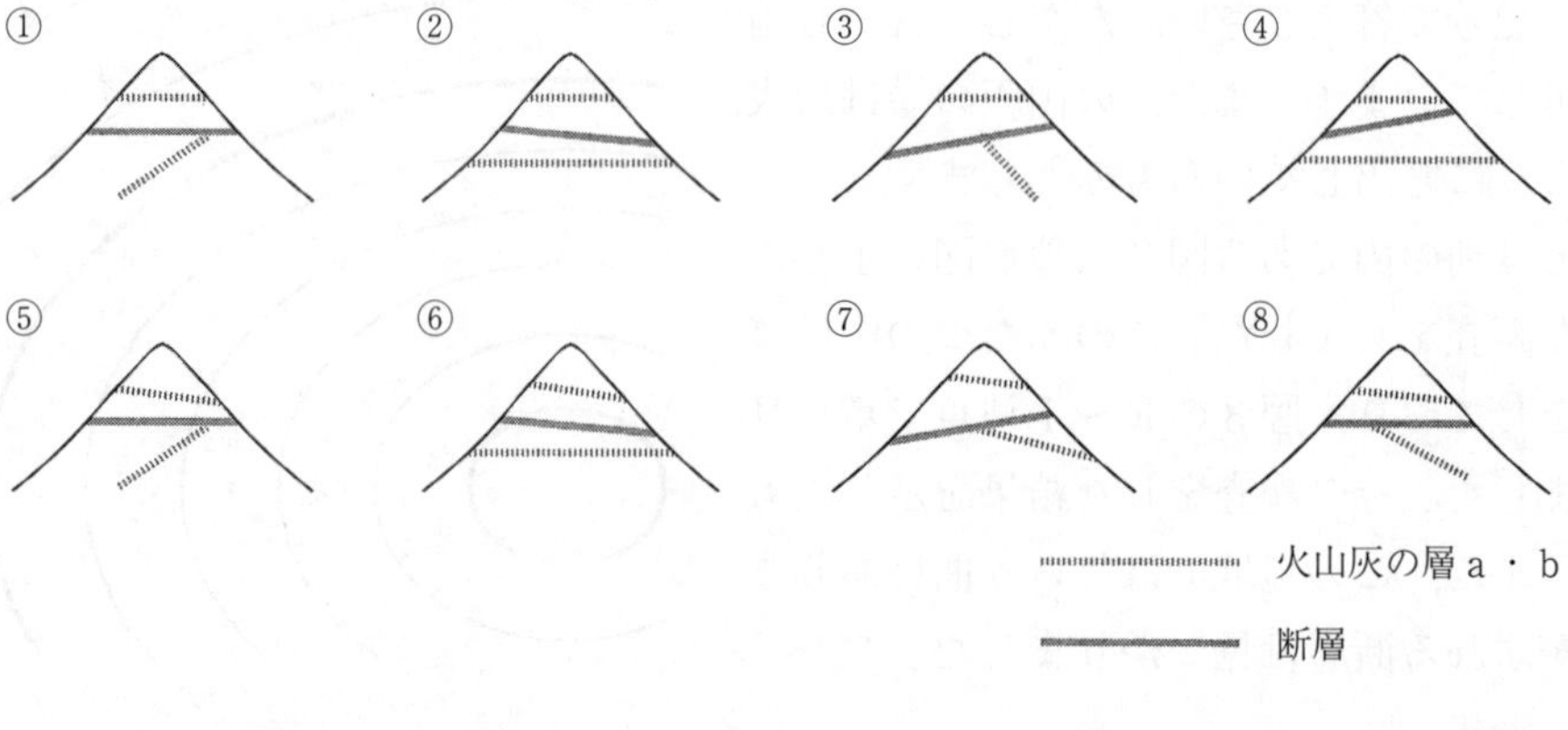

3　わさびは香辛料《こうしんりょう》の一つで，アブラナのなかまであるワサビという名前の日本原産の植物が原料です。天然のワサビは，山間の渓流《けいりゅう》など，光があまり当たらない涼《すず》しい場所に生えています。

食用のワサビは静岡県の中伊豆《なかいず》，長野県の安曇野《あづみの》など，低温の地下水が豊富にわき出ている場所にわさび田をつくって栽培《さいばい》します。中伊豆では，図１のように大きさの異なる石や砂を層状につみ重ね，その上を水が流れ続けるようにわさび田をつくっています。わさび田の水は底の石や砂の層を通って不純物などが取り除かれ，そこよりも下にある次のわさび田にもきれいな水が流れていきます。

ワサビのからだのつくりを図２に示します。そばやさしみにそえられる薬味《やくみ》としてのわさびは，根茎《こんけい》とよばれる茎《くき》の部分をすりおろして使っています。わさび田では，ワサビは水底に根を張り，根茎は水面下で成長していきます。このようにして育てられたワサビを沢《さわ》わさびといいます。

一方で，わさび田ではなく陸地でワサビを育てることもできます。陸地で育てられたワサビは畑わさびといいます。

あとの各問いに答えなさい。

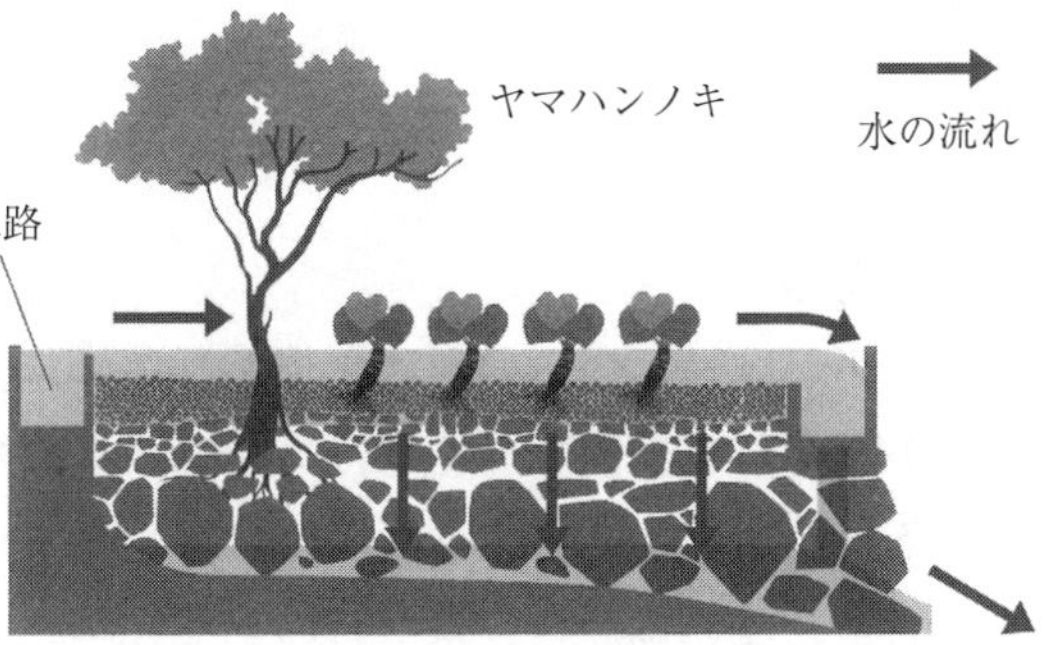

図１

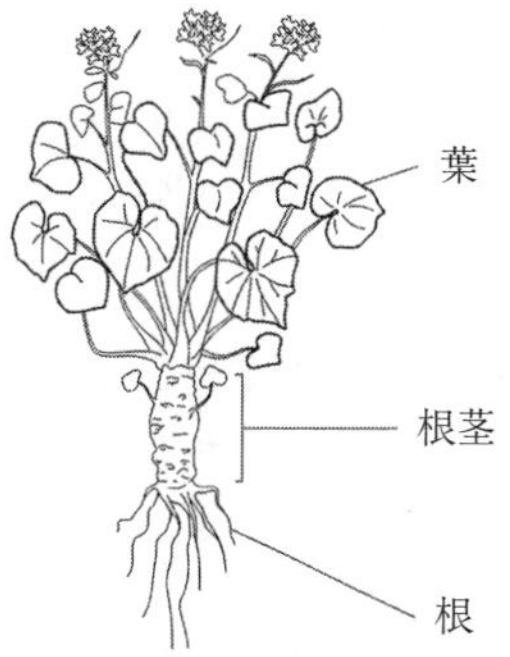

図２

(1)　ワサビと同じアブラナのなかまを次の①～⑤の中から１つ選び，番号で答えなさい。

①　タンポポ　　②　ダイコン　　③　サクラ　　④　ヘチマ　　⑤　アサガオ

(2)　ワサビのように，日本ではおもに水を張った場所に苗《なえ》を植えて栽培する植物としてふさわしいものを次の①～⑤の中から１つ選び，番号で答えなさい。

①　ニンジン　　②　レタス　　③　トウモロコシ　　④　イネ　　⑤　エンドウ

(3)　図１に示したわさび田と，(2)で答えた植物を栽培するようすについて，最もふさわしいものを次の①～⑤の中から１つ選び，番号で答えなさい。

①　わさび田ではため池の水を流し入れているが，(2)で答えた植物を栽培するところではため池からの水を流し入れることはない。

②　わさび田では水の流れがあるが，(2)で答えた植物を栽培するところでは水の流れがほとんどないかあっても遅《おそ》いことが多い。

③　わさび田では根だけが水中にあるように浅く水を張るが，(2)で答えた植物を栽培するところでは葉のすべてが水に浸《つ》かるように深く水を張る。

④　わさび田ではわさび田を通った水は別のわさび田に利用しないが，(2)で答えた植物を栽培するところでは水を別の場所でふたたび利用している。

⑤　わさび田では地下水の水量により水が流れなくなることがあるが，(2)で答えた植物を栽培するところでは用水路を利用しているので水が無くなることはない。

(4)　図２に示された根茎と同じ植物のからだの部分をおもに食用としているものとして，最もふさわしいものを次の①～⑤の中から１つ選び，番号で答えなさい。

①　ジャガイモ　　②　サツマイモ　　③　ダイズ

④　イチゴ　　⑤　リンゴ

(5)　図１のわさび田のヤマハンノキは，河原や湿地《しっち》など，木が生えにくい場所で大きく育つことができます。わさび田のヤマハンノキについて説明した次の文章の(ア)～(ウ)に当てはまる語句の組み合わせとしてふさわしいものを下の①～⑧の中から１つ選び，番号で答えなさい。

　ヤマハンノキは，他の木のなかまが大きく育つために必要な(　ア　)があまりなくても大きく育つのでわさび田に植えることができます。そして，ヤマハンノキの葉が(　イ　)をつくることで，わさび田の温度が(　ウ　)ならないようにしています。

	(ア)	(イ)	(ウ)		(ア)	(イ)	(ウ)
①	土	日かげ	低く	⑤	水	日かげ	低く
②	土	日かげ	高く	⑥	水	日かげ	高く
③	土	日なた	低く	⑦	水	日なた	低く
④	土	日なた	高く	⑧	水	日なた	高く

　ワサビの根茎が水の中にあると，そこから出る芽が成長しづらいため，根茎は芽の成長に必要な養分をたくわえることで太くなります。しかし，わさび田をつくるためには，豊富な地下水があることや土地の水はけがよいことなどの条件があり，そのような場所は限られます。

　栽培に水を使わず，大きな根茎の収かくを目的としない畑わさびは，日のあまり当たらない涼しい場所であれば，沢わさびよりも簡単に栽培することができます。畑わさびはおもに茎や葉を加工してつくるわさびの原料にします。

(6)　畑わさびの畑のようすとして最もふさわしいものを次の①～⑤の中から１つ選び，番号で答えなさい。

①

②

③

④

⑤

わさびと似た香辛料としてからしがあります。からしの原料はカラシナというアブラナのなかまで，私たちに辛《から》いと感じさせる成分は，わさびに含《ふく》まれている物質と同じです。また，大根おろしを辛いと感じるのも同じ物質です。

ヒトや多くの動物は，「あまさ」，「しょっぱさ」，「すっぱさ」など，いくつかの味がわかります。これらを味覚といい，それぞれの味覚を生じさせる決まった物質によって，その味を感じています。一方で，わさびやからしを口に入れたときに感じる「辛さ」は，これらの味覚とは異なり，「痛さ」に近いものです。また，ワサビやダイコンはすりおろしたとき，カラシナはその種《たね》をすりつぶしたときに辛さが強くなります。

(7)　ワサビやカラシナなどの植物が，からだの中に辛いと感じさせる物質をたくわえる目的を説明した次の文の(ア)，(イ)に当てはまる語句の組み合わせとして最もふさわしいものを次のページの①～⑥の中から１つ選び，番号で答えなさい。

ワサビやカラシナは，動物に(　　ア　　)物質によって(　イ　)と感じさせることで，その動物から食べられないようにする。

	（ア）	（イ）
①	かみくだかれることで出てくる	しょっぱい
②	かみくだかれることで出てくる	痛い
③	飲みこまれたものに入っている	しょっぱい
④	飲みこまれたものに入っている	すっぱい
⑤	ふみつけられたときに動物のからだにつく	痛い
⑥	ふみつけられたときに動物のからだにつく	すっぱい

4　十分な量の塩酸に炭酸カルシウムの粉末を加えたとき，炭酸カルシウムの重さと発生する気体の重さには，次の表1の関係があることが分かっています。

表1

炭酸カルシウムの重さ（g）	1.0	2.0	3.0	4.0	5.0
発生する気体の重さ（g）	0.44	0.88	1.32	1.76	2.20

ハマグリとホタテとカキの貝殻《かいがら》のおもな成分は炭酸カルシウムであり，貝の種類によってその貝に含《ふく》まれる炭酸カルシウムの割合が異なります。これらの貝殻に含まれる炭酸カルシウムの割合を調べるために，以下の実験を行いました。

あとの各問いに答えなさい。ただし，以下の実験では塩酸は炭酸カルシウムのみと反応するものとします。

〔実験1〕

1．ある濃《こ》さの塩酸を，重さの異なるビーカーA～Dに入れた。

2．それぞれのビーカーについて，ビーカーと塩酸を合わせた重さをはかった。

3．ハマグリ，ホタテ，カキの貝殻を細かく砕《くだ》いて粉末にした。

4．図1のようにビーカーA～Cにそれぞれの貝殻の粉末を10.0gずつ，ビーカーDに炭酸カルシウムの粉末を10.0g入れて反応させ，気体の発生が止まるまで放置した。

5．ビーカーを含めた全体の重さをそれぞれはかったところ，結果は表2のようになった。

6．反応後のビーカーA～Dの溶液を青色リトマス紙につけたところ，いずれも赤くなった。

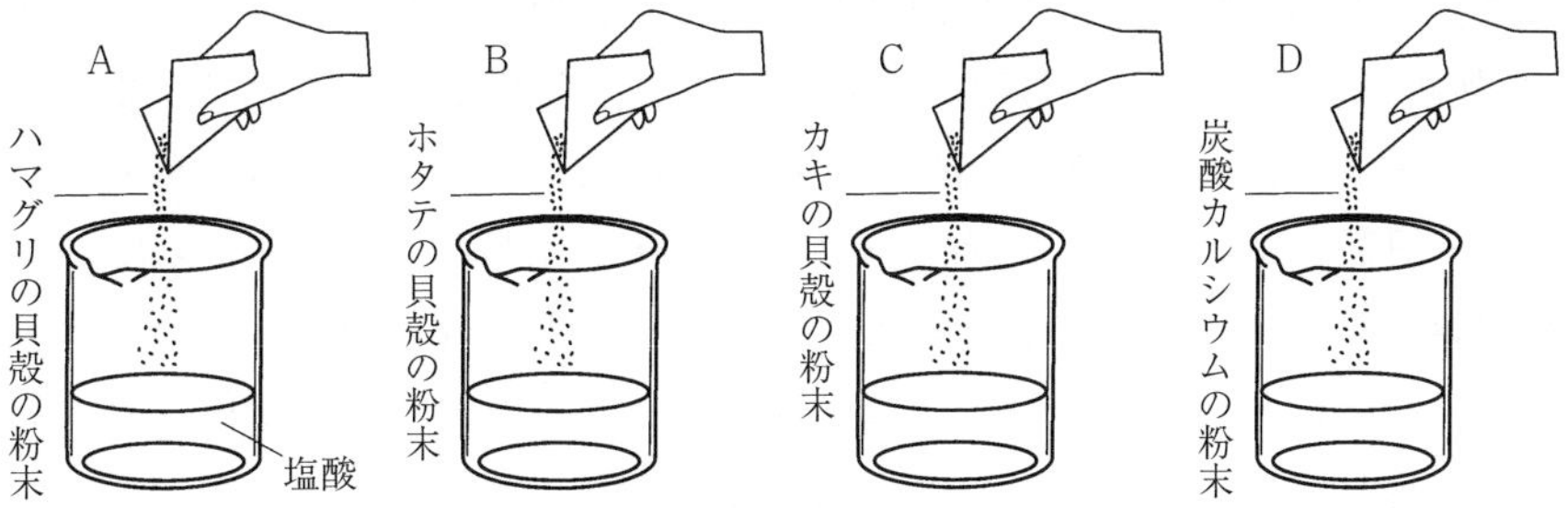

図１

表２

		A	B	C	D
反応前	ビーカーと塩酸の重さ(g)	97.2	97.9	97.4	98.5
	加えた粉末の重さ(g)	10.0	10.0	10.0	10.0
反応後	ビーカーを含めた全体の重さ(g)	103.2	103.7	103.5	104.1

(1)　〔実験１〕の６より，反応後のビーカーＡ～Ｄの溶液は何性であることが分かりますか。ふさわしいものを次の①～③の中から１つ選び，番号で答えなさい。

①　酸性　　②　中性　　③　アルカリ性

(2)　炭酸カルシウムの割合が最も多い岩石としてふさわしいものを次の①～⑤の中から１つ選び，番号で答えなさい。

①　凝灰《ぎょうかい》岩　　②　石灰岩　　③　玄武《げんぶ》岩　　④　チャート　　⑤　花崗《かこう》岩

(3)　〔実験１〕の４で発生した気体の名前を答えなさい。

(4)　〔実験１〕の結果から分かることとして，次の文章の(ア)に当てはまる数値を答えなさい。

　いずれのビーカーにおいても，反応後の全体の重さは，反応前の全体の重さに比べて軽くなっていることが分かる。これは，反応によって発生した気体が空気中に出ていったためであり，発生した気体の重さは，反応の前後における全体の重さの差に等しい。

　したがって，それぞれのビーカーで発生した気体の重さは，ビーカーＡで(　ア　)g，ビーカーＢで4.2g，ビーカーＣで3.9g，ビーカーＤで4.4gであることが分かる。

(5)　ハマグリ，ホタテ，カキの貝殻のうち，貝殻に含まれる炭酸カルシウムの割合が最も大きいものを答えなさい。

(6)　カキの貝殻に含まれる炭酸カルシウムの割合(%)を答えなさい。ただし，答えは小数第一位を四捨五入して整数で答えること。

ホタテの貝殻はチョークの原料としても使用されており，このようなホタテの貝殻の使用は産《さん》業《ぎょう》廃《はい》棄《き》物《ぶつ》として処理されるホタテの貝殻の有効な活用方法として注目されています。ホタテの貝殻を原料としたチョークは，ホタテの貝殻の粉末と炭酸カルシウムの粉末を混ぜてつくられており，ホタテの貝殻の割合によってチョークの書き味が変わることが知られています。

ホタテの貝殻を原料としたチョークに含まれるホタテの貝殻の割合を調べるために，このチョーク50.0ｇを砕いて粉末にし，十分な量の塩酸を加えたところ，21.9ｇの気体が発生しました。反応後の溶液を青色リトマス紙につけたところ，赤くなりました。

(7)　このチョーク50.0ｇをつくるために使用されたホタテの貝殻の重さ(ｇ)を答えなさい。ただし，このチョークの原料はホタテの貝殻と炭酸カルシウムのみであったものとします。

ウ　うやむやにした　　エ　隠《かく》さずにいった

問五　——線③とありますが、「母のあたたかい心づかい」とは、どのようなことをさしているのですか。「ごちそう」ということばを必ず用いて、35字以内で答えなさい。

問六　次の文は、——線④について、一つの解釈《かいしゃく》を述べたものです。後の設問Ⅰ・Ⅱに答えなさい。

今しがた、［A］ような気がしたのは、やはりまちがいであって、恵子ちゃんの［B］に気づいてあげられなかった自分は、恵子ちゃんにほんとうにかわいそうなことをしてしまったのだ、と思いあたり、ミンコは胸をいためている。

Ⅰ　［A］に入ることばを、文中から15字以上20字以内で抜《ぬ》き出《だ》しなさい。

Ⅱ　［B］に入ることばをひらがな4字で答えなさい。ただし、文中のことばを名詞のかたちにして記すこと。

三

次の問いに答えなさい。

問一　次の①～⑥の——のカタカナを、漢字に直しなさい。

① 台風で運動会がエンキになった。
② 宝物をヒミツの場所にしまう。
③ 美しい光景が私のノウリに焼き付いている。
④ 希望したジョウケンに合うものを見つけられて満足する。
⑤ カンラン車から東京の街を一望する。
⑥ どの説明もスイソクの域を出ない。

問二　次の①②の□に共通して入る漢字一字を答えなさい。

① 隊列が一□乱れず行進している。
② 目的のためにはお金に□目をつけない。

問三　次の四字熟語と同じような意味を持つものとして最も適当なものをア～エから選び、記号で答えなさい。

【一所懸命】

ア　一念発起　　イ　言行一致
ウ　一意専心　　エ　一日千秋

問四　次の□にはそれぞれ漢数字が入ります。すべて足した答えを漢数字で答えなさい。

□里霧中　（どうすべきか判断に迷い、方針や見込みが全く立たないこと。）
□人□色　（好みや考えは人によってそれぞれ違うということ。）
□差□別　（いろいろな種類があり、その違いが様々であるということ。）

問五　次の①②それぞれにおいて、熟語の構成が他の三つと異なるものをア～エから選び、記号で答えなさい。

① ア　投網　　イ　読経　　ウ　造園　　エ　賃貸
② ア　永久　　イ　訪問　　ウ　欲望　　エ　名実

問六　誤った敬語の使い方がなされている文を次の中から一つ選び、記号で答えなさい。

ア　先輩《せんぱい》の自宅に招待され、料理をいただいた。
イ　両親が運動会にお越しになった。
ウ　市長が会議のはじめに挨拶《あいさつ》をなさった。
エ　お客様の要望をうかがった上で、方針を決める。

「ミンコ、恵子ちゃんは？」

と、聞いた。

「うんにゃ、いっちょらん《いっていない》」

「やっぱりね。昼間、うちであの子の声がしたけん《から》、ひょっとしたら、っち《って》、思うちょった《思っていた》ら、やっぱり、いかれんじゃったとじゃんね」

母は、自分の分の皿を持つと、うらへ出ていった。ミンコは、すこしホッとした。そして心の中で、

(やっぱり、ミンコの母ちゃんばい)

と、③母のあたたかい心づかいが、うれしかった。しばらくすると、母は、小皿に焼きいもをのせて帰ってきた。

「売れ残りじゃばってん《だけれども》、ち《って》いうて、くれたとよ。さあ、ミンコが食べろ」

母が、ミンコの前に小皿をおいた。ミンコは、おなかがすいていたので、大口をあけて、パクパク食べた。冷《ひ》えたイモを食べていると、今日の自分のうらぎりが、ゆるされたような気がした。

「ミンコ、これからは、どっかへいくときにゃ、かならず恵子ちゃんば《を》、さそえよ！　ごちそうが作れる、作れんは二の次じゃけんね。あん《あの》子はすなおな子じゃけん、ひがまんばってん《ひがまないけれども》、やっぱ、さそわれんじゃったら、さびしかけんね」

やさしくさとすようにいったが、④母のことばは、ミンコの胸に強くこたえた。

恵子の家の焼きいも屋は、あまり売れていなかった。その原因を、

「愛想《あいそ》が悪かもん《悪いもの》。どうせお客さんで《お客さんとして》買うと《の》なら、愛想の良かとこ《良いところ》がよか《よい》もんね」

と、ミンコの家へやってきたおとなたちが、いっていた。

「ふたりとも性分《しょうぶん》じゃけん《だから》、急に愛想よう《よく》できんとじゃろね。つんだひかね(かわいそうだね)」

母は、同情《どうじょう》していた。春だけで、恵子の家は焼きいも屋をやめた。

(今井美沙子『少女ミンコの日記』による)

問一　――線①からは、ミンコのどのような心の動きがうかがえますか。最も適当なものを次の中から選び、記号で答えなさい。

ア　みんなを驚《おどろ》かそうと思っていたが、すぐにあきらめた。

イ　みんなに対してひけめを感じたが、それをふりきった。

ウ　幸子の気づかいを感じつつも、気づかないふりをしようとしている。

エ　幸子への対抗《たいこう》意識がめばえつつも、それをおさえこもうとしている。

問二　次の脱落《だつらく》文は、文中の【A】～【E】のどこに入りますか。最も適当な箇所《かしょ》を記号で答えなさい。

いつも恵子と仲よしなのに、ほんとうは、自分のことしか考えてなかった、と思いあたったのだった。

問三　――線②とあるが、ミンコがほっとしたのはなぜですか。最も適当なものを次の中から選び、記号で答えなさい。

ア　覚悟《かくご》して正直に謝《あやま》ったことが、姉たちの朗《ほが》らかな笑いをさそったから。

イ　姉たちにこっぴどく叱られると思っていたが、わずかな小言だけですんだから。

ウ　深く反省している態度を見せたことが、うまく功を奏して、姉たちをなごませたから。

エ　叱られることなくむしろ、謝るようなことはしていない、と姉たちにとりなしてもらえたから。

問四　文中の□に入ることばとして最も適当なものを次の中から選び、記号で答えなさい。

ア　うそをいった　　イ　冗談《じょうだん》めかした

「かまぼことかえてくれろ」

「煮しめとかえてくれろ」

いもの天ぷらに、人気が集中した。みんなにたりよったりの重箱の中味だったので、いもの天ぷらがめずらしかった。ミンコは、喜んで交換《こうかん》した。帰りぎわには、ミンコの重箱は、ごちそうではみ出さんばかりになった。

ミンコは、ひとりで食べようとは思わなかった。姉たちの朝のことばを思い出していた。

「ミンコ、ごちそうば《を》作ってくれっちいうたらいけん《ていったらいけないよ》ぞ。ミンコは、かしこかけん《かしこいから》、いわんね《いわないね》。かしこかもんね」

姉たちは、きっと学校から帰ってきても、いもの天ぷらさえねだらずに、またそうけ《竹製のざる》を持って、田んぼへ、せり採《と》りに行っているだろう。

（おりゃあ《わたしは》、食べんでもよか《よい》、持って帰って、兄ちゃんや姉ちゃんどん《たち》が食べたらよか。うんまかっち《うまいねぇって》、いうじゃろうなあ。はよう《はやく》持って帰って食べさせんば《なければ》）

そう思うと、ミンコの胸は、喜びで、はちきれそうだった。

宗念寺《そうねんじ》の坂道を、ワァーッと、みんなでかけおりるときになって、ミンコは、恵子が仲間にくわわっていないことに気がついた。【B】

「ああ、どげん《どう》しよう」

と、ミンコは思って、立ちどまった。

「ミンコちゃん、どげんしたと?」

友だちも立ちどまって、心配そうに聞いた。

「うん、恵子ちゃんば《を》さそうとば《のを》、わすれた」

と、ミンコは答えた。

「また来年、さそうたらよかじゃん《いいじゃない》」

友だちはこともなげにいったけれど、ミンコは恵子をうらぎったようで、心が暗くなった。【C】

家が近くなった。

「おみやげ三つ、たこ三つ」

やす子が、ミンコの背中をたたいた。ミンコも、たたきかえした。幸子にも邦子《くにこ》にもおもいきりたたかれて、ミンコの心はすこし明るくなった。【D】

（こん《この》ごちそうば見たら、みんなびっくりするばい）

そう思うと、はやくごちそうを見せたくて、ミンコは、また走った。

重たい重箱が、カタカタとゆれた。

家に着くと、ミンコはまず、姉たちにあやまった。【E】

「姉ちゃん、ごめん。朝、いわれとったとに《ていたのに》、泣いて母ちゃんにせがんだとよ《のよ》」

「ミンコ、よかとよ《いいのよ》。母ちゃんに聞いた。せがんでも、いもの天ぷらなら、せがんだうちに入らんもん《入らないもの》、ね」

姉たちは、顔を見あわせていった。②ミンコは、ほっとして、重箱を母にわたした。母は重箱の引き出しをあけると、

「あらよー《あらまぁ》、ごちそうばい」

感嘆《かんたん》の声をあげた。

「ミンコよい《よ》、せっかく、みんなと田んぼへ行ったとじゃけん、あが《あなた》が全部食べてくれればよかったとに《のに》……」

「うんにゃ《いいや》、おらぁ、腹いっぱい田んぼで食べてきたけん、おなかいっぱいたい」

ミンコは、□。

「さあ、さあ、淑子《よしこ》に智子《ともこ》、小皿ば《を》六枚出してくれろ。ごちそうば、わけるけんね《からね》。ミンコは食べたっち《て》いうちょるばってん《けれども》、またおなかがすくかわからんけん、ミンコにもわけるけんね。家族みんなと食べるのも、またよかもん《いいもの》じゃけん」

と、いったあと、急に思いだしたように、

ウ　難民の受け入れは、彼らに公共サービスや雇用を提供することだけでなく、自国民への配慮《はいりょ》が不可欠である。

エ　日本はヨーロッパ諸国に比べて難民認定率は低いが、在留許可によって社会で活躍《かつやく》できる機会を与えている。

オ　難民登録されている以上に人々がヨルダンへ流入しているが、経済の活性化に貢献《こうけん》して失業率は低下した。

二

次の文章を読んで、後の問いに答えなさい。〈問題は**問一**から**問六**まであります。〉なお、本文の改行において、設問の都合上、原文と異なる部分があります。また、方言を用いた部分については、適宜《てきぎ》、本文の左側〈　〉内に共通語による表現をそえてあります。

《ここまでのあらすじ》

舞台《ぶたい》は長崎県五島《ごとう》列島、福江島福江《ふくえじまふくえ》の新栄町《しんえいまち》。町の外れに、家族7人で暮らすミンコ（美沙子《みさこ》）は6歳《さい》。終戦の翌年に生まれた。戦地から帰った父は不慣れな船乗りになり、家はどん底の生活が一年近く続いている。一家の裏手には、仲良しの恵子《けいこ》の家がある。恵子の父は元軍人。誇《ほこ》り高《たか》く、周囲から「軍人さん」と呼ばれ、母も「奥《おく》さま」と呼ばれていた。しかし敗戦で職業がなくなり、家財道具も売り尽《つ》くして、生活のために焼《や》き芋屋《いもや》を始めた。

春、3月3日の朝。家の事情がわかっている姉たちは、ひな祭りだからといって母にごちそうを作ってくれなどとねだってはいけない、とミンコに念をおして登校していった。姉たちが出て行った後、繁盛《はんじょう》している町内の子どもたちがミンコを誘《さそ》いに来た。お寺の下の田んぼ（この季節はれんげ畑になっている）で去年のようにひな祭りのごちそうを食べよう、という。ミンコは、田んぼに行きたくて、ごちそうをねだった。母親は困り果て、なおもねだるミンコを叱《しか》りながら、目には涙《なみだ》が光った。ミンコは思いついて、いもの天ぷらでいい、という。母親は、それならばといって、山盛りのいもの天ぷらを揚《あ》げ、重箱を用意した。玄関《げんかん》のわきで、着飾った子どもたちが待っている。母親は、姉からのお下がりの着物をミンコに着せ送り出した。

ミンコたちは、表へ走り出た。ミンコはうれしくて、そのうれしさが、ミンコの小さいからだからはみ出しそうだった。約束どおり、みんなと田んぼへいけるのがうれしかった。いもの天ぷらだけでもうれしかった。あまりにも心がはずみすぎて、なかよしの恵子がその仲間にくわわっていないことを、すっかりわすれていた。【A】

「わぁーい、わぁーい」

田んぼへ着くなり、重箱を開いた。友だちの重箱には、えびやいか、色とりどりのかまぼこ、卵焼き、たけのこ、れんこん、煮《に》まめが、色どりよくつめられていた。そのごちそうを見て、ミンコはびっくりした。こんなごちそうを見たのは、はじめてだった。ミンコがおどろいて見ていると、

「ミンコちゃんのには、何が入っとる〈てる〉？」

と、幸子《さちこ》が聞いた。

「うん、今、あけるばい〈よ〉」

①ミンコは、いさぎよく重箱を四段あけた。黄色のいもの天ぷらばかりが、顔を出した。

「ワァー!!　おいしそうじゃ！」

みんなが、ミンコの重箱に歓声《かんせい》をあげた。

「ミンコちゃん、えびとかえてくれろ」

「ゆで卵とかえてくれろ」

人を社会の一員として受け入れ、共生する道を築こうとしているのだ。

　ところで、わが日本の難民受け入れ状況《じょうきょう》をご存じだろうか。ヨーロッパの国々が、軒並《のきな》み十数パーセント以上の認定《にんてい》率のところ、日本は０・７パーセント（２０２１年）。認定数で言うと３桁《けた》少ない74人だ。この圧倒的《あっとうてき》な認定率の低さには、難民認定基準の厳しさがあるといわれる。難民として認められなくても、一時的な在留特別許可が与《あた》えられることもあるものの、社会の一員として受け入れていこうというステージにはまだない。ヨルダンのシリア難民のことも心配だが、自分が生きるこの国の [Y] も心配だ。


（岡根谷実里『世界の食卓《しょくたく》から社会が見える』による）

※ ＵＮＨＣＲ…国連難民高等弁務官事務所。
　雇用…働いて生きていけるようにすること。

　潤沢…たくさんあること。

　軋轢…争いが生じて、仲が悪くなること。

　サマルが英語を教える家庭教師先の家…ヨルダン人の家。

　マクドゥース…シリアやレバノンの家庭料理。茹《ゆ》でたナスにパプリカペーストやクルミを挟《はさ》み、オイルに漬《つ》けた保存食。

　うぶ…ういういしいこと。

　緩和…ゆるめること。

　正規雇用…正社員として働けること。

　脆弱…弱い。

問一　筆者は [　] の中で――線①をくり返し説明している。それを簡潔に示した次の一文について、後の設問(1)(2)に答えなさい。

シリアでは、[Ⅰ] が [Ⅱ] 化して出口の見えない状態に陥《おちい》った結果、[Ⅲ] となって現在も故郷に戻《もど》れずにいる状況が背景にある。

(1)　[Ⅰ] [Ⅱ] に入ることばを、文中の [　] からそれぞれ漢字２字で抜《ぬ》き出《だ》して答えなさい。

(2)　[Ⅲ] にあてはまることばを、文中の [　] から15字で抜き出して答えなさい。

問二　次の脱落《だつらく》文は、文中の【A】〜【D】のどこに入りますか。最も適当な箇所《かしょ》を記号で答えなさい。

それくらい生活の中に当たり前に「難民」がいるわけだ。

問三　[X] にふさわしい内容の文を「善」と「損」という語を必ず入れて、30字以内で答えなさい。

問四　――線②とありますが、なぜ筆者は励まされたのですか。最も適当なものを次の中から選び、記号で答えなさい。

ア　ヨルダン人が国の政策に満足し、難民による不利益を言い立てなくなったのを目の当《まあ》たりにしたから。
イ　軋轢をはらみながらも、ヨルダン人がシリア人のもたらしたものに感謝する姿に、共存の兆《きざ》しが感じられたから。
ウ　自分も気に入っているシリア菓子の評判が、彼らのイメージアップになっていることに気が付いたから。
エ　シリア菓子がシリアとヨルダン両国の架《か》け橋《はし》になっているのを見て、それが紛争をも解決すると確信したから。

問五　[Y] に入ることばとして最も適当なものを次の中から選び、記号で答えなさい。

ア　若者　　イ　雇用　　ウ　評判　　エ　未来

問六　本文の内容に合っているものを次の中から２つ選び、記号で答えなさい。

ア　具体的な数値が示されることによって、シリア難民の置かれた厳しい経済事情が分かるようになっている。
イ　シリア難民の開いた菓子屋に刺激されて、ヨルダン人はそれよりもおいしいお菓子を作れるようになった。

レスチナ難民も、２３０万人ほどいる。イラク戦争による難民６・５万人などもいて、すべて合わせて単純計算すると、人口の３割ほどが難民ということになる。ものすごい数だ。小学校に行ったら、クラスの10人くらいは難民ということなのだろうか。「ヨルダンに住んでいる人の７割くらいはパレスチナ系なんだよ」と教えてくれた人もいる。結婚《けっこん》などによって同化が進んでいるからだろうか、本当の数字はわからないし、見ためで区別することもほぼできない。【C】

単純に難民受け入れ人数だけ聞くと、「大勢の難民を受け入れていてえらい」と言いそうになるけれど、受け入れ国の負担は大変なものだ。医療《いりょう》・社会保障・教育などの公共サービスを難民にも提供しなければいけないし、砂漠《さばく》気候なので飲料水の確保も問題だ。そしてそれらには大きな財政支出が伴《ともな》う。また、シリア内戦前のヨルダンの失業率は12パーセント程度だったが、２０１４年頃《ごろ》から急上昇《きゅうじょうしょう》して２０２１年には19・３パーセントにのぼっている。難民の就業機会も重要なテーマだが、その前にヨルダン人の※雇用《こよう》を守らなければいけない。しかしシリア人の就業を制限して十分な生活費を支給し続けられるほど※潤沢《じゅんたく》な資金があるはずもない。結果、２０１８年現在ヨルダンに住むシリア難民の85パーセントは貧困《ひんこん》ライン以下の生活をしている。【D】

財政的な負担増や、もともと生活する人々の暮らしへの影響《えいきょう》に加えて、難民は犯罪を起こすなどといった必ずしも根拠《こんきょ》のないイメージによって、多くの国で難民受け入れは※軋轢《あつれき》を生む。ヨーロッパでは難民政策が選挙の争点の一つになるくらい、身近な関心事だ。それはそうだ、［　X　］と思うと、なかなか気持ちよく納得《なっとく》はできない。

ヨルダンの場合はどうなのか。もちろん、軋轢がないわけではない。しかも、シリア人の約80パーセントは難民キャンプの外に暮らし、街で生活を共にしているのだから、社会インフラを分け合わなければいけない機会も多い。けれど、ヨルダンに住むヨルダン人たちに話を聞いて印象的だったのが、「シリア人はおいしいものをもたらしてくれたから」という言葉だった。特に、シリア人が営《いとな》むお菓子屋さんは素《す》晴《ば》らしいという。「シリア人が来て街の菓子屋のレベルが上がった」という話も聞いた。さらっと発されたその言葉に、②なんだかすごく励《はげ》まされた。また、※サマルが英語を教える家庭教師先の家で※マクドゥースをお裾分《すそわ》けしたら、その方は顔をほころばせて喜んでいた。こちらまでうれしくなった。

もちろん、どんなにシリア菓子が評判でも、紛争《ふんそう》は解決しないし、ヨルダンの財政問題が解決するわけではない。「シリア菓子はおいしいからヨルダン人は難民を歓迎《かんげい》している」というのはあまりに※うぶだろう。

しかし政策的にも、ヨルダンがシリア人を受け入れる一歩を踏《ふ》み出《だ》しているのは注目したい。２０１６年、ヨルダン政府はシリア難民の就労許可基準を※緩和《かんわ》した。医療等の外国人就労が認められない分野を除いて、複数の分野で※正規雇用の申請《しんせい》ができるようになった。これはかなり異例の政策で、難民というのは普通《ふつう》、正規の仕事につけずに非正規の仕事で身を立て、※脆弱《ぜいじゃく》な立場に置かれる。キャンプ内に住んでいても物売りなどではなく正規の仕事につけるというのはすごいことなのだ。

実際、これによって就労許可者は、２０１５年12月から２０１６年12月の１年間で４０００人から４万人に急増した。加えて、すでにシリア人が行っていたビジネスを正式に認めたり新規の開業を認めたりする方針を出した。それまで非正規だったシリア人の菓子屋も、正式にビジネスとして認められるようになったのだ。お菓子がおいしいからシリア人はウェルカムというだけの話でなく、政策的にも、シリア

2024年度 国学院大学久我山中学校

【国　語】〈第一回試験〉（五〇分）〈満点：一〇〇点〉

〔注意〕１　設問の関係で、原文とは異なるところがあります。
２　句読点（、や。）その他の記号（「や〃など）は1字分として数えます。

一　次の文章を読んで、後の問いに答えなさい。〈問題は**問一**から**問六**まであります。〉設問の都合上、本文の表現を一部改めた箇《か》所《しょ》があります。

筆者は、世界各地の家庭の台所を訪《おとず》れて一緒《いっしょ》に料理をし、料理を通して見える暮らしや社会の様子を発信している。

筆者はヨルダンで、「料理上手な方だ」と、サマルさん（シリア難民）一家を紹介《しょうかい》された。彼女の家庭を訪問した後で、シリア難民をめぐる社会事情を記したものが以下の文章である。

その後ヨルダンで過ごす中でも、ヨルダン人から「シリア菓子《がし》はおいしい」という話をたびたび聞いて、シリアへの憧《あこが》れがずんずんと募《つの》っていった。

しかし、①シリア菓子屋がなぜヨルダンにあるのかという事情を知ると、今すぐ行ける状態でないという現実が身に沁《し》みる。ヨルダンもスーダンも、街角の菓子屋を動かしているのは、シリアからの難民だ。２０１１年に端《たん》を発するシリア内戦は10年以上経《た》っても終わりが見えず、住んでいた人々の半数以上が難民として国内外に逃《のが》れた。今世紀最大とも言われる難民の発生は、どうして起きたのだろうか。

シリア内戦は、中東諸国に波及《はきゅう》した民主化運動「アラブの春」が発端《ほったん》だった。シリアでも40年間続いていた独裁政権に対する不満が高まっており、２０１１年に抗議《こうぎ》デモがはじまった。これが、周辺国からの武力支援《しえん》を得るなどして内戦へと発展。政府側・反政府側両陣営《じんえい》に過激派組織が参戦したことなどで泥沼化《どろぬまか》し、出口の見えない内戦が２０２３年現在も続いている。

その間に、安心して暮らせる場所を求めて、多くの人が家を離《はな》れた。シリア国外に逃れた国外避難民《ひなんみん》は６８０万人、国内の別の場所に避難した国内避難民は６９０万人。あわせるとその数約１３７０万人におよぶ（※ＵＮＨＣＲ、２０２１年12月時点）。国連統計では、内戦直前の２０１１年の人口が２２７０万人ほどだから、そこに生活していた人の半分以上の数が難民になったということだ。１３００万人というのは、東京都の人口に匹敵《ひってき》する。テレビのニュースで、荒廃《こうはい》した街の様子を見たことがあった気がするけれど、改めて数字で知ると途方《とほう》もない規模で人々が住む場所を失ったという現実に呆然《ぼうぜん》とする。今世紀最悪の人道危機ともいわれる内戦の犠牲《ぎせい》は、あまりに大きい。【Ａ】

そして、国外に逃れた６８０万人の難民を受け入れたのは、隣接《りんせつ》する国々だ。一番多いのはトルコで、次いでレバノン、ヨルダンも66万人以上の難民を受け入れている。ただしこれは難民登録されている人数で、ヨルダンの人口統計によると１３０万人ほど住んでいるとされる。ヨルダンの人口が約１０００万人だから、その約7パーセントにあたる人々が流入してきたことになる。なかなかな割合だ。【Ｂ】

その上、ヨルダンには１９４８年の第一次中東戦争以降発生したパ

2024年度

国学院大学久我山中学校 ▶解説と解答

算 数 ＜第１回試験＞（50分）＜満点：100点＞

解 答

1 (1) 95 (2) $\frac{11}{16}$ (3) $\frac{7}{12}$ (4) 11 2 (1) 80個 (2) 99.9％ (3) $12\frac{8}{11}$分後 (4) 28 g (5) 200個 (6) $12cm^2$ (7) 3倍 3 (1) 11 (2) 42 (3) 77 (4) 437 (5) 2491 4 (1) 毎秒 $6\ cm^3$ (2) 52秒後 (3) 15秒後 (4) 毎秒$7.6cm^3$ (5) $27\frac{12}{19}$秒後

解 説

1 四則計算

(1) $121\div11+7\times(4+8)=11+7\times12=11+84=95$

(2) $2.25\times\left(\frac{1}{4}-\frac{1}{6}\right)+0.5=2\frac{1}{4}\times\left(\frac{3}{12}-\frac{2}{12}\right)+\frac{1}{2}=\frac{9}{4}\times\frac{1}{12}+\frac{1}{2}=\frac{3}{16}+\frac{8}{16}=\frac{11}{16}$

(3) $1\frac{2}{3}\times\frac{4}{11}\times2\frac{1}{5}-\frac{27}{28}\div1\frac{2}{7}=\frac{5}{3}\times\frac{4}{11}\times\frac{11}{5}-\frac{27}{28}\div\frac{9}{7}=\frac{4}{3}-\frac{27}{28}\times\frac{7}{9}=\frac{4}{3}-\frac{3}{4}=\frac{16}{12}-\frac{9}{12}=\frac{7}{12}$

(4) $3\frac{1}{4}+\left\{\frac{3}{8}\div\frac{4}{9}+\left(\frac{1}{4}-0.125\right)\right\}\times8=3\frac{1}{4}+\left\{\frac{3}{8}\times\frac{9}{4}+\left(\frac{1}{4}-\frac{1}{8}\right)\right\}\times8=3\frac{1}{4}+\left\{\frac{27}{32}+\left(\frac{2}{8}-\frac{1}{8}\right)\right\}\times8=3\frac{1}{4}+\left(\frac{27}{32}+\frac{1}{8}\right)\times8=3\frac{1}{4}+\left(\frac{27}{32}+\frac{4}{32}\right)\times8=3\frac{1}{4}+\frac{31}{32}\times8=3\frac{1}{4}+\frac{31}{4}=3\frac{1}{4}+7\frac{3}{4}=10\frac{4}{4}=11$

2 方陣《ほうじん》算，割合と比，時計算，相当算，売買損益，面積，体積

図1

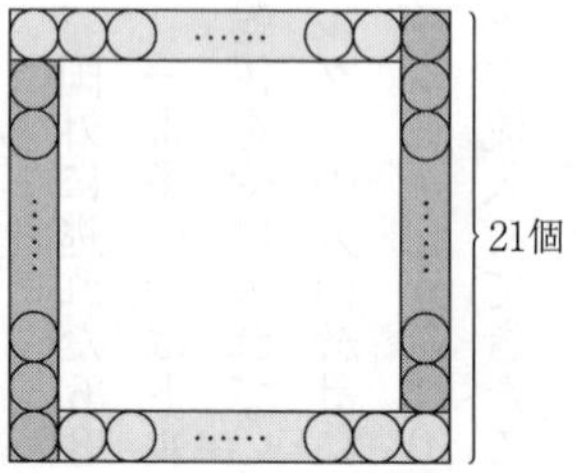

(1) 右の図１のように区切ると，１つの区切りの中の石の数は，21－１＝20(個)になる。よって，石は全部で，20×４＝80(個)ある。

(2) Ａの量を１とすると，Ｂの量は，１×(１－0.1)＝0.9になる。すると，Ｃの量は，0.9×(１＋0.11)＝0.999になるから，Ｃの量はＡの量の，0.999÷１＝0.999，0.999×100＝99.9(％)とわかる。

(3) 長針は１分間に，360÷60＝６(度)，短針は１分間に，360÷12÷60＝0.5(度)動くので，長針は短針よりも１分間に，６－0.5＝5.5(度)多く動く。また，６時ちょうどに長針と短針が作る角の大きさは180度だから，６時と７時の間で長針と短針が重なるのは，６時ちょうどから長針が短針よりも180度多く動いたときである。よって，$180\div5.5=32\frac{8}{11}$(分)より，６時$32\frac{8}{11}$分とわかる。これは６時20分の，$32\frac{8}{11}-20=12\frac{8}{11}$(分後)である。

図2

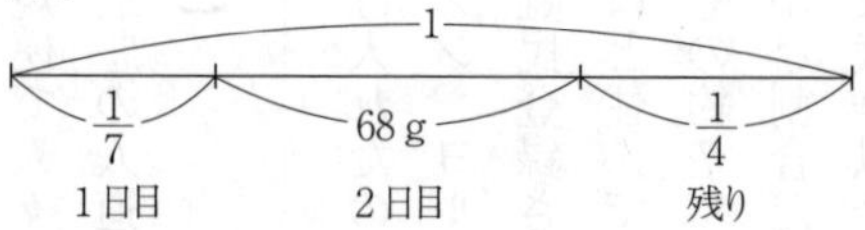

(4) 全体の重さを１とすると右の図２のようになるので，68 gが全体の，$1-\left(\frac{1}{7}+\frac{1}{4}\right)=\frac{17}{28}$にあたることがわかる。したがって，(全体の重さ)×$\frac{17}{28}$＝68(g)と表すことができるから，全体の重さは，$68\div\frac{17}{28}=112$(g)

と求められる。よって，残りの重さは，$112\times\frac{1}{4}=28$(g)である。

(5)　定価は，600×(１＋0.1)＝660(円)なので，定価から値引きした金額は１個あたり，660×0.1＝66(円)である。したがって，余った40個を値引きせずにすべて定価で売ったとすると，利益は実際よりも，66×40＝2640(円)増えて，9360＋2640＝12000(円)になる。また，すべて定価で売った場合の１個あたりの利益は，660－600＝60(円)だから，仕入れた個数は，12000÷60＝200(個)と求められる。

(6)　右の図３で，一番外側の正方形の面積は，５×５＝25(cm^2)である。また，かげをつけた三角形１個の面積は，４×１÷２＝２(cm^2)，太線で囲んだ三角形１個の面積は，２×１÷２＝１(cm^2)であり，これらが４個ずつある。さらに，中央の正方形(★)の面積は，１×１＝１(cm^2)なので，斜線《しゃせん》部分の面積は，25－(２×４＋１×４＋１)＝12(cm^2)と求められる。

図３

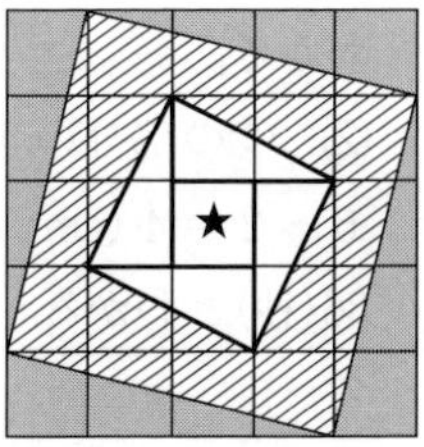

(7)　立体Ａを向きをかえてたてに２つ重ねると，高さが，４＋８＝12(cm)の円柱になる。この円柱の体積は，５×５×3.14×12＝300×3.14(cm^3)だから，立体Ａの体積は，300×3.14÷２＝150×3.14(cm^3)とわかる。また，立体Ｂを向きをかえて横に２つ並べると円柱になる。この円柱の体積は，10×10×3.14×９＝900×3.14(cm^3)なので，立体Ｂの体積は，900×3.14÷２＝450×3.14(cm^3)と求められる。よって，立体Ｂの体積は立体Ａの体積の，(450×3.14)÷(150×3.14)＝450÷150＝３(倍)である。

3　素数の性質

(1)　２けたの素数で一番小さい数は11である。

(2)　20の約数で一番大きい素数は５だから，７番目の数は，20＋５＝25である。また，25の約数で一番大きい素数も５なので，８番目の数は，25＋５＝30となる。同様に，30の約数で一番大きい素数も５だから，９番目の数は，30＋５＝35とわかる。次に，35の約数で一番大きい素数は７なので，10番目の数は，35＋７＝42と求められる。

(3)　右の図１で，①～②は２の倍数，③～⑤は３の倍数，⑥～⑨は５の倍数である。また，それぞれの最後の数は，６＝２×３，15＝３×５，35＝５×７のように連続する素数の積で表すことができる。そこで，図１のように加える数によって組に分けると，各組の最後の数は右の図２のように表せることがわかる。よって，２つの素数をかけてできる一番大きい２けたの数は，７×11＝77である。

図１

① 2＋2＝4
② 4＋2＝6 } ２の組
2×3

③ 6＋3＝9
④ 9＋3＝12
⑤ 12＋3＝15 } ３の組
3×5

⑥ 15＋5＝20
⑦ 20＋5＝25
⑧ 25＋5＝30
⑨ 30＋5＝35 } ５の組
5×7

⑩ 35＋7＝42

図２

7の組の最後	7×11
11の組の最後	11×13
13の組の最後	13×17
17の組の最後	17×19
19の組の最後	19×23
23の組の最後	23×29
29の組の最後	29×31
31の組の最後	31×37
37の組の最後	37×41
41の組の最後	41×43
43の組の最後	43×47
47の組の最後	47×53
53の組の最後	53×59

(4)　図１，２より，最初に23の倍数が出てくるのは19の組の最後であり，その数は，19×23＝437である。

(5)　図２で，47の組の最後の数は，47×53＝2491であり，これは2500よりも，2500－2491＝９小さい。また，53の組の数は前の数に53を加えたものだから，2491の次の数は，2491＋53＝2544となる。これは2500よりも，2544－2500＝44大きいので，2500に一番近い数は2491とわかる。

4 水の深さと体積

⑴　各部分の底面積は，$4\times8=32$(cm^2)，$4\times4=16$(cm^2)だから，正面から見た図は，右のようになる。この図で，①の部分の容積は，$32\times3=96$(cm^3)であり，この部分に入れるのにかかった時間が16秒なので，Ａから入れることができる量は毎秒，$96\div16=6$(cm^3)とわかる。

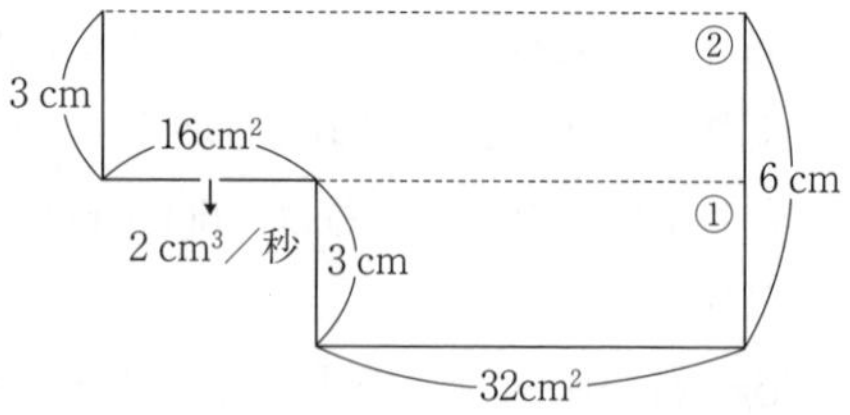

⑵　②の部分の容積は，$(16+32)\times3=144$(cm^3)である。また，②の部分に入れるときは毎秒，$6-2=4$(cm^3)の割合で増えるから，②の部分がいっぱいになるのにかかる時間は，$144\div4=36$(秒)とわかる。よって，水そうが満水になるのは入れ始めてから，$16+36=52$(秒後)と求められる。

⑶　水そうの容積は，$96+144=240$(cm^3)なので，Ｂから排水《はいすい》された量は，$240\times\frac{1}{1+7}=30$(cm^3)とわかる。また，Ｂからは毎秒２cm^{3}の割合で排水されるから，Ｂから排水した時間は，$30\div2=15$(秒)となる。つまり，Ｂから排水されなくなるのは満水になってから15秒後である。

⑷　⑶から，②の部分の水は毎秒，$144\div15=9.6$(cm^3)の割合で排水されたことがわかる。そのうちＢからは毎秒２cm^{3}の割合で排水されるので，穴から排水される量は毎秒，$9.6-2=7.6$(cm^3)である。

⑸　①の部分の水が排水されるのにかかる時間は，$96\div7.6=12\frac{12}{19}$(秒)だから，水そうが空になるのは満水になってから，$15+12\frac{12}{19}=27\frac{12}{19}$(秒後)と求められる。

社　会　＜第１回試験＞（40分）＜満点：50点＞

解　答

1　**問１**　日本銀行　**問２**　エ　**問３**　イギリス　**問４**　(例)　宅配便の配達の遅れが起こる。　**問５**　エ　**問６**　ユニセフ　**問７**　(例)　医療用の注射器　**2**　**問１**　ウ　**問２**　ウ　**問３**　ウ　**問４**　満州　**問５**　エ　**問６**　⑴　石炭　⑵　(例)　石炭の産出量，人口ともに減少し，鉄道の利用も減ったから。　**問７**　ア　**問８**　イ　**問９**　吉野　**問10**　12　**問11**　ア　**問12**　イ　**問13**　(例)　旅客輸送よりも戦争に必要な物資などを優先していた。　**問14**　(例)　各路線の掲載ページを調べることが目的の地図だから。
3　**問１**　(例)　若年で歯が抜けていたことから，狩猟のために飼育されていたと考えられる。(骨折が治療された痕があることや埋葬されていたことから，ペットとして飼育されていたと考えられる。)　**問２**　イ　**問３**　清少納言　**問４**　ウ　**問５**　ウ　**問６**　イ　**問７**　1995

解　説

1 切手を題材にした総合問題

問１　日本の中央銀行である日本銀行は，日本銀行券(日本の紙幣《しへい》)を発行する唯一《ゆいいつ》の発券銀行である。なお，貨幣は独立行政法人造幣局が製造し，政府が発行している。

問2　Ⅰはペリーが来航した1853年の150年後の2003年，Ⅱは日本が国際連合(国連)に加盟した1956年の50年後の2006年，Ⅲは国連PKO(平和維持《いじ》活動)協力法が成立した1992年の20年後の2012年，Ⅳは日本国憲法が発布(公布)された1946年の50年後の1996年に発行されたものである。よって，発行された年の古い順に，Ⅳ→Ⅰ→Ⅱ→Ⅲとなる。

問3　イギリスはヨーロッパ西部にある島国である。世界に先がけて18世紀から工業の機械化を進め，工業製品の大量生産と大量輸送を可能にして「世界の工場」と呼ばれるようになった。19世紀半ばの1851年には，首都のロンドンで第1回万国博覧会(万博)が開かれ，その工業力の高さを世界に示した。なお，イギリスで発行された世界初の切手の1つであるペニーブラックに描《えが》かれているのは，イギリスのビクトリア女王である。

問4　グラフによると，2000年以降，宅配便取扱《とりあつかい》個数は増加傾向《けいこう》にあり，2021年は2000年のほぼ倍に増えている。一方，貨物自動車運送事業者数は2005年ごろからほぼ横ばいとなっていることから，貨物自動車運送事業者1者が運ぶ宅配便取扱個数が増えていることが読み取れる。このような状況《じょうきょう》では，貨物自動車運送事業者の負担が大きくなってしまい，長時間労働などの労働環境《かんきょう》の悪化を招いてしまう。こうした問題を改善しようと，運送業界では2024年4月から残業時間が規制されることになった。しかし，運送業における労働時間の短縮は輸送能力の低下につながるため，必要なものが必要なときに届かない，予定どおりに荷物が届かない，食品を新鮮《しんせん》なまま届けることが難しくなるといった問題が生じると考えられる。

問5　日本の総人口は約1億2500万人なので，一人あたり2台の携帯《けいたい》電話を保有すると，携帯電話契約《けいやく》数は約2億5000万件となる(エ…×)。

問6　ユニセフ(UNICEF)は国連児童基金の通称《つうしょう》で，紛争や飢《う》えなど恵《めぐ》まれない環境にある子どもたちを救済するために活動している国連の機関である。活動のための資金には，世界の人々からの寄付や各国の拠出《きょしゅつ》金などが用いられている。

問7　環境への配慮《はいりょ》から，リユース(再使用)やリサイクル(再利用)をする取り組みが進んでいる。しかし，衛生上の問題や技術的な問題からリユースやリサイクルができないものも多く，医療《いりょう》で用いられる注射針や食品のついた紙，紙おむつなどがこれにあたる。

2 鉄道の時刻表を題材にした地理と歴史の問題

問1　1925年は大正14年にあたる。この翌年の1926年に大正天皇が亡《な》くなり，大正から昭和へと年号(元号)が改められた(ウ…○)。なお，江戸幕府の第15代将軍徳川慶喜《よしのぶ》が大政奉還を行ったのは1867年のことで，その50年後は1917年(ア…×)，ヨーロッパで第一次世界大戦が起こったのは1914年のことで，その前年は1913年(イ…×)，大阪で日本万国博覧会が開かれたのは1970年のことで，その50年前は1920年にあたる(エ…×)。

問2　表より，国鉄に乗車した人は6億7700万人，民鉄に乗車した人は19億5400万人なので，国鉄に乗車した人は民鉄に乗車した人より少ない。また，平均乗車距離《きょり》は，(輸送人キロの数値)÷(輸送人員の数値)で求められるので，平均乗車距離は国鉄が，18741百万÷677百万＝約27.7(キロ)，民鉄が，2132百万÷1954百万＝約1.1(キロ)で，国鉄の方が長い(ウ…○)。

問3　日露戦争(1904～1905年)では，日本が勝利したにもかかわらずロシアから賠償《ばいしょう》金を得ることができなかったため，戦費などの負担が大きくなり，国民に不満が残った(ウ…○)。なお，日清戦争は朝鮮半島で起こった甲午農民戦争（東学党の乱）をきっかけにして1894年に始まった（ア…×）。清に勢力を伸《の》ばそうとしたロシアがドイツ・フランスとともに三国干渉《かんしょう》を行い，日本が日清戦争で得た遼東《リャオトン》半島を清に返させた（イ…×）。『君死にたまふことなかれ』は，与謝野晶子がつくった詩である（エ…×）。

問４　中国東北部は，かつて満州と呼ばれていた。日本は1931年の柳条《りゅうじょう》湖《こ》事件をきっかけに満州への軍事行動を起こしてこの地域の大部分を占領《せんりょう》すると，翌1932年には満州国建国を宣言して満州を中華民国（中国）から切り離《はな》し，政治の実権を握《にぎ》った（満州事変）。

問５　日露戦争で戦勝国となった日本は，講和条約であるポーツマス条約でロシアから北緯50度以南の樺太《からふと》（サハリン）を譲《ゆず》り受けた。そのため，樺太を通る北緯50度の線が，日本とロシアの国境とされた（エ…○）。

問６　(1)，(2)　石炭はかつて主要なエネルギー源として用いられ，北海道や九州などで多く採掘《さいくつ》された。しかし，1950年代から1960年代にかけて，主要なエネルギー源が石炭から石油へと変わるエネルギー革命が進み，日本の石炭産業は衰《おとろ》えた。かつて石炭産業で栄えた歌志内市や夕張市には多くの人が暮らし，石炭を炭鉱から運び出すための鉄道路線がいくつも敷《し》かれていたが，石炭産業の衰えとともにこの地域の人口は減少していき，鉄道路線の多くも廃止されていった。

問７　問題中の図から，旭川《あさひかわ》市と最も近いのが札幌市であることがわかるので，断面図の距離が最も短いアが，旭川市と札幌市の間の断面図だと判断できる。平たんな部分が多いのは，旭川市と札幌市を結んだとき，石狩《いしかり》川の流域に広がる石狩平野と重なる部分が多いためである。なお，イは旭川市と稚内《わっかない》市，ウは旭川市と釧路《くしろ》市の間の断面図を表している。旭川市と釧路市の間には大雪山など2000ｍ級の山がそびえていることや釧路市が釧路平野に位置することなどから判断できる。

問８　［地図３］で四国地方を見ると，小松島（徳島県）や高松（香川県），高濱《たかはま》（現在の高浜，愛媛県）など，航路が接続する都市を中心として鉄道が整備されていることがわかる（イ…○）。なお，鉄道は瀬戸内海側の方が太平洋側よりも整備が進んでおり，南部の海沿いでは鉄道が整備されていない地域が多いため，鉄道のみで四国の海沿いを一周することはできない（ア，エ…×）。現在の四国の４つの県の県庁所在地はそれぞれ，香川県高松市，徳島県徳島市，高知県高知市，愛媛県松山市であるが，これらの都市は鉄道で結ばれていない（ウ…×）。

問９　四国を流れる吉野川は，四国山地を水源として四国中部を西から東へと流れ，徳島平野を経て紀伊水道に注ぐ。なお，徳島駅と阿波《あわ》池田駅を結ぶ路線は現在のJR徳島線にあたり，吉野川に沿うように線路が敷かれている。

問10　源氏と平氏の戦いは，源氏の棟梁《とうりょう》である源頼朝が伊豆で挙兵した1180年に始まり，1184年の一ノ谷の戦い（現在の兵庫県）や1185年の屋島の戦い（現在の香川県）を経て，同年に壇ノ浦《だんのうら》の戦い（現在の山口県）で源氏が平氏をほろぼしたことで終結した。これらはすべて，12世紀末の出来事である。

問11　那覇市（沖縄県）は冬でも月の平均気温が15℃を下回らない温暖な気候に属しているので，１年を通じて雪日数が0.0のウであることがわかる。福岡市と宮崎市を比べた場合，北西の季節風が九州山地でさえぎられるため冬の日照時間が長く，沖合を流れる暖流の黒潮（日本海流）の影響《えいきょう》で冬でも比較《ひかく》的温暖な宮崎市が，雪日数がより少なく日照時間が長いイと判断できる。したがって，残ったアが福岡市となる。

問12　温暖で日当たりのよい山の斜面を利用してみかんなどの果樹栽培《さいばい》がさかんな愛媛県は，果実の割合が大きい❶である。また，新居浜《にいはま》市の化学工業など瀬戸内海沿岸の都市では重化学工業，四国中央市では製紙・パルプ関連の工業もさかんなので，❻が愛媛県と判断できる（イ…○）。なお，農業産出額構成割合のうち，❸は野菜が６割以上を占《し》めており，示された４県の中で最も野菜の生産がさかんだから，野菜の促成《そくせい》栽培が行われる高知県である（ア，ウ…×）。また，大分県中東部の臨海部には，大規模な石油化学コンビナートや製鉄所が立地しており，重化学工業が発達しているので，鉄鋼《てっこう》や石油・石炭製品，化学の割合が大きい❺が大分県を表している（エ…×）。そのほかについて，表の❷は大分県，❹は島根県，❼は高知県，❽は島根県である。

問13　文章に，関門トンネルは「日中事変から太平洋戦争へと進むにつれて，その目的を平時型から戦時型へと変えつつ」開通したと書かれている。また，突貫《とっかん》工事でつくられたトンネルには，開通後しばらくは貨物列車だけが走っていたことが読み取れる。1937年に日中戦争が始まると，しだいに戦線が拡大し，本州から戦場である大陸に近い九州へと貨物を運ぶ重要性が高まり，関門トンネルの完成が急がれたと推測できる。つまり，関門トンネルは旅客輸送よりも軍需《ぐんじゅ》品を輸送するためといった軍事目的の性格が強いトンネルであったといえる。

問14　方位や距離などが正確に表現されていないということは，ほかにもっと重要で，正確に示すべき情報があるということである。「時間表の引き出し方」の二を見ると，線路略図には「赤文字でその線の時間表のページ数を示してあります」と書かれている。説明にあるとおり，［地図１］～［地図３］には，路線の近くに数字が書かれている。以上のことから，この地図は地形を正しく把握《はあく》するためではなく，時間表が書かれたページを調べるためにつくられた地図であると考えられる。

3　各時代の歴史的なことがらについての問題

問１　縄文時代にはまだ集落どうしの争いなどがなかったことから，写真にある石の矢じりは，狩《か》りに利用されたものだと推測される。また，文章からは，自然にはまだ歯が抜けないような若年でありながら，歯が抜けてしまっている犬の骨が発掘されていることがわかる。これは，この犬が人とともに狩りに行き，獲物《えもの》にかみつくなどしたさいに歯が抜けてしまったためであると推測できる。以上のことから，人々が狩猟《しゅりょう》犬として犬を飼育していたと考えられる。また，骨折後に治った痕《あと》のある犬やていねいに埋葬《まいそう》された犬が発掘されていることから，人々が犬をペットとして大切に育てていた可能性も考えられる。

問２　奈良時代には律令制度にもとづいた税制が整備され，収穫《しゅうかく》した稲の約３％を納める租《そ》，織物や地方の特産物を都まで運んで納める調，労役の代わりに布を納める庸《よう》といった税のほか，兵役や労役などが課された（ア…×，イ…○）。なお，奈良時代の朝廷の支配は九州地方から東北地方までにしかおよんでおらず，現在の北海道や沖縄県から税が納められることはなかった（ウ…×）。稲作は縄文時代の終わりごろに日本に伝わり，弥生時代に各地に広がった（エ…×）。

問３　清少納言は平安時代の宮廷女官で，一条天皇の后《きさき》である定子に仕えた。『枕草子《まくらのそうし》』は清少納言が書いた随筆《ずいひつ》で，宮廷生活の様子や自然の美しさなどがつづられている。

問４　文章より，犬追物は犬を，流鏑馬《やぶさめ》は馬場に平行しておかれた的を，笠懸《かさがけ》は懸《か》けられた射手の笠を射《い》る競技であることがわかる。したがって，犬が描かれている資料３が犬追物，笠が下げられている資料１が笠懸，馬上から的を射る様子が描かれている資料２が流鏑馬である（ウ…○）。

問５　江戸幕府の第２代将軍徳川秀忠のときに出された元和《げんな》令でも第５代将軍徳川綱吉のときに出された天和《てんな》令でも，学問にはげむことを命じており，どちらも変わらず学問を重んじている（ウ…×）。

問６　国際連盟が満州国の建国を認めず，日本軍の満州からの撤退《てったい》を求めたため，日本は1933年に国際連盟を脱退《だったい》した（イ…○）。なお，沖縄での地上戦は1945年（ア…×），真珠《しんじゅ》湾への攻撃《こうげき》は1941年（ウ…×），治安維持法の制定は1925年（エ…×）の出来事である。

問７　1995年１月17日，淡路《あわじ》島北部を震源《しんげん》とする直下型の大地震（兵庫県南部地震）が起こった。建物の倒壊《とうかい》によって多くの死者が出ただけでなく，道路，線路などの損壊がひどく，水道や電気，ガスなどのライフラインも寸断された。この一連の大災害を，阪神・淡路大震災という。

理　科　＜第１回試験＞（40分）＜満点：50点＞

解　答

1　(1)　②　(2)　24　(3)　36　(4)　O　(5)　④　(6)　Q，R　(7)　６倍

2　(1)　れき　(2)　アンモナイト　(3)　70m　(4)　40m　(5)　③　(6)　イ，ウ　(7)　③

3　(1)　②　(2)　④　(3)　②　(4)　①　(5)　②　(6)　⑤　(7)　②

4　(1)　①　(2)　②　(3)　二酸化炭素　(4)　4.0　(5)　ホタテ（の貝殻）　(6)　89%　(7)　5.0ｇ

解　説

1　モノコードの音の高さについての問題

(1)　カスタネットやトライアングルはたたいて音を出す打楽器，ギターは弦《げん》をはじいて音を出す弦楽器，リコーダーは管の中の空気をしん動させて音を出す管楽器である。

(2)　表１で，弦の太さがいずれも0.2mmで同じＡとＢをくらべると，弦の長さを，48÷24＝２（倍）にしたとき，おもりの数を，４÷１＝４（倍）にすれば，弦をはじいたときに出る音の高さが同じになるとわかる。弦の太さがいずれも0.4mmで等しいＤとＥでも，同様の関係が成り立つと考えられるから，☆の値は，12×２＝24(cm)と求められる。

(3)　弦の太さがいずれも0.4mmのＦとＨをくらべると，Ｈの弦の長さはＦの，72÷36＝２（倍）なので，(2)と同様に考えて，★の値は，９×４＝36(個)とわかる。

(4)　問題文で述べられているウの関係から，弦の太さと弦の長さが同じＭ，Ｎ，Ｏのうち，おもりの数が最も多いＯのしん動数が最も多い。しん動数が多いほど音の高さは高いので，Ｏが選べる。

(5)　表２から，ＮをＬとくらべると，弦の太さは，0.8÷0.4＝２（倍），弦の長さは，$36\div24=\frac{3}{2}$（倍），おもりの数は，４÷１＝４（倍）になっている。したがって，問題文のア～ウの関係から，ＮのしんMH動数はＬのしん動数の，$\frac{1}{2}\times\frac{2}{3}\times2=\frac{2}{3}=0.66\cdots$より，約0.67倍と求められる。

(6)　表２のＭのしん動数とくらべると，Ｌのしん動数は，$\frac{0.8}{0.4}\times\frac{36}{24}\times1=3$（倍），Ｎのしん動数は，$\frac{0.8}{0.8}\times\frac{36}{36}\times2=2$（倍），Ｏのしん動数は，$\frac{0.8}{0.8}\times\frac{36}{36}\times4=4$（倍），Ｐのしん動数は，$\frac{0.8}{1.2}\times\frac{36}{18}\times2=\frac{8}{3}$（倍），Ｑのしん動数は，$\frac{0.8}{1.2}\times\frac{36}{24}\times1=1$（倍），Ｒのしん動数は，$\frac{0.8}{1.2}\times\frac{36}{48}\times2=1$（倍），Ｓの

しん動数は，$\frac{0.8}{1.2}\times\frac{36}{72}\times 2=\frac{2}{3}$(倍)なので，Ｍと同じしん動数のＱとＲが選べる。

(7)　(6)の結果から，最もしん動数が多いのはＯ，最もしん動数が少ないのはＳである。したがって，(Ｏのしん動数)÷(Ｓのしん動数)$=4\div\frac{2}{3}=6$(倍)と求められる。

2　地層のでき方についての問題

(1)　川を流れてきた岩石がたい積してできた層に含《ふく》まれる，粒《つぶ》の大きさが0.06mm未満のものをどろ，0.06mm以上２mm未満のものを砂，２mm以上のものをれきという。

(2)　図はアンモナイトの化石である。なお，アンモナイトのように地層ができた時代を推測するための手がかりとなる化石を示準化石とよぶ。

(3)　図１から，Ａ地点の標高は80ｍなので，Ａ地点の真下にある火山灰の層の標高は，80－10＝70(ｍ)と求められる。

(4)　Ｄ地点の標高は60ｍである。図２で，Ｄ地点の火山灰の層は地表から深さ20ｍにあるので，Ｄ地点の真下にある火山灰の層の標高は，60－20＝40(ｍ)とわかる。

(5)　図２のＡ地点とＢ地点，Ｃ地点とＤ地点をくらべると，それぞれの層の標高が等しいので，この地域の地層は南北方向にはかたむいていないとわかる。また，Ｅ地点は，Ａ地点とＤ地点のほぼ真ん中にある。(3)と(4)より，この地域の地層は東に向かって低くなるようにかたむいていると考えられるので，Ｅ地点の真下にある火山灰の層の標高はおよそ，(70＋40)÷２＝55(ｍ)といえる。よって，Ｅ地点の標高は約75ｍだから，火山灰の層は地表からおよそ，75－55＝20(ｍ)の深さにあるとわかり，ここでは③が最もふさわしい。

(6)　(5)で述べたようにこの地域の地層は南北方向にはかたむいていないので，ア，ウ，オの火山灰の層の標高は，Ａ地点と同じ70ｍである。アの標高は50ｍ，ウの標高は70ｍ，オの標高は約85ｍなので，火山灰の層はウの地表で見られる。同様に，イ，エ，カの真下にある火山灰の層の標高は，Ｄ地点と同じ40ｍであるから，標高が40ｍのイで火山灰の層が地表で見られる。

(7)　図３と図４から，火山灰の層ａがあるのは，Ｆ，Ｇ地点で標高，80－30＝50(ｍ)，Ｈ，Ｉ地点で標高，60－10＝50(ｍ)で同じになっている。また，火山灰の層ｂは，Ｆ，Ｇ地点で標高，80－45＝35(ｍ)，Ｈ，Ｉ地点で標高，60－40＝20(ｍ)とわかる。つまり，火山灰の層ａは水平になっていて，火山灰の層ｂは東にいくほど低くなっているので，③が選べる。

3　ワサビの栽培《さいばい》についての問題

(1)　タンポポはキク科，ダイコンはアブラナ科，サクラはバラ科，ヘチマはウリ科，アサガオはヒルガオ科の植物である。

(2)　日本でイネを栽培するときは，ふつう水を張った田んぼなどに苗《なえ》を植える。なお，このような水田で栽培するイネを水稲《すいとう》，水田ではなく畑で栽培するイネを陸稲とよぶ。

(3)　地下水が豊富なところにわさび田をつくると述べられているため，①は適当でない。また，③は，根茎《こんけい》(茎《くき》)は水面下で成長するとあるのでまちがい。④は，わさび田の水は次のわさび田に流れるとあるので，正しくない。⑤は，日照りのときなどには水田でも水不足になることがあるので，誤り。

(4)　ジャガイモは地下の茎，サツマイモは根，ダイズは種子，イチゴやリンゴは花たくの部分をおもに食用としている。

⑸　ヤマハンノキは河原や湿地《しっち》など土が少なく木が生えにくい場所でも育ちやすいと述べられていて，わさび田には水が豊富にあるので，アには「土」があてはまる。また，ヤマハンノキが育つと葉が日かげをつくり，わさび田の温度が上がりにくくなると考えられるから，イには「日かげ」，ウには「高く」を入れるのが適切である。

⑹　畑で育てるワサビは，日のあまり当たらない涼《すず》しい場所で栽培すると述べられていることから，日かげの多い⑤のような場所がふさわしいといえる。

⑺　ワサビは茎の部分をすりおろすことで，カラシナは種をすりつぶすことで，辛《から》いと感じる物質が出てくる。また，わさびやからしを口に入れたときに感じる辛さは痛さに近いとあるので，②を選ぶ。

4　塩酸と炭酸カルシウムの反応についての問題

⑴　酸性の溶《よう》液に青色リトマス紙をつけると，青色リトマス紙が赤くなる。なお，中性やアルカリ性の溶液に青色リトマス紙をつけても，青色リトマス紙の色は変わらない。

⑵　石灰岩はサンゴや貝殻《がら》など生物の遺がいがたい積してできた岩石で，炭酸カルシウムがおもな成分である。

⑶　塩酸と炭酸カルシウムが反応すると，炭酸カルシウムがとけて二酸化炭素が発生する。ハマグリ，ホタテ，カキの貝殻のおもな成分は炭酸カルシウムと述べられているので，ビーカーＡ～Ｃでも二酸化炭素が発生すると考えられる。

⑷　表２から，Ａの反応前のビーカーと塩酸の重さと，加えた粉末の重さの合計は，97.2＋10.0＝107.2(ｇ)，反応後のビーカーを含めた全体の重さは103.2ｇとわかる。したがって，ビーカーＡで発生した気体の重さは，107.2－103.2＝4.0(ｇ)と求められる。

⑸　実験１の６で，いずれのビーカーでも反応後の溶液が酸性を示したことから，貝殻に含まれる炭酸カルシウムがすべて反応したとわかる。そのため，ビーカーＡ～Ｃで，貝殻の粉末に含まれる炭酸カルシウムの割合が大きいほど，発生する気体の量が多くなると考えられる。⑷から，ビーカーＡで4.0ｇ，ビーカーＢで4.2ｇ，ビーカーＣで3.9ｇの二酸化炭素が発生しているとわかるので，ビーカーＢに入れたホタテの貝殻に含まれる炭酸カルシウムの割合が最も大きいといえる。

⑹　カキの貝殻の粉末1.0ｇが反応したとき，3.9÷10＝0.39(ｇ)の二酸化炭素が発生する。表１から，炭酸カルシウムの粉末1.0ｇでは，二酸化炭素が0.44ｇ発生するので，カキの貝殻の粉末に含まれる炭酸カルシウムの割合は，0.39÷0.44×100＝88.6…より，89％と求められる。

⑺　ホタテの貝殻1.0ｇが塩酸と反応したときに発生する二酸化炭素の重さは，4.2÷10＝0.42(ｇ)である。ここで，このチョーク50.0ｇがすべて炭酸カルシウムだとすると，塩酸と反応して発生する気体の重さは，0.44×50＝22(ｇ)であるが，これは実際より，22－21.9＝0.1(ｇ)だけ重い。そこで，炭酸カルシウム1.0ｇをホタテの貝殻1.0ｇにおきかえると，発生する気体の重さが，0.44－0.42＝0.02(ｇ)だけ軽くなることから，このチョーク50.0ｇに使用されたホタテの貝殻の重さは，0.1÷0.02＝5.0(ｇ)とわかる。

国　語　＜第１回試験＞（50分）＜満点：100点＞

解　答

一　問１　⑴　Ⅰ　内戦　Ⅱ　泥沼　⑵　Ⅲ　住んでいた人々の半数以上が難民　問２　C　問３　（例）　難民の受け入れは善だとしても，それによって自分達が損をする　問４　イ　問５　エ　問６　ア，ウ　二　問１　イ　問２　C　問３　エ　問４　ア　問５　（例）　田んぼに行かなかった恵子に，母が自分の分のごちそうをあげに行ったこと。　問６　Ⅰ　今日の自分のうらぎりが，ゆるされた　Ⅱ　さびしさ　三　問１　下記を参照のこと。　問２　糸　問３　ウ　問４　一万一千二十五　問５　①　エ　②　エ　問６　イ

●漢字の書き取り

三　問１　①　延期　②　秘密　③　脳裏　④　条件　⑤　観覧　⑥　推測

解　説

一　**出典：岡根谷実里《おかねやみさと》『世界の食卓《しょくたく》から社会が見える』**。世界各地の家庭に滞在《たいざい》し，現地でいっしょに料理をすることで見えた人々の暮らしや社会のようすを発信している筆者が，ヨルダンで見聞きしたシリア難民の実情について記している。

問１　⑴　Ⅰ，Ⅱ　シリアでは，長い間続いていた独裁政権への不満から民主化を求める抗議《こうぎ》デモが起こり，さらに，政府側と反政府側の対立に過激派組織が参戦したことで「内戦」が「泥沼化《どろぬまか》」した。　⑵　Ⅲ　2011年の抗議デモから発展した内戦は，2023年現在も続いており，シリアに「住んでいた人々の半数以上が難民」となってしまった。

問２　もどす文では，「難民」が「生活の中に当たり前に」いると述べられている。【B】をふくむ段落でもヨルダンにいるシリア難民の多さにふれられているが，ヨルダン国内の「難民」全体の割合や社会の印象が具体的に書かれている【C】のほうがふさわしい。【C】に入れると，ヨルダンでは，シリア以外からも合わせると「人口の３割ほど」を難民が占《し》める計算になるが，「結婚《けっこん》などによって同化が進んでいる」こともあって「見ためで区別すること」が「ほぼできない」くらいなので，「生活の中に当たり前」に「難民」がいるという状態であるというつながりになり，文意が通る。

問３　多くの難民を受け入れているヨルダンはほかから「えらい」と評価されるかもしれないが，実際は難民が増えることによって「大きな財政支出が伴《ともな》う」し，ヨルダン人の雇用《こよう》がうばわれて失業率も上昇《じょうしょう》しているので，国の負担も国民の暮らしへの影響《えいきょう》も大きい。つまり，難民を受け入れることが「善」だとしても，受け入れる側は「損」をすることになるので，「ヨーロッパでは難民政策が選挙の争点の一つになるくらい」関心が高いと説明されている。

問４　多くの難民受け入れ国と同じように，ヨルダンにも「軋轢《あつれき》」はある。しかし，ヨルダン人たちが「シリア人はおいしいものをもたらしてくれた」とか「シリア人が来て街の菓子《かし》屋のレベルが上がった」などとなにげなく語るのを聞いた筆者は，ヨルダンが「シリア人を社会の一員として受け入れ，共生する道を築こうとしている」ことを感じ，励《はげ》まされるような気持ちになったのである。

問５　筆者は，日本の難民受け入れ状況《じょうきょう》が，ヨーロッパの国々に比べて認定《にんてい》数も非常に少なく，認定率も圧倒的《あっとうてき》に低いと述べたうえで，ヨルダンのように難民を「社会の一員として受け入れていこうというステージにはまだない」日本の「未来」について心配していると考えられる。

問６　文章では，シリア難民の数やヨルダン国内の失業率，ヨルダンで「貧困《ひんこん》ライン以下の生活」をしているシリア難民の割合などを数値で具体的に示すことで，その生活の厳しさが読者によく伝わるようになっている。また，難民受け入れ国においては，難民に「公共サービス」や「雇用」を提供するだけではなく，自国内で「もともと生活する人々の暮らしへの影響」なども考慮《こうりょ》して，政策を進めていく必要があると書かれている。よって，アとウが選べる。

二　出典：今井美沙子《いまいみさこ》『少女ミンコの日記』。ひな祭りの日，町内の子どもたちと，寺の下の田んぼに出かけて遊んできたミンコは，帰るとちゅうで，仲良しの恵子《けいこ》をさそわなかったことに気づく。

問１　「いさぎよい」は思い切りが良いようす。ぼう線①に「いさぎよく」とあることから，覚悟《かくご》を決めて重箱を開けたミンコの心情が読み取れる。みんながごちそうの入った重箱を次々に開けるのを見たミンコは，いもの天ぷらしか入っていない自分の重箱を開けるのに，ひけめを感じていたと考えられる。

問２　もどす文からは，仲良しの恵子がいないことに気づかなかったのを，ミンコが後悔《こうかい》していることがわかる。よって，「ああ，どげんしよう」「恵子ちゃんばさそうとば，わすれた」という発言や，「ミンコは恵子をうらぎったようで，心が暗くなった」という心情が述べられた後の【Ｃ】に入れると，文脈に合う。

問３　ミンコは，ひな祭りだからといって母にごちそうをつくってくれなどとねだってはいけないと姉たちに言われていたので，「泣いて母ちゃんにせがんだとよ」と本当のことを話し，「ごめん」とあやまった。しかし，姉たちは「いもの天ぷらなら，せがんだうちに入らんもん」などと言って許してくれたので，ミンコはほっとしたのである。「とりなす」は，うまくその場をおさめること。

問４　いもの天ぷらをごちそうと交換《こうかん》したミンコは，家族にごちそうを食べさせようと「おりゃあ，食べんでもよか」と考えて帰宅している。また，後の場面で，「おなかがすいていたので，大口をあけて，パクパク食べた」というミンコのようすが書かれていることからも，ミンコは空腹だったが，母や姉たちにたくさん食べてもらうために，「おなかいっぱいたい」とうそをついて我《が》慢《まん》したと読み取れる。

問５　前の部分の，「母は，自分の分の皿を持つと，うらへ出ていった」と書かれているところに注目する。ミンコは，自分のことだけを考え，恵子をさそわなかったことを後悔していたので，田んぼに行かなかった恵子のために，自分の分のごちそうをミンコの代わりに持っていった母のやさしい心づかいをうれしく感じたのである。

問６　Ⅰ，Ⅱ　母が恵子の家にごちそうを持っていったお返しにもらった焼きいもを食べているうちに，ミンコは，恵子をさそわなかったという「今日の自分のうらぎりが，ゆるされた」ような気がした。しかし母に，「さそわれんじゃったら，さびしかけんね」と，これからは必ず恵子をさそうように言い聞かされたことで，ミンコは恵子のさびしさを切実に感じ，自分のしたことにあらためて胸を痛めたのである。

三　漢字の書き取り，慣用句の完成，四字熟語の知識，熟語の組み立て，敬語の知識

問１　①　期限や期日を延ばすこと。　②　他人に知られないよう隠《かく》して，教えたり見せたりしないこと。　③　頭のなか。　④　あるものごとが成立したり，なにかを決めたりするときに，前提として欠かせないことがら。　⑤　景色などをながめたり見物したりすること。　⑥　あることがらや数値をもとに，状態などを想像して判断すること。

問２　①「一糸乱れず」は，少しも乱れがなく整然とそろっているさま。　②「糸目をつけない」は，目的を達成するために，制限を設けずに金品を使うこと。

問３　「一所懸命《いっしょけんめい》」は，命がけでものごとに打ちこむこと。よって，一つのことがらにひたすら心を集中させることを表す，「一意専心」が合う。なお，「一念発起《いちねんほっき》」は，なにかを成しとげようと決意すること。「言行一致《げんこういっち》」は，言っていることと実際の行動が食い違《ちが》っていないこと。「一日千秋」は，一日が千年に感じられるほど待ち遠しいこと。

問４　「五里霧中《ごりむちゅう》」「十人十色」「千差万別《せんさばんべつ》」にふくまれる数字をすべて足すと，「一万一千二十五」になる。

問５　①「投網《とあみ》」「読経《どきょう》」「造園」は，上の漢字が動作を表し，下の漢字がその動作の対象を表す組み立てになっている熟語。「賃貸《ちんたい》」は，賃料を取って物を貸すことなので，上の漢字が下の漢字を修飾《しゅうしょく》する組み立ての熟語。　②「永久」「訪問」「欲望」は，似た意味の漢字を重ねた組み立ての熟語。「名実」は，“名前と実質”という意味なので，反対の意味の漢字を重ねた組み立ての熟語。

問６　イは，身内である「両親」に「お越《こ》しになった」という尊敬語を用いているので，ふさわしくない。

Dr.福井の

入試に勝つ！ 脳とからだのウルトラ科学

入試当日の朝食で，脳力をアップ！

朝食を食べない学生は，朝食をきちんと食べる学生に比べて成績が悪かった――という研究発表がある。まあ，ちょっと考えればわかると思うけど，朝食を食べないということは，車にガソリンを入れないで走らせようとするようなものだ。体がガス欠になった状態では，頭が十分に働くわけがない。入試当日の朝食はちゃんと食べよう！　朝食を食べた効果があらわれるように，試験開始の2時間以上前に食べるようにするとよい。

では，入試当日の朝食にふさわしいものは何か？

まず，脳の直接のエネルギー源はブドウ糖だけであるから，それを補給するためのご飯やパン，これは絶対に必要だ。また，砂糖や果物の糖分は吸収されやすく，効果が速くあらわれやすいので，パンにジャムをぬったり果物を食べたりするのもよいだろう。

次に，タンパク質。これは脳の温度を上げる作用がある。温度が低いままでは十分に働かないからね。タンパク質を多くふくむのは肉や魚，牛乳，卵，大豆などだが，ここでは大豆でできたとうふのみそ汁や納豆をオススメする。そして，記憶力がアップするDHAを多くふくんでいる青魚，つまりサバやイワシなども食べておきたい。

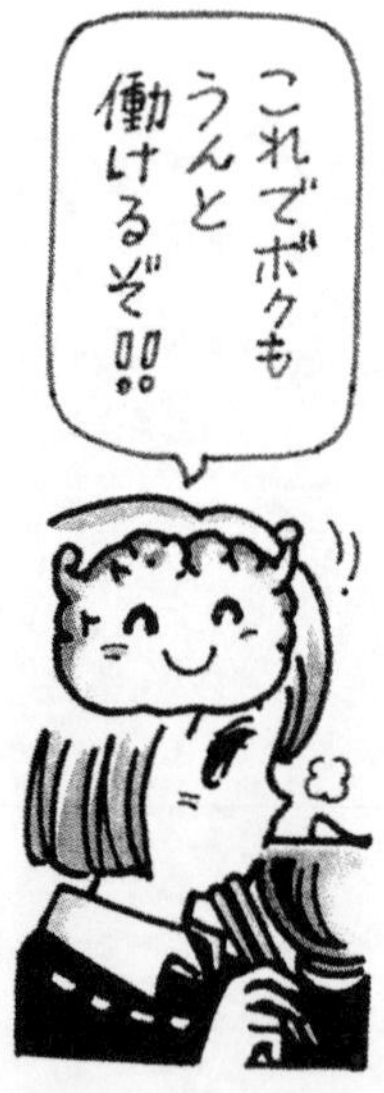

生野菜も忘れてはならない。その中にふくまれるビタミンBは，ブドウ糖を脳に吸収しやすくする働きを持つので，結果的に脳力アップにつながるんだ。

コーヒーや紅茶，緑茶は，カフェインという成分の作用で目覚めをうながすが，トイレが近くなってしまうので，飲みすぎに注意！　試験当日はひかえたほうがよいだろう。眠気を覚ましたいときはガムをかむといい。脳が刺激《しげき》されて活性化し，目が覚めるんだ。

Dr.福井（福井《ふくい》一成《かずしげ》）…医学博士。開成中・高から東大・文Ⅱに入学後，再受験して翌年東大・理Ⅲに合格。同大医学部卒。さまざまな勉強法や脳科学に関する著書多数。

2024年度 国学院大学久我山中学校

【算　数】〈ＳＴ第１回試験〉（60分）〈満点：150点〉

〔注意〕１．分度器・コンパスは使用しないでください。

２．円周率は3.14とします。

1　次の□にあてはまる数を答えなさい。

(1)　ある会場の長いすに４人ずつ座ると６人が座れません。５人ずつ座ると８人分の席が余ります。会場に集まった人は□人です。

(2)　$\frac{1}{11}$ より大きく $\frac{1}{10}$ より小さい分数のうち，分母が一番小さい分数は□です。

(3)　ある年の４人家族の年令は，父が42才，母が44才，兄が12才，弟が３才でした。両親の年令の和が兄弟の年令の和の２倍になるときの父の年令は□才です。

(4)　男子30人，女子20人，あわせて50人の身長の平均は158cm で，男子30人の身長の平均は女子20人の身長の平均より５cm 高いです。男子30人の身長の平均は□cm です。

(5)　長さの差が133cm である２本の棒Ａ，Ｂがプールの底につくようにまっすぐ入っています。Ａの $\frac{4}{7}$ とＢの30％が水につかっているとき，水の深さは□cm です。

2　次の問いに答えなさい。

(1)　ポンプＡは毎分５Ｌ，ポンプＢは毎分８Ｌの割合で水そうに水を入れることができます。空《から》の水そうを満水にするまでに，ポンプＡだけで入れるとポンプＢだけで入れるときより９分長くかかります。この水そうの容積は何Ｌですか。

(2)　荷物が50個あり，それらをドローンで運びます。荷物を落とさずに運べると報酬《ほうしゅう》として１個につき200円もらえます。しかし，落としてしまうと１個につき報酬の200円はもらえず700円支払います。荷物を運び終えたところ，所持金は運ぶ前より5500円増えました。落としてしまった荷物は何個ですか。

(3)　静水時の速さが一定である船が，川の上流に向かって進むときは分速150m，下流に向かって進むときは分速300mの速さで進みます。

①　川の流れの速さは分速何mですか。

②　川の上流にあるＡ町と下流にあるＢ町の間を船が１往復するのに70分かかりました。Ａ町とＢ町の間の距離《きょり》は何mですか。

(4)　原価300円の品物を150個仕入れました。原価の25％の利益を見込《みこ》んで定価をつけて売りましたが，60個しか売れなかったので，残りの90個を値下げして売ったところ，すべて売れて利益が8550円でした。値下げした商品は定価の何％引きで売りましたか。

(5)　９％の食塩水300ｇを加熱し水を蒸発させて15％の食塩水をつくろうとしましたが，加熱しすぎて18％の食塩水になりました。そこで濃度《のうど》のわからない食塩水を50ｇ加えたところ15％の食塩水になりました。加えた食塩水の濃度は何％ですか。

(6)　右の図１は，正方形と円がぴったりとくっついている図形です。斜線《しゃせん》部分の面積は何 cm^2 ですか。

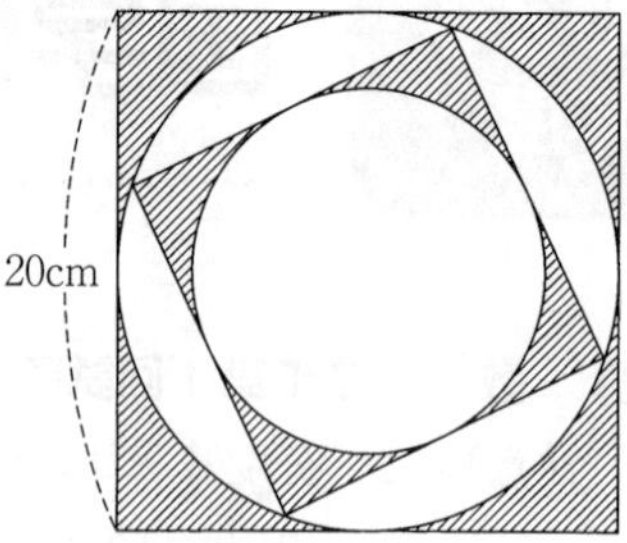

図１

(7)　下の図２のような満水にした直方体の形をした水そうがあります。この水そうを図３のように底面の辺 BF を水平な地面につけたまま45°傾《かたむ》けたとき，こぼれた水の量は何 cm^3 ですか。

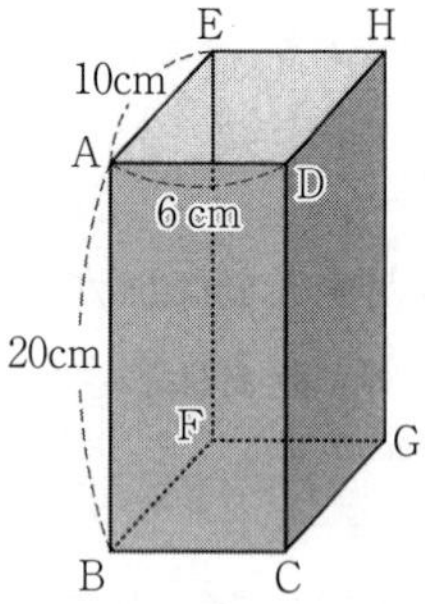

図２

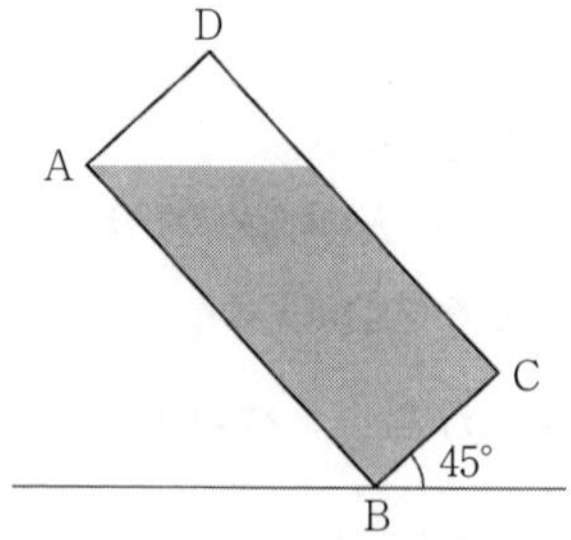

図３

3　下の図のような，目盛りのある計器Ａ，Ｂ，Ｃがついた装置があります。はじめの状態は，すべての針が０を指しています。

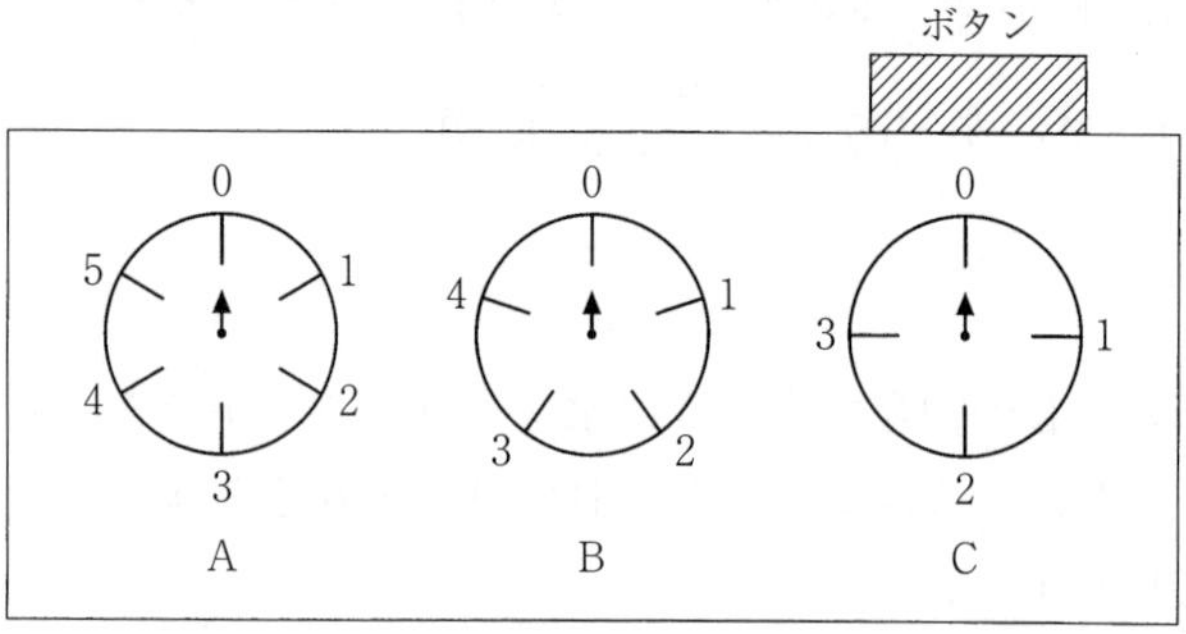

Ｃの針は，装置についているボタンを１回押《お》すごとに１目盛りずつ時計回りに動きます。

Ｂの針は，Ｃの針が１周して０を指すごとに１目盛りずつ時計回りに動きます。

Ａの針は，Ｂの針が１周して０を指すごとに１目盛りずつ時計回りに動きます。

例えば，ボタンを６回押すと，Ａの針は０を指し，Ｂの針は１を指し，Ｃの針は２を指します。この状態を(０，１，２)と表します。

また，(５，４，３)の状態からボタンを１回押すと(０，０，０)になります。次の問いに答えなさい。

(1)　①　はじめの状態からボタンを16回押すと，針はどのような状態になりますか。
　　②　はじめの状態からボタンを25回押すと，針はどのような状態になりますか。

(2)　はじめの状態からボタンを何回か押すと(４，３，２)になりました。ボタンを何回押しましたか。考えられる回数のうち，一番少ない回数を答えなさい。

(3)　はじめの状態からボタンを何回か押すと再び(０，０，０)になりました。ボタンを何回押しましたか。考えられる回数のうち，一番少ない回数を答えなさい。

(4)　(３，２，１)の状態からボタンを何回か押すと(１，２，３)になりました。(３，２，１)の状態から（１，２，３）になるまでボタンを何回押しましたか。考えられる回数のうち，一番少ない回数を答えなさい。

(5) ある状態からボタンを2024回押すと（５，４，３）になりました。ある状態を答えなさい。

4 右の図のように，１周72cm の円形のコース上に３つの地点Ｐ，Ｑ，Ｒが等間隔にあり，地点Ｐ，Ｑ，Ｒには上下に動くシャッターがあります。

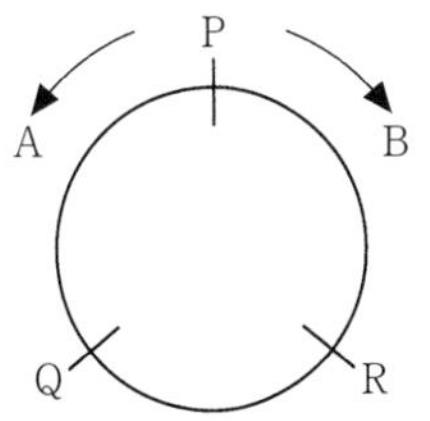

このコース上を自動で走行するロボットＡ，Ｂがあり，ロボットＡ，Ｂは，はじめ地点Ｐに止まっています。

ロボットＡは反時計回り，ロボットＢは秒速４cm で時計回りにそれぞれ一定の速さでＰから同時に出発します。

３つのシャッターは，ロボットが出発してから６秒後までの６秒間は上がり，６秒後から８秒後までの２秒間は下《お》り，８秒後から14秒後までの６秒間は上がり，14秒後から16秒後までの２秒間は下り，……と規則的に上下に動きます。シャッターが下りている間，ロボットはこの地点を通過することができません。

ただし，ロボットが地点Ｐ，Ｑ，Ｒに着いたと同時にシャッターが下りたときはシャッターが上がるまでその地点から動けず，その地点に着いたと同時にシャッターが上がったときは止まらずに動けます。

シャッターの厚みと，シャッターが動く時間は考えないものとして，次の問いに答えなさい。ただし，(3)，(5)は途中《とちゅう》の考え方も書きなさい。

ロボットＡを秒速３cm で動かします。

(1) ① ロボットＡが出発してからはじめて地点Ｑに着くとき，Ｑで何秒間止まりますか。ただし，止まらない場合は０秒間と答えなさい。

② ロボットＡが出発してから１周して地点Ｐに着くのは，出発してから何秒後ですか。

(2) ① ロボットＢが出発してからはじめて地点Ｒに着くとき，Ｒで何秒間止まりますか。ただし，止まらない場合は０秒間と答えなさい。

② ロボットＢが出発してから１周して地点Ｐに着くのは，出発してから何秒後ですか。

(3) ロボットＡとＢが同時に出発してから，はじめて出会うのは，出発してから何秒後ですか。

ロボットＡを秒速4.5cm で動かします。

(4) ロボットＡとＢが同時に出発してから１回目，２回目，３回目，４回目にどこで出会いますか。次のア～カの中からそれぞれ選び，記号で答えなさい。

ア 地点Ｐ
イ 地点Ｑ
ウ 地点Ｒ
エ ＰからＱまでの区間
オ ＱからＲまでの区間
カ ＲからＰまでの区間

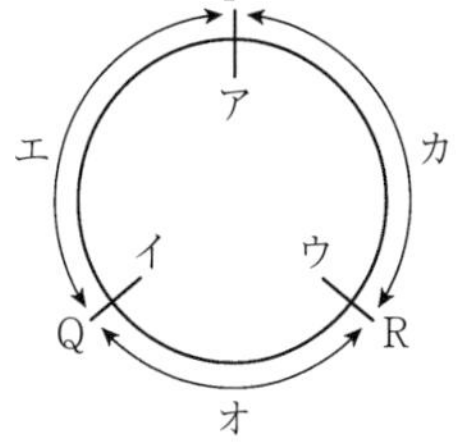

(5) ロボットＡとＢが同時に出発してから12回目に出会うのは，出発してから何秒後ですか。

ア　考え方や心構えが正しく立派なこと。
イ　人前をはばからず勝手に振《ふ》る舞《ま》うこと。
ウ　言説などがでたらめでよりどころがないこと。
エ　過去の行いの善悪に応じて必ずその報《むく》いがあるということ。
オ　自分にしっかりとした考えがなく、他人の言動にすぐ同調すること。
カ　きわめてわずかな期間のこと。

問四　次にあげることわざのうち、一字誤りを含《ふく》むものがあります。その誤った一字を正しい漢字に直しなさい。

・隣《となり》の花は赤い　　・一寸先は闇《やみ》
・二人寄れば文殊《もんじゅ》の知恵《ちえ》　　・泣《な》きっ面《つら》に蜂《はち》

問五　次の文の――線部のことばを、＝＝線部に対する敬語表現に直しなさい。

私は、先生から送られた絵を見る。

問六　次の歌と同じ季節をよんだものを、あとのア～エの中から一つ選び、記号で答えなさい。

吹《ふ》くからに秋の草木のしほるればむべ山風を嵐《あらし》といふらむ

ア　春過ぎて夏来にけらし白妙《しろたえ》の衣干すてふ天の香具山《かぐやま》
イ　山川に風のかけたる柵《しがらみ》は流れもあへぬ紅葉なりけり
ウ　鵲《かささぎ》の渡《わた》せる橋に置く霜《しも》の白きを見れば夜ぞ更《ふ》けにける
エ　いにしへの奈良《なら》の都の八《や》重桜《えざくら》けふ九重に匂ひぬるかな

まったことに気づき、本来の話題に修正する必要を感じたから。

イ　母を亡くしたばかりの冴に軽々しく死に関する発言をすべきでなかったことに気づき、話題を変えてごまかそうとしたから。

ウ　冴に蒼葉が死ぬ未来を想像させて悲しませてしまったことを悔《く》やんでおり、話題を変えることによって場を和《なご》ませようとしたから。

エ　軽い気持ちで語った自分自身の死が思った以上に真実味《しんじつみ》のあるもので、話題を変えることで将来のことを考えまいとしたから。

問四　――線④とありますが、「把握」した上で必要なことは何ですか。次の説明文の空らんに当てはまる言葉を、これより後の本文中から9字で抜き出し、始めの3字を記しなさい。

□を見逃《みのが》さないこと。

問五　次の文を補うべき場所を本文中の四角の中から探し、直前の10字を抜き出しなさい。

> 不安が消えるって、心配がなくなるって、すごく大きいことなんだとわかった。明日が怖いものではなく楽しみになったのは、あの日からだよ。

問六　次のア～オについて、本文の内容に合うものには○、合わないものには×をそれぞれ記しなさい。

ア　蒼葉は冴と自分の違いについて繰り返し説明し、冴としては不本意に思うところはあるものの、最終的には渋々《しぶしぶ》ながら納得《なっとく》した。

イ　冴の家庭に親近感を抱《いだ》いていた当時の蒼葉は冴と自分が似た存在だと感じており、食べ物を施《ほどこ》されても劣等感《れっとうかん》を感じなかった。

ウ　冴は、蒼葉が名字で呼ぶようになった理由を知って、彼の情熱的な言葉の中に自身に向けられたほのかな恋心《こいごころ》を感じた。

エ　蒼葉は自分が大学受験をするわけでもないのに、仕事の合間のわずかな空き時間を利用して冴の受験を手助けすることを申し出た。

オ　冴が小学校教師を志した理由には小学生だった蒼葉の存在があり、大人として彼のような子どものために何かしたいと考えた。

三

次の問いに答えなさい。〈問題は**問一**から**問六**まであります。〉

問一　次の①～⑥について、――線部のカタカナを漢字に直しなさい。

① コーヒーにサトウを入れる。

② 仏壇《ぶつだん》に花をソナえる。

③ 準備して試合にノゾむ。

④ ヨウサン業《ぎょう》を営んでいる。

⑤ 彼《かれ》とはヒサしく会っていない。

⑥ ベッサツに解答が記されている。

問二　次の熟語と成り立ちが同じものを、ア～カの中からそれぞれ選び、記号で答えなさい。

① 医療《いりょう》

② 鉱山

ア　除去　　イ　握手《あくしゅ》　　ウ　越冬《えっとう》

エ　笑顔《えがお》　　オ　呼応　　カ　往来

問三　次の四字熟語の意味の説明として最も適当なものを、あとのア～カの中からそれぞれ選び、記号で答えなさい。

① 傍若無人《ぼうじゃくぶじん》

② 因果応報

な。小学生にして孤独死《こどくし》。怖《こわ》いよな」

と蒼葉は身震《みぶる》いする真似《まね》をして笑った。

「飢え死になんて。そんなことなるわけないけど」

「まあな。でもさ、岸間さんからもらったのはパンだけじゃないよ」

「そういえば、お菓子《かし》も牛乳もあったね」

わたしがそう言うと、蒼葉は本当におもしろそうに笑った。

「ジュースもカップ麺《めん》もあったっけ。ってそうじゃなくてさ。最初、パンをもらった時、驚いたけど、単純にうれしかった。お腹《なか》空いてたから二人が帰った後、三袋《ふくろ》くらい一気に食べたよ。だけど、三日後また来てくれた時、本当に三日ごとに来てくれるんだってわかった時、もっともっとうれしかった」

蒼葉はそう言うと、

「俺があんな親の元に生まれたのに、それでも、ちゃんと生きてるのは、あの日のおかげだと思ってる」

とわたしの顔を見た。

恩義に感じてくれるのはありがたい。けれど、それ以上に苦しい。たかがパンだ。そんなことにここまで感謝せずにはいられない子どもがいるなんて。きっと今も、あの日の蒼葉がどこかにいる。取りこぼさないで。毎日が不安な子どもがいることに気づいて。あの時小学生だったわたしは、大人たちに願っていた。

そのわたしが、もうすぐ大人になるのだ。自分以外の大人がやってくれるのを待っていてはどうしようもない。

「やりたいからやるだけだよ。俺が賢いところ見せつけられるしさ。その代わり、石崎《いしざき》のおばちゃんの夕飯、たまに俺にも食わせてよ」

蒼葉がそう言うのに、わたしはうなずいた。


「甘《あま》えて教えてもらおう。わたし、必死で勉強する」

「おお、がんばろうぜ」


それから、蒼葉は時々家に来て勉強を見てくれた。蒼葉は賢いだけでなく、教えるのもうまかった。過去問をわたしに解かせ、わたしの弱点を整理し、問題の傾向《けいこう》と照らし合わせ、無駄なく合理的に教えてくれた。わたしは学校に行っていない時間はすべてと言っていいほど、受験勉強に費《つい》やした。これだけ勉強するのは最初で最後だろうと思えるくらい机に向かった。

その甲斐《かい》あって、わたしは現役《げんえき》で県立の教育大学に合格することができた。子どもたちに何かができる日に、ようやく一つ進めたのだ。


（瀬尾まいこ『私たちの世代は』による）

※注　おばあちゃんたち…近所に住む石崎のおばちゃんや吉川《よしかわ》のおばあちゃんたちのこと。生前の母と交流があり、母の死後は生活の面でも精神面でも冴を支えてくれている。
中学三年…中学時代の冴は母親の仕事のことで周囲から陰口《かげぐち》をたたかれ、孤立《こりつ》していた。同じクラスになった蒼葉は冴を救おうと彼女を悪く言う生徒に食ってかかった。

問一　――線①とありますが、なぜ呼び方を変えたのですか。50字以上60字以内で答えなさい。

問二　――線②とありますが、蒼葉は違う世界に住む冴をどのような人物だと思っていますか。次の説明文の空らんに入る言葉を、本文中から抜き出し、始めの3字を記しなさい。

A（11字）ので、B（7字）を持っている人物。

問三　――線③とありますが、なぜ「話を変えた」のですか。その理由として最も適当なものを次の中から選び、記号で答えなさい。

ア　冴の質問から思いもかけない方向に話題が変わっていってし

ら変わっていない。

その希望をかなえられる仕事。そうなると、小学校の教師が近いのだろうか。

感染症が流行中だった小学校時代に、学校こそがセーフティーガードだと思った。④その地域の子どもたちを把握《はあく》し、その子どもたちに何かあれば救い出せるのは学校だって。子どもが埋《う》もれてしまわないように手を差《さ》し伸《の》べられる。余計なおせっかいだと気を遣《つか》うことなく、堂々とそれができるのは教師だ。もっとわたしたちを見てほしい。あの時そう言えなかったわたしは、自分が助けられる立場になりたい。

「小学校の教師かな」

「ああ、すごく岸間さんだ」

わたしの答えに、蒼葉はすぐにそう返してくれた。

「本当に？」

「似合ってるよ。うん、岸間さんが先生になったら、俺もうれしい気がする」

「そうかな」

蒼葉に言われると、自信が出てきて、小学校の先生になるしかないような気分にすらなる。

「じゃあ、教育大？　教育大だとここからも割と近いじゃん」

「でも、ちょっと、それは難しいかな。教員免許《めんきょ》さえ取れれば」

進学校に通っているとはいえ県立の教育大学は難関だ。お母さんが残してくれたお金で私立の大学に行くという手もある。けれど、そうなると、先々の生活は厳しいか。わたしが迷っていると、

「俺、教えてあげるけど」

と蒼葉が言った。

「何を？」

「勉強」

「勉強？」

蒼葉はわたしの何倍も賢《かしこ》い。中学時代はテストはほぼ満点で、高校受験に向けても手伝ってくれた。だけど、今は蒼葉は高校に行っていないし、働いている。

「県立教育大学でいいよね。明日から過去問とか参考書とか先に解いてポイント押《お》さえて、教えられるようにしておく」

「何それ。蒼葉も受験するってこと？」

「まさか。俺、もう働いてるし、中卒だよ。空き時間に勉強しておいて教えるってこと」

「それ、すごい無駄《むだ》じゃない？　時間とか労力とか」

自分の行かない大学の受験勉強をする。この先入試をするわけでもないのにだ。しかも、蒼葉は、日中はファストフード店やファミレスで夜は居酒屋や親の店で働いている。時間もないし、受験勉強がなにかのプラスになりそうもない。

「無駄じゃないよ。勉強、嫌《きら》いじゃないしさ。それに、どうせ調理師免許取る勉強もしようと思ってたから、ついでに」

「どこがついでよ。勉強内容違うでしょう」

「やりたいんだ」

「蒼葉、そんなに恩に感じてもらうことないのに」

中学の時わたしを守ってくれたのも、葬儀《そうぎ》の後、ずっとそばにいてくれたのも蒼葉だ。何が必要？　何度もわたしにそう問いかけてくれた。

「恩？」

「ほら、パンのこととかさ」

わたしがおずおず言うと、

「あの時、岸間さんが来てくれなかったら、飢《う》え死《じ》にしてたかも

蒼葉はそう言うと紅茶を飲んだ。

「だからって、そんなに違わないよ」

わたしが母から愛されていたのは明確な事実で、蒼葉が親の愛を受けていなかったのはなんとなくわかる。言葉が思いつかないまま、わたしは何とかそう言った。

「全然違うよ。勉強なんて問題集で何とでもなるけど、俺、教育も愛情も受けてないから、当たり前のことを知らないし、人として当然の心も持ってない。歯を毎食後磨《みが》くこととか、頭の洗い方とか、お箸《はし》の持ち方とか。知ってる人にあいさつすることとか、大事なものは人と分け合うとか。そういうのって参考書に書いてないだろう？　だから、知ったのってほんと最近、社会に出てから。情けなくて笑えるだろう。えっと、靴下《くつした》だけは一年替《か》えなくていいんだっけ」

蒼葉は冗談《じょうだん》めかして少し笑った。

「そんなのいつ知ったっていいことじゃない。あ、靴下は三日に一回は替えたほうがいいだろうけど」

蒼葉に合わせて、わたしも軽口をたたいた。

「三日に一回か。気をつける。俺さ、こないだ、幼稚園《ようちえん》入園までの育児とかいう本、立ち読みしたんだけどさ、今までよく生きてたなって自分で驚《おどろ》いたもん。子どものころなんか汚《きたな》い床《ゆか》に転がされてただけなのに、病気もせず言葉も話してる。奇跡《きせき》の子どもだな」

「だからって、岸間さん？」

「そう。ほら、俺たち仲いいだろう？」

「まあ、そうだね」

岸間さんと呼びつつ、仲がいいとは認めてくれているんだと、わたしは少しほっとした。

「だけど、好きになったらだめだなって、自分を戒《いまし》めてる。冴ちゃんなんて呼んでるうちに恋《こい》に落ちて結婚《けっこん》したら、冴ちゃん不幸になるから」

「不幸になるの？」

「なるなる。俺は愛情受けてないから人を愛することを知らないし、俺の将来なんて、家の飲み屋継《つ》いでずっと貧乏で借金に追われてるだろうしね。俺なんて、一人寂《さび》しく酒飲みすぎて肝臓壊《かんぞうこわ》して死んでいくだけよ」

蒼葉はそう言ってから、死ぬという言葉を口にしたことに気がとがめたのか、

「ちょっと、そんなことより、岸間さん、受験のこと聞いたんだけど。俺」

と③慌《あわ》てて話を変えた。

「あ、ああ。受験ね」

わたしは、好きになるなと、蒼葉に予防線を張られているのだ。そこに突《つ》き進む勇気などない。それに、これ以上この話をするのは、蒼葉につらい思いをさせそうで、わたしも掘《ほ》り下《さ》げるのはやめにした。

「どんな大学狙《ねら》ってるの？」

「そうだな……」

「大学って、まずは何になりたいかによるよな。岸間さん将来何になる予定？」

「そう、えっと、わたしは……」

職業と考えると難しいけど、やりたいことはと思《おも》い浮《う》かべると、小学三年生の時の蒼葉を思い出す。あのころから、子どものために何かできたらいいなとずっと思ってきた。蒼葉みたいに「教育や愛情を受けていない」と言ってしまう子どもをなくしたい。生きるためのすべを教える場は家庭だけじゃないはずだし、愛情だって必ずしも親から与《あた》えてもらわなくたっていいはずだ。悲しい思いを抱《かか》える子どもが少しでもいなくなれば。そういう思いは、蒼葉の家を初めて訪れた時か

ことをまとまらないまま口にする時、わたしのそばにはいつも蒼葉がいた。

　蒼葉は、通夜《つや》に駆《か》けつけてくれた時から、①なぜかわたしのことを岸間さんと呼んだ。半年ほど会っていなかったからだろうか。それとも改まった席だからだろうか。どこか違和感《いわかん》を覚えながらも、その時はどうしてか聞くことができなかった。それに、中学を出て、働きはじめた蒼葉は、先に大人になってしまい、わずかな距離《きょり》ができたように思えた。

「岸間さん、受験勉強大丈夫《だいじょうぶ》？」

　高校三年の春の終わり、日曜の朝にやってきた蒼葉がわたしに尋《たず》ねた。

「そのさ、岸間さんって、ずっと気になってたんだけど」

　わたしは蒼葉の質問に答える前に、思い切ってそう聞いた。

「岸間さんで合ってるよね」

「合ってるよ。でもさ、前まで冴ちゃんって呼んでたでしょう？」

　蒼葉が持ってきてくれた、バイト先の残り物だというクッキーを皿に入れ、紅茶を淹《い》れてテーブルに置き、わたしは蒼葉の前に座《すわ》った。

「ああ、そっか。そうだったかな」

　蒼葉はわざとらしいことを言い、へへと照《て》れ臭《くさ》そうに笑った。

「で、どうして岸間さんって呼ぶのよ。なんか他人みたいじゃない」

「だってさ。ほら、②俺《おれ》ら住む世界が違《ちが》うじゃん」

「蒼葉は働いてるってこと？」

「それもあるけど、根本的にさ」

「何よそれ」

「何よそれって、岸間さんも気づいてるだろう？」

　それは蒼葉が貧しいことを指しているのだろうか。高校に行っていないことを指しているのだろうか。でも、それは世界が違うと言うほどのことではない。いまいち意味がわからなかったから、

「わからない」

　とわたしはきっぱりと首を横に振《ふ》った。

「本気で？」

「本気。だって、貧乏《びんぼう》だからって言うなら、うちだって母子家庭で今なんてわたしだけでしょ。蒼葉が中卒って言うなら、学歴はそうかもしれないけど蒼葉のほうが頭いいしさ」

「なるほど。俺ってすごいんだな」

　蒼葉はそう笑ってから、

「俺さ、最初は岸間さんと自分が、すごく似てるって思ってたんだ。パンを持ってきてくれた時にいろいろ話しただろう？　俺は親に見放されてて、岸間さんは母子家庭でお母さんは忙《いそが》しく働いてて、しかもおじいちゃんやおばあちゃんもいないってさ。似たような環境《かんきょう》なんだなって、だからパンをもらうのも、それほど恥《は》ずかしくなかった」

　と言った。

「うん。今も似てるじゃん」

「どこがだよ。俺、※中学三年で岸間さんと同じクラスになった時、気づいたよ。みんなから何を言われようと凛《りん》としててさ、ああ、岸間さんってしっかり愛されて育った人なんだって。揺《ゆ》るがないものが根底にある人だって」

　愛されて育った。そこは蒼葉とは違うのかもしれない。否定できなくて、わたしは黙《だま》ってクッキーを口に入れた。

「そして、お母さんが亡くなった今も、岸間さんは変わらず、ちゃんとしてる。周りからも大事にされて、自分をなくさず、前を向いてる。すごいよな。愛情を受けてきた人ってこんなにまぶしいんだって、自分と似てると思ってたことが恥ずかしいよ」

ア　表には出ない資料を発掘することで、ほとんどの人が興味を持たない古代の食文化のあり方を実証しているということ。
イ　歴史を調べることは地味なことではあるが、貴重な歴史的建造物の生まれた背景がより鮮明に理解されることにつながったということ。
ウ　地道な作業ではあるが、古代の食べ物の発掘によって、現代の食と生活の歴史がはっきり見えるようになったということ。
エ　歴史を調べるということは、私たちの生活がいかに西洋化してきたのか、という文化の移り変わりを知ることができるということ。

問二　――線②とありますが、筆者はこの根底に現代人のどのような気持ちが存在していると主張していますか。本文中から漢字３文字で答えなさい。

問三　二カ所の空欄［Ｘ］に共通して入る言葉として最も適当なものを次の中から選び、記号で答えなさい。
ア　不信　　イ　迷信　　ウ　威信　　エ　確信

問四　――線③とありますが、それはどのようなことですか。30字以上40字以内で空らんを補充し、答えを完成させなさい。

> 食文化の進化と思われていた食材の多くは、［　　　　］という変化に過ぎないということ。

問五　空欄［Ａ］～［Ｄ］に入る言葉の組み合わせとして最も適当なものを次の中から選び、記号で答えなさい。
ア　Ａ　白米　Ｂ　赤米　Ｃ　赤米　Ｄ　白米
イ　Ａ　白米　Ｂ　白米　Ｃ　赤米　Ｄ　白米
ウ　Ａ　赤米　Ｂ　赤米　Ｃ　白米　Ｄ　赤米
エ　Ａ　白米　Ｂ　白米　Ｃ　赤米　Ｄ　赤米

問六　次の選択肢は本文の内容に関して生徒が述べ合った感想です。本文の内容と合っているものを選び、記号で答えなさい。
ア　考古学は地味だと言っているけど、ロマンはあるね。文献の中から古代の生活を再現するヒントが出てくるから。
イ　でもさ、大仏殿も法隆寺も古代の文化を今に伝えていて、やはり目に見えるものこそ歴史の重要な資料であるよね。
ウ　私は発掘や発見をした証拠に基づいて人々の思い込みを修正していくことが、歴史研究の役割なんだと思う。
エ　いや、歴史研究には証拠も大切だと思うけど、それに基づいたストーリーを創る推理力や想像力が大切だと思うよ。

［二］　次の文章を読んで、あとの問いに答えなさい。〈問題は問一から問六まであります。〉

岸間冴《きしまさえ》が小学三年生に進級したころ、新型の感染症《かんせんしょう》が流行し始めた。冴と母はマスクを届けに長期欠席中の清塚蒼葉《きよづかあおば》の家を訪《おとず》れた。蒼葉の家は親が不在がちで食べるものも十分にない様子であったため、その日以来三日ごとに食べ物を届けに行くようになった。学校が再開されて蒼葉が登校しはじめ、その習慣は途切れた。中学に入ってからの蒼葉は両親の店の手伝いで欠席がちだったが、冴との友人関係は続いていた。中学卒業後、蒼葉は働くようになった。冴は高校に進学したが、高校二年生の終わりに冴の唯一《ゆいいつ》の肉親である母は病気で亡《な》くなってしまった。

※おばあちゃんたちばかりでなく、蒼葉も度々《たびたび》家に来てくれた。蒼葉が来てくれるのは、いつだって母がいなくなった現実に耐《た》えられなくなる時だった。勝手に涙《なみだ》があふれ止まらなくなってしまう時、母の

たい竹のひごで編んだ籠《かご》を中心にして、底に紙を張り、糊《のり》をぬって、そして串《くし》をさして、そこに、かやの実やぎんなんとかをたくさんつけ、いろいろな形をしたものを百種類作ります。今でもそれを盛って神様にお供えするのです。

私はその中で実に大事な発見をしたのです。その百味の御供の中の一つに〝米〟があります。その米を絵の具で染め、ピンセットで山型に張っていき、一番てっぺんに黒米が乗っているのです。それは染めたのではなく、自然の米です。神主さんにうかがいましたら、その山のてっぺんにある村の人々が、談山神社の百味の御供を作るために、わざわざ水田に黒米を栽培《さいばい》してきたというのです。黒米を食べる人はいませんから商品としては売れません、神様に上げるためなのです。

私はその黒米をもらって帰り、栽培し、精白して煮《に》ますと、いきなり赤飯ができました。なぜおめでたいときに赤いご飯を炊《た》くかといいますと、これは黒米時代の古代米に復元するのが赤飯というもので、古いものを再現することが神様にお供えする食品であるからめでたいのだという意識が、各家庭に持《も》ち込《こ》まれて、やがて何かあると赤飯を炊くようになったのです。

それを今は、小豆《あずき》で着色します。小豆というものは、日本では赤小豆が小豆と思われていますが、これはジャワの野生種なのです。ふつうの野生の小豆は白いもので、突然《とつぜん》変異で赤くなったものが日本で喜ばれ、最後に大納言《だいなごん》小豆という粒《つぶ》の小さい小豆ができたのです。それが赤米に着色するために改良されていったわけです。つまり、本来は米自身が赤いものだったのです。

今でもインドとかマレー半島には、赤米・黒米が生き残っています。それが日本にも残っていて、昔はたぶん大和でも赤米を食べたのだと思います。藤原宮跡《ふじわらきゅうせき》や平城宮跡などから出土した〝木簡〟に書いてある、いろいろな米に関する文字が今の［Ａ］だと思ったら大間違いです。だいたい昔は赤い米が中心だったと考えなくてはならないと思います。

今から四五〇年ほど前に、朝鮮の使いが将軍の代が代わるごとに足利幕府にやってきました。その使いを〝朝鮮信使〟といい、日記を残しています。その日記によりますと、周防《すおう》の国(山口)から京都まで、どの宿に泊《とま》っても出てくる飯は〝赤飯〟、いかに日本の文化が低いかわかる、赤飯はまずい、と怒《おこ》っています。その頃朝鮮はもう［Ｂ］を食べていたのです。日本はまだ［Ｃ］だったのでしょう。外国の使節を接待するのに、山口から京都までずっと赤米だったということは、足利時代の中頃《なかごろ》は、日本の大部分が［Ｄ］だったのでしょう。

それほど日本の赤米の歴史は長く続くのです。米が白いと書いた本があったでしょうか。『万葉集』はあれほどいろいろなものを書いてありますが、米を作る栽培行事のことを書いてはあっても、「米は白い」という表現はないのです。今の米が白いから昔の米も白かっただろうと勝手に思っていますが、昔の米は赤かったと考えるのが常識でしょう。奈良県には偶然《ぐうぜん》今でも赤米が生きていて、栽培し、それで神様を祀《まつ》っている村があるということです。

(樋口清之《ひぐちきよゆき》『復元　万葉びとのたべもの』)

※注　帰納…具体的な事柄《ことがら》から、一般的《いっぱんてき》な法則を導き出すこと。
馬絹…神奈川県《かながわけん》川崎市にある地名。
しっくい…消石灰《しょうせっかい》を原材料にした塗《ぬ》り壁《かべ》材。
木簡…文字を書き記録するための木札。
末寺…本山の支配下にある小さな寺のこと。
神饌…神様に供える食べ物。御供ともいう。

問一　――線①とありますが、その内容として最も適当なものを次の中から選び、記号で答えなさい。

でき、千二百年前の人々が、あんなモダンなものを食べていたのだということがわかり、②皆《みな》感心しています。逆に言えば、今の人間は、あれから一歩も前進していないのだということを、反省していません。現代の私たちは大きな顔はできません。

すし屋で実にきれいなすしを売っていても、奈良時代と同じものが材料です。いくら立派な鮑《あわび》やうにが乗っていても、それらは全て奈良時代の〝※木簡〟にあるのです。千二百年前の人々が、同じ物を食べて、同じ生活をして、〝鮓《すし》〟という言葉さえ木簡に書いてあります。それからいったい、どれほどの進歩があったのでしょう。

文化は進歩するものだ、前進するものだ、というのは X なのです。これは、ただ変わるだけなのです。流れていくだけなのです。その文化の流動の姿を調べるのを歴史というのです。すべて文化は進化するということは X だと思います。③基本的なものは、進化ではなく、変化するだけなのです。それなのに現代の私たちは、今の生活に対する誇《ほこ》りを持ち、やがて誇りが古代に対する大変な軽蔑《けいべつ》感をつくり上げています。どうせ昔の奴《やつ》は駄目《だめ》なんだ、と。しかし、こんなことは決して言えないと思います。今と変わらないもの、今以上のものを、古代人が食物生活文化の中で知っている、ということができるのです。

調理技術にしても、古代人はほとんどのものを知っています。たとえば燻製《くんせい》があります。現代の私たちは、明治維新《いしん》に西洋文化からきた燻製を知ったために、これをハイカラだなどと思っていますが、古代人は日本の石器時代から燻製を作っていたのです。燻製というのは、一番初期の調理法の一つなのです。また、奈良時代の人は、バターやチーズを食べていました。このことも木簡にちゃんと記されています。以後食べなくなり、また再び食べるようになったため、いかにも近代的なものだと思われているだけなのです。

私は、歴史の研究を生涯《しょうがい》続けるつもりですが、少しも悔《く》いません。あの世界最大の木造建造物を造ったり、世界最古の木造建造物を残したり、そしてその他、今から見れば想像もつかないような色々な科学や技術を、奈良平野で残していった先輩《せんぱい》たち、そういう人々が、どういう生活をしたのか、何によって生活を支えられたのかということを考えてみたい、と思うと同時に、それが今、どういう形であの土地に残っているかということを考えてみたいと思います。

日本の神道《しんとう》というか、神様の信仰《しんこう》に結びついた食品が、奈良地方の一般《いっぱん》の食文化に大きく後をひいて残っているということについて触《ふ》れてみたいと思います。

祭というものは神社が勝手にやるものだなどと思っている人がいるようですが、それは大間違《おおまちが》いなのです。祭では神主《かんぬし》は神様の前に座《すわ》っていればいいのです、祭をやるのは一般の民衆であって、民衆の共同体の行事が祭なのです。ですから、村全体で祭をやるわけですから、年寄りが出ていって支配し、青年が出ていってみこしをかついで、そして大人も子供も集まっていっしょに楽しむというのが祭の本義なのです。今でも奈良には、こういった村全体の生活が結集される古い時代の祭が残っているのです。

奈良県《ならけん》桜井市《さくらいし》の多武峰《とうのみね》の山中に談山《たんざん》神社という神社があります。この談山神社に「嘉吉《かきつ》祭」という祭があります。これは今から六百年ほど前の嘉吉年間に、あの多武峰を含《ふく》めた山――この神社は妙楽寺《みょうらくじ》という比叡山《ひえいざん》の※末寺となっていた――が、興福寺と戦争をしたのです。そのときの戦勝の祈願祭《きがんさい》を「嘉吉祭」というのです。その嘉吉年間のお祭に奉納《ほうのう》したのが〝※神饌《しんせん》〟です。そのときと同じ料理を毎年作り直して奉納するのですが、今ではそれを一般に見せています。

これを〝百味の御供《ごく》〟といい、百品作ります。ほとんどが山のもの、いもや木の実や木の芽とかで、いろいろな細工をして作ります。だい

2024年度

国学院大学久我山中学校

【国　語】〈ＳＴ第一回試験〉（五〇分）〈満点：一〇〇点〉

〔注意〕1　設問の関係で、原文とは異なるところがあります。
2　句読点（、や。）その他の記号（「や〝など）は1字分として数えます。

一　次の文章を読んで、あとの問いに答えなさい。〈問題は**問一**から**問六**まであります。〉

（次の文章は一九八六年に書かれた文章です。（設問の都合上、本文を改変した箇所があります。））

私は「考古学」を専門として研究しています。実際の歴史の証明になるところの遺跡《いせき》や遺物を親しく掘《ほ》り、そして出てきたものを大事にし、それから結論を引き出すことの研究をしているわけです。ですから、観念的に想像したり、頭の中で考えたことを発表するのではなく、証明のあることを発表することが専門なのです。

私が今日まで考古学に取り組んできて感じましたことは、私共が私共なりに事実を※帰納して証明していくものが、たとえ面白《おもしろ》かろうがなかろうが、後世に残す大事な遺産として、知的遺産として、私なりに今残しておかないと後世はいっそう間違《まちが》うのではないか、ということです。

川崎市《かわさきし》の西の、※馬絹《まぎぬ》というところで、以前に川崎市からの依頼《いらい》で古墳《こふん》を掘りました。しかし、いくら掘っても何も出てこないのです。考古学というものは困ったもので、地下にあるものを探すのですから、どこにあるのか上から見てわかれば百発百中ですが、それがなかなか見つからないのです。そこで電探機や音響反響《おんきょうはんきょう》装置を使ったりして、あらゆる方法で捜《さが》すのですが、何も出てきません。しかし、何もないということはありえませんから、必ずあると思ってずっと深く掘り続けました。あいつは井戸掘《いどほ》りだ、と人には笑われましたが、しまいには水が湧《わ》いてくるのではと思うくらい掘りました。そうしたら、深さにして建物なら四階くらい下に遺構があったのです。切り石で造ってあり、しかもその石の切り目にはずっと※しっくいがぬってあります。そうした部屋が、前室と後室の二つに分かれており、朝鮮《ちょうせん》の石室の形をしているのです。言《い》い換《か》えれば、その昔、川崎を拓《ひら》いたのは、朝鮮の渡来人《とらいじん》か、渡来人の文化を受《う》け継《つ》いだ人ということになります。つまり川崎という町は、奈良《なら》時代よりずっと以前に、朝鮮という、当時日本よりずっと水準の高かった文化によって拓かれた古い町といえます。

このように考古学で研究していることといえば、地味な仕事であり、裏方の仕事であり、表面には出てこないものなのです。

①大和《やまと》の食物文化についても同じことが言えます。表面だけを見ますと、奈良には日本最古の文化の大変たくさんの証明があります。たとえば、法隆寺《ほうりゅうじ》は世界最古の木造建造物だとか、東大寺大仏殿《だいぶつでん》は世界最大の木造建造物だとか、何でも〝古〟とか〝大〟とかいう字がつけばいいと思い、古いの大きいのと言って喜んでいますが、法隆寺にしても東大寺大仏殿にしても、天から降ったわけではなく、地の上に、人が築き上げたものなのです。その築き上げた人たちがいったい何を食べて暮らしていたのか、どういう生活をしていたのかということが、実は日本の歴史の一番基本的な証明でなければならないはずなのに、こういったことにはほとんどの人が関心を持ってくれないのです。

平城京の発掘《はっくつ》が、奈良にあります文化財研究所のおかげでようやく

2024年度
国学院大学久我山中学校 ▶解説と解答

算　数 ＜ＳＴ第１回試験＞（60分）＜満点：150点＞

解　答

1 (1)　62人　(2)　$\frac{2}{21}$　(3)　70才　(4)　160cm　(5)　84cm　**2** (1)　120Ｌ　(2)　５個　(3)　①　分速75m　②　7000m　(4)　８％引き　(5)　６％　(6)　129cm^2　(7)　180cm^3　**3** (1)　①　（０，４，０）　②　（１，１，１）　(2)　94回　(3)　120回　(4)　82回　(5)　（０，３，３）　**4** (1)　①　０秒間　②　24秒後　(2)　①　２秒間　②　22秒後　(3)　$11\frac{3}{7}$秒後　(4)　**１回目**…オ，**２回目**…エ，**３回目**…カ，**４回目**…オ　(5)　$114\frac{14}{17}$秒後

解　説

1 **差集め算，分数の性質，年令算，平均とのべ，割合と比**

(1)　４人ずつ座るのに必要な座席の数と５人ずつ座るのに必要な座席の数の差は，６＋８＝14(席)である。これは，５－４＝１(人)の差が長いすの数だけ集まったものだから，長いすの数は，14÷１＝14(脚《きゃく》)とわかる。よって，集まった人の数は，４×14＋６＝62(人)と求められる。

(2)　分子が１の場合，$\frac{1}{11}<\frac{1}{□}<\frac{1}{10}$の□にあてはまる整数はない。また，分子が２の場合，$\frac{2}{22}<\frac{2}{□}<\frac{2}{20}$より，□にあてはまる整数は21になる。さらに，分子が３の場合，$\frac{3}{33}<\frac{3}{□}<\frac{3}{30}$より，□にあてはまる整数は31，32となる。このように考えると，分母がいちばん小さい分数は$\frac{2}{21}$とわかる。

(3)　現在，両親の年令の和は，42＋44＝86(才)，兄弟の年令の和は，12＋３＝15(才)である。数年後にはそれぞれ同じだけ年令が増えるので，右の図１のように表すことができる。図１から，②－①＝①にあたる年令が，86－15＝71(才)とわかるから，□＝71－15＝56(才)となる。したがって，このようになるのは２人の年令の和が56才増えたときなので，１人の年令が，56÷２＝28(才)増えたときである。よって，このときの父の年令は，42＋28＝70(才)と求められる。

図１

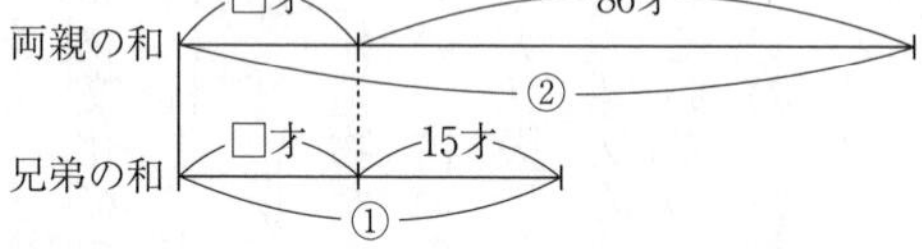

(4)　右の図２で，かげをつけた部分の面積と太線で囲んだ部分の面積は，どちらも50人の身長の合計を表している。したがって，これらの面積は等しいから，アとイの長方形の面積も等しくなる。また，アとイの長方形の横の長さの比は，30：20＝３：２なので，たての長さの比は，$\frac{1}{3}:\frac{1}{2}$＝２：３となり，アの長方形のたての長さは，$5\times\frac{2}{2+3}$＝２(cm)とわかる。よって，男子の平均は，158＋２＝160(cm)である。

図２

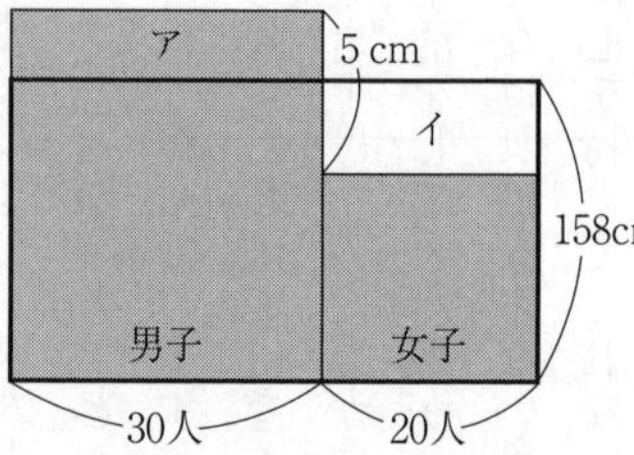

(5)　30％は$\frac{3}{10}$だから，(Ａの長さ)×$\frac{4}{7}$＝(Ｂの長さ)×$\frac{3}{10}$と表すことができる。したがって，Ａの

長さとＢの長さの比は，$\frac{7}{4}:\frac{10}{3}$＝（７×３）：(10×４)＝21：40とわかる。この差が133cmなので，比の１にあたる長さは，133÷(40－21)＝７(cm)であり，Ａの長さは，７×21＝147(cm)と求められる。よって，水の深さは，147×$\frac{4}{7}$＝84(cm)となる。

2 比の性質，つるかめ算，流水算，速さと比，売買損益，濃度《のうど》，面積，水の深さと体積

⑴　Ａを使って水を入れるときにかかる時間と，Ｂを使って水を入れるときにかかる時間の比は，$\frac{1}{5}:\frac{1}{8}$＝８：５である。この差が９分だから，比の１にあたる時間は，９÷（８－５）＝３(分)となり，Ａを使って入れるときにかかる時間は，３×８＝24(分)とわかる。よって，水そうの容積は，５×24＝120(Ｌ)と求められる。

⑵　右の図１のようにまとめることができる。50個すべて成功したとすると，200×50＝10000(円)もらえるので，実際にもらった金額よりも，10000－5500＝4500(円)多くなる。１個失敗するごとに，もらえる金額は成功した場合よりも，200＋700＝900(円)少なくなるから，失敗した個数は，4500÷900＝５(個)とわかる。

図１

成功(＋200円)｝合わせて
失敗(－700円)｝50個で＋5500円

⑶　①　右の図２のように表すことができるので，川の流れの速さは分速，(300－150)÷２＝75(m)とわかる。

②　行き(下り)と帰り(上り)の速さの比は，300：150＝２：１だから，行きと帰りにかかった時間の比は，$\frac{1}{2}:\frac{1}{1}$＝１：２とわかる。この和が70分なので，行きにかかった時間は，70×$\frac{1}{1+2}$＝$\frac{70}{3}$(分)となり，AB間の距離《きょり》は，300×$\frac{70}{3}$＝7000(m)となる。

図２

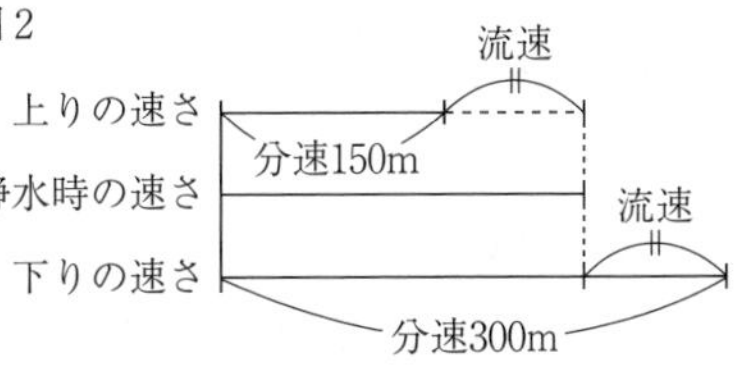

⑷　仕入れ値の合計は，300×150＝45000(円)であり，利益が8550円だから，150個分の売り上げの合計は，45000＋8550＝53550(円)となる。また，定価は，300×(１＋0.25)＝375(円)なので，定価で売った60個分の売り上げは，375×60＝22500(円)とわかる。したがって，値下げして売った90個分の売り上げは，53550－22500＝31050(円)だから，値下げした商品１個の値段は，31050÷90＝345(円)と求められる。よって，値下げした金額は，375－345＝30(円)であり，これは定価の，30÷375＝0.08，0.08×100＝８(％)にあたる。

⑸　(食塩の重さ)＝(食塩水の重さ)×(濃度)より，９％の食塩水300ｇに含《ふく》まれている食塩の重さは，300×0.09＝27(ｇ)とわかる。ここで，食塩水から水を蒸発させても食塩の重さは変わらないので，水を蒸発させて濃度が18％になった食塩水にも27ｇの食塩が含まれている。したがって，水を蒸発させた後の食塩水の重さを□ｇとすると，□×0.18＝27(ｇ)と表すことができるから，□＝27÷0.18＝150(ｇ)と求められる。次に，この食塩水に50ｇの食塩水を加えると，濃度が15％の食塩水が，150＋50＝200(ｇ)できるので，食塩の重さは，200×0.15＝30(ｇ)になる。よって，加えた食塩水に含まれていた食塩の重さは，30－27＝３(ｇ)だから，加えた食塩水の濃度は，３÷50＝0.06，0.06×100＝６(％)と求められる。

⑹　内側の正方形を回転すると下の図３のようになる。はじめに，外側の正方形の面積は，20×20＝400(cm^2)である。また，外側の円の半径は，20÷２＝10(cm)なので，外側の円の面積は，10×10×3.14＝314(cm^2)となり，外側の４つの斜線《しゃせん》部分の面積の和は，400－314＝86(cm^2)と求められる。次に，内側の正方形は対角線の長さが20cmだから，面積は，20×20÷２＝200(cm^2)となる。

したがって，内側の円の半径を□cmとすると，□×□＝200÷４＝50(cm²)となるので，内側の円の面積は，□×□×3.14＝50×3.14＝157(cm²)と求められる。よって，内側の４つの斜線部分の面積の和は，200－157＝43(cm²)だから，斜線部分の面積は全部で，86＋43＝129(cm²)とわかる。

図３

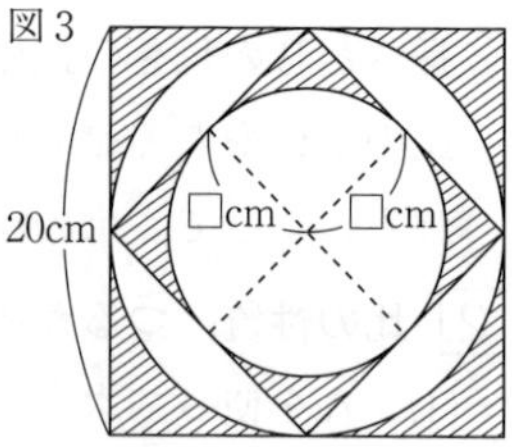

⑺　水面と床は平行なので，右の図４の●印の角の大きさはすべて45度になる。したがって，三角形DAIは直角二等辺三角形だから，面積は，６×６÷２＝18(cm²)とわかる。よって，こぼれた水の量は，18×10＝180(cm³)と求められる。

図４

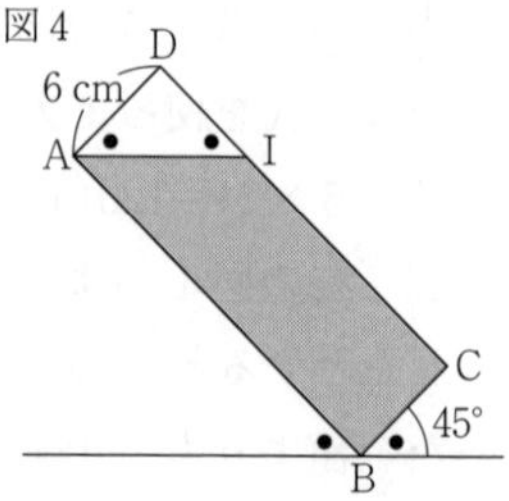

3　条件の整理，周期算

⑴　①　ボタンを４回押《お》すとＢが１目盛り動くから，ボタンを16回押すとＢが，16÷４＝４(目盛り)動く。よって，ボタンを16回押したときの状態は(０，４，０)である。　②　Ｂが１周するのはボタンを，４×５＝20(回)押したときなので，Ａの１目盛りはボタンを20回押したことを表している。したがって，25÷20＝１余り５より，ボタンを25回押すとＡが１目盛り動くことがわかる。さらに，余りの５回について，５÷４＝１余り１より，ＢとＣも１目盛り動くことがわかるから，ボタンを25回押したときの状態は(１，１，１)である。

⑵　ボタンを20回押すごとにＡは１目盛り，４回押すごとにＢは１目盛り，１回押すごとにＣは１目盛り動くので，はじめて(４，３，２)となるのはボタンを，20×４＋４×３＋１×２＝94(回)押したときである。

⑶　はじめて(５，４，３)となるのはボタンを，20×５＋４×４＋１×３＝119(回)押したときだから，はじめて(０，０，０)になるのは，119＋１＝120(回)押したときとわかる。

⑷　⑶から，120回ごとに同じ状態になることがわかる。また，右の図１のように，はじめて(１，２，３)になるのは，20×１＋４×２＋１×３＝31(回)押したときなので，２回目に(１，２，３)になるのは，31＋120＝151(回)押したときとわかる。さらに，はじめて(３，２，１)になるのは，20×３＋４×２＋１×１＝69(回)押したときだから，(３，２，１)から(１，２，３)にするには，151－69＝82(回)押せばよい。

図１

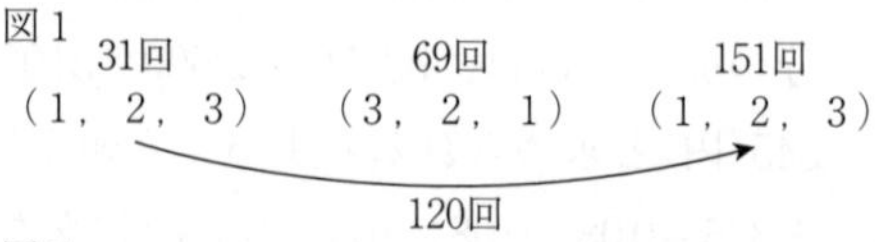

図２

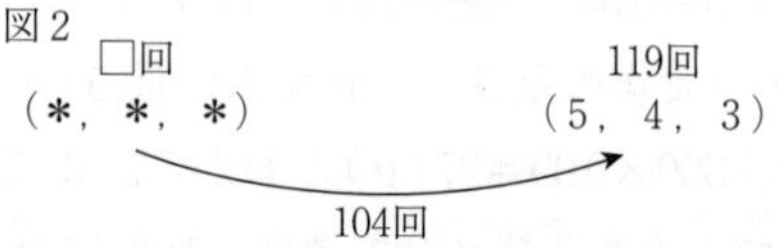

⑸　2024÷120＝16余り104より，2024回押したときの状態は104回押したときの状態と同じになることがわかる。また，はじめて(５，４，３)になるのは，20×５＋４×４＋１×３＝119(回)押したときなので，右上の図２のように表すことができる。図２で，□＝119－104＝15(回)であり，これは⑴①の１回前の状態だから，「ある状態」は(０，３，３)となる。

4　速さ，旅人算，周期算

⑴　①　シャッターの状態をまとめると下の図１のようになる。また，１つの区間の長さは，72÷３＝24(cm)だから，Ａが１つの区間を移動するのにかかる時間は，24÷３＝８(秒)となる。したがって，Ａがはじめてに着くのは８秒後であり，このときシャッターは上がっている。よって，

Ｑで止まる時間は０秒間となる。　② ＡがはじめてＲに着くのは，８×２＝16(秒後)であり，このときもシャッターは上がっている。よって，Ｒで止まる時間も０秒間なので，Ａが１周してＰに着くのは，８×３＝24(秒後)とわかる。

図１

上	下
０～６秒後	６～８秒後
８～14秒後	14～16秒後
16～22秒後	22～24秒後
24～30秒後	30～32秒後

(2) ① Ｂが１つの区間を移動するのにかかる時間は，24÷４＝６(秒)だから，Ｂがはじめてに着くのは６秒後であり，このときシャッターは下がっている。よって，Ｒで止まる時間は２秒間となる。　② Ｂがはじめてに着くのは，６×２＋２＝14(秒後)であり，このときもシャッターは下がっている。よって，Ｑでも２秒間止まることになるので，Ｂが１周してＰに着くのは，６×３＋２×２＝22(秒後)と求められる(この後もＰで２秒間止まる)。

(3) (1)，(2)より，８秒後にＡはＱを通過し，ＢはＲを出発することがわかる。したがって，８秒後のＡとＢの間の長さは24cmだから，ＡとＢがはじめて出会うのは８秒後の，24÷(３＋４)＝$3\frac{3}{7}$(秒後)とわかる。よって，出発してから，８＋$3\frac{3}{7}$＝$11\frac{3}{7}$(秒後)である。

(4) Ａが１つの区間を移動するのにかかる時間は，24÷4.5＝$5\frac{1}{3}$(秒)なので，１周目にＱで止まることはない。また，Ｒに着くのは，$5\frac{1}{3}$＋$5\frac{1}{3}$＝$10\frac{2}{3}$(秒後)だから，１周目にＲで止まることもない。さらに，１周してＰに着くのは，$10\frac{2}{3}$＋$5\frac{1}{3}$＝16(秒後)であり，このとき同時にシャッターが上がるので，Ａは16秒ごとに同じ動きをくり返す。一方，(2)より，Ｂは，22＋２＝24(秒)ごとに同じ動きをくり返す。したがって，16と24の最小公倍数が48であることから，48秒後までのようすをグラフに表すと，右上の図２のようになる。図２から，ＡとＢが１回目に出会うのはQR間(オ)，２回目に出会うのはPQ間(エ)，３回目に出会うのはRP間(カ)，４回目に出会うのはQR間(オ)とわかる。

図２

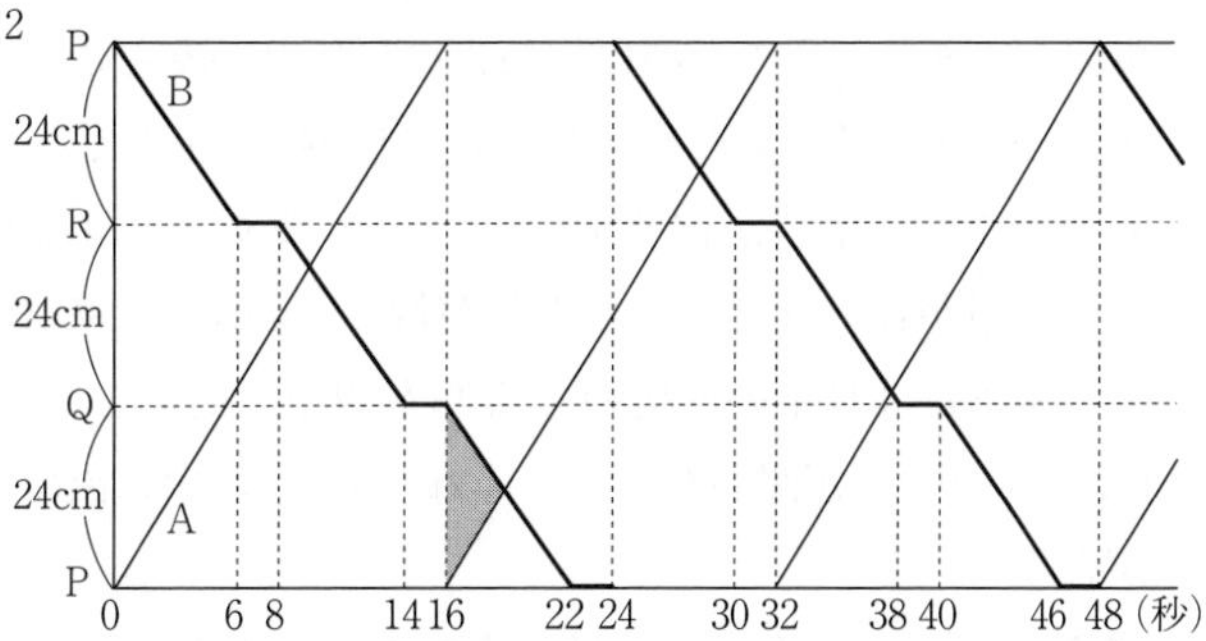

(5) 48秒を１周期とすると，１周期の中で５回出会うことがわかる(５回目はＰ)。したがって，12÷５＝２余り２より，12回目に出会うのは３周期目の２回目である。また，図２のかげの部分に着目すると，２回目に出会うのは，16＋24÷(4.5＋４)＝$18\frac{14}{17}$(秒後)とわかる。よって，３周期目の２回目は，48×２＋$18\frac{14}{17}$＝$114\frac{14}{17}$(秒後)と求められる。

国　語　＜ＳＴ第１回試験＞(50分)＜満点：100点＞

解　答

一 **問１**　ア　**問２**　軽蔑感　**問３**　イ　**問４**　(例)　(食文化の進化と思われていた食材の多くは，)元々食べていたものだが，それを一時食べなくなり，再び人々が食べるようになった(という変化に過ぎないということ。)　**問５**　エ　**問６**　ウ　二 **問１**　(例)　これ以上親密な関係になってしまったら，今後おたがいに不幸になるだけなので，名字で呼ぶことで距離を置こうと思ったから。　**問２**　**Ａ**　しっか　**Ｂ**　揺るが　**問３**　イ　**問４**　毎日が　**問５**　ともっとうれしかった　**問６**　ア　×　イ　○　ウ　×　エ　○　オ　○　**三**　**問１**　下記を参照のこと。　**問２**　①　ア　②　エ　**問３**　①　イ　②　エ　**問４**　三　**問５**　（例）　拝見する　**問６**　イ

●漢字の書き取り

三　**問１**　①　砂糖　②　供(える)　③　臨(む)　④　養蚕　⑤　久(しく)　⑥　別冊

解　説

一　**出典：樋口清之《ひぐちきよゆき》『復元　万葉びとのたべもの―奈良時代にさかのぼる食文化の形成』**。考古学研究をしている筆者が，発掘《はっくつ》したものの証拠《しょうこ》にもとづいて，古代の暮らしや食文化について，現代人が考えている思いこみを修正することの重要さを述べている。

問１　ぼう線①の前の部分で，筆者が専門とする考古学とは，「証明のあることを発表することが専門」であり，そのために川崎市の馬絹《まぎぬ》というところで，証拠が見つかるまで古墳《こふん》を掘《ほ》った経験が述べられている。考古学の研究は，「地味な仕事であり，裏方の仕事であり，表面には出てこないもの」だが，筆者が古墳を掘ったことにより，川崎が奈良時代よりずっと前に朝鮮《ちょうせん》の渡来人《とらいじん》によって拓《ひら》かれた町であったことが新しくわかったのである。同じように，「大和《やまと》の食物文化について」も実は「日本の歴史の一番基本的な証明でなければならない」ことであるにもかかわらず，「ほとんどの人が関心を持ってくれない」，表面に出てこないものだと述べられている。よって，アが合う。

問２　直後で，「今の人間は，あれから一歩も前進していないのだということを，反省していません」と，現代の私たちが，千二百年前の人々の食生活について「感心」しているようすを批判している。古代の人々に比べて，現代人がすぐれていると思いこんでいるさまを批判しているので，「どうせ昔の奴《やつ》は駄目《だめ》なんだ」とさげすむ心持ちを表す「軽蔑《けいべつ》感」がぬき出せる。

問３　古代の人々の文化に比べて現代人の文化が前進しているのではなく，「千二百年前の人々が，同じ物を食べて，同じ生活をして」いたことが考古学の研究からわかるので，「文化は進歩するものだ，前進するものだ」というのはあやまった考えだと筆者は考えている。よって，“根拠《こんきょ》のないこと”という意味のイが選べる。

問４　木簡の研究から，すしや燻製《くんせい》，バターやチーズなども古代人は食べていたことがわかり，食文化は進化しているのではなく，むしろ「今と変わらないもの，今以上のものを，古代人が食物生活文化の中で知っている」と述べられている。つまり，近代的で進化したと思われていた食材も，実は古代からあり，「以後食べなくなり，また再び食べるようになった」ものなのである。これらをふまえて，「という変化」につながるようにまとめる。

問５　空欄《くうらん》Ａの前では，日本の神様の信仰《しんこう》に結びついた食品と，その後に残った文化について述べられている。神様にお供えする「百味の御供《ごく》」に黒米を育てて使う神道《しんとう》の文化があるが，その黒米を精白して煮《に》ると赤飯ができたという筆者の経験から，「本来は米自身が赤いもの」であり，古代は白米ではなく赤米を食べていたと考えられる。また，足利《あしかが》幕府の時代に，朝鮮の使いが日本に来た時に赤米しか出てこないのを見て「いかに日本の文化が低いかわかる」と怒《おこ》っていることから，

日本では古代の赤米の文化が室町《むろまち》時代にも残っていたが，朝鮮では白米の文化になっていたことがわかる。よって，エの組み合わせがよい。

問６　文章のはじめの部分で，筆者の専門とする考古学について，遺跡《いせき》や遺物から出てきたものなどから「証明のあることを発表することが専門」だと述べられている。さらに，「私共が私共なりに事実を帰納して証明していくものが～後世に残す大事な遺産として，知的遺産として，私なりに今残しておかないと後世はいっそう間違《まちが》うのではないか」と筆者は考えており，そのような間違いを修正するために，食文化は進化しているのではなく変化しているにすぎないことや，古代の米は白米でなく赤米だったことなどをあげている。よって，ウが正しい。

二　**出典：瀬尾《せお》まいこ『私たちの世代は』**。高校生の冴《さえ》が，小学校のころに家に食べ物を届けに行ったことで仲良くなった蒼葉《あおば》に，蒼葉のような子どもを救うために小学校の教師を志していることを話し，蒼葉は教育大学への進学のために冴に勉強を教えることを申し出る。

問１　ぼう線③の前の部分の，冴と蒼葉が，蒼葉の冴に対する呼び方について話している部分に注目する。蒼葉が，「親の愛を受けていなかった」という自分と冴との違いを話し，「冴ちゃんなんて呼んでるうちに恋《こい》に落ちて結婚《けっこん》したら，冴ちゃん不幸になるから」という理由で，冴との距離《きょり》を置こうとしているようすがえがかれている。

問２　ここでは，蒼葉が冴との距離を置こうとする理由として，蒼葉と冴の違いについて話している。蒼葉は，最初は自分と冴が似ていると思っていたが，中学三年の時のできごとをきっかけに，冴は親から「しっかり愛されて育った人」で，「揺《ゆ》るがないものが根底にある人」だと気づいたと言っている。その点で，冴は自分とは「住む世界が違う」人だと感じているのである。

問３　蒼葉が冴と自分の違いを話し，自分のせいで不幸にならないように呼び方を変えたことを話すなかで，蒼葉が自分の不幸な未来を「一人寂《さび》しく～死んでいくだけ」と言ってから，「死ぬという言葉を口にしたことに気がとがめた」ようすがえがかれている。唯一《ゆいいつ》の肉親である母を病気で亡《な》くした冴に死を考えさせたことで気おくれしたのだから，イが正しい。

問４　冴は，自分のやりたいことについて考えながら，小学校三年生の時に蒼葉の家に食べ物を届けに行ったことを思い出し，「蒼葉みたいに『教育や愛情を受けていない』と言ってしまう子どもをなくしたい」という思いから，「子どもが埋《う》もれてしまわないように手を差し伸《の》べられる」小学校の教師になりたいと話している。本文の後の場面でも，同じように小学生のころの蒼葉を思い出し，蒼葉のような子どもを「取りこぼさないで。毎日が不安な子どもがいることに気づいて」と願っているので，ここから「毎日が不安な子ども」という言葉がぬき出せる。

問５　本文中の四角の中は，蒼葉が冴に勉強を教えてあげると言ったことから，小学生の時に冴が蒼葉の家に食べ物を届けていたことについて話している場面である。冴は，そのことを蒼葉が恩に感じすぎなくてもよいと言っているが，蒼葉は，食べ物が届けられたことよりもさらに「本当に三日ごとに来てくれるんだってわかった時，もっともっとうれしかった」と話し，生きてこられたのは冴たちが来てくれた日のおかげだと言っている。もどす文の「あの日」は，冴たちが食べ物をふたたび届けに来た「三日後また来てくれた時」のことを指していると考えられるので，この蒼葉の言葉の後に補う。

問６　**ア**　ぼう線③の部分で，蒼葉は冴と自分の違いについての話から受験についての話に話題をそらしており，冴が納得《なっとく》しているようすはえがかれていないため，本文の内容にふさわしくない。

イ　ぼう線②の後の部分で，小学生の当時の蒼葉は，冴と自分の家庭が「似たような環境《かんきょう》」だと感じており，「パンをもらうのも，それほど恥《は》ずかしくなかった」と言っているので，本文の内容に合う。　**ウ**　ぼう線③のすぐ後の部分で，蒼葉が冴を名字で呼ぶようになった理由を聞いて，「好きになるなと，蒼葉に予防線を張られている」と蒼葉が距離をとろうとしていることを感じているので，「情熱的な言葉」という部分が本文の内容と合わない。　**エ**　ぼう線④の後の部分で，蒼葉は受験の話題から，冴の大学合格のために「自分の行かない大学の受験勉強」をして，冴に教えてあげることを話しているので，本文の内容にふさわしい。　**オ**　ぼう線④の前後で，冴は「蒼葉みたいに『教育や愛情を受けていない』と言ってしまう子どもをなくしたい」という思いから，小学校の教師になりたいと話しているので，内容を正確にとらえている。

三　漢字の書き取り，熟語の組み立て，四字熟語の意味，ことわざの知識，敬語の使い方

問１　①　ショトウをおもな成分とする天然甘味料《かんみりょう》。　②　音読みは「キョウ」で，「供給」などの熟語がある。　③　音読みは「リン」で，「臨海」などの熟語がある。　④　かいこを飼い育て，まゆをとること。　⑤　音読みは「キュウ」で，「永久」などの熟語がある。　⑥　雑誌などの付録として別にまとめられた本。

問２　①　似た意味の漢字を重ねた組み立てを選ぶので，アがよい。　②　上の漢字が下の漢字を修飾《しゅうしょく》する組み立てを選ぶので，エがよい。

問３　①　他人を無視して，勝手でえんりょのない言動をするようす。　②　“人はよい行いをすればよい報《むく》いがあり，悪い行いをすれば悪い報いがある”という意味。

問４　「三人寄れば文殊《もんじゅ》の知恵《ちえ》」は，“凡人《ぼんじん》でも三人集まって相談すれば，すばらしい知恵が出るものだ”という意味。なお，「隣《となり》の花は赤い」は，他人のものはなんでもよく見えること。「一寸先は闇《やみ》」は，ほんの少し先のことさえも予測できないこと。「泣きっ面《つら》に蜂《はち》」は，悪いことが重なること。

問５　二重ぼう線部の「先生」は目上の人であるから，それに対する動作としてけんじょう語に直すとよい。よって，「拝見する」などを答える。

問６　「秋の草木」とあることから秋の歌だとわかるので，同じく秋を表す「紅葉」が使われているイが選べる。なお，アは「夏来にけらし」とあるので，夏の歌。ウは，「霜《しも》」が使われているので，冬の歌。エは，「八重桜」とあるので，春の歌。

2024 年度

国学院大学久我山中学校

【算　数】〈ＳＴ第２回試験〉（60分）〈満点：150点〉

〔注意〕１．分度器・コンパスは使用しないでください。
　　　　２．円周率は3.14とします。

1　次の □ にあてはまる数を答えなさい。

（１）　兄の所持金は弟の所持金より 600 円多く，兄と弟の所持金の比は 7：4 です。
兄の所持金は □ 円です。

（２）　下の足し算の式のア，イ，ウには，1 から 9 のいずれかの整数があてはまります。
この式が成り立つとき，ア＝ ① ，イ＝ ② ，ウ＝ ③ です。

	ア	イ	ウ
		ア	イ
＋			ア
	4	1	2

（３）　$\frac{1}{25000}$ の縮尺の地図で 10 cm^2 の土地は，$\frac{1}{10000}$ の縮尺の地図では □ cm^2 です。

（４）　全校生徒が 900 人の中学校でスマホを持っている人は全体の $\frac{2}{3}$，パソコンを持っている人は全体の $\frac{2}{5}$，両方とも持っている人は全体の $\frac{1}{9}$ でした。
　スマホとパソコンの両方を持っていない人は □ 人です。

（５）　子どもにあめを配るのに，1 人に 6 個ずつ配ると 38 個余り，1 人に 8 個ずつ配ると 6 個足りなくなります。あめは全部で □ 個あります。

（６）　ある遊園地の大人 4 人と子ども 5 人の入場料は 10950 円であり，大人 3 人と子ども 4 人の入場料は 8400 円です。子ども 1 人の入場料は □ 円です。

2 次の問いに答えなさい。

（１） 7％の食塩水 120g に５％の食塩水と水を混ぜて，4％の食塩水を 250g つくりました。5％の食塩水は何 g 混ぜましたか。

（２） 原価 3000 円の品物に原価の６割の利益を見込《みこ》んで定価をつけて販売《はんばい》したところ，売れなかったため 1200 円値下げしました。まだ売れなかったので，値下げした金額からさらに１割引きで販売して売れました。このとき，利益は何円ですか。

（３） 長さが 120m，秒速 22m で走る電車Ｓと，長さが 150m，秒速 13m で走る電車Ｔが同じ方向に走っています。電車Ｓが，前を走っている電車Ｔに追いついてから追い越《こ》すまでにかかる時間は何秒ですか。

（４） 品物Ａ，Ｂを 100 個ずつ仕入れ，Ａを１個 300 円，Ｂを１個 500 円で売り，Ａ１個とＢ１個を箱に入れたセットをいくつかつくり，１セット 750 円で売りました。Ａが 11 個，Ｂが 19 個売れ残り，箱に入れたセットの売れ残りはなく，売り上げは 64100 円でした。箱に入れたセットは何セットですか。

（５） ● ○ ○ ● ● ● ○ ○ ○ ○ ……

のように，黒１個，白２個，黒３個，白４個，…… という規則で左から 120 個の碁石《ごいし》を１列に並べていきます。

① 黒の碁石は全部で何個並んでいますか。

② 一番左から数えて 100 番目までに，白の碁石は全部で何個並んでいますか。

（６） 下の図のように，半径 $2\,cm$ の円が半径 $10\,cm$ のおうぎ形の周りをすべることなく転がりながら１周します。円の中心が動いたあとの線の長さは何 cm ですか。

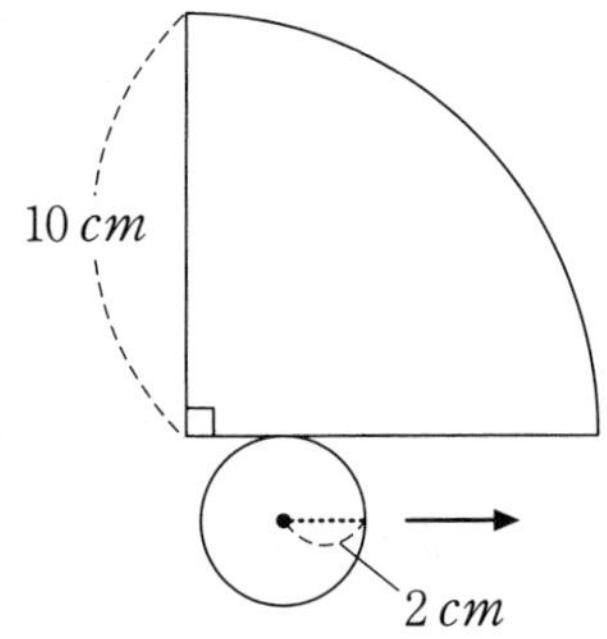

（７） 下の図のように，電球までの高さが $10\,m$ の街灯から $6\,m$ 離《はな》れたところに，縦 $4\,m$，横 $7\,m$ の長方形の板が地面に垂直に立てられています。点Ｃが辺 AB の真ん中の点で，AB と CD は垂直のとき，地面にできた板の影《かげ》の部分の面積は何 m^2 ですか。ただし，電球の大きさ，板の厚さは考えないものとします。

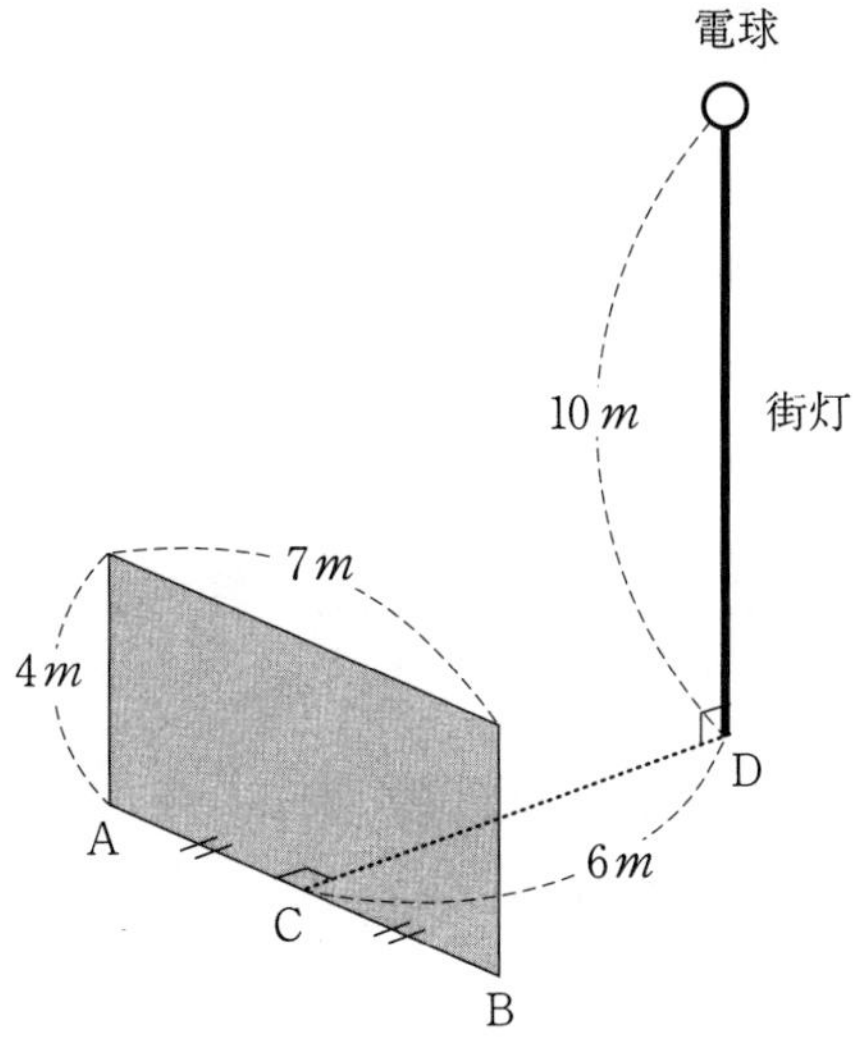

3　図のように，各面の面積が $2cm^2$，$3cm^2$，$4cm^2$ の直方体があり，この直方体の側面がちょうど東西南北になるように向いて，はじめは $2cm^2$ の面を下にして水平な台の上に置いてあります。

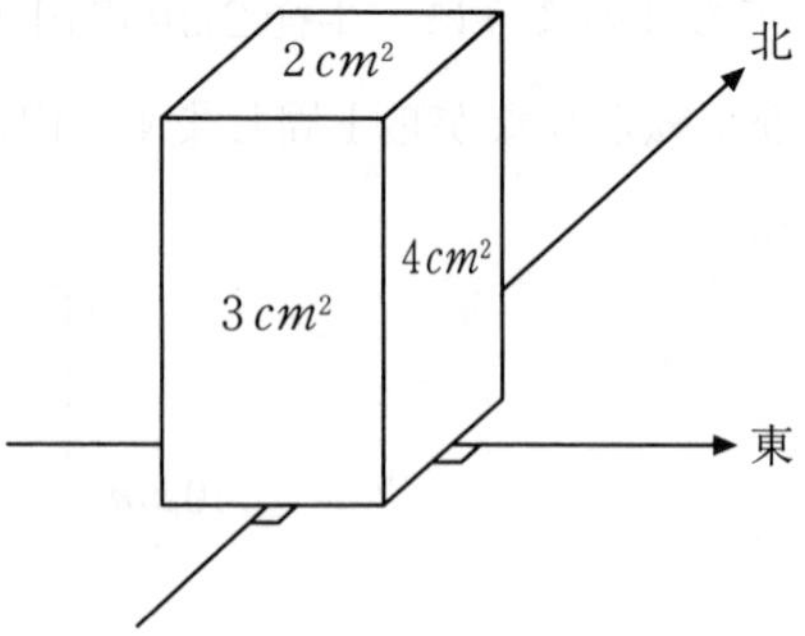

コインを投げて，

表が出ると北にある側面が下の面になるように直方体を１回倒《たお》し，

裏が出ると東にある側面が下の面になるように直方体を１回倒します。

コインを何回か投げて，直方体を倒していき，下になった面の面積をすべて足します。例えばコインを２回投げて，表→裏の順に出たとき，北→東の順に直方体を倒すので，下になる面の面積は，$3cm^2$，$4cm^2$ となり，下になった面の面積をすべて足すと和は $7cm^2$ です。

また，コインを２回投げて下になった面の面積をすべて足すと和が $7cm^2$ のとき，コインの出方は全部で 表→裏，裏→表 の２通りです。次の問いに答えなさい。

（１） コインを２回投げました。 表→表の順に出たとき，下になった面の面積をすべて足すと和は何 cm^2 ですか。

（２） コインを３回投げました。下になった面の面積をすべて足すと和が $11cm^2$ のとき，コインの出方は１通りです。その出方を答えなさい。

（３） コインを３回投げました。下になった面の面積をすべて足すと和が $9cm^2$ のとき，コインの出方は全部で何通りですか。

（４） コインを４回投げました。下になった面の面積をすべて足すと和が11 cm^2 のとき，コインの出方は全部で２通りです。それらすべての出方を答えなさい。

（５） コインを６回投げました。下になった面の面積をすべて足すと和が16 cm^2 のとき，コインの出方は全部で何通りですか。

（６） コインを何回か投げたとき，下になった面の面積をすべて足すと和が203 cm^2 でした。コインを投げる回数が一番少なくなるのは何回ですか。

4 図１のような底面の中心をＯとする円柱の形をした建物があります。この建物の側面に沿って，地上の点Ｐから３周半まわって屋上の点Ｑまで，長さが最も短くなるようにらせん状の道をつくりました。この道の長さは840 m で，建物の高さは50 m です。太郎さんは分速40 m で点Ｐを出発し，点Ｑまで進みます。道幅《はば》は考えないものとして，次の問いに答えなさい。ただし，（６），（７）は途中《とちゅう》の考え方も書きなさい。

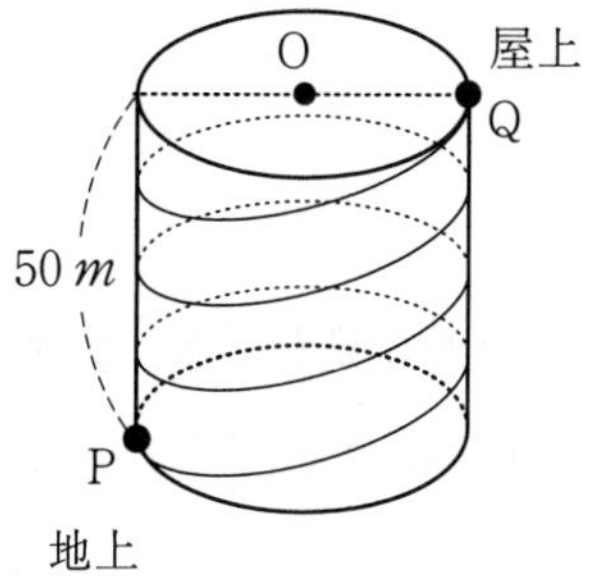

図１

（１） 太郎さんが点Ｐを出発してから道を１周して，はじめて点Ｐの真上に来るのは，出発してから何分後ですか。

（２） 図２は，太郎さんが点Ｐを出発してから１分後の様子を建物の真上から見たものです。

角㋐の大きさは何度ですか。

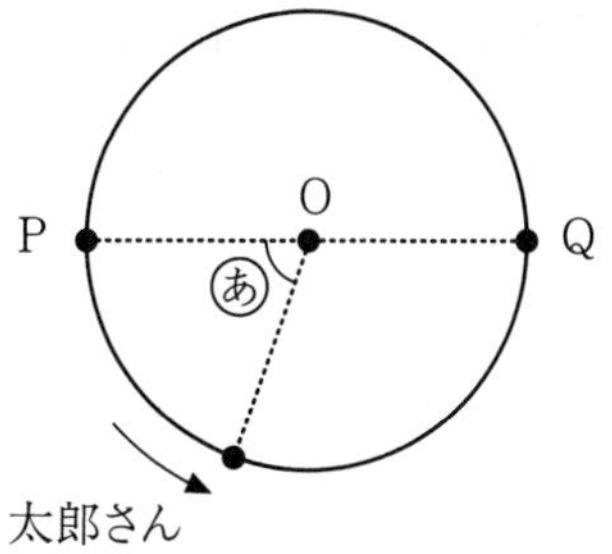

図２

太郎さんが点Ｐを出発するのと同時に，花子さんは分速60mで点Ｑを出発し，点Ｐまで進みます。

（３） 太郎さんと花子さんが出会うのは出発してから何分後ですか。

（４） 太郎さんと花子さんが出会うのは地上から何mの高さですか。

（５） 図３は，太郎さんと花子さんが出会うときの様子を建物の真上から見たものです。
角㋐の大きさは何度ですか。

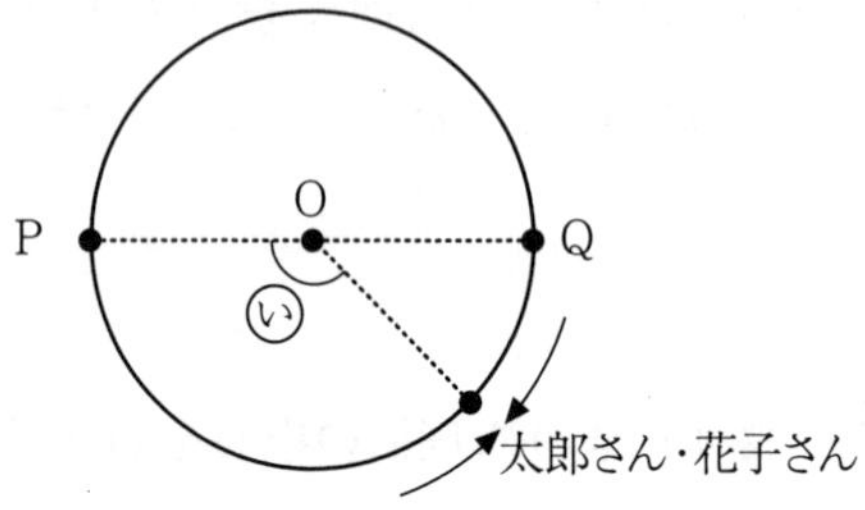

図３

建物を真上から見たとき，太郎さんと花子さんが重なるときが何回かあります。ただし，太郎さんと花子さんが出会うときも重なると考えます。

（６） 建物を真上から見たとき，はじめて太郎さんと花子さんが重なるのは，出発してから何分後ですか。

（７） 建物を真上から見たとき，太郎さんと花子さんが重なるのは，出発してから花子さんが地上に着くまでに何回ありますか。

問四　次にあげることわざのうち、一字誤りを含《ふく》むものがあります。その誤った一字を正しい漢字に直しなさい。

・九死に一生を得る　・二の足を踏《ふ》む

・知らぬが花　・身から出たさび

問五　次の文の――線部のことばを、＝＝線部に対する敬語表現に改めなさい。

私は、先輩《せんぱい》が振《ふ》る舞《ま》う料理を食べる。

問六　次の歌と同じ季節をよんだものを、次のア～エの中から１つ選び、記号で答えなさい。

月夜にはそれとも見えず梅の花香《か》を尋《たず》ねてぞ知るべかりける

ア　白雪の降りてつもれる山里は住む人さへや思ひ消ゆらむ

イ　秋来ぬと目にはさやかに見えねども風の音にぞおどろかれぬる

ウ　桜花咲《さ》きにけらしなあしひきの山の峡《かい》より見ゆる白雲

エ　五月雨《さみだれ》に物思ひをれば時鳥《ほととぎす》夜深く鳴きていづち行くらむ

三 次の問いに答えなさい。〈問題は**問一**から**問六**まであります〉

問一 次の①～⑥について、――線部のカタカナを漢字に直しなさい。

① 彼《かれ》のゼンリョウな心を尊敬する。
② オンシに年賀状を送る。
③ 旅行会社にキンムする。
④ アッカンの演技に心を動かされた。
⑤ 親にたくさんコウコウしたい。
⑥ 古い寺院をタズねる。

問二 次の熟語と成り立ちが同じものを、ア～カの中からそれぞれ選び、記号で答えなさい。

① 徹夜
② 公私

ア 書籍《しょせき》　イ 植樹　ウ 価値　エ 上空　オ 近所　カ 功罪

問三 次の四字熟語の意味の説明として最も適当なものを、次のア～カの中からそれぞれ選び、記号で答えなさい。

① 呉越同舟《ごえつどうしゅう》
② 行雲流水

ア 物事に捕《と》らわれず自然に任せて行動すること。
イ 故郷を懐《なつ》かしく思いしたう感情のこと。
ウ 一つのことをして二つの利益を得ること。
エ 世の中の移り変わりが激しいこと。
オ 仲の悪い者同士が同じ場所や境遇《きょうぐう》にいること。
カ 自然のながめが清らかで美しいこと。

問二　——線②とありますが、わたしの目には「汐里さん」の生き方がどのように映っていますか。それが分かる一文をこれより前の本文中から抜き出し、はじめの５字を記しなさい。

問三　——線③とありますが、わたしが「急に心配」になったのはどのようなことですか。次のア～エの中から、最も適当なものを選び、記号で答えなさい。

ア　結婚した汐里さんとはもう二度と会えないのではないかという心配。
イ　陽介さんと汐里さんの結婚がうまくいかないのではないかという心配。
ウ　お父さんが見かけによらずいい加減な人だったのではないかという心配。
エ　陽介さんがたまちゃんの白い服を汚してしまうのではないかという心配。

問四　［　　　　］に入るわたしのことばを、文脈をふまえて考え、10字以上15字以内で記しなさい。

問五　——線④から読み取れるわたしの気持ちはどのようなものですか。35字以上45字以内で説明しなさい。

問六　次のア～オについて、本文の内容に合うものには○、合わないものには×をそれぞれ記しなさい。

ア　わたしは今はなき大家族の家で過ごしてみたいと思った。
イ　汐里さんは宮城県を離れることができてせいせいしていた。
ウ　汐里さんは自分のパーティーなのに丁寧に皿を洗っていた。
エ　わたしはパーティーで汐里さんのとなりにずっと座っていた。
オ　わたしは汐里さんと陽介さんの結婚に何の心配もしていなかった。

わたしは汐里さんを見た。

スポンジをにぎりしめて、口元に笑《え》みを浮かべたまま、汐里さんはひとつひとつ丁寧に皿を洗っていた。蛇口《じゃぐち》から流れる温かい水の音に、ふたりで過ごす時間が吸いこまれていく。蛍光灯に照らされた汐里さんは、いつもよりさらに白く見えて、夜のキッチンの片隅《かたすみ》で、内側からかすかに光っているようだった。

「汐里さん」

「なに？」

［　　　］――といいかけて、あわててのみこんだ。いったい、なにをバカなこといおうとしてるんだ。

「どうしたの？」

「ううん、なんでもない」

首を振り、わたしは食器を洗った。ごしごし、皿ごと消せるくらい、思いっきり洗った。

指があったかい。グレープフルーツのいい香りがする。シンクに映った白い光が静かに目にしみる。今、手をのばせば届くところに、汐里さんがいる。わたしのすぐ横に、汐里さんが立っている。

このまま、時間が止まればいいのに。

④おめでとうの一言は、やっぱりいえないままだった。

（蒼沼洋人『波あとが白く輝いている』による）

※　千波さん、万帆さん…どちらも母の姉妹、七海（わたし）のおばさん。
　　たまちゃん…七海（わたし）の学校のともだち。

問一　――線①とありますが、わたしが「さびしくてしかたがない」のはなぜですか。次の文の［　　　］にあてはまる言葉を本文中から7字で抜き出しなさい。

汐里さんが持つ［　　　］を失うことになるから。

大きな家だった。わたしも一年は住んでいた、らしい。記憶《きおく》はないけど、青いトタン屋根のその家の写真だけは見たことがある。

汐里さんが今のわたしと同じくらいのころ、あの家には七人も住んでいた。おじいちゃんとおばあちゃん、お母さんと千波さんと万帆さんと汐里さん、ひいおばあちゃんもまだ生きていたから、女六人（とおじいちゃん）の生活は、さぞにぎやかだっただろう。

目に浮かぶ。

ごはんのあと、みんなでお菓子を食べたり、姉妹でケンカしたり、だれかの帰りが遅いと心配したり、誕生日をお祝いしたり、夜更《よふ》かしして叱《しか》られたり、朝はみんながばたばた家を出て、夕方になるとひとり、またひとり帰ってくる。あったかい布団《ふとん》でゆっくり眠って、また一日がはじまって……。

ああ、もし、できるなら。

わたしも、そのひとりになれたらいいのに。にぎやかなおうちで、朝から夜まで過ごしてみたい。小学六年生の汐里さんが見ていた光景を、となりでいっしょに見てみたかった。

たしかにあったはずの場所が、今はもうないということ。それはとても不思議で、油断すると胸がつまってしまいそうで、

「汐里さん、にぎやかがいいならさ」

わたしはわざとふざけた感じでいった。

「はやく赤ちゃん産んだらいいよ。ものすごーく元気な子を、五人くらい」

汐里さんは一瞬手を止めて、それからふきだした。

「やだ。五人って、バスケじゃないんだから」

「いいじゃん、チーム・しおり。わたし、監督《かんとく》やろっか？」

ふたりで顔を見あわせて、くすくす笑った。そんなにおもしろくもないのにやたらおかしくて、たくさん笑って、笑って笑って、笑いながら息を吸った瞬間《しゅんかん》、ふっつりと悲しくなった。

をそらし続けても、「そのとき」は必ずやってくる。たぶん、冗談《じょうだん》みたいにあっという間に。

　家にもどると、汐里さんが台所で食器を洗っていた。

テーブルの下には一升瓶《いっしょうびん》を抱《かか》えた陽介さんがひっくりかえっていた。テレビがつけっぱなしで、千波さんと万帆さんはけたけた笑いながらワインを飲んでいた。

　一瞬、いらっとした。

　みんな、なにやってんの？　汐里さん、今日の主役なのに。

「汐里さん、わたし洗うよ」

　テーブルに残った食器をあわてて運ぶと、

「いいよいいよ。お皿、そこ置いといて」

　汐里さんはまったく気にしていないようだった。洗剤《せんざい》のグレープフルーツの香《かお》りがふわりと鼻先をかすめる。いいにおい、と思った。

「だめだって。汐里さん、今日くらいそんなのやめなよ」

「ふふ。大丈夫《だいじょうぶ》。今夜はにぎやかでいいね」

「え？」

「にぎやかなおうちは、いいおうち」

　歌うようないい方だった。

　振りかえると、おじいちゃんが陽介さんに毛布をかけ、万帆さんの横でまた日本酒を飲むところだった。万帆さんと千波さんの笑い声に、陽介さんの大きないびきが重なる。今、酔っぱらいしかいないこの家のどこがいいのか、さっぱりわからなかった。

　そのとき、ふと、海のそばに建っていた、前の前の家のことを思いだした。

おばあちゃんのおじいちゃんが作ったという木造二階建ての古い家だ。今はもう波のなかに消えてしまったけど、とても

「ぜんぶ」

一言、いった。

「こんなすばらしい人は、どこにもいないよ」

わたしははっとした。

陽介さん、わかってるんだ。そりゃあ結婚するくらいだし、あたりまえかもしれない。だけど、わたしだけが知ってると思ってた汐里さんのすごさに、陽介さんはちゃんと気づいてるんだな。

たまちゃんと顔を見あわせて、少し笑った。笑いながら、陽介さんが汐里さんの結婚相手でよかったって、心から思った。

たまちゃんは七時前に帰った。

帰《かえ》り際《ぎわ》、わたしとたまちゃんで汐里さんにプレゼントを渡《わた》した。ハローキティのぬいぐるみだ。汐里さんはサンリオのキャラクターが好きだし、この巨大《きょだい》なキティちゃんさえいれば、たとえ陽介さんの帰りが遅《おそ》くなっても、さびしくはないはずだ。

「うわ、かわいい」汐里さんはわたしたちを見て、笑った。「ありがとう、ふたりとも。たまちゃん、また遊ぼうね」

汐里さんたちをまんなかにして四人で写真を撮《と》るとき、たまちゃんはずっとぐすぐすしていた。陽介さんはでれでれ、汐里さんはにこにこ、わたしはたまちゃんにつられてぐすっとしかけて、ぎりぎり我慢《がまん》した。だから記念写真に写った顔は、すごく怒《おこ》っているみたいな、変な顔になった。

たまちゃんを家まで送りに、おじいちゃんと三人で外に出ると、すっかり暗くなっていた。信号機の青い光も、街灯の白い灯《あか》りも、コンビニの緑のネオンも、不思議なほど明るくにじんで、なんだか夢のなかみたいだ。

でも、夢じゃないんだ。

正面から吹《ふ》く春の風はまだ冷たくて、夜の向こうから、たしかに、汐里さんがいない未来が近づいてくる気配がした。わたしは先のことを考えないようにしていた。心の奥《おく》に閉じこめて、なるたけ見ないようにふたをしてきた。でも、いくら目ちょっとくらい熱があっても、問題ない。時間どおりにちゃんとおきて、元気に食べて、元気に笑って、元気に夜まで過ごすことができるんだ。

汐里さんさえ、いてくれれば。

ふっ、と息をついたとき、にゅっ、と横からコーラの瓶《びん》がのびてきた。笑顔全開の陽介さんが、さあさあさあ、とさけぶようにいった。

「なっちゃん、たまちゃん、のんでのんで」

今にも顔から、でれでれ、という音が聞こえてきそうだった。

よそいきのきれいな白い服を着たたまちゃんは少し身体を引いて、「陽介さんおめでとうございます」と笑顔を浮かべた。あやしい手つきで陽介さんがコーラを注ぐ。蛍光灯《けいこうとう》の光のなかで、しゅわしゅわ、琥珀色《こはくいろ》の泡《あわ》がふくらんでいく。

③酔っぱらった陽介さんを見ているうちに、急に心配になった。

わたしはお父さんのことを思った。

お父さんがどんな人だったか、わたしはほとんどわからない。一度、おじいちゃんにきいたら、あいつのことか、とすぐに機嫌《きげん》が悪くなってしまった。それを見ていた汐里さんがあとでわたしを呼んで、こっそりお母さんの結婚式《けっこんしき》の写真を見せてくれた。メガネをかけたその人は、とても優しそうに見えた。

「見かけによらずやばい人だったの？」ときくと、汐里さんはゆっくり首を振《ふ》った。そして、少しつらそうに、ふつうの人だよ、といった。「おたがい納得《なっとく》して結婚しても、どうしても、うまくいかないことがあるから」

その言葉を思いだして、わたしは不安になった。

「陽介さん」

ずっと気になっていたことを、わたしはきいた。

「ん？」

「汐里さんのどこが好きなの？」

陽介さんは一瞬《いっしゅん》、びっくりした顔をした。照れくさそうに、えへへ、と笑い、それから急に真顔になって、今日もテーブルには新鮮《しんせん》な海《うみ》の幸《さち》が並んでいた。

大人はお酒を、わたしとたまちゃんはコーラを飲んだ。汐里さんは乾杯の一口ですぐ真っ赤になり、それきり、冷蔵庫のなかのいつもの麦茶を飲んでいた。

たまちゃんと話しながら、わたしはずっと汐里さんを見ていた。ほんとはもっとそばに行きたかったけど、ひさしぶりに再会した千波さんや万帆さんとのおしゃべりを邪魔《じゃま》しちゃ悪い気がして、遠くから見ていた。

わたしとふたりだと結構しゃべるのに、汐里さんはみんながいるときはあんまりしゃべらない。今日もにこにこうなずいたり、笑ったりしながら、まわりの話を静かに聞いていた。

すっかり炭酸が抜《ぬ》けたコーラを飲みながら、ふと思う。

②汐里さんのこと、地味だ地味だってみんないうけど、どうしてだろう？　たしかに東京でタイ料理のお店をやっている千波さんや、仙台《せんだい》のテレビ局で働いている万帆さんとくらべたら、あまり目立たないかもしれない。

でも、白い肌《はだ》も、凜《りん》としたきれいな眉《まゆ》も、いろんなものを手作りできる器用な指も、笑ったときに浮かぶ優《やさ》しい瞳《ひとみ》の色も、みんなわたしにはないもので、つい見とれてしまう。

それに、汐里さんのまわりには、いつもあったかい空気が満ちている。

学校でいやなことがあって、真っ暗な海の底にいるような気分のときも、そばにいるだけで光が射《さ》してくる気がする。なんだか陽だまりにいるみたいな、いつのまにかほわっと明るい気持ちになって、だんだん、元気になる。ただ、汐里さんのそばにいるだけなのに。

大人になったら、わたしは汐里さんみたいな人になりたい。

でも、きっと無理。

だって、知っている大人のなかでも、そんな人は汐里さんだけだもの。千波さんも万帆さんも陽介さんも、心の底から尊敬しているおじいちゃんでさえ、ただいるだけで光ってはいなかった。

汐里さんは特別なんだ。

だから、汐里さんさえいてくれれば、きっとなんとかなる。意地悪な子に悪口をいわれても、わたしは耐《た》えられる。

しかたないよね。

だって、汐里さんには汐里さんの人生がある。ずっとそばにいてほしいなんて、そんなの、わたしのわがままだ。わたしのせいで汐里さんが幸せになれないのは、絶対にいやだ。

わかってる。

わかってるよ、本当に。

①でも、それでもやっぱり、さびしくてしかたないんだ。

汐里さんが家を出る一週間前、うちで結婚のお祝いパーティーを開いた。

ほんとは東京から陽介さんのご両親も来る予定だったけど、コロナのせいでとりやめたみたいだ。ふたり以外の出席者は、おじいちゃん、わたし、汐里さん、※千波さん、万帆《まほ》さん、あと、特別ゲストで※たまちゃんも来た。

たまちゃんは陽介さんともなかよしだ。前に四人で水族館に行ったこともある。だから、誘《さそ》うとすぐに「行くよー」といってくれた。

夕方、五時くらいから、みんなが家に集まってきた。リビングのテーブルを囲み、一番いい席に汐里さんと陽介さんが座《すわ》って、お祝いはなんとなくスタートした。

「それでは前途洋々《ぜんとようよう》たる若いふたりに、乾杯《かんぱい》っ」

おじいちゃんの一声で「かんぱーい」「おめでとーう」の声があふれ、グラスが重なる澄《す》んだ音が響《ひび》いた。わたしはとなりにいたたまちゃんと乾杯した。

「いやー、すいませんね、みなさん、こんなに集まってくださって」

会がはじまる前からすでにお酒を飲んでいた陽介さんは、さっそく酔《よ》っぱらいはじめた。どーもどーも、なんていいながら、まわりの人たちにお酌《しゃく》していた。

料理はほとんどおじいちゃんが作った。

おじいちゃんは料理が得意だ。手際《てぎわ》がいいのでなんでもぱっぱっと作ってしまう。とくに魚のさばき方はお手のもので、

二

次の文章を読んで、あとの問いに答えなさい。〈問題は**問一**から**問六**まであります〉

主人公の三船七海（わたし）は小学六年生。東京で生まれてすぐに両親が離婚《りこん》した。七海は母と一緒《いっしょ》に母の実家の宮城県に移り住んだものの、一歳《さい》の時、東日本大震災《だいしんさい》で母と祖母を亡《な》くし、祖父と母の妹の汐里《しおり》さんとずっと３人で暮らしてきた。そんなとき、汐里さんが、東京に住む陽介《ようすけ》さんとの結婚《けっこん》を決め、まもなく家を出て行くことになってしまった。

出発の日が近づいてくるにつれ、わたしはどんどん元気がなくなっていった。汐里さんとの何気ないおしゃべりの途中《とちゅう》でも、ふとさびしさがこみあげてきて、胸が苦しくなった。

もちろん、汐里さんの結婚はうれしい。絶対に絶対に、幸せになってほしい。本当に、心からそう願ってる。だからこそちゃんと目を見て、笑顔《えがお》でおめでとうっていいたいんだ。

でも、意識すればするほど、言葉が出なくなる。胸がいっぱいになって、なにもいえなくなる。たった五文字、ほんの二秒もかからない、短い言葉なのに。

汐里さんはどうなんだろう。家を出ること、今、どんなふうに感じているんだろう。

わたしみたいに夜、さびしくて眠《ねむ》れないことはあるんだろうか。夕焼けを見て悲しくなったり、ときどき不安で泣きそうになったり、心細くて、いても立ってもいられなくて、大声でさけびたくなったりするんだろうか。

結婚の話が出たあとも、汐里さんの様子は今までとほとんど変わらなかった。

いつものように四時におきて朝食を作り、いつものようにテレビドラマを見て、いつものようにお菓子《かし》を食べ、いつものように寝《ね》る前に柔軟《じゅうなん》体操をする。さびしそうな感じはまるでなく、かといって浮《う》かれた様子もなかった。いつ見ても汐里さんは汐里さんで、毎日をゆっくり、丁寧《ていねい》に生きているように見えた。

案外、せいせいしてるのかもしれない。

わたしのお世話をしなくてよくなるし、東京の生活は楽しいに決まってる。この町のことなんて、とっくに心にないのかもしれない。

問一 ——線①とありますが、それはなぜですか。最も適当なものを次の中から1つ選び、記号で答えなさい。

ア　オノマトペは特定の言語・文化を共有していない人には理解することが難しいから。
イ　オノマトペは表現者の主観によって成り立つが主観の共有は難しいものであるから。
ウ　視覚的に認識されるオノマトペは物事の表面的な部分を捉え、本質を表さないから。
エ　表現するものとされるものとの差異を際立たせるオノマトペは、理解が困難だから。

問二 ——線②の具体例として「1　オノマトペ」「2　アイコン」「3　動画・写真」「4　具象絵画」を写実性の高いものから順番に並べた場合、最も適切な組み合わせとなるものを次の中から1つ選び、記号で答えなさい。

ア　1234　イ　2134　ウ　3421　エ　3124　オ　4132

問三 次にあげるア～カの選択肢のうち、アイコンの特徴となるものを解答らんAに、オノマトペの特徴となるものを解答らんBに、それぞれすべて選び、記号で答えなさい。

ア　鳴き声を写し取る　イ　言語による表現　ウ　輪郭を写し取る　エ　視覚的な記号
オ　聴覚的要素　カ　一度に複数の要素を写し取る

問四 ——線Xと——線Yは言いかえの関係にあります。——線Yの□にあてはまる言葉を本文中から2字で抜き出しなさい。ただし「思考」は除きます。

問五 ——線④とありますが、オノマトペが物事の一部分しか写せないのはなぜですか。その理由を45字以上55字以内で答えなさい。

覚えにくいだけでなく、コミュニケーションに支障《ししょう》をきたす恐《おそ》れがある。言語の構成要素として効率のよい発話をするためには、オノマトペは簡潔《かんけつ》である必要があるのである。簡潔であれば、写し取ることができる対象は限られる。④オノマトペが物事の一部分しか真似《まね》ることができないのはそのためであろう。

同じことが手話についても言える。手話は絵文字などと同様、視覚的《しかくてき》な媒体《ばいたい》である。また、程度差はあるものの、パースの言う意味で「アイコン的」とされる。たとえば、日本手話で「雨」は、幽霊《ゆうれい》のようにした両手を、顔の前から胸《むね》あたりまで２回下ろすことで表す。この手話は、雨の筋《すじ》が多数であることと、その移動方向が上から下であることを写し取っている。

しかし、雨降《あめふ》りのシーンのすべてを写し取っているわけではない。空や地面、あるいは雨を防ぐための傘《かさ》といった関連要素はＹ換喩的な□で補《おぎな》わなければならない。これは、現実的な単語の長さにくわえ、手や指の数、見分けられる手・指の向きや動きのパターン、表情などに限りがあるためである。このことは、「☔」が単一のアイコンで雨粒《あまつぶ》と傘《かさ》の両方を写し取っていることと対照的である。手話は、音声言語と同様に自然言語である。ジェスチャーでも人工言語でもない。そのことが物事の写し取り方にも表れているのである。

（今井むつみ・秋田喜美『言語の本質―ことばはどう生まれ、進化したか―』による）

※　先の定義…本文の前の部分で次のように記されている。「現在、世界のオノマトペを大まかに捉《とら》える定義としては、オランダの言語学者マーク・ディンゲマンセによる以下の定義が広く受け入れられている。オノマトペ…感覚イメージを写し取る、特徴的な形式を持ち、新たに作り出せる語」。

媒体…一方から他方へ伝えるためのなかだちとなるもの。　写実…物事をありのままに描写すること。

抽象…ここでは「具体的でない・はっきりしない」もののこと。　同定…同一であると見極めること。

概念…ここでは「考え方」のこと。

他方、オノマトペが用いるのは視覚ではない。音声という聴覚《ちょうかく》的要素である。音と対象が「似ている」と感じることで、音から対象を認識《にんしき》し、イメージすることができる。しかし、視覚的なアイコンと違《ちが》い、音では、対象となる事物の全体像は写しにくい。たとえば、アイコンでイヌやネコを表すときには、「」「」のようにその全身の形を写し取ることが可能である。一方、「ワンワン」や「ニャー」といったオノマトペは、イヌやネコの鳴き声を写し取ることはできるものの、これらの動物の全体の形を写し取ることはできない。「ギクッ」というオノマトペも、強い驚《おどろ》きを写してはいるものの、「Σ(•□•;)」という顔文字が表すような表情や汗《あせ》といった要素までは写しきれていない。

つまり、視覚的アイコンは、一度に複数の要素を写し取ることができる。輪郭《りんかく》も写し取れる。そのため、物事の全体を、場合によってはその詳細《しょうさい》まで写し取ることが可能となる。それに対し、音声で写すことができるのは、基本的に物事の一部分である。残りの部分については、「ワンワン」ならイヌ、「ニャー」ならネコ、「ギクッ」なら人に知られたくないことを知られた場面、というように連想で補《おぎな》うことになる。

このような連想は、「換喩《かんゆ》（メトニミー）」と呼《よ》ばれる。国語の時間に詩の表現技法として習う※概念《がいねん》である。換喩は、ある概念を、それと近い関係にある別の概念で捉《とら》える。「鍋《なべ》が食べたい」といえば、料理を作るための器《うつわ》である鍋でもって、その中身の料理を指す。「ワンワン」や「ニャー」も、イヌやネコを特徴《とくちょう》づける鳴き声をヒントに、その鳴き声の主の情報を読《よ》み込《こ》む。「ギクッ」はやや抽象的であるが、驚《おどろ》いた拍子《ひょうし》に体がわずかに動く様子（あるいは関節が鳴る音）を音で模《も》すことで、その動きの原因となった気まずい驚《おどろ》きを換喩的に表している。X換喩的思考ができるからこそ、人間の言語はオノマトペを発達させられると言ってもいいだろう。

さて、オノマトペが物事の一部分しか写せないのには、オノマトペの根本的性質が関わっているものと思われる。「オノマトペは言語である」という性質である。言語は、単語を組み合わせることでさまざまな物事を表す文・発話を構築する。絵文字・顔文字が物事の全体を詳細《しょうさい》に写し取る場合には、「」や「Σ(•□•;)」のようにそれだけ複雑な形式が必要となる。同じことをオノマトペで行うとしたらどうだろう?

我々《われわれ》の声というのは、原則、一度に一つの音しか発することができない。したがって、複雑な形式を作る場合は「ニャー」や「ギクッ」のような音数では足りず、長ったらしい発話が必要となってしまうであろう。複雑で長いことばは特定の言語の枠組《わくぐ》みの中で理解される。

アイコンはどうだろうか？　そう、コンピュータ画面でアプリやゴミ箱を示したり、街中でトイレや交番などの場所を示したり、メールやＳＮＳなどのデジタルコミュニケーションで感情を伝えたりするための、アレである。

アイコンは、アート性よりは、わかりやすさを重視《じゅうし》した記号と言ってよいだろう。ちなみに「アイコン」の語源《ごげん》はギリシア語の「エイコーン eikōn」（ラテン語では「イコン icon」）で、〈偶像《ぐうぞう》、崇拝《すうはい》の対象となる像、象徴〉というような意味を持つ。「感覚イメージを写し取る」という観点からアイコンが興味深いのは、かなり抽象化しているのに、対象がわかりやすい点である。「☺」「(^ ^)」のような絵文字・顔文字（emoticon）も、かなりデフォルメされているにもかかわらず、笑顔《えがお》であることが一目瞭然《いちもくりょうぜん》である。

実は、オノマトペが注目されている大きな理由は、まさにこの「アイコン性 iconicity」にある。アメリカの哲学者《てつがくしゃ》チャールズ・サンダース・パースは、「アイコン」ということばを「性質から対象を指示する記号」という特別な意味で用いた。噛《か》み砕《くだ》くと、「表すものと表されるものの間に類似性《るいじせい》のある記号」のことである。絵や絵文字は、それらを構成する点や線の組み合わせが対象物に似ているので、パースの意味でも「アイコン」である。ジェスチャーの多くもアイコンである。ステーキを食べるジェスチャーは、実際にナイフとフォークを持っていなくとも、ステーキを食べる動作に似ている。

この定義によれば、オノマトペはまさに「アイコン」である。表すもの（音形）と表されるもの（感覚イメージ）に類似《るいじ》性《せい》があると感じられる。（中略）

しかし、ここで、メールやＳＮＳで使うアイコンや街中で見るアイコンと、少なくともパースの定義では「アイコン」とされるオノマトペがどのように違《ちが》うのかもちょっと考えてみたい。アイコンは視覚《しかく》的な対象を、視覚の媒体で表すのが普通《ふつう》である。「☺」という絵文字は笑顔《えがお》という視覚情報を表す。私《わたし》たちは、アイコンがもとの対象と「似ている」という感覚を持ち、その感覚からアイコンの指し示す対象が何かを認識《にんしき》できる。とくに漫画的《まんがてき》な表現では、音や手触《てざわ》り、心情といった目に見えない要素までも比喩的《ひゆてき》に視覚化することが可能である。たとえば、「Σ(•□•;)」という顔文字では、心的なショックが「Σ」のギザギザで表されている。いずれの例においても、アイコンは視覚的な記号である。

答えは以下のとおり。①「ンブトゥ」は重いものが落ちた音、②「リン」は土、木、水、火などに差《さ》し込《こ》む様子、③「ゲンゲレンゲ」は痩《や》せこけた様子、④「ニェディ」はきらめく様子、⑤「オジルオジル」はめまい。日本語ならそれぞれ、①「ボトッ／ドサッ」、②「スッ」、③「ゲッソリ」、④「キラキラ」、⑤「クラクラ」あたりが対応しそうである。とはいえ、②については、「スッ」は差し込む動きに限らないため、日本語には「リン」にちょうど対応するオノマトペがないということになろう。さて、読者のみなさんは何問正解できたろうか。

一般《いっぱん》に、オノマトペはその言語の母語話者にはしっくりくる。まさに感覚経験を写し取っているように感じられる。ところが、非母語話者には必ずしもわかりやすいとは限らない。実際、日本語のオノマトペは、外国人留学生が日本語を学ぶ際の頭痛《ずつう》のタネになっている。「髪《かみ》の毛《け》のサラサラとツルツルはどう違《ちが》うの？　全然わからない！」と彼《かれ》らは言う。①感覚を写し取っているはずなのに、なぜ非母語話者には理解が難《むずか》しいのか。「感覚を写し取る」というのはそもそもどういうことなのか。この問題は、オノマトペの性質を理解する上でとても重要である。同時にこれは、オノマトペの問題にとどまらず、アートをはじめとしたすべての表現※媒体《ばいたい》において問われる深い問いなのである。

オノマトペが感覚イメージを写し取ることについて、もう少し深く考えてみよう。②対象を写し取るものとしてもっとも直接的で※写実的なのは動画や写真だろう。しかし「感覚」は、外界にあるものではなく、表現者に内在するものである。絵画はどうだろう。写真ほど忠実《ちゅうじつ》ではないが、やはり対象を写し取っていると言ってよいだろう。しかし、絵画で大事なのは、表現者の「感覚の表現」であり、多かれ少なかれ絵画の中に見えるものは、表現者の「主観的感覚」である。したがって絵画は、その※抽象度《ちゅうしょうど》において大きな差が生まれる。非常に細密《さいみつ》に対象を切り取った具象的な絵画は、その対象が誰《だれ》にでもよくわかる（もちろん、それだけではアートにはならず、どんなに具体的に描《えが》かれた対象でも、そこに表現者の「感覚」が表現されてはじめて「アート」であると言える）。他方、抽象絵画は表現者の内的な感覚の表現に重点が置かれ、特定の対象が※同定できないこともよくある。

オノマトペは絵画のように「感覚イメージを写し取る」のであろうか？　オノマトペは、少なくとも当該《とうがい》言語の母語話者はそれぞれ意味を直感的に共有できるので、絵画でいうと、具体的な対象が同定できない抽象絵画よりは、具象絵画に近いだろう。ただし、絵画は原則、鑑賞者《かんしょうしゃ》の使う言語や文化に関係なく受けとめられることを前提としているが、オノマトペは

2024年度

国学院大学久我山中学校

【国　語】〈ＳＴ第二回試験〉（五〇分）〈満点：一〇〇点〉

〔注意〕１　設問の関係で、原文とは異なるところがあります。
２　句読点（、や。）その他の記号（「や〃など）は１字分として数えます。

一　次の文章を読んで、あとの問いに答えなさい。〈問題は**問一**から**問五**まであります。〉

※先の定義によると、オノマトペは感覚イメージを「写し取る」ことばだという。しかし、ことばで「写し取る」とはどういうことなのだろうか？　このことを考える糸口として、オノマトペが万国《ばんこく》共通に理解されるものなのかという問題から始めたい。写真やコピー機のようにイメージを写し取ってことばにするのなら、どの言語のオノマトペでも似通っているのではないだろうか。もしそうなら、知らない言語のオノマトペでも、意味がある程度予想できそうである。

次の五つの問題に答えてみてほしい。いずれも外国語のオノマトペに関する問題である。

①インドネシアのカンベラ語で「ンブトゥ」は物体が移動した際に立てる音を表す。どんな物体のどのような方向の移動だろうか？

②南米のパスタサ・ケチュア語で「リン」は物体を移動させる様子を表す。どんな場所にどんなふうに移動させる様子だろうか？

③中央アフリカのバヤ語で「ゲンゲレンゲ」は人の身体的特徴《とくちょう》を表す。どんな特徴だろうか？

④南アフリカのツワナ語で「ニェディ」は物体の視覚的《しかくてき》な様子を表す。どんな様子だろうか？

⑤韓国語《かんこくご》で「オジルオジル」はある症状《しょうじょう》を表す。どんな症状だろうか？

2024年度

国学院大学久我山中学校 ▶解　答

※　編集上の都合により，ST第２回試験の解説は省略させていただきました。

算　数　＜ST第２回試験＞（60分）＜満点：150点＞

解　答

1 (1) 1400円　(2) ① 3　② 7　③ 2　(3) $62.5cm^2$　(4) 40人　(5) 170個　(6) 750円　2 (1) 32ｇ　(2) 240円　(3) 30秒　(4) 62セット　(5) ① 64個　② 51個　(6) 48.26cm　(7) $37\frac{1}{3}m^2$　3 (1) $5cm^2$　(2) 裏→表→表　(3) 4通り　(4) 表→表→裏→裏，裏→裏→表→表　(5) 3通り　(6) 58回　4 (1) 6分後　(2) 60度　(3) 8.4分後　(4) 20m　(5) 144度　(6) 1.2分後　(7) 6回

国　語　＜ST第２回試験＞（50分）＜満点：100点＞

解　答

一 **問1** ア　**問2** ウ　**問3** **A** ウ，エ，カ　**B** ア，イ，オ　**問4** 連想　**問5** （例） オノマトペは言語であり，円滑なコミュニケーションのために簡潔さが求められ，写し取れる対象が限定されるから。　二 **問1** あったかい空気　**問2** いつ見ても　**問3** イ　**問4** （例） 結婚なんて，やめちゃいなよ　**問5** （例） 汐里さんの結婚を心からお祝いしたいけれど，離ればなれになるのがさびしいという気持ち。　**問6** **ア** ○　**イ** ×　**ウ** ○　**エ** ×　**オ** ×　三 **問1** 下記を参照のこと。　**問2** ① イ　② カ　**問3** ① オ　② ア　**問4** 仏　**問5** いただく　**問6** ウ

●漢字の書き取り

三 **問1** ① 善良　② 恩師　③ 勤務　④ 圧巻　⑤ 孝行　⑥ 訪(ねる)

2023年度

国学院大学久我山中学校

【算　数】 〈第１回試験〉（50分）〈満点：100点〉

〔注意〕 1．分度器・コンパスは使用しないでください。

2．円周率は3.14とします。

1　次の計算をしなさい。

(1)　$(4+3)\times13-(5+2)\times11$

(2)　$(1.38+0.84)\div0.6\times5$

(3)　$1\frac{2}{3}\times2\frac{4}{5}\times\frac{3}{7}-1\frac{11}{25}\div3\frac{3}{5}$

(4)　$0.4\div\left\{\left(\frac{5}{6}+\frac{3}{8}-\frac{11}{12}\right)\times2.4\right\}$

2　次の問いに答えなさい。

(1)　ある道に沿って25本の木を12m間隔《かんかく》で植えました。１本目の木から25本目の木まで何m離《はな》れていますか。ただし，木の太さは考えないものとします。

(2)　長方形があります。この長方形のたての長さを25%長くし，横の長さを25%短くしてできる長方形の面積は，もとの長方形の面積の何倍ですか。

(3)　濃度《のうど》４％の食塩水350ｇと濃度７％の食塩水400ｇを混ぜてできる食塩水の濃度は何％ですか。

(4)　兄と弟の所持金の比は３：１です。兄から弟に500円渡《わた》したところ２人の所持金の比は１：２になりました。はじめの兄の所持金は何円ですか。

(5)　１辺の長さが異なる３つの正方形を右の図のように並べました。

このとき，３つの正方形の面積の和は何 cm^2 ですか。

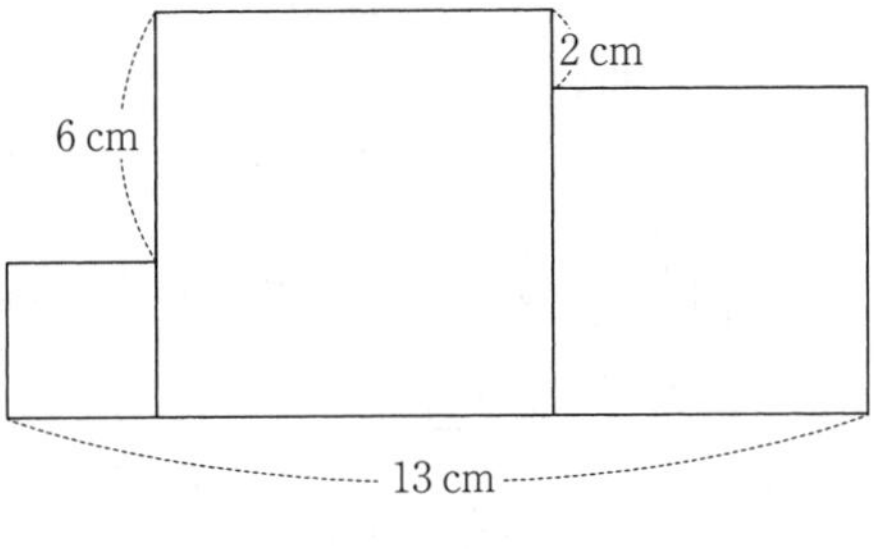

(6)　下の図の平行四辺形ABCDで，黒丸は各辺を３等分する点を表します。このとき，BG：GEをもっとも簡単な整数の比で表しなさい。

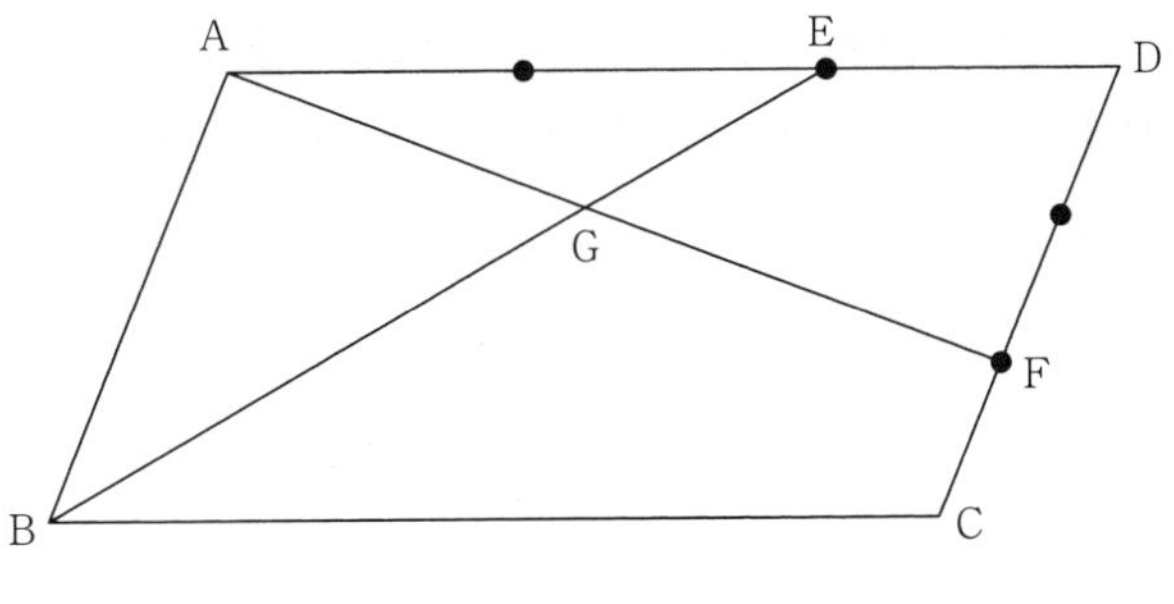

(7)　立体Ａは，立方体の各辺の真ん中の点を通る平面で立方体を切り，８つの合同な立体を除いたものです。立体Ａの辺の数は全部で何本ですか。

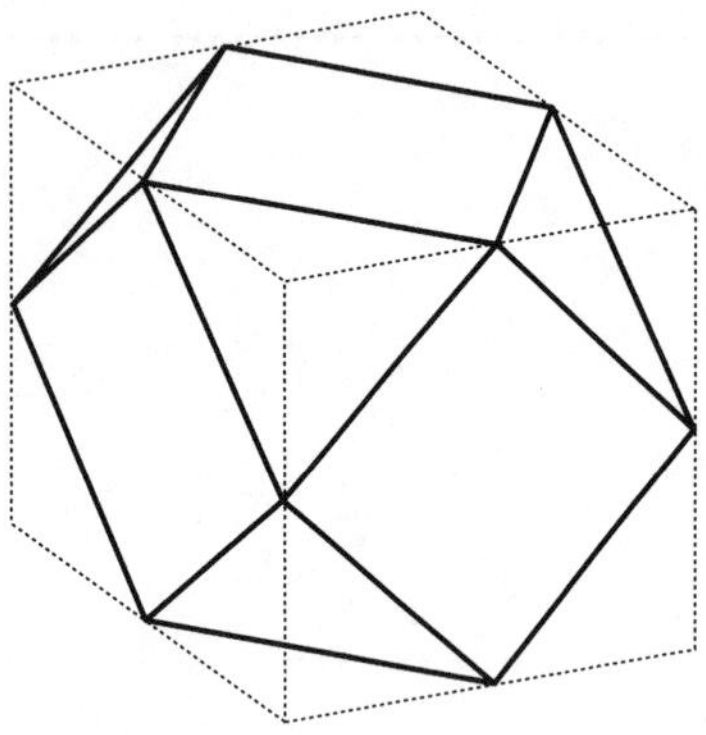

立体Ａ

3　下の表のＡ，Ｂのらんには，それぞれある規則にしたがって式が並んでいます。

Ａ	$\frac{1}{2\times3}$	$\frac{1}{4\times5}$	$\frac{1}{6\times7}$	……
Ｂ	$\frac{3}{3\times6}$	$\frac{3}{5\times8}$	$\frac{3}{7\times10}$	……

ここで，Ａのらんの１番目の式を（Ａ，１），Ｂのらんの１番目の式を（Ｂ，１）のように書くことにします。

例えば，（Ａ，３）は $\frac{1}{6\times7}$，（Ｂ，２）は $\frac{3}{5\times8}$ となります。

また（Ａ，２）は $\frac{1}{4\times5}$ となるので，（Ａ，２）を計算すると $\frac{1}{20}$ になります。

次の問いに答えなさい。

(1)　（Ａ，10）を計算するといくつになりますか。

(2)　$\frac{3}{61\times64}$ は，Ａ，Ｂどちらのらんの何番目の式ですか。

(3)　次の $\boxed{ア}$，$\boxed{イ}$，$\boxed{ウ}$ にあてはまる数はそれぞれいくつですか。

$\frac{1}{2\times3}=\frac{\boxed{ア}}{2}-\frac{\boxed{ア}}{3}$ となり，$\frac{3}{3\times6}=\frac{\boxed{イ}}{3}-\frac{\boxed{イ}}{6}$ となります。

また，（Ａ，１）＋（Ａ，２）＋（Ｂ，１）＋（Ｂ，２）を計算すると $\boxed{ウ}$ になります。

(4)　（Ａ，１）＋（Ａ，２）＋（Ａ，３）＋（Ａ，４）＋（Ａ，５）＋（Ｂ，１）＋（Ｂ，２）＋（Ｂ，３）＋（Ｂ，４）＋（Ｂ，５）を計算するといくつになりますか。

4　倉庫から少し離《はな》れたところにトラックが止まっています。ＡさんとＢさんの２人で倉庫にある３個の荷物をトラックに運びます。

Ａさんはトラックから倉庫へ行って，荷物を１個持ってトラックに戻《もど》ってきます。Ｂさんは倉庫から荷物を１個持ってトラックへ行き，トラックに荷物を積んだ後，再び倉庫へ戻りもう１個荷物をトラックに運びます。２人とも歩く速さは，荷物を持つと同じ速さだけ遅《おそ》くなります。Ａさんがトラックから出発したと同時にＢさんは倉庫から出発します。

荷物を持っていないとき，Ａさんは毎分72m，Ｂさんは毎分66mで歩きます。Ａさんは歩き始めてから，Ｂさんとはじめて出会うまで30秒，倉庫に着くまで50秒かかりました。荷物を持ったり置いたりする時間は考えないものとして，次の問いに答えなさい。ただし，(2)，(3)，(4)は途中《とちゅう》の考え方も書きなさい。

(1)　倉庫からトラックまで何m離れていますか。

(2)　２人の歩く速さは，荷物を持つと毎分何m遅くなりますか。

(3)　ＡさんとＢさんが２回目に出会うのは，２人が歩き始めてから何分後ですか。

(4)　すべての荷物をトラックに運び終えるのは，２人が歩き始めてから何分後ですか。

【社　会】〈第１回試験〉（40分）〈満点：50点〉

1　次の会話は生徒のＡさんとＫ先生のものです。これを読んで，問いに答えなさい。

Ａさん：もうトウモロコシの季節か～。

Ｋ先生：Ａさん，おはようございます。トウモロコシがどうかしましたか。

Ａさん：Ｋ先生，おはようございます。先生，見てください。この畑には，トウモロコシがこんなに大きく育っています。もう夏ですね。

Ｋ先生：①畑の作物から季節を感じることができるなんて，すばらしいです。このように身近にある畑でもトウモロコシを栽培《さいばい》しているのをよく見かけますが，実は②日本は世界でも有数のトウモロコシ輸入国なのです。

Ａさん：えっ？　こんなによく見かけるのに…。しかも北海道の畑で一面に栽培しているイメージがありますよ。

Ｋ先生：でも本当なのです。「世界の三大穀物」を授業で学びましたね。

Ａさん：米，小麦，トウモロコシです。米，小麦は食用ですが，トウモロコシは飼料用，つまり家畜《かちく》のえさに利用されることが中心です。また，③ブラジルではバイオエタノールやプラスチックの原料としても使われています。

Ｋ先生：しっかり学習していますね。私たちが食べているトウモロコシは「スイートコーン」です。また，爆裂《ばくれつ》種とも言われる「④[redacted]コーン」は，乾燥《かんそう》して硬《かた》くなった実を熱して爆発させることで，おいしく食べられるようになります。

Ａさん：お菓子《かし》の名前かと思ったら，トウモロコシの品種名でもあったのですね。

Ｋ先生：日本で広くスイートコーンが食べられるようになったのは，第二次世界大戦後のことです。その後，品種改良や新たな品種の輸入などにより，より甘味《あまみ》の多いものが増えていきました。トウモロコシ自体は⑤400年あまり前に日本に伝来して，九州から関東地方にかけての山間部を中心に，食料のほか家畜の飼料として利用されたそうです。

Ａさん：中国から伝来したのでしょうか。トウモロコシの「トウ」は，「唐」，つまり中国のことですよね。

Ｋ先生：トウモロコシを日本に伝えたのはポルトガル人と言われています。日本では，外国から伝来したものに「唐」という言葉をつけることがあります。ですからトウモロコシは「外国から来たモロコシ」という意味です。「トウキビ」と呼ぶ地方もあります。「モロコシ」「キビ」も古くから日本にあった穀物です。

Ａさん：以前，家庭科の授業で世界の食文化について調べたとき，トウモロコシの原産地はメキシコのあたりだと知りました。北アメリカ州のメキシコでは，粉にしてトルティーヤという，うすいパンのようなものを焼きます。それをそのまま食べることもありますが，野菜や肉を乗せて巻いたタコスという料理もあります。メキシコからポルトガルに渡《わた》って日本に来るなんて，世界を一周していますね。

Ｋ先生：メキシコから［　Ａ　］をわたりヨーロッパへ，そしてヨーロッパを出てアフリカ

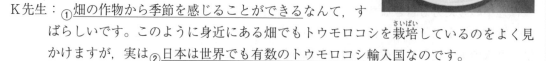

や　B　を経由して日本にやってきたのですね。現在私たちが食べているスイートコーンは，明治時代になってアメリカ合衆国から北海道にもたらされました。こちらは　C　を渡ってきたと考えて良さそうです。

Ａさん：私の家では，トウモロコシを⑥缶詰《かんづめ》や冷凍食品で買うことも多いのですが，アメリカ合衆国から輸入されたものも多いですね。でも，畑のトウモロコシを見ていると，ゆでたり焼いたりしたものを食べたくなります。

Ｋ先生：そうですね。食べ物の「旬《しゅん》」を大切にしたいものです。

Ａさん：今日にも食べたいと思います。先生もぜひ！

問１　下線部①に関連して，以下の問いに答えなさい。

(1)　次の２つの日本地図は，スイートコーン(食用トウモロコシ，2021年)と飼料用トウモロコシ(2021年)の収穫量が多い上位10都道府県をそれぞれ着色しています。このうち，「飼料用トウモロコシ」を示しているものを選び，記号で答えなさい。また，その記号を選んだ理由を説明しなさい。

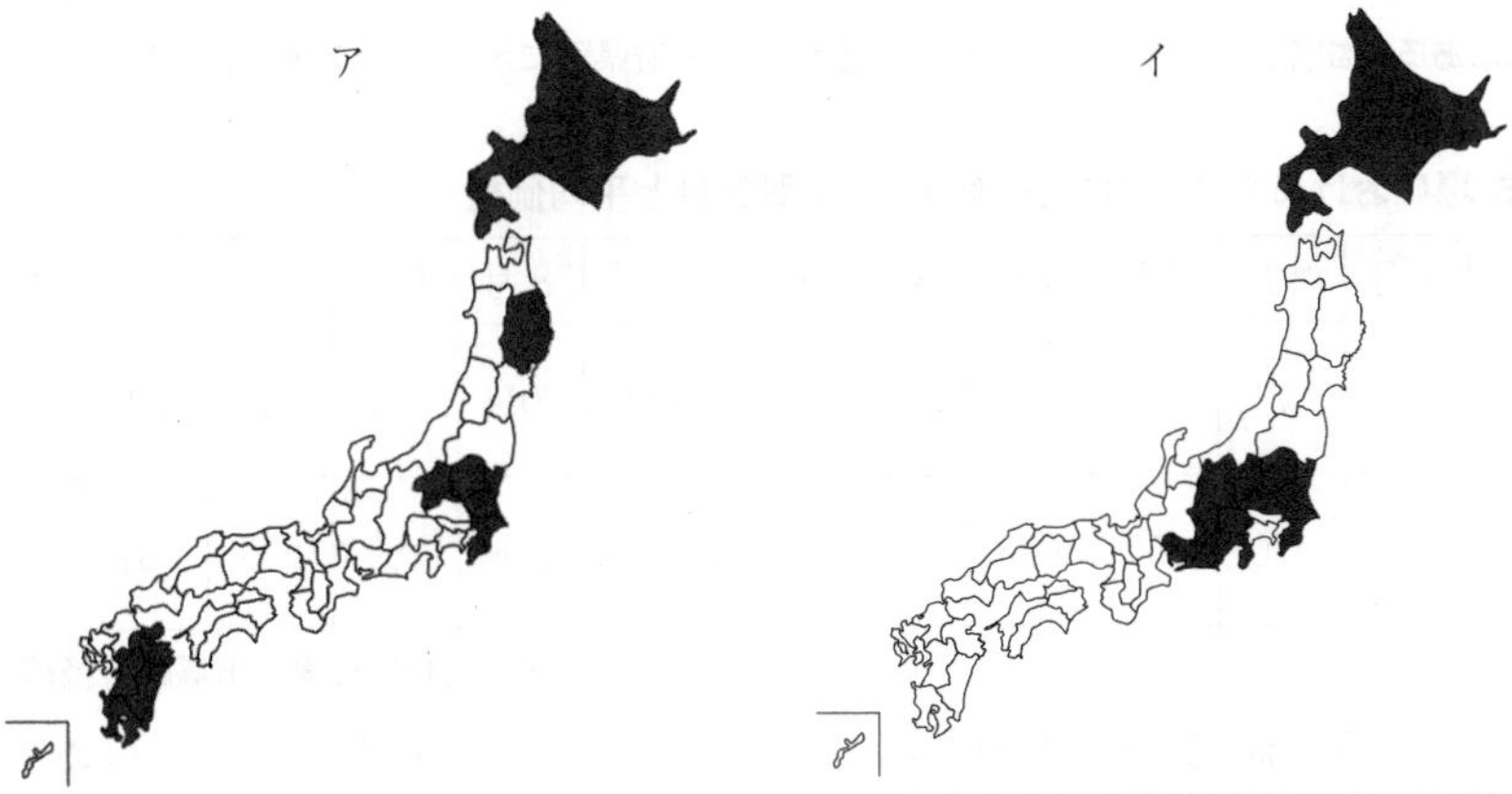

(農林水産省「作物統計」より作成)

(2)　次のグラフ・表の読み取りとして，ふさわしいものを選び，記号で答えなさい。

●東京都卸売《おろしうり》市場におけるトウモロコシ(食用)の月別・産地別取扱《とりあつかい》実績(2021年)

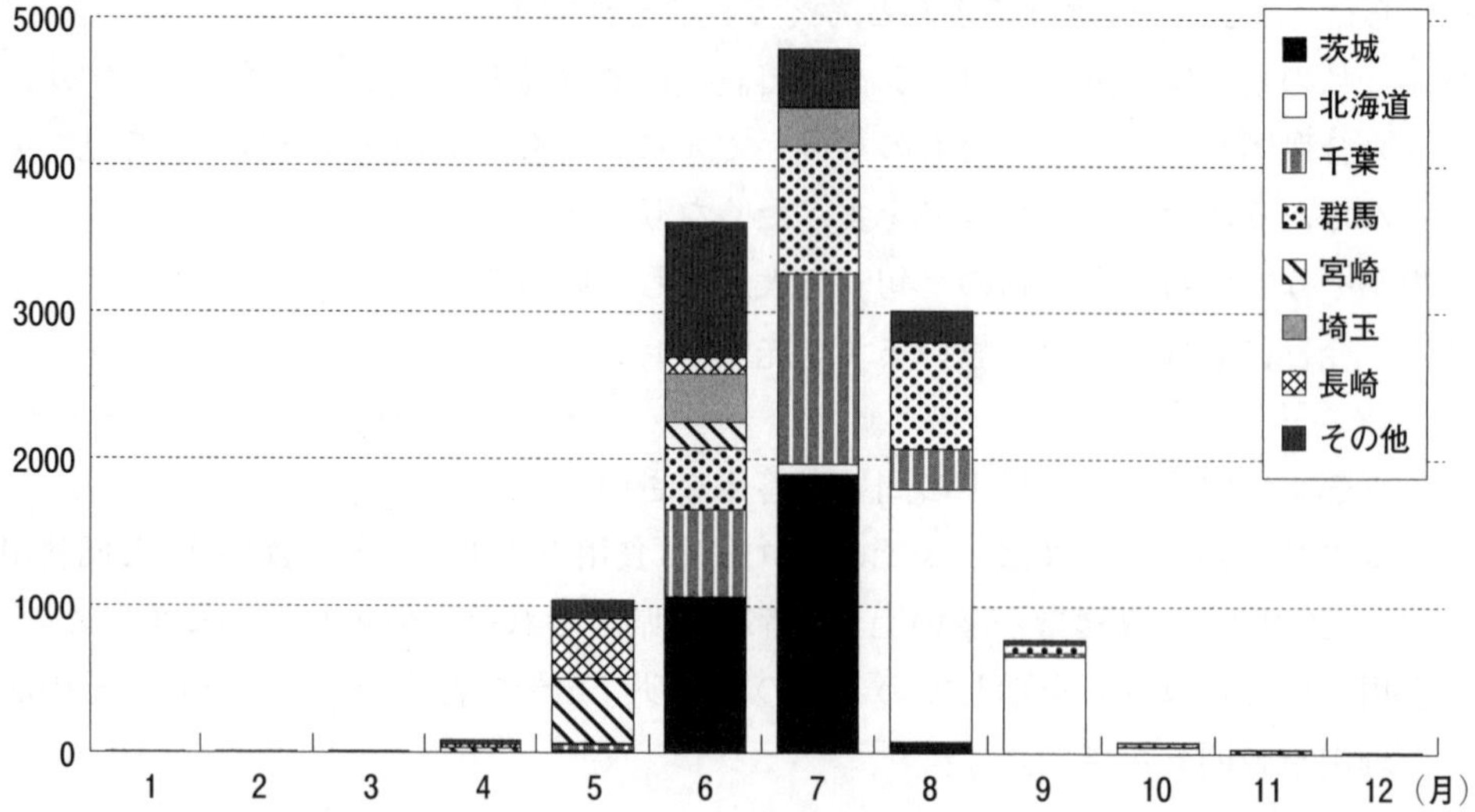

(注)　東京都にある全卸売市場をすべて合わせた。産地は都道府県別に示し，「その他」には輸入も含《ふく》む。

●東京都卸売市場におけるトウモロコシ(食用)の月別数量と平均価格

2021年	1月	2月	3月	4月	5月	6月	7月	8月	9月	10月	11月	12月	年間
数量 (トン)	5	7	9	84	1040	3611	4792	3011	771	79	34	13	13455
1kgあたりの 平均価格(円)	532	470	552	626	405	295	222	244	269	245	347	393	267

(東京都中央卸売市場「市場統計情報」より作成)

ア．トウモロコシの入荷先の都道府県や月平均価格は，一年を通じてほとんど変わりがないが，取扱量は季節によってかたよりがある。

イ．年間を通じてほとんど関東地方から入荷しているため，東京から遠い地域から入荷するトウモロコシは見られず，月平均価格も安定している。

ウ．トウモロコシの月平均価格が最も高い月と低い月とでは３倍近くの違《ちが》いがあり，取扱量が最も多い月と最も少ない月とでは1000倍近くの違いがある。

エ．トウモロコシの取扱量が最も多い月は関東地方からの入荷が多く月平均価格は最も安くなり，取扱量が最も少ない月は月平均価格が最も高くなった。

問２　下線部②に関連して，次の表は世界の主なトウモロコシ輸出国の輸出量(2022/23年度予測)を示したものです。前年度と比べて増加する国もある中で，ウクライナとEUは大幅に減少しています。ウクライナは隣国による軍事的な侵攻が，EUは猛暑と乾燥が影響しています。このような予測から，日本にはどのような影響があると考えられますか。説明しなさい。

●主要国のトウモロコシの需給見通し(2022年11月予測)

	輸出量(百万トン)	前年度比
アメリカ合衆国	54.61	13.0%減少
ブラジル	47.00	5.6%増加
アルゼンチン	41.00	12.3%増加
ウクライナ	15.50	42.6%減少
EU	2.70	55.0%減少
世界計	182.74	9.5%減少

(アメリカ合衆国農務省公表　農畜産業振興機構 HP より作成)

問３　下線部③について，次のうちブラジルについて述べた文として，ふさわしくないものを選び，記号で答えなさい。

ア．世界で最も流域面積の広いアマゾン川の流域に熱帯雨林が広がるが，開発が進められたことから森林破壊《はかい》が問題となっている。

イ．日本から見るとほぼ地球の反対側に位置し，南アメリカ州のなかで最も面積が広く，最も人口が多い国である。

ウ．300年ほど前から多くの日本人の移住が始まり，祖先が日本人だという日系ブラジル人は現在約200万人となり，日本に移り住んでいる人も多い。

エ．カーニバルで世界的に知られるブラジルの都市リオデジャネイロでは，2016年にオリンピック・パラリンピックが開かれた。

問４　下線部④の空欄《らん》■■■にふさわしい語をカタカナ３字で答えなさい。

問５　下線部⑤に関連して，次の文章は同じ時期に日本に伝来したあるものについて百科事典で説明されていたものです。空欄［　　］にあてはまる，この文章が示すお菓子を答えなさい。

> 南蛮菓子のなかの砂糖菓子で掛《か》け物の一種。(略) 菓名はポルトガル語のconfeitoによる。極小の飴粒《あめつぶ》を核《かく》にして，これに氷砂糖を煮溶《にと》かした糖液をまぶし，かき回しながら加熱すると，糖液は順次固まって大きくなり，球形の表面に角状の突起《とっき》ができる。糖液に彩色《さいしき》して赤，黄，緑色の［　　　］もつくられる。
>
> **(日本大百科全書(ニッポニカ)(小学館)，ジャパンナレッジ School，より，一部改変)**

問６　会話文中の空欄 A ・ B ・ C にふさわしい海洋の組み合わせを選び，記号で答えなさい。

ア．A＝インド洋　B＝大西洋　C＝太平洋
イ．A＝インド洋　B＝太平洋　C＝大西洋
ウ．A＝大西洋　B＝太平洋　C＝インド洋
エ．A＝大西洋　B＝インド洋　C＝太平洋
オ．A＝太平洋　B＝インド洋　C＝大西洋
カ．A＝太平洋　B＝大西洋　C＝インド洋

問７　下線部⑥に関連して，いくつかの会社では生ではなく，ゆでるなどしてから粒に分けたトウモロコシ(ホールコーン)を缶詰で販売《はんばい》しています。しかし，ある会社では缶詰から右の写真のようなプラスチックを利用したパック容器に変更し，現在もさらに容器を改良しようとしています。

今後，このプラスチックのパック容器をさらに改良した容器にするとしたら，どのようなものが考えられますか。あなたの考えを１つあげて，そのようなものにする理由を説明しなさい。

(kewpie(キユーピー)HP より)

2　次の地図中①～⑩は，日本各地にある動物園の場所を示しています。下の問いに答えなさい。

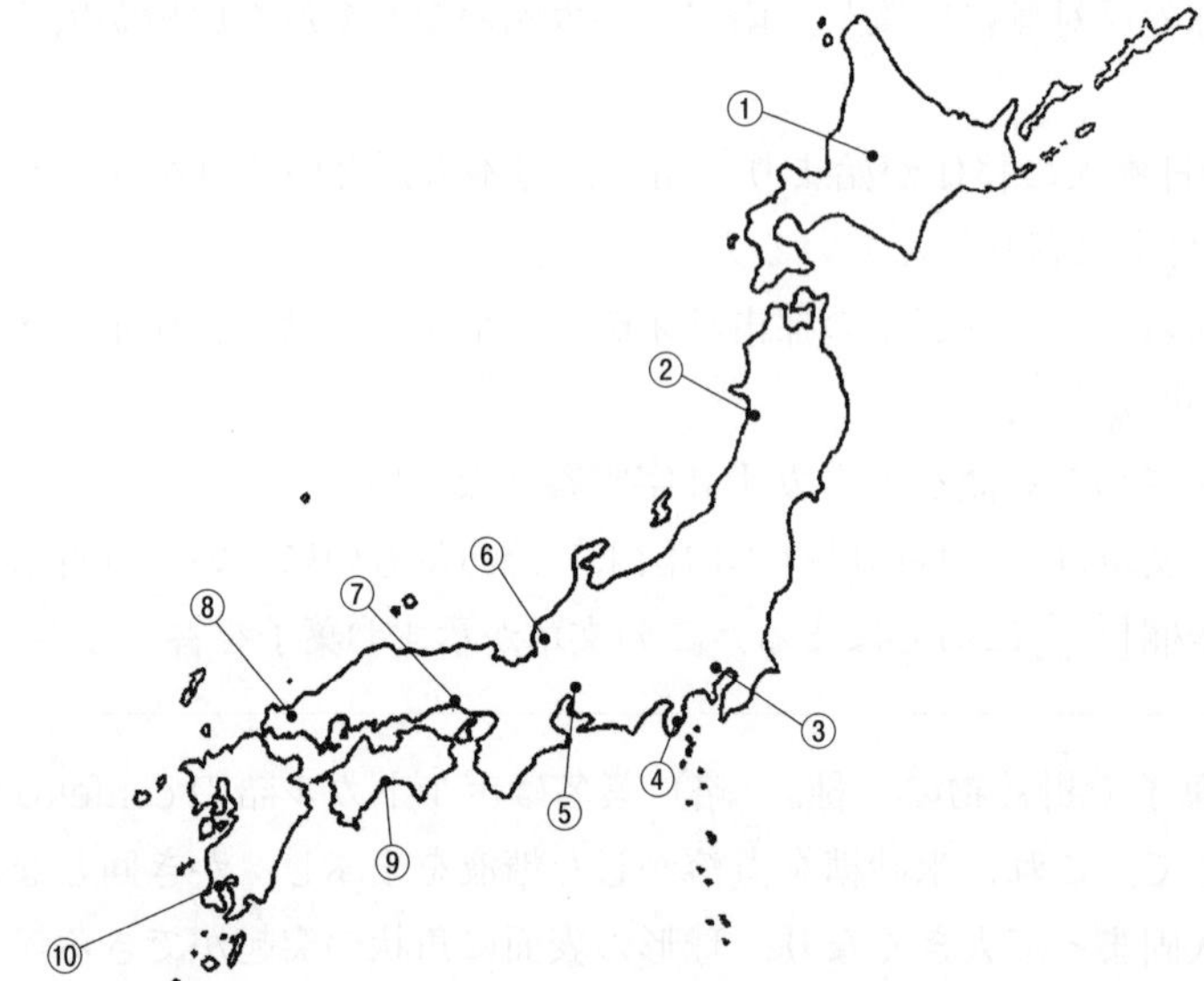

問１　①の「旭川市旭山動物園」は日本で最も北にある動物園であり，動物本来のいきいきとした姿を見せる「行動展示《てんじ》」と，動物が退屈《たいくつ》しない飼育《しいく》環境の改善《かいぜん》が成功し，入園者数を飛躍《ひやく》的に伸《の》ばしたことで知られています。次の２つの資料から読み取れることとして，ふさわしくないものを選び，記号で答えなさい。

●資料Ⅰ　入園者数が100万人を超《こ》える公立動物園の状況(2017年度)

項目 / 動物園名	有料入園者(人)	無料入園者(人)	総入園者数(人)	有料入園者率	所在地人口(人)	入園者人口比
上野動物園	2,700,050	1,800,364	4,500,414	60.0%	13,754,043	32.7%
東山動物園	1,386,548	1,214,136	2,600,684	53.3%	2,314,678	112.3%
天王寺動物園	1,184,556	552,130	1,736,686	68.2%	2,713,808	64.0%
旭山動物園	1,078,394	348,460	1,426,854	75.6%	339,623	420.1%
横浜ズーラシア	679,883	469,771	1,149,654	59.1%	3,729,729	30.8%
王子動物園	497,032	610,180	1,107,212	44.9%	1,529,803	72.4%

※所在地人口は，2018年３月１日の人口である。
※有料入園者率は，総入園者数に占《し》める有料入園者数の割合である。
※入園者人口比は，所在地人口に占める総入園者数の割合である。

●資料Ⅱ　旭山動物園の入園者数推移

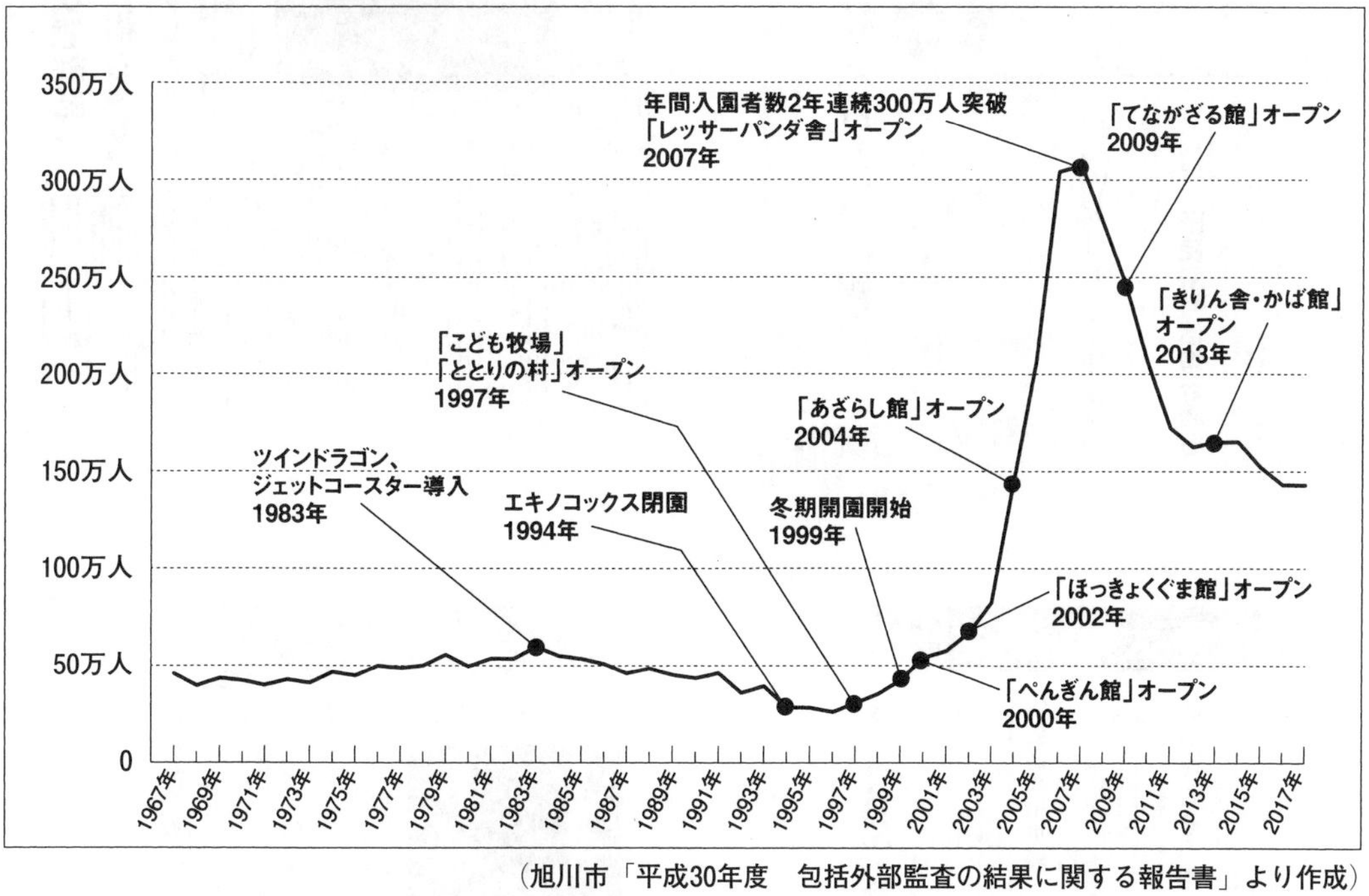

(旭川市「平成30年度　包括外部監査の結果に関する報告書」より作成)

ア．旭山動物園の総入園者数は，公立動物園の中では４番目に多い。また，有料入園者率が最も高く，有料入園者数は無料入園者数の約３倍である。

イ．旭山動物園は，所在地人口に対する入園者の割合が公立動物園の中で最も高いことから，旭川市以外から来る入園者が多いと考えられる。

ウ．旭川市の気候の特性を生かした「ほっきょくぐま館」や「あざらし館」をオープンしたが，入園者数の大幅《おおはば》な上昇《じょうしょう》にはつながらなかった。

エ．旭山動物園では，2000年代になって入園者数を再び増加させていったが，2007年度をピークに，その後は減少傾向にある。

問２　②の「秋田市大森山動物園」は，自然豊かな大森山公園の中にある動物園で，レッサーパンダや国の天然記念物イヌワシなどを飼育展示していることで知られています。

この動物園とほぼ同緯度にある世界の動物園として，ふさわしくないものを選び，記号で答えなさい。

ア．北京動物園(中華人民共和国)　　イ．ブロンクス動物園(アメリカ合衆国)
ウ．デリー国立動物園(インド共和国)　　エ．マドリード動物園(スペイン王国)

問３　③の「東京都恩賜上野動物園」は，100年以上の歴史をもつ日本を代表する動物園です。この動物園には，日中国交正常化を記念して，中国から初めてジャイアントパンダが贈《おく》られました。その年の新聞の記事として，ふさわしいものを選び，記号で答えなさい。

ア

所得倍増策を推進
国際収支均衡へ"健全財政"
政府の予算編成方針きまる
大蔵原案 来月五日に報告
"経済見通し"本決まり
国民所得倍増計画も

イ

日ソ共同宣言、調印終る
十一年の戦争状態終結へ
鳩山・ブ首相ら署名
議定書もクレムリンで
日ソ共同宣言 全文
調印する鳩山首相(左)とブルガーニン首相
領土問題 継続交渉触れず
宣言内容は十項目
両首相、固く握手
幸福な終止符
歴史的な意義
'引渡す'の表現に変る

ウ

米麦大幅値上げ
農林省案 自民に説明
米17.3%引上 麦40%引上 農林省案
米、4月実施めざす
7日の米審に諮問
物価高に拍車
時期遅らせ小幅に
石油消費規制が必要
石連、通産省に要請へ
強気の大蔵・農林両省

エ

沖縄県スタート
戦後27年 祖国に復帰
基地・暮し 険しい前途
死者百十七人に
大半が有毒ガス死
大阪のビル火事
平和へ自主外交の時
佐藤時代に幕、試練の新政権

(「朝日新聞縮刷版」より)

問４　④の「熱川バナナワニ園」は，ワニの水槽《すいそう》やバナナなどの植物の温室に温泉水や温泉の地熱を利用しています。これに関連して，次の表は，ある月の都道府県別の電力供給量を，発電方法別にまとめたものです。この表のＡ～Ｄに入る県の組み合わせとして，ふさわしいものを選び，記号で答えなさい。

（単位：1000kWh）

	水力	火力	原子力	風力	太陽光	地熱	計
東京都	7059	408450	0	155	3749	0	419413
A	1010692	302813	0	227	4974	0	1318706
B	220927	351562	1474207	3527	7596	0	2057818
C	76852	0	0	0	11901	0	88753
D	57133	1263464	0	349	62141	75065	1458152

（経済産業省「2022年度４月分電力調査統計」より作成）

ア．Ａ：富山県　Ｂ：福井県　Ｃ：大分県　Ｄ：奈良県
イ．Ａ：富山県　Ｂ：福井県　Ｃ：奈良県　Ｄ：大分県
ウ．Ａ：福井県　Ｂ：富山県　Ｃ：大分県　Ｄ：奈良県
エ．Ａ：福井県　Ｂ：富山県　Ｃ：奈良県　Ｄ：大分県
オ．Ａ：大分県　Ｂ：奈良県　Ｃ：富山県　Ｄ：福井県
カ．Ａ：奈良県　Ｂ：大分県　Ｃ：福井県　Ｄ：富山県

問５　⑤の「名古屋市東山動植物園」は，日本一の飼育種類数を誇《ほこ》っており，大きなゾウから小さなメダカまで，多種多様な動物たちに出会うことができます。名古屋市は，織田信長をはじめ，多くの戦国武将ゆかりの地としても知られています。これに関連して，次のできごとを時代の古い順に並べかえ，解答欄に合うように記号で答えなさい。

ア．明の征服《せいふく》を目指し，２度にわたって朝鮮に大軍を送った。
イ．鉄砲を効果的に使った戦法で，武田軍の騎馬隊《きばたい》を破った。
ウ．駿河の大名である今川義元を桶狭間の戦いで破った。
エ．一揆を防ぐために，全国に命令して百姓や寺社から武器を取り上げた。

問６　⑥の「鯖江市西山動物園」は小さな動物園ながら，日本有数のレッサーパンダの繁殖《はんしょく》数を誇っています。鯖江市といえば，「世界三大眼鏡生産地」の一つとして知られ，日本のメガネフレーム生産90％以上のシェアを占めています。こうした地場産業が北陸地方でさかんな理由を答えなさい。

問７　⑦の「姫路市立動物園」は白鷺城として有名な姫路城内につくられた市民行楽地型の本格的動物園です。次の地形図を見て，姫路市立動物園があるＡ地点から，半径500m以内にあるものを全て選び，記号で答えなさい。なお，Ａ地点から１cm おきに同心円を描《えが》いています。

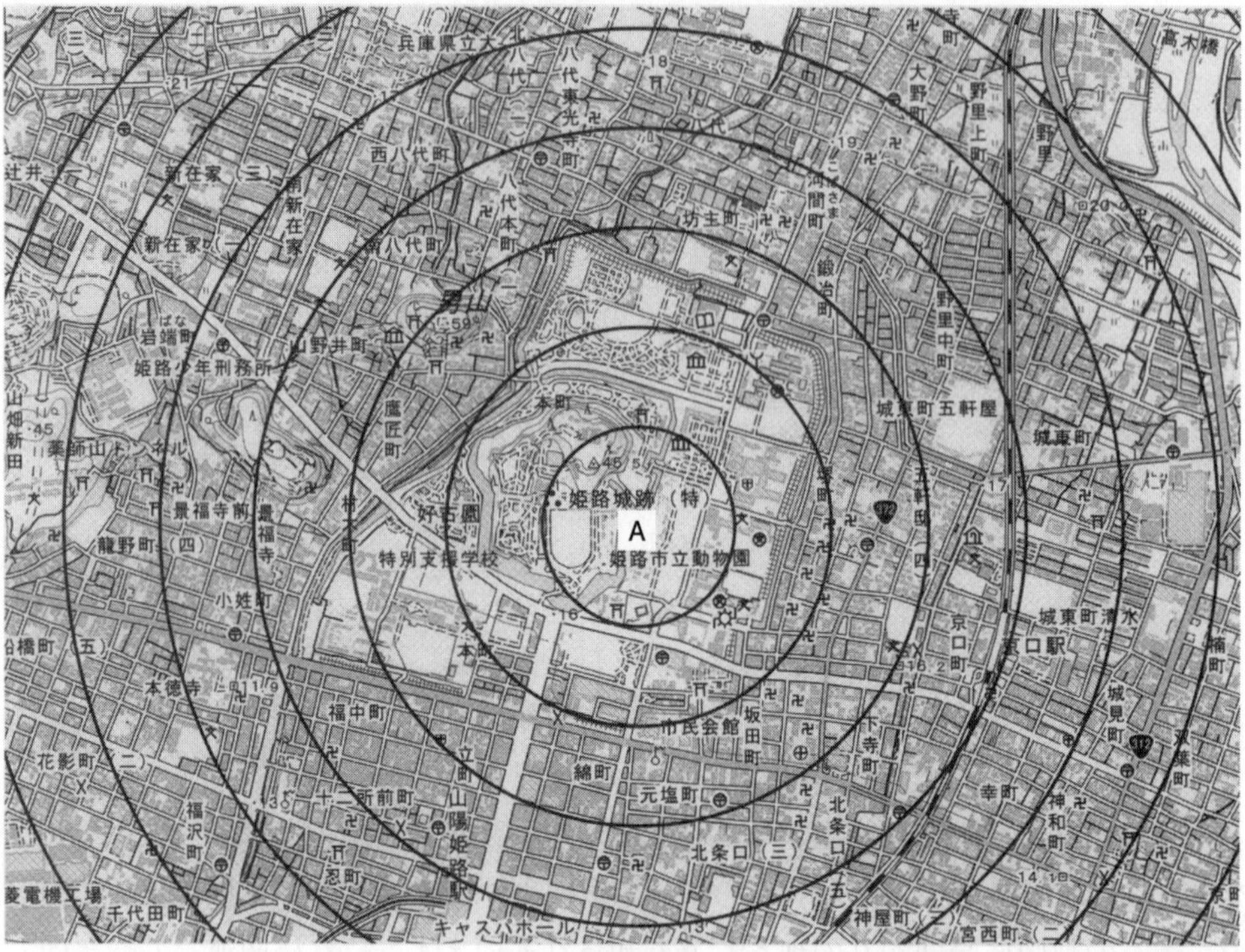

（国土地理院発行２万５千分の１地形図「姫路北部」より作成）

ア．小・中学校　　イ．水準点　　ウ．病院　　エ．電波塔

オ．老人ホーム　　カ．図書館　　キ．発電所・変電所

問８　⑧にある「秋吉台自然動物公園」は，秋吉台，秋芳洞および萩市などへ連なる観光ルートの一部につくられたサファリパークです。秋吉台は，日本最大のカルスト台地としても知られていますが，その特色を利用してさかんとなった工業を選び，記号で答えなさい。

ア．自動車工業　　　イ．石油化学工業

ウ．セメント工業　　エ．製紙・パルプ工業

問９　⑨の「高知県立のいち動物公園」は，動物の生息地に近い環境を再現した緑豊かな動物公園です。園内は，温帯の森，熱帯の森，アフリカ・オーストラリアゾーン，ジャングルミュージアムのエリアに分かれています。これに関連して，高知県の県庁所在地の雨温図を示したものとして，ふさわしいものを選び，記号で答えなさい。なお，残りの二つは，香川県・鳥取県の県庁所在地のものです。

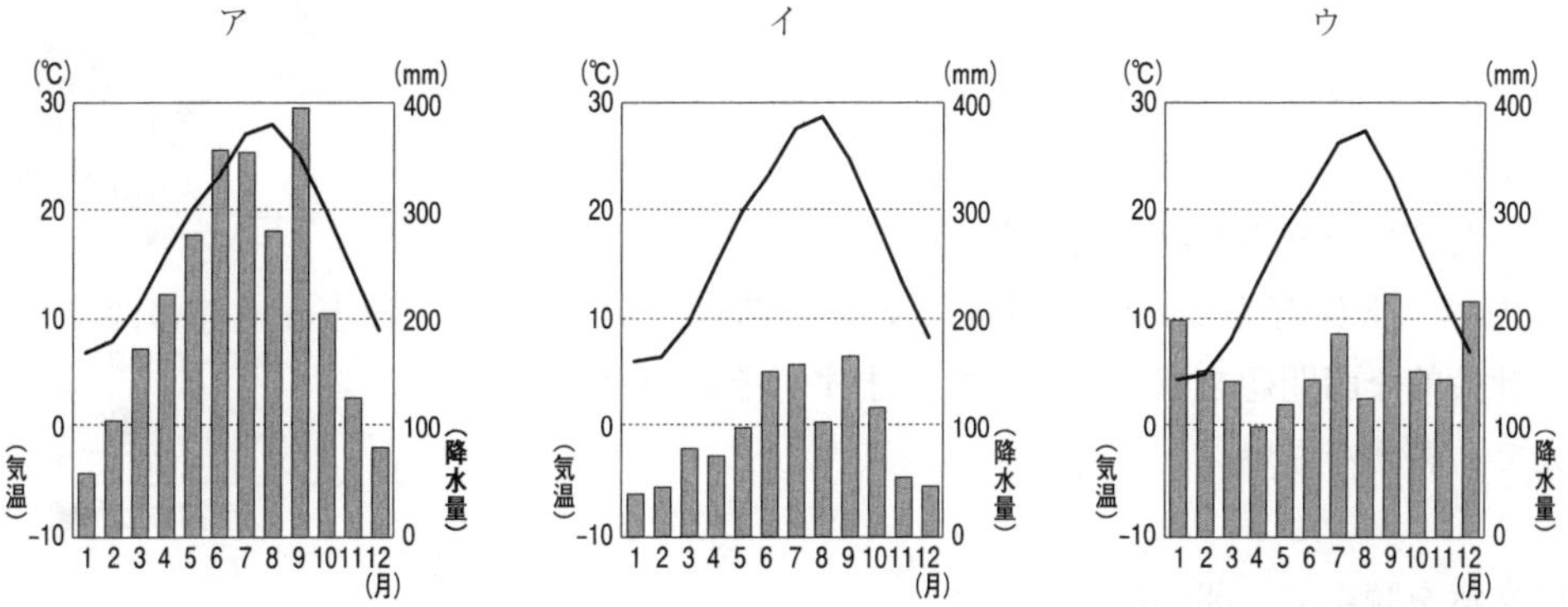

(『理科年表 2022』より作成)

問10　⑩の「鹿児島市平川動物公園」は，桜島や鹿児島湾(錦江湾)を背景にキリンなどが歩き回るアフリカ園や動物たちを眺《なが》めながら浸《つ》かれる足湯など，鹿児島の自然や温泉を生かした施設が特徴《とくちょう》的な動物園です。

次のグラフは，鹿児島県が上位を占める農産物の部門・品目別産出額の都道府県別割合を示したものです。ブロイラー(食用鶏)の割合を示したものとしてふさわしいものを選び，記号で答えなさい。なお，他のグラフは鶏卵，茶，豚の割合を示したものです。

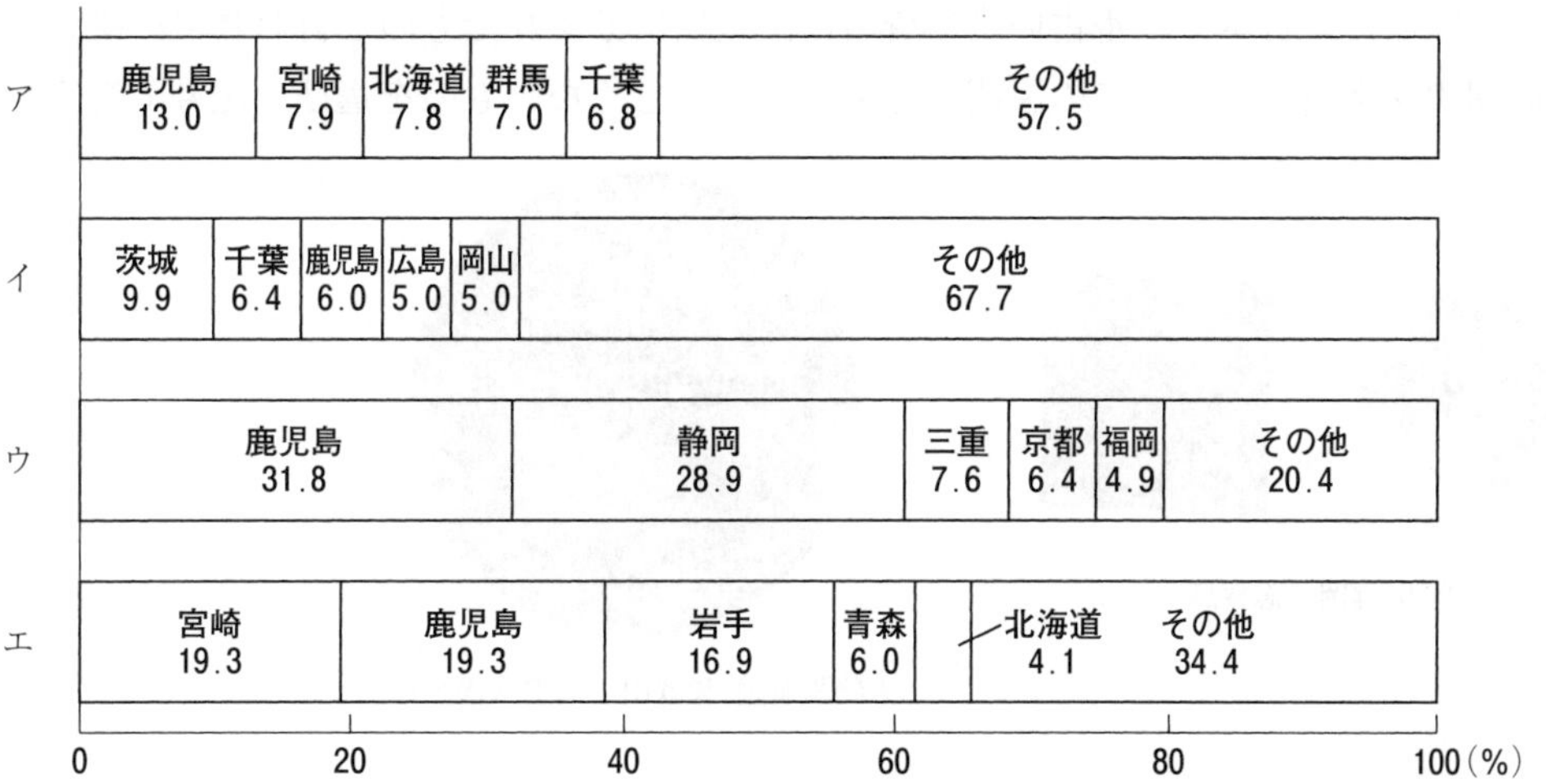

(農林水産省「生産農業所得統計(令和２年)」より作成)

問11　WWF ジャパンは，国内４つの動物園の協力のもと動画を制作し，野生の生態や習性，それに伴《ともな》うペットとしての飼育の難しさを解説することで，野生動物のペット化見直しを訴《うった》えるキャンペーンを始めました。

WWF ジャパンのホームページによると，近年，イヌやネコ以外の「エキゾチックペット」や「エキゾチックアニマル」と呼ばれる動物をペットとして飼う人が増えていますが，その中にはシロフクロウやコツメカワウソといった希少な野生動物も含《ふく》まれているそうです。野生動物のペット飼育やこれに関連するビジネスは，環境的・社会的な諸問題を引き起こしています。その一例を考えて，答えなさい。

（京都市動物園 HP より）

3　次の文章を読んで，問いに答えなさい。

歴史学とは，単に昔のことを調べる学問ではなく，今を知り，未来を見通すための学問であることは，古今東西の歴史学者が語ってきたところです。今，みなさんが「なぜ」と思うことを，さまざまな角度から調べ，述べていくことが「歴史」なのです。

どのような角度があるかというと，文字による資料，ものによる資料，古くからの地名や地域の景観，ほかにも，言い伝えや行事などの伝承資料などです。これらを総合して「歴史」を組み立てます。

問１　文字資料には金石文と呼ばれる金属や石に刻まれたものがあります。紙や木簡に比べて残りやすいので，日本で一番古い文字資料は，金属に刻まれたものと言われています。最も古い時期の文字資料についての説明として，ふさわしくないものを選び，記号で答えなさい。

金印（福岡・志賀島）

人物画像鏡（和歌山・隅田八幡神社）

鉄剣（埼玉・稲荷山古墳）

ア．志賀島で見つかった金印には「漢委奴国王」の５文字が刻まれている。

イ．金印は中国でつくられたと考えられているので，漢字を日本の文字として使った例にはならない。

ウ．隅田八幡神社に伝わる人物画像鏡には，ひらがなの文字が刻まれており，日本の文字として使った最古の例の一つとされる。

エ．稲荷山古墳で見つかった鉄剣には，固有名詞(人名)が刻まれており，漢字を日本の文字として使った最古の例の一つとされる。

問２　次の文字資料は，ある時代につくられた法律の一部をわかりやすく書き改めたものです。この資料から，この法律がどのような経緯《けいい》で，何を目的につくられたと考えられますか。下の説明のうち，ふさわしくないものを選び，記号で答えなさい。

一．諸国の守護の仕事のこと。

　これについて，右大将頼朝公の時に定められた守護の仕事は，大番催促《さいそく》(御家人《ごけにん》が京都の警備に出るように催促すること)，謀叛《むほん》人・殺害人の逮捕《たいほ》などであった。

一．諸国の地頭年貢《ねんぐ》を抑《おさ》えとめて，領主に納めぬこと。

　これについて，荘園《しょうえん》領主から訴えがあれば，直ちに精算して裁定を受けなければならない。

一．支配権を認めた文書がありながら，実際に支配せず，一定の年数がたった所領のこと。

　これについて，実際に支配している期間が20年過ぎれば，頼朝公の先例にしたがって，ことの当否を論じることなくその支配をやめさせるようなことはしない。

ア．鎌倉幕府に従う御家人が，貴族ともめたときの公平な裁判の基準を源頼朝が定めたもの。

イ．鎌倉幕府に従う御家人が，守護や地頭に任命されたときの仕事について定めたもの。

ウ．鎌倉幕府に従う御家人同士が，もめたときの公平な裁判の基準を明確にするために定めたもの。

エ．源頼朝の死後，裁判の基準として，源頼朝以来の先例と武家社会の道理をもとに定めたもの。

問３　次の絵図は中尊寺に伝わる荘園で，中世に描かれたものです。当時の絵図と現在の写真を見て下の問いに答えなさい。

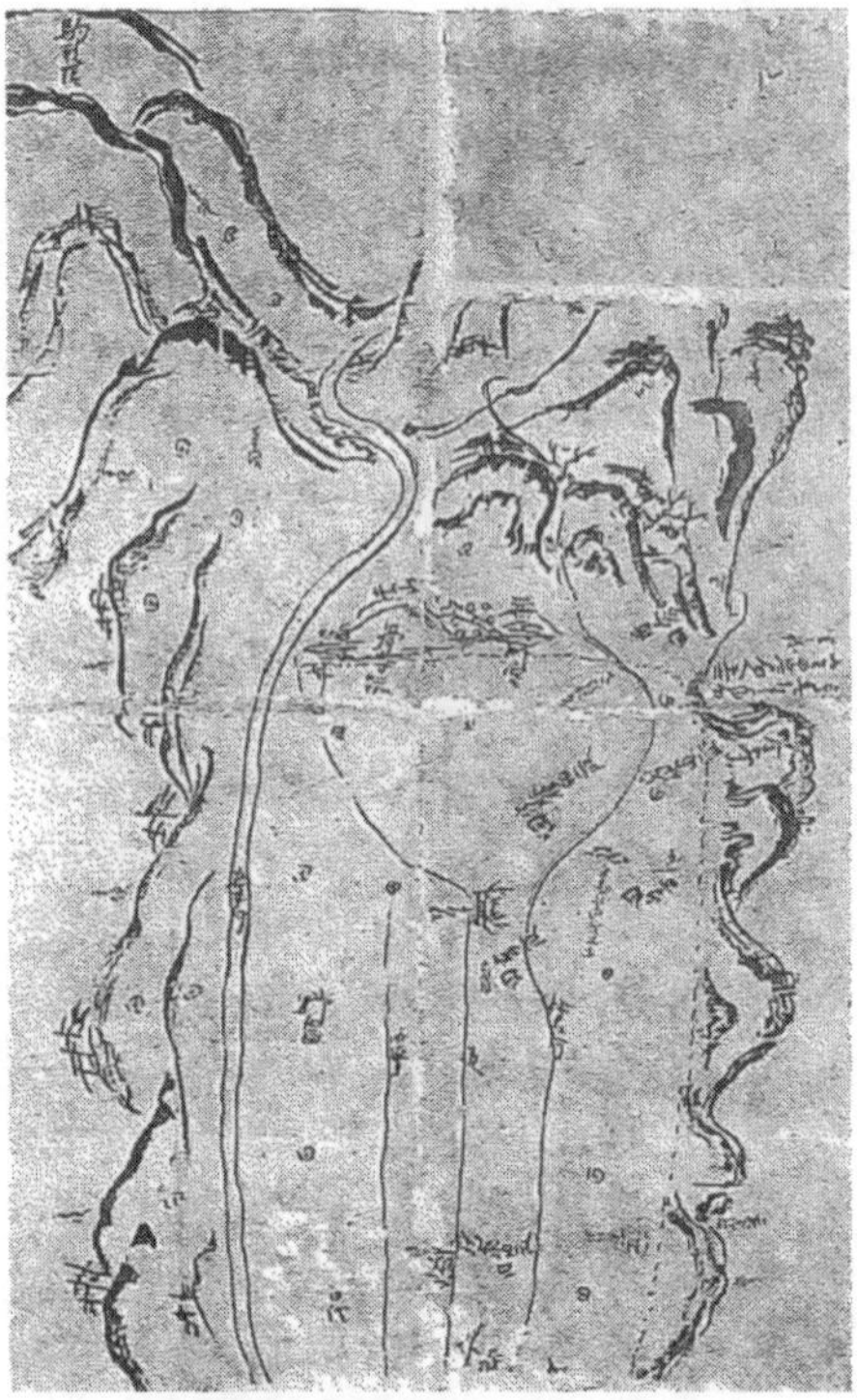

仏神絵図(簡略絵図)　中尊寺蔵
(一関市発行のパンフレットより)

一関市本寺地区航空写真
(国土地理院「地理院地図」より)

現在の写真を見ると，中世に描かれた絵図と景観があまり変わらないということで，国は「重要文化的景観」に指定しています。このように現在の様子が当時の絵図とあまり変わらないということは，どのような歴史的価値があると考えられますか。あなたの考えを記しなさい。

問４　過去の歴史を文字で記録したものや，絵に描かれたものから歴史を見る場合，それに一致《いっち》するものが遺跡《いせき》から発掘されると，歴史的な資料の価値がより高まります。次はその実例ですが，どのような理由で資料の価値がより高まるのですか。あなたの考えを記しなさい。

『蒙古襲来絵詞』部分　（鎌倉時代）
（『日本絵巻大成 14』より）

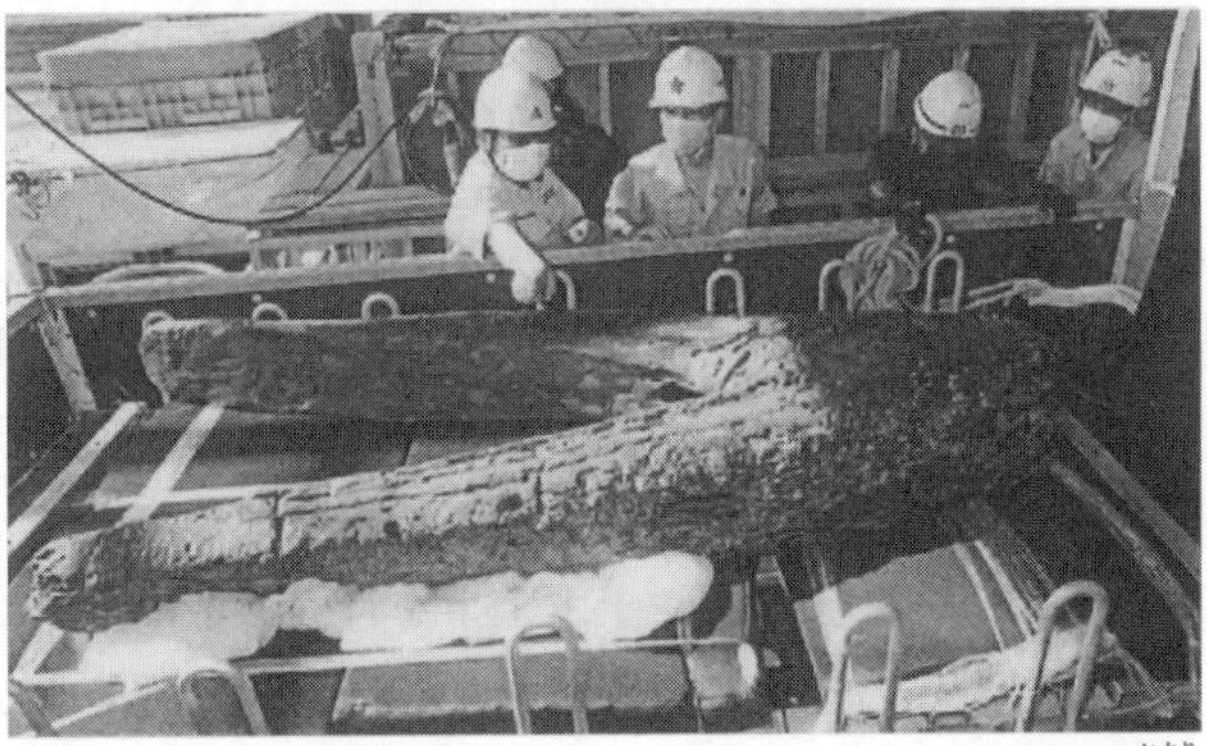

鷹島神崎遺跡（長崎県）近くの海底から引き上げられた元寇船の碇《いかり》
（読売新聞オンラインより）

問５　次のページの写真は，滋賀県の西野水道です。久我山中学・高校の関西方面校外学習でも訪ねた歴史的遺構です。西野の西山という山の麓《ふもと》に，琵琶湖へ向かって貫かれている高さ約２m，幅約1.2m，長さ約220mの排水用の岩穴です。今から180年ほど前，たびたび洪水に見舞われていた西野地区を，洪水から守るために，充満寺の第11世・恵荘上人により行われた土木事業です。能登，伊勢から石工を招き，実に６年の歳月と1275両をかけて，ノミだけで掘り抜かれた手掘りの岩穴です。

西野水道東側トンネル入り口

西野水道トンネル内

⑴　この西野水道がつくられたころのできごととして，ふさわしいものを選び，記号で答えなさい。

ア．東北地方での冷害や，浅間山の噴火《ふんか》などで天明の飢饉《ききん》が起こった。

イ．松平定信が農村の復興や飢饉に備えた政策を出し，寛政の改革をすすめた。

ウ．水野忠邦が農村の復興や財政の立て直しをめざし，天保の改革をすすめた。

エ．大政奉還後，王政復古の大号令が出され，京都で戊辰戦争が始まった。

⑵　仏教の僧が人々を救うために社会事業や土木工事を行うことは，古くから知られますが，奈良時代に橋を架《か》けたり，大仏の造立に協力したりした僧とは誰ですか。

問６　新しい時代になると，写真や映像が資料として活用されます。次の写真は昭和天皇が亡くなって，新しい元号が発表されたときのものです。これは西暦何年のことですか。

（毎日新聞デジタルより）

【理　科】〈第１回試験〉（40分）〈満点：50点〉

1　次のⅠ，Ⅱの各問いに答えなさい。

Ⅰ．次の(1)～(5)の文中の(Ａ)にあてはまる語句を答えなさい。

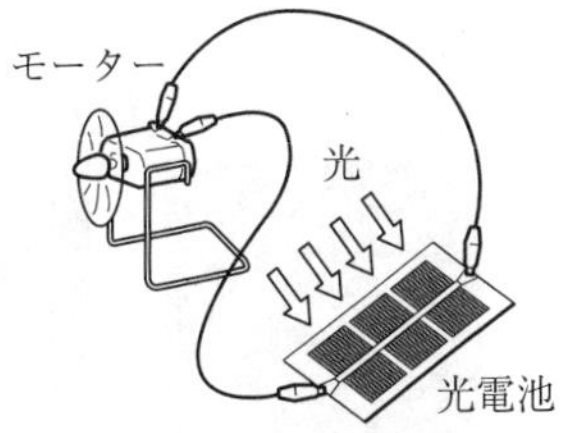

(1)　光電池は光を(　Ａ　)に変えている装置です。そのため，図のような回路の光電池に光を当てるとモーターが回ります。

(2)　(　Ａ　)は二酸化炭素を通すと白くにごります。

(3)　体の各部で不要になったものは，血液で(　Ａ　)に運ばれ，水とともにこしだされてにょうになります。

(4)　海や湖の底にたまったれきや砂，どろの層は，長い年月をかけて固まり，それぞれれき岩，砂岩，でい岩と呼ばれる岩石になります。このようにしてできた岩石は(　Ａ　)と呼ばれます。

(5)　骨と骨の間には(　Ａ　)というつなぎ目があり，人のうでや手はそこで曲がります。

Ⅱ．次の(1)～(5)について，下の①～⑤の中からあてはまるものを１つ選び，番号で答えなさい。

(1)　「久我山」の「久」の漢字を紙に書き，紙を上下逆さまにして鏡に向けました。鏡にうつって見えるものとして正しいものを選びなさい。

(2)　気体について述べた文として正しくないものを選びなさい。

①　気体はあたためると体積が大きくなる。

②　アンモニアは水に溶《と》けやすい気体である。

③　炭酸水に溶けている気体は二酸化炭素である。

④　水蒸気を冷やすと，液体の水に変えることができる。

⑤　空気中にふくまれる気体で２番目に多いものは二酸化炭素である。

(3)　次の図は北《ほく》斗《と》七星《しちせい》を表しています。北極星の位置として正しいものを選びなさい。

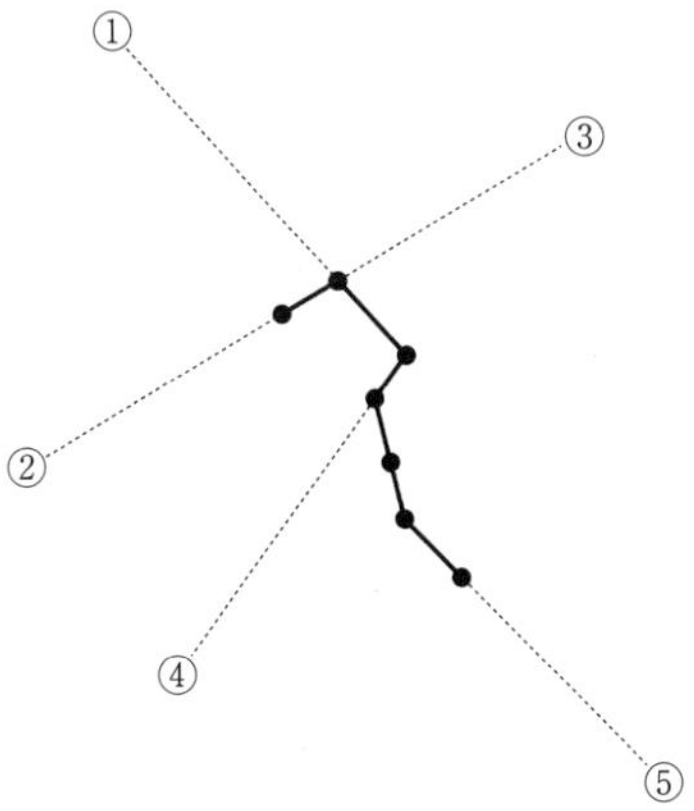

(4)　一生のうち，水中で生活する時期がないものを選びなさい。

①　トノサマガエル　　②　アカハライモリ

③　アメリカザリガニ　④　カナヘビ

⑤　コイ

(5)　雲のないある日，一日を通して月を見ることができませんでした。数日後の日が沈《しず》んでいる間に見つけた月の形とその向きの組み合わせとして正しいものを選びなさい。

①　Ａ—東　②　Ａ—西　③　Ｂ—東

④　Ｂ—西　⑤　Ｃ—南

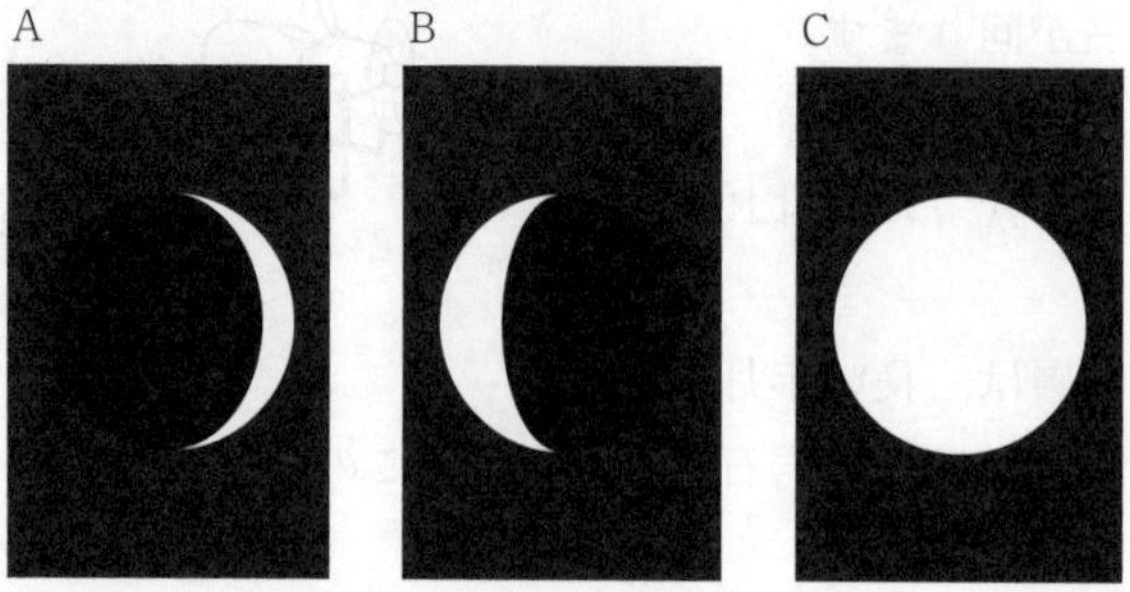

2　台風について，次の文章を読み，あとの各問いに答えなさい。

台風はとても大きな積乱雲の集まりで，台風の周囲では，上から見て，反時計回りに風が吹《ふ》きます。そのため，台風が観測点の近くを通過すると，風向き（風が吹いてくる向き）が変化していきます。図１の場合，観測点の東側を台風が北上し通過すると，観測点の風向きは反時計回りに変化していき，最初は北東の風が吹き（図１—①），次に北の風が吹き（図１—②），そして北西の風が吹く（図１—③）ようになります。

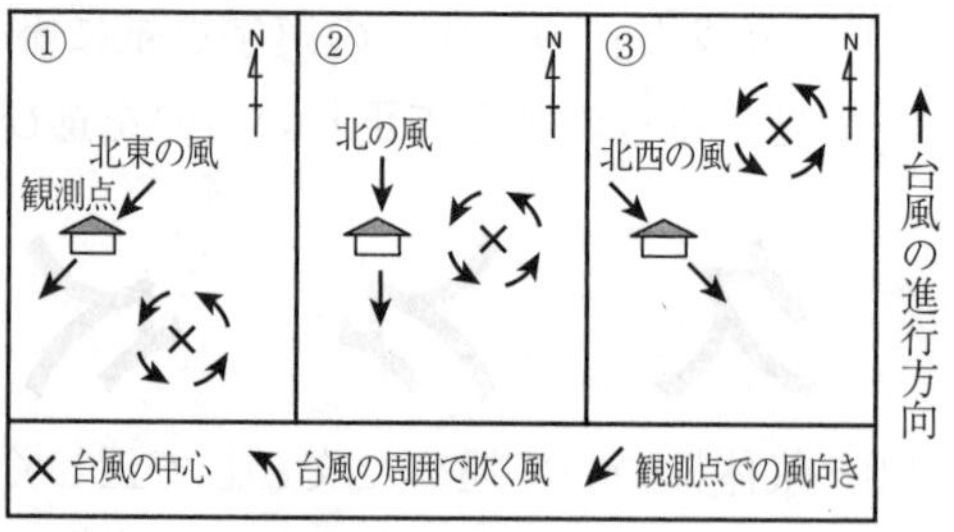

図１

(1)　台風の中心にある「雲のないところ」は何と呼ばれているか答えなさい。

(2)　観測点の西側を台風が北上し通過するとき，その観測点での風向きの変化として正しいものを次の①～④の中から１つ選び，番号で答えなさい。

①　北→北西→西　②　南東→南→南西

③　東→北東→北　④　北東→北→北西

(3)　ある日の午前中に，図２の位置関係にある４つの観測点Ａ～Ｄの近くを台風の中心が北上しながら通過し，台風によって風が強く吹きました。表１はこの日の午前６時から９時までの風向きを10分ごとに示したものです。台風の中心が通過したところを下の①～④の中からすべて選び，番号で答えなさい。

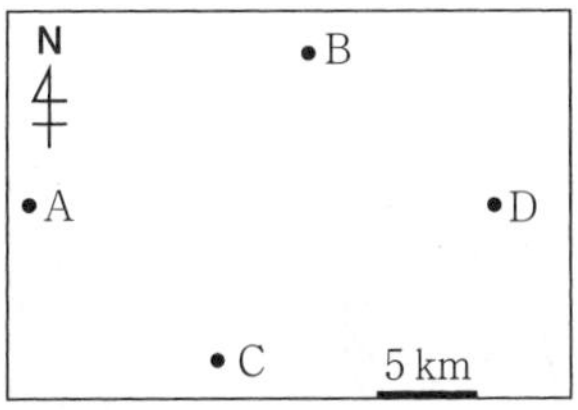

図２

①　ＡとＢの間
②　ＡとＣの間
③　ＢとＤの間
④　ＣとＤの間

表１

	A	B	C	D
6：00	東	東	東	東
6：10	東	東	東	東
6：20	東	東	東	東
6：30	東	東	東	東
6：40	東	東	東	東
6：50	東	東	東	東
7：00	北東	東	東	東
7：10	北東	東	北東	東
7：20	北東	東	北	東
7：30	北	東	北西	南東
7：40	北西	北	北西	南西
7：50	西	北西	西	西
8：00	西	西	西	西
8：10	西	西	西	西
8：20	西	西	西	西
8：30	西	西	西	西
8：40	西	西	西	西
8：50	西	西	西	西
9：00	西	西	西	西

台風は強い風や雨をともなうことが多く，被害《ひがい》に備える必要があります。そこで気象庁はその進路について予想し，それをわかりやすく台風進路予想図で発表しています。この図には発表時の台風の位置と状況《じょうきょう》と，これから先の台風の位置と状況の予想が描《か》かれています。

台風進路予想図の中には台風の進路について，ある時間に台風の中心がやってくる可能性の高いところを予報円で示しています。その時間に予報円の中に台風の中心がある可能性は70％とされています。

台風によって風が25m/秒以上の速さで吹く可能性のある範囲《はんい》を暴風域《ぼうふういき》といいます。予報円の中に台風の中心があるとき，予報円の周囲は台風の暴風域になる可能性があり，この範囲を暴《ぼう》風警戒域《ふうけいかいいき》といいます。

気象庁はこれを５日後まで予想したものを発表しています。

図３は９月１日15時ごろの台風の位置と，その後の毎日15時の予報円を示した台風進路予想図です。図中の点線の円は予報円，実線の円は暴風域，そして予報円の周囲の実線は暴風警戒域を表しています。

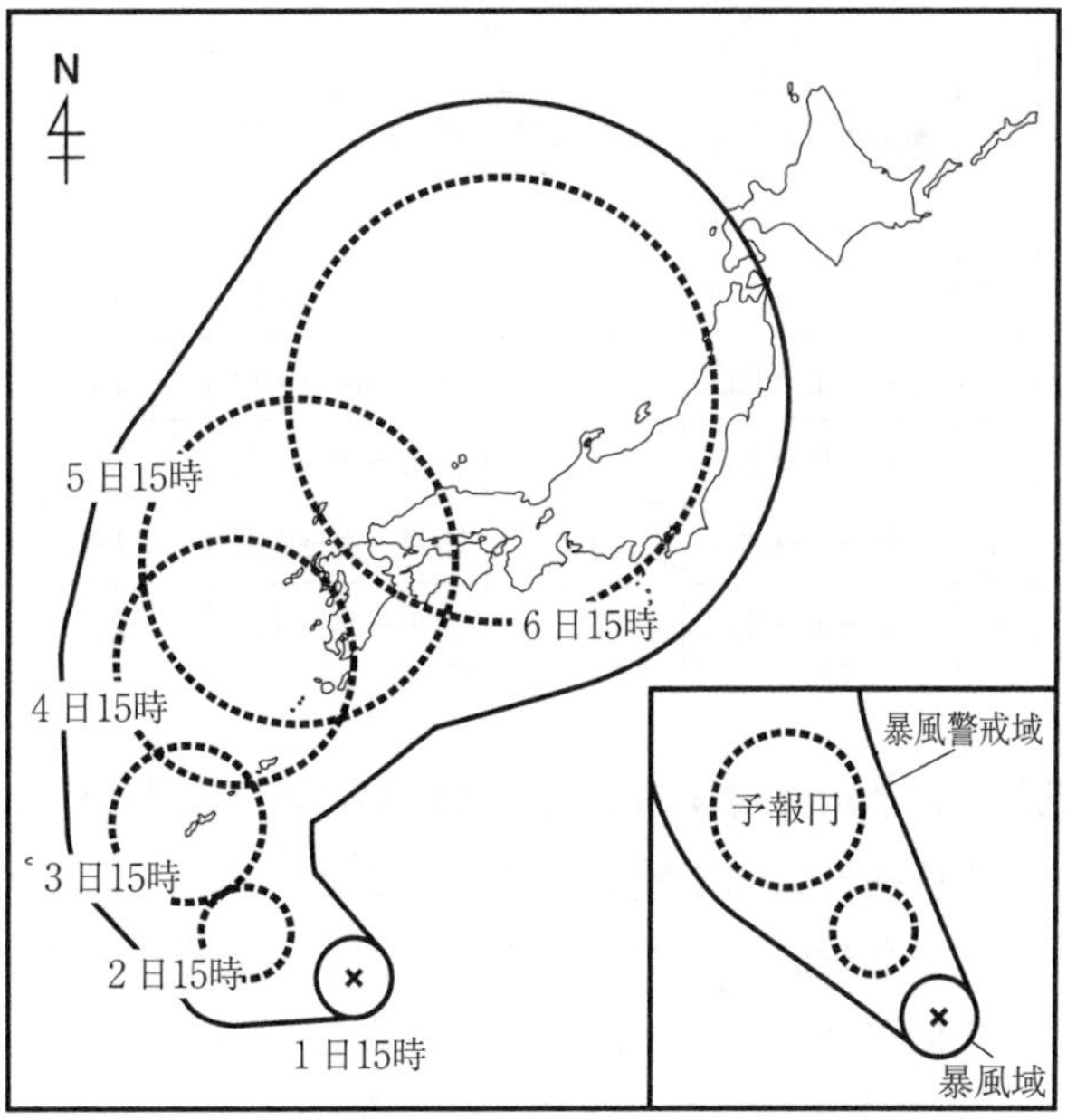

図３

(4)　台風の進路について述べた文として正しいものを次の①～⑤の中から１つ選び，番号で答えなさい。

①　５日後までに予報円の外に出ることはあっても，少なくとも５日後の予報円の中に台風の中心は入っている。

②　台風の中心は必ず予報円の中心に沿って進む。

③　予報円が大きければ大きいほど，台風が大きく発達していることを示している。

④　予報円から外れて台風が進むことはない。

⑤　予報円は台風の進路の目安であって確実ではない。

図４は10月２日午前０時に発表されたある台風の６時間ごとの台風進路予想図です。この台風が実際に通過したとき，図中の観測点Ｅ～Ｈで風向きと風の強さを観測し，この日の風向きの変化と最大風速(この日最も風の強かったときの風の速さ〔m/秒〕)を記録しました。この日の台風は，それぞれの時間に台風の中心が予報円の中にあり，暴風域の中でのみ暴風(風速25m/秒以上の風)が吹いたことがわかっています。

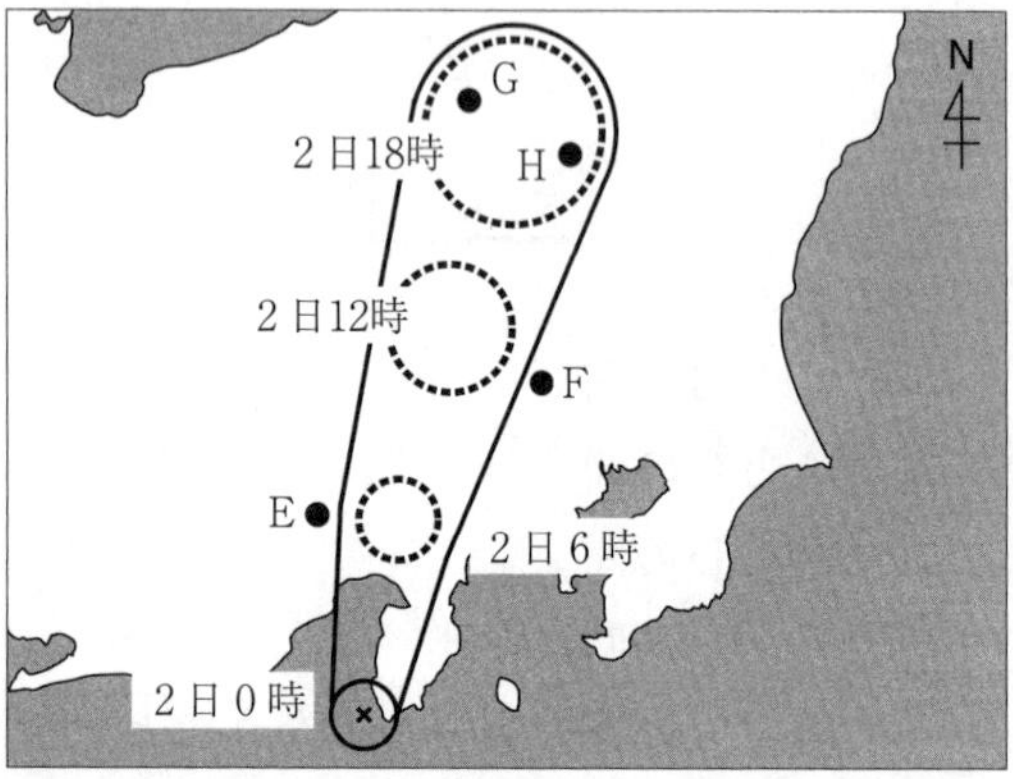

図４

(5)　図４の観測点Ｅ～Ｈでの風向きの変化と最大風速の組み合わせとして，正しいものを次の①～⑥の中から１つ選び，番号で答えなさい。ただし，図４で台風が通過するときの風向きの変化はすべて台風の周囲に吹く風によるものとし，台風の暴風域の大きさは通過中に変わることはなかったものとします。

	E		F		G		H	
	風向きの変化	最大風速	風向きの変化	最大風速	風向きの変化	最大風速	風向きの変化	最大風速
①	南東→南→南西	20	北東→北→北西	16	南東→南→南西	54	北東→北→北西	53
②	南東→南→南西	35	南東→南→南西	45	北東→北→北西	20	北東→北→北西	55
③	北東→北→北西	18	南東→南→南西	10	南東→南→南西	54	南東→南→南西	15
④	北東→北→北西	15	南東→南→南西	16	南東→南→南西	23	南東→南→南西	54
⑤	北東→北→北西	16	南東→南→南西	18	北東→北→北西	50	南東→南→南西	50
⑥	北東→北→北西	20	北東→北→北西	24	南東→南→南西	22	北東→北→北西	54

3　電熱線に関するあとの各問いに答えなさい。ただし，答えが割り切れない場合は小数第一位を四捨五入して整数で答えること。

長さや断面積が異なる電熱線Ａ～Ｊをそれぞれ用いて，図１のような回路を作り，電池に流れる電流を測りました。その結果をまとめたものが表１です。なお，それぞれの回路に用いる電熱線の素材や電池はすべて同じものとします。

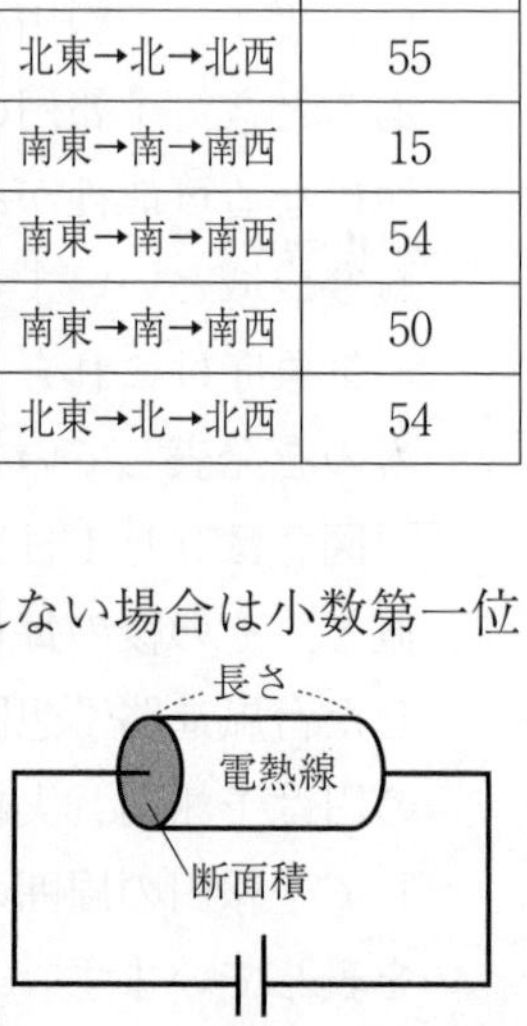

図１

表1

	A	B	C	D	E	F	G	H	I	J
長さ(cm)	2	2	2	4	4	4	8	8	8	16
断面積(mm^2)	0.2	0.4	0.8	0.2	0.4	0.8	0.2	0.4	0.8	0.8
電流(mA)	100	200	400	50	100	200	25	50	100	☆

(1) 表1よりわかる電熱線の性質として正しいものを次の①～④の中からすべて選び，番号で答えなさい。

① 同じ断面積の電熱線は，長さが長いほど電流は流れやすい。

② 同じ断面積の電熱線は，長さが短いほど電流は流れやすい。

③ 同じ長さの電熱線は，断面積が大きいほど電流は流れやすい。

④ 同じ長さの電熱線は，断面積が小さいほど電流は流れやすい。

(2) 表1の☆に入る数値を答えなさい。

電熱線Aを用いて図2，図3のような回路を作り，電池に流れる電流を測ったところ，図2の電池に流れる電流は50mA，図3の電池に流れる電流は200mAでした。

これらの結果から，2つの電熱線を図2のようにつなげると2つの電熱線の長さが足《た》された1つの電熱線として考えることができます。また，2つの電熱線を図3のようにつなげると2つの電熱線の断面積が足された1つの電熱線として考えることができます。

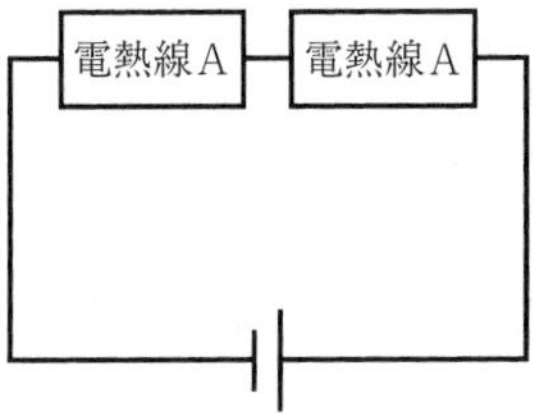

図2

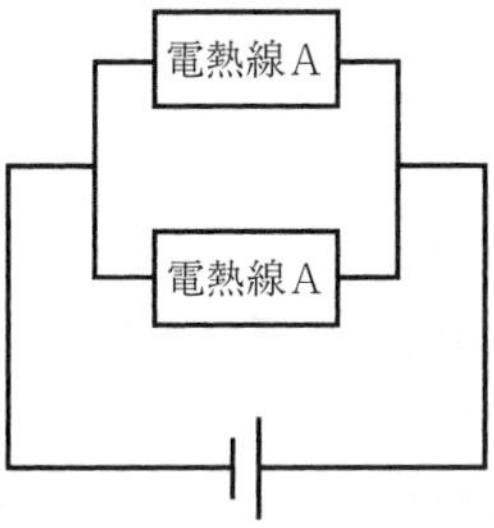

図3

(3) 図2の2つの電熱線Aは1つの電熱線として考えることができます。その電熱線としてふさわしいものをA～Jの中から1つ選び，記号で答えなさい。

(4) 図4のような回路を作りました。電池に流れる電流(mA)を答えなさい。

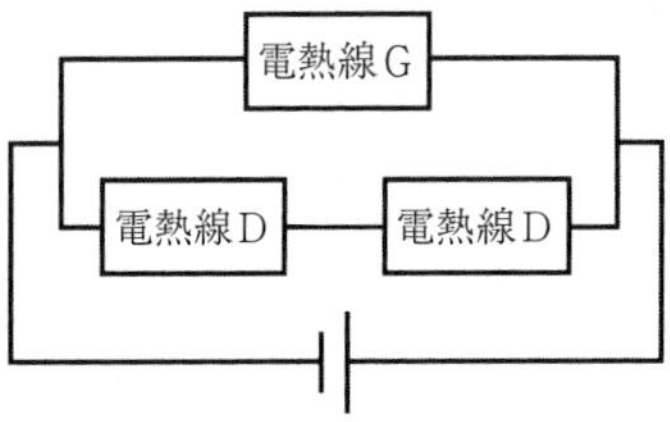

図4

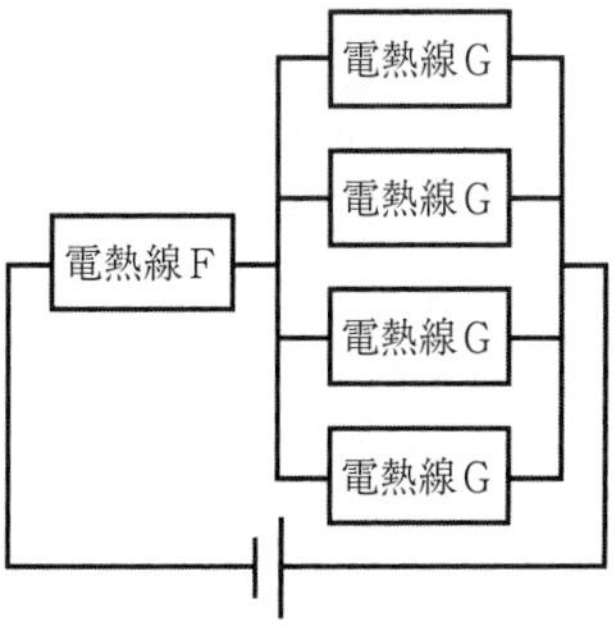

図5

(5) 図5のような回路を作りました。電池に流れる電流(mA)を答えなさい。

4　身の回りでよく使われている金属であるアルミニウムと鉄と銅について，実験を行いました。あとの各問いに答えなさい。

〔実験１〕　塩酸にそれぞれの金属を加えたところ，アルミニウムと鉄で気体が発生した。

〔実験２〕　それぞれの金属を磁石に近づけたところ，（　　A　　）。

⑴　〔実験１〕で発生した気体の性質について最もふさわしいものを次の①～⑤の中から１つ選び，番号で答えなさい。

①　火のついたマッチを近づけると「ポンッ」という音を立てる気体である。
②　空気よりも重い気体である。
③　ものが燃えるとき，それを助けるはたらきがある気体である。
④　水によく溶《と》け，その水溶液はアルカリ性を示す気体である。
⑤　色のついた気体である。

⑵　〔実験２〕の（A）に当てはまる文として正しいものを次の①～⑧の中から１つ選び，番号で答えなさい。

①　アルミニウムのみが引き寄せられた
②　鉄のみが引き寄せられた
③　銅のみが引き寄せられた
④　アルミニウムと鉄が引き寄せられた
⑤　アルミニウムと銅が引き寄せられた
⑥　鉄と銅が引き寄せられた
⑦　どの金属も引き寄せられた
⑧　どの金属も引き寄せられなかった

アルミニウムと鉄を用いて，〔実験３〕を行いました。

〔実験３〕　こさが10％の塩酸200mLに，重さを変えたアルミニウムまたは鉄を加え，発生した気体の体積を調べた。その結果をグラフに示したものが図１と図２である。

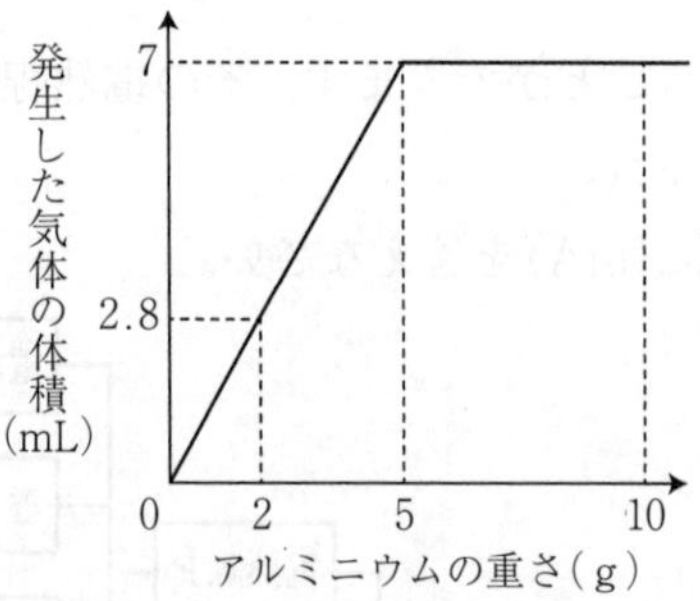

図１

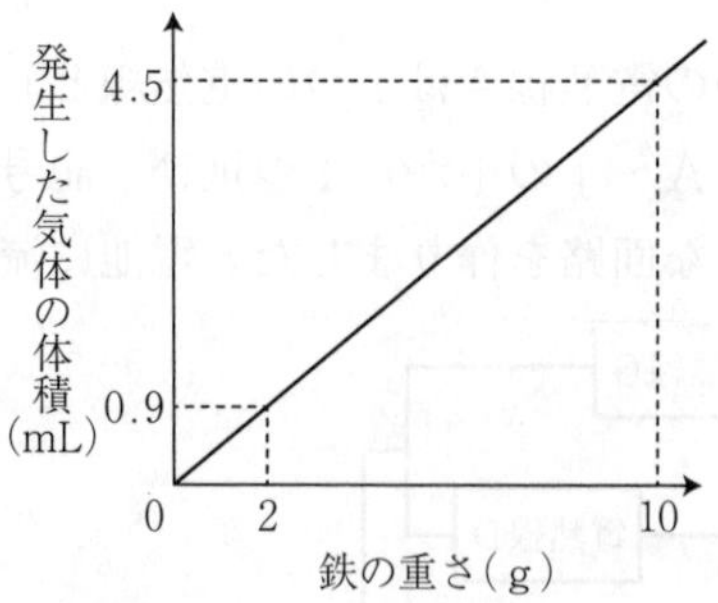

図２

(3) 〔実験３〕の結果からわかることとして，次の文章の(ア)に当てはまる数値を答えなさい。

> 図１に注目すると，10％の塩酸200mL に５ｇのアルミニウムを加えたときに発生する気体の体積は７mL である。また，５ｇよりも多くのアルミニウムを加えた場合も，発生する気体の体積は７mL で変わらない。これは，塩酸に溶けなかったアルミニウムが残っていることを示している。したがって，10ｇのアルミニウムをすべて溶かすためには10％の塩酸が少なくとも(　ア　)mL 必要であることがわかる。

次に，塩酸にアルミニウムと鉄を同時に加えたときに発生する気体の体積を調べました。

〔実験４〕 10％の塩酸600mL に10ｇのアルミニウムと10ｇの鉄を同時に加えたとき，発生した気体の体積の合計は18.5mL となり，加えた金属はすべて溶けていた。

(4) 10％の塩酸600mL にアルミニウムと鉄を合わせて20ｇを同時に加えたところ，発生した気体の体積の合計は16.6mL となり，加えた金属はすべて溶けていました。加えたアルミニウムの重さ(ｇ)を答えなさい。

(5) 10％の塩酸400mL に15ｇのアルミニウムと25ｇの鉄を同時に加えたところ，発生した気体の体積の合計は12.5mL となりました。また，塩酸に溶けずに残ったアルミニウムと鉄の重さの合計は27ｇでした。残ったアルミニウムの重さ(ｇ)を答えなさい。

5 長野県の中央に位置する八《やつ》ヶ《が》岳《たけ》のふもとの高原にある川上村《かわかみむら》は，日本一のレタス産地として知られています。夏にこの村を訪れると，村のあちこちにある広大な畑では，高く盛られた土(畝《うね》)に保護用の光が通りにくい白いビニールシートが張られ，その畝で育つ若いレタス(写真Ａ)や，すきまが見られないほど大きく成長したレタス(写真Ｂ)など，畑ごとに異なるようすが見られます。

写真Ａ

写真Ｂ

レタスの育ち方を，種まきを０日として示すと，図１のようになります。まず，畑とは別の場所にある室内で種まきし発芽させた苗を葉が数枚出るまで育て(育苗《いくびょう》)，その苗を畑の畝に植えます(定植《ていしょく》)。苗が葉の枚数を増やしながら成長すると，新しくできる葉が外に広がらずに内側に巻いたままになります。このような葉(球葉《きゅうよう》という)が大きくなり内側にさらに球葉を増やして丸いかたまりの状態(結球《けっきゅう》という)で大きく成長し収穫《かく》されたものが，私たちが食材として利用するレタス(レタスの結球)です。結球の外側の葉は外葉といいます。

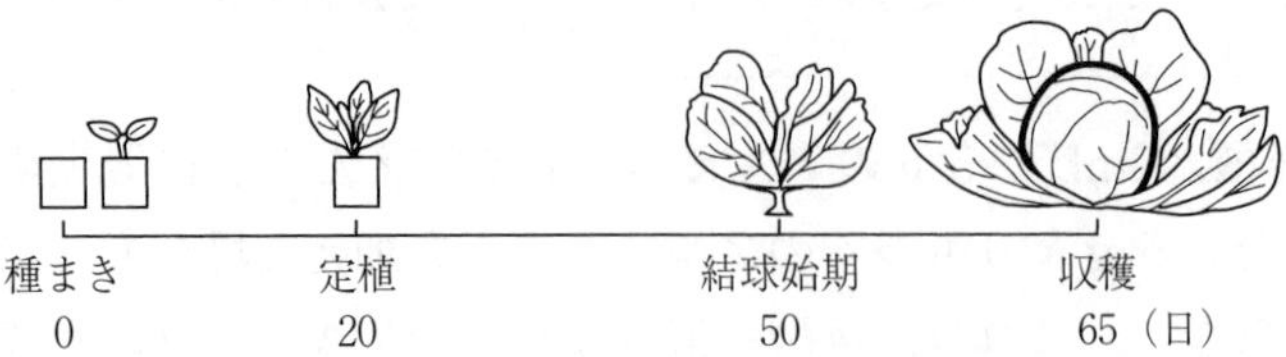

図１

次の各問いに答えなさい。

(1)　夏の川上村で，写真Ａに見られる畝に張られた白いビニールシートの目的としてふさわしくないものを次の①～⑤の中から１つ選び，番号で答えなさい。

①　土の温度を高温にする。

②　苗のまわりに雑草が生えないようにする。

③　雨で肥料が流れ出ることをふせぐ。

④　風で土がとばされることをふせぐ。

⑤　土が乾《かわ》くことをふせぐ。

(2)　図１より，畑の畝に苗を植えてからレタスの結球を収穫するまでの日数として最もふさわしいものを次の①～⑥の中から１つ選び，番号で答えなさい。

①　15日　　②　20日　　③　30日　　④　45日　　⑤　50日　　⑥　65日

図１に示されたレタスの育ち方で，それぞれの時期のレタスのからだ全体(根を除く)の重さをグラフにすると図２のようになります。なお，結球ができ始めてからは，外葉すべての重さをグラフの○で示しています。

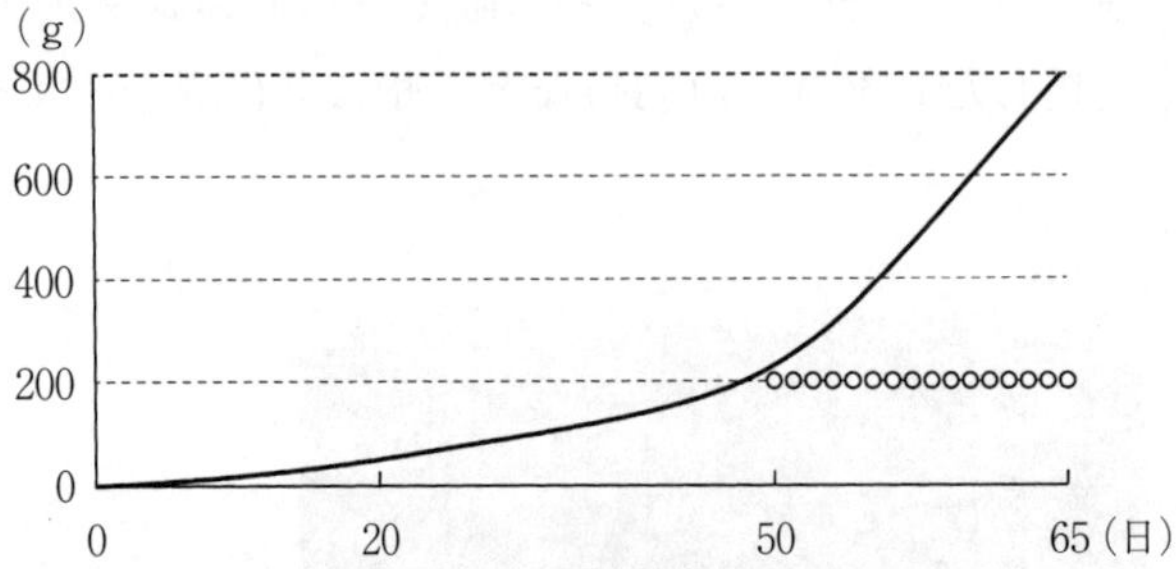

図２

(3)　図２より，収穫されるレタスのおおよその重さ(ｇ)として最もふさわしいものを次の①～④の中から１つ選び，番号で答えなさい。

①　200ｇ　　②　400ｇ　　③　600ｇ　　④　800ｇ

(4)　ここまでの内容から，結球ができ始めてからのレタス(根を除く)についてふさわしくないものを次の①～⑤の中から１つ選び，番号で答えなさい。

①　葉の成長は，おもに球葉だけでおこる。

②　外葉の枚数が増えることはない。

③　結球の外側に新しい葉がつくられる。

④　結球の葉の大きさは，外側よりも内側の方が小さい。

⑤　レタス全体の重さの増加分は，結球の成長分の重さとほぼ等しい。

レタスが一年を通して生鮮食品《せいせんしょくひん》として入手できるのは，季節ごとに異なる地域で育てられたものが出荷後すぐに店頭に並べられているからです。

東京では，レタスはおもに３つの地域(茨城《いばらき》・長野《ながの》・香川《かがわ》)から出荷されています。このうち夏の暑い時期にレタスを育てることが可能なのは川上村のような高地に限られます。

表１は，夏(６～９月)に東京にレタスを出荷している川上村の近くの野辺山《のべやま》という地域の月ごとの平均気温です。

表１

月	平均気温(℃)
１月	−2.0
２月	−1.9
３月	1.9
４月	3.8
５月	12.0
６月	16.4
７月	18.1
８月	21.0
９月	16.6
10月	8.5
11月	4.9
12月	−1.6

(5) 表１の地域で，「６月15日から９月30日」までレタスの収穫が可能とした場合，表１を参考にして，レタスの生育に適する月の平均気温と，１つの畑で一年間にレタスを収穫できる回数について，最もふさわしいものを次の①～⑥の中から１つ選び，番号で答えなさい。ただし，定植や収穫は畑全体に一度に行うものとします。また，レタスの生育に気温が影響《えいきょう》を与えるのはレタスの結球が成長する間のみとし，収穫から次の定植までの準備に必要な日数は考えないものとします。

① レタスの生育に適する月の平均気温は10℃から20℃で，１つの畑で最大で２回の収穫が行われる。

② レタスの生育に適する月の平均気温は10℃から20℃で，１つの畑で最大で３回の収穫が行われる。

③ レタスの生育に適する月の平均気温は10℃から20℃で，１つの畑で最大で４回の収穫が行われる。

④ レタスの生育に適する月の平均気温は15℃から25℃で，１つの畑で最大で２回の収穫が行われる。

⑤ レタスの生育に適する月の平均気温は15℃から25℃で，１つの畑で最大で３回の収穫が行われる。

⑥ レタスの生育に適する月の平均気温は15℃から25℃で，１つの畑で最大で４回の収穫が行われる。

問三　次の熟語の中で、成り立ちが違《ちが》うものを次の中から一つ選び、記号で答えなさい。

ア　登頂　イ　閉館　ウ　在宅　エ　城内

問四　次の①②の――線部は慣用表現になっています。□に入る適当な漢字１字をそれぞれ答えなさい。

①　ライバルの□をあかしてやろうと、猛《もう》練習した。

②　猫《ねこ》の□ほどのせまい庭を掃除《そうじ》する。

問五　次の文の〔　〕に当てはまる四字熟語を後の中から一つ選び、記号で答えなさい。

彼のホームランはまさに〔　　〕の逆転打となった。

ア　起死回生　イ　一刻千金

ウ　起承転結　エ　一進一退

問六　次のア～エのうち、敬語の使い方に**誤りがあるもの**を一つ選び、記号で答えなさい。

ア　お客様のご注文は、田中がうけたまわりました。

イ　さきほど先生がくださった、お菓子《かし》をいただく。

ウ　この品物は、お客様がご自身でお持ちしますか。

エ　それではここで、記念写真をお撮《と》りいたします。

わあい。
やあい。
ときならぬ沖《おき》あいからのさけびに、岬の村の人たちは、どぎもをぬかれたのである。しかってはみても、けっきょくは大わらいになって、大石先生の人気はあがった。

（壺井　栄『二十四の瞳』による）

※注　波止…防波堤《ぼうはてい》
もどらんかな…もどるよね
はな…岬などのとがった先の部分
ほたって…そうはいっても
いのうか…帰ろうか

問一　[X] に入る言葉として最も適当なものを次の中から選び、記号で答えなさい。

ア　ひやひや　　イ　ばたばた
ウ　うきうき　　エ　はらはら

問二　――線①とありますが、それはなぜですか。最も適当なものを次の中から選び、記号で答えなさい。

ア　だまってここまで来てしまい親に叱《しか》られるから。
イ　いよいよ大石先生に会えるので緊張《きんちょう》しているから。
ウ　見知らぬ遠い土地まで来たので疲《つか》れてしまったから。
エ　見ず知らずの村の人たちに失礼があってはいけないから。

問三　――線②とありますが、それはなぜですか。解答らんに合うように35字以上45字以内で答えなさい。

問四　[Y] に入る言葉として最も適当なものを次の中から選び、記号で答えなさい。

ア　見栄《みえ》をはった　　イ　弱音をはいた
ウ　お茶をにごした　　エ　口火を切った

問五　――線③とありますが、ここではどのようなことを言いあらわしていますか。解答らんに合うように5字以上10字以内で答えなさい。

問六　次にあげるのは、本文を読んで生徒たちが述べた感想です。本文の読み取りとして**適当ではないもの**を次の中から一つ選び、記号で答えなさい。

ア　親はさぞ心配だったろうに、大石先生はきっとそれがわからなかったんだね。
イ　心配したけれど、バスに乗っている先生と出会うことができてよかったね。
ウ　けがをしているのに、子どもたちを笑顔《えがお》にさせる大石先生はすごいね。
エ　大変な思いをしたけれど、終わりよければすべてよしということだね。

三

次の問いに答えなさい。〈問題は**問一**から**問六**まであります。〉

問一　次の①～⑥について――線部のカタカナを漢字に直しなさい。

①　地球オンダン化対策を話し合う。
②　目立つカンバンをかかげた店。
③　生まれ育ったキョウドの歴史を学ぶ。
④　テンボウ台から海をながめる。
⑤　この道路は市街地をジュウダンしている。
⑥　以前の担当者は別のブショに移りました。

問二　「提灯《ちょうちん》に釣《つ》り鐘《がね》」と同じような意味のことわざを次の中から一つ選び、記号で答えなさい。

ア　鬼《おに》に金棒　　イ　団栗《どんぐり》の背比べ
ウ　糠《ぬか》に釘《くぎ》　　エ　月とすっぽん

からかすくいの手がのべられるだろうが、それにも気がつかなかった。

　初秋の空は晴れわたって、午後の日ざしはこのおさない一団を、白くかわいた道のまん中に、異様さを見せてうしろからてらしていた。家へかえりたいきもちはしぜんにあらわれて、しらずしらずあるいてきた道の方をむいて立っていたのである。その前方から、警笛《けいてき》とともに、銀色の乗り合いバスが走ってきた。しゅんかん、十二人は一つのきもちにむすばれ、せまい道ばたの草むらの中に一列によけて、バスをむかえた。コトエさえもうないてはいず、一心にバスを見まもっていた。

　もうもうと、けむりのように白い砂ぼこりをたてて、バスは目のまえを通りすぎようとした。と、そのまどから、思いがけぬ顔が見え、

「あら、あら！」

といったと思うと、バスは走りぬけた。大石先生なのだ。

　わあっ。

　思わず道へとびだすと、歓声《かんせい》をあげながらバスのあとをおって走った。あたらしい力がどこからわいたのか、みんなの足は早かった。

「せんせえ。」

「おなごせんせえ。」

　とちゅうでバスがとまり、おなご先生をおろすとまた走っていった。松葉《まつば》づえによりかかって、みんなをまっていた先生は、そばまでくるのをまたずに、大きな声でいった。

「どうしたの、いったい。」

　走りよってその手にすがりつきもならず、なつかしさと、一種のおそろしさに、そばまでいけずに立ちどまったものもあった。

「先生の、顔見にきたん。遠かったあ。」

　仁太が［　Y　］ので、それでみんなも口々にいいだした。

「みんなでやくそくして、だまってきたん、なあ。」

「一本松が、なかなかこんので、コトやんがなきだしたところじゃった。」

「せんせ、一本松どこ？　まだまだ？」

「足、まだいたいん？」

　わらっている先生のほおを、なみだがとめどなくながれていた。なんのことはない、一本松の先生の家も、すぐそこだとわかると、また歓声があがった。

「※ほたって、一本松、なかなかじゃったもんなあ。」

「もう※いのうかと思たぐらい遠かったな。」

　松葉づえをとりまいてあるきながら先生の家へいくと、先生のおかあさんもすっかりおどろいて、きゅうにてんてこまいになった。かまどの下をたきつけるやら、なんども外に走りだすやら。そうして一時間ほども先生の家にいただろうか。そのあいだにきつねうどんをごちそうになり、おかわりまでするものもいた。先生はよろこんで、記念の写真をとろうといい、近所の写真屋さんをたのんで、一本松まで出かけた。

「もっと、みんなの顔見ていたいけど、もうすぐ日がくれるからね。うちの人、しんぱいしてるわよ。」

　かえりたがらぬ子どもらをなだめて、やっと船にのせたのは四時をすぎていた。みじかい秋の日はかたむいて、岬の村は、なにごともなかったかのように、夕ぐれの色の中につつまれようとしていた。

「さよならあ。」

「さよならあ。」

　松葉づえで浜《はま》に立って見おくっている先生に、船の上からはたえまなく声がかかった。

　三人のおとなたちが町から村をさがしまわっているとき、十二人の子どもは、③思いがけぬ道を通って村へもどった。

「飯たべたら、そうっとぬけだしてこうや。」

小ツルが、のりかかった船だとでもいうように、みんなをけしかけた。

「そうじゃ、みんなうちの人にゆうたら、いかしてくれんかもしれん。だまっていこうや。」

竹一が知恵《ちえ》をめぐらしてそう決断した。こうなるともう、だれひとり反対するものはなく、秘密で出かけることがかえってみんなを X させた。

「そうっとぬけだしてな、※波止《はと》の上ぐらいからいっしょになろう。」

正がそういうと、総帥格《そうすいかく》のマスノはいっそうこまかく頭をつかい、

「波止の上は、よろず屋のばあやんに見つかるとうるさいから、やぶのとこぐらいにしようや。」

「それがえい。みんな、畑の道通ってぬけていこう。」

めいめい、きゅうにいそがしくなった。

「ほんまに、走っていって、走って※もどらんかな。」

念をおしたのはコトエである。みんなが走ってかえっていくあとから、コトエはかんがえかんがえあるいた。どうかんがえても、だまってぬけだす工夫《くふう》はないように思えた。じぶんだけはやめようか。しかしそれはできない。そんなことをしたら、あしたからだれもあそんでくれないかもしれぬと思った。のけものになるのはいやだ。だまってぬけだせたとしても、あとでおばんやおかあさんにしかられるのもいやだ。

（中略）

岬の道を出て、いよいよ本村にはいるころから、①みんなはしぜんと小声にしゃべっていた。一本松の村までにはいくつかの町や村の、たくさんの部落があった。大小のその村々をすぎてはむかえ、すぎてはまたむかえ、あきるほどそれをくりかえしても、一本松はなかなかこなかった。岬の村から見れば、あんなに近かった一本松、目のまえに見えていた一本松、それがいまはすがたさえも見せない。八キロ、おとなのいう二里《り》の遠さを足のうらから感じだして、だんだんだまりこんでいった。いきあう人の顔も、見おぼえがなかった。まるで遠い国へきたような心細さが、みんなのむねの中にだんだん、重石《おもし》のようにしずんでいく。

もうひとつ、※はなをまわれば一本松は目のまえにながめられることを、だれも知らないのだ。きいてもらちのあかぬ仁太にきくことも、もうあきらめてしまって、ただまえへまえへと一足でもすすむよりほかなかった。

竹一とミサ子はまっさきにぞうりをきらし、きれぬかた方をミサ子にやって、竹一ははだしになっていた。吉次も正もあやしかった。だれも一銭ももっていないのだ。ぞうりは買えるわけがない。はだしでかえらねばならないだろうことは、あるいてきた道の遠さとかんがえあわせて、ぞうりのきれかけたもののきもちはよけいみじめだった。

とつぜん、コトエがなきだしてしまった。昼飯ぬきのかの女は、つかれかたもまた早かったろうし、がまんできなくなったのだろう。道ばたにしゃがんで、ええん、ええんと、声を出してないた。すると、ミサ子と富士子がさそわれて、しくしくやりだした。

みんなは立ちどまって、ぽかんとした顔でないている三人を見ていた。じぶんたちもなきたいほどなのだ。げんきづけてやることばなど、出てこなかった。きびすをかえせばよいのだ。もうかえろうや、と、だれかがいえばよいのだ。

しかしだれも、それさえいいだす力がなかった。マスノや小ツルさえ、困惑《こんわく》の色をうかべていた。かの女たちにしても、なきだしたかったのだ。②しかしなけなかった。いっそ、みんなでなきだせば、どこ

（山本和博『大都市はどうやってできるのか』による）

※注　face to face communication…対面コミュニケーション
　ICT…Information and Communication Technology　情報通信技術
　カジュアル…気軽でくだけた

問一　――線①とありますが、ここでの「東京」はどのような事柄《ことがら》の例としてあげられていますか。解答らんに合うように、文中から20字以上25字以内で抜《ぬ》き出し、始めと終わりの3字を記しなさい。

問二　［A］に共通して入る言葉として最も適当なものを次の中から選び、記号で答えなさい。

ア　精神的　イ　歴史的　ウ　物理的　エ　基本的

問三　［X］～［Z］に入る言葉の組み合わせとして最も適当なものを次の中から選び、記号で答えなさい。

ア　X　つまり　Y　すると　Z　しかし
イ　X　しかし　Y　すると　Z　つまり
ウ　X　また　Y　つまり　Z　すると
エ　X　すなわち　Y　つまり　Z　しかし

問四　――線②とありますが、筆者の考える「ICTの発展」が人々にもたらすものとして最も適当なものを次の中から選び、記号で答えなさい。

ア　リモートワークを可能にし、多くの業種で人々が直接会わず、職場でなくても出来る業務が増える。
イ　リモートワークの普及《ふきゅう》で、地方や郊外《こうがい》に移り住む人が増え、都市に移り住む人々が全くいなくなる。
ウ　新たな人間関係が生み出されることによって、直接顔を合わせて会話することを避けるようになる。
エ　授業のオンライン化が進み、教師や学生は学校に行かなくてもよくなるため、学校が必要なくなる。

問五　本文の内容として**ふさわしくないもの**を次の中から一つ選び、記号で答えなさい。

ア　紀元前5世紀のアテネは、多くの学者や芸術家が交流することで、次々と新しいアイデアを生み出していた。
イ　江戸時代の日本は鎖国を行っていたため、他国に頼《たよ》らずに人々が交流しながら科学的知識を学び合っていた。
ウ　知識の共有や創造にとっては、会議だけでなくカジュアルな雑談による情報交換も非常に重要である。
エ　ICTの発展で人々が直接会うことは減っているが、今後SNSで知り合う機会が増えてくるだろう。

問六　筆者のいう「知的な生産活動」とはどのようなことですか。解答らんに合うように35字以上40字以内で答えなさい。

二

次の文章を読んで、後の問いに答えなさい。〈問題は**問一**から**問六**まであります。〉

《本文までのあらすじ》

ある日担任の大石先生がアキレス腱《けん》を切ってしまい、それ以来長いこと学校をお休みしている。先生の家は岬《みさき》から見える一本松のあるところで片道八キロはある。一度だけ一本松の村に行ったことがあった仁太の「すぐに着いたよ」という発言から、みんなで大石先生の家へお見舞《みま》いに行く話がもちあがる。赤んぼうの世話をしなければならないコトエは気乗りしなかったが、みんな親に言ったら反対されるに決まっているから、だまっていってみようという話になる。なお、本文中に現れる仁太、コトエ、小ツル、竹一、マスノ、富士子、ミサ子、吉《きち》次、正はすべて大石先生のクラスの生徒である。

者2人はそれを使い、生産的な同僚《どうりょう》がいるときの影響を検討しました。[Y]、同じシフトで能力の高いレジ係が働いていると、平均的なレジ係の生産も大幅《おおはば》に高まることが分かったのです。そして、その平均的なレジ係は、シフトにいるのが平均以下のレジ係だと成績がかなり落ちるのです。

このように、顔を合わせて情報のやり取りをすることの重要性を示した証拠《しょうこ》は数多くあります。古代ギリシャの時代から現在に至るまで、都市では人々が偶然出会い、顔を合わせて暗黙知を含めた知識やアイデアを交換することで、新たなアイデアが生まれてきました。そして、多くの研究結果が示唆《しさ》するように、新たな知識が創造されるためには[A]に近くに住み、直接顔を合わせることが重要です。

ICTでは暗黙知のやり取りは難しいですし、仕事の合間の時間に雑談をするのにも適していません。知的な生産活動のためにはICTだけではなく、顔を合わせて知識やアイデアを交換することが必要なのです。

（中略）

②ICTの発展が人々の移住を促《うなが》すという考え方は、これまで職場や教室や都市が担《にな》ってきた人々を一つの場所に集め、情報を交換させるという機能をICTの発展が代替《だいたい》すると考えているのです。筆者の職場で起こっているような会議の減少、講義のオンライン化、レポートの電子媒体《ばいたい》による共有化は、ICTの発展が職場や教室の機能を代替していることの顕著《けんちょ》な例です。多くの業務において人々が直接会うことの必要性は確実に減少しています。

このようにICTの発展は多くの業務で人々が直接会う必要を減らしています。一方でICTの発展は、新たな繋《つな》がりを人々にもたらすことを忘れてはいけません。たとえば、SNSで情報を発信し合うことにより、人々が新たに知り合う機会が増えるでしょう。また、オンラインの講演会に参加することで、遠い場所で行われている人の講演を聞くことが可能になります。マッチングアプリを使うと、新たな結《けっ》婚《こん》の機会まで生まれるのです。

筆者のような研究者は、他人の研究報告を聞くことが重要な情報収集の機会なのですが、コロナ禍《か》の今、オンラインで行われる研究会が盛《さか》んになっています。オンラインの研究会はこれまで報告を聞き得なかったアメリカ、シンガポール、中国など海外の研究者の報告を聞くことを可能にしました。すると、知り合うことが難しかった海外の研究者と、新たな研究上の繋がりが生まれてきます。実際、こういった研究会をきっかけに、新たな共同研究が生み出されている例も見聞きします。

このような共同研究は、打ち合わせもオンラインで行われることが少なくありません。[Z]、研究者同士が直接顔を合わせず、全ての研究をオンラインで行うことは少ないでしょう。筆者の共同研究はオンラインでの打ち合わせによって進められ、オンラインでデータや情報が共有されることが多いのですが、同時に打ち合わせが研究室で顔を突《つ》き合《あ》わせて行われることも多いのです。研究者たちは、研究のいずれかの段階で直接顔を合わせて情報の受け渡しを行うのです。つまり、ICTの発展は新たな繋がりを人々にもたらし、結果的に人々が直接顔を合わせる機会を増やす機能もあるのです。

他の多くの業種でも、オンラインで生まれた人々の繋がりが新たな仕事に結びついている場面は多いのではないでしょうか。そうであるのならば、ICTの発展は、これまで出会うことのなかった新たな人々の結びつきを作り出し、人々が直接顔を合わせる機会を増やしている可能性もあるのです。

の存在を学んだ華岡青洲《はなおかせいしゅう》により、世界で初めての全身麻酔《ますい》による手術が行われました。

長崎で医学を学んだ緒方洪庵《おがたこうあん》は大坂に「適塾《てきじゅく》」を開き、そこから福沢諭吉《ふくざわゆきち》のような教育者、大村益次郎《おおむらますじろう》のような軍事技術家、佐野常民《さのつねたみ》のような政治家、高峰譲吉《たかみねじょうきち》のような科学者、実業家が輩出されています。日本では、多くの人材がオランダを通して長崎に伝達された科学知識を学んでいました。明治維新以降、西洋の最新の知識、技術を吸収する際、それまでに身に着けていた科学的知識が基礎を作ってくれていたのです。

人と人が直接出会い、交流することがとりわけ重要なのは、新しいアイデアや技術を生み出すイノベーションのような知的な生産活動です。①日本の人口の28%が集まる東京では、日本で登録される61%の特許が集中しているのです。中島賢太郎「都市の高密は知的生産活動の源泉である」では、彼《かれ》ら自身の研究が紹介《しょうかい》されています。

　我々の研究グループは、共同研究を行う発明者間の距離《きょり》を長期間にわたって計測した。その結果、共同研究を行う発明者間の距離は、発明者が都市に集中して立地していることを考慮《こうりょ》してもさらに近いということがわかった。［　X　］発明者は地理的に集中しているが、共同研究相手の選択《せんたく》の際には、さらに近い相手を選択する傾向《けいこう》にあるのである。さらに、１９８５年から２００５年にかけて、この期間の※ＩＣＴの発展にもかかわらず、共同研究関係の地理的な近さはほとんど変化していなかった。近い距離での対面コミュニケーションは今も昔も重要なのである。

中島は、共同研究が［　A　］な距離が近い者同士で行われる傾向があること、さらにその距離がＩＣＴの発達に影響されていないことを示しました。これは、共同研究に必要な知識やアイデアのやり取りが、直接顔を合わせて行われていることを意味しているのです。

イノベーションのような知的な生産活動には、言語化された情報だけではなく、「暗黙知《あんもくち》」と呼ばれる情報のやり取りも重要です。暗黙知とは、表情や仕草、雰囲気《ふんいき》や言葉の調子など、同じ場所を共有していなければやり取りすることが難しい情報のことです。経営学者の遠山亮子によると、イノベーションのベースになる知識の創造のためには、暗黙知とともに、「雑談」や「ノイズ」、「偶然《ぐうぜん》の出会い」も必要になります。

　コミュニケーションは会議のような、その目的がはっきりした場においてのみ起こるわけではない。知識の共有や創造にとっては、廊《ろう》下《か》や食堂、オフィスの片隅《かたすみ》での※カジュアルな「雑談」も非常に重要である。たとえばあるコールセンターでは、休憩《きゅうけい》時間のスケジュールを見直してチーム全員が同じ時間帯に休憩を取ることで、同じチームのメンバーが休憩時間に雑談を行えるようにした。その結果、1コール当たりの平均処理時間が、成績の悪いチームでは20%以上、コールセンター全体では8%短縮したという。

「雑談」も暗黙知と同じように、同じ場を共有しなければ生まれませんが、雑談を通して暗黙知を含《ふく》んださまざまな知識やアイデアが人と人の間を移動しているのです。

グレイザーの著書では、スーパーマーケットのレジ打ちの例が挙げられています。スーパーマーケットのレジ係のスピードや能力には大きな違《ちが》いがあります。ある大手チェーン店では、能力水準の異なるレジ係が、ほとんどランダムにシフトを割《わ》り振《ふ》られているので、経済学

2023年度 国学院大学久我山中学校

【国　語】〈第一回試験〉（五〇分）〈満点：一〇〇点〉

〔注意〕　1　設問の関係で、原文とは異なるところがあります。
　　　　2　句読点（、や。）その他の記号（「や〃など）は1字分として数えます。

一　次の文章を読んで、後の問いに答えなさい。〈問題は**問一**から**問六**まであります。〉

　大都市の重要な機能の一つは人々が直接出会う機会を数多く設け、知識やアイデアの受《う》け渡《わた》しを容易にすることです（※"face to face communication"）。都市が知識やアイデアの受け渡しの場として機能してきたことには多くの例があります。ここでは、エドワード・グレイザーの『都市は人類最高の発明である』に挙げられた二つの例を見てみましょう。

　一つ目の例は、紀元前5世紀頃《ごろ》に全盛期《ぜんせいき》を迎《むか》えた古代ギリシャの都市、アテネです。紀元前5世紀のアテネはワイン、オリーブオイル、パピルスの交易で栄えていました。紀元前5世紀の前半には小アジアではペルシャ戦争が起こっており、戦災を避《さ》けるために多くの知識人がアテネに集まって来ました。ペリクレスはアテネの民主制を完成させましたし、ソクラテスは独自の問答法で多くの友人や弟子《でし》たちに大きな影響《えいきょう》を与《あた》えました。プラトンやアリストテレスなど、ギリシャ哲学《てつがく》の巨人《きょじん》たちは軒並《のきな》みソクラテスの大きな影響を受けています。この時期のアテネではギリシャ哲学だけではなく、悲劇や喜劇、歴史書も誕生しました。アイスキュロス、ソフォクレス、エウリピデスは三大悲劇詩人として知られていますし、アリストファネスは喜劇詩人として有名でした。ヘロドトスは、『歴史』をまとめ上げ、歴史の父と呼ばれました。また、アテネはユークリッド、テアイテトス等、多くの数学者を輩出《はいしゅつ》しました。

　このように、地中海世界の至るところから多くの学者や芸術家がやってきて、アテネという1か所に集まり、それぞれが持つ知識やアイデアを他の多くの人々と交換《こうかん》し、共有していました。学者や芸術家の交流は、次々と新しいアイデアを生み出していきました。知識やアイデアは、人々の交流の中で人から人へと移動し、その中で新しいアイデアが誕生するのです。アテネで生まれた多くの知識やアイデアは、長い間ヨーロッパでは大きな影響力を持っていました。ユークリッド幾何学《きかがく》は19世紀に至るまで唯一《ゆいいつ》の幾何学でしたし、現代でも幾何学の基礎《きそ》として学ばれています。

　二つ目の例は、江戸《えど》時代の長崎《ながさき》です。江戸時代に日本は鎖国《さこく》を行っており、世界の技術の進歩からは隔絶《かくぜつ》されていました。それにもかかわらず、日本が明治維新《いしん》以降に急速な発展を遂《と》げることが可能になった要因の一つは、当時の西洋で使われていた科学的知識を吸収するための基礎的《きそてき》な考え方を知っていたからです。

　１５９０年にポルトガルのイエズス会伝道師たちは、長崎に東アジアで初めての金属印刷出版所を設置しました。その後、江戸幕府はカトリックとポルトガルに対する警戒心《けいかいしん》を高め、イエズス会は日本から追い出され、代わってオランダの東インド会社が長崎の出島で交易をすることを認められました。長崎には、西洋医学の知識がもたらされ、１７７４年には西洋医学を日本語に翻訳《ほんやく》した『解体新書』が出版されました。ドイツ人の医師、シーボルトはオランダ軍の軍医として来日し、「鳴滝塾《なるたきじゅく》」を開き、日本各地から集まってきた医者たちに医学を教えました。１８０４年には、ヨーロッパの乳がんに対する外科《げか》手術

2023年度

国学院大学久我山中学校 ▶解説と解答

算　数 ＜第１回試験＞（50分）＜満点：100点＞

解　答

[1] (1) 14　(2) 18.5　(3) $1\frac{3}{5}$　(4) $\frac{4}{7}$　[2] (1) 288m　(2) $\frac{15}{16}$倍　(3) 5.6％　(4) 900円　(5) 75cm^2　(6) 9：4　(7) 24本　[3] (1) $\frac{1}{420}$　(2) Bのらんの30番目の式　(3) **ア**…1，**イ**…1，**ウ**…$\frac{11}{24}$　(4) $\frac{25}{42}$　[4] (1) 60m　(2) 毎分18m　(3) $1\frac{9}{16}$分後　(4) $3\frac{9}{22}$分後

解　説

[1] 四則計算，計算のくふう

(1) $A\times B+A\times C=A\times(B+C)$となることを利用すると，$(4+3)\times13-(5+2)\times11=7\times13-7\times11=7\times(13-11)=7\times2=14$

(2) $(1.38+0.84)\div0.6\times5=2.22\div0.6\times5=3.7\times5=18.5$

(3) $1\frac{2}{3}\times2\frac{4}{5}\times\frac{3}{7}-1\frac{11}{25}\div3\frac{3}{5}=\frac{5}{3}\times\frac{14}{5}\times\frac{3}{7}-\frac{36}{25}\div\frac{18}{5}=2-\frac{36}{25}\times\frac{5}{18}=2-\frac{2}{5}=1\frac{5}{5}-\frac{2}{5}=1\frac{3}{5}$

(4) $0.4\div\left\{\left(\frac{5}{6}+\frac{3}{8}-\frac{11}{12}\right)\times2.4\right\}=\frac{2}{5}\div\left\{\left(\frac{20}{24}+\frac{9}{24}-\frac{22}{24}\right)\times\frac{12}{5}\right\}=\frac{2}{5}\div\left(\frac{7}{24}\times\frac{12}{5}\right)=\frac{2}{5}\div\frac{7}{10}=\frac{2}{5}\times\frac{10}{7}=\frac{4}{7}$

[2] 植木算，面積，割合と比，濃度《のうど》，倍数算，和差算，相似，構成

(1) 木と木の間隔《かんかく》は，25－1＝24(か所)だから，1本目の木から25本目の木までの長さは，12×24＝288(m)である。

(2) もとの長方形のたてと横の長さをそれぞれ1とすると，もとの長方形(正方形と考えてもよい)の面積は，1×1＝1となる。また，変形した長方形は，たての長さが，1×(1＋0.25)＝1.25，横の長さが，1×(1－0.25)＝0.75なので，面積は，$1.25\times0.75=\frac{5}{4}\times\frac{3}{4}=\frac{15}{16}$とわかる。よって，この長方形の面積はもとの長方形の面積の，$\frac{15}{16}\div1=\frac{15}{16}$(倍)である。

(3) (食塩の重さ)＝(食塩水の重さ)×(濃度)より，4％の食塩水350gにふくまれている食塩の重さは，350×0.04＝14(g)，7％の食塩水400gにふくまれている食塩の重さは，400×0.07＝28(g)とわかる。したがって，これらの食塩水を混ぜると，食塩の重さの合計は，14＋28＝42(g)，食塩水の重さの合計は，350＋400＝750(g)になる。よって，(濃度)＝(食塩の重さ)÷(食塩水の重さ)より，できる食塩水の濃度は，42÷750＝0.056，0.056×100＝5.6(％)と求められる。

(4) 兄から弟にお金を渡《わた》したから，お金を渡す前と渡した後で，2人の所持金の和は変わらない。そこで，2人の所持金の比の和をそろえると，右の図1のようになる。すると，そろえた比の，9－4＝8－3＝5にあたる金額が500円になるから，そろえた比の1にあたる金額は，500÷5＝100(円)

図1

	兄		弟		兄		弟
前	3	：	1	＝	9	：	3
	和4			×3	和12		
後	1	：	2	＝	4	：	8
	和3			×4	和12		

と求められる。よって，はじめの兄の所持金は，100×９＝900(円)である。

(5)　３つの正方形の１辺の長さを大，中，小とすると，大と小の差は６cm，大と中の差は２cmになる。また，大と中と小の和は13cmなので，右の図２のように表すことができる。したがって，大の３倍が，13＋２＋６＝21(cm)だから，大は，21÷３＝７(cm)，中は，７－２＝５(cm)，小は，７－６＝１(cm)とわかる。よって，３つの正方形の面積の和は，７×７＋５×５＋１×１＝75(cm^2)と求められる。

図２

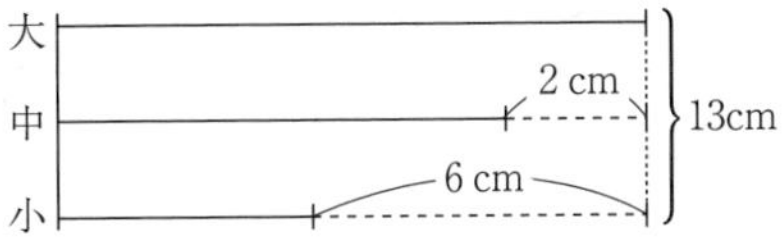

(6)　右の図３のように，AFとBCを延長して交わる点をHとする。はじめに，三角形AFDと三角形HFCは相似であり，相似比は，DF：CF＝２：１なので，DA：CHも２：１になる。したがって，DEの長さを１とすると，CHの長さは，（１×３）×$\frac{1}{2}$＝1.5になる。次に，三角形AGEと三角形HGBも相似であり，相似比は，AE：HB＝（１×２）：（１×３＋1.5）＝４：９だから，BG：GE＝９：４とわかる。

図３

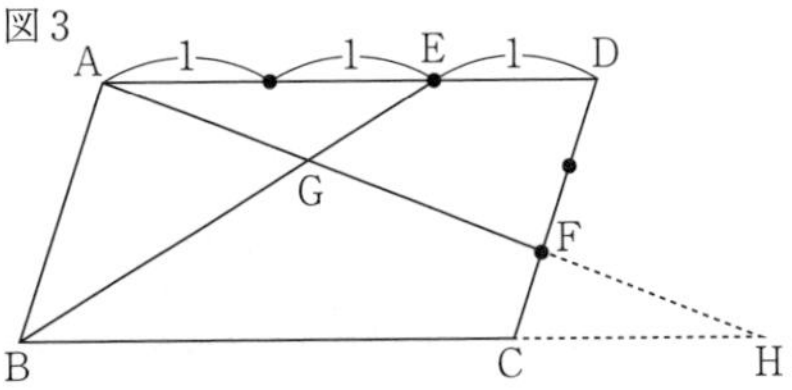

(7)　右の図４で，かげをつけた正方形の数は，もとの立方体の面の数と等しく６個である。また，１個の正方形には４本の辺があるので，この立体の辺の数は，４×６＝24(本)と求められる。なお，正三角形に注目すると，正三角形の数は，もとの立方体の頂点の数と等しく８個であり，１個の正三角形には３本の辺があるから，３×８＝24(本)と求めることもできる。

図４

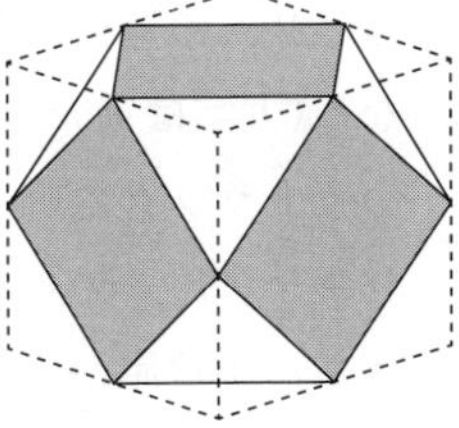

3　数列，計算のくふう

(1)　Aのらんの分子はすべて１である。また，Aのらんの□番目の分母は，P×(P＋１)と表すことができ，P＝□×２という関係がある。よって，10番目の場合，P＝10×２＝20となるから，(A，10)を計算すると，$\frac{1}{20\times21}=\frac{1}{420}$となる。

(2)　分子が３なので，Bのらんの数である。また，Bのらんの□番目の分母は，Q×(Q＋３)と表すことができ，Q＝□×２＋１という関係がある。よって，□×２＋１＝61より，□＝(61－１)÷２＝30と求められるから，Bのらんの30番目の式とわかる。

(3)　$\frac{1}{2}-\frac{1}{3}=\frac{3}{2\times3}-\frac{2}{2\times3}=\frac{3-2}{2\times3}=\frac{1}{2\times3}$となる。すると，$\frac{1}{2\times3}=\frac{1}{2}-\frac{1}{3}$となるので，ア＝１とわかる。また，$\frac{1}{3}-\frac{1}{6}=\frac{6}{3\times6}-\frac{3}{3\times6}=\frac{6-3}{3\times6}=\frac{3}{3\times6}$となる。すると，$\frac{3}{3\times6}=\frac{1}{3}-\frac{1}{6}$となるから，イ＝１である。これらと同様に考えると，Aのらんの数は，$\frac{1}{2\times3}=\frac{1}{2}-\frac{1}{3}$，$\frac{1}{4\times5}=\frac{1}{4}-\frac{1}{5}$，…のように表すことができ，Bのらんの数は，$\frac{3}{3\times6}=\frac{1}{3}-\frac{1}{6}$，$\frac{3}{5\times8}=\frac{1}{5}-\frac{1}{8}$，…のように表すことができる。よって，(A，１)＋(A，２)＋(B，１)＋(B，２)＝$\frac{1}{2}-\frac{1}{3}+\frac{1}{4}-\frac{1}{5}+\frac{1}{3}-\frac{1}{6}+\frac{1}{5}-\frac{1}{8}=\frac{1}{2}+\frac{1}{4}-\frac{1}{6}-\frac{1}{8}=\frac{11}{24}$(…ウ)と求められる。

(4)　(A，１)～(A，５)，(B，１)～(B，５)はそれぞれ右のようになる。これらを計算すると／の部分が打ち消し合うので，残りの部分だけを計算すると，$\frac{1}{2}+\frac{1}{4}-$

A	$\frac{1}{2}-\cancel{\frac{1}{3}}$	$\frac{1}{4}-\cancel{\frac{1}{5}}$	$\cancel{\frac{1}{6}}-\cancel{\frac{1}{7}}$	$\cancel{\frac{1}{8}}-\cancel{\frac{1}{9}}$	$\cancel{\frac{1}{10}}-\cancel{\frac{1}{11}}$
B	$\cancel{\frac{1}{3}}-\cancel{\frac{1}{6}}$	$\cancel{\frac{1}{5}}-\cancel{\frac{1}{8}}$	$\cancel{\frac{1}{7}}-\cancel{\frac{1}{10}}$	$\cancel{\frac{1}{9}}-\frac{1}{12}$	$\cancel{\frac{1}{11}}-\frac{1}{14}$

$\frac{1}{12}-\frac{1}{14}=\frac{25}{42}$となることがわかる。

4 速さと比，旅人算

⑴　ＡさんがＢさんとはじめて出会ってから倉庫に着くまでの時間は，50－30＝20(秒)だから，２人がはじめて出会った地点をＰとすると，右の図１のようになる。ＡさんとＢさんがＰ地点と倉庫の間を歩くのにかかった時間の比は，20：30＝２：３なので，このときのＡさんとＢさんの速さの比は，$\frac{1}{2}:\frac{1}{3}=$３：２である。また，このときＡさんは荷物を持っていないから，Ａさんの速さは毎分72mであり，このときのＢさんの速さは毎分，$72\times\frac{2}{3}=48$(m)と求められる。よって，トラックと倉庫の間の道のりは，$(72+48)\times\frac{30}{60}=60$(m)とわかる。

図１

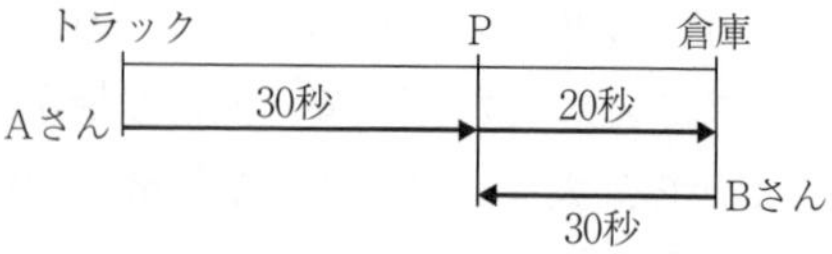

⑵　⑴から，荷物を持っているときのＢさんの速さは毎分48mとわかる。また，荷物を持っていないときのＢさんの速さは毎分66mなので，荷物を持つと毎分，66－48＝18(m)遅《おそ》くなる。

⑶　⑵から，荷物を持っているときのＡさんの速さは毎分，72－18＝54(m)とわかるから，２人の進行のようすは右の図２のようになる(太字は毎分～mを表す)。Ｂさんがはじめてトラックに着くまでの時間(ア)は，$60\div48=\frac{5}{4}$(分)，$60\times\frac{5}{4}=75$(秒)である。また，Ａさんが倉庫から，75－50＝25(秒)で歩く道のりは，$54\times\frac{25}{60}=22.5$(m)なので，Ｂさんがはじめてトラックに着いたときの２人の間の道のり(イ)は，60－22.5＝37.5(m)とわかる。よって，かげの部分の時間は，$37.5\div(54+66)=\frac{5}{16}$(分)と求められるから，２回目に出会ったのは歩き始めてから，$\frac{5}{4}+\frac{5}{16}=\frac{25}{16}=1\frac{9}{16}$(分後)となる。

図２

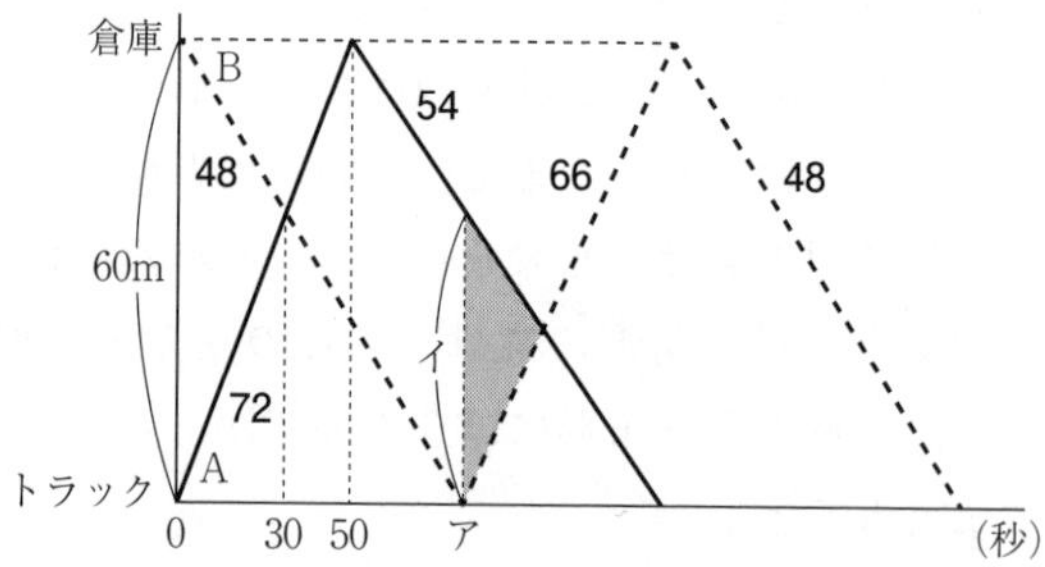

⑷　Ｂさんが２回目にトラックに着いた時間を求める。Ｂさんは，毎分48mの速さで，60×２＝120(m)と，毎分66mの速さで60m歩いたので，Ｂさんが２回目にトラックに着いたのは歩き始めてから，$120\div48+60\div66=\frac{75}{22}=3\frac{9}{22}$(分後)とわかる。

社　会　＜第１回試験＞(40分)＜満点：50点＞

解　答

1　**問１**　⑴　ア／(例)　鹿児島県をはじめ，畜産がさかんな県が多いから。　⑵　ウ　**問２**　(例)　トウモロコシが世界的に不足し，価格が上昇することで，日本の畜産農家の支出が増え，肉類などの価格も上昇すると考えられる。　**問３**　ウ　**問４**　ポップ　**問５**　こんぺいとう　**問６**　エ　**問７**　(例)　燃やしても害が少なく，自然にもどすことができるから，植物由来のプラスチックに変える。　**2**　**問１**　ウ　**問２**　ウ　**問３**　エ　**問４**　イ　**問５**　ウ→イ→エ→ア　**問６**　(例)　北陸地方では雪が多く降るため，農作業ができない冬場の副業とされたから。　**問７**　ア，ウ，キ　**問８**　ウ　**問９**　ア　**問10**　エ　**問11**

（例） 捨てられたペットが野生化するなどして，固有の生物の生態系を乱してしまう。

3 **問１** ウ　**問２** ア　**問３** （例） 中世の荘園のようすを感じとることができる。

問４ （例） それぞれの資料の信ぴょう性が増すから。　**問５** (1) ウ　(2) 行基　**問６** 1989(年)

解　説

1 トウモロコシを題材とした問題

問１ (1) 飼料用トウモロコシは家畜のえさとしてつくられるので，畜産のさかんな県の収穫《しゅうかく》量が多いと推測できる。アとイを比べたとき，豚の飼養頭数が全国第１位の鹿児島県，第２位の宮崎県をはじめ，酪農《らくのう》がさかんな千葉県や栃木県，岩手県などがふくまれているアが，飼料用トウモロコシを示しているとわかる。統計資料は『データでみる県勢』2023年版などによる(以下同じ)。

(2) ア，イ　入荷先の都道府県は，月によって全体に占《し》める割合が変わっており，８月や９月は東京から遠い北海道からの入荷量が多い。また，月平均価格も，月によって200円台から600円台まで幅《はば》がある。　ウ　１kgあたりの平均価格は，最も高い４月が626円，最も安い７月が222円で，３倍近い差がある。取扱《とりあつかい》量は，最も多い７月が4792トン，最も少ない１月が５トンで，1000倍近くの違《ちが》いがある。よって，正しい。　エ　取扱量が最も少ない月は１月だが，月平均価格は４月が最も高い。

問２ 下線部②にあるように，日本は多くのトウモロコシを外国から輸入している。表によると，トウモロコシの輸出量が世界全体で9.5％減少すると予測されており，そのぶん，日本に入ってくるトウモロコシの量も減ると考えられる。一般に，ものの量が少なくなると価格は上昇するので，この予測にもとづくと，世界的にトウモロコシの価格が上昇《じょうしょう》する。Ａさんの言葉にあるように，トウモロコシは飼料用が中心なので，トウモロコシの価格上昇は肉類などの価格上昇にもつながる。

問３ 2023年の300年前は1723年で，日本では江戸時代にあたる。江戸時代には日本人の海外渡航は1635年に禁止され，幕府によって外国との交流が厳しく制限された。日本からブラジルへの移民が始まるのは，明治時代後半にあたる1908年のことである。

問４ トウモロコシの実を熱して爆発させることでできる食べ物は，ポップコーンとよばれる。

問５ confeito《コンフェイト》という語に名前が由来することや，糖液が固まってできる，角状の突起《とっき》を持つ球形のお菓子《かし》であること，赤，黄，緑色といった色のものがあることから，こんぺいとうだとわかる。

問６ Ａ　大西洋は，南北アメリカ大陸とユーラシア大陸・アフリカ大陸の間に広がる海で，北アメリカ大陸のメキシコからヨーロッパへ行く場合，大西洋を横断することになる。　Ｂ　ヨーロッパから日本へ船で行く場合，アフリカ大陸の南を大回りして(現在は地中海からスエズ運河や紅海などを通って)，インド洋に出る。そこからアジア各地を通り，日本に至る。インド洋は，ユーラシア大陸とアフリカ大陸，オーストラリア大陸，南極大陸に囲まれた海である。　Ｃ　太平洋は，南北アメリカ大陸とユーラシア大陸，オーストラリア大陸，南極大陸の間に広がる海である。明治時代ごろには，アメリカ合衆国西岸から太平洋を横断してアジア方面へ来る航路がとられるようになった。

問７ プラスチックのパック容器をさらに改良する場合，より環境《かんきょう》への負荷が小さいバイオマス由来の素材を用いることなどが考えられる。バイオマスとは，生物由来の資源のことで，バイオマスプラスチックはトウモロコシやサトウキビなどの植物を原料としてつくられる。バイオマス素材のものを燃やしたさいに発生する二酸化炭素は，植物が生長する過程で吸収した二酸化炭素と同量とみなされるため，環境に負荷をかけないといわれている。また，微生物のはたらきで最終的に水と二酸化炭素に分解される，生分解性プラスチックを素材とすることもできるだろう。

２ 日本各地にある動物園を題材とした問題

問１　資料Ⅱによると，「ほっきょくぐま館」や「あざらし館」がオープンした2000年代前半に旭《あさひ》山《やま》動物園の入園者数が大きく上昇してこれらの施設の開設が入園者数の増加につながったと考えられる。

問２　秋田市大森山動物園のある秋田県は，北西部の八郎潟干拓地を北緯40度の緯線が通ることで知られる。インド共和国は国土の大部分が九州よりも南に位置しており，首都のデリーは北緯約28度に位置している。

問３　1972年９月に日中共同声明が出されたことで，日本と中国の国交が正常化した。この年の５月には，前年に結ばれた沖縄返還協定が発効したことで，沖縄の日本復帰がはたされた。エは，そのときのことを報じた新聞である。なお，アは1960年に出された国民所得倍増計画，イは1956年に出された日ソ共同宣言などについて報じている。ウは，石油消費規制や物価高などが取り上げられているので，1973年の石油危機(オイルショック)のころのものと推測できる。

問４　あげられた県のなかで原子力発電があるのは，若狭《わかさ》湾沿岸に複数の原子力発電所が立地している福井県だけなので，Ｂに福井県があてはまる。また，温泉が多いことで知られる大分県では地熱発電がさかんなので，Ｄが大分県となる。Ａは富山県で，県東部を流れる黒部川を中心として水力発電所がいくつもあるため，水力発電による電力供給量が多い。残ったＣは奈良県である。

問５　アは1592～93年と1597～98年の２回，イは1575年，ウは1560年，エは1588年のできごとなので，時代の古い順にウ→イ→エ→アとなる。なお，アとエは豊臣秀吉が行ったことで，アのうち，１度目の朝鮮出兵は文禄の役，２度目の朝鮮出兵は慶長の役，エの政策は刀狩《かたながり》とよばれる。イとウは織田信長が行ったことで，イのできごとは長篠《ながしの》の戦いとよばれる。

問６　一般的に，北陸地方とは，新潟県・富山県・石川県・福井県の４県をさす。北陸地方は，北西の季節風の影響《えいきょう》で冬の降水(雪)量が多い日本海側の気候に属しており，豪雪地帯となるところもある。こうした地域のなかには，農作業ができない冬に，農家の副業として工芸品や繊維《せんい》品の生産が始まり，伝統工業や地場産業として現在に受け継《つ》がれているところがある。

問７　地形図上の長さは，(実際の距離)÷(縮尺の分母)で求められる。実際の500ｍは，縮尺２万５千分の１の地形図では，500(ｍ)÷25000＝50000(cm)÷25000＝２cmで表される。Ａ地点から２cmの同心円内には，小・中学校(文)，病院()，発電所・変電所()は見られるが，水準点()，電波塔()，老人ホーム()，図書館()は見られない。

問８　カルスト地形は，石灰岩が雨水や地下水にとかされたことでできる地形で，鍾乳洞《しょうにゅうどう》やドリーネ(すり鉢《ばち》状のくぼ地)など，独特の地形が形成される。秋吉台は，日本最大級のカルスト地形として知られ，秋吉台のある山口県では，石灰石を原料とするセメント工業がさかんである。

問９　高知県の県庁所在地である高知市は，梅雨や台風の時期の降水量が特に多くなる一方で，冬は少雨となる太平洋側の気候に属している。なお，イは香川県の県庁所在地である高松市のグラフで，高松市は１年を通じて降水量が少ない瀬戸内の気候に属している。ウは鳥取県の県庁所在地である鳥取市のグラフで，鳥取市は日本海側の気候に属している。

問10　ブロイラー(食用鶏)の産出額は宮崎県が全国で最も多く，鹿児島県がこれにつぐ。なお，アには豚，イには鶏卵《けいらん》，ウには茶があてはまる。

問11　もともとその地域にいなかった生物がほかの地域から持ちこまれた場合，従来の生態系が乱され，変化してしまうおそれがある。このとき，もともといた生き物が食べられるなどして，その地域から姿を消してしまうこともある。ペットとして動物を飼うさいには，適切に世話をするだけでなく，こうした点にも気をつける必要がある。

3　古代～江戸時代までの人物やできごとなどについての問題

問１　ひらがなは，平安時代に漢字をくずしてつくられ，使用が広がっていった。隅田《すみだ》八幡《はちまん》神社(和歌山県)に伝わる人物画像鏡にひらがなは用いられていない。なお，隅田八幡神社の人物画像鏡は，５～６世紀につくられたと考えられている銅鏡で，48文字の漢字が刻まれている。

問２　資料中に「頼朝公の先例にしたがって」とあることから，この法令を定めたのが源頼朝ではないとわかる。また，貴族に関する記述も見られない。なお，この資料は，鎌倉幕府の第３代執権《しっけん》北条泰時が，最初の武家法として1232年に出した御成敗《ごせいばい》式目(貞永《じょうえい》式目)の内容を記したもので，裁判の基準などが示された。

問３　土地の利用の仕方は，時代やそのときの政策，人々の暮らしの変化などによって移り変わっていくことが多いため，長い間，同じようなようすをとどめている地域は貴重といえる。こうした地域を，残されていた古い資料と照らし合わせて研究できれば，当時の人々の暮らしのようすなどをうかがい知ることもできる。こうした点で，昔のようすを今に伝える地域は，歴史的価値が高いといえる。

問４　文字や絵に記録された資料の場合，作者の視点や立場，意図などが影響するため，事実が正確に記されていないことがある。しかし，資料に記されたものと一致する実物が遺跡から発掘《はっくつ》されれば，資料を裏づけるものとなるため，資料に記された内容が事実であったと信頼することができる。

問５　⑴　西野水道がつくられた1845年は「今から180年ほど前」にあたる。このころの1841～43年にかけて，江戸幕府の老中水野忠邦《ただくに》が天保の改革とよばれる幕政改革に取り組んでいたが，政策が各身分からの反発を招き，失敗に終わった。なお，アについて，1782年に東北地方を襲《おそ》った冷害に，1783年の浅間山の噴火が重なり，天明の飢饉《ききん》が深刻化した。イについて，老中松平定信の寛政の改革は，1787～93年に行われた。エについて，1867年に大政奉還が行われ，王政復古の大号令が出されると，翌68年から約１年半にわたり，旧幕府軍と新政府軍の間で戊辰《ぼしん》戦争が行われた。

⑵　行基は奈良時代に活躍《かつやく》した僧で，民間に布教活動をしながら，弟子や信者とともに橋をかけたり，かんがい用の池をつくったりするなどの社会事業を行い，人々の信望を集めた。当時は仏教が朝廷の統制下に置かれていたため，行基ははじめ弾圧されたが，のちに許され，奈良の大仏をつくるさいには寄付金集めなどを行って協力した。その功績から，行基は最高僧位の大僧正《だいそうじょう》に任じられた。

問６　1989年１月，昭和天皇が亡くなったことにともない，新しい天皇の即位《そくい》と改元が行われた。新しい元号は平成とされ，2019年４月に天皇が生前退位して令和が始まるまで，31年間続いた。

理　科　＜第１回試験＞（40分）＜満点：50点＞

解　答

1　Ⅰ　(1)　電気　(2)　石灰水　(3)　じん臓　(4)　たい積岩　(5)　関節　Ⅱ　(1)　⑤　(2)　⑤　(3)　②　(4)　④　(5)　②　2　(1)　台風の目　(2)　②　(3)　③，④　(4)　⑤　(5)　③　3　(1)　②，③　(2)　50　(3)　D　(4)　50mA　(5)　67mA　4　(1)　①　(2)　②　(3)　400　(4)　８ｇ　(5)　８ｇ　5　(1)　①　(2)　④　(3)　③　(4)　③　(5)　⑤

解　説

1　小問集合

Ⅰ　(1)　光電池は光のエネルギーを電気のエネルギーに変える装置である。そのため，図の回路で光電池に光を当てると電気が流れ，モーターが回る。

(2)　石灰水に二酸化炭素を通すと水にとけない白色の物質(炭酸カルシウム)ができるため，石灰水が白くにごる。

(3)　体の各部の活動によってできた二酸化炭素以外の不要物はじん臓に運ばれたのち，余分な水分や塩分などとともにこしだされてにょうになる。

(4)　流れる水のはたらきによって海や湖の底につもったれき，砂，どろなどが固まってできた岩石をたい積岩という。

(5)　人のうでなどの骨は関節によってつながっている。このことにより，うでなどを曲げることができる。

Ⅱ　(1)「久」の字が書かれた紙を上下逆さまにしてからだの正面に向けると④のようになる。さらにそれを鏡に向けると左右が反対の，⑤のようにうつって見える。

(2)　空気中にふくまれる気体を体積の割合で大きい順に並べると，ちっ素(約78％)，酸素(約21％)，アルゴン(約１％)，二酸化炭素(約0.04％)などになる。

(3)　北斗《ほくと》七星のひしゃくの先にある２つの星から，その長さのおよそ５倍だけ先端《せんたん》の方向にのばした②の位置に北極星がある。

(4)　トノサマガエル，アカハライモリ，アメリカザリガニ，コイは水中に産卵するが，トカゲのなかまのカナヘビは陸上に産卵し，一生を陸上で生活する。

(5)　一日を通して月を見ることができないのは新月のときである。その数日後には，夕方西の空にAの三日月が見られる。

2　台風についての問題

(1)　台風の中心付近にある，風が弱くほとんど雲がない部分を台風の目という。

(2)　図１と同様に，観測点の西側を台風が北上し通過するときを考えると，右の図の①→②→③のように，風向きは南東→南→南西と変化する。

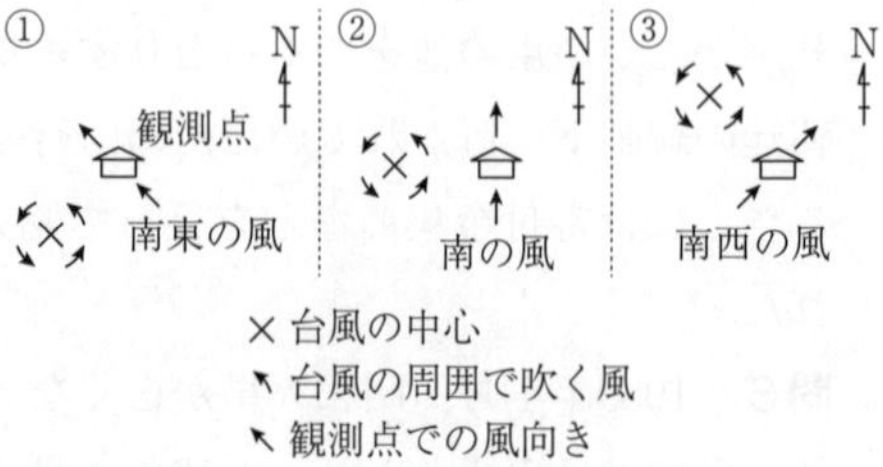

(3)　表１の７：00～７：50における各地点の風向き

を見ると，Ａ～Ｃの３地点では北→北西と変化している。つまり，台風はＡ～Ｃ地点の東側を通過したと考えられる。一方，Ｄ地点の風向は南東→南西と変化していることから，台風はＤ地点の西側を通過したと考えられる。したがって，この台風の中心は，ＣとＤの間→ＢとＤの間のように通過したことがわかる。

(4)　台風進路予想図は，台風の進路について，ある時刻に台風の中心がやってくる可能性の高いところを予報円で示しているので，この円の範囲《はんい》は進路の目安であって確実なものではない。

(5)　台風の中心は，Ｅ地点の東側，Ｆ地点の西側を通過しているので，Ｅ地点では風向きが北東→北→北西と変化し，Ｆ地点では南東→南→南西と変化する。暴風域の大きさが変わらなかったことから，ＧとＨがともに暴風域に入ることはないので，ＧとＨの最大風速が両方とも25m/秒をこえることはない。これらのことから，③と④以外はいずれも当てはまらない。③と④について，Ｇ地点とＨ地点の風向はともに南東→南→南西と変化しているので，台風はＧ地点，Ｈ地点の西側を通過している。台風は予報円の中にあることから，暴風域はＧ地点のみを通過したと考えられるので，最大風速はＧ地点の方が大きい。以上のことから，③が選べる。

3　電熱線を流れる電流についての問題

(1)　表１の電熱線Ａ～Ｃの結果から，同じ長さの電熱線は，断面積が大きいほど電流は流れやすく，断面積の大きさと流れる電流の大きさは比例の関係にあることがわかる。また，電熱線Ａ，電熱線Ｄ，電熱線Ｇの結果から，同じ断面積の電熱線は，長さが短いほど電流は流れやすく，長さと流れる電流の大きさは反比例の関係にあることがわかる。

(2)　電熱線Ｊと電熱線Ｉは断面積が同じで，電熱線Ｊの長さは電熱線Ｉの，16÷８＝２(倍)なので，電熱線Ｊを流れる電流の大きさは，$100\times\frac{1}{2}=50$(mA)となる。

(3)　断面積が0.2mm^{2}で，長さが，２＋２＝４(cm)の電熱線になったと考えられるので，長さが４cmで断面積が0.2mm^{2}の電熱線Ｄとして考えることができる。

(4)　(3)と同様に考えると，直列につながれた２つの電熱線Ｄは長さが，４＋４＝８(cm)で断面積が0.2mm^{2}の電熱線Ｇとして考えることができるので，図４は２つの電熱線Ｇが並列につながれた回路とみることができる。さらに，並列につながれた２つの電熱線Ｇは同じ長さで断面積が，0.2＋0.2＝0.4(mm^2)の電熱線Ｈとして考えられるので，表１より，電池に流れる電流の大きさは50mAとわかる。

(5)　並列につながれた４つの電熱線Ｇは長さが８cmで断面積が，0.2×４＝0.8(mm^2)の電熱線Ｉとして考えることができる。また，電熱線Ｆと電熱線Ｉを直列につなげると，長さが，４＋８＝12(cm)で断面積が0.8mm^{2}の１つの電熱線として考えることができる。電熱線の長さと流れる電流の大きさは反比例の関係にあるので，電池に流れる電流の大きさは電熱線Ｃと比較《ひかく》して，$400\times\frac{2}{12}=66.6\cdots$より，67mAとなる。

4　金属の性質についての問題

(1)　塩酸にアルミニウムや鉄などの金属を入れると水素が発生する。水素には，色もにおいもない。また，空気より軽く水に溶《と》けにくく，火のついたマッチを近づけると「ポンッ」という音を立てて燃えるなどの性質がある。

(2)　鉄やニッケルなどの金属は磁石に引き寄せられるが，アルミニウムや銅は磁石に引き寄せられない。

(3)　図１より，10％の塩酸200mLが溶かすことのできるアルミニウムの重さは最大５ｇであるから，10ｇのアルミニウムをすべて溶かすために必要な10％の塩酸の体積は，$200\times\frac{20}{10}=400$（mL）となる。

(4)　10％の塩酸600mLに10ｇのアルミニウムを加えたときに発生する気体の体積は，$7\times\frac{10}{5}=14$(mL)である。また，図２より，十分な量の10％の塩酸に10ｇの鉄を加えたときに発生する気体の体積は4.5mLとなる。20ｇすべてが鉄である場合，$4.5\times\frac{20}{10}=9$(mL)の気体が発生し，鉄１ｇをアルミニウム１ｇにおきかえるごとに，発生する気体の体積は，(14−4.5)÷10＝0.95(mL)ずつ増える。よって，加えたアルミニウムの重さは，(16.6−９)÷0.95＝８(ｇ)と求められる。

(5)　10％の塩酸400mLに溶けたアルミニウムと鉄の重さの合計は，15＋25−27＝13(ｇ)とわかる。(4)と同様に考えて，13ｇすべてが鉄である場合，$4.5\times\frac{13}{10}=5.85$(mL)の気体が発生するので，溶けたアルミニウムの重さは，(12.5−5.85)÷0.95＝７(ｇ)となる。したがって，残ったアルミニウムの重さは，15−７＝８(ｇ)と求められる。

5　レタスの成長についての問題

(1)　白いビニールシートは太陽の光を反射しやすいので，土の温度を高温にするはたらきはない。

(2)　畑の畝《うね》に苗《なえ》を植えるのは種をまいてから20日後なので，畑の畝に苗を植えてからレタスの結球を収穫《しゅうかく》するまでの日数は，65−20＝45(日)となる。

(3)，(4)　結球始期(50日後)のレタスのからだ全体の重さはおよそ200ｇで，その後，外葉すべての重さは変化していないので，結球ができ始めてからは外葉は増えず，葉の成長は結球だけでおこることがわかる。よって，収穫されるレタスの結球のおおよその重さは，800−200＝600(ｇ)となる。

(5)　表１より，野辺山の平均気温が５月は12.0℃，レタスの収穫時期が始まる６月は16.4℃であることと，気温が影響を与《あた》えるのは結球が成長する間のみであることから，レタスの生育に適する時期の平均気温は15℃より高いと考えられる。さらに，８月の平均気温は20℃をこえているので，生育に適する気温は20℃以上となる。また，(2)より定植から収穫までに45日間かかることから，６月15日に１回目の収穫を行った場合，その45日後の７月下旬《げじゅん》に２回目，さらに45日後の９月中旬に３回目の収穫を行うことができる。９月中旬の45日後の10月下旬には平均気温が15℃を下回るので，４回目の収穫はできない。

国　語　＜第１回試験＞（50分）＜満点：100点＞

解　答

一　**問１**　(東京が)知識や〜てきた(ことの例としてあげられている。)　**問２**　ウ　**問３**　ア　**問４**　ア　**問５**　イ　**問６**　(例)　人々が交流し，暗黙知も含めた知識やアイデアを交換しながら新たなアイデアを生み出す(こと。)　二　**問１**　ウ　**問２**　ウ　**問３**　(例)　小ツルもマスノも先生のところへ見舞いに行く計画の中心であり立場として責任を感じていた(から。)　**問４**　エ　**問５**　(例)　(子どもたちが)船で村へもどった(こと。)　**問６**　ア　三　**問１**　下記を参照のこと。　**問２**　エ　**問３**　エ　**問４**　①　鼻　②　額　**問５**　ア　**問６**　ウ

●漢字の書き取り

三 問1 ① 温暖 ② 看板 ③ 郷土 ④ 展望 ⑤ 縦断 ⑥ 部署

解説

一 **出典は山本和博《やまもとかずひろ》の『大都市はどうやってできるのか』による。**ICTの発展で人々が直接会う機会は減ったが，知的な生産活動では人々が直接交流することが大切であることなどが述べられている。

問1 前後の文から，知的生産活動において，人と人とが直接出会い，交流する場としての都市の役割は重要であることが読み取れる。前にも同様の例としてアテネと長崎があげられているように，東京は「知識やアイデアの受け渡《わた》しの場として機能してきた」ことの例としてあげられている。

問2 直前にある，中島の研究の引用部分に注目する。ここで中島は，共同研究相手の選択《せんたく》の際には，地理的な距離《きょり》がより近い相手を選択する傾向《けいこう》があると述べている。よって,「物理的」が入る。

問3 X 「共同研究を行う発明者間の距離」は，発明者が都市に集中していることを考慮《こうりょ》してもさらに近いと前にある。後には,「共同研究相手の選択の際」，発明者は「さらに近い相手を選択する傾向にある」と続く。よって，前に述べた内容を“要するに”とまとめて言いかえるときに用いる「つまり」がよい。 Y 「生産的な同僚《どうりょう》がいるとき」のレジ係への影響《えいきょう》を調べたと前にある。後には，能力の高い同僚がいると,「平均的なレジ係の生産も大幅《おおはば》に高まる」とわかったと続く。よって，前のことがらから判断した結果を導く「すると」が入る。 Z 前には，共同研究の打ち合わせはオンラインで行われることも多いとある。後には,「全ての研究をオンラインで行うことは少ない」と続く。よって，前のことがらを受けて，それに反する内容を述べるときに用いる「しかし」が合う。

問4 ICTの発展は「多くの業務で人々が直接会う必要を減らし」，職場や教室の機能を代替《だいたい》しているのだから，アが選べる。なお，イの「都市に移り住む人々が全くいなくなる」，ウの「直接顔を合わせて会話することを避《さ》けるようになる」，エの「学校が必要なくなる」は合わない。

問5 江戸《えど》時代でも長崎には西洋医学の知識がもたらされ，西洋医学を日本語に翻訳《ほんやく》した『解体新書』も出版されたのだから,「他国に頼《たよ》らずに〜科学的知識を学び合っていた」とあるイが，ふさわしくないものとして選べる。

問6 ぼう線①の直前の一文，空らんAの直後の段落からは,「知的な生産活動」では人と人との交流や「暗黙知《あんもくち》」のやり取り，知識やアイデアの交換《こうかん》が大切になるとわかる。「生産」は，必要なものを生み出すことなので，人々が交流し，暗黙知をふくむ知識やアイデアを交換しながら，新しいアイデアを生み出すことが,「知的な生産活動」だとまとめられる。

二 **出典は壺井《つぼい》栄《さかえ》の『二十四の瞳《ひとみ》』による。**長く学校を休んでいる大石先生の見舞《みま》いに出かけた子どもたちは，なかなか先生の家に着かずに帰りたくなったところで先生と会う。

問1 直前には「反対するものはなく〜かえって」とある。「かえって」は，“逆に”という意味なので，みんなは反対するどころか，出かけることに「うきうき」したものと考えられる。「うきうき」は，心がはずんで落ち着かないようす。

問2 続く部分に注目する。集落をいくつ過ぎても目印の一本松は見えず，いきあう人も知らない人ばかりで遠さが身にしみて感じられ，自然と口数が少なくなっていったとあるので，ウが合う。

問３　本文最初の部分からわかるように，マスノや小ツルは先生の見舞いに行く計画の中心人物である。予想に反していくら歩いてもなかなか一本松は見えないので心細くなり，疲《つか》れてもきたので自分たちも泣きたいくらいだったが，主導した立場として責任を感じ，泣けなかったと考えられる。

問４　仁太に続いてみんなも口々に話しだしたのだから，仁太が「口火を切った」ことになる。「口火を切る」は，最初に物事を始めること。

問５　行くときは，一本松を目ざして歩いた子どもたちだったが，帰りは，大石先生によって船に乗せてもらった。よって，船で村へもどったことをいっている。

問６　子どもたちを帰りの船に乗せるときに，大石先生は「うちの人，しんぱいしてるわよ」と言っているので，子どもたちの親の心配がわからなかったのだろうとあるアが選べる。

三　漢字の書き取り，ことわざの意味，熟語の組み立て，慣用句の完成，四字熟語の知識，敬語の知識

問１　①　気候があたたかなようす。　②　店の名前や取りあつかう品物の名前などを書いて，目立つようにかかげたもの。　③　生まれ育った土地。　④　遠くのほうまで，広く見わたすこと。　⑤　南北方向に通りぬけること。　⑥　割り当てられた受け持ちの場所。

問２　「提灯《ちょうちん》に釣《つ》り鐘《がね》」は，つりあいが取れていないこと，比べものにならないこと。「月とすっぽん」は，比べものにならないこと。「鬼《おに》に金棒」は，強いものがさらに力を加えること。「団栗《どんぐり》の背比べ」は，平凡《へいぼん》なものばかりで大したちがいがないこと。「糠《ぬか》に釘《くぎ》」は，あまり効果がないこと。

問３　アは「頂に登る」，イは「館が閉まる」，ウは「宅に在る（いる）」という意味で，上の漢字が動作を表し，下の漢字が動作の対象を表す組み立ての熟語である。エは「城の内」という意味で，上の漢字が下の漢字を修飾《しゅうしょく》する組み立ての熟語である。

問４　①　「鼻をあかす」は，“相手が油断している間に出しぬく”という意味。　②　「猫《ねこ》の額」は，とてもせまいこと。

問５　一挙に逆転を手にしたのだから，“死にかかっていたものを生き返らせる”という意味の「起死回生」が合う。「一刻千金」は，わずかな時間も千金に値するほど大切であること。「起承転結」は，文章などの構成の順序を示すことば。「一進一退」は，進んだり退《ひ》いたりすること。

問６　ウの「お持ちしますか」の動作主は「お客様」なので，謙譲《けんじょう》語の「お持ちする」ではなく，尊敬語の「お持ちになる」を使って「お持ちになりますか」とするのが正しい。

2023
年度

国学院大学久我山中学校

【算　数】〈ＳＴ第１回試験〉（60分）〈満点：150点〉

〔注意〕１．分度器・コンパスは使用しないでください。

２．円周率は3.14とします。

1　次の□にあてはまる数を答えなさい。

(1)　３つの数 $\frac{7}{9}$，$2\frac{1}{10}$，$8\frac{1}{6}$ のどれにかけても整数になる分数のうち，一番小さい数は□です。ただし，０は除きます。

(2)　１本80円の鉛筆《えんぴつ》と１本100円のボールペンをどちらも３本以上買います。代金がちょうど1000円になるとき，買った鉛筆は□本です。

(3)　□ｍの直線の道路に，端《はし》から端まで17本の木を等間隔《とうかんかく》に植えました。１本目の木から７本目の木までの距離《きょり》を測ると18ｍでした。

(4)　現在，母は55才で子どもは28才です。母の年令が子どもの年令の４倍になっていたのは，現在から□年前です。

(5)　ある直方体の３つの面の面積はそれぞれ24cm^2，40cm^2，60cm^2です。この直方体の最も長い辺の長さは□cm です。

(6)　A，B，Cの３人で行うとちょうど６時間かかる仕事があります。この仕事を１人でするとき，AはBの1.2倍，CはAの1.5倍の時間がかかります。この仕事をA１人ですると□時間かかります。

2　次の問いに答えなさい。

(1)　A地点からB地点へ行くのに，時速20km で行くと集合時刻より１時間遅《おく》れ，時速30km で行くと集合時刻より20分遅れます。集合時刻にちょうど着くには時速何 km で行けばよいですか。

(2)　１枚のコインを投げて，表が出ると東へ５歩，裏が出ると西へ２歩進むゲームをします。

①　コインを30回投げて表が18回出たとき，スタート地点から東西どちらに何歩の所にいますか。

②　コインを150回投げて進むと，スタート地点から東へ393歩の所にいました。このとき，裏が出た回数は何回ですか。

(3)　ある検定試験の合格者は90人，不合格者は150人です。受験者全体の平均点は50点で，合格者の平均点は不合格者の平均点より16点高いです。合格者の平均点は何点ですか。

(4)　いくつかの品物を仕入れて売ったところ，仕入れた個数の $\frac{6}{7}$ が売れました。売れ残った個数の $\frac{1}{3}$ は壊《こわ》れて売り物にならないので捨てて，壊れていない品物を値引きして売ったところ，値引きして売った個数の $\frac{3}{4}$ が売れて，３個売れ残りました。仕入れた品物は何個ですか。

(5)　姉はあめ１個を３日ごと，ケーキ１個を７日ごとにもらいます。あめかケーキの片方だけをもらう日はそれを食べ，あめとケーキの両方をもらう日はあめを妹にあげてケーキだけを食べます。11月１日はあめとケーキの両方をもらう日だとすると，この日から翌月の12月24日までの間に姉はあめとケーキをそれぞれ何個ずつ食べますか。

(6)　下の図は，円と直角三角形AOBと正方形CODEを組み合わせた図形で，点Oは円の中心，点Eは円周上の点です。円の面積は何 cm^2 ですか。

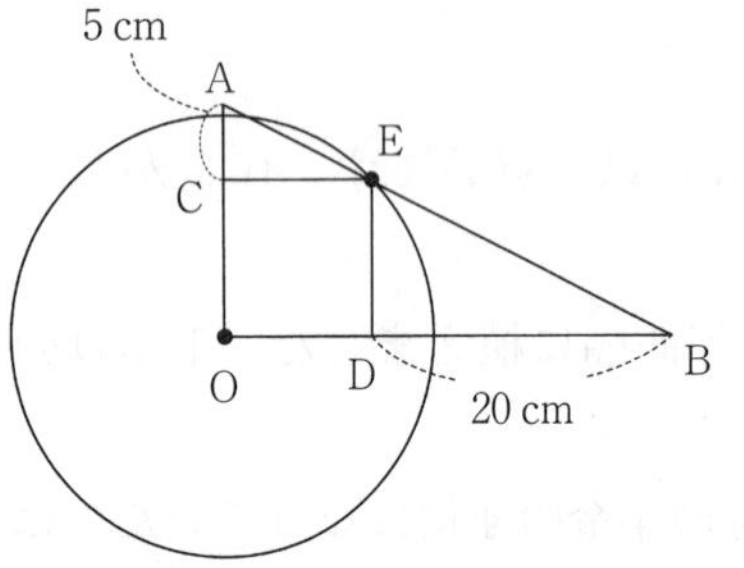

(7)　右の図のような直方体が水平な台の上に置いてあります。右の図の状態からすべることなく，面㋐が底面になるように倒《たお》した後，面㋑が底面になるように倒しました。このとき，頂点Aが動いたあとの長さは何 cm ですか。

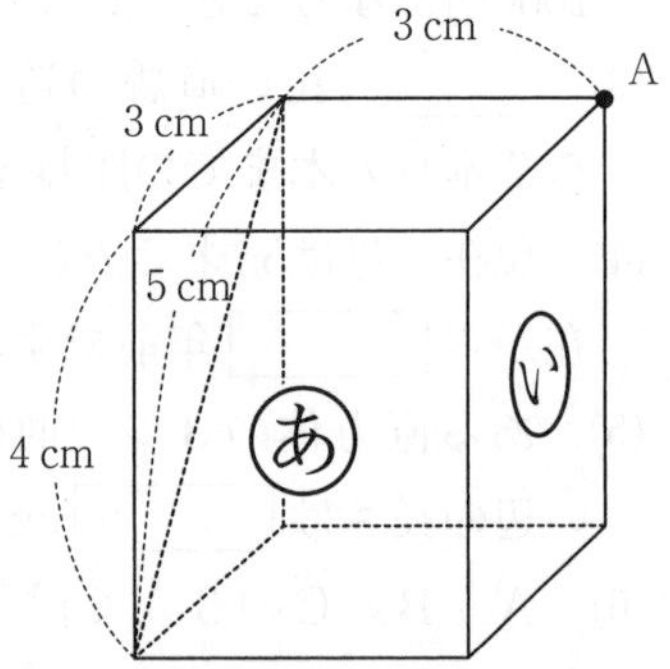

3　図１のような１辺の長さが８cmの正方形ABCDがあり，辺AB，CDの真ん中の点をそれぞれE，Fとします。また，EF，BCにはそれぞれ２cmの間隔《かんかく》で目盛りがあります。

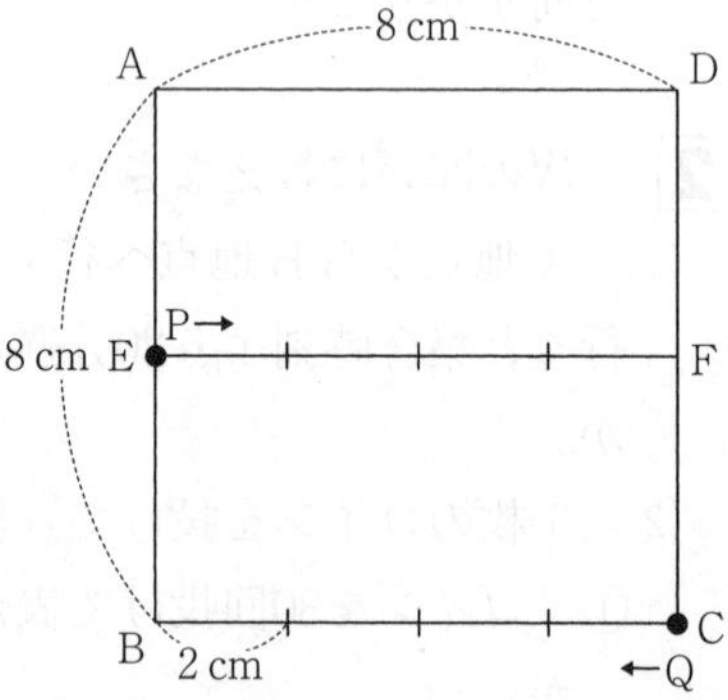

図１

点PはEF上をEからFに向かって，点QはBC上をCからBに向かって動きます。また，袋《ふくろ》Pと袋Qがあり，それぞれの中に，$\boxed{0}$，$\boxed{1}$，$\boxed{2}$，$\boxed{3}$，$\boxed{4}$ のカードが入っています。袋Pと袋Qからカードを１枚ずつ引き，点Pは袋Pから引いたカードに書かれている数の目盛りだけ，点Qは袋Qから引いたカードに書かれている数の目盛りだけ，それぞれ動きます。ただし，$\boxed{0}$ を引いたときは動きません。

例えば，袋Pから $\boxed{2}$，袋Qから $\boxed{3}$ を引くと，点PはEから４cm，点QはCから６cmの所に動きます。また，このときのカードの出方を(２，３)と表します。

三角形APQについて考えます。次の問いに答えなさい。

(1)　カードの出方が(３，２)のとき，三角形APQの面積は何 cm^2 ですか。

(2)　３点Ａ，Ｐ，Ｑを結んで三角形をつくることができないとき，カードの出方は３通りあります。すべて答えなさい。

(3)　三角形APQの面積が最も大きくなるときのカードの出方を答えなさい。

(4)　三角形APQの面積が８cm^2になりました。

①　袋Ｐから[1]を引いたとき，袋Ｑから何の数字のカードを引きましたか。考えられるものをすべて答えなさい。

②　カードの出方は全部で何通りありますか。

次に，図２のように，ADの長さを20cmに変えて長方形ABCDにします。目盛りの間隔は２cmです。

点ＰはEF上をＥからＦに向かって，点ＱはBC上をＣからＢに向かって動きます。また，袋Ｐと袋Ｑに入っているカードをそれぞれ[0]，[1]，[2]，[3]，……，[10]に増やします。袋Ｐと袋Ｑからカードを１枚ずつ引き，点Ｐは袋Ｐから引いたカードに書かれている数の目盛りだけ，点Ｑは袋Ｑから引いたカードに書かれている数の目盛りだけ，それぞれ動きます。ただし，[0]を引いたときは動きません。

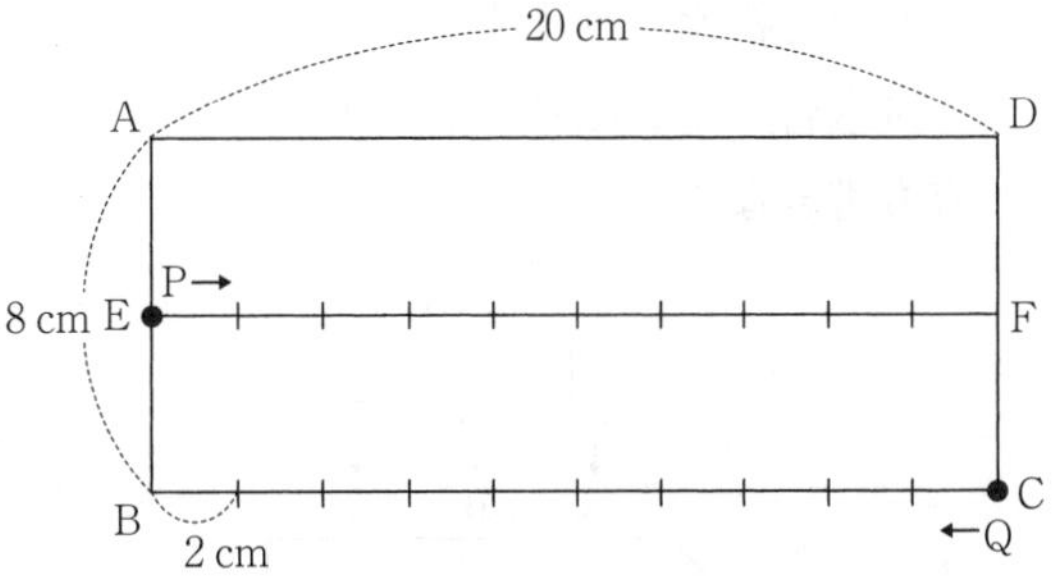

図２

(5)　三角形APQの面積が８cm^2になるとき，カードの出方は全部で何通りありますか。

4 図１のような底面が１辺10cm の正方形で高さが23cm の直方体の空《から》の水そうがあります。水そうには給水管が３つあり，それぞれ毎秒50cm^3の割合で，液体Ａ，液体Ｂ，液体Ｃを同時に入れていきます。

液体Ａ，Ｂ，Ｃは互《たが》いに混ざらず，液体を入れるとすぐに図２のように必ず上からＡ，Ｂ，Ｃの順に分離《ぶんり》して層になります。液体Ａの幅《はば》は(あ) cm，液体Ｂの幅は(い) cm，液体Ｃの幅は(う) cm です。

また，水そうの９cm の高さのところに排水管《はいすいかん》があり，水面がこの高さになると毎秒50cm^3の割合で排水されます。

排水管の太さは考えないものとして，下の問いに答えなさい。ただし，(5)〜(7)は途中《とちゅう》の考え方も書きなさい。

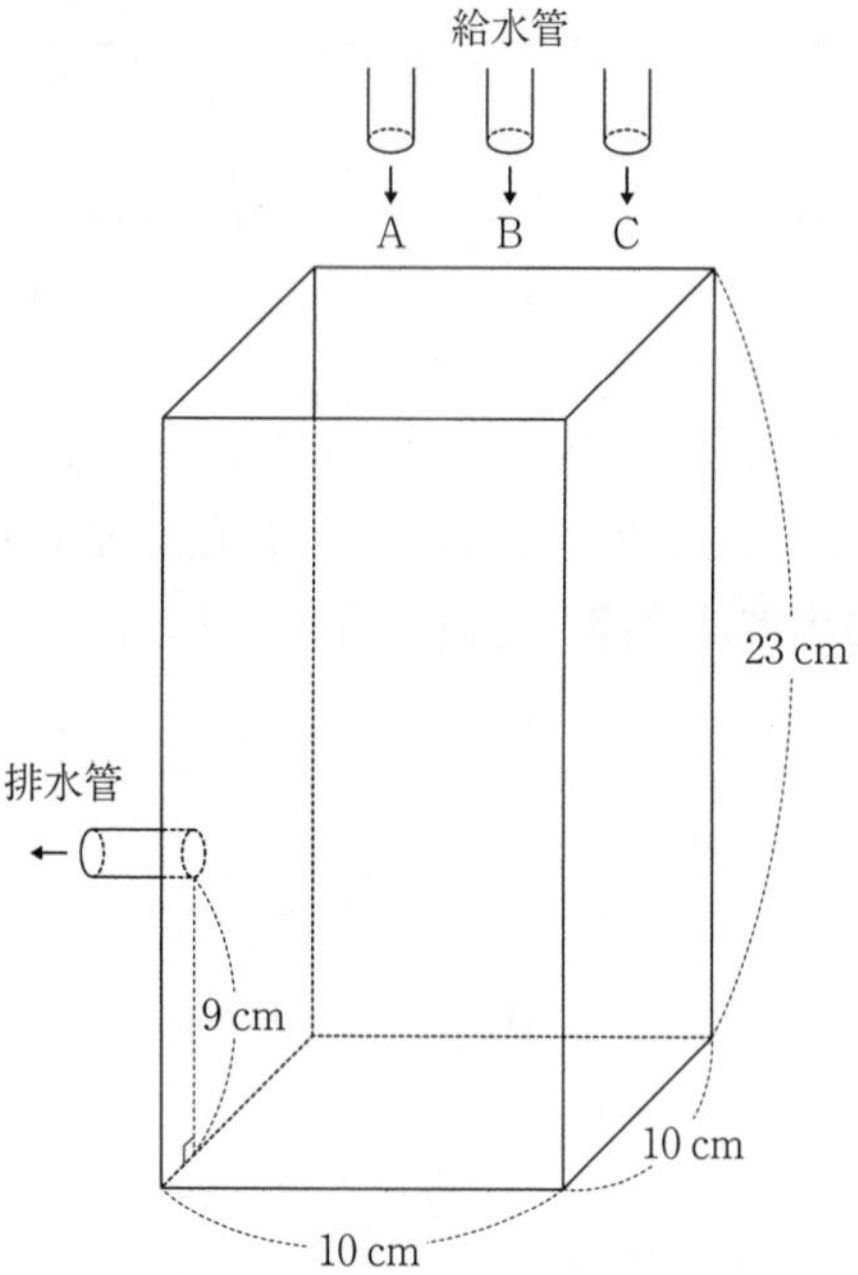

図１

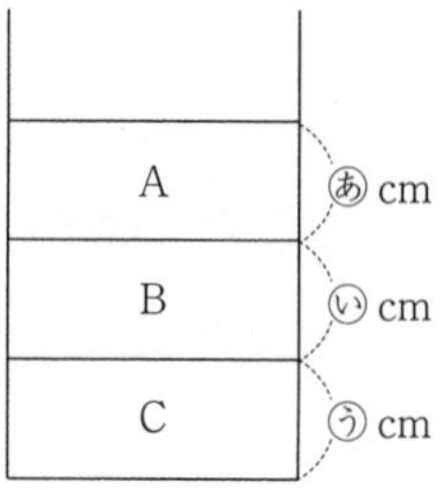

図２

(1) 排水が始まるのは，液体を入れ始めてから何秒後ですか。

(2) 液体Ｂが排水され始めるのは，液体を入れ始めてから何秒後ですか。

(3) 液体Ｂが排水され始めるとき，液体Ａの幅は何 cm ですか。

(4) 液体Ｃが排水され始めるのは，液体を入れ始めてから何秒後ですか。

(5) 液体Ｃが排水され始めるとき，水そうに入っている液体Ａ，液体Ｂの幅はそれぞれ何 cm ですか。

(6) 水そうが満水になるとき，液体ＡとＢとＣの幅の比を，最も簡単な整数の比で表しなさい。

(7) 水そうが満水になるまでに排水された液体ＡとＢとＣの量の比を，最も簡単な整数の比で表しなさい。

三

次の問いに答えなさい。（問題は**問一**から**問六**まであります。）

問一 次の①～⑥の――線部のカタカナを漢字に直しなさい。

① デントウ的な風習。
② ゲキドウの時代を生きぬく。
③ 戸じまりをテンケンする。
④ ショウジョウを額縁《がくぶち》に入れる。
⑤ 大きなニモツを抱える。
⑥ 仮装行列が商店街をネり歩く。

問二 次の文の――線部と同じ用法のものを後から一つ選び、記号で答えなさい。

・**先人の苦労がしのばれる。**

ア リレーで先頭を走っていたが、追いつかれる。
イ アルバムを見るたび、昔の出来事が思い出される。
ウ 修学旅行の出発式で、校長先生が話される。
エ 相手チームの打者にホームランを打たれる。

問三 次の文のうち、ことばの使い方がまちがっているものを一つ選び、記号で答えなさい。

ア 覚えたてのたどたどしい英語で話しかける。
イ 有名人が来るため、ものものしい警備になる。
ウ 友人の家族がうやうやしい笑顔で客をもてなす。
エ 彼一人が「知らない」と、しらじらしい嘘《うそ》をつく。

問四 次のA・Bの四字熟語について、□に共通して入る漢字をそれぞれ答えなさい。

(1) A 山紫水□　B 公□正大
(2) A 史上空□　B □代未聞

問五 次の各文の空らんに入ることばのうち、三つは同じグループになることができます。残る一つの漢字を答えなさい。

ア 蝶《ちょう》よ【　】よと育てられる。
イ 人の【　】に戸は立てられぬ。
ウ 【　】の下にドジョウがいつもいるとは限らない。
エ 【　】を割ったような性格。

問六 次の句と同じ季節をよんだものを、ア～エから一つ選び、記号で答えなさい。

・**鶯《うぐいす》や柳のうしろ藪《やぶ》の前　（芭蕉）**

ア 目には青葉山ほととぎす初鰹《はつがつお》　（素堂）
イ 学問のさびしさに堪《た》え炭をつぐ　（誓子）
ウ 名月をとってくれろと泣く子かな　（一茶）
エ 白梅に明《あ》くる夜ばかりとなりにけり　（蕪村）

「克服できればいいけどね」

「なんだよ、暗いな返事が」

卑屈《ひくつ》な自分を笑われて、恥《は》ずかしくなる。

だめだな、こんなんじゃ。ちょっと弱音を吐《は》いたら後ろ向きで※自《じ》虐的《ぎゃくてき》な言葉しか浮《う》かんでこなくなった。

でも、ここでだけは、そんな本音を吐き出したっていいかもしれない。

「ねえ」

疑問が浮かんで和久井くんに呼びかける。

彼は「ん？」と猫《ねこ》のような目を私に向けた。

「私に話しかけてくるのは、私がひとりでさびしそうだから？」

友だちがいたほうがいい、という和久井くんだから、もしかして同情されているのかもしれないと思った。

ひとりは、かわいそうだから。

ひとりでいるのは、おかしいから。

私の質問に、和久井くんは目を瞬《しばた》かせてから、

「いや？　べつに。オレが話したいから話してるだけ」

と言って笑った。

②その瞬間、この町に来て一番、体が軽くなった、気がした。

目を細く、線になるまで細くして、にっと白い歯を見せる彼のその顔を見ることができたのは、今ここにいる、私だけだ。

彼の笑顔も言葉も、私だけに向けられていた。

なんの不純物も感じられないその表情は、やけに瞼《まぶた》に焼きついて、家に帰ってからも、何度も私の脳裏《のうり》に蘇《よみがえ》った。

（櫻　いいよ『世界は「　」で沈んでいく』による）

※注　怪訝…わけが分からず納得がいかない様子。

疲労困憊…心身ともにひどく疲れること。

吐露…心に思っていることを隠さず打ち明けること。

自虐的…自分で自分を苦しめるさま。

問一　X に入ることばを本文中から６字で抜《ぬ》き出《だ》しなさい。

問二　和久井くんの人物像として適当でないものを、次の中から一つ選び記号で答えなさい。

ア　いつも人に囲まれて幸せそうに過ごしている人物。

イ　あっけらかんとした態度で軽やかに人と接する人物。

ウ　相手の考えを常に読み、会話を誘導していく人物。

エ　率直《そっちょく》にものを言うが、決して相手を否定しない人物。

問三　――線①とありますが、緒沢は「ここ」をどのような場所と考えていますか。本文中から６字で抜き出しなさい。

問四　Y にあてはまることばを文脈をふまえて考え、10字以上15字以内で記しなさい。

問五　――線②とありますが、「体が軽くなった」気がしたのはなぜですか。解答らんに合うように、30字以上40字以内で答えなさい。

問六　次のア～オについて、本文の内容に合っているものには○、合っていないものには×を記しなさい。

ア　私が和久井くんと海の見える堤防で話をしたのは、今度が三度目だ。

イ　私はひとりになりたくなると、ときどき海の見える堤防に足を運んだ。

ウ　私は潮風を吸い込み体中に染み込ませると、絶好調になることができる。

エ　私は当初和久井くんから、人づき合いをうまくやっているように思われていた。

オ　私はひとりでいるとなんにもできずつまらないから、大勢でいることを好む。

和久井くんみたいにずーっと誰かといれば、私もひとりの時間にさびしさを抱《いだ》くようになるのかな。あんまり想像できないけれど。

「和久井くんは、ひとと一緒にいるのが好きなんだね」

「そりゃあ、ひとりよりも大勢のほうがいいだろ。ひとりだと、なんか、つまんねえじゃん。なんにもできねえし」

そういうものなのか。

いや、それが当たり前なのか。

私は、ひとりでもやりたいことがたくさんある。それがおかしいのか。

「そっか。いいね、そんなふうに思えるって」

思わず、素直な気持ちを※吐露《とろ》してしまう。

しまった、と思ったけれど口にした言葉は取り消せない。

「緒沢は、違うのか？」

そう言われて、否定することができずに、ただ、目をそらした。それは、質問に対して「そうだ」と答えたのと同じに見えただろう。

さっきよりも海に近づいた太陽を見て、眩《まぶ》しさに目を細める。昼間より目に染《し》みる。

「私は、人づき合いが苦手だから」

「転入してすぐ、うまくやってんじゃん」

「そう見えてたなら、よかった」

本音を口にすることに、なんの抵抗《ていこう》も感じなかった。

今まで誰にもこんな話をしたことがないし、この町ではうまくやっていこうと思っていたのに。おまけに相手は和久井くんだ。

外ではかかわらないほうがいいと言われているうえに、そもそも私は彼にたいしてまったくいいイメージを抱いていなかった。極力避けようと思っていた。

なのに、そう思っていたからこそ、気負わず、好きに話ができている。

彼にならどう思われてもいいから。学校で無理していることはバレてるし。

そよそよと、生ぬるい風が私たちの肌《はだ》を撫《な》でて通り過ぎていく。肌がベトベトしてきた気もする。

「じゃあ、緒沢はすごいってことだな」

「――は？」

思ってもみなかった返事に、目を見開いて彼を見る。

「苦手なことを克服《こくふく》しようとしてんだろ。実際できてるし、すごいだろ」

な、と目を細くして、にかっと白い歯を見せて言う。

人懐《ひとなつ》っこいその笑顔が、西日のようにまばゆく映った。

ぱちぱちと、視界が弾《はじ》けるような、不思議な感覚に襲《おそ》われる。

体に蓄積《ちくせき》されていたなにかがすうっと飛散して、軽くなった感じだ。

だからなのか、そわそわと落ち着かなくなり、彼から目をそらして視線を砂に落とした。足先で砂をこすると、ザリザリと音が鳴る。波の音がやけに大きく聞こえる。

「和久井くん、前は、無理してるんじゃないかって問《と》い詰《つ》めてきたじゃん」

落ち着かない気持ちを誤魔化《ごまか》すように口にすると、

「聞いたけど、無理するのがだめとは言ってねえだろ」

と、あっけらかんとした和久井くんの声が返ってくる。

たしかに、それは言われていない。これまでの彼との会話を思い返しても、否定するようなことを言われた記憶《きおく》はない。

「この町でぼっちになったら面倒《めんどう》くさいこと言うやつ多いし、うまく人づき合いをしようと努力するのはいいことなんじゃね？　それで苦手なことがなくなったら万々歳《ばんばんざい》じゃん」

かといって、私がここを去るのは悔《くや》しい。

っていうか私が先にここにいたんだし。

そう思うと同時に、なんで和久井くんに対してだけはこんなにも気を遣《つか》わない言動ができるんだろう、と不思議に思う。今さらだからかな。

「いつも一緒にいる友だちはいないの？」

和久井くんのまわりには大体そばに誰かがいる。

教室では誰とでも楽しげに過ごしているし、和久井くんと似たタイプの派手な男子――たしか、阪城《さかしろ》くんと多久《たく》くんと、あと、学校が違《ちが》う男の子――とは外でも一緒に遊んでいる姿を見かけたことがある。みんな〝外では話しかけてはいけない〟子たちだ。

「緒沢こそ、今日はあいつらと遊んでねえんだな」

和久井くんの言う〝あいつら〟は、文乃ちゃんたちのことだろう。

「まあ、たまには」

「まあ、オレもたまにはな」

ふはは、となぜか楽しそうに和久井くんが笑う。

「和久井くんはいつも、幸せそうだね」

四六時中ひとに囲まれている和久井くんは、ひとりのときも和久井くんのままだな、と思った。毎日楽しくて仕方がない感じ。

「まあ、そうだな。それに今は緒沢といるしな」

「なんか、軽いね」

調子のいいことを言っているだけなんだろうな、と肩《かた》をすくめる。

「失礼だなー。本気だっつーの」

「和久井くんの笑顔《えがお》って、よくも悪くも軽い感じがするから、言葉も、よくも悪くも軽くなるなって、思っただけ」

だからこそ、彼は私だったら素っ気なく冷たい印象を与《あた》えてしまう発言も、軽やかに相手に届けられるのだろうと思う。羨《うらや》ましい。

「なんか疲れてんな、緒沢」

ぎく、と体が震える。

世間話のひとつといえばそれまでなのに、彼に言われると〝なんで疲れているのか〟までわかって聞かれているんじゃないかと思えてしまう。

「疲れてるなら家で寝《ね》ればいいのに」

「①家より、ここのほうがいいから、いいの」

疲れていない、と返事をする前に和久井くんが言葉をつけ足したので、つい疲れていることを認めるようなことを言ってしまった。

けれど、和久井くんは「なんで？」と不思議そうにするだけで、疲《ひ》労《ろう》の原因にはまったく突《つ》っ込んでこなかった。

なんか、私ひとりからまわっている感じがする。

和久井くん相手には、あれこれ考えなくてもいいのかもしれない。

「……ひとりになれるから」

だから、素直《すなお》な気持ちを言葉にした。

「緒沢はひとりが好きなんだな」

「前も、言ったでしょ」

「オレと友だちになりたくないだけかと思った」

まあ、それもあるけれど。

「ひとりだとさびしくねぇの？」

「全然」

「オレは、ひとりが好きじゃねえからわかんねえなあ」

そう思える和久井くんのことを、素直にすごいな、と思う。

私は、たった十日文乃ちゃんたちと過ごしただけで※疲労困憊《ひろうこんぱい》状態なのに。もしかしたら、私はひとりの時間が好き、というよりも、［　Ｙ　］なのかな。だからひとりでいるのが楽だと思うのかも。

……それって、やっぱり逃《に》げていることになるのかな。

な和久井くんとは外で話をするのを避《さ》けるけれど、私は和久井くんに外で会うとつい本音を語ってしまう。

「はあああああああ」

道路から見えない堤防《ていぼう》の裏でうずくまり、大きなため息をつく。

顔を上げると、目の前には海が広がっている。まだ太陽は沈《しず》んでいないので、空は明るい。

制服が汚《よご》れるのも気にしないで、地面に腰《こし》を下ろしてぼんやり過ごす。

いつもなら、まだこの時間はみんなと一緒《いっしょ》にいる。けれど今日は、文乃ちゃんと美緒ちゃんは別の友だちと約束があり、かえちゃんは家の用事ですぐ帰り、和ちゃんは委員会、とみんな用事があった。

転入してからはじめてひとりで学校を出て、この場所にやってきた。

今までも、わずかな時間でもひとりになりたくて、毎日みんなと遊んでからここに足を運んでいる。

ここは、私の避難《ひなん》場所だ。

家に帰ると、お父さんやお母さんに心配をかけないように振《ふ》る舞《ま》わなくちゃいけない。それに毎日調べなくちゃいけないこともある。読みたい本も溜《た》まっているけれど、しばらく手をつけられそうにない。

[X]を楽しんでいる姿を、誰《だれ》にも見られてはいけない気がして、どこにいても落ち着かない。

でも、ここにいるときだけはなにもしなくていい、と思える。

和久井くんとはすでにここで二度も会っているので警戒《けいかい》していたけれど、あの日以来彼《かれ》の姿は見ていない。あの二回は、本当にたまたま通りかかっただけだったのだろう。

せっかくだしここで本を読めばいいんだけれど、それすらしたいと思えない。

……今日が終わると、また明日がはじまるのか。

そんな当たり前のことを考えると、体が重く感じた。

空も海も同じ青色なのに、境目がはっきりとわかる不思議な景色を見つめた。曖昧《あいまい》になってもいいはずなのに、そこには明確な境界線がある。

似ていても、けっして交わらない、空と海。

「まるで、どんなにまわりの真似《まね》をしても、自分以外の何者にもなれないみたい……」

そんなふうに思うのは、やっぱり疲れているからだろう。

とりあえず、今日は、二時間はこの場所で過ごせるから、思い切りのんびりしよう。

潮風を吸《す》い込《こ》み、体中に染《し》み込《こ》ませる。そして空を仰《あお》ぎながらゆっくりと吐《は》き出《だ》すと、体が少し軽くなった。

「よお、緒沢」

「――っ……」

ひょこんと堤防の上から顔が出てきて、息が止まる。

「わ、くい、くん」

「わりいわりい、驚《おどろ》かせた？」

目を見張り声を震《ふる》わせると、和久井くんはケラケラと笑って顔を引《ひ》っ込《こ》ませる。次の瞬間《しゅんかん》ひょいっと堤防を乗《の》り越《こ》えて、彼が私のとなりにやって来た。

彼の軽《かろ》やかな動きに、空気が揺《ゆ》れて風が吹《ふ》く。

「なんでとなりにくるの？」

「暇《ひま》だから」

※怪訝《けげん》な顔を見せると、和久井くんは白い歯を見せて私のとなりに腰を下ろした。まるで、私が和久井くんと並んで海を眺《なが》めるために、ここにやって来たみたいだ。やめてほしい。

いわれる。
もはや、化学肥料で育てた作物は化石燃料でできている、といっても過言ではない。1kcalのコメを得るのに、化石燃料のエネルギーが1・86kcal必要(1990年)(1975年は2・6kcal)なのだから。

(篠原　信『そのとき、日本は何人養える？　食料安全保障から考える社会のしくみ』)

※注　妥当…実情によくあてはまり、適切であること。
堆肥…わら、落ち葉などを積み重ね、腐らせて作った肥料。
破綻…物事がうまく行かず、行きづまること。
倫理…人として守り行うべき道。道徳。
残渣…ろ過したあとに残ったかす。
無尽蔵…いくら取ってもなくならないこと。尽きることのないさま。
肥沃…土地が肥《こ》えていて、農作物がよくできること。

問一　A〜Cに入ることばの組み合わせとして最も適当なものを次の中から選び、記号で答えなさい。
ア　A　しかし　B　それに　C　すると
イ　A　それに　B　すると　C　しかし
ウ　A　しかし　B　すると　C　それに
エ　A　すると　B　しかし　C　それに

問二　Xにあてはまることばを、本文中から漢字2字で抜《ぬ》き出《だ》して答えなさい。

問三　――線①とありますが、筆者はそれに関して**【文章B】**のように述べています。**【文章B】**を読んだ生徒たちの、以下の会話のうち本文の内容に合うものを一つ選び、記号で答えなさい。
A「化石燃料を原料にして食料を生み出すなんて、すごいことを考えつく人たちがいるなあ。」
B「化学肥料が作られたことで、食料の増産もできたし人口増加にも対応できたんだね。」
C「化学肥料が豊富にある土地をねらって戦争まで起きたのか。」
D「化学肥料ができたおかげで、人間の思い通りに食料が製造できるんだね。」

問四　――線②とありますが、「ジャストインタイム的な発想」に「限界がある」というのはなぜですか。解答らんに合うように、本文中から40字で抜き出し、はじめと終わりの5字を答えなさい。

問五　――線③とありますが、それはなぜですか。その理由を、「基礎食糧」ということばを必ず用いて40字以上50字以内で答えなさい。

問六　Yにあてはまることばを文脈をふまえて考え、10字以上15字以内で記しなさい。

二　次の文章を読んで、後の問いに答えなさい。(問題は**問一**から**問六**まであります。)

《ここまでのあらすじ》
友だちを作るのが苦手な私(緒沢《おざわ》)は、「いじめられている」と家族や学校に誤解され、都会から海辺の町に引《ひ》っ越《こ》してきた。転入先の学校では、今度こそ友だちを作ろうと努力をして、文乃《ふみの》、美緒《みお》、かえ、和《かず》の四人の友だちができた。しかし、友だち付き合いには様々な気苦労が必要で、私は毎日ぐったり疲《つか》れてしまう。
和久井《わくい》くんはこの町で私が最初に出会った見た目が派手な男の子。まさか同じクラスになると思わなかった私は、素《す》を出して和久井くんに冷たく接してしまう。その後同じクラスになり、私が人間関係で無理をしていることが和久井くんにばれてしまう。みんなは派手

くなったら食糧が高騰《こうとう》し、消費者の生活を圧迫《あっぱく》する。

いちばん簡単な方法は、余分を輸出に回すことだ。海外に輸出すれば、78億７５００万人もいる地球なら、誰かが買うだろう。十分安ければ必ず買い手がつく。買い手が多ければ大暴落せずにすむ。フランスやアメリカなど先進国が小麦など基礎食糧を自国で消費しきれないほど生産し、海外に輸出するのは、国内での基礎食糧の価格を低く維《い》持《じ》するためだと考えるとわかりやすい。

こうして基礎食糧の価格を安く抑《おさ》えれば、先進国の国民のエンゲル係数（家計の消費支出に占《し》める食費の比率）は小さくなり、非農業の商品やサービスを楽しむ余裕が生まれる。欧米先進国が安く食料を輸出するのは、自国民が豊かに暮らせるようにするための手段となっている。

日本も先進国だが、先進国の中では異様に人口が多く、国土の面積が狭《せま》い（つまり、人口密度が高い）。このため、日本の国土だけで食糧を生産しようとすると、現在の全人口（１億２５２６万人）を養うだけの基礎食糧が作れない。どうしても食糧の輸入が必要になる。

幸《さいわ》い、日本は発展途上国と違い、工業やサービス業など、非農業の産業が盛んだ。そのおかげで海外から食糧を輸入しても、途上国のような破綻を起こすことはなかった。

しかし、今後はどうだろうか。日本は海外から食料を輸入できる豊かな国であり続けるだろうか？　それを可能にする、世界で戦えるだけの商品開発力を維持できるだろうか？　日本が食料を輸入できるのは、非農業の産業が稼《かせ》いでくれるからだ。もし非農業が元気を失ったら、途上国と同様に苦しむことになるかもしれない。人口が過密なぶん、もっとひどいかもしれない。

食料安全保障には、［　Y　］必要がある。

【文章Ｂ】

現在、地球には78億７５００万人もの人類がいるという。なぜ人類はここまで増えることができたのだろう？　それは、「石油などの化石燃料をコメや小麦などの食料に変換《へんかん》する技術を生んだから」だといえる。

第一次世界大戦中に、ある重要な技術が誕生《たんじょう》した。ハーバー・ボッシュ法。フリッツ・ハーバーとカール・ボッシュという二人の人物の名前がついたこの技術は、空気から肥料を製造するという画期的なものだった。

何しろ、原料は※無尽蔵《むじんぞう》ともいえる空気（窒素《ちっそ》ガス、空気の約78％）だ。肥料（アンモニア）はいくらでも作れるようになった。第二次世界大戦後、この技術は世界中に広まり、食料の大増産が可能になった。

それまで食料を新たに確保するには耕地を開拓《かいたく》するか、敵国を占領《せんりょう》し植民地化するしかなかった。しかし耕地に適した場所はほとんどが開拓ずみで、思うような増収につながらない。また、植民地主義は当然、支配地域から猛《もう》反発を受け、結局うまくいかない。

第二次世界大戦でのナチスドイツの目的の一つは、世界でもっとも※肥沃《ひよく》な土、チェルノーゼムがあるウクライナ地方を占領し、食料を確保することでもあった。当時はそのくらい、食料の確保はまず農地、という考えが支配的だった。

ところが第二次世界大戦後、耕地面積が広がらないのに農作物の生産量は飛躍《ひやく》的に伸びた。これは、ハーバー・ボッシュ法による化学肥料のおかげだ。化学肥料を撒《ま》けば、同じ面積でも大量の収穫が得られる。増え続ける世界人口を養い続けることができたのも、この化学肥料のおかげだといえる。

しかしこの化学肥料。製造するのに大量のエネルギーが必要となる。アンモニアの製造だけで世界の消費エネルギーの１～２％を占めると料は製造に天然ガスなどの化石燃料を使用するので、①「食料は化石燃料でできている」といっても過言ではない。エネルギーを使って生産した食料がムダになれば、そのぶん、エネルギーを無駄にしたことになる。

その他、消費者に届けるまでの運送のエネルギー、食品ロスを堆肥化したりするなどのエネルギー、それらが余分にかかる。だから食品ロスは、安全余裕を確保したうえで、なるべく小さくした方がよいのには違いない。

自動車メーカーのトヨタは「ジャストインタイム」という製造システムでムダに在庫を抱えないようにし、必要なときに必要な数の部品を作るようにしている。食品ロスを過剰《かじょう》に問題視する発想は、このジャストインタイムのような思想がもたらしたものだろう。これがもし農業で実現できたら画期的だとは思うが、食料に適用するには無理がある。

農作物は早いものでも育つのに1か月かかる。ムダが出そうだから生産を減らしてくれ、というのなら、1か月前に伝えてもらわないと困る。今度は「足りないから増産してくれ」といわれても、できるのは1か月後だ。

また、自動車なら、納品までに数日から1か月待ってもらうこともできるだろう。これなら注文に応じて部品を発注、在庫を抱えないようにすることも可能だ。

しかし、食事は1日3食ある。数日食べるのを待ってくれ、とはいかない。数日前から食べるメニューを決めてくれ、といっても、その日によって食べたいものはコロコロ変わる。

食べたいものを食べたいときに食べる。これが可能な現代社会は大変豊かでありがたい。その利便性を損なわず、安全余裕も確保するとなると、②ジャストインタイム的な発想は、ある程度役に立つとしても、どこかで限界がある。

食品ロスを問題視するなら、食品※残渣《ざんさ》を畑にすき込める生産者での段階ではなく、食品が賞味期限前に廃棄されてしまう問題を改善した方がよいかもしれない。

一案として、「グラデーション値下げ」はどうだろう。バーコードなどに賞味期限の情報を組み込み、賞味期限が近いものほど1円ずつ安くなるようにしたら、節約したい消費者は、賞味期限の近い商品から購入するだろう。賞味期限が近いから全部廃棄する、というムダが減るかもしれない。

食品ロスを減らすことには賛成だが、食品ロスをゼロにすることは食料安全保障の「安全余裕」をゼロにしてしまうことになる。その点は忘《わす》れないようにした方がよいだろう。

③なぜヨーロッパやアメリカなどの先進国は、自国で消費する以上の穀物《こくもつ》を生産し、輸出するのだろう？　しかも経費も出ないくらいに安く。それだと政府支出が増えて損をするのに。

あとで詳しく述べるが、食料は安い方が国が豊かになる。先進国は途上国と違い、工業やサービス業など他の仕事がたくさんある。そんな国では、食料が安いほど生活費が浮《う》き、自動車やスマホを購入したり、旅行や趣味にお金を使う余裕が生まれる。その結果、農業以外の産業がますます発展する。すると、非農業で働く人たちの給料が増え、さらに消費を増やす、という好循環《こうじゅんかん》が生まれる。安い食料は、非農業の産業がしっかりしている国では、国の経済を好循環に回す重要な手段になる。

食料、とくに穀物などの基礎《きそ》食糧《しょくりょう》を安くするには、余分に作ればよい。余ると市場原理が働いて安くなる。しかし国内だけの販売だと、少し余っただけで大暴落し、政府が農家に支払う所得補償《ほしょう》の金額も膨《ふく》れ上がってしまう。かといって食糧生産をギリギリに絞《しぼ》ると、足りな

2023年度 国学院大学久我山中学校

【国　語】〈**ＳＴ第一回試験**〉（五〇分）〈満点：一〇〇点〉

〔注意〕１　設問の関係で、原文とは異なるところがあります。
２　句読点（、や。）その他の記号（「や〃など）は１字分として数えます。

一　次の文章**【Ａ】【Ｂ】**を読んで、後の問いに答えなさい。（問題は**問一**から**問六**まであります。）

【文章Ａ】

ある企業から「こんなビジネス、エコなのでは？」と相談された。食品ロス（まだ食べられるのに捨てられているもの）を減らすため、野菜農家が捨てている形の悪い野菜を買い取り、消費者に安く販売すれば、農家は売り物にならないものが現金になるし、消費者も安く食品が買えるし、食品ロスは減るし、三方《さんぽう》よしなのでは？　という話だった。

私は「農家の生活を破壊するからやめときなはれ」と止め、次のように説明した。

野菜を安く買った消費者は、スーパーに並ぶ※妥当《だとう》な価格の野菜に手を出さなくなる。お腹一杯だから。［Ａ］、まともな値段の野菜が売れず、形の悪い野菜のわずかばかりの代金しか農家は手にできない。

捨てられるものをムダにせず、有効利用するのは善意に見える。けれど、農家には家族がいる。年寄りを医者に診《み》せたいし、子どもに教育を受けさせたい。それには現金がいる。その現金の入手方法を、［Ｘ］が破壊してしまいかねない。

私は、食品ロスという言葉に、若干の疑問を持っている。商品にならなかった野菜でも、畑にすき込まれて※堆肥《たいひ》か肥料、家畜のエサになるなら、必ずしもムダになっていない。それも立派な利用だ。

２０１９年のヨーロッパの食品廃棄物《はいき》（野菜の芯《しん》など食べられない部分も含む）発生量を調べると、日本と差がないか、むしろ多かった（人口一人あたり日本１３３・６kg、フランス１４８・７〜２００・５kg、ドイツ１３６kg、イギリス１８７kg、アメリカ１７７・５kg）。日本はバブル経済のころ、浪費《ろうひ》がひどかった印象が強烈で、その印象を引きずっているのかもしれない。［Ｂ］いまの日本にかつてのゆとりはなく、環境意識の高まりもあり、昔ほどムダにする生活を送ってはいない。

食品ロスを「安全余裕《よゆう》」と考える視点も必要かもしれない。少々のトラブルは余裕でしのげる仕組み、それが安全余裕だ。

食糧は不足すると命にかかわるから、国民全員を養うためにも余分に確保する必要がある。しかし安全余裕である「余分」は、食べきれないぶんが食品ロスになる。食品ロスは、安全余裕を確保するためにどうしても発生するものだと考えた方がよい。

だとすると、食品ロスをゼロにするのは、安全余裕をなくすこと。これは、工学的には非常に危険な発想だ。原子力発電所で、原子炉《ろ》の安全余裕をゼロ設計にするのに似ている。安全余裕のないシステムは、少しでも不具合が起きると※破綻《はたん》してしまう。

［Ｃ］、食品ロスを減らせても、アフリカなど途上国での貧困を減らせるわけではない。食べ残しを輸出することは※倫理《りんり》的に許されないし、そもそも腐《くさ》ってしまう。

食品ロスが大きくなると問題なのは、「エネルギーの無駄」になることだろう。食料を作るには化学肥料やトラクターを用いる。化学肥

2023年度

国学院大学久我山中学校 ▶解説と解答

算　数 ＜ＳＴ第１回試験＞（60分）＜満点：150点＞

解　答

1 (1)　$12\frac{6}{7}$　(2)　５本　(3)　48m　(4)　19年前　(5)　10cm　(6)　17.2時間
2 (1)　時速40km　(2)　①　東に66歩　②　51回　(3)　60点　(4)　126個　(5)　**あめ**…15個，**ケーキ**…８個　(6)　628cm²　(7)　12.56cm　**3** (1)　16cm²　(2)　（０，４），（１，２），（２，０）　(3)　（４，４）　(4)　①　０，４　②　５通り　(5)　11通り
4 (1)　６秒後　(2)　９秒後　(3)　３cm　(4)　18秒後　(5)　**液体Ａ**…7.5cm，**液体Ｂ**…4.5cm　(6)　17：11：18　(7)　３：９：２

解　説

1　整数の性質，つるかめ算，植木算，年令算，消去算，仕事算

(1)　$\frac{7}{9}$にかけて整数になるから，分母は７の約数，分子は９の倍数である。同様に，$2\frac{1}{10}=\frac{21}{10}$にかけて整数になるので，分母は21の約数，分子は10の倍数となる。さらに，$8\frac{1}{6}=\frac{49}{6}$にかけて整数になるから，分母は49の約数，分子は６の倍数とわかる。また，一番小さい数を求めるので，分母はできるだけ大きく，分子はできるだけ小さい方がよい。したがって，分母は７，21，49の最大公約数である７，分子は９，10，６の最小公倍数である90となる。よって，一番小さい数は，$\frac{90}{7}=12\frac{6}{7}$である。

(2)　鉛筆《えんぴつ》の本数を□本，ボールペンの本数を△本として式に表すと，80×□＋100×△＝1000となる。等号の両側を20で割って簡単にすると，４×□＋５×△＝50となるから，□と△の組は右の図１のように求められる（□が５増えるのにともなって△は４減る）。また，□と△は３以上なので，買った鉛筆の本数は５本とわかる。

図１

	＋５ →	＋５ →	
□	0	5	10
△	10	6	2
	－４ →	－４ →	

(3)　右の図２で，１本目の木と７本目の木の間の間隔《かんかく》の数は，７－１＝６（か所）だから，１か所あたりの間隔の長さは，18÷６＝３（m）とわかる。また，１本目の木と17本目の木の間の間隔の数は，17－１＝16（か所）なので，１本目の木から17本目の木までの長さは，３×16＝48（m）と求められる。

図２

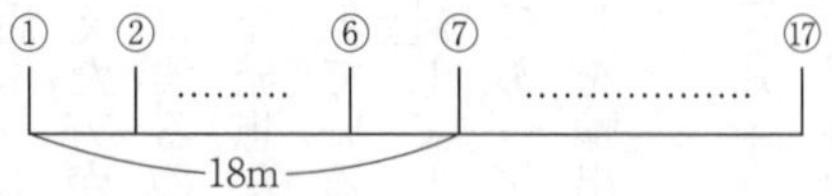

(4)　母と子どもの年令の差は，55－28＝27（才）であり，これは何年前でも変わらない。したがって，母と子どもの年令の比が４：１のとき，比の，４－１＝３にあたる年令が27才だから，比の１にあたる年令は，27÷３＝９（才）とわかる。よって，このときの母の年令は，９×４＝36（才）なので，現在から，55－36＝19（年前）と求められる。

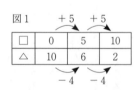

⑸　3つの辺の長さをAcm，Bcm，Ccmとすると，右の図3の3つの式を作ることができる。ここで，ア×イ÷ウを計算すると，(A×B)×(B×C)÷(A×C)＝B×Bの値が，24×40÷60＝16＝4×4とわかる。したがって，B＝4とわかり，これをア，イの式にあてはめると，A＝24÷4＝6，C＝40÷4＝10と求められる。よって，最も長い辺の長さは10cmである。

図3

A×B＝24(cm^2)…ア
B×C＝40(cm^2)…イ
A×C＝60(cm^2)…ウ

⑹　B1人でするときにかかる時間を1とすると，A1人でするときにかかる時間は，1×1.2＝1.2，C1人でするときにかかる時間は，1.2×1.5＝1.8となる。したがって，A1人，B1人，C1人でするときにかかる時間の比は，1.2：1：1.8＝6：5：9だから，A，B，Cが同じ時間でする仕事の量の比は，$\frac{1}{6}$：$\frac{1}{5}$：$\frac{1}{9}$＝15：18：10とわかる。次に，仕事全体の量を1とすると，A，B，Cが1時間にする仕事の量の和は，1÷6＝$\frac{1}{6}$となるので，Aが1時間にする仕事の量は，$\frac{1}{6}\times\frac{15}{15+18+10}=\frac{5}{86}$と求められる。よって，この仕事をA1人ですると，1÷$\frac{5}{86}$＝17.2(時間)かかることがわかる。

2　速さと比，つるかめ算，平均とのべ，相当算，整数の性質，面積，図形の移動，長さ

⑴　時速20kmで行くときと時速30kmで行くときを比べると，速さの比は，20：30＝2：3だから，かかる時間の比は，$\frac{1}{2}$：$\frac{1}{3}$＝3：2となる。この差が，1時間－20分＝60分－20分＝40分なので，比の1にあたる時間は，40分÷(3－2)＝40分となり，時速20kmで行くときにかかる時間は，40分×3＝120分＝2時間と求められる。したがって，A地点からB地点までの道のりは，20×2＝40(km)であり，集合時刻までの時間は，2時間－1時間＝1時間とわかる。よって，集合時刻ちょうどに着くには，時速，40÷1＝40(km)で行けばよい。

⑵　①　表が18回出ることによって，東へ，5×18＝90(歩)進む。また，裏が出る回数は，30－18＝12(回)だから，裏が出ることによって，西へ，2×12＝24(歩)進む。すると，スタート地点から東に，90－24＝66(歩)の所にいることがわかる。　②　右の図1のようにまとめることができる。表だけが150回出たとすると，東へ，5×150＝750(歩)進むので，実際よりも，750－393＝357(歩)多く東へ進むことになる。表が出るかわりに裏が出ると，東へ進んだ状態よりも西へ，5＋2＝7(歩)進むことになるから，裏が出た回数は，357÷7＝51(回)と求められる。

図1

表(東へ5歩)｝合わせて
裏(西へ2歩)｝150回で東へ393歩

⑶　右の図2で，かげをつけた部分の面積と太線で囲んだ部分の面積は，どちらも受験者全体の合計点を表している。したがって，これらの面積は等しいので，アとイの長方形の面積も等しくなる。また，アとイの横の長さの比は，90：150＝3：5だから，たての長さの比は，$\frac{1}{3}$：$\frac{1}{5}$＝5：3とわかる。この和が16点なので，アのたての長さは，16×$\frac{5}{5+3}$＝10(点)となり，合格者の平均点は，50＋10＝60(点)と求められる。

図2

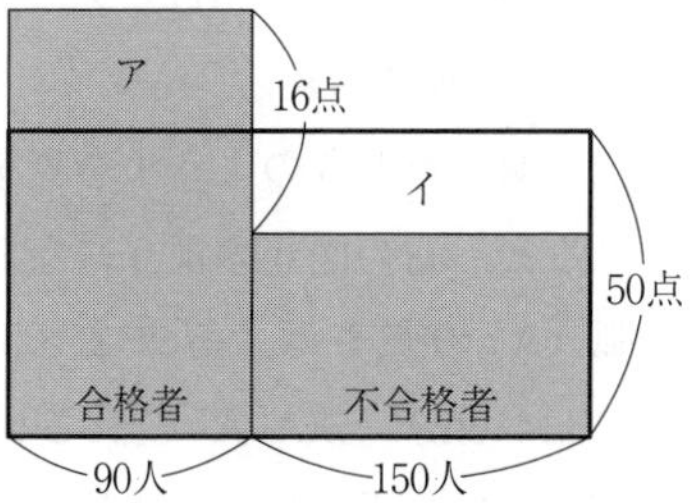

⑷　仕入れた個数を1とすると，はじめに売れた個数は，1×$\frac{6}{7}$＝$\frac{6}{7}$だから，はじめに売れ残った個数は，1－$\frac{6}{7}$＝$\frac{1}{7}$となる。すると，捨てた個数は，$\frac{1}{7}\times\frac{1}{3}=\frac{1}{21}$なので，その残りの個数は，

$\frac{1}{7}-\frac{1}{21}=\frac{2}{21}$とわかる。したがって，値引きして売れた個数は，$\frac{2}{21}\times\frac{3}{4}=\frac{1}{14}$だから，最後まで売れ残った個数は，$\frac{2}{21}-\frac{1}{14}=\frac{1}{42}$と求められる（右の図３を参照)。これが３個なので，(仕入れた個数)$\times\frac{1}{42}=3$(個)より，仕入れた個数は，$3\div\frac{1}{42}=126$(個)とわかる。

図３

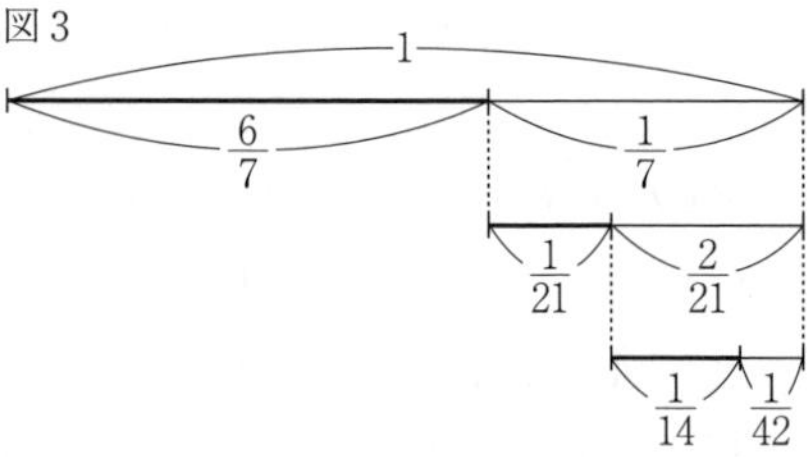

〔ほかの考え方〕 $\frac{b}{a}$が売れた後の残りの個数は，売れる前の個数の$\left(1-\frac{b}{a}\right)$倍になる。同様に考えると，最後まで売れ残った個数は，$1\times\left(1-\frac{6}{7}\right)\times\left(1-\frac{1}{3}\right)\times\left(1-\frac{3}{4}\right)=\frac{1}{42}$と求めることもできる。

⑸　11月１日から12月24日までの日数は，30＋24＝54(日間)である。また，あめは３日に１回もらうから，54÷３＝18より，あめをもらう日は18回あることがわかる。同様に，ケーキは７日に１回もらうので，54÷７＝７余り５より，ケーキをもらう日は，７＋１＝８(回)あることがわかる(右の図４を参照)。さらに，３と７の最小公倍数は21だから，21日に１回はあめとケーキの両方をもらう。54÷21＝２余り12より，このような日は，２＋１＝３(回)あることがわかり，この分のあめは妹にあげることになる。よって，姉が食べるあめの個数は，18−３＝15(個)，ケーキの個数は８個である。

図４

①　○××××××
②　○××××××
⋮
⑦　○××××××
⑧　○××××

⑹　右の図５で，三角形ACEと三角形EDBは相似なので，AC：CE＝ED：DBとなる。そこで，正方形の１辺の長さを□cmとすると，５：□＝□：20という式を作ることができる。また，P：$Q=R$：Sのとき，$Q\times R=P\times S$となるから，□×□＝５×20より，□×□＝100とわかる。つまり，正方形の面積は100cm²である。したがって，円の半径(正方形の対角線の長さ)を△cmとすると，△×△÷２＝100と表せるので，△×△＝100×２＝200とわかる。よって，円の面積は，△×△×3.14＝200×3.14＝628(cm²)と求められる。

図５

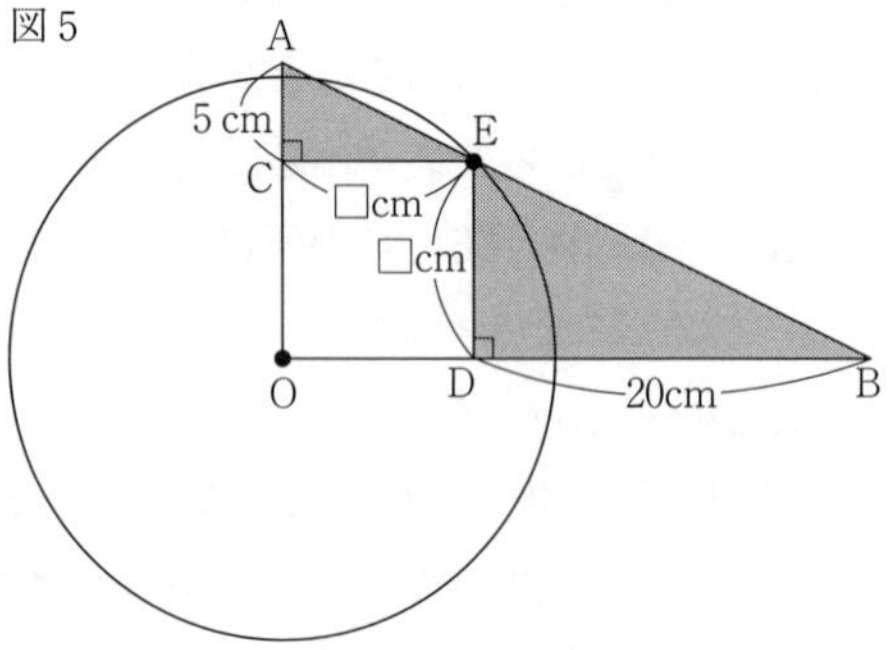

⑺　倒《たお》したときのようすを真横，正面から見ると，右の図６のようになる。図６で，弧《こ》AA′の長さは，５×２×3.14÷４＝2.5×3.14(cm)，弧A′A″の長さは，３×２×3.14÷４＝1.5×3.14(cm)だから，合わせると，2.5×3.14＋1.5×3.14＝(2.5＋1.5)×3.14＝４×3.14＝12.56(cm)となる。

図６

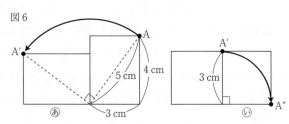

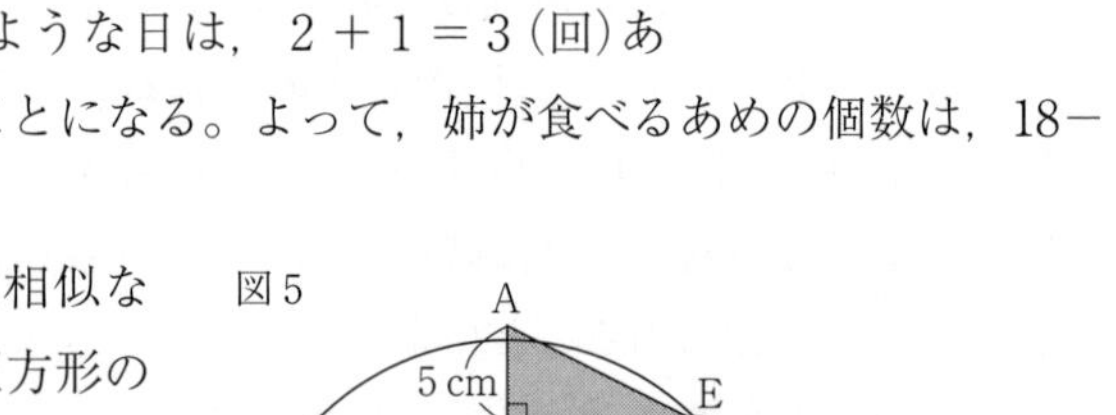

3　平面図形―面積

⑴　下の図①のようになる。AQとEFが交わる点をＲとすると，三角形ARPと三角形QRPは底辺

が共通な三角形である。また，高さの和は８cmだから，三角形APQは底辺が４cm，高さが８cmの三角形と考えることができ，面積は，４×８÷２＝16(cm²)と求められる。

(2)　三角形をつくることができないのは，A，P，Qが一直線上に並ぶときである。よって，下の図②の３通りあり，カードの出方は左から順に，（０，４)，（１，２)，（２，０)となる。

図①

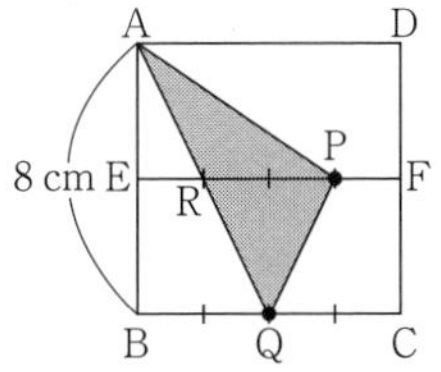

図②

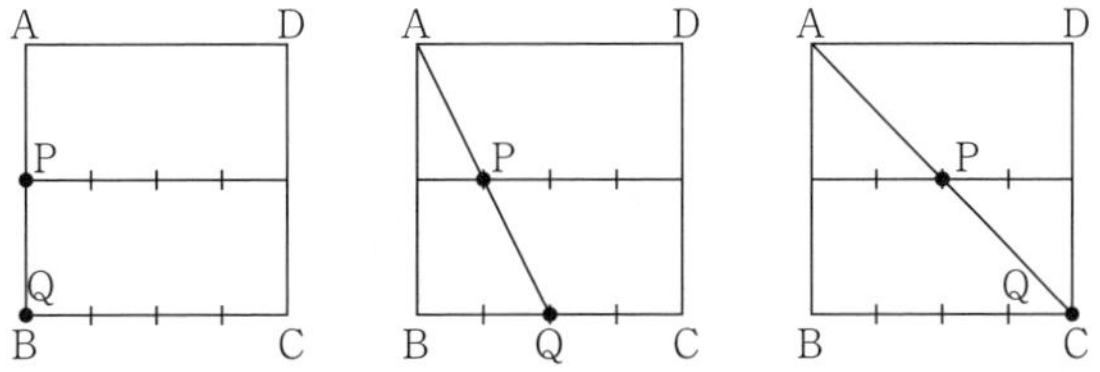

図③

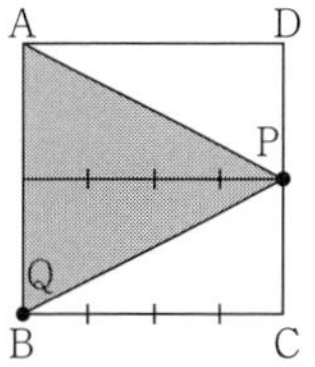

(3)　三角形APQの面積が最も大きくなるのは上の図③の場合であり，カードの出方は(４，４)となる。

(4)　①　三角形APQの面積が８cm²になるのは，底辺(図①のRP)の長さが，８×２÷８＝２(cm)になるときである。よって，袋《ふくろ》Ｐから[1]を引いた場合は下の図④の２通り考えられる。このとき，袋Qから引いたカードは[0]，[4]である。　②　袋Ｐから[1]以外のカードを引いた場合は，下の図⑤の３通りある。よって，①と合わせると全部で，２＋３＝５(通り)ある。

図④

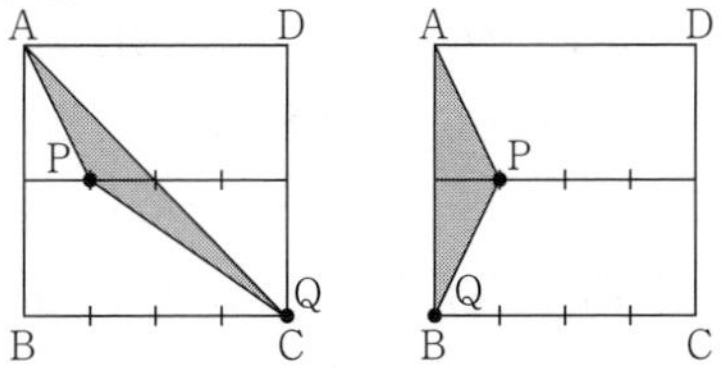

図⑤

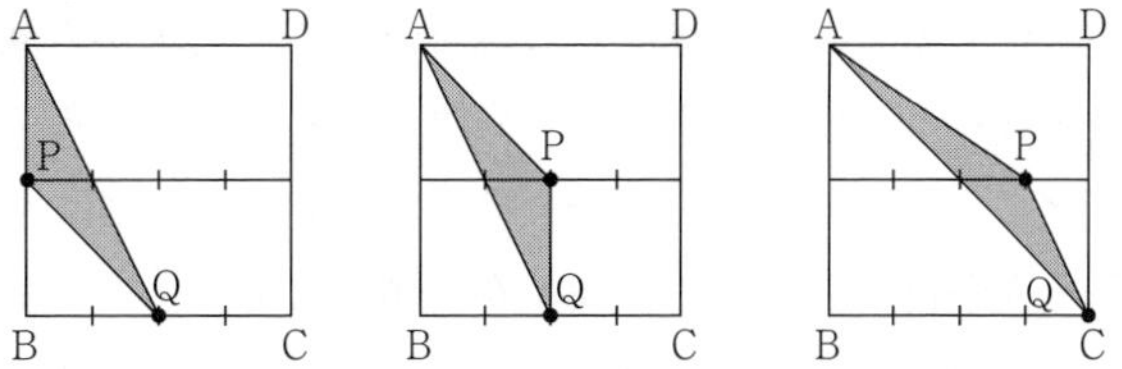

(5)　下の図⑥のように，袋Ｐから[0]，[5]，[6]を引いた場合は１通りずつある。また，図⑦のように，袋Ｐから[1]～[4]を引いた場合は２通りずつある(図⑦は袋Ｐから[3]を引いた場合)。よって，全部で，１×３＋２×４＝11(通り)と求められる。

図⑥

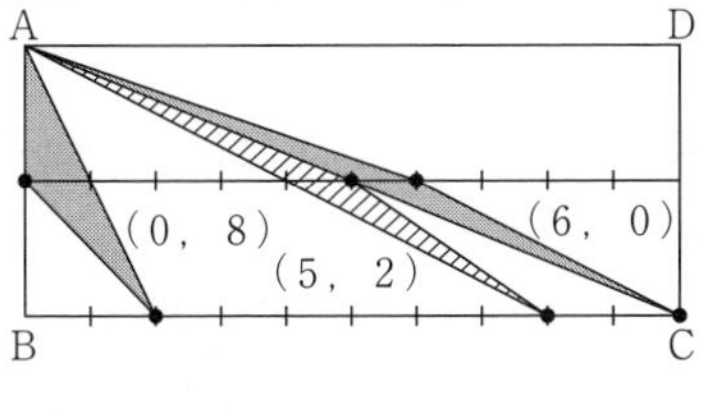

図⑦

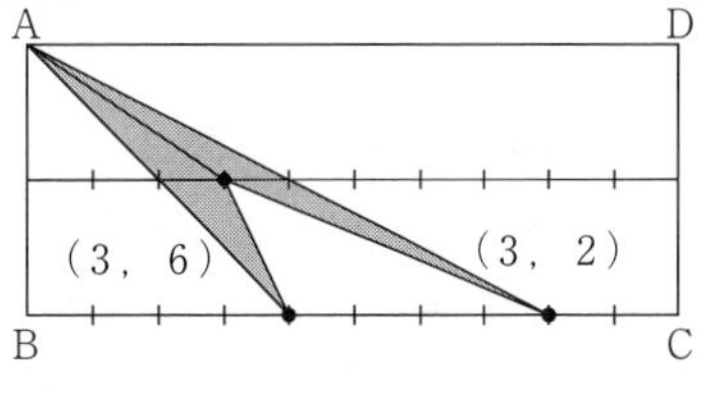

4　水の深さと体積

(1)　水そうの底面積は，10×10＝100(cm²)だから，排水《はいすい》されていないとき，A，B，Cの幅《はば》はどれも毎秒，50÷100＝0.5(cm)の割合で増える。排水が始まるのはA，B，Cの幅の合計が９cmになるときなので，入れ始めてから，９÷(0.5×３)＝６(秒後)である。

(2)，(3)　(1)のとき，下の図①のように，A，B，Cの幅はどれも，0.5×６＝３(cm)になる。このときから，Aは毎秒50cm³の割合で注がれるが，同時に毎秒50cm³の割合で排水されるから，Aの幅は変わらない。一方，ＢとＣの幅は毎秒0.5cmの割合で増えるので，Bが排水され始めるのは，下の図②のようにＢとＣの幅がそれぞれ，９÷２＝4.5(cm)になるときである。このようになるのは入れ始めてから，4.5÷0.5＝９(秒後)(…(2)の答え)であり，このときのＡの幅は３cm(…(3)の答え)である。

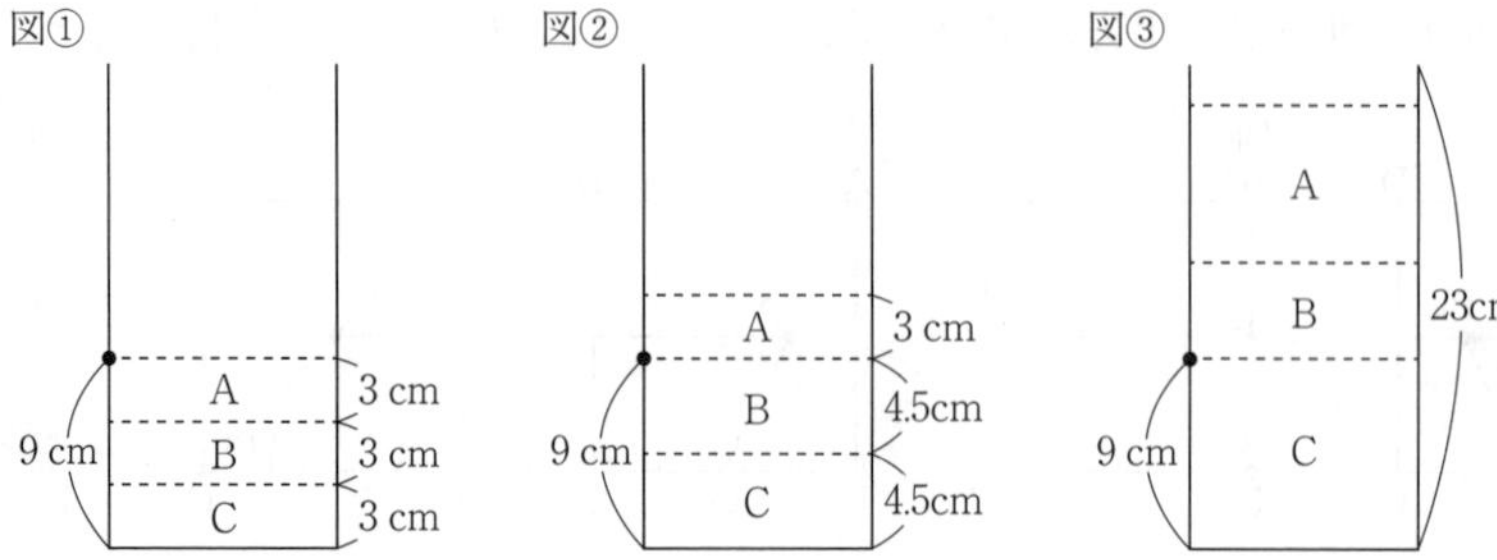

(4)　Ｃが排水され始めるのは，上の図③のようになるときである。このときまでＣの幅は毎秒0.5cmの割合で増え続けるから，図③のようになるのは入れ始めてから，９÷0.5＝18(秒後)である。

(5)　図②から図③までの間は，Ｂは毎秒$50cm^3$の割合で注がれるが，同時に毎秒$50cm^3$の割合で排水されるので，図③のＢの幅は変わらずに4.5cmのままである。一方，Ａの幅は毎秒0.5cmの割合で増える。また，図②から図③までの時間は，18－９＝９(秒)だから，図③のＡの幅は，３＋0.5×９＝7.5(cm)と求められる。

(6)　図③のときの水面の高さは，９＋4.5＋7.5＝21(cm)である。この後は，ＡとＢの幅は毎秒0.5cmの割合で増え，Ｃの幅は変わらないので，図③から満水になるまでの時間は，(23－21)÷(0.5×２)＝２(秒)とわかる。よって，満水になったときの幅は，Ａが，7.5＋0.5×２＝8.5(cm)，Ｂが，4.5＋0.5×２＝5.5(cm)，Ｃが９cmだから，これらの比は，8.5：5.5：９＝17：11：18と求められる。

(7)　Ａが排水されたのは図①から図②までの，９－６＝３(秒間)，Ｂが排水されたのは図②から図③までの９秒間，Ｃが排水されたのは図③から満水になるまでの２秒間である。よって，Ａ，Ｂ，Ｃが排水された量の比は３：９：２である。

国　語　＜ＳＴ第１回試験＞（50分）＜満点：100点＞

解答

一　**問１**　エ　**問２**　善意　**問３**　Ｂ　**問４**　食品ロスを～ことになる(から。)　**問５**　(例)　余分に作った基礎食糧を輸出し値段を安く保つことで，人々の消費を促し，国の経済を好循環にするから。　**問６**　(例)　非農業の産業が元気である　二　**問１**　ひとりの時間(ひとりのとき)　**問２**　ウ　**問３**　私の避難場所　**問４**　(例)　誰かと一緒にいるのが苦手なだけ　**問５**　(例)　和久井くんが話しかけてくるのは，ひとりでいる自分に同情しているわけではないこと(が分かって心が救われたから。)　**問６**　ア　○　イ　×　ウ　×　エ　○　オ　×　三　**問１**　下記を参照のこと。　**問２**　イ　**問３**　ウ　**問４**　(1)　明　(2)　前　**問５**　口　**問６**　エ

●漢字の書き取り

三　**問１**　①　伝統　②　激動　③　点検　④　賞状　⑤　荷物　⑥　練

（り）

解　説

一　出典は篠原信《しのはらまこと》の『そのとき，日本は何人養える？　食料安全保障から考える社会のしくみ』による。【文章Ａ】では，食料安全保障の観点から，食品ロスをゼロにすることは危険であることと非農業の産業が元気である必要があることが，【文章Ｂ】では，化学肥料によって農作物の生産量は大きく伸《の》びたが，化学肥料の製造には大量のエネルギーが必要であることが述べられている。

問１　Ａ　野菜農家が捨てているような形の悪い野菜を消費者に安く販売《はんばい》すると，消費者はスーパーで売られる野菜を買わなくなると前にある。後には，農家は形の悪い野菜の代金しか手に入らないと続く。よって，前のことがらに続いて後のことが起こることを表す「すると」が入る。

Ｂ　日本はバブル経済のころ，浪費《ろうひ》がひどかった印象があると前にある。後には，いまの日本にはかつてのゆとりはなく，生活のムダも減っていると続く。よって，前のことがらを受けて，それに反する内容を述べるときに用いる「しかし」が合う。　Ｃ　前には，食品ロスをゼロにするのは，安全余裕《よゆう》をなくすことだとある。後には，食品ロスを減らせても，途上《とじょう》国の貧困《ひんこん》が減るわけではないと，食品ロスをなくすことが絶対的に良いとは限らない理由がさらに続いている。よって，添加《てんか》を表す「それに」がよい。

問２　農家の人たちも現金収入を必要とするが，捨てている形の悪い野菜を販売すると正規の代金の野菜が売れず，農家の収入が減ってしまうと前にある。捨てられる野菜を有効利用するのは「善意」に見えるが，その「善意」が，農家の現金の入手方法を破壊《はかい》しかねないというのである。

問３　「増え続ける世界人口を養い続けることができた」のは，「化学肥料のおかげだ」と述べられているので，Ｂは正しい。なお，化石燃料を原料にして生み出したのは食料ではなく，化学肥料であること，戦争が起きたのは化学肥料が豊富にある土地ではなく，肥沃《ひよく》な土地を手に入れるためであったこと，化学肥料を使ってつくれるのは農作物であり，すべての食料ではないことから，Ａ，Ｃ，Ｄは合わない。

問４　食品ロスを問題視する発想は，「ムダに在庫を抱《かか》えない」ために考え出された「ジャストインタイム」のような思想がもたらしたのだろうと前に述べられている。だが，「食品ロスをゼロにすることは食料安全保障の『安全余裕』をゼロにしてしまうことになる」ため，限界があると筆者は考えている。

問５　続く三段落からまとめる。余分につくった基礎食糧《きそしょくりょう》を輸出することで，基礎食糧の値段は安く維持《いじ》される。その結果，生活費が浮《う》いた人々の消費が促《うなが》されるため，国の経済を好循環《こうじゅんかん》にすることができるのである。

問６　直前の三段落に注目する。日本は人口密度が高いので食糧の輸入は不可欠だが，輸入が可能なのは非農業の産業が稼《かせ》いでいるおかげであり，非農業が元気を失ったら破綻《はたん》のおそれがあると書かれている。よって，食料安全保障には，非農業の産業が元気である必要があるといえる。

二　出典は櫻《さくら》いいよの『世界は「　」で沈《しず》んでいく』による。人づきあいの苦手な「私」は，ひとりになりたくて来た場所で和久井《わくい》くんと会い，本音で話すうちに体が軽くなる。

問１　友達や両親といても気を遣《つか》ってしまう「私」はひとりになりたくて「ここ」に来て，何もしなくていいことにほっとしていることが前後に書かれている。後でも，「私」は「ひとりの時間が好き」「ひとりでいるのが楽」と感じているので，「ひとりの時間」がぬき出せる。なお，解答としては「ひとりのとき」も成り立つ。

問２　人づきあいの苦手な「私」も「気を遣わない言動ができる」と思えるほど，和久井くんはひょうひょうとして気軽に「私」にも声をかけ，いつも幸せそうで，思ったことを素直《すなお》に口にしている。相手の考えを先読みするようなところはないので，「私」も警戒《けいかい》せずに打ち解けられると考えられる。

問３　今，「私」が来ている「ここ」とは，「私の避難《ひなん》場所」だと本文の最初のほうに書かれている。

問４　「だからひとりでいるのが楽だと思うのかも」と後に続いている。「だから」は，後の内容の理由が前にあるときに使うので，Ｙには前にある「ひとりの時間が好き」よりもさらに「私」の性質を的確にとらえた内容で，かつ，「ひとりでいるのが楽」である理由が入る。「ひとと一緒《いっしょ》にいるのが好き」な和久井くんとは逆に，「私」は誰《だれ》かと一緒にいるのが苦手なだけなのである。

問５　前の部分に注意する。和久井くんが自分に話しかけてくるのは，ひとりでさびしそうな自分に同情しているからだろうかと「私」は思ったが，和久井くんがそれを否定してくれた瞬間《しゅんかん》，「体が軽くなった」と「私」は感じている。同情されているわけではないとわかり，「私」は心が救われたのである。

問６　**ア**　海の見える堤防《ていぼう》に来た「私」は，「和久井くんとはすでにここで二度も会っている」と思い起こしている。その後に，また和久井くんがやってきたのだから，正しい。　**イ**　本文の最初のほうに，「私」は海の見える堤防に「ときどき」ではなく「毎日」足を運んでいるとあるので，合わない。　**ウ**　和久井くんが声をかける直前，「私」は潮風を吸いこみ体中に染《し》みこませている。「体が少し軽くなった」とあるが，「絶好調」になったほどではないので，適さない。　**エ**　「人づき合いが苦手」だと言う「私」が，和久井くんに「転入してすぐ，うまくやって」いると言われて「そう見えてた」ことを知る場面があるので，内容に合う。　**オ**　ひとりだとなんにもできずつまらないから，大勢でいるほうがいいと考えているのは，「私」ではなく和久井くんなので，合わない。

三　**漢字の書き取り，助動詞の用法，言葉の意味，四字熟語の完成，慣用句・ことわざの完成，俳句の季語**

問１　①　昔から続いているならわしなどで，その団体や地域などの特色になっているもの。　②　はげしくゆれ動くようす。　③　ひとつひとつよく調べること。　④　すぐれた成果などをあげた人におくる，業績をほめたたえる言葉を記した書状。　⑤　運んだり，送ったりする品物。　⑥　音読みは「レン」で，「練習」などの熟語がある。

問２　「しのばれる」の「れる」は自発の助動詞で，イと同じ用法になる。なお，アとエは受け身，ウは尊敬の用法である。

問３　ウの「うやうやしい」は，“礼儀《れいぎ》正しい，丁重《ていちょう》だ”という意味なので，親しい客をもてなすときの笑顔《えがお》にふさわしい言葉ではない。なお，アの「たどたどしい」は未熟で危なっかしいようす。イの「ものものしい」は厳重で近寄りがたいようす。エの「しらじらしい」は知っているのに知らないふりをするようす。

問４　(1)　「山紫水明《さんしすいめい》」は，山や水のけしきが清らかで美しいこと。「公明正大」は，公平で正しく，堂々としていること。　(2)「史上空前」は，過去に一度もないほどめずらしいこと。「前代《ぜんだい》未聞《みもん》」は，これまでに聞いたことのないほどめずらしいこと。

問５　アの「蝶《ちょう》よ花よ」は，子どもをかわいがって大切に育てるようす。イの「人の口に戸は立てられぬ」は，“うわさは止められない”という意味。ウの「柳《やなぎ》の下のドジョウ」は，一度成功した後で，同じ方法でまた成功しようとすること。エの「竹を割ったよう」は，気性《きしょう》がまっすぐなようす。アの「花」，ウの「柳」，エの「竹」は植物関連の言葉で，イの「口」は身体の一部を表す言葉である。

問６　俳句には，季節を表す「季語」を入れるきまりがある。「鶯《うぐいす》」「柳」は春の季語なので，同じ春の季語の「白梅」を使ったエが選べる。アの「青葉」「ほととぎす」「初鰹《はつがつお》」は夏，イの「炭」は冬，ウの「名月」は秋の季語である。

Dr.福井の
入試に勝つ！ 脳とからだのウルトラ科学

試験場でアガらない秘けつ

キミたちの多くは，今まで何度か模擬試験（たとえば合不合判定テストや首都圏模試）を受けていて，大勢のライバルに囲まれながらテストを受ける雰囲気を味わっているだろう。しかし，模擬試験と本番とでは雰囲気がまったくちがう。そういうところでも緊張しない性格ならば問題ないが，入試独特の雰囲気に飲みこまれてアガってしまうと，実力を出せなくなってしまう。

試験場でアガらないためには，試験を突破するぞという意気ごみを持つこと。つまり，気合いを入れることだ。たとえば，中学の校門前にはあちこちの塾の先生が激励《げきれい》のために立っている。もし，キミが通った塾の先生を見つけたら，「がんばります！」とあいさつをしよう。そうすれば先生は必ずはげましてくれる。これだけでもかなり気合いが入るはずだ。ちなみに，ヤル気が出るのは，TRHホルモンという物質の作用によるもので，十分な睡眠をとる，運動する（特に歩く），ガムをかむことなどで出されやすい。

試験開始の直前になってもアガっているときは，腹式呼吸が効果的だ。目を閉じ，おなかをふくらませるようにしながら，ゆっくりと大きく息を吸う。ここでは「ゆっくり」「大きく」がポイントだ。そして，ゆっくりと息をはく。これをくり返し何回も行うと，ノルアドレナリンという悪いホルモンが減っていくので，アガりを解消することができる。

よく「手のひらに“人”の字を書いて飲みこむことを3回行う」とアガらないというが，そのようなおまじないを信じて実行し，自分に暗示をかけてもいいだろう。要は，入試に対するさまざまな不安な気持ちを消し去って，試験に集中できるようなくふうをこらせばいいのだ。

Dr.福井（福井一成《ふくいかずしげ》）…医学博士。開成中・高から東大・文Ⅱに入学後，再受験して翌年東大・理Ⅲに合格。同大医学部卒。さまざまな勉強法や脳科学に関する著書多数。

2023年度 国学院大学久我山中学校

【算　数】〈ＳＴ第２回試験〉(60分)〈満点：150点〉

〔注意〕１．分度器・コンパスは使用しないでください。
２．円周率は3.14とします。

1 次の □ にあてはまる数を答えなさい。

(１) 200 以上 300 以下の整数で，２でも３でも割り切れる整数は □ 個あります。

(２) サイコロを２回振《ふ》って，１回目に出た目を一の位，２回目に出た目を小数第一位の数として小数をつくります。その数の小数第一位を四捨五入して４となるようなサイコロの目の出方は全部で □ 通りあります。

(３) 縮尺が $\frac{1}{100000}$ の地図があります。
① この地図上で５cm の長さは，実際の距離《きょり》では □ m です。
② 実際の面積が２km^2 の土地は，この地図上では □ cm^2 です。

(４) ６時から７時までの間で，時計の長針と短針でつくる角度が２回目に 80° となるのは６時 □ 分です。

(５) 100 点満点の計算テストを 10 回受けます。太郎君は８回目までの平均点が 76.5 点でした。９回目に □ 点以上を取らないと，10 回目で 100 点を取っても平均点が 80 点以上にはなりません。

(６) 容器Ａには６％，容器Ｂには □ ％の食塩水がそれぞれ 500g ずつ入っています。ＡからＢに 100g 移し，よくかき混ぜた後にＢからＡへ 100g もどしたらＡの濃度《のうど》は７％になりました。

2 次の問いに答えなさい。

（１） 入場料が大人１人1400円，子ども１人800円の美術館に28人で行きました。大人の入場料の合計が子どもの入場料の合計より12800円高くなるとき，子どもの人数は何人ですか。

（２） Ａ地点にいる兄と弟が，Ｂ地点にある65個の荷物をＡ地点に運びます。Ａ地点とＢ地点を１往復するのに，兄は15分，弟は10分かかります。また，一度に，兄は10個，弟は７個の荷物を運びます。兄と弟が８時ちょうどにＡ地点を同時に出発しました。Ｂ地点にあるすべての荷物をＡ地点に運び終えたときの時刻は何時何分ですか。

（３） 太郎君は毎月お小遣《こづか》いをもらいます。小学１年生の４月は100円，５月は110円，……と毎月もらえるお小遣いが10円ずつ増えます。

① 小学６年生の３月にもらうお小遣いは何円ですか。

② 小学１年生の４月から小学６年生の３月までにもらうお小遣いは全部で何円ですか。

（４） 40人の生徒にノートを配ります。男子１人に４冊ずつ，女子１人に５冊ずつ配ると７冊余ります。また，ノートを50冊増やして男子１人に５冊ずつ，女子１人に７冊ずつ配ると過不足はありません。男子は何人いますか。

（５） Ｓ君は３月生まれで，Ｔ君は12月生まれです。2014年１月のＴ君の年令はＳ君の６倍で，2023年８月のＴ君の年令はＳ君の３倍です。2014年１月のＴ君の年令は何才ですか。

（６）　点Ｏを中心とする半径4cmのおうぎ形が，下の図のアのように置いてあります。このおうぎ形が初めてイのようになるまで，直線ℓ上をすべることなく転がって移動しました。点Ｏが動いたあとと直線ℓで囲まれた部分の面積は何cm^2ですか。

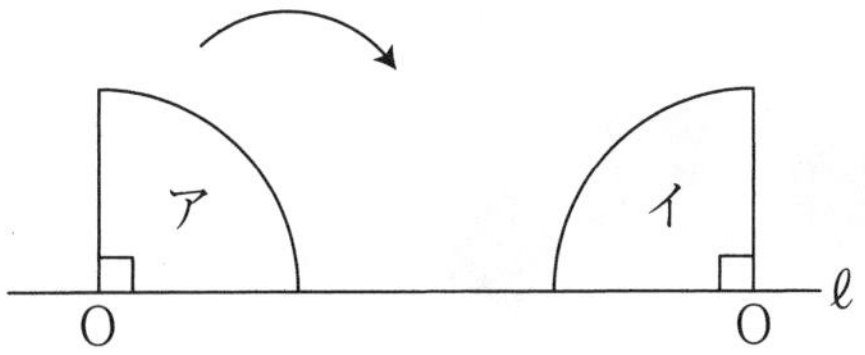

（７）　下の図は，AP：PB＝2：3，BQ：QC＝1：2の直方体です。2点P，Qを通り，底面に垂直な平面で直方体を切って2つの立体に分けました。大きい方の立体の体積が171cm^3のとき，もとの直方体の体積は何cm^3ですか。

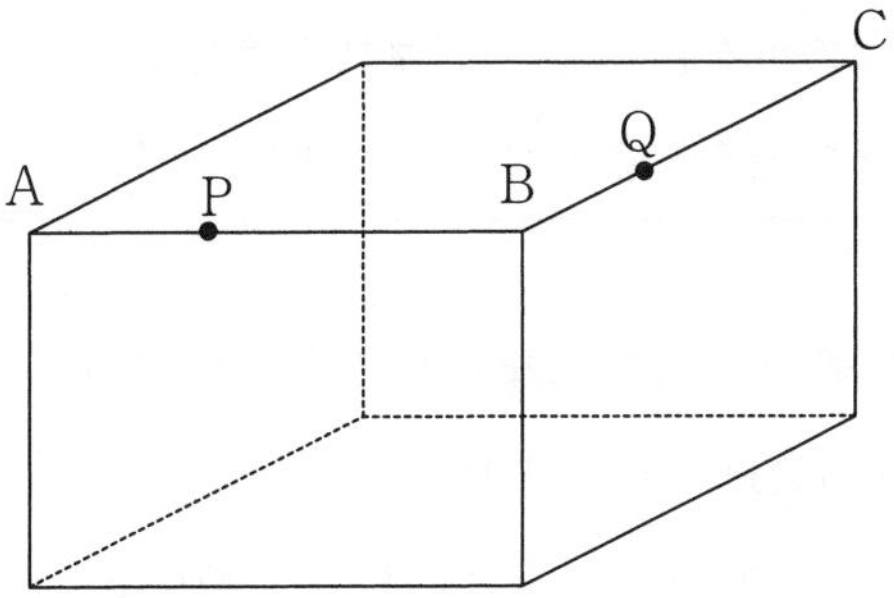

3　図のような白マスと黒マスが交互《こうご》に並んだ円形のマス目があります。また，コマが１つあり，コマの色は表面が白，裏面が黒です。

白マスか黒マスのどちらかをスタートにしてコマを置き，コインを何回か投げて次のルールにしたがってコマを時計回りに進めていきます。ただし，スタートに置くコマの色は，白，黒どちらでもよいものとします。

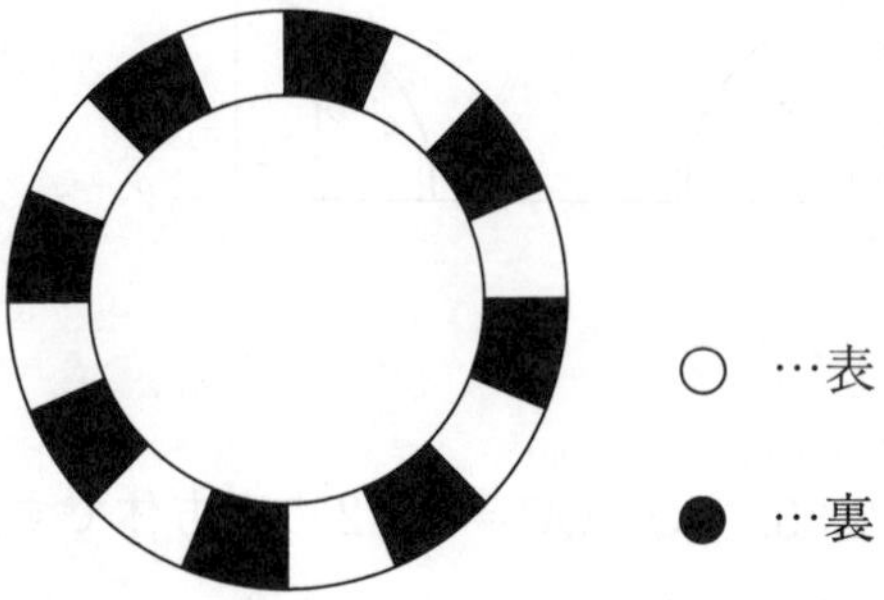

マス目　　　　コマ

《ルール》

・コインの表が出ると，コマの色を白にして１マス進めてそのマスに置く
・コインの裏が出ると，コマの色を黒にして２マス進めてそのマスに置く

コマが置かれたマスとコマの色が同じになったとき，10円ずつもらえます。ただし，スタートのマスではお金はもらえません。

例えば，白マスをスタートにしてコインを３回投げて順に表，裏，裏と出たとき，コマは順に黒マス（コマの色は白），黒マス（コマの色は黒），黒マス（コマの色は黒）と進み，20円もらえます。また，このときのコインの出方を＜お，う，う＞と表します。

次の問いに答えなさい。

（１）白マスをスタートにしてコインを３回投げました。コインの出方が＜う，お，お＞となったとき，もらえる金額は何円ですか。

（２）黒マスをスタートにしてコインを４回投げました。コインの出方が＜お，お，う，お＞となったとき，もらえる金額は何円ですか。

（３） 白マスか黒マスのどちらかをスタートにしてコインを３回投げました。コインの出方が ＜う，お，う＞ となって10円もらったとき，スタートは白マスと黒マスのどちらですか。

（４） 黒マスをスタートにしてコインを３回投げて30円もらいました。このときのコインの出方は２通りあります。それらをすべて答えなさい。

（５） 白マスか黒マスのどちらかをスタートにしてコインを５回投げて50円もらいました。このとき，スタートは [①] マスで，コインの出方は [②] 通りあります。[　　] にあてはまるものを，①は「白」と「黒」のどちらかで，②は数字で答えなさい。

（６） 白マスをスタートにしてコインを５回投げて20円もらいました。このときのコインの出方は何通りありますか。

4 太郎君と花子さんは駅から750 m 離《はな》れたホールに行きます。２人の歩く速さはともに分速50m です。

また，ロボット R1，R2 に乗って進むこともできます。R1 は駅に待機していて，8時に出発してホールに進みます。R2 はホールに待機していて，スマートフォンで呼ぶとすぐに R2 は呼んだ人の方向に向かって進みます。呼んだ人は R2 に出会うとすぐに R2 に乗ってホールに進みます。R1, R2 の速さはともに分速 75 m です。

さらに，駅からホールに向かう道に沿って動く歩道があり，分速 $16\frac{2}{3}m$ の速さで動いています。動く歩道には，どの場所からもすぐに乗り降りすることができます。ただし，動く歩道の上では歩きません。また，R1，R2 は動く歩道には乗れません。

次の問いに答えなさい。ただし，（２）～（５）は途中《とちゅう》の考え方も書きなさい。

太郎君と花子さんは７時51分に駅に着きました。太郎君はすぐにホールに向かって歩き始めます。花子さんは８時に駅を出発する R1 に乗ってホールに行きます。

（１） 太郎君はすべて歩いてホールに行きます。太郎君と花子さんがホールに着く時刻はそれぞれ何時何分ですか。

（２） 太郎君は10分間歩いた後，動く歩道に乗ってホールに行きます。

① 太郎君がホールに着く時刻は何時何分ですか。

② 花子さんが太郎君に追いつく時刻は何時何分ですか。

（３） 太郎君は何分間か歩いてから動く歩道に乗ってホールに行きます。太郎君と花子さんが同時にホールに着くとき，太郎君が歩いている時間は何分間ですか。

（４） 太郎君は７時51分にR2を呼びます。歩いている途中でR2に出会うとすぐにR2に乗ってホールに行きます。太郎君がホールに着く時刻は何時何分ですか。

別の日，太郎君と花子さんは７時54分に駅に着きました。太郎君は駅に着くとすぐにR2を呼んで，動く歩道に乗って進みます。R2に出会うとすぐに動く歩道を降り，R2に乗ってホールに行きます。花子さんは，8時に駅を出発するR1に乗ってホールに行きます。

（５） 太郎君と花子さんのどちらが何分早くホールに着きますか。

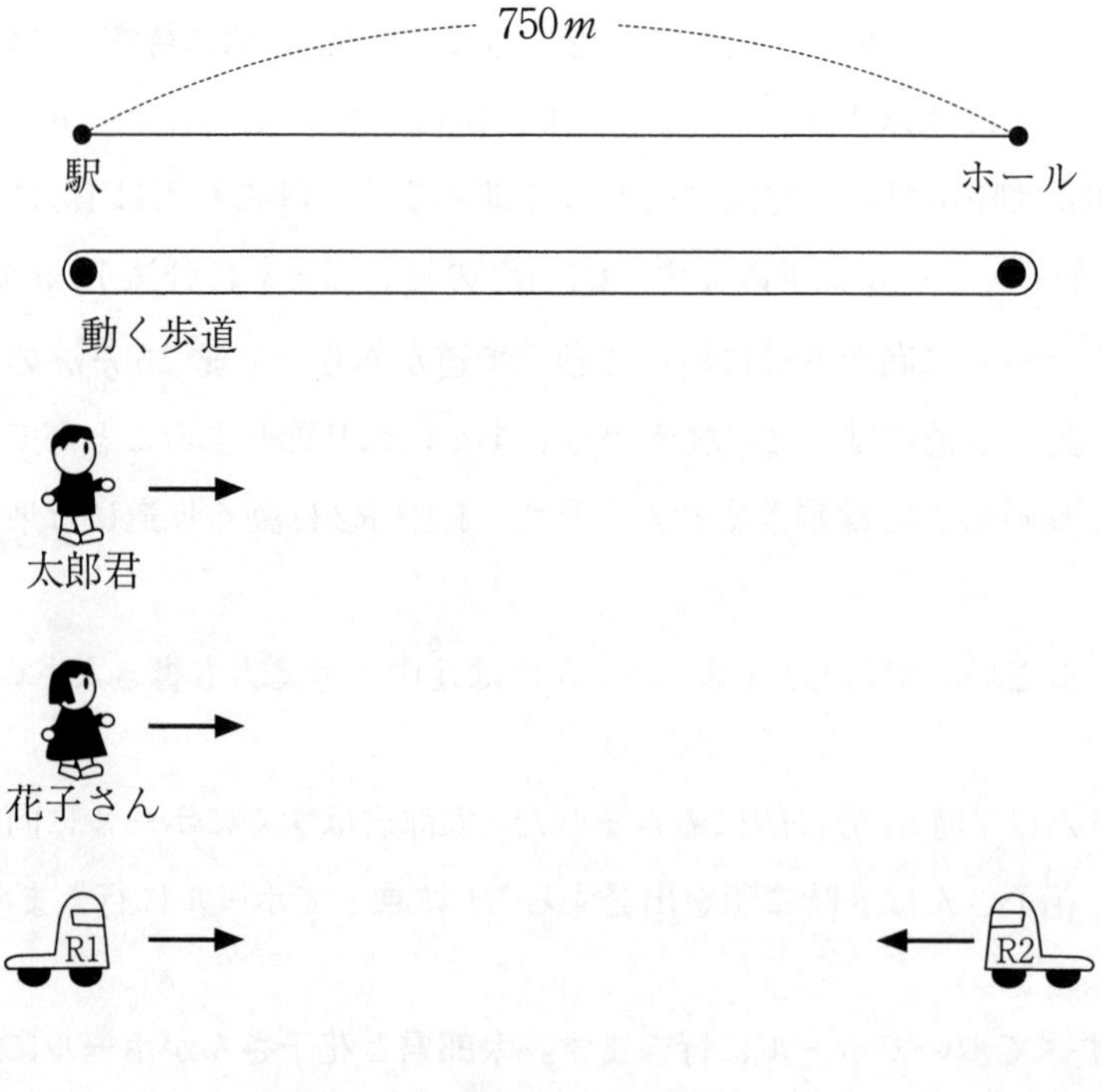

問三 次の文のうち、ことばの使い方がまちがっているものを一つ選び、記号で答えなさい。

ア　突然《とつぜん》起きた地震にうろたえる。

イ　えもいわれぬ美しい景観に見とれる。

ウ　ご多分にもれず、私も勉強は苦手だ。

エ　先生のところへいそいそと謝《あやま》りにいく。

問四 次のＡ・Ｂの四字熟語について、□に共通して入る漢字をそれぞれ答えなさい。

(1)　Ａ　呉越□舟　　Ｂ　大□小異

(2)　Ａ　□衣無縫　　Ｂ　奇想□外

問五 次の各文の空らんに入ることばのうち、三つは同じグループになることができます。残る一つの漢字を答えなさい。

ア　真っ【　　】なうそ

イ　【　　】羽の矢が立つ

ウ　生き【　　】の目をぬく

エ　【　　】菜に塩

問六 次の句と同じ季節をよんだものを、ア～エから一つ選び、記号で答えなさい。

・暁《あかつき》の紺《こん》朝顔や星一つ（虚子）

ア　鶴舞うや日は金色の雲を得て（久女）

イ　万緑の中や吾子《あこ》の歯生え初《そ》むる（草田男）

ウ　梅一輪一輪ほどの暖かさ（嵐雪）

エ　柿食えば鐘が鳴るなり法隆寺（子規）

問五 ――線④とありますが、どのようなところが「一緒」なのですか。その内容として最も適当な部分を本文中から解答らんに合うように25字以上30字以内で抜き出し、はじめと終わりの５字を記しなさい。

問六 Y にあてはまることばを文脈を踏《ふ》まえて考え、７字以上10字以内で記しなさい。

三

次の問いに答えなさい。（問題は**問一**から**問六**まであります。）

問一 次の①～⑥の――線部のカタカナを、漢字に直しなさい。

① ユニフォームのサイスンをする。

② ゲキテキな結末をむかえる。

③ ラテン語からハセイした言語。

④ フクソウをととのえる。

⑤ 優勝するのはシナンのわざだ。

⑥ 旅行先でマイゴになる。

問二 次の――線部の単語のうち、品詞の異なるものを一つ選び、記号で答えなさい。

ア あさがおがきれいに咲く。

イ この本はだいぶ古かろう。

ウ 野山の新緑が美しい。

エ 山頂が雪で白くなった。

るんだよ」

卓也はその後、清田が鹿児島から転校してきた理由を知る。清田は両親を交通事故で亡《な》くし、食堂を経営する母親の妹であるおばさんに引き取られ、6帖《じょう》一間のアパートで一人暮らしをしていたのだった。

（ねじめ正一『泣き虫先生』による）

問一 ――線①に「店番のイヤな気分」とありますが、「志水先生」は、この「気分」をなんと言っていますか。本文中から8字で抜《ぬ》き出《だ》して記しなさい。

問二 ――線②とありますが、なぜ「志水先生」は「卓也」の班ノートの記述を「詩」と言っているのですか。その理由を30字以上40字以内で解答らんに合うように記しなさい。

問三 [X] にあてはまる最も適当な漢字1字を記しなさい。

問四 ――線③についての説明として最も適当なものを次の中から選び、記号で答えなさい。

ア　転校生であることからクラスになじめずにいた清田は班ノートなど書かないと思っていたが、志水先生に対しては素《す》直《なお》に自分の思いを伝えていることがまったく理解できないでいる。

イ　決して班ノートを書かないと言っていた清田が、班ノートに卓也と同じような詩を書いて自分の弱さを表現することで、真の友情を求めているのだと感じて戸惑《とまど》っている。

ウ　乱暴でケンカ早く、卓也に対して対抗心を燃やし続けている清田が、明らかな嘘だとわかる言葉を使って自分を表現していることに対して人としてのいやらしさを感じている。

エ　日ごろから志水先生に対しても強気なふるまいを見せているような清田が、作品の中に自身の弱さを表現する言葉をちりばめていることに妙《みょう》な違《い》和《わ》感《かん》を覚えている。

「先生、なんでオレの詩で涙なんか出すんですか。やめてくださいよ」

と、志水先生に絡《から》んでくる。

「いいじゃないか、涙出したって。詩に清田の心が見えて、自然と泣けてくるんだから、仕様がないじゃないか」

「大人の男が、それも先生が生徒の詩を読んで泣くなんて、カッコ悪いですよ」

清田がどこまでも志水先生に絡むのは、いい詩だと褒められたことに照れているからだ。

「でも、清田さあ、ぼくも、この詩、いい詩だと思う。だって、読んでて、清田のことちょっと分かった気がした」

と、卓也が言う。

「山口、詩でオレのことが分かるの？　詩らしい言葉を辞書から拾ってきて、並べただけだよ。オレの心から出てきた言葉じゃなくて、嘘《うそ》の言葉ばっかりで書いているだけだよ。それを真面目くさって読んじゃってさあ」

「そうなの？　嘘なの？」

「そうだよ」

「じゃあ、班ノート、書かなきゃいいじゃないか。その方が清田らしいよ」

卓也は思っていたことを、清田にぶつけた。

「放っといてくれよ。オレの勝手だろ！」

志水先生はポケットのハンカチで、涙と鼻水を拭うと、

「詩は、全部を本当の言葉で書かなくてもいいんだぞ。清田が詩らしくなる嘘の言葉を、辞書から拾って書いたとしても、言葉を選ぶという時点で、清田の心が映されているんだ。だから、嘘の言葉はないんだ。ひとりぼっちという言葉はありふれた言葉だけど、ひとりぼっちという言葉と爆弾がくっつくことによって、清田の心になるんだ」

卓也には志水先生の言っていることが難しくて、よく理解できなかったが、［　Y　］になることがあるのだということを、先生は言っているのだと思った。

「この間の山口の詩の〈宙ぶらりん〉という言葉は、イヤな店番とむすびついて詩になったし、清田の〈ひとりぼっち〉は爆弾や殴るという暴力的な気分と合わさって、詩になっている。二人とも、知らず知らずに自分自身の本当の心を書いてい

わかっているから
オレはひとりぼっちを
辛抱できる

清田が班ノートを書いてきたのは、意外だった。卓也は漠然《ばくぜん》と、清田が班ノートをずっと書いてこないと思っていたからだ。それに、中学生とは思えないくらいのきれいな大人びた字を、清田が書くことにも驚いた。

卓也は声には出さず、目で追いながら清田の詩を読んだ。

清田の詩は、同じ言葉とフレーズの繰り返しで、どの X もたった一行が違うだけだ。それに乱暴でけんか早い清田が、③〈ひとりぼっち〉や〈辛抱〉という言葉を使っていることが不思議で、卓也は胸の辺りがざわざわするような気分になった。

「どうだ、山口。清田の詩もいいだろ」

「はい。よかったです」

「どこがよかったか、言ってみろ」

「どこがって言われても……んっと、〈ひとりぼっち〉の繰り返しが、読んでて気持ちよかったです。それに、なんだかヘンな気持ちになりました」

「そうだよな。先生もそうなったよ。④山口の詩の〈宙ぶらりん〉も、清田の〈ひとりぼっち〉も、言葉は違うが、突《つ》き詰《つ》めていくと結局は一緒《いっしょ》になるんだ、分かるか？」

「いや……分かりません」

「清田はどうだ？」

そう言っている志水先生の目に、もう涙がたまっている。

清田は、卓也に自分の詩を読まれることを嫌《いや》がっていた割には、ふてくされた態度を取りながらも、おとなしく二人のやり取りを聞いていたが、

「ひとりぼっち」

ひとりぼっち
ひとりぼっち
爆弾《ばくだん》かかえて
みんなもひとりぼっちなのを
わかっているから
オレはひとりぼっちを
辛抱《しんぼう》できる

ひとりぼっち
ひとりぼっち
人を殴《なぐ》りたいほど
みんなもひとりぼっちなのを
わかっているから
オレはひとりぼっちを
辛抱できる

ひとりぼっち
ひとりぼっち
月がひと間を照らして
みんなもひとりぼっちなのを

端《ぱ》〉という言い方もあるが、それだと普通《ふつう》なんだ。〈宙ぶらりん〉という言葉を発見したことで、この文章が詩になり、全体が光り出したのです」

　志水先生は、自分の言葉に感極《かんきわ》まり、涙を流している。泣いている先生を見て、クスクス笑っている生徒も何人かいるが、クラスのほとんどの子が、卓也の詩だと気づいていて、卓也の方に視線を向けてくるから恥ずかしくてしようがない。

「志水先生、もういいから、やめてよ。黒板消して、早く教科書にいって！」

と、心の中で叫《さけ》び続ける。さっきの褒められたうれしい気分など吹《ふ》っ飛《と》んで、とても顔が上げられない。

　卓也は顔を伏《ふ》せたまま、2列先の清田を見ると、清田は、肘《ひじ》をついた手に頬《ほお》をのせて、窓の外の遠くをじっと見ていた。こういう教室の空気を、清田はどう思っているのだろう。班ノートでも、卓也に対する対抗心をむき出しにしてくるのだろうか。それとも、書くことがないと言って、ずっと班ノートを書かずに、志水先生に抵抗《ていこう》するのだろうか。

「……、班ノートからこんないい詩が生まれるとは思っていませんでした。みなさん、班ノートを書くのが面倒《めんどう》くさいと思わず、これからも、正直に書いてください」

　志水先生はズボンのポケットからハンカチを取り出し、涙を拭《ぬぐ》った。

　その日の野球部の練習は声出しだけではなく、キャッチボールもさせてもらえた。清田はしっかり卓也の球を受けてくれるが、ひと言も口を開かなかった。

　それからしばらく経《た》って、放課後、また、卓也と清田の二人が残された。

「山口、今日、清田も班ノートにいい詩を書いてきたんだよ」

「先生、わざわざ、山口に見せることないじゃないか！」

「誰でも読んでいい班ノートだから、一番最初に、山口に読ませたいんだ。山口、読んでみろ」

「やめろよ」と言う、清田をしり目に、志水先生が清田のページを開いて、卓也に班ノートを渡した。角ばったきれいな字がきちょうめんに並んでいる。

お母さんと花を買いにくると
宙ぶらりんのひもが
ぷつんととつぜん切れて
宙ぶらりんのぼくは
どさっと花の上に落とされる
きれいな花の上に落ちても
花の水がひっくり返り
店じゅう水であふれ
いくらもがいても
出られなくて
あっぷあっぷと、
ぼくは水の中でも
宙ぶらりん

黒板いっぱいに卓也の詩が書かれた。

タイミングよく、ホームルームのあとの一時間目の授業は、国語である。

「これは立派な詩だ。いい詩だ」

志水先生は声を震《ふる》わせて、同じセリフを繰《く》り返《かえ》し、目には涙が光っている。

「みんな、この詩を小さな声で、各自、読んでみてください。〈花屋〉の言葉でクラスの誰《だれ》が書いた詩か、大体みんな分かるだろうけど、そんなことはどうでもよろしい。この詩には、家が花屋であっても花屋でなくても、どんな子にも共有できる恥《は》ずかしい、寂《さび》しい、いやだ……逃《に》げ出《だ》したい……それから、あとどんな感情があるかなあ……まあ、そういうマイナスの気持ちが、表現されています。そして、そういう気持ちを〈宙ぶらりん〉という言葉で表したのが素晴《すば》らしい。〈中《ちゅう》途《と》半《はん》清田は相変わらずのふてくされ声で答える。

「でも、必ず書いてこいよ、いいな」

志水先生が念を押《お》すが、清田はそれには答えない。志水先生はそれ以上言わずに、卓也の班ノートを開くと、卓也の書いた文章を目で追っている。読み終えて頭を上げた志水先生の目には涙《なみだ》がいっぱいたまっていた。

「②山口、これは詩だよ。まさしく詩だ。いい詩だよ」

先生に「いい詩だ」「いい詩だ」と言われても、何が「いい詩」なのか卓也には分からないが、とにかく、「いい詩だ」と褒《ほ》められたことがうれしかった。卓也は自分の席に戻《もど》りながら、昨日、班ノートを書き終えた後と同じ、妙《みょう》に豊かな気分になっている。

席に着いて前を見ると、志水先生が卓也の詩を、黒板に書き始めている。

「宙ぶらりん」

ぼくの家は花屋
町の小さな花屋
店番していると
子どもでもない
中学生でもない
おとなでもない
なんでもない
何だかわけのわからない
宙ぶらりんのぼくがいる
でも、同級生の女の子が

二　次の文章を読んで、後の問いに答えなさい。（問題は問一から問六まであります。）

《あらすじ》

公立桜田中学校に入学して２ヶ月。各班それぞれ順番に書くことになっていた班ノートを書かずにいた山口卓也《やまぐちたくや》と清田力《きよたりき》は、放課後、大学を卒業したばかりの担任、国語担当の志水高春《しみずたかはる》先生に呼び止められ、班ノートを必ず書くようにと指導された。優《すぐ》れた野球の才能を持ちながら、野球の名門である私立大学附属《ふぞく》中学に進学できなかった卓也。そして入学当初から卓也に対抗心《たいこうしん》を燃やしている、鹿児島《かごしま》からやってきた転校生の野球少年清田。二人は野球部に入り、少しずつ心を通わせつつあったが……。

身の回りのことを自分の言葉で書けと言われても、何をどんな風に書いていいか、卓也には全然分からない。清田も今頃《いまごろ》、班ノートを書いているのだろうか。どんな文章を書いてくるのだろう。気になるが、そんなことより自分の班ノートを書かなくてはいけない。

店のざわつきが気になる。母親の「ありがとうございます」の甲高《かんだか》い声がイラつく。父親のせいで店番させられることがムカつく。そうだ、イヤな店番のことを書こうと思った。でも、言葉が出てこない、出てこない。①出てこない、と焦《あせ》って、イライラしている内に、店番のイヤな気分が、ちょっとずつ言葉になって出てき始めた。ひとつずつ書きつづっていくと、班ノートを２ページも使っていた。

みんなが書いている文章とはずいぶん違《ちが》うと思ったが、野球で得られる充実感《じゅうじつかん》とは別の感情が、卓也を満たしていた。

こんな気分は初めてだった。

翌日の朝のホームルームの後、卓也は志水先生に班ノートを渡《わた》した。

「おお、山口、本当に書いてきたんだ。これは驚《おどろ》きだな。清田はどうだ？」

教室の後ろの席に座《すわ》っている清田に向かって、志水先生が声を掛《か》ける。

「書いてません」

問四 ――線③とありますが、災害での「『減災』または『縮災』の発想」の実践例を示す一文を、**文章【B】**から探し出し、はじめの５字を答えなさい。

問五 [Y] にあてはまることばを、**文章【B】**から14字で抜《ぬ》き出して答えなさい。

問六 次のア～オについて、**文章【A】【B】**の内容に合っているものには○、合っていないものには×を答えなさい。

ア 千年単位での大津波であっても、想定内に入れて莫大な予算をかけねばならないことは、東日本大震災から得られた教訓だ。

イ 原発を安全に稼働させるには、「想定外のことも起こる」ということをないがしろにしない、柔軟な対応が必要だ。

ウ あらかじめ起こり得ると考えていることについては、想定内のこととして思考停止状態に陥《おちい》らないですむ。

エ 人々が求める価値が見えにくい今日では、検討は一切せずに、想定を大きくとってなんでも取り入れておくべきだ。

オ 想定外を想定した「エクセプション」処理やゲリラ豪雨等に際しての水の誘導法は、全体の動きを妨げる恐れのない方法の一例だ。

なものです。

（Ａ・Ｂともに畑村洋太郎『新失敗学　正解をつくる技術』）

※　不可抗力…人の力では抵抗したり防止したりすることのできない力。　散漫…まとまりのないさま。
建前…表向きの考え。　氾濫…川の水などが増して勢いよくあふれ出ること。
無尽蔵…無限にあること。

問一　[Ｘ] にあてはまることばを、５字で考えて記しなさい。

問二　――線①とありますが、「想定外という言い訳の問題点」とはどのようなことですか。50字以上60字以内で記しなさい。

問三　――線②とありますが、それはどのようなことですか。ふさわしくないものを次の中から一つ選び、記号で答えなさい。

ア　原子力発電所を完璧な状態に保つために、五〇〇年から一〇〇〇年に一度の大津波にまで備えると、予算を超過して経営が難しくなってしまうということ。

イ　事故は起こらないという建前を崩さずに、原子力発電所の安全を訴え続けていかないと、実際に起きたとき「想定外」と言えなくなってしまうということ。

ウ　事故が起こり得ることを少しでも認めると、反対派の人たちから猛反発を受けて、原子力発電所を建設する計画すら危うくなってしまうということ。

エ　原子力発電所の危険性がわずかでも発覚すると、以前許容していた人たちからの支持も得られなくなり、その稼働ができなくなってしまうということ。

そうしたとき、１００か0かで考えていると、前述の原発での大津波への対応のように、想定外の扱いは「考えなくていい」から「考えてはいけない」になる危険があります。こうしたものへの対処は、柔軟に行ったほうがうまくいきます。最初からわかっていることは、なんでも取り入れておいたほうがいいというのが私の考え方です。といっても正規のルートで扱うのは難しいので、予備のルートを用意してそちらで扱うのがいいと思います。［　Y　］です。

これは最初からある程度数のうちに取り込むものの、全体の動きを妨《さまた》げないように、一時的な避難《ひなん》場所や予備用のルートを設けることで対応するという考え方です。これなら滅多に起こらないことを想定しつつ、大きなコストをかけずに対処することができます。

コンピュータを動かすプログラムでは、バグを想定して「エクセプション（Exception）」という処理が用意されていると聞きました。コンピュータは常に論理の通りに動くので、想定していないものへの対処ができません。そうしたものを正規のものとして扱おうとすると、システム全体の動きが止まってしまうので、避難場所を用意して処理が不可能なものはそこに置くようにして全体の動きが止まらないようにしているということです。これはまさしく想定外を想定した、対処法です。

似たような発想で行われているものは災害対策にもあります。たとえば河川《かせん》は、許容量を超《こ》える水が流れると※氾濫《はんらん》して大きな被害を発生させますが、これを防ぐための手立てとして河川の脇《わき》に一時的に水を溜《た》めることができる場所を用意しています。

大雨のときにはそうしたところでわざと越流《えつりゅう》を起こさせて本流の水量を減らすことで、人がたくさん住んでいる場所での致命的《ちめいてき》な氾濫を防いでいます。最近は、短時間で大量の雨が降《ふ》るゲリラ豪《ごう》雨や、線状降水帯のように同じ場所で激しい雨が長時間降り続けるようなことがふつうに起こっているので、従来の堤防《ていぼう》を高くする対策だけでは対応できないことが起こり得ます。そこで被害を完全に防ぐ防災にならないまでも、発生したときに被害を小さく抑える減災という考え方をするようになっているのです。

水害対策ではいつも費用対効果が大きな問題になります。想定を大きく取れば被害が抑えられる可能性は高まりますが、対策にかかる費用はそれだけ大きくなります。※無尽蔵《むじんぞう》にお金をかけることはできないので、予算をにらみつつ、どの程度の対策をするかを決めなければならないのが現実です。「そのほか」に置くという発想は、こういうものへの対処に不可欠発も稼働《かどう》すること自体が難しいことになっています。想定外のことは考えてはいけないどころか、滅多に起こらないことまですべて数のうちに入れなければいけないようになっているのです。

率直《そっちょく》に言うと、どちらの考え方もいびつに見えます。想定外のことは滅多に起こりませんが、絶対に起こらないというものではありません。しかし滅多に起こらないことなので、数のうちに入れるのもおかしなことなのです。

私の考えはシンプルです。滅多に起こらないことは数のうちに入れずに扱うのが適当です。しかし絶対に起こらないものではないので、いざというときのために考えておくことは必要です。想定外を想定していろいろと考えておくことは、そのこと自体がいざというときの備えになるからです。③災害や失敗への対策でいうと、「防災」ならぬ「減災」または「縮災」の発想が必要なのです。これは文字どおり、被害の発生を完全に防ぐことはできないものの、いざ起こったときには被害をなるべく小さく抑《おさ》えるという考え方です。

いまは人々が求める価値がどこにあるのか見えにくい時代です。そうした中で最初からすべてを予測して動くのは困難です。かといって何も考えていないと、想定外の問題にまったく対処できなくなってしまいます。実際に事が起こると、事の進行が速すぎて、考えの構築が間に合いません。ですから結局はあらかじめ考えていたことだけが助けになります。この想定外はいくらでも起こり得るので、想定の枠を広げて検討しつつ、従来の枠を越《こ》えた、柔軟《じゅうなん》かつ迅速《じんそく》な動き方ができるようにすることが求められています。

【文章Ｂ】

事故やトラブルは、よく想定外のところで起こります。全体をうまくまとめてスムーズに動かすためにあえて外したものが悪さをすることがあるのです。

かといって最初から取《と》り込《こ》むことが難しいのが想定外の問題です。滅多に起こらないからとりあえず外しているものの、それを最初から数のうちに入れると途端《とたん》にコストが大きくなります。たとえば災害対策はどの程度のことを想定するかで中身は変わってきますが、想定を大きく取れば取るほど費用がかさむものです。実際の予算には限りがあるので、想定外のことが起こったときの危険を知りつつ、どこかで妥協《だきょう》しなければならないわけです。

考えていないので、用意した理屈《りくつ》はそのまま使うことができません。枠の中の論理が通用しないことは当然あるし、実際にそこで大きな失敗が起こることがあります。また枠内であっても、見込《みこ》み違《ちが》いなどで考えていた論理が通用しないことがありますが、いずれのケースでも想定外という言葉が使われます。

①このように考えると、想定外という言い訳の問題点がわかります。枠外でなんらかの問題が起こって、それが大きな悪《あく》影響《えいきょう》をもたらしたとすると、それは最初の枠の決め方がおかしかったということになります。一方、枠内で想定できなかった問題が起こった場合は、そもそもの考え方がおかしかったということになります。このように想定外というのは、あらかじめ考えていたことが、量的、あるいは質的におかしかったということですから、本来はそれ自体が責任回避の理由になるものではないのです。

そして東日本大震災のときには、私たちは想定に関する多くの教訓を得ることができました。なかでもいちばんの教訓は、「想定外のことも起こる」ということです。あらかじめ起こるのがわかっていたら備えをしますが、想定外のことは起こらないという前提で扱《あつか》っているのでふつうは対処を考えていません。そういうものが現実に起こったとき、人間は何もできないどころか、思考停止状態になることを教えてくれたのがあの震災でした。

それならば想定を広くすればいいと考えたくなりますが、費用対効果を考えると現実的ではありません。東日本大震災の際の津波は、五〇〇年から一〇〇〇年に一度の大津波とされています。そういう滅多《めった》に起こらないものを数のうちに入れて対策を行おうとすると莫大《ばくだい》な費用がかかるのです。だから「考えなくていい」とするのは、ごく自然なことだと思います。

じつは東日本大震災が起こる前は、想定外は「考えなくていい」ではなく、「考えてはいけない」ものとして扱われていました。②滅多に起こらないことを数のうちに入れると、実際の運営に大きな支障を来《きた》すことになるからです。原子力発電がいい例で、少しでも危険があることを認めると、原発反対派の人たちから猛攻撃《もうこうげき》を受けます。だから原発推進派の人たちは危険なものであることを知りつつ「原発は絶対に安全」と言っていたのではないでしょうか。さらにはそうした※建前で動いている以上、想定外のことは考えるのも許されないという空気の中で原発は動いていたのです。

いまはどうか。福島第一原発における史上最悪の事故によって、「原発は絶対に安全」という建前が通用しなくなりました。それどころか逆に、原発は危険なものとして扱わざるを得なくなっています。最近はとにかく規制が厳しく、どこの原

2023年度

国学院大学久我山中学校

【国　語】〈ＳＴ第二回試験〉（五〇分）〈満点：一〇〇点〉

〔注意〕1　設問の関係で，原文とは異なるところがあります。
　　　　2　句読点（、や。）その他の記号（「や〃など）は1字分として数えます。

一　次の文章**【Ａ】【Ｂ】**を読んで、後の問いに答えなさい。（問題は**問一**から**問六**まであります。）

【文章Ａ】

よく個人や組織が大きな失敗を起こしたときに使われる言葉、これが「想定外」です。これは私たちが仮説を立てるうえでも重要なキーワードの一つです。

想定外という言葉がよく使われたのは、二〇一一年の東日本大震災《だいしんさい》のときです。

最初に言ったように、この言葉は失敗したときの言い訳としてよく使われます。想定外という言葉にはなんとなく、「想定していないことが起こった」→「だから失敗したのは仕方がない」というニュアンスが含《ふく》まれています。とくに地震《じしん》や津波《つなみ》、台風などの自然災害は防ぎようがないものなので、大きな被害《ひがい》が出たときに想定外という言葉を使うと、不思議と※不可抗力《ふかこうりょく》で失敗が起こったように聞こえます。そのせいかこの言葉には、たんなる事実を示しているというより、責任回避《かいひ》を目的に使われることが多いというイメージがあります。

実際には、想定外という言葉を使ったところで責任が回避できるわけではありません。

そのことを理解するには、まず想定というものについて考えてみる必要があります。想定とは一言で言うと「考える［　Ｘ　］こと」です。企画《きかく》でも計画でも、人はまず範囲《はんい》を決めないと、考えを具体的な形にまとめることができません。そうしないと、考えがどんどん広がって※散漫《さんまん》になってしまうので、境界を決めて枠《わく》の中で検討することが必要になるのです。

もちろんそうしてつくったものがうまく動くのは、最初に決めた枠の中だけです。枠からはみ出た部分のことはそもそも

2023年度

国学院大学久我山中学校 ▶解答

※ 編集上の都合により，ST第２回試験の解説は省略させていただきました。

算数 ＜ST第２回試験＞（60分）＜満点：150点＞

解答

[1] (1) 17個 (2) 6通り (3) ① 5000m ② $2\,\text{cm}^2$ (4) $47\frac{3}{11}$分 (5) 88点 (6) 12% [2] (1) 12人 (2) 8時50分 (3) ① 810円 ② 32760円 (4) 23人 (5) 42才 (6) 50.24cm^2 (7) 190cm^3 [3] (1) 10円 (2) 30円 (3) 白マス (4) 〈う，う，お〉，〈う，う，う〉 (5) ① 黒マス ② 2通り (6) 12通り [4] (1) **太郎君**…8時6分 **花子さん**…8時10分 (2) ① 8時16分 ② 8時$8\frac{2}{7}$分 (3) 13分間 (4) 8時3分 (5) 花子さんが$\frac{4}{11}$分早く着く

国語 ＜ST第２回試験＞（50分）＜満点：100点＞

解答

[一] **問1** (例) 枠を決める **問2** (例) あらかじめ考えていた範囲や事柄が量的にも質的にもそもそもおかしかったのだから，「想定外」は言い訳にならない，ということ。 **問3** イ **問4** たとえば河 **問5** 「そのほか」に置くという発想 **問6** **ア** × **イ** ○ **ウ** ○ **エ** × **オ** ○ [二] **問1** マイナスの気持ち **問2** (例) 自分の中の思いが〈宙ぶらりん〉という言葉と結びつくことで心を映す作品になっている(から。) **問3** 連 **問4** エ **問5** 二人とも，～書いている(ところ。) **問6** (例) 嘘の言葉も本当の言葉 [三] **問1** 下記を参照のこと。 **問2** ア **問3** エ **問4** (1) 同 (2) 天 **問5** 馬 **問6** エ

●漢字の書き取り

[三] **問1** ① 採寸 ② 劇的 ③ 派生 ④ 服装 ⑤ 至難 ⑥ 迷子

Memo

2022年度　国学院大学久我山中学校

〔電　話〕 (03) 3334－１１５１
〔所在地〕 〒168-0082　東京都杉並区久我山１－９－１
〔交　通〕 京王井の頭線－「久我山駅」より徒歩12分

【算　数】〈第１回試験〉（50分）〈満点：100点〉

〔注意〕 １．分度器・コンパスは使用しないでください。
２．円周率は3.14とします。

1 次の計算をしなさい。

(1) $(3+4)\times 5\div 7+6$

(2) $3\div 0.25\div 0.75\times 1.375$

(3) $\left(\frac{3}{5}-\frac{1}{8}\right)\div 2\frac{3}{8}+\left(1\frac{3}{4}-\frac{7}{6}\right)\times 2\frac{4}{7}$

(4) $\frac{5}{6}-\left\{\left(\frac{1}{3}-\frac{1}{4}\right)\times 24-\left(0.125-\frac{1}{16}\right)\times 16\right\}\times\frac{1}{3}$

2 次の問いに答えなさい。

(1) 縮尺《しゅくしゃく》25万分の１の地図で３cmの長さは，実際には何kmですか。

(2) ある年の４月30日は金曜日です。その年の３月１日は何曜日ですか。

(3) ８％の食塩水400ｇに水を加えて，５％の食塩水を作ります。加える水の量は何ｇですか。

(4) ある文具店では，A，B，Cの３種類のノートを売っています。１冊あたりの値段は，BはAより60円高く，CはAより80円高いです。Aを２冊，Bを４冊，Cを３冊買ったところ，代金は1470円でした。Cのノート１冊の値段は何円ですか。

(5) ある川をボートで1.2km上るのに50分かかり，同じところを下るのに30分かかりました。静水時のボートの速さ，川の流れの速さはそれぞれ一定であるとすると，川の流れの速さは毎分何mですか。

(6) 下の図のような二等辺三角形の等しい２辺の上を，１辺の長さが３cmの正三角形ABCが矢印の方向にすべることなく転がります。正三角形ABCがあの状態からはじめていの状態になったとき，点Aが動いたあとの線の長さは何cmですか。

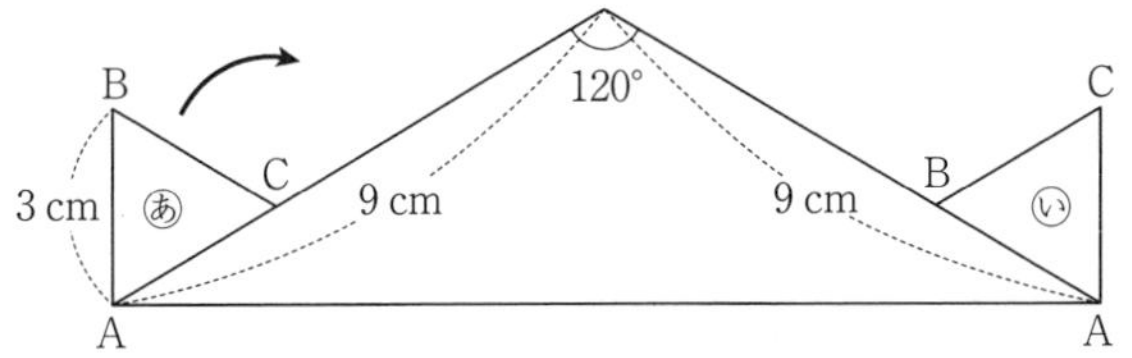

(7) 右の図のように，縦《たて》５ｍ，横10m，高さ４ｍの直方体の建物があり，屋根の１つの角《かど》に高さ２ｍの電灯が立っています。この電灯の光でできる建物の影《かげ》の部分の面積は何m^2になりますか。ただし，建物の下には影はできないものとします。

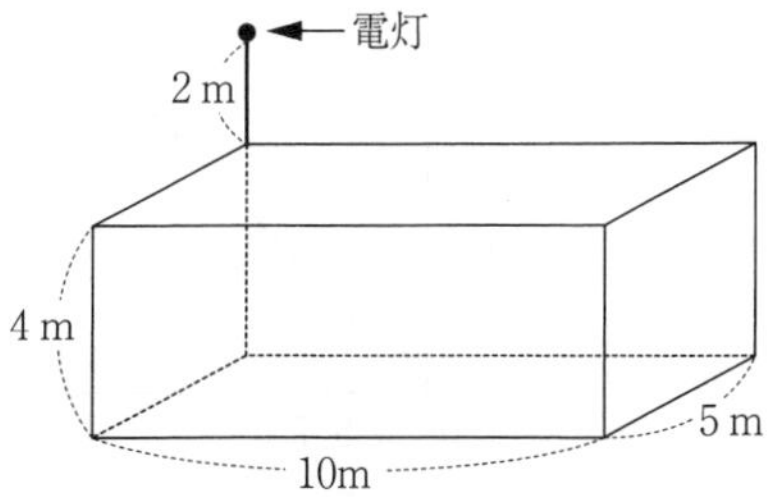

3　[1]，[2]，[3]，[4] のカードが１枚ずつあり，この４枚のカードを並べて４けたの整数をつくります。次の問いに答えなさい。

(1)　できる整数は全部で何個ですか。

(2)　できる整数のうち，奇数は全部で何個ですか。

(3)　次のルールにしたがって，４けたの整数をつくります。

《ルール》
・千の位には [1] のカードを置かない
・百の位には [2] のカードを置かない
・十の位には [3] のカードを置かない
・一の位には [4] のカードを置かない

①　このとき，できる整数は全部で何個ですか。

②　①で，できる整数をすべて加えるといくつになりますか。

4　右の図のように，直方体を組み合わせた形の空《から》の水そうがあり，その水そうの中に長方形の仕切りがまっすぐ立っています。

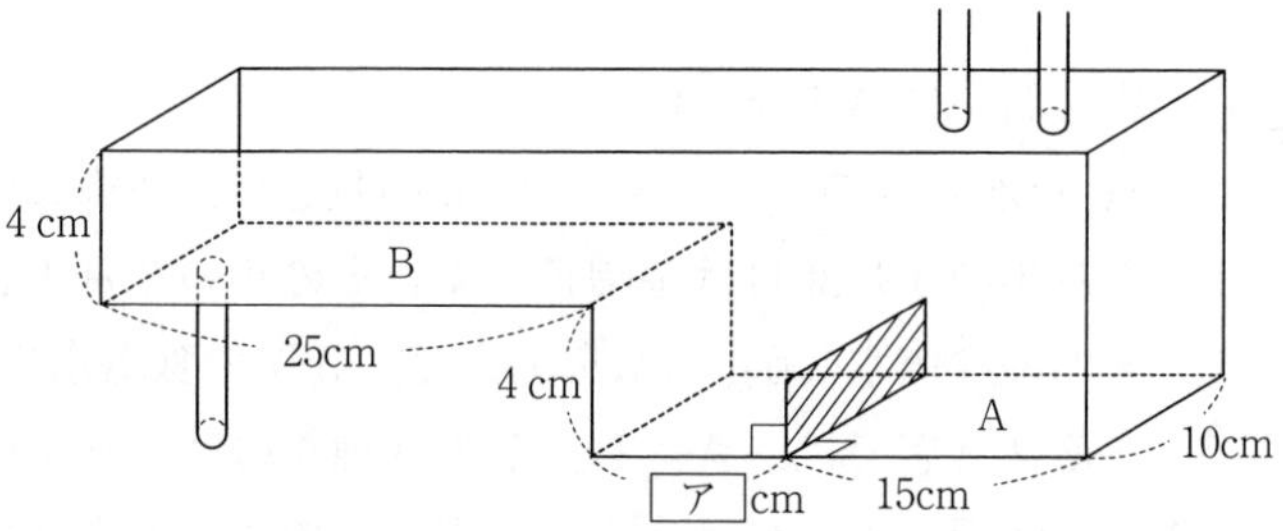

水そうには管が２本ついていて，同じ量の水を一定の割合でAの部分に入れることができます。また，Bの部分には常に開いている排水管《はいすいかん》があり，一定の割合で排水されます。

まず，１本の管で水そうに水を入れていきます。しばらくしてから，もう一方の管も使って２本の管で満水になるまで水を入れていきます。

グラフは，水そうに水を入れ始めてから満水になるまでの時間と，Aの部分の水面の高さの関係を表したものです。仕切りの厚さは考えないものとして，次の問いに答えなさい。ただし，途中《とちゅう》の考え方も書きなさい。

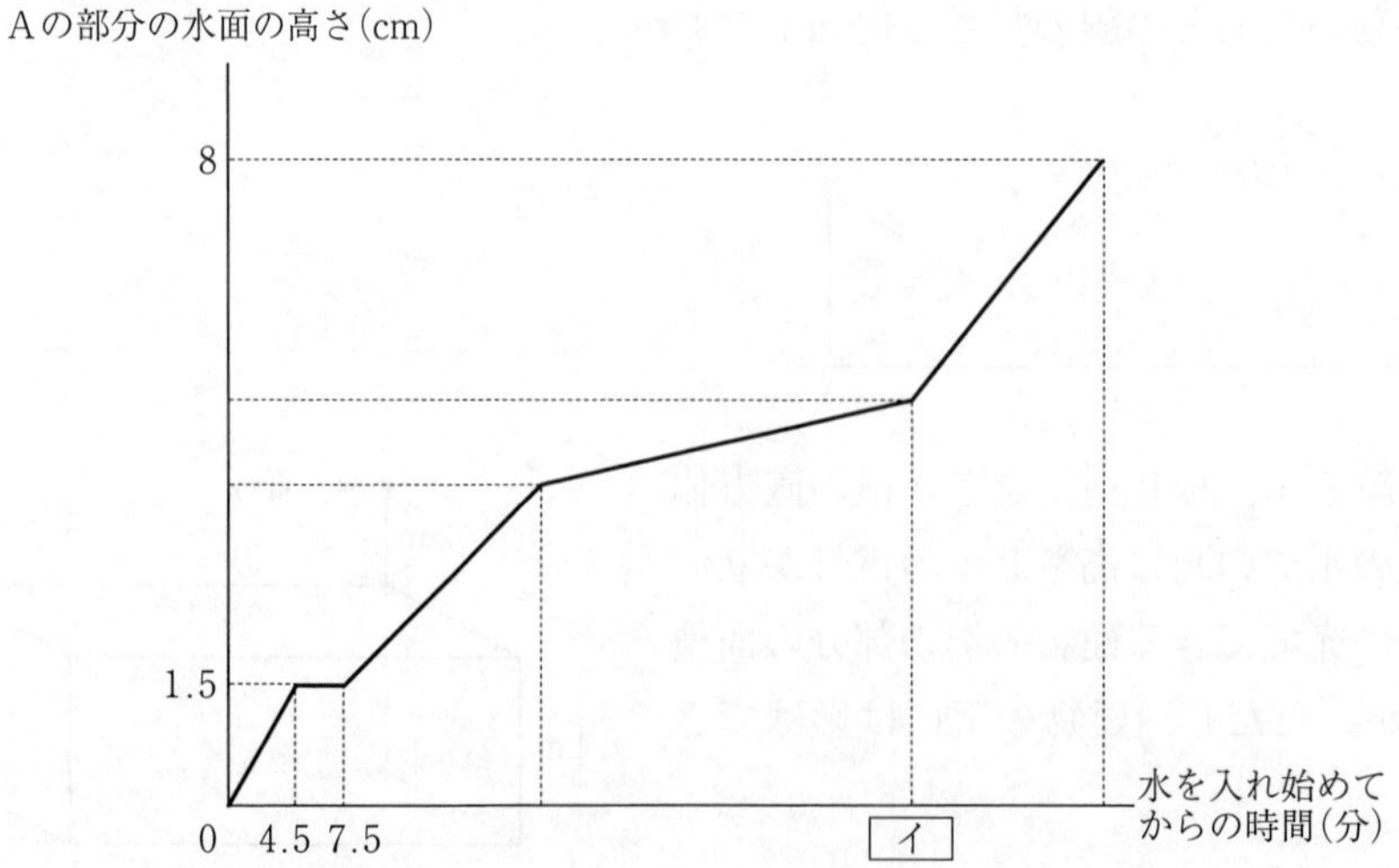

(1)　１本の管から入れることができる水の量は毎分何 cm^3 ですか。

(2)　水そうの図の［ア］はいくつですか。

(3)　排水管から毎分15cm^3ずつ排水されているとき，水そうに水を入れ始めてから満水になるまでにかかった時間は60分でした。グラフの［イ］はいくつですか。

(4)　排水管から毎分［　　　］cm^3ずつ排水されているとき，グラフは下のように変わりました。このとき，［　］はいくつですか。

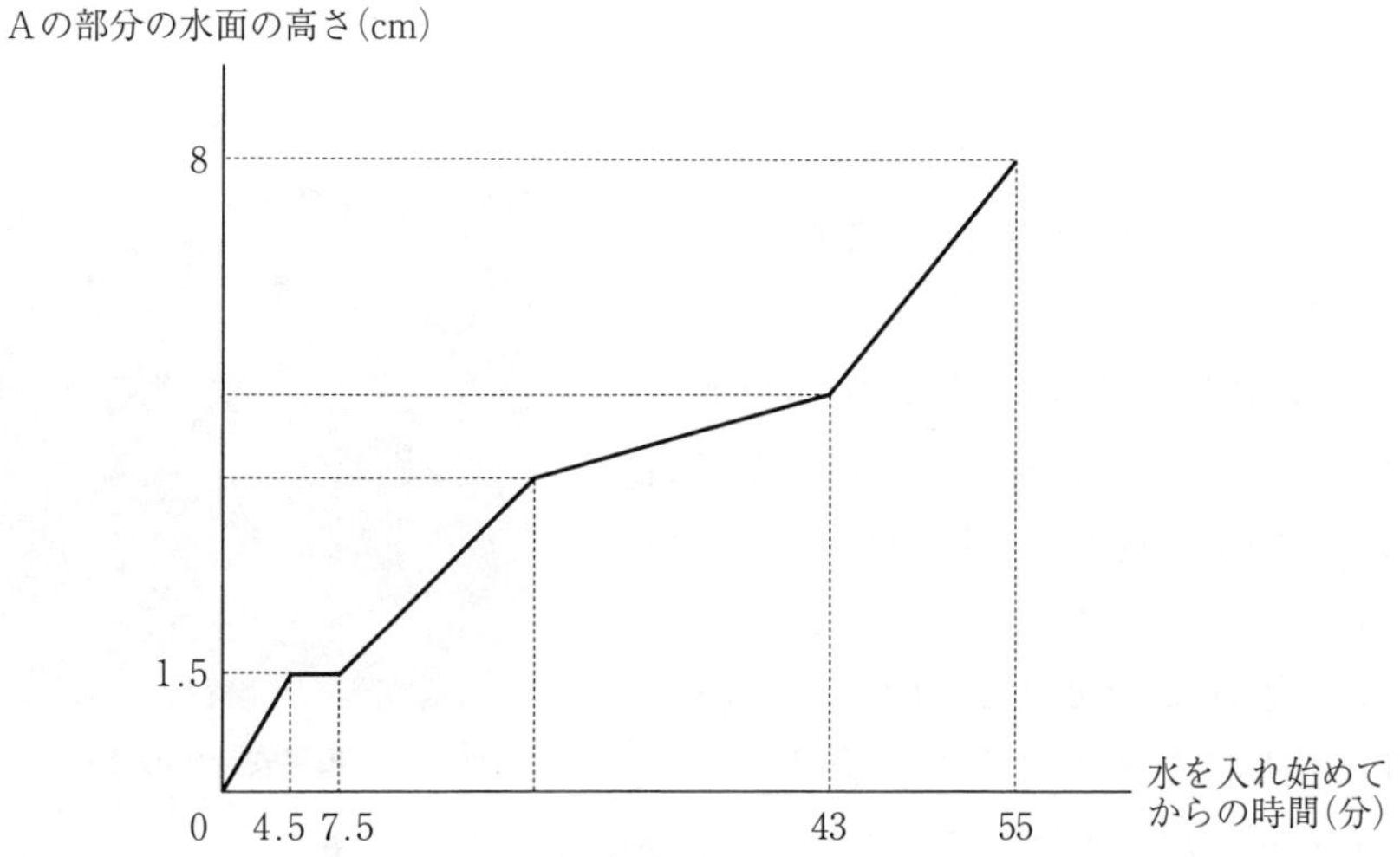

【社　会】〈第１回試験〉(40分)〈満点：50点〉

1　以下の会話は，ＡさんとＫ先生の会話です。これを読み，次の問いに答えなさい。

●携帯扇風機

●高松塚古墳の壁画

●平安時代の扇子

Ｋ先生：夏になると，携帯《けいたい》型の扇風機《せんぷうき》を手に持った人をよく見かけますね。

Ａさん：私も持っています。昨年の夏は特に暑かったので，①夏を乗り切るための必須《ひっす》アイテムとなりました。

　それにしても，扇風機や②エアコンがない時代の人たちは，暑い夏をどのように乗り切ったのでしょう。

Ｋ先生：涼《りょう》を運んでくれる道具といえば，扇子《せんす》や団扇《うちわ》ですね。団扇の方が歴史は古く，高松塚古墳の壁画《へきが》には柄《え》の長い団扇状の「円翳《えんえい》」を持つ女性の姿《すがた》が描《えが》かれています。これは中国から伝わった「翳《さしは》」が原型となっていて，貴人や女性の顔を隠《かく》したり，虫を払《はら》ったりすることに使われていたといいます。

Ａさん：扇子は日本発祥《はっしょう》なのですよね。紙が貴重であった平安時代に，様々なことを記録する［　③　］を綴《と》じて合わせたものが，扇子のはじまりだと本で読んだことがあります。

Ｋ先生：江戸時代に入ると，④団扇は庶民《しょみん》へ広く普及《ふきゅう》し，多様な場面で利用されていきました。お気に入りの歌舞伎役者が描かれた団扇を持って出かけるのが流行していたそうです。

Ａさん：今で言うと，アイドルのコンサートに応援《おうえん》団扇を持っていく感覚ですか。

Ｋ先生：そうですね。また，⑤団扇は広告としても大きな役割を果たしました。

Ａさん：たしかに広告入りの団扇が街中で配られていることがよくありますよね。

　ところで，年々「猛暑《もうしょ》日」が増えているように感じます。昨年の夏も，熱中症《ねっちゅうしょう》警戒《けいかい》アラートが全国各地で出され，こまめな塩分・水分補給はもちろん，室内でも無理をせずにエアコンを使用することが推奨《すいしょう》されていました。

　こうした気候変動も地球温暖化の影響なのでしょうか。

Ｋ先生：IPCC(気候変動に関する政府間パネル)の第６次評価報告書によると，今後20年以内に産業革命前からの気温上昇は1.5度に達する可能性があるとし，温暖化の原因が⑥人類の排出した温室効果ガスであることについては，「疑う余地がない」と従来の表現より踏《ふ》み込んで断定しています。

Ａさん：これまで「暑い夏をどのように涼しく過ごすべきか」ばかり考えていましたが，⑦「地球全体がこれ以上暑くならないようにするにはどのように過ごすべきか」を第一に考え，行動していきたいと思います。

問１　下線部①について，次の統計は，2020年に実施した暑さ対策に関する意識調査で，暑さ対策で使うつもりの(または使っている)アイテムを場所別にまとめたものです。下のうち，アイテムの組み合わせとしてふさわしいものを選び，記号で答えなさい。

●家の中(自宅) (％)

１位	エアコン(冷房《れいぼう》や除湿《じょしつ》)	89.6
２位	扇風機	75.8
３位	団扇	38.9
４位	換気《かんき》扇	34.1
５位	冷感寝具	22.8
６位	Ａ	21.0
７位	制汗《せいかん》スプレー	20.6
８位	保冷剤《ざい》・冷却まくら	19.7

●移動中の屋外(路上など) (％)

１位	Ｂ	30.9
２位	Ｃ	22.0
３位	Ａ	17.8
４位	機能性肌着《はだぎ》	16.2
５位	Ｄ	15.1
６位	制汗スプレー	13.2
７位	団扇	10.7
８位	冷感タオル	8.0

●移動中の車内(電車など) (％)

１位	エアコン(冷房や除湿)	50.9
２位	Ｃ	19.6
３位	機能性肌着	13.6
４位	Ｄ	12.9
５位	Ａ	12.2
６位	制汗スプレー	8.7
７位	団扇	7.1
８位	携帯扇風機	4.4

●外出先の屋内(商業施設《しせつ》やオフィス内) (％)

１位	エアコン(冷房や除湿)	54.7
２位	Ａ	19.6
３位	Ｃ	17.9
４位	機能性肌着	14.4
５位	Ｄ	13.7
６位	制汗スプレー	12.5
７位	団扇	9.4
８位	扇風機	8.6

(株式会社プラネットHPより作成)

ア．Ａ：夏用マスク　Ｂ：汗ふきシート・爽快《そうかい》シート　Ｃ：扇子　Ｄ：日傘《ひがさ》
イ．Ａ：汗ふきシート・爽快シート　Ｂ：日傘　Ｃ：扇子　Ｄ：夏用マスク
ウ．Ａ：夏用マスク　Ｂ：日傘　Ｃ：汗ふきシート・爽快シート　Ｄ：扇子
エ．Ａ：日傘　Ｂ：扇子　Ｃ：汗ふきシート・爽快シート　Ｄ：夏用マスク

問２　下線部②に関連して，次のグラフは耐久《たいきゅう》消費財の普及率の推移(二人以上の世帯)をあらわしたものです。ルームエアコンの統計としてふさわしいものを選び，記号で答えなさい。なお，他の３つは，パソコン・乗用車・薄型《うすがた》テレビのものです。

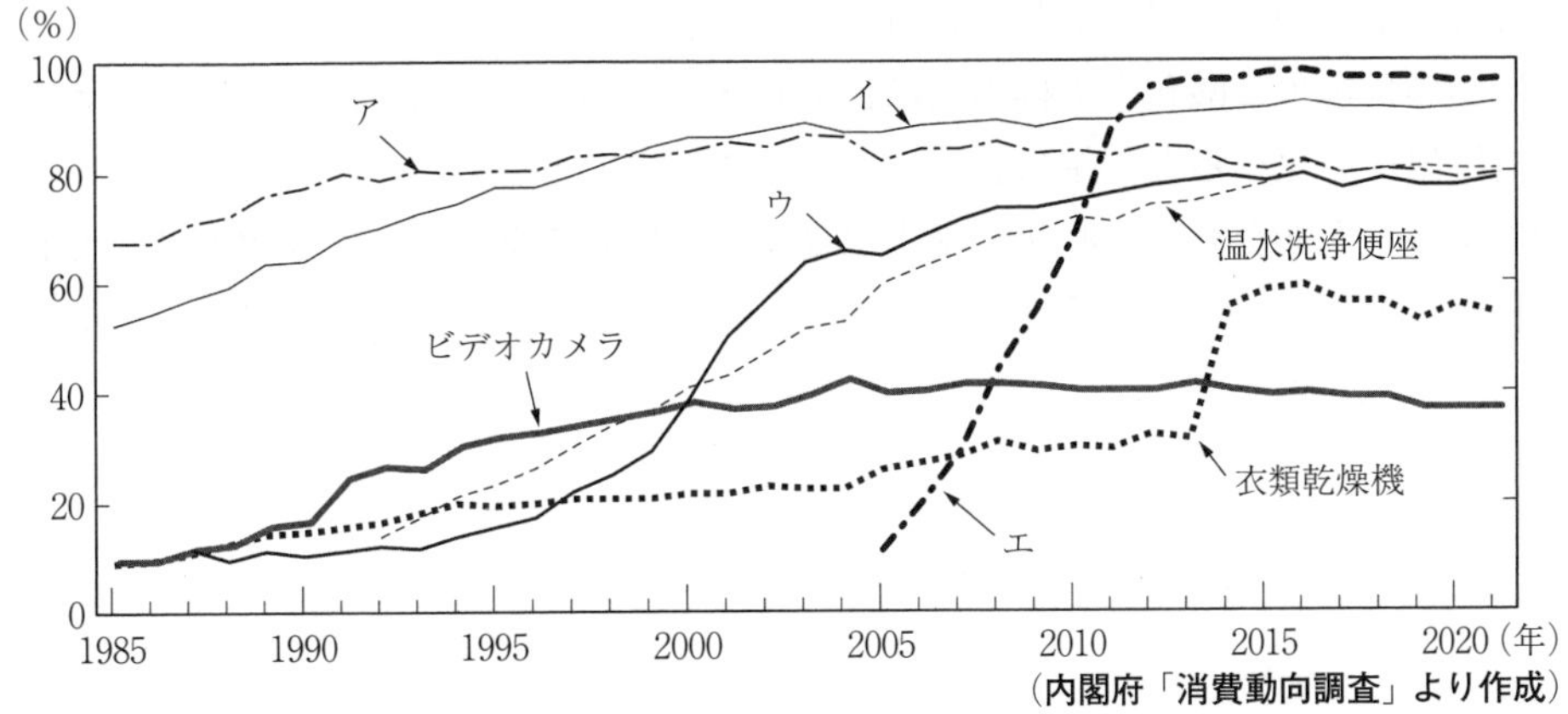

(内閣府「消費動向調査」より作成)

問３　空欄《くうらん》の［③］にふさわしい語句を漢字２字で答えなさい。

問４　下線部④に関連して，古くから団扇の生産地として知られる香川県丸亀地方には，**「伊予竹に土佐紙貼《は》りてあわ(阿波)ぐれば讃岐団扇で至極《しごく》(四国)涼しい」**という歌があります。この歌を参考にして，丸亀の団扇づくりが発展した背景を述べなさい。

問５　下線部⑤に関連して，江戸時代，呉服《ごふく》店で知られる越後屋は，雨が降ると屋号入りの傘《かさ》を客に無料で貸し出し，それを多くの人が見ることによって大きな宣伝効果を生み出しました。

このことを参考にして，もしあなたが経営者であったならば，何を無料で配布もしくは貸し出すことで宣伝効果を生み出しますか。

あなたの考えを述べなさい。

葛飾北斎画「隅田川両岸一覧」より
(国立国会図書館デジタルコレクション)

問６　下線部⑥に関連して，次の二つの表について述べた文として，ふさわしいものを選び，記号で答えなさい。

●主な国の二酸化炭素排出量の推移

(百万 t-CO_2)※二酸化炭素換算

	1990年	2018年
中国	2089	9528
アメリカ合衆国	4803	4921
インド	530	2308
ロシア	2164	1587
日本	1054	1081
世界計	20516	33513

(『世界国勢図会 2021/22』より作成)

●主な国の人口の推移

(百万人)

	1990年	2018年
中国	1177	1428
アメリカ合衆国	252	327
インド	873	1353
ロシア	148	146
日本	125	127
世界計	5327	7631

(「World Population Prospects 2019」より作成)

ア．1990年のアメリカ合衆国の二酸化炭素排出量は，世界全体の二酸化炭素排出量の約４分の３を占めていた。

イ．1990年と2018年を比べると，世界の総人口は約1.5倍に増加しており，世界全体の二酸化炭素排出量は約３倍に増加している。

ウ．2018年の日本の二酸化炭素排出量は1990年と比べると増えているが，１人あたりの二酸化炭素排出量を比べると大幅に減少していることがわかる。

エ．2018年の１人あたりの二酸化炭素排出量が多い国から並べると，アメリカ合衆国，ロシア，日本，中国，インドの順となる。

問７　下線部⑦に関連して，次のニュース記事をよく読み，途上国が先進国に対して支援拡充《しえんかくじゅう》を求めている理由を２つ答えなさい。

COP26“途上国に資金拠出《きょしゅつ》を早急に”支援拡充求める声相次ぐ

イギリスで開かれている気候変動対策の国連の会議「COP26」で，発展途上国が行う対策の資金について話し合われ，途上国からは先進国が約束した資金の拠出を早急に果たすべきだという声が相次ぎました。

イギリスのグラスゴーで開かれている「COP26」では３日，途上国が行う気候変動対策の資金に関する会合が行われました。

先進国は途上国に対し2020年までに官民合わせて年間1000億ドルを拠出する約束をしていますが，OECD＝経済協力開発機構によりますと2019年は800億ドルほどにとどまり，2020年も目標の達成は難しいという見方が広がっています。

（中略）

インド政府の男性は「われわれは新たに目標を掲《かか》げ，前に進んでいる。これまで主要な排出国だった国が資金援助《えんじょ》をすべきで，年間1000億ドルでは足りない」として，支援の強化を求めました。

西アフリカのシエラレオネの代表団の男性は「国内では洪水が頻繁《ひんぱん》に起こり，大打撃《だげき》を受けている。先進国は早急に約束を果たすべきだ。アクセスしやすい資金がなければ，何も対策ができない」と訴《うった》えていました。

記者会見で議長国イギリスのスナク財務相は，日本やオーストラリア，ノルウェーなどが資金を増やすことを新たに約束したとして「2021年から2025年までの５年間で，合わせて5000億ドルを超える可能性がある」と期待を示し，各国に働きかけを続ける考えを示しました。

―ツバル首相「資金支援 非常に重要」

イギリスで開かれているCOP26の会場で気候変動による海面上昇の被害に直面する南太平洋の島国，ツバルのナタノ首相がNHKのインタビューに応じました。

ナタノ首相は，ツバルの国土の平均海抜は２メートル未満だとして「ツバルは小さな国で，現在，海面上昇による非常に深刻な脅威《きょうい》にさらされている」として，気候変動による影響に強い危機感を示しました。

そして「われわれは国土を守るため，適応策に着手する必要がある。このため，対策への資金支援は非常に重要だ」と強調しました。

そのうえで先進国が拠出する資金の見通しについて「先進国はパリ協定で約束した年間1000億ドルの拠出をいまだ果たしておらず，われわれは待ち続けている。COP26で先進国が資金に関して新たに行う宣言の実効性には懐疑《かいぎ》的にならざるをえない」と述べました。

（「NHK NEWS WEB 2021年11月４日」より抜粋）

2　昨年開催《かいさい》された東京オリンピックにより，スポーツ界に大きな関心が集まりました。日本にはさまざまなスポーツチームが存在し，そのチーム名にはホームタウンの特徴《とくちょう》が込《こ》められていることも多くあります。次の地図には，いくつかのスポーツチーム名と，活動拠点《きょてん》となっている都道府県が示されています。これについて，以下の問いに答えなさい。

問１　①の「岩手ビッグブルズ」は，北海道を除く都府県の中で最大の面積を誇《ほこ》ることと，前沢牛をはじめとする畜産《ちくさん》王国であることから，英語で牛を意味する「ブル」という言葉が名づけられています。これに関連して，次のグラフは，都道府県別の肉用牛・乳用牛・ブロイラーの飼育数の割合(2019年)をまとめたものです。肉用牛を示したものとしてふさわしいものを選び，記号で答えなさい。

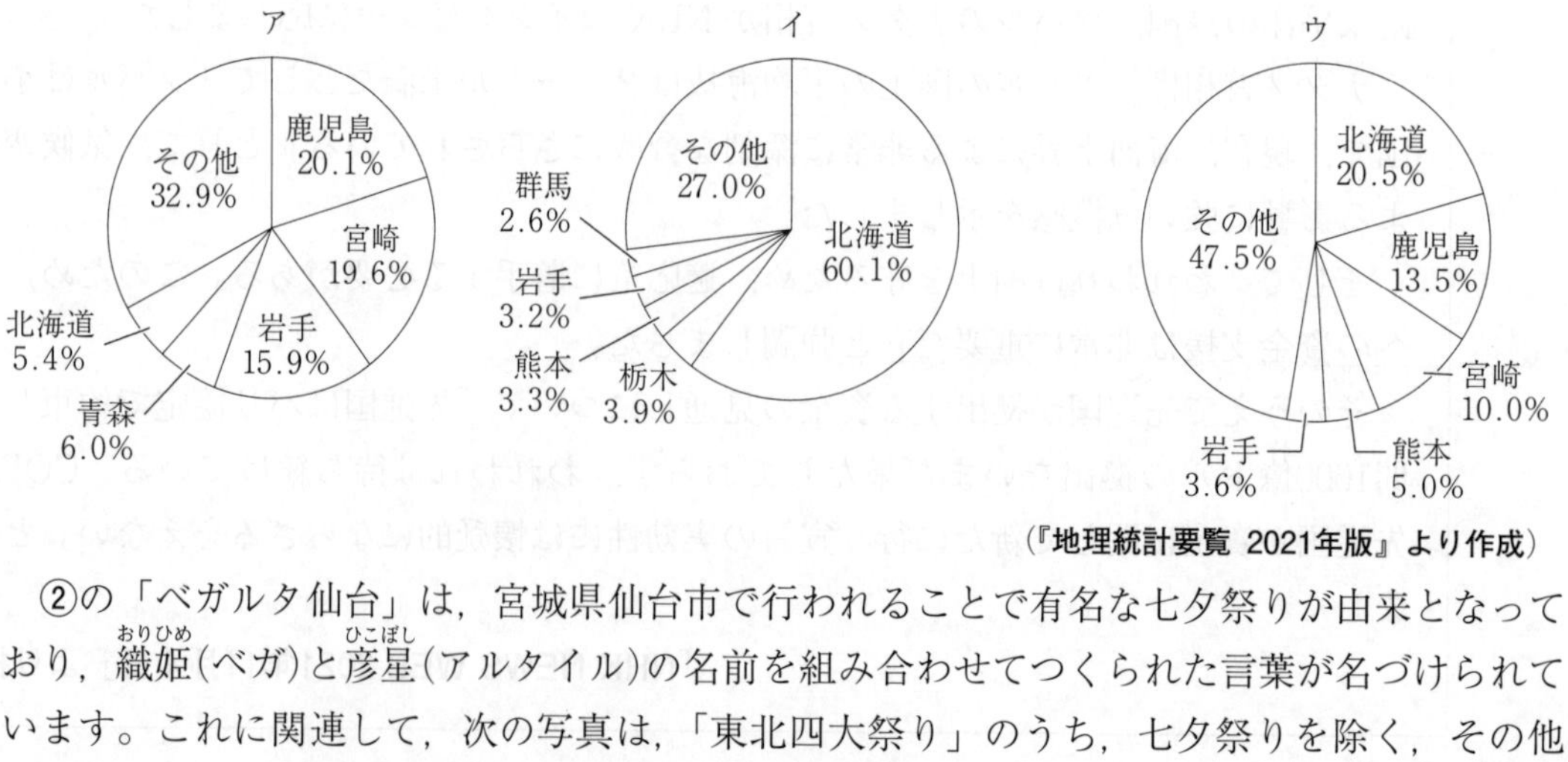

(『地理統計要覧 2021年版』より作成)

問２　②の「ベガルタ仙台」は，宮城県仙台市で行われることで有名な七夕祭りが由来となっており，織姫《おりひめ》(ベガ)と彦星《ひこぼし》(アルタイル)の名前を組み合わせてつくられた言葉が名づけられています。これに関連して，次の写真は，「東北四大祭り」のうち，七夕祭りを除く，その他３つのものです。これらの祭りが行われている県の組み合わせとしてふさわしいものを選び，記号で答えなさい。

A

B

C

（東北のまつりHPより作成）

	ア	イ	ウ	エ	オ	カ
A	青森県	青森県	秋田県	秋田県	山形県	山形県
B	秋田県	山形県	青森県	山形県	青森県	秋田県
C	山形県	秋田県	山形県	青森県	秋田県	青森県

問３　③の「水戸ホーリーホック」は，徳川御三家の水戸藩の家紋《かもん》である「葵《あおい》」の英語名から名づけられています。これに関連して，江戸時代に関する次の出来事を，古いものから順に並べかえ，解答欄に合うように記号で答えなさい。

ア．大名が江戸と領地を１年ごとに往復する参勤交代の制度が整備された。

イ．人々の意見を聞くために目安箱を設置するなどの，享保の改革が行われた。

ウ．大名を統制するための規則として，武家諸法度が初めて制定された。

エ．京都の二条城で，徳川慶喜が政権を朝廷に返上した。

問４　④の「千葉ジェッツふなばし」は，千葉県に成田国際空港があることから名づけられました。これに関連して，次の文は輸送交通機関の特徴について述べたものです。航空機の特徴として最もふさわしいものを選び，記号で答えなさい。なお，他の３つは，鉄道・自動車・船舶《せんぱく》のものです。

ア．重くて，かさばるものを大量に運ぶことができ，長距離《きょり》輸送にも適している。

イ．発着時間や所要時間が比較《ひかく》的正確で，安全性も高い。

ウ．生産地や目的地それぞれの近くまで直接運ぶことができる。

エ．軽くて高価なものや，緊急《きんきゅう》性の高いものの長距離輸送に適している。

問５　⑤について，「マリノス」とはスペイン語で「船乗り」を意味し，国際港である横浜のイメージから名づけられています。これに関連して，神奈川（横浜）など５つの港が開港することとなった，1858年に結ばれた条約を答えなさい。

問６　⑥の「大阪エヴェッサ」は，商売繁盛《はんじょう》の神様である「えびす様」を大阪では親しみを込めて「えべっさん」とよぶことから名づけられました。これに関連して，大阪府の堺市は石油化学工業がさかんですが，次のうち，石油化学工業のさかんな都市として，ふさわしくないものを選び，記号で答えなさい。

ア．浜松市　　イ．倉敷市　　ウ．四日市市　　エ．鹿嶋市

問７　⑦について，「インディゴ」とは，英語で「藍《あい》色」を意味し，徳島県の伝統工芸品である藍染め(阿波藍)から名づけられています。このように，全国では各都道府県の特色を広めようと積極的な活動を行う地域が増えています。こうした取り組みが行われている背景として，ふさわしくないものを選び，記号で答えなさい。

ア．伝統技術の後継者の減少　　イ．地方における過疎化の進行

ウ．消費税率の引き上げ　　　　エ．日本の伝統文化への関心の高まり

問８　⑧の「香川オリーブガイナーズ」は，県の特産品であるオリーブと，「強い」を意味する方言“がいな”を組み合わせて名づけられました。香川県の中でもオリーブの栽培が特にさかんな小豆島のおおよその位置として，ふさわしいものを選び，記号で答えなさい。

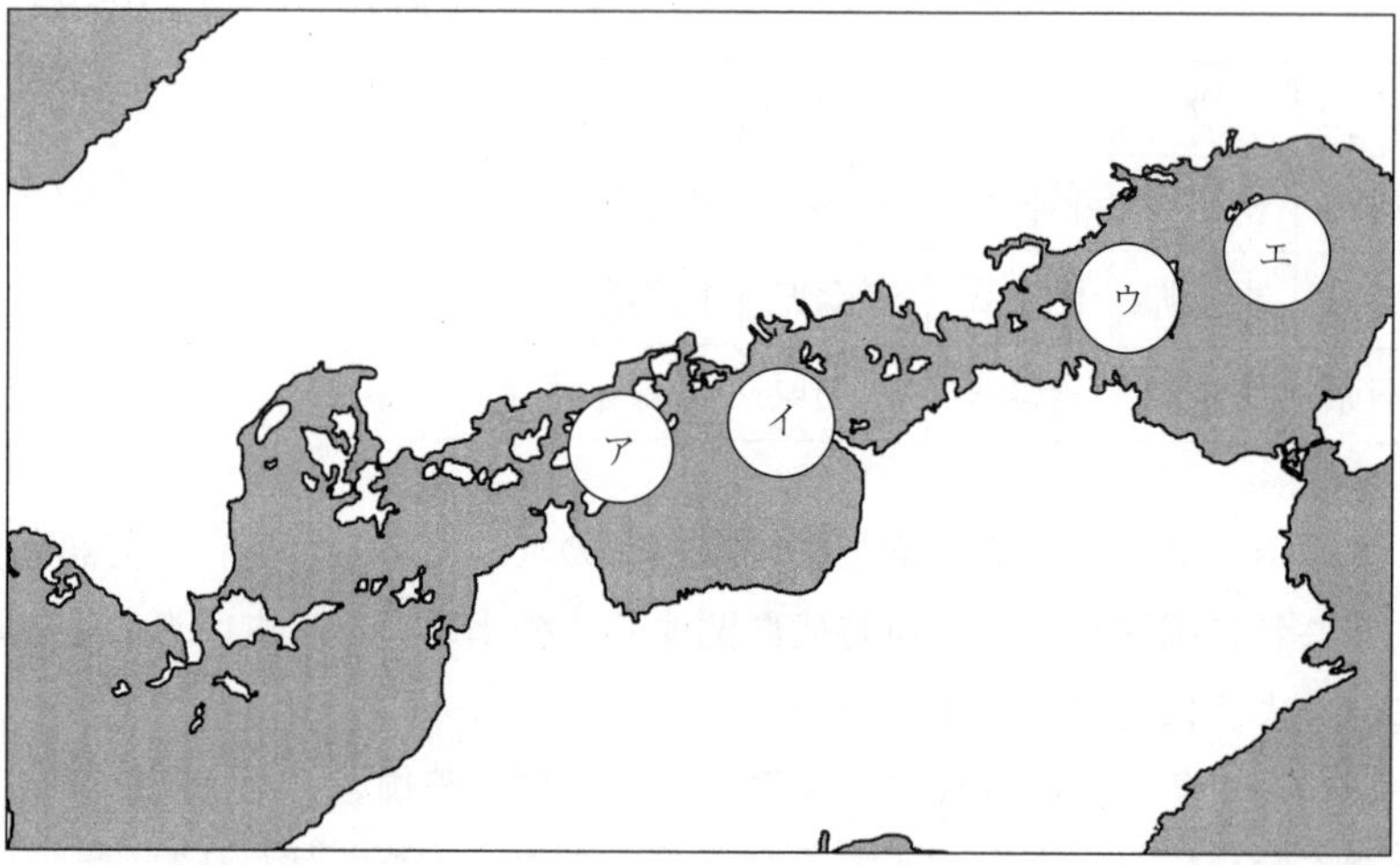

問９　⑨の「ザスパクサツ群馬」は，チームが誕生した草津町の代名詞である温泉を意味する英語「スパ(spa)」から名づけられています。近年，再生可能エネルギーの一つとして注目されている地熱発電や温泉発電は，太陽光や風力と比べて安定して電力を供給できるといわれていますが，その理由を考えて答えなさい。

問10　⑩の「富山GRNサンダーバーズ」は，富山県の県鳥であるライチョウ(雷鳥)を直訳した和製英語から名づけられています。これに関連して，富山市の雨温図としてふさわしいものを選び，記号で答えなさい。なお，他の３つは，札幌市・静岡市・松本市のものです。

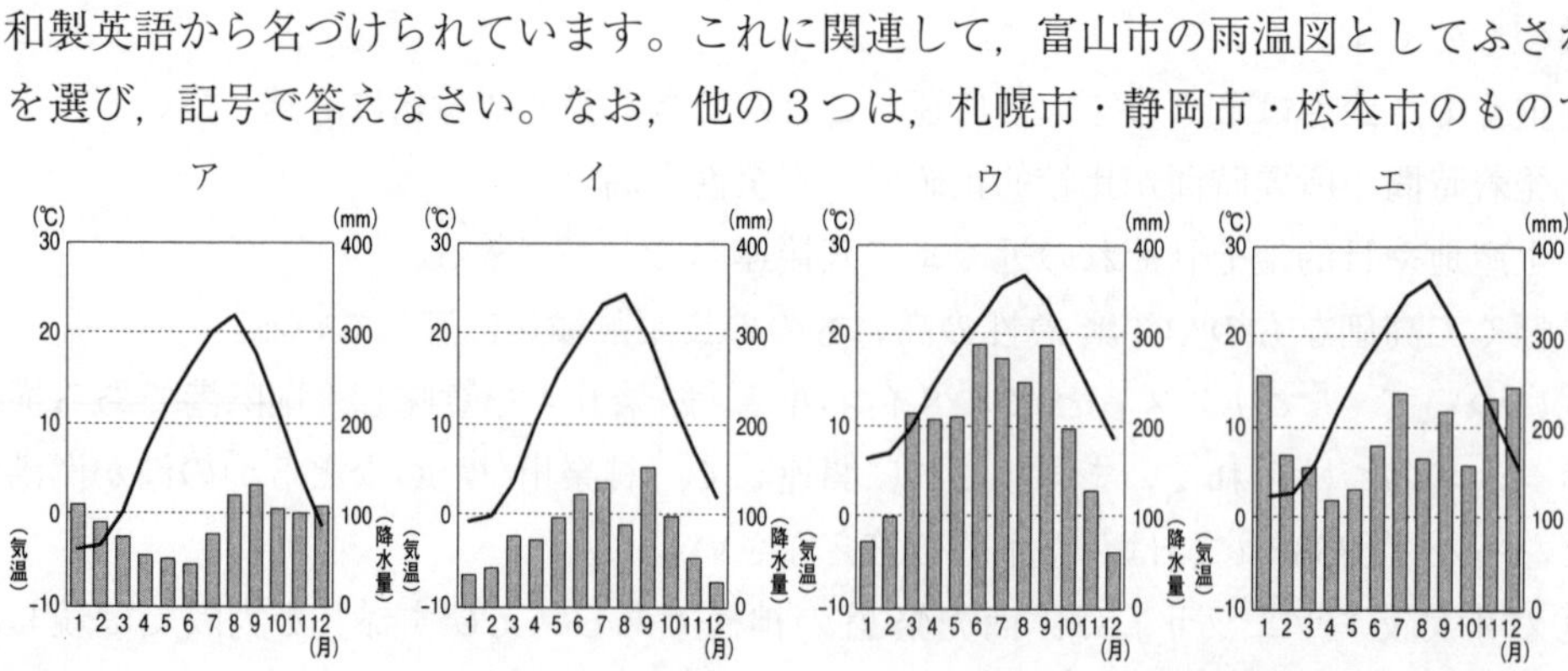

(『理科年表 2021』より作成)

問11　⑪の「石川ミリオンスターズ」は，かつてこの地に存在した藩が，百万石にものぼる広大な領地を有していたという歴史から名づけられています。この藩の基《き》礎《そ》をつくった前田利家が活躍《かつやく》した安土桃山時代の文化財として，ふさわしいものを選び，記号で答えなさい。

ア

イ

ウ

エ

問12　⑫の「島根スサノオマジック」は，この地に伝わる神話に登場する“スサノオノミコト”から名づけられています。また，チームカラーの１つである銀色は，16世紀から17世紀にかけて日本の主要な輸出品であった銀の多くが，島根県にある銀山で産出されていたことから採用されました。現在は世界遺産ともなっている，この銀山の名称《めいしょう》を，ひらがなで答えなさい。

問13　もしあなたが地域に根ざしたスポーツチームを立ち上げることになったとしたら，どのようなチーム名をつけますか。チーム名とともに，その由来を，ホームタウンとする地域の特徴がわかるように考えて説明しなさい。

3　以下の会話は，ＢくんとＫ先生の会話です。これを読み，次の問いに答えなさい。

Ｂくん：おはようございます。

Ｋ先生：おはようございます。今日は，ぎりぎりに教室に入ってきましたね。久我山中学校ではあいさつとともに「５分前の精神」を大切にしています。

Ｂくん：すみません。今日は，兵庫橋のところで信号にひっかかってしまって。

Ｋ先生：もっと余裕《よゆう》を持って登校しましょう。

Ｂくん：はい。ところで，兵庫橋という名前はどこからつけられたのですか。

Ｋ先生：①戦国時代の北条氏の家臣だった大熊氏がこの地に土着して，のちに大熊兵庫という人物が橋をつくったからと言われています。

Ｂくん：橋は川や谷を越えるためだけでなく，人がつくった水路や道などを越えることもあるのですね。先生，日本では橋はいつからあるのですか。

Ｋ先生：②縄文時代の遺跡ですでに見つかっています。人々は生活に必要がある，あるいは便利だということで，橋をつくったと考えられます。

Ｂくん：普段何気なく渡っている橋ですが，歴史をたどると面白そうですね。

Ｋ先生：面白そうと思ったものを調べてみたり，昔の人の思いを考えることは，歴史の楽しみにつながりますね。遺跡で橋の痕跡《こんせき》をみつけることもできますが，文字の記録がある時代なら，文字史料にあたってみるのもいいですね。古代の③『日本書紀』や，中世の④『吾妻鏡』にも橋に関する記述がありますから，探してみるといいですね。人々の生活の利便性だけではなく，その時代の⑤社会や政治の事情にもかかわっていることが見えてきます。

Ｂくん：現在，日本は⑥橋をつくる技術は，世界の中でも最先端であると聞きました。古くから橋をつくることを積み重ねてきた歴史がかかわっていると思います。古い時代から残る橋や新しい橋，それぞれいろいろな歴史を探ることができそうです。歌川広重の「東海道五十三次」にも，橋が描かれています。このような作品も歴史の資料になりますね。

Ｋ先生：その通りです。「東海道五十三次」に描かれている日本橋も何度もかけ替えられながら，現在も使われています。現在の橋を観察することも，歴史を調べる糸口になりますね。まず，図書館で調べたり，インターネットを使ったりして，手がかりを見つけるといいですね。

Ｂくん：まず，⑦日本橋の歴史を調べてみようと思います。

問１　下線部①の北条氏は小田原を本拠地としていましたが，ある武将に攻《せ》め滅ぼされました。この武将が天下統一のあとに行ったこととして，ふさわしいものを選び，記号で答えなさい。

ア．大坂(阪)城を築城した。　　イ．本能寺の変をおこした。

ウ．朝鮮に出兵した。　　エ．刀狩令をだした。

問２　下線部②の具体的な例として，埼玉県の寿能遺跡で見つかった湿地帯を越えるためにつくった橋があります。これに関連して，昨年，ユネスコの世界遺産に登録が決まった，「北海道・北東北の縄文遺跡群」に含まれる遺跡として，ふさわしいものを選び，記号で答えなさい。

ア．岩宿遺跡　　イ．三内丸山遺跡

ウ．登呂遺跡　　エ．吉野ヶ里遺跡

(『寿能泥炭層遺跡発掘調査報告書』より)

問３　下線部③に関連して，昨年，國學院大學博物館で特別展が開かれ，1300年ほど前にまとめられた『日本書紀』に関連する貴重な資料が展示されました。『日本書紀』には，仁徳天皇の時代に今の大阪あたりで，橋を渡したという記述が見られます。さて，この『日本書紀』がまとめられたのは何時代のことですか。ふさわしいものを選び，記号で答えなさい。

ア．古墳時代
イ．飛鳥時代
ウ．奈良時代
エ．平安時代

問４　下線部④について，12～13世紀の歴史を記した『吾妻鏡』に，幕府を開いた人物が渡り初めをした橋が出てきます。相模川(馬入川)にかけられた橋で，この人物は，渡り初めの帰り道に落馬したのがもとで亡くなったといわれています。また，この歴史書に出てくる橋の橋脚《きょうきゃく》とされるものが，関東大震災の時に突然水田から出現して見つかったことは，歴史的に注目されます。

　この人物はだれか答えなさい。

(『神奈川県茅ヶ崎市　国指定史跡旧相模川橋脚史跡整備にともなう確認調査概要報告書』より)

問５　下線部⑤に関連して，江戸時代，東海道には渡《わた》し船《ぶね》や，「箱根八里は馬でも越すが越すに越されぬ大井川」と言われたように徒渡《かちわた》り(川の中を歩いて渡る)で，行き来する川がありました。こうした川に橋をつくらなかったのはなぜか説明しなさい。

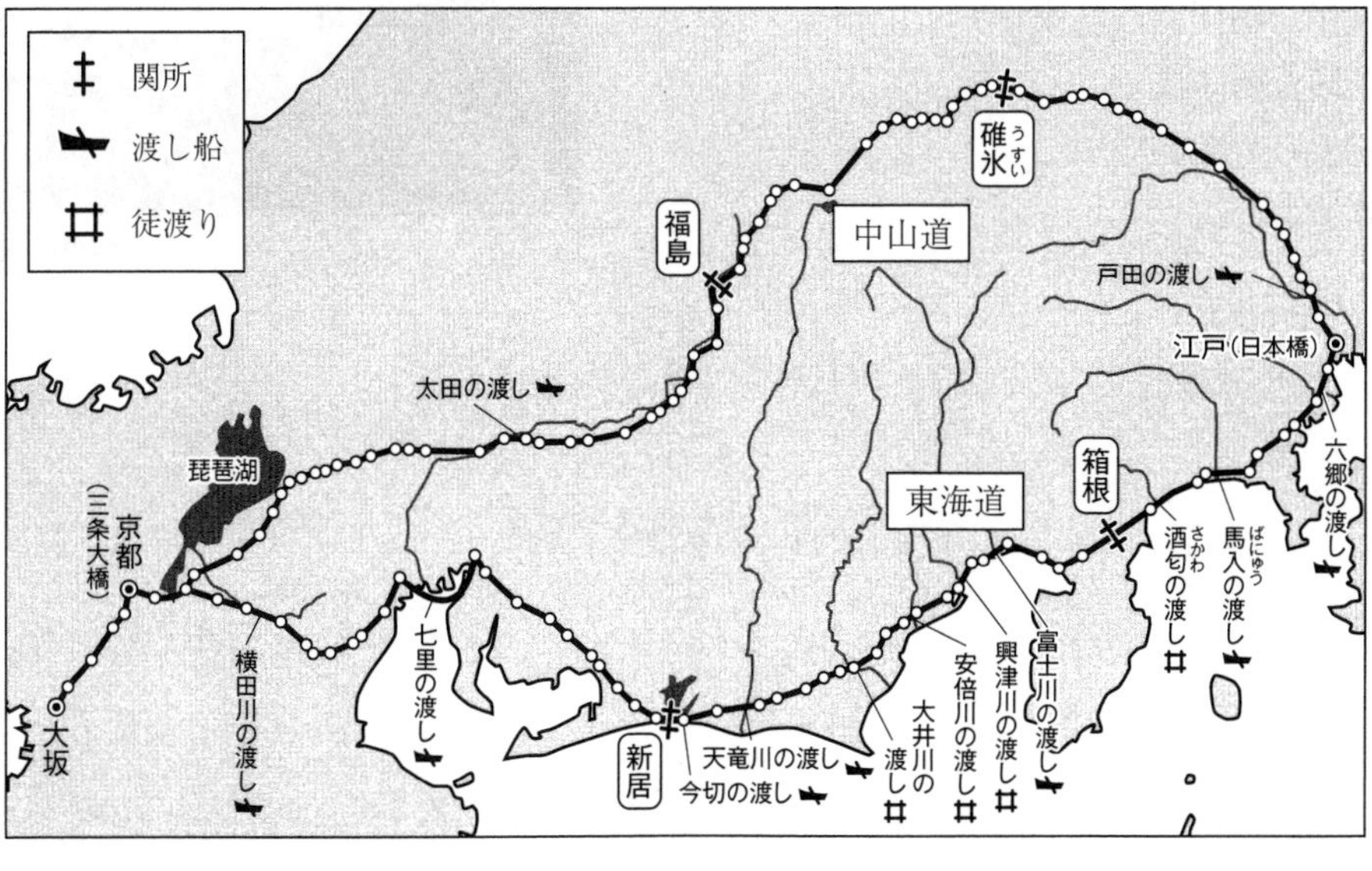

問６　下線部⑥に関連して，現代を代表する橋として本州と四国を結ぶ３つのルートの「本州四国連絡橋」があります。明治時代以来，本州・四国間の橋の建設が提案されましたが，実現しませんでした。しかし，1955年の連絡船紫雲丸事故の後，「本州四国連絡橋」への期待が高まり，1988年瀬戸大橋(児島・坂出ルート)が開通し，他の２つのルートもその後開通しました。瀬戸大橋(児島・坂出ルート)は他の２つのルートの橋とは違う特徴があります。その特徴を下の写真と地図を参考に説明しなさい。

(本州四国連絡高速道路株式会社 HP より)

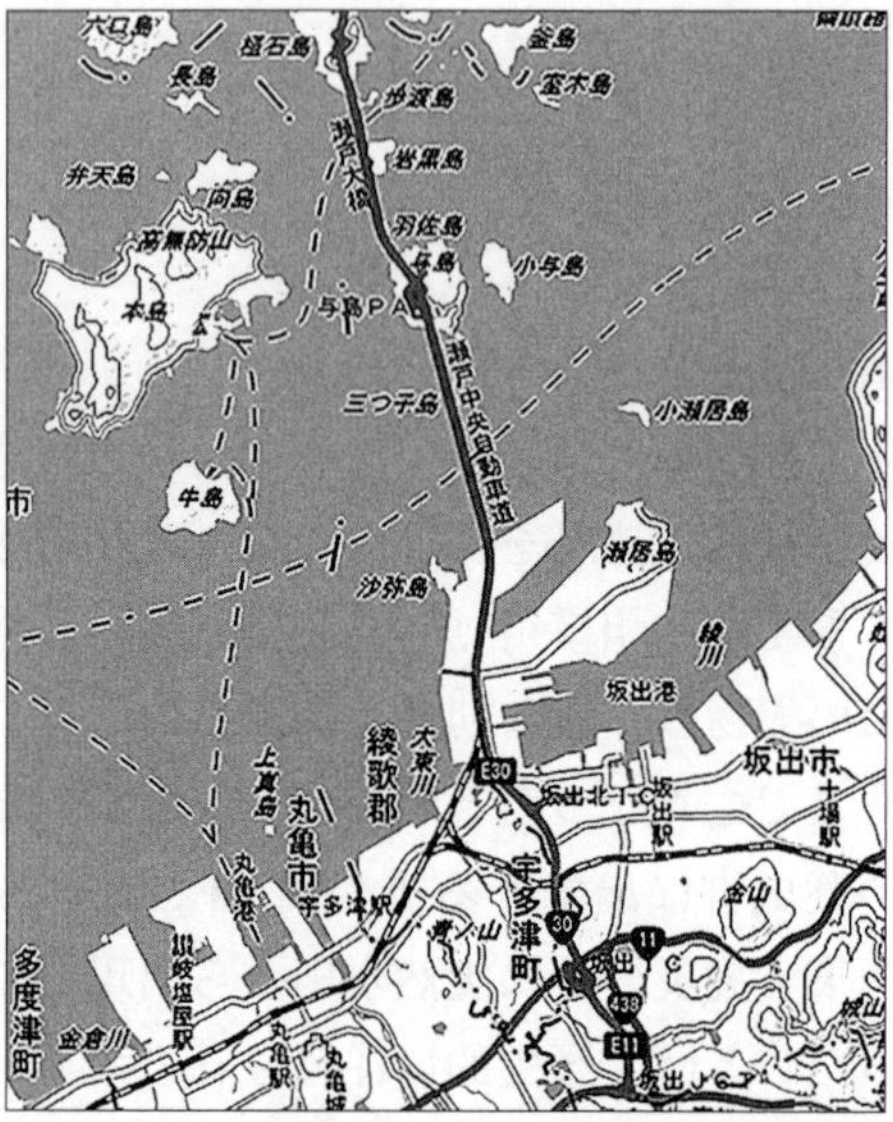

(地理院地図より)

問７　下線部⑦に関連して，Ｂくんは日本橋の歴史について調べるうちに，現在の橋が1911(明治44)年につくられたものと知りました。この橋がつくられる以前に起こったできごととして，ふさわしいものを選び，記号で答えなさい。

ア．日独伊三国同盟の結成
イ．日英同盟の結成
ウ．朝鮮戦争の開始
エ．国際連盟の成立

(中央区 HP より)

【理　科】〈第１回試験〉（40分）〈満点：50点〉

1　次のⅠ，Ⅱの各問いに答えなさい。

Ⅰ．次の(1)～(5)の文中の（Ａ）にあてはまる語句を答えなさい。

(1)　過酸化水素水に二酸化マンガンを加えたときに発生する気体は（ Ａ ）です。

(2)　棒などを使い，小さい力で重いものを動かすしくみを「てこ」といいます。このとき，（ Ａ ）点を支点に近くするほど重いものを小さい力で動かすことができます。

(3)　オオカナダモなどの水草は水中で生活しています。水草が水中で光合成を行うことができるのは，水中に（ Ａ ）がとけているからです。

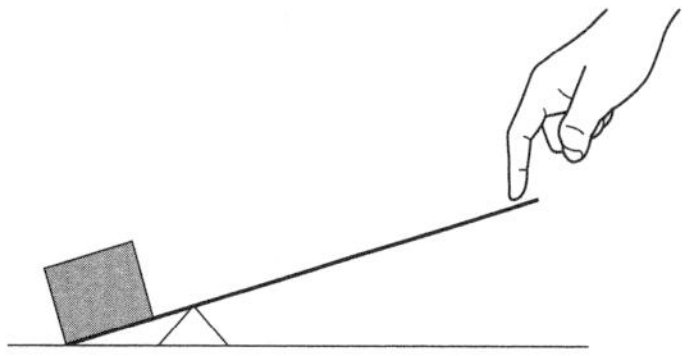

(4)　月食は（ Ａ ）が太陽の光をさえぎる現象のことです。

(5)　近年本州の各地では，野生のクマが生活場所での食料不足により，人里に出没《しゅつぼつ》して人をおそうなどの事故が増えています。このクマの種類の名前は（ Ａ ）です。

Ⅱ．次の(1)～(5)について，下の①～⑤の中からあてはまるものを１つ選び，番号で答えなさい。

(1)　アルコールランプで加熱したとき，気体が発生しないものを選びなさい。

①　水　　②　砂糖水　　③　アンモニア水　　④　ドライアイス　　⑤　食塩

(2)　よう虫の時期は水中で生活し，成虫の時期は陸上で生活するこん虫を選びなさい。

①　アオスジアゲハ　　②　オニヤンマ　　③　トノサマバッタ

④　ミンミンゼミ　　⑤　ノコギリクワガタ

(3)　月が夕方ごろ南中しており，その様子が右の図です。この月を拡大して見ると，クレーターがありました。このときのクレーターのようすとして正しいものを選びなさい。

①

②

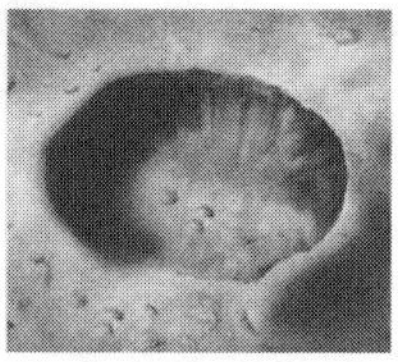

③

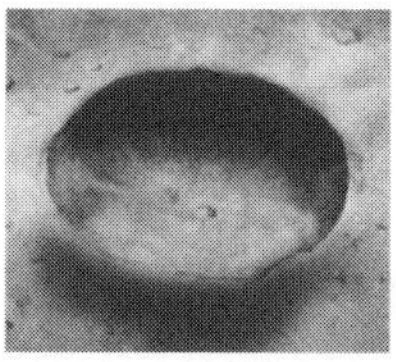

④

⑤

(4)　二酸化炭素を出さない地球環境《かんきょう》にやさしいエネルギー資源として使われているものを選びなさい。

①　ガソリン　　②　灯油　　③　石油　　④　石炭　　⑤　水素

(5)　手回し発電機に発光ダイオードや豆電球を接続したときのようすとして正しいものを選びなさい。

①　豆電球の明るさは，ハンドルの回す速さを速めても変わらない。

②　発光ダイオードは，ハンドルの回す向きによって，点灯したり点灯しなかったりする。

③　ハンドルの回し方(向きや速さ)に関係なく，発光ダイオードを点灯させることはできない。

④　回していたハンドルを急に止めても，発光ダイオードはしばらく点灯している。

⑤　豆電球を接続したとき，回していたハンドルから手を放しても，しばらくハンドルは回り続ける。

2　動物は，動くことで食べ物を探したり敵から逃《に》げたりします。そして，からだを効率よく動かすために，からだに「前と後」や「右と左」などの方向があります。

次の各問いに答えなさい。

(1)　ネコのからだの部分のうち，からだの最も前側と後側についているものを，次の①～⑤の中からそれぞれ１つずつ選び，番号で答えなさい。

①　肺　　②　心臓　　③　胃　　④　尾《お》　　⑤　耳

動物のからだの中央を通って，からだの前と後をつないだ線を前後軸《じく》といいます。同様に，からだの向きを示す軸があと２つあり，これら３つの軸をまとめて体軸といいます。

３つの軸とその向きについて，ネコのからだで考えてみると，からだの前と後の方向に設定した前後軸(ア)の他に，からだの上方向と下方向を結んだ上下軸(イ)，そして，左右を結ぶ左右軸(ウ)になります。

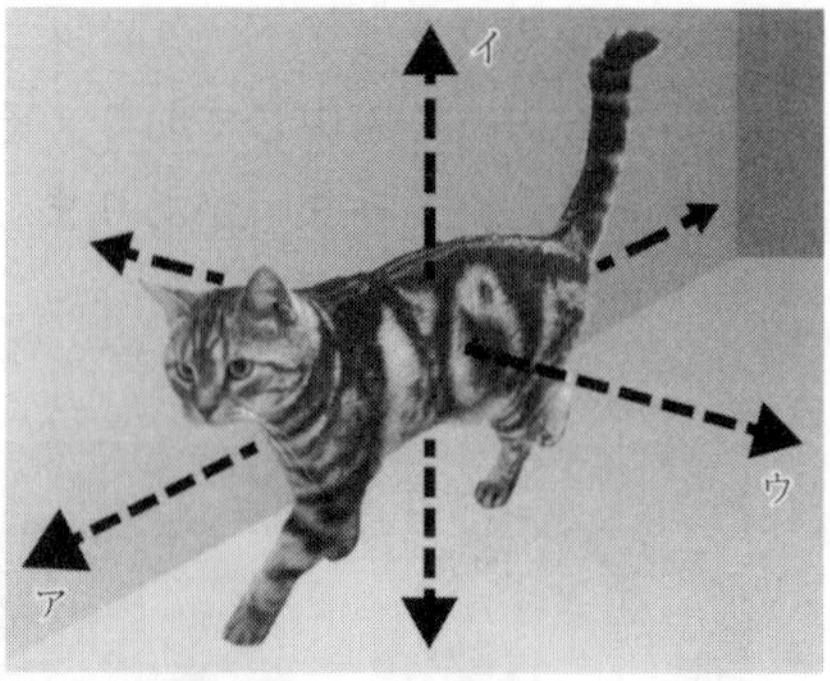

図１

(2)　図１の３つの軸のうち，中心から外側に向かった両側でほとんど同じつくりであり，他の２つの軸の向きによってその向きが決まる軸を，図１のア～ウの中から１つ選び，記号で答えなさい。

(3)　二足で直立しているヒトの前後の方向を，前後ではなくからだのつくりから考えた場合，図１のどの軸と同じになるかを考え，その向きとしてふさわしいものを次の①～⑥の中から２つ選び，番号で答えなさい。

①　頭　　②　尾　　③　右　　④　左　　⑤　背　　⑥　腹

アサリやハマグリのなかまは，同じつくりの２枚の硬《かた》い貝殻《かいがら》で，からだのやわらかい部分をおおっていることから二枚貝とよばれます。二枚貝のなかまの体軸について考えてみます。

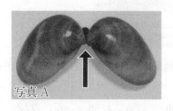

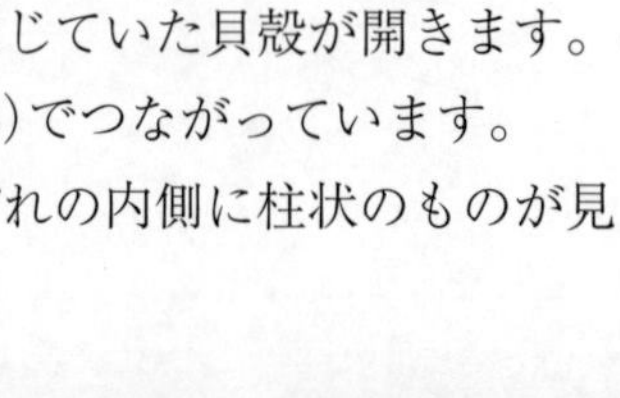
写真Ａ

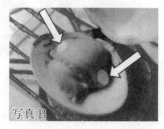

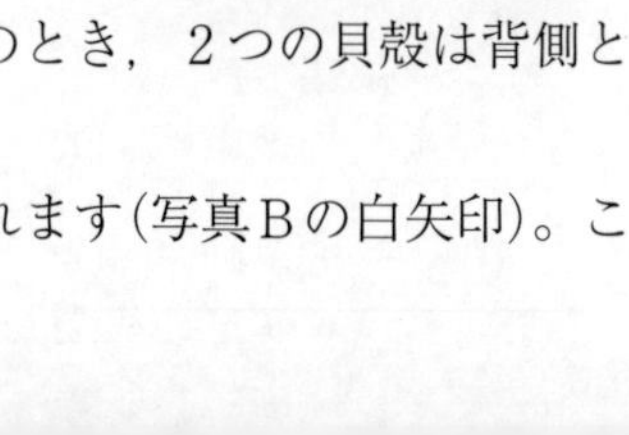
写真Ｂ

ハマグリをあみの上で焼くと，閉じていた貝殻が開きます。このとき，２つの貝殻は背側となる１箇所(蝶番《ちょうつがい》：写真Ａの黒矢印)でつながっています。

貝殻が開くと，２つの貝殻それぞれの内側に柱状のものが見られます(写真Ｂの白矢印)。これは貝柱《かいばしら》という筋肉です。二枚貝はふつう，からだの前側にある前閉殻筋《ぜんへいかくきん》と，後側にある後《こう》閉殻筋《へいかくきん》という２つの貝柱をもっています。

生きたアサリを観察すると，からだから海水を出し入れするための管(入水管と出水管：写真Cのエ)や，移動や砂にもぐるために使う足のようなつくり(斧足《おのあし》：写真Cのオ)を，２枚の貝殻の決まった場所のすきまから出していることがあります。移動するときや砂にもぐるときは，写真Cの場合は★の方向へ進みます。

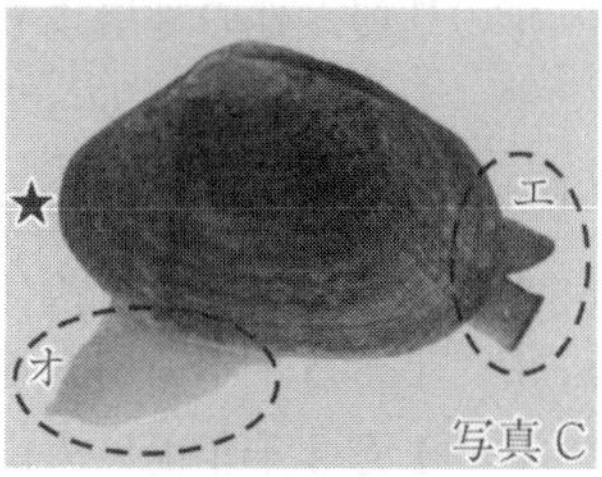

写真C

(4)　右の写真に示された番号を結んでできる線のうち，アサリの前後軸として最もふさわしいものを選び，その番号を２つ答えなさい。なお，⑤は写真手前の貝殻側を示し，写真のうら(写真に写っていない方の貝殻)側を⑥とします。

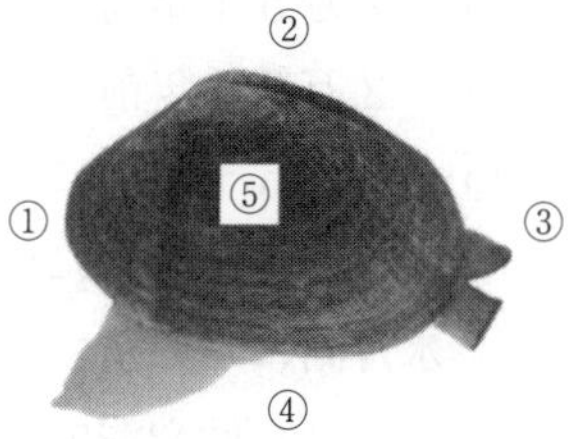

(5)　写真Cに写っている貝殻は左側です。これを決める理由として最もふさわしいものを，次の①～④の中から１つ選び，番号で答えなさい。

①　入水管・出水管が貝殻からのびている方が背側だから。

②　入水管・出水管が貝殻からのびている方が後側だから。

③　蝶番のある方が腹側だから。

④　蝶番のある方が前側だから。

3　ある湖にたい積する地層について，あとの各問いに答えなさい。

ほとんどの地層は海にたい積しつくられるものですが，湖でもつくられます。とくに，福井《ふくい》県にある水月湖《すいげつこ》(図１)は，およそ７万年前からの地層がきれいに残されています。この理由として，この湖に流れこむ川がないことや，湖にすむ生き物がほとんどいないことなどがあげられます。

図１

図２

図２はこの水月湖で地層を地下数十mにわたって採取したものです。この地層の断面に見えるしま模様は，明るい部分と暗い部分でたい積しているものが異なり，そのためにしま模様となっています。

このしま模様は１年で明るい部分と暗い部分が１組だけ増えていきます。

(1)　筒《つつ》状のものを地面に深く差しこみ，地下の地層をそのまま採取する方法の名前を答えなさい。

水月湖の地層は湖底から42m下まで続いています。その一部を見てみると，図３のようになっていました。

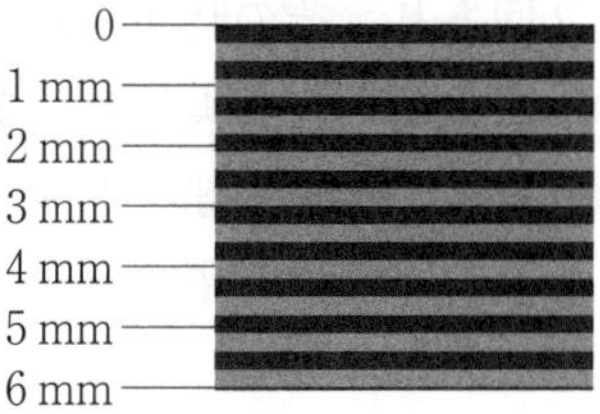

図３

図４

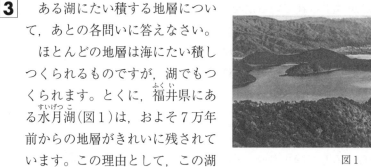

(2)　図３から，水月湖の地層は１年間で何 mm 増えるか，答えなさい。

水月湖の地層についてさらに調べたところ，地震《じしん》や火山噴火《ふんか》などの大きな活動があるとその年の地層が他の地層よりも厚く残ることがわかりました。図４は湖底から15mのところの地層で，大きな活動によってつくられた厚い層がありました。

(3)　図４の厚くなっている部分について，その説明として最も ふさわしいものを①～⑥の中から１つ選び，番号で答えなさい。

①　１万５千年前に大地震があり，湖の周囲の山から土砂が流れこんだ。

②　１万５千年前に火山噴火があり，湖に流れこむ川から火山灰が運ばれた。

③　２万５千年前に大地震があり，湖の周囲の山から土砂が流れこんだ。

④　２万５千年前に火山噴火があり，湖に流れこむ川から火山灰が運ばれた。

⑤　３万５千年前に大地震があり，湖の周囲の山から土砂が流れこんだ。

⑥　３万５千年前に火山噴火があり，湖に流れこむ川から火山灰が運ばれた。

水月湖にたい積するものは，主に周囲の山が台風などの大雨などでけずられることによってつくられた砂や泥《どろ》です。ふつう湖にたい積する土砂は，その後移動することはなく増え続けるため，やがて湖は砂や泥に埋《う》められていきます。しかし，水月湖は周囲の大地の動きにより水月湖とその周辺の標高が低くなり続けており，そこにつねに水がたまり続け，長い間湖が保たれているので，たい積が長い間続いています。このとき，１年間でたい積する層の高さと標高が低くなる高さは同じでした。

(4)　水月湖の周囲の山の斜面の面積６ km^2 でけずられてつくられたたい積物が水月湖に流れこんでいるものとします。水月湖の面積は４ km^2 でした。台風などの強い雨によって周囲の山は１年間でどのくらいの高さ(mm)がけずられているかを答えなさい。なお，この湖の面積いっぱいに図３のようにたい積していたとします。

(5)　周囲の山は７万年間で標高が下がっていることがわかっています。(4)から，周囲の山の標高は７万年間でどのくらいの高さ(m)が変化しているか答えなさい。ただし，周囲の山の標高は大地の動きによる変化と，雨などで山がけずられることで起こっているものとします。

4　往復運動に関するあとの各問いに答えなさい。

小球をつけたばねを天井からつるして静止させ，小球を下に引いてからはなすと上下の往復運動をくり返します。この往復運動では，図１のように引いた距離《きょり》と上がる距離が必ず同じになります。１往復にかかる時間を周期といいます。元の高さを通過するのは１往復中２回あり，その時間の間隔《かんかく》は周期の半分の時間です。この周期について次のような実験をしました。

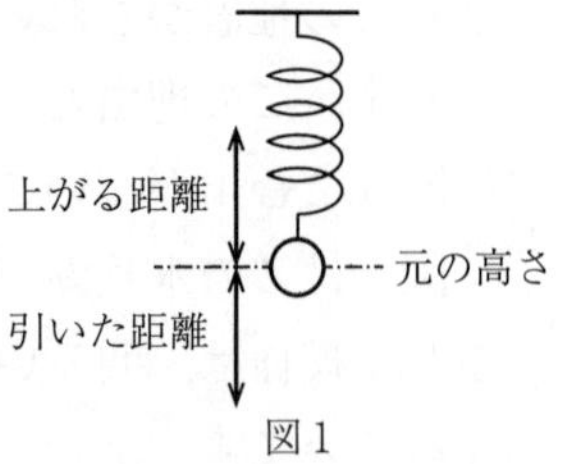

図１

〔実験１〕　ばねに重さ10ｇの小球を天井からつるして静止させ，小球を下に引く距離を変えて周期を調べました。その結果が表１です。

表１

引いた距離(cm)	2	4	6
周期(秒)	2.4	2.4	2.4

(1)〔実験１〕において，引いた距離が５cm のときの周期(秒)を答えなさい。

〔実験２〕〔実験１〕において，小球の重さを変えて周期を調べました。その結果が表２です。このとき，引いた距離はすべて２cmとします。

表２

おもりの重さ(g)	10	40	90
周期(秒)	2.4	4.8	7.2

(2) 〔実験２〕において，周期を9.6秒にするための小球の重さ(g)を答えなさい。

〔実験３〕〔実験１〕においてばねの種類を変えて周期を調べました。その結果が表３です。このとき，小球は10gのものを使い，引いた距離はすべて２cmで，〔実験１〕で使ったばねの種類はaとします。

表３

ばねの種類	a	b	c
周期(秒)	2.4	1.2	4.8

(3) 40gの小球をばねcにつけて，引いた距離が５cmのときの周期(秒)を答えなさい。

〔実験４〕 図２のように10gの小球をつけたばねaをたくさん用意し，等間隔に並べて，すべて２cm引いて静止させました。一番左(図中の★)から0.1秒ずつ順番に次々と小球をはなしていくと，ある時間のときの小球の位置が図３のようになりました。(ばねは省略してあります。)

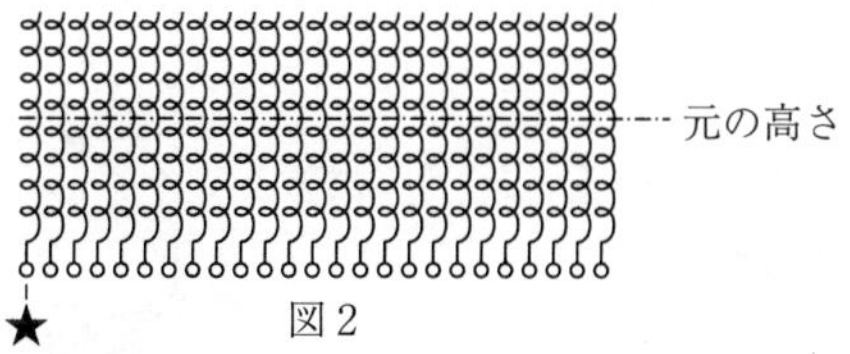

図２

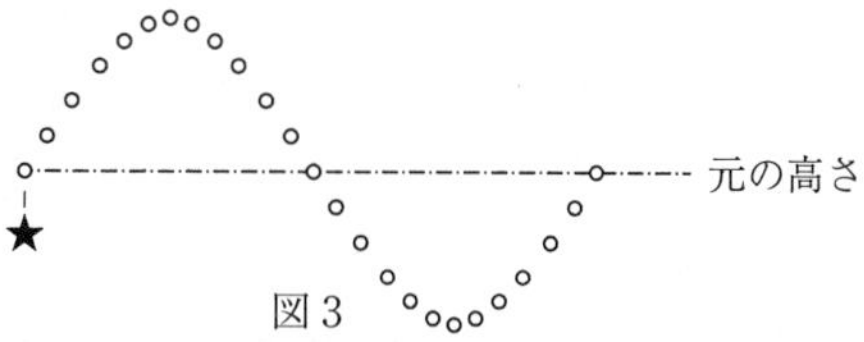

図３

図４の実線は図３の小球をなめらかにつないだ曲線です。この曲線は波形《はけい》とよばれ，はなれたところから観察している人はこの波形が右に進んでいくように見えます。図４の点線は，実線の波形の見えた少し後の時間に見える波形です。

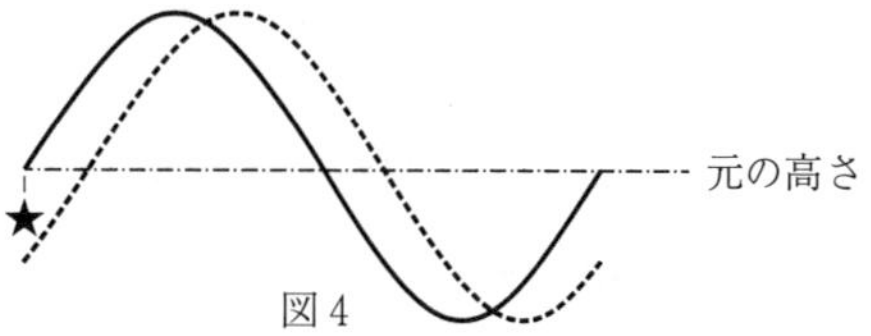

図４

(4) 図４の実線の波形から，初めて図５の波形になるまでの時間(秒)を答えなさい。

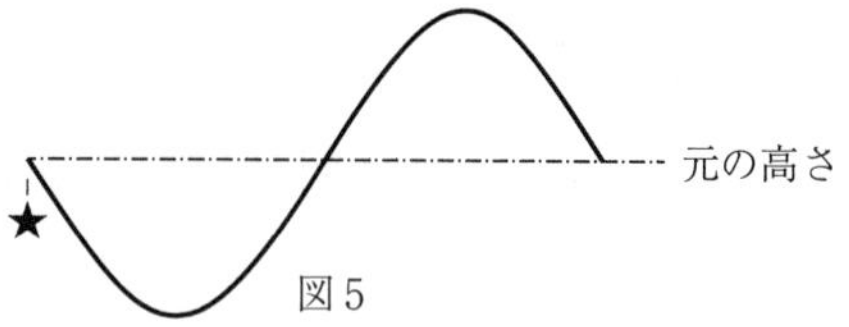

図５

(5) 〔実験４〕を小球の重さは変えずにばねbに変え，４cm引いて静止させたところから行いました。図３と同じ時間の波形として正しいものを，次の①～⑫の中から１つ選び，番号で答えなさい。なお，点線は図４の実線の波形を示しています。

①
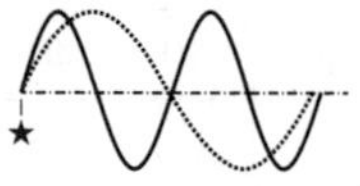
②
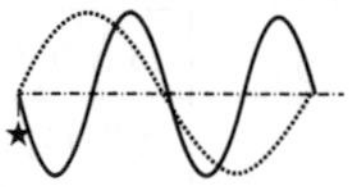
③
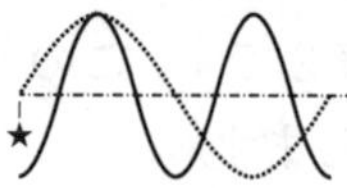
④
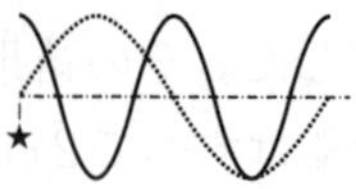

⑤
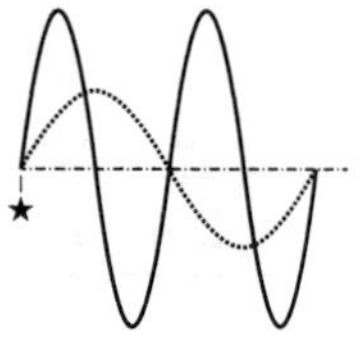
⑥
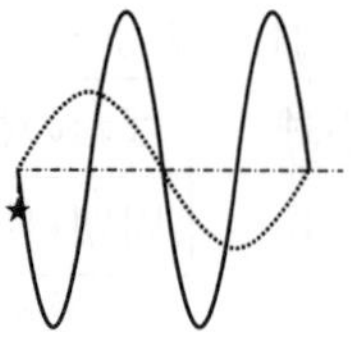
⑦
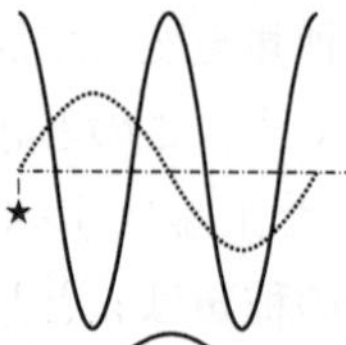
⑧
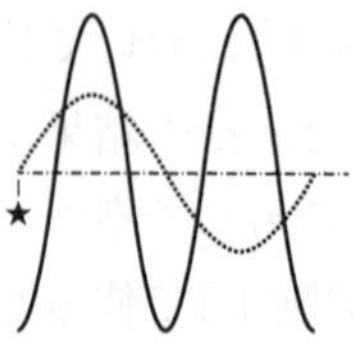

⑨
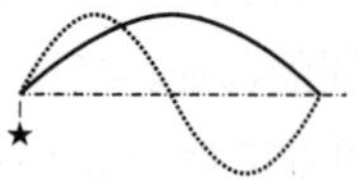
⑩
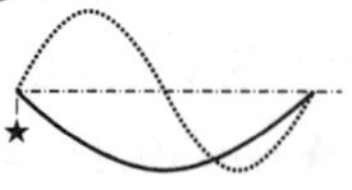
⑪
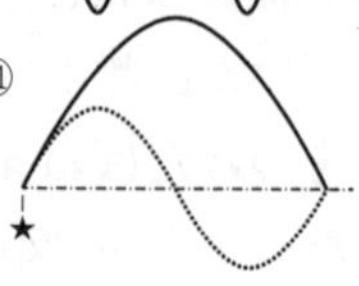
⑫
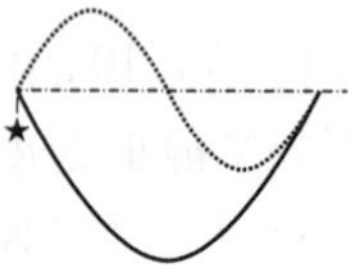

5　先生と生徒の会話を読み，あとの各問いに答えなさい。

生徒：先生，この道具(図１)は何ですか？

先生：これは，「コーヒーサイフォン」といってコーヒーをいれる道具です。これを使って，コーヒー豆の粉末からコーヒーの成分を抽出《ちゅうしゅつ》することができます。コーヒーサイフォンは，ろうと，ろ紙フィルター，フラスコからできていて，組み立てると図１のようになり，ろうととフラスコはすき間なくつながれ，ろ紙フィルターは固定されています。

図１

生徒：抽出ってなんですか？

先生：抽出とは，ものを取り出す方法です。固体のものに水を加え，その中に含《ふく》まれている特定のものを水にとかすことによって取り出します。例えば，急須《きゅうす》でお茶をいれることも抽出になります。無色透《とう》明だったお湯が，お茶の成分を抽出することでうすい緑色になります。

生徒：コーヒーサイフォンの使い方を教えてください。

先生：図２のように，ろうとにコーヒー豆の粉末を，フラスコに水をそれぞれ入れてコーヒーサイフォンを組み立てます。その後，アルコールランプでフラスコを加熱します。フラスコ内の水が十分に加熱されると，熱せられた水がろうとに移動し，コーヒー豆の粉末からコーヒーの成分が抽出されます。

生徒：水が加熱されただけで，水が下から上に移動するって不思議ですね。

先生：仕組みを考えてみましょう。水が加熱されていくと，(a)<u>フラスコの下部よりボコボコと勢いよく水蒸気が発生します</u>。密閉されたフラスコ内に水蒸気がたまり，それによってフラスコ内にある水が押《お》されます。水が移動できるところはろうとなので，水が下から上に移動します。

生徒：そういうことなのですね。

先生：十分に抽出されてから，アルコールランプによる加熱を止めます。加熱を止めると，ろうとにあった液体は移動し，コーヒーがフラスコにたまります。ここも面白いところで，上からポタポタ落ちるようにフラスコにたまるのではなく，(b)いっきに吸いこまれるようにフラスコにたまります。これによりろうとには液体が残りません。

この仕組みは，理科の実験器具にも使われていて，「キップの装置」がその代表例のひとつです。

生徒：面白い仕組みですね。

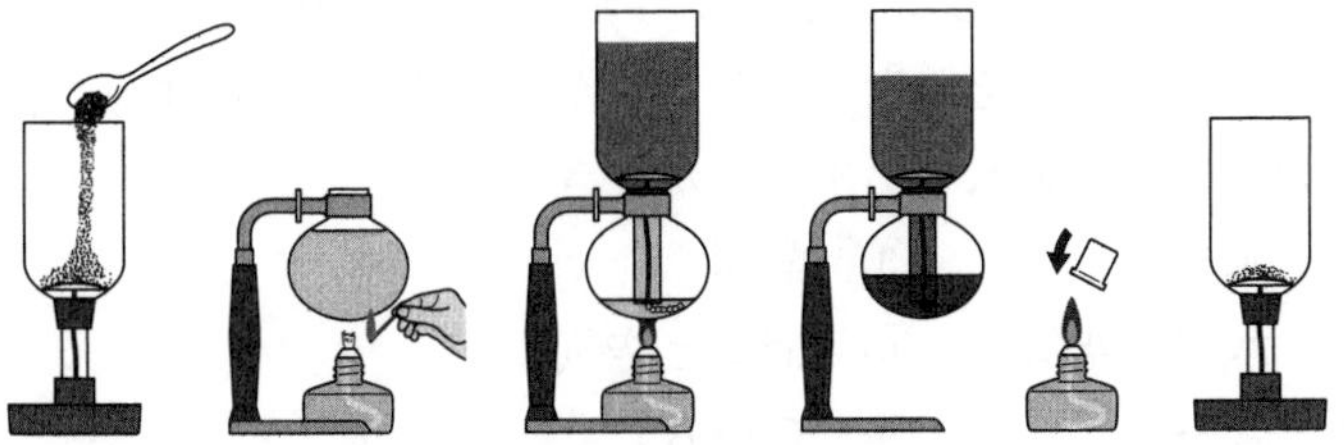

図２

(1)　抽出によって，ものを取り出しているものを次の①～⑤の中から１つ選び，番号で答えなさい。

①　ろ紙を使って砂が混ざっている海水から砂を取り除く。

②　海水を加熱し水蒸気を集め，それを冷やすことで水を取り出す。

③　海水を加熱し水を取り除き，塩を取り出す。

④　水に昆布《こんぶ》を入れて加熱し出汁《だし》をとる。

⑤　温度の高いこい食塩水をゆっくり冷やし，うすい食塩水をつくる。

(2)　このコーヒーサイフォンでは，「抽出」の他に「ものを分ける方法」が使われています。その「ものを分ける方法」の名前を答えなさい。

(3)　下線部(a)の現象を答えなさい。

(4)　下線部(b)のように吸いこまれる理由として最もふさわしいものを，次の①～⑤の中から１つ選び，番号で答えなさい。

①　ろうとに残っている水蒸気が液体を押し下げるため。

②　液体が自らの重さによって下がるため。

③　フラスコ内の水蒸気が冷やされて水にもどり，その体積が小さくなったため。

④　抽出されたことにより液体が重くなったため。

⑤　液体の温度と室温に大きな差が生じたため。

図３に示すキップの装置は，縦に並んだガラス製の容器でつくられています。上部Ａと下部Ｃ，および中央部Ｂと下部Ｃの容器のそれぞれの間で，ものの行き来ができるようになっています。中央部Ｂの右側に栓《せん》Ｄがあります。この栓Ｄを開くと気体が通るようになり，ここから発生した気体を集気びんＥに取り出せます。

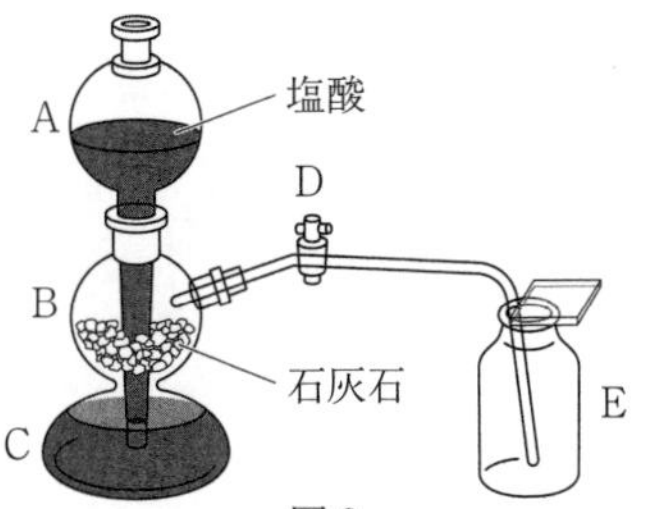

図３

例えば石灰石を中央部Ｂに，塩酸を上部Ａに入れます。栓Ｄを開けると塩酸が下部Ｃに流れこみ，液面が上がり中央部Ｂの石灰石にふれると気体が発生します。発生した気体は栓Ｄを通じて集気びんＥに取り出すことができます。

(5)　下に示した文は，キップの装置を使って塩酸と石灰石から気体をつくるときのようすを示したものです。文中の(ア)～(ウ)にあてはまるものを①～⑫の中からそれぞれ１つずつ選び，番号で答えなさい。ただし，(ア)～(ウ)に同じ番号が入ることはありません。

上部Ａにある塩酸は，栓Ｄを開くと移動します。塩酸と石灰石がふれると気体を発生させることができます。その発生した気体は(　ア　)です。発生した気体は集気びんＥに集めます。気体を発生させたあと，集気びんＥの中にある気体は(　イ　)です。

(　ア　)が発生している途中《とちゅう》で，栓Ｄを閉じると塩酸が移動します。塩酸が移動する方向は(　ウ　)です。再び，栓Ｄを開けると(　ア　)を発生させることができます。このように，キップの装置は，必要な時に必要な分だけ気体を取り出すことができます。

①　空気	②　水素	③　酸素
④　二酸化炭素	⑤　水素と空気	⑥　酸素と空気
⑦　二酸化炭素と空気	⑧　Ａ→Ｃ	⑨　Ｃ→Ｂ
⑩　Ｂ→Ｅ	⑪　Ｂ→Ｃ→Ａ	⑫　Ａ→Ｃ→Ｂ

ウ　乱暴に思いのたけをはき出すように

エ　こみあげる思いを必死におさえながら

問四　――線③とありますが、祖母は死をどのようなものと考えていますか。解答らんに合うように文中から15字で抜き出して答えなさい。

問五　――線④とありますが、このことばには、祖母の、誰に対する、どのような思いがこめられていますか。それがうかがえる1文を文中から抜き出し、はじめの5字を記しなさい。

問六　――線⑤とはどのような意味ですか。解答らんに合うように25字以上30字以内で答えなさい。

三

次の問いに答えなさい。〈問題は**問一**から**問六**まであります。〉

問一　次の①～⑥について、――線部のカタカナを漢字に直しなさい。

① チョメイな作家に会う。

② 見かけによらずドキョウがある。

③ 個人のソンゲンを守る。

④ 未来に明るいテンボウが開ける。

⑤ 事情をジュクチしている。

⑥ 銀行にお金をアズける。

問二　次の熟語の中で、成り立ちが違うものを1つ選び、記号で答えなさい。

ア　往復　　イ　道路　　ウ　問答　　エ　因果

問三　次の文の――線部のことばの意味として最も適当なものを1つ選び、記号で答えなさい。

海洋汚染《おせん》の様子をテレビで見た時、一瞬《いっしゅん》この目を疑った。

ア　不愉快《ふゆかい》に思った。　　イ　いきどおりを感じた。

ウ　信じられなかった。　　エ　がっかりしてしまった。

問四　次の①②の□に（　）の意味に合うようにそれぞれ漢字1字を入れ、ことばを完成させなさい。

①　□にかいた餅　（何の役にも立たないことのたとえ）

②　立て板に□　（なめらかに上手に話すことのたとえ）

問五　次の意味を表す四字熟語を1つ選び、記号で答えなさい。

「自分の考えをもたず、簡単にほかの人の意見にしたがうこと。」

ア　付和雷同《らいどう》　　イ　疑心暗鬼《あんき》

ウ　暗中模索《もさく》　　エ　優柔《ゆうじゅう》不断

問六　次の文の――線部のことばを、＝＝線部の人物を敬う表現に改めなさい。

部活動の計画を立てるために、先生の予定を聞く。

まうんじゃあないとなあ」

　祖母はいつの間にか、ぶらんこを漕《こ》ぐのをやめて、地面に下駄《げた》をつけて遠くを見て、そう言った。いや、あるいは、ずっと、ぶらんこを漕がずに座《すわ》ったまま話していたのかもしれない。わたしの記憶《きおく》の中で祖母は、楽しげに宙をゆらゆらしていたり、ただただ、ぶらんこに腰《こし》掛《か》けていたりする。

　いつも同じ藍色《あいいろ》のアッパッパを着ていて、足の先に下駄をひっかけている。

「そのかわりによ」

　祖母は、笑っているような、細い目をして、皺《しわ》だらけの顔をこちらに向けて言う。

「死んだら、ここんところへ、ぴっと入ってくんだ」

　ぴっと、と言って祖母は、自分の胸を指さした。

　ぱっと死んで、ぴっと入ってくる。

「マサオが死んだとき、おれにはわかったんだ。夢の中にも出てきてなあ。それからずっと、マサオはここんところへ居るわけだ。それが、おれの言いてえことだな」

　ぱっと、電気が消えるみたいに死んじゃうのに？　と、わたしは訊《たず》ねたのだと思う。

「うん。おれは、そう思ってる。人が死ぬだろ。そうすると、人はもう、そのときに、電気が消えるみたいに、気持ちや痛みやなんかも全部ぱっと消えて、楽になるんだ。死んだ者は、地獄へ行ったり、そんなつれえことやなんかは、ねえはずだと、おれは思ってんだ。生きてるうちに、さんざんつれえことがあって、あの世に行ってもいろいろあるんじゃあ、理屈に合わねえ」

　ぱっと消えて、ぴっと入るの？

「そうさ。そうじゃねえかなあと、おれは思ってんだ。死んだ者には、もう、苦労はなくなる。痛みも、つれえことも、なくなる。それはみんな、生きてる者の中に、ぴっと入ってくるんじゃねえかなあと思ってんだ。だってなあ。入ってきたよ。マサオも、おじいさんも、おれのおっかさんも、おとっつぁんも、⑤全部、ここんところに入ってんだ」

　祖母はまた、とんとんと、自分の胸を指でつついた。

（中島京子『樽とタタン』による）

※注　終活…人生の終わりのための活動の略。
眉に唾つけて…本当かどうか疑ってかかる様子。
微に入り細をうがち…非常に細かい所まで行き届く様子。
ボキャブラリ…（自分が知っている）言葉の数や種類。

問一　［A］・［B］に入ることばとして最も適当なものを下の中からそれぞれ選び、記号で答えなさい。

A　ア　直感的　　イ　具体的
　　ウ　必然的　　エ　対照的

B　ア　道徳的　　イ　感傷的
　　ウ　抽象的　　エ　日常的

問二　——線①とありますが、このときの祖母の心情を説明したものとして最も適当なものを次の中から選び、記号で答えなさい。

ア　人の死についていろいろと話をするのは正直気がとがめる。
イ　人が死んだ後どうなるのかについて自分なりに考えがある。
ウ　死後の世界がどうなっているのか気になってしかたがない。
エ　自分の死後に孫が悲しまないですむように話をしてやりたい。

問三　——線②の説明として、最も適当なものを次の中から選び、記号で答えなさい。

ア　やや早口でまくしたてるように
イ　不器用ながらゆっくりとていねいに

「おれはなあ、死んだらそれっきりだと思ってる」

わたしと祖母は、交互《こうご》に宙に舞《ま》い上《あ》がった。祖母は独り言にも、わたしに聞かせるための言葉にも思える、②とつとつとした語りで、死について語った。

「三途《さんず》の川《かわ》だの地獄《じごく》の閻魔《えんま》様だの、まるで信じてねえわけでもねえが、心臓が止まって、棺桶《かんおけ》に入って、火ん中にくべられてしまうのによお」

サンズノカワや、ジゴクノエンマサマについての知識がなかったので、わたしはまずそこから問いただすことになった。祖母は、仁徳天皇と民《たみ》のかまどについて話してくれたのと同じように面白《おもしろ》おかしく、そして熱心にジゴクノエンマサマを語った。語っているときは、話上手の祖母なりに演出を凝《こ》らし、※微《び》に入り細をうがち、まるで見てきたように語ってくれるのに、最後の最後には、

「だけんどもよ。見て帰ってきた者がいるわけじゃなし、おれは、どうかなあと思ってんだ。ちぃっと、眉唾《まゆつば》じゃねえかなーと思ってら」

今度はマユツバがわからなくて、わたしは祖母にまた問いただす羽《は》目《め》になる。

こうして祖母とわたしの会話は、ありったけ脱線《だっせん》し、それなりにわたしの※ボキャブラリを増やしながら、最後は、

「③おれは、死んだらそれっきりだと思ってる」

で、終わるのだった。

なぜ、そうした死生観を祖母が持つに至ったかはわからない。

おそらく、彼女が生きてきた中で、自ら学んだ何かだったのだろう。

「死んだら、ぱっと、電気が消えるみてえに、生きてたときのことがみんな消えるんじゃねえかなと、おれは思ってんだ。そりゃあ、おれが棺桶に入るときゃー、草履《ぞうり》を履《は》かされて杖《つえ》も持たされて、三途の川の渡《わた》し賃だって持って行くだろうが、世の中にゃあ、棺桶なんぞに入らないであの世に行く人もおおぜいいるからな」

ここで、わたしは、三途の川には懸衣翁《けんえおう》と奪衣婆《だつえば》の夫婦《ふうふ》がいて、三途の川の渡し賃を持たないものの着物を奪衣婆が剝《は》ぐのだとか、親より先に死んだ子どもは川を渡れなくて、賽《さい》の河原で石を積みながら親を待つんだとかいう話を聞かされた。そして、その話が終わると祖母は、

「だけどまあ、おれは、そういうのは全部、眉唾だと思ってんだ」

と、最後に付け加えるのだった。

「マサオは戦地から帰ってこなかったしさ。骨も戻《もど》ってこなかったんだで。そうするとマサオは、南の島のどこかで死んで、六文銭《ろくもんせん》も持たずに三途の川を渡ろうとして着物を剝がされたんだべえか。それとも南の島のどこかで、いまでも帰りてえなあと思ってるんだべえか。④そういうことを考えるとな、ぱっと電気が消えるみてえに死んでしまうんでなきゃあ、理屈《りくつ》に合わねえと、おれは思ってんだ」

マサオとは誰《だれ》かと聞くと、

「おや、マサオを知らなかったん？」

と、祖母は驚《おどろ》いた。

「マサオは、おまえのお父さんの二番目の兄さんだに」

「二番目の兄さん？」

「そうだがね。二番目の兄さんだがね」

六人兄弟の六番目であるわたしの父には、三人の兄と二人の姉がいたのだそうだ。わたしの知っている二人の伯父《おじ》さんのほかに、もう一人伯父がいて、その人はマサオと言って、南の島のどこかで亡《な》くなったらしい。六文銭も持たずに。そして、祖母の元には、骨も帰ってこなかった。

「マサオがどこかで、いまでも帰りてえなあと思ってたら、あんまり、そりゃあ、かわいそうだんべえ。ぱっとこう、さっとこう、死んでし

ような傾向がまったくないと安心している人。

ウ　他者を差別することは重大な反社会的行為だと誤解しているが、説明すればそうではないことが理解できる人。

エ　差別は特別な人々だけが行う悪質な行為と考え、もし関われば周囲の人々から厳しい非難をあびると恐《おそ》れる人。

問四　[B]・[C]に入ることばの組み合わせとして最も適当なものを次の中から選び、記号で答えなさい。

ア　B　集団―C　記憶《きおく》　イ　B　他者―C　常識

ウ　B　社会―C　歴史　エ　B　地域―C　道理

問五　――線③とありますが、筆者はなぜこのように言うのですか。その理由として最も適当なものを次の中から選び、記号で答えなさい。

ア　「普通」の人々という言葉は単にその社会の中で最も人数が多い人々という意味を表すだけであって、その人が他人を差別するかどうかとは無関係であるから。

イ　私たちは自分が他人を差別する特別な人間であることを認めたくないため、常に自分は社会の中で目立たない「普通」の人間であると思いこもうとするから。

ウ　私たちは本当は差別につながっている歪んだり偏ったりした考え方やものの見方をしていることに気づかず、「普通」の生活を送っていると考えているから。

エ　「普通」という言葉が意味する内容は用いる人によって大きな違いがあるので、自分が本当の意味で「普通」の人間であるかどうかは、誰にもわからないから。

問六　――線④とありますが、どういうことですか。**文章A**の中のことばを用いて45字以上50字以内で説明しなさい。

二　次の文章を読んで、後の問いに答えなさい。〈問題は**問一**から**問六**まであります。〉

「年ってものをとりゃなあ」

夜寝《ね》て朝になればね、というような口調で、祖母は言った。

「みんな、どうしたって死ぬんだで」

牛だって人だっておんなじことだ。もうすぐ、ばあちゃんにもお迎《むか》えが来るんだで。

彼女《かのじょ》がどうして毎日そんなことを話してくれたのか、いまから考えると不思議に思う。

祖母は自分に死期が近いことを知っていたのか。それこそ年を取ると[A]に死が近くなってくるので、ふだんからそのことばかり考えていたのか。

いまと違《ちが》ってあのころには、※終活《しゅうかつ》などという妙《みょう》な言葉もなかったし、死んでからのちに遺族に残すための遺言《ゆいごん》のようなものは、金持ちの爺《じい》さんの死《し》に際《ぎわ》に用意されるものというイメージしかなかった。

だいいち、祖母がわたしに毎日言っていたのは、財産の何をどう分けろという話でもなければ、自分が死んだら兄弟孫ひ孫仲良く生きていきなさいという、[B]な話題でもなかった。ただ、祖母は、まだ、この世に生を享《う》けて四年とか五年とかいった、人間としてスタート地点に立ってまもない孫に、ひたすら死について話し続けたのである。

「死ぬってことはなあ、いろんな人がいろんなことを言ってるけんど、①おれは、どうかなあと思ってんだ。偉《えれ》えような人が言ってることたぁ、みんな※眉《まゆ》に唾《つば》つけて聞いてら」

ぶらんこに揺《ゆ》られながら、祖母は言うのだった。

《中略》

B　第八章でとりあげた※岩井建樹さんの本を読んだとき、ある「思い込み」に気づき、あらためて驚きました。彼の息子《むすこ》さんは「顔面右側の表情筋の不形成」という診断《しんだん》を受けました。顔の右側の筋肉や神経が少なく、原因は不明とのことです。その結果として、息子(拓都)さんは〝普通の人が笑うようには笑えなく〟、そのことへの問いとジャーナリスト魂《たましい》が〝※ユニークフェイスへの旅〟へ岩井さんを誘《さそ》ったのです。本の最後に岩井さんはこう書いています。

　何より、僕《ぼく》の中にある偏見《へんけん》を解きほぐしてくれたのは、拓都でした。楽しいことがあれば屈託《くったく》なく笑う姿は、「笑顔《えがお》は左右対称《たいしょう》でなければならない」という僕の価値観がそもそも間違《まちが》っていることを教えてくれました。彼の笑顔は、僕の心を温めてくれます。多少ゆがんだ表情でも、心から楽しく笑っているかどうかは相手に伝わります(二三三頁《ページ》)。

《中略》

　岩井さんの、この語りに出会い「そうなのだ」と私は膝《ひざ》を叩《たた》きました。誰であれ、顔や身体は左右対称にはできていない。それを〝均整の取れた顔や身体〟という価値を後生大事に守ることによって、そうではない自分の顔や身体、人々の姿を、さまざまにマイナスの意味を与《あた》えて「決めつけ」ているのだ、と。そしてこの「決めつけ」は人間の顔や姿など「外見」にとどまるものではないだろう。〝均整の取れたこころ〟などというものは果たして存在するのだろうか。それもまた「思い込み」ではないだろうか。④私たちは誰もが、どこか均整がとれていないこころを持ち、均整がとれていないこころの持ち主同士が出会い、つながりつづけようと、互《たが》いに交信しあっているのではないだろうか。だからこそ、私たちは、アンバランス同士で衝突《しょうとつ》したり、すれ違《ちが》ったり、せめぎあい、なかば必然的に〝摩擦熱《まさつねつ》〟としての日常的な差別や排除《はいじょ》を起こしてしまっているのではないだろうか。こんなことを考えながら、私は岩井さんの本を読み終えました。

（同前・第九章による）

※注　**文章A**

烙印を押される…消すことのできない悪名を負うこと。

ハンセン病…癩菌《らいきん》の感染《かんせん》によって起こる感染症。患者《かんじゃ》は多くの差別・偏見《へんけん》にさらされた。

恣意的…自分勝手な。

情緒…折にふれて起こる様々の感情。

変貌…姿や様子が変わること。

文章B

岩井建樹さんの本…『この顔と生きるということ』(朝日新聞出版　二〇一九年)。

ユニークフェイス…病気やけがが原因で生じた異質な容貌《ようぼう》のこと。

問一　――線①とありますが、「差別する可能性」について述べた次の文中の□に入れるのに最も適当な1語を、**文章A**の中から4字で抜《ぬ》き出《だ》して答えなさい。

「差別する可能性」は人々や出来事に対する身勝手な考え方を生む□を持っている一方で、「差別しない可能性」に変化することもある。

問二　A に共通して入ることばは何ですか。**文章A**の中から最も適当な1語を抜き出して答えなさい。

問三　――線②とありますが、「こうした〝差別をめぐる構え〟」を持つ人とはどのような人ですか。その説明として最も適当なものを次の中から選び、記号で答えなさい。

ア　自分には他者を差別する傾向《けいこう》があると強く意識し、普段《ふだん》から周囲の人々への接し方に注意を払《はら》っている人。

イ　差別は反社会的な許されない行為《こうい》と考えるが、自分にはそのば、それを修正し、他者に新たに向きあい、理解するための指針として活用することができます。つまり、この可能性は「差別をしない可能性」に※変貌《へんぼう》すると私は考えています。

　では、いったいそもそもどこに、この根拠のない決めつけや恣意的な思い込み、歪められた知や情緒が息づいているのでしょうか。それらは、まさに「普通《ふつう》」に生きたいと考える私たちの「　C　」に息づいており、「普通」の中で、活《い》き活きとうごめいているのです。

　私たちは、「普通」でありたいと望みます。また自分は特別ではなく、差別という出来事からも遠い、「普通」の人間だと思う場合も多いでしょう。ただ③「普通」であることは、差別をめぐる関《かか》わりから一切《いっさい》私たちを切《き》り離《はな》してくれる〝保障〟などでは決してありません。

　むしろ「普通」の世界には、さまざまな「ちがい」をもった他者をめぐる思い込みや決めつけ、過剰《かじょう》な解釈《かいしゃく》など、歪められ、偏り、硬《こう》直《ちょく》した知や情緒が充満《じゅうまん》しており、こうした知や情緒を「あたりまえ」のものとして受容してしまう時、まさに私たちは「差別的日常」を生きているといえます。

　こう考えていけば、差別はけっして特別な誰かが特別な誰かに対して起こす限られた社会問題ではありません。それは私が生きて在る日常のなかでいつでも起こり得る普遍的《ふへんてき》で普通の現象です。だからこそ、声高《こわだか》に「差別はしてはいけない」とだけ叫《さけ》ぶのではなく、まずは私が「差別する可能性」「差別してしまう可能性」を認めたうえで、なぜそんなことを私はしてしまうのかを思い返すチャンスとして、つまり〝よりよく他者を理解し生きていくための大切な指針〟として「差別を活用すべきではないでしょうか。

　「普通であること」を見直すことから自らが思わず知らずはまり込《こ》んでしまっている差別する可能性を掘《ほ》り起《お》こし、自分にとってより気持ちのいい「普通」とは何かを考え直し、そこに向けて自分にとっての「普通」を作り替《か》えていくこと、新しい「普通」を創造していくことこそ、「差別を考える」ことの核心《かくしん》に息づいています。

　ところで、なぜ私は「差別を考えること」が重要だと言っているのでしょうか。

　それは他者とつながる〝ちから〟を得る原点だと考えているからです。自らの「普通」や「あたりまえ」を掘り崩して、さらに「差別」という「問題」を理解しようとします。そうした過程で、私たちは異質な他者や他者が生きてきた圧倒的《あっとうてき》な〝現実〟と出会うことができるでしょう。そこには自分がこれまで想像もできなかったような厳しい生があり、厳しい生のなかで「ひと」として豊かに生きてきた他者の姿があります。こうした他者の姿と出会ったとき、私たちは二つのことを実感するでしょう。

　一つは、いかに他者とつながることが難しく厳しいものであるかということです。今一つは、他者とつながることでいかに優《やさ》しさや豊かさを得られるのかということです。この二つを実感するからこそ、他者と多様で多彩《たさい》な〝距離《きょり》〟があることに驚き、悩《なや》み、苦しみながらも、他者を理解しつながりたいという〝意志〟が「わたし」のなかに沸《わ》き起《お》こってくるのです。

　いま、世の中では、さまざまな理由から、「わたし」と他者がつながる〝ちから〟が萎《な》え、他者とつながる可能性が奪《うば》われつつあります。「わたし」が、そうした〝ちから〟をとり戻《もど》すためにも、「差別する可能性」とは何かを考え活用し、「差別的日常」を詳細《しょうさい》に読み解き、「わたし」が気持ちよく生きていける意味に満ちた、新たな「普通」を創造する必要があるのです。

（好井裕明『他者を感じる社会学　差別から考える』・第二章による）

二〇二二年度
国学院大学久我山中学校

【国　語】〈第一回試験〉（五〇分）〈満点：一〇〇点〉

〔注意〕句読点（、や。）その他の記号（「や〃など）は１字分として数えます。

一　次の**文章Ａ・Ｂ**を読んで、後の問いに答えなさい。〈問題は**問一**から**問六**までありあます。〉

Ａ

　①人は誰《だれ》でも差別する可能性がある。こう考えてしまうと、救いようがないかもしれませんね。もし差別をしてしまえば、そのことを常に周囲から言われ続け、差別者としての〝※烙印《らくいん》〟を押《お》されて生きていかざるを得ないのでしょうか。そう考えることで私たちが差別という出来事から距離《きょり》を取ってしまうという結果にならないのでしょうか。

　こう書きながら、ある学生の表情を思い出します。前の大学の調査実習で※ハンセン病者の生活史を丹念《たんねん》に聞き取った本を読んでいたとき、ある学生が自らの経験やその時の思いを語ってくれたことがありました。

　帰省して政治家の事務所でアルバイトをしていたとき、夏祭りのボランティアで岡山《おかやま》にあるハンセン病療養所《りょうようじょ》に行ったのだそうです。学生はそれまでハンセン病者と出会ったこともないし、この問題について、とりたてて詳《くわ》しい知識を持っていませんでした。学生は彼《かれ》らと初めて直接出会い、驚《おどろ》くとともに気持ちが悪くなったというのです。

　「先生、この感情は［Ａ］でしょうか」。学生は当時の自分の反応を思い返し、もうしわけなさそうに語っていました。

　「いや、別に［Ａ］なんかじゃない。初めて会い、そうした感情をもってしまうのは、ある意味自然なことかもしれない。大事なのは、そう感じた後のことであり、感じた自分をどう考え直していくかだろう。もしその後、この問題や彼らの生きてきた歴史などを理解するなかで、そうした感情が固まってしまうとすれば、それは［Ａ］的なものになるかもしれない」という内容のことを、私は語りました。

　私の話を聞きながら、気持ちが悪いと感じた自分の姿を良くないものとして、即座《そくざ》に否定するのではなく、まずはそうした自分の姿を認めたうえで、それを見つめなおし、そこに何があるのかをじっくりと考え直せばいいことに気づき、硬《かた》かった学生の身体や表情がなにか本当にほっとしたように和《やわ》らいでいくのが、印象的でした。

　私たちは自分が差別をしたと周囲から指摘《してき》されることに、なぜこれほどまで怯《おび》えるのでしょうか。あるいは差別をするかもしれない自分の姿を考え直そうとするとき、なぜこれほどまで自らの思いや感情、身体までもが緊張《きんちょう》し固まってしまうのでしょうか。

　②私は、私たちが持ってしまっている、こうした〝差別をめぐる構え〟から、なんとか崩《くず》したいと考えています。

　世の中には、ある人々をめぐる根拠《こんきょ》のない「決めつけ」や※恣意的《しいてき》な「思《おも》い込《こ》み」があり、ある問題や出来事をめぐり「歪《ゆが》められ」「偏《かたよ》った」理解の仕方などがあります。

　「差別する可能性」とは、世の中に息づいている、こうした［Ｂ］理解や現実理解をめぐる知や※情緒《じょうちょ》に私たちが囚《とら》われてしまう〝あやうさ〟のことです。こうした知や情緒を私たちが生きていくうえで適切であり必要なものなのかを批判的に検討しないで、そのまま認めてしまう〝あやうさ〟のことです。

　さらに言えば、「差別する可能性」とは「差別者になる可能性」ではありません。むしろ私たちは、自らの「差別する可能性」に気づけ

2022年度

国学院大学久我山中学校 ▶解説と解答

算　数 ＜第１回試験＞（50分）＜満点：100点＞

解　答

[1] (1) 11　(2) 22　(3) $1\frac{7}{10}$　(4) $\frac{1}{2}$　[2] (1) 7.5km　(2) 月曜日　(3) 240ｇ　(4) 190円　(5) 毎分８ｍ　(6) 25.12cm　(7) 400m^2　[3] (1) 24個　(2) 12個　(3) ① ９個　② 29628　[4] (1) 毎分50cm^3　(2) 10　(3) 48　(4) 10

解　説

[1] 四則計算

(1) $(3+4)\times5\div7+6=7\times5\div7+6=5+6=11$

(2) $3\div0.25\div0.75\times1.375=3\div\frac{1}{4}\div\frac{3}{4}\times1\frac{3}{8}=\frac{3}{1}\times\frac{4}{1}\times\frac{4}{3}\times\frac{11}{8}=22$

(3) $\left(\frac{3}{5}-\frac{1}{8}\right)\div2\frac{3}{8}+\left(1\frac{3}{4}-\frac{7}{6}\right)\times2\frac{4}{7}=\left(\frac{24}{40}-\frac{5}{40}\right)\div\frac{19}{8}+\left(\frac{7}{4}-\frac{7}{6}\right)\times\frac{18}{7}=\frac{19}{40}\times\frac{8}{19}+\left(\frac{21}{12}-\frac{14}{12}\right)\times\frac{18}{7}=\frac{1}{5}+\frac{7}{12}\times\frac{18}{7}=\frac{1}{5}+\frac{3}{2}=\frac{2}{10}+\frac{15}{10}=\frac{17}{10}=1\frac{7}{10}$

(4) $\frac{5}{6}-\left\{\left(\frac{1}{3}-\frac{1}{4}\right)\times24-\left(0.125-\frac{1}{16}\right)\times16\right\}\times\frac{1}{3}=\frac{5}{6}-\left\{\left(\frac{4}{12}-\frac{3}{12}\right)\times24-\left(\frac{1}{8}-\frac{1}{16}\right)\times16\right\}\times\frac{1}{3}=\frac{5}{6}-\left\{\frac{1}{12}\times24-\left(\frac{2}{16}-\frac{1}{16}\right)\times16\right\}\times\frac{1}{3}=\frac{5}{6}-\left(2-\frac{1}{16}\times16\right)\times\frac{1}{3}=\frac{5}{6}-(2-1)\times\frac{1}{3}=\frac{5}{6}-1\times\frac{1}{3}=\frac{5}{6}-\frac{1}{3}=\frac{5}{6}-\frac{2}{6}=\frac{3}{6}=\frac{1}{2}$

[2] 相似，単位の計算，周期算，濃度《のうど》，和差算，流水算，図形の移動，長さ，面積

(1) 実際の長さは３cmの25万倍だから，３×250000＝750000(cm)になる。また，１ｍ＝100cm，１km＝1000ｍなので，750000cm＝7500ｍ＝7.5kmとなる。

(2) ３月１日から４月30日までの日数は，31＋30＝61(日)である。これは，61÷７＝８余り５より，８週間と５日と求められる。また，４月30日は金曜日だから，金曜日からかぞえて５日間だけ曜日をさかのぼると，金→木→水→火→月となり，３月１日は月曜日とわかる。

(3) (食塩の重さ)＝(食塩水の重さ)×(濃度)より，８％の食塩水400ｇに含《ふく》まれている食塩の重さは，400×0.08＝32(ｇ)とわかる。また，食塩水に水を加えても食塩の重さは変わらないので，水を加えて濃度が５％になった食塩水にも32ｇの食塩が含まれている。したがって，水を加えた後の食塩水の重さを□ｇとすると，□×0.05＝32(ｇ)と表すことができるから，□＝32÷0.05＝640(ｇ)と求められる。よって，加える水の重さは，640－400＝240(ｇ)である。

図１

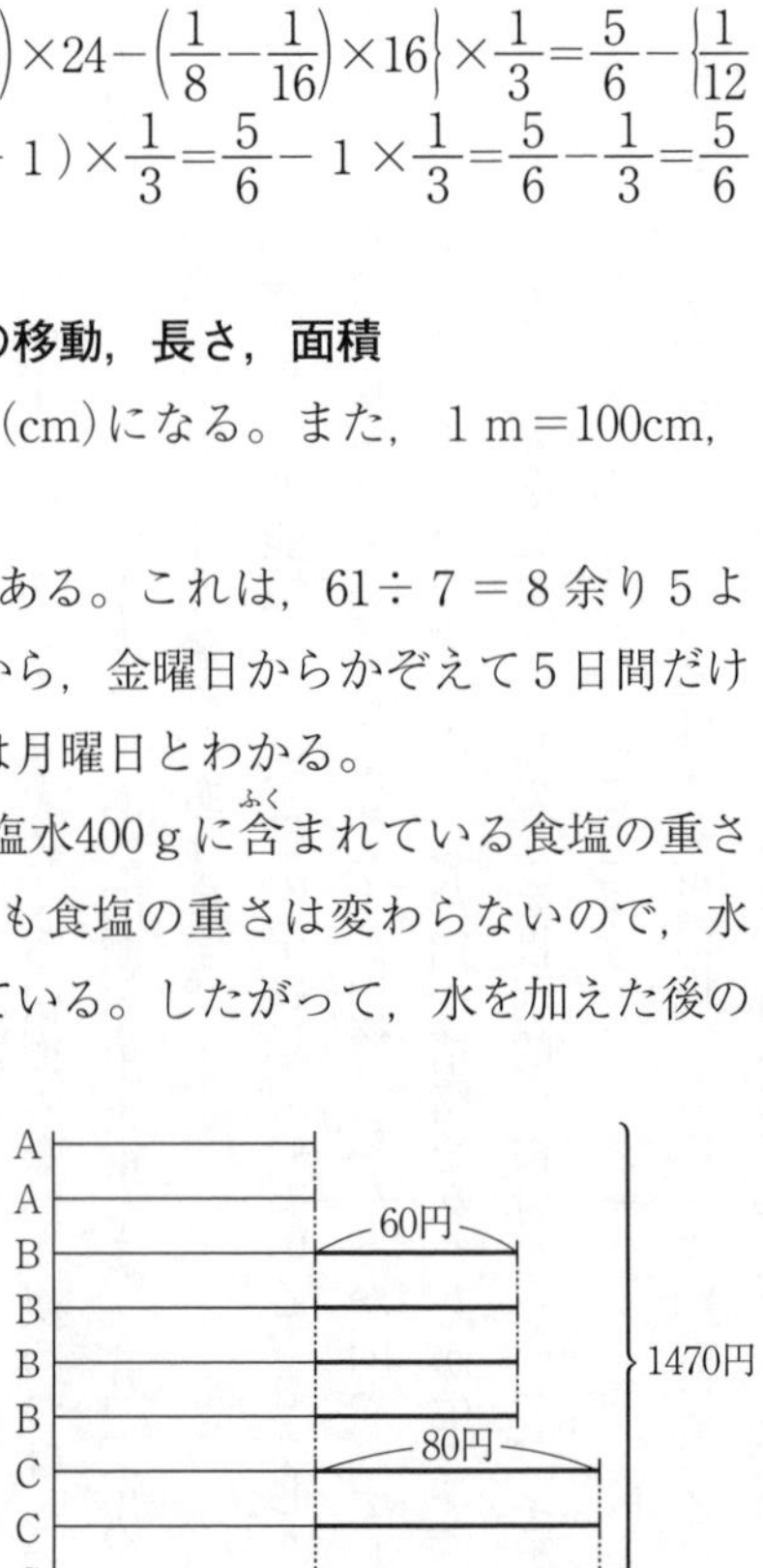

(4) 右の図１で，Ａよりも高い分(太線部分)の合計は，60×４＋80×３＝480(円)なので，Ａだけを，２＋４＋３＝９(冊)買った場合の代金は，1470－480＝990

(円)になる。よって，A 1冊の値段は，$990 \div 9 = 110$(円)だから，C 1冊の値段は，$110 + 80 = 190$(円)とわかる。

(5) 上りの速さは毎分，$(1.2 \times 1000) \div 50 = 24$(m)であり，下りの速さは毎分，$(1.2 \times 1000) \div 30 = 40$(m)なので，右の図2のように表すことができる。よって，川の流れの速さは毎分，$(40 - 24) \div 2 = 8$(m)と求められる。

図2

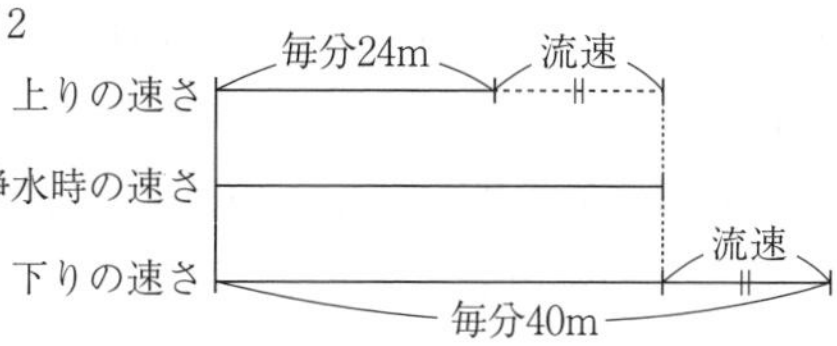

(6) 点Aが動いたあとの線は，下の図3の太線のようになる。これは，半径が3cmで中心角が，$180 - 60 = 120$(度)のおうぎ形の弧《こ》4つ分だから，その長さは，$3 \times 2 \times 3.14 \times \frac{120}{360} \times 4 = 8 \times 3.14 = 25.12$(cm)である。

(7) 電灯の地面からの高さは，$4 + 2 = 6$(m)なので，正面から見ると下の図4のようになる。図4で，三角形ABCと三角形DECは相似であり，相似比は，AB：DE＝6：4＝3：2だから，BC：EC＝3：2とわかる。よって，地面にできる影《かげ》を真上から見ると，下の図5のようになる。図5で，③＝$5 \div (3 - 2) \times 3 = 15$(m)，$\boxed{3}$＝$10 \div (3 - 2) \times 3 = 30$(m)なので，影の面積は，$15 \times 30 - 5 \times 10 = 400$($m^2$)と求められる。

図3

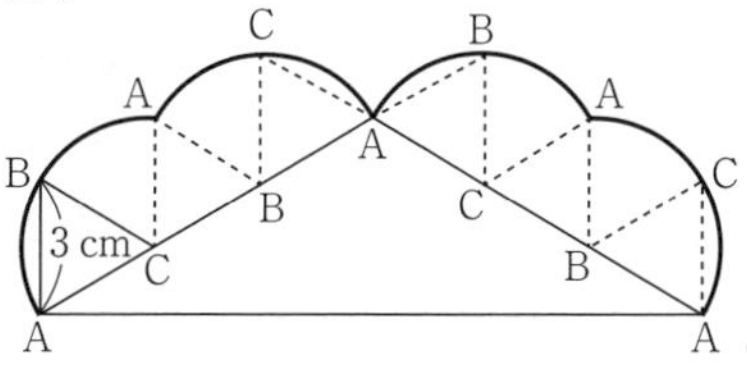

図4

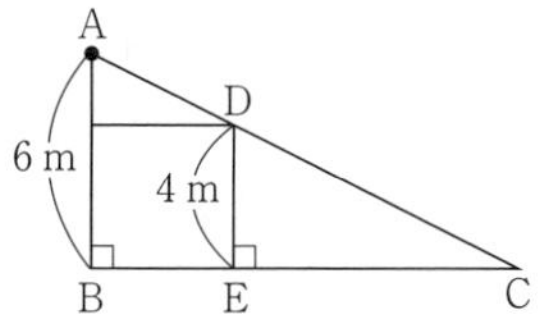

図5

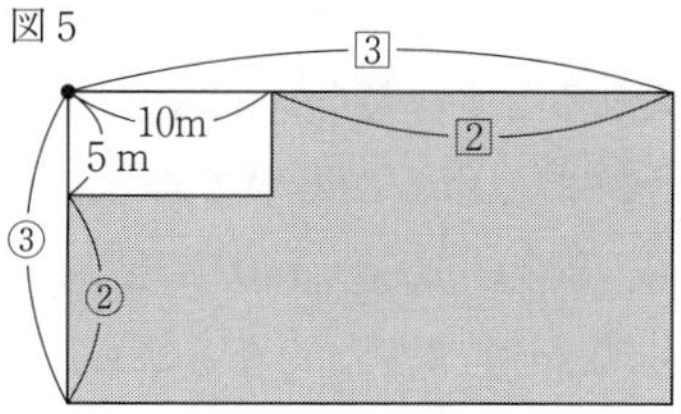

3 場合の数，計算のくふう

(1) 千の位には4通り，百の位には残りの3通り，十の位には残りの2通り，一の位には残りの1通りのカードを並べることができるから，4けたの整数は全部で，$4 \times 3 \times 2 \times 1 = 24$(個)できる。

(2) 一の位には1，3の2通り，千の位には一の位の数以外の3通り，百の位には残りの2通り，十の位には残りの1通りのカードを並べることができるので，4けたの奇数《きすう》は，$2 \times 3 \times 2 \times 1 = 12$(個)できる。

(3) ① 樹形図をかいて調べると，右の図のようになる。よって，全部で，$3 \times 3 = 9$(個)の整数ができる。 ② 一の位には1，2，3が3回ずつあらわれるから，一の位だけの和は，$(1 + 2 + 3) \times 3 = 18$となる。また，十の位には1，2，4が3回ずつあらわれるので，十の位だけの和は，$(1 + 2 + 4) \times 3 = 21$となる。同様に考えると，百の位だけの和は，$(1 + 3 + 4) \times 3 = 24$，千の位だけの和は，$(2 + 3 + 4) \times 3 = 27$となるから，9個の整数の和は，$18 + 21 \times 10 + 24 \times 100 + 27 \times 1000 = 29628$と求められる。

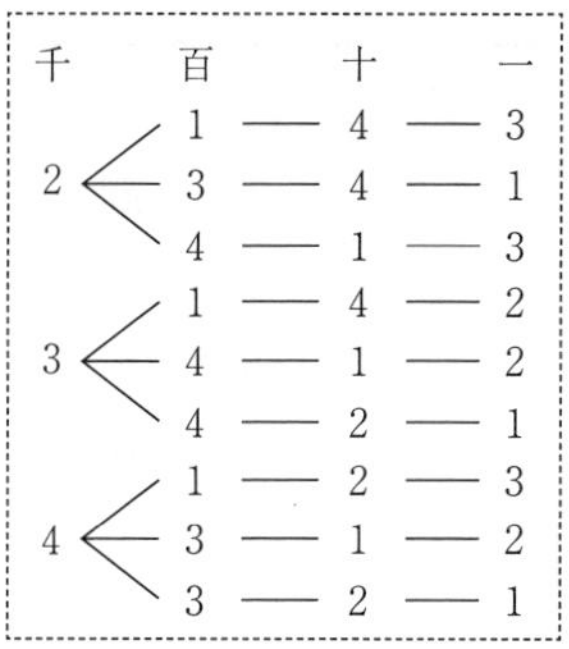

4 グラフ—水の深さと体積

(1) 下の図1の①～⑤の順に水が入り，①～④までは1本，⑤だけは2本の管で水を入れていく。

水そうの奥《おく》行《ゆ》きは10cmだから，①の部分の容積は，15×1.5×10＝225(cm^3)となる。また，問題文中のグラフから，①の部分に水が入る時間は4.5分とわかるので，１本の管から入る水の量は毎分，225÷4.5＝50(cm^3)と求められる。

図１

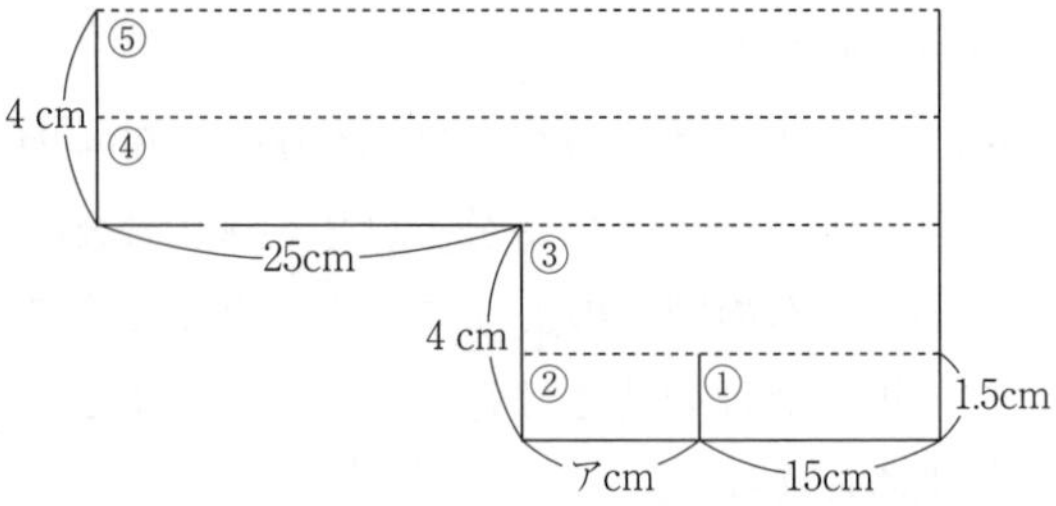

(2)　②の部分に入る時間は，7.5－4.5＝３(分)だから，②の部分の容積は，50×３＝150(cm^3)である。よって，ア＝150÷10÷1.5＝10(cm)と求められる。なお，①の部分と②の部分に入る時間の比は，4.5：３＝３：２なので，①の部分と②の部分の容積の比と横の長さの比も３：２となり，ア＝15×$\frac{2}{3}$＝10(cm)と求めることもできる。

(3)　①，②，③の部分の容積の合計は，(10＋15)×４×10＝1000(cm^3)だから，①，②，③の部分に入る時間の合計は，1000÷50＝20(分)となり，④と⑤の部分に入る時間の合計は，60－20＝40(分)とわかる。また，④と⑤の部分の容積の合計は，(25＋10＋15)×４×10＝2000(cm^3)である。さらに，④と⑤の部分に入れる間は毎分15cm^{3}ずつ排水《はいすい》されるので，④の部分に管１本で入れるときは毎分，50－15＝35(cm^3)の割合で増え，⑤の部分に管２本で入れるときは毎分，50×２－15＝85(cm^3)の割合で増えることになる。したがって，上の図２のようにまとめることができる。管２本で40分入れたとすると，85×40＝3400(cm^3)増え，実際よりも，3400－2000＝1400(cm^3)多くなる。管２本のかわりに管１本で入れると，増える量は１分あたり50cm^{3}ずつ少なくなるから，管１本で入れた時間は，1400÷50＝28(分)とわかる。よって，イ＝20＋28＝48(分)となる。

図２

④(管１本)毎分35cm^{3}増える ｝合わせて
⑤(管２本)毎分85cm^{3}増える ｝40分で2000cm^3

(4)　①，②，③の部分に入る時間の合計は20分のまま変わらないので，④の部分に入る時間が，43－20＝23(分)，⑤の部分に入る時間が，55－43＝12(分)になる。したがって，④と⑤の部分に入れる水の体積の合計は，50×23＋50×２×12＝2350(cm^3)だから，排水される水の体積は，2350－2000＝350(cm^3)とわかる。また，排水される時間は，55－20＝35(分)なので，排水される割合は毎分，350÷35＝10(cm^3)と求められる。

社　会　＜第１回試験＞(40分)＜満点：50点＞

解　答

[1]　**問１**　イ　**問２**　イ　**問３**　木簡　**問４**　(例)　竹や紙などの材料の産地が近く，手に入りやすいから。　**問５**　(例)　自転車のかごに広告をつけて，レンタサイクルとして貸し出す。　**問６**　エ　**問７**　(例)　先進国は，これまで主要な排出国だったから。／ツバルなどはすでに非常に深刻な脅威にさらされているから。　[2]　**問１**　ウ　**問２**　オ　**問３**　ウ→ア→イ→エ　**問４**　エ　**問５**　日米修好通商条約　**問６**　ア　**問７**　ウ　**問８**　ウ　**問９**　(例)　天候に左右されにくいから。　**問10**　エ　**問11**　エ　**問12**　いわみ(銀山)　**問13**　(例)　**チーム名**…羽田ブルーウィングス　**由来**…空港があるため，青空と飛行機の翼から名付けた。　[3]　**問１**　ウ　**問２**　イ　**問３**　ウ　**問４**　源頼朝　**問**

5　(例)　雨天時などに川が渡れず，人々が宿場町に留まり，町がうるおうから。　**問6**　(例)　道路と鉄道の両方に使われている橋であること。　**問7**　イ

解説

1　夏の暑さを題材にした問題

問1　A～Dの中で，家の中(自宅)で一番多く使われているアイテムがAである。そこで，夏用マスク，汗《あせ》ふきシート・爽快《そうかい》シート，日傘《ひがさ》の中で，自宅で使われることが多いアイテムを考えると，日傘は屋外でしか使わないし，自宅でマスクをつける人は少ないので，Aは汗ふきシート・爽快シートで，イがふさわしい。

問2　ルームエアコン(クーラー)と乗用車(自動車)は，カラーテレビとともに「３Ｃ(新三種の神《じん》器《ぎ》)」とよばれ，1960年代後半から普及《ふきゅう》し，パソコン(ウ)や薄型《うすがた》テレビ(エ)は平成時代に入ってから普及した。古くから普及していたアとイのうち，最近普及率が下がっているアが乗用車，普及率が伸びているイがルームエアコンである。

問3　飛鳥《あすか》時代から平安時代初めにかけて，木簡《もっかん》とよばれる木の札が，荷札や官庁の文書などに使われていた。当時は紙が貴重だったため，紙の代わりに用いられたもので，墨《すみ》で文字を書き，一度使ったものは表面を削《けず》って再び利用された。

問4　伊予《いよ》は愛媛県，土佐《とさ》は高知県の旧国名で，いずれも四国に位置している。歌からは，団扇《うちわ》の材料である竹が愛媛県で，紙が高知県で得られたことが読み取れる。ここから，団扇の材料が近くで得られ，手に入りやすかったため，香川県丸亀《まるがめ》地方では団扇づくりが発展したのだと考えられる。なお，讃岐《さぬき》は香川県，阿波《あわ》は徳島県の旧国名。

問5　無料で配布，あるいは貸し出すものによって宣伝効果を生むためには，多くの人が広い範囲《はんい》で利用するもので，人の目につくことなどが必要になる。こうした条件を満たすものとしては，都市部で利用が広がっている貸し出し自転車(レンタサイクル)や買い物用のマイバッグ，コロナ対策用のマスクなどがあり，それらに広告を入れて，無料で提供することが考えられる。

問6　ア　1990年のアメリカ合衆国の二酸化炭素排出《はいしゅつ》量は，4803(百万ｔ)÷20516(百万ｔ)×100＝23.4…(％)で，世界全体の二酸化炭素排出量の約４分の１程度だった。　イ　1990年と2018年を比べると，世界の二酸化炭素排出量は，33513(百万ｔ)÷20516(百万ｔ)＝1.63…より約1.6倍で，約３倍には増加していない。　ウ　1990年から2018年にかけて，日本は二酸化炭素排出量，人口とも大きく変化してはいないので，１人あたりの二酸化炭素排出量が「大幅《おおはば》に減少」していないとわかる。　エ　(二酸化炭素排出量)÷(人口)をおよその数で求めると，１人あたりの二酸化炭素排出量は多い順に，約15ｔとなるアメリカ合衆国，10ｔを少し上回るロシア，８～９ｔの日本，７ｔ弱の中国，２ｔを下回るインドとなり，ふさわしいといえる。

問7　先進国が途上国《とじょうこく》に，温暖化対策の資金を援助《えんじょ》しなければならないのは，これまで先進国がおもに二酸化炭素を排出し，温暖化の原因をつくってきたからである。そして，ツバル首相が言うように，途上国の中には「現在，海面上昇《じょうしょう》による非常に深刻な脅威《きょうい》にさらされている」国があるので，早急《さっきゅう》な資金援助が必要となっている。

2　スポーツチームの本拠《ほんきょ》地を題材にした問題

問1　肉用牛の飼育数は北海道が最も多く，以下，鹿児島県，宮崎県が続く。なお，アはブロイ

ラー(肉用若鶏《わかどり》)，イは乳用牛。統計資料は『日本国勢図会』2021／22年版による(以下同じ)。

問2　Aは山形県で行われる山形花笠《はながさ》祭り，Bは青森県で行われる青森ねぶた祭り，Cは秋田県で行われる秋田竿燈《かんとう》祭りのようすを写したものである。この3つの祭りに，仙台七夕祭りを加えた4つが，東北地方を代表する，東北四大祭りとよばれている。

問3　アは徳川幕府第3代将軍徳川家光が，イは第8代将軍徳川吉宗が，ウは初代将軍だった徳川家康が，エは第15代将軍の徳川慶喜《よしのぶ》が行ったことなので，古いものから順にウ→ア→イ→エとなる。

問4　航空機は輸送費は高いが，長距離《ちょうきょり》を速く移動できるため，IC(集積回路)など，軽くて小型な割に高価なものや，高級な魚介類など，鮮度《せんど》が重要なものなどの輸送に用いられる。なお，アは船舶《せんぱく》，イは鉄道，ウは自動車の特徴《とくちょう》。

問5　1858年，江戸幕府とアメリカ合衆国との間で日米修好通商条約が結ばれ，函館・新潟・神奈川(横浜)・兵庫(神戸)・長崎を開いて貿易を始めることにした。この条約には，日本に関税自主権がなく，アメリカ合衆国に治外法権(領事裁判権)を認めるという不平等な内容がふくまれていた。

問6　静岡県西部に位置する浜松市は，オートバイをはじめとする輸送用機械の生産や，楽器の生産がさかんな，東海工業地域を代表する工業都市だが，近くに貿易港がなく，原料の輸入の便が悪いので，石油化学工業はさかんではない。

問7　伝統文化への関心の高まりを受けて，地方を元気づけようと，各地で伝統工業など，都道府県の特色を広めようとする取り組みが増えている。伝統工業など，地方の地場産業がさかんになれば，伝統工業の後継者《こうけいしゃ》不足を防ぎ，過疎《かそ》化の進行を止めることができると考えられるからである。

問8　オリーブの産地として知られる小豆《しょうど》島(香川県)は，香川県の北東の沖合に浮かぶ島で，淡《あわ》路《じ》島(兵庫県)についで瀬戸内海で2番目に大きい。

問9　太陽光発電や風力発電は，天候の影響《えいきょう》を受けるので，発電量が日によって変化する。しかし，地熱発電や温泉発電は，地下から得られる熱をエネルギー源とするため，天候の影響を受けず，安定して電力を供給できる。

問10　日本海に面する富山市は，北西の季節風の影響で，冬の降水量が多い気候で，エがあてはまる。なお，アは札幌市(北海道)，イは松本市(長野県)，ウは静岡市の雨温図。

問11　アは菱川師宣《ひしかわもろのぶ》の浮世絵《うきよえ》「見返り美人図」で江戸時代前半の元禄《げんろく》文化，イは歌川広重の浮世絵「東海道五十三次」で江戸時代後半の化政文化，ウは元寇《げんこう》のようすを描いた「蒙古襲来絵詞《もうこしゅうらいえことば》」で鎌倉時代，エは狩野永徳《かのうえいとく》の障壁《しょうへき》画「唐獅子図屏風《からじしずびょうぶ》」で安土桃山時代の文化財である。

問12　石見《いわみ》銀山は島根県中部にあった銀山で，戦国時代から江戸時代にかけて，世界有数の銀の産出量をほこっていた。2007年には，「石見銀山遺跡《いせき》とその文化的景観」として，ユネスコ(国連教育科学文化機関)の世界文化遺産に登録された。

問13　まず，広く知られているような特徴を持つ都市や都道府県を考えてみよう。そして，その特徴にあったチーム名を考えてみよう。たとえば東京＝スカイツリーや，横浜＝中華街(チャイナタウン)などの組み合わせでも良いだろう。次に「何々があるから」などの由来を書くことになる。これとは逆に，由来から考える方法もある。たとえば，空港を表すようなチーム名を考えてから，空港のある都市を考えるというやり方である。

3 橋の歴史を題材にした問題

問１ 1590年，豊臣秀吉は小田原を本拠地としていた北条氏を滅《ほろ》ぼして天下統一を果たした。その後，明(中国)の征服《せいふく》を計画し，朝鮮にその先導役をするよう求めたが断られたため，文禄《ぶんろく》の役《えき》(1592～93年)と慶長《けいちょう》の役(1597～98年)の２度にわたって朝鮮に出兵した。なお，アの築城開始は1583年，エは1588年にだされた法令，イは1582年に明智光秀《あけちみつひで》が行ったこと。

問２ 三内丸山遺跡は青森県青森市の郊外で発掘《はっくつ》された縄文時代の大規模集落跡《あと》で，大型掘立柱《ほったてばしら》建物跡や大型住居跡，漆《うるし》ぬりの器など多くの遺物が見つかっている。2021年には「北海道・北東北の縄文遺跡群」の１つとして，ユネスコの世界文化遺産に登録された。

問３ 『日本書紀』は奈良時代の720年に舎人《とねり》親王らによってまとめられた歴史書で，持統《じとう》天皇までの，天皇を中心とした日本の歴史が，年代順に漢文で書かれている。

問４ 『吾妻《あづま》鏡』が「12～13世紀の歴史を記した」歴史書であることから，「幕府を開いた人物」とは，12世紀末に鎌倉幕府を開いた源頼朝だとわかる。源頼朝は1180年から鎌倉で武家政権の基盤《きばん》づくりをすすめ，1192年には征夷大将軍《せいいたいしょうぐん》に任じられ，名実ともに鎌倉幕府を確立した。

問５ 江戸時代，東海道の大きな川には橋がなく，旅人たちは不便だった。大井川などの大きな川に橋がかけられなかった理由としては，橋をかけても，すぐに流されてしまうという技術的な理由，敵が攻めてきた時に川を渡りにくくして，江戸を守るためという軍事的な理由に加え，渡し船の船頭や川越人足《かわごえにんそく》(人をかついで川を渡してくれる人)の雇用《こよう》を守ったり，川留め(通行禁止)となった時に旅人が泊まる，川の両岸の宿場の利益を守るためなど，経済的な理由も考えられる。

問６ 瀬戸大橋は岡山県倉敷《くらしき》市と香川県坂出《さかいで》市を結ぶ本州四国連絡《れんらく》橋で，1988年に開通した。３つある本州四国連絡橋の中では唯一《ゆいいつ》の道路鉄道併用《へいよう》橋で，上を瀬戸中央自動車道，下をJR瀬戸大橋線が走っている。

問７ アは昭和時代(戦前)の1940年，イは明治時代の1902年，ウは昭和時代(戦後)の1950年，エは大正時代の1920年のできごとである。

理 科 ＜第１回試験＞(40分)＜満点：50点＞

解 答

1 Ⅰ (1) 酸素 (2) 作用 (3) 二酸化炭素 (4) 地球 (5) ツキノワグマ Ⅱ (1) ⑤ (2) ② (3) ① (4) ⑤ (5) ② 2 (1) **前**…⑤ **後**…④ (2) ウ (3) ⑤，⑥ (4) ①，③ (5) ② 3 (1) ボーリング(調査) (2) 0.6mm (3) ③ (4) 0.4mm (5) 70m 4 (1) 2.4秒 (2) 160g (3) 9.6秒 (4) 1.2秒 (5) ⑦ 5 (1) ④ (2) ろ過 (3) ふっとう (4) ③ (5) **ア** ④ **イ** ⑦ **ウ** ⑪

解 説

1 小問集合

Ⅰ (1) 過酸化水素水に二酸化マンガンを加えると，過酸化水素が分解して酸素が発生し，あとに水が残る。このときの二酸化マンガンは，過酸化水素の分解を早めるはたらきをするが，それ自身は変化しない。このようなはたらきをする物質を触媒《しょくばい》という。

(2)　図のような，支点が力点と作用点の間にあるてこでは，作用点を支点に近くするほど，重いものを小さな力で動かすことができる。

(3)　植物は光のエネルギーを利用して，水と二酸化炭素からでんぷんと酸素を作り出す光合成を行っている。オオカナダモのような水草は，水中にとけている二酸化炭素を利用している。

(4)　太陽―地球―月がこの順に一直線上に並び，地球が太陽の光をさえぎることで，月の一部や全部が見えなくなる現象を月食という。

(5)　日本に生息しているクマはヒグマとツキノワグマの２種類で，ヒグマは北海道に生息し，ツキノワグマは本州から南の地域に生息している。

Ⅱ　(1)　アルコールランプで加熱すると，水は水蒸気，砂糖水はおもに水蒸気，アンモニア水はアンモニアと水蒸気，ドライアイスは二酸化炭素の気体が発生する。食塩はアルコールランプで加熱しても変化が見られない。

(2)　オニヤンマなどトンボのなかまは，幼虫の時期は水中で生活し，成虫の時期は陸上で生活する。トンボの幼虫はヤゴとよばれる。

(3)　図の月は右側から光が当たっているので，クレーターには①のようにへこみの右側の一部に光が当たらないかげの部分ができる。

(4)　空気中で炭素を含《ふく》む物質を燃やすと二酸化炭素が発生する。ガソリン，灯油，石油，石炭はいずれも炭素を含んでいるので，空気中で燃やすと二酸化炭素が発生するが，水素は燃やすと水だけができて二酸化炭素は発生しない。

(5)　手回し発電機はハンドルを速く回すと，回路に流れる電流が大きくなるので豆電球がより明るくなり，ハンドルを逆に回すと流れる電流の向きが反対になる。発光ダイオードは決まった向きに電流が流れたときに点灯するので，電流の向きが反対になると点灯しない。また，ハンドルを止めると電流が流れなくなるので，発光ダイオードはすぐに消える。なお，豆電球には電気を蓄《たくわ》える性質がないため，回していたハンドルから手を放すと，ハンドルはすぐに止まる。

2　動物のからだのつくりについての問題

(1)　頭を前とすると，選択肢《し》の中で最も前側についているのは耳，最も後側についているのは尾《お》となる。

(2)　前に頭，後に尾があるので，前後軸《じく》は中心から外側に向かった両側でつくりがちがい，上に背，下に腹と脚《あし》があることから，上下軸も中心から外側に向かった両側でつくりがちがう。しかし，左右軸は中心から外側に向かった両側でほとんど同じつくりとなっている。

(3)　二足で直立しているヒトの場合，前の方向は腹，後の方向は背になる。

(4)　アサリが移動するとき，写真Ｃの★の方向へ進むことから，アサリの前の方向は①だと考えられるので，①と③を結んでできる線が前後軸となる。

(5)　(4)より，アサリの前側は①，入水管・出水管がのびている方(③)が後側で，斧足《おのあし》のある④が下側だとわかる。したがって，写真Ｃに写っている貝殻《かいがら》は左側といえる。

3　地層のでき方とその変化についての問題

(1)　地下のようすを調べるなどのために，筒《つつ》状のものを地面に深く差しこみ，地下の地層をそのまま採取する方法をボーリング(調査)という。

(2)　図３に明るい部分と暗い部分が10組あるので，水月湖の地層は１年間で，６÷10＝0.6(mm)増えるとわかる。

(3)　(2)より，水月湖の地層は１年間に0.6mm増えるので，湖底から15m下の地層は，15×1000÷0.6＝25000(年)前にたい積したものである。また，水月湖には流れこむ川がないと述べられているので，③が選べる。

(4)　たい積物の体積は，(面積)×(高さ)で求められるから，１年間に周囲の山がけずられた高さと水月湖にたい積する地層の高さの比は，山の斜面《しゃめん》の面積と水月湖の面積の比の逆になる。よって，１年間に山がけずられた高さを□mmとすると，□：0.6＝４：６ より，□＝0.4(mm)である。

(5)　１年間の周囲の山の標高は，大地の動きによって0.6mm低くなり，雨などによってけずられて0.4mm低くなっている。したがって，７万年間で山の標高は，(0.4＋0.6)×70000＝70000(mm)より，70m低くなっていることがわかる。

4　ばねの振動《しんどう》と周期についての問題

(1)　表１から，小球を下に引く距離《きょり》は周期に関係しないことがわかるので，引いた距離が５cmのときも周期は2.4秒となる。

(2)　表２から，小球を下に引いた距離が同じとき，おもりの重さを，40÷10＝４(倍)，90÷10＝９(倍)にすると，周期は，4.8÷2.4＝２(倍)，7.2÷2.4＝３(倍)になることがわかる。周期9.6秒は4.8秒の，9.6÷4.8＝２(倍)なので，小球の重さは，40×４＝160(ｇ)にすればよい。

(3)　小球を下に引く距離は周期に関係しないことと，おもりの重さを表３のときの，40÷10＝４(倍)にしていることから，このときの周期は，4.8×２＝9.6(秒)となる。

(4)　図４の実線の波形から周期の半分の時間が経過すると初めて図５の波形になる。実験３より周期は2.4秒とわかるので，図５の波形になるまでの時間は，2.4÷２＝1.2(秒)と求められる。

(5)　ばねｂにつけた小球を下に引く距離を，４÷２＝２(倍)にしているので，元の高さから最上点や最下点までの距離もばねａを使ったときの２倍になる。また，ばねａ，ばねｂにつけた小球を下に引いてから同時にはなし，ばねａにつけた小球が初めて元の高さになるまでの時間は，2.4÷４＝0.6(秒)で，このとき周期が1.2秒のばねｂにつけた小球は最上点にある。これらのことから，⑦の波形が当てはまる。

5　コーヒーサイフォンとキップの装置の原理についての問題

(1)　固体のものに水を加え，その中に含《ふく》まれている特定のものを水にとかして取り出す方法を抽《ちゅう》出《しゅつ》というと述べられている。④では昆布《こんぶ》の成分を水にとかして，出汁《だし》として取り出している。

(2)　アルコールランプによる加熱を止めると，ろうとにあった液体がフラスコに移動し，コーヒー豆の粉末はろ紙フィルターの上に残る。このようにフィルターやろ紙などを用い，粒《つぶ》の大きさのちがいを利用してものを分ける方法をろ過という。

(3)　水を加熱したとき，水が内部から水蒸気に変化する現象をふっとうという。

(4)　アルコールランプによる加熱を止めると，フラスコ内の水蒸気が冷やされて水にもどり，その体積が小さくなる。これによってフラスコ内の気圧が急激に下がり，ろうとにあった液体がいっきに吸いこまれるようにフラスコに移動する。

(5)　塩酸と石灰石がふれて反応すると二酸化炭素が発生する。このとき，栓《せん》Ｄが開いているので，発生した二酸化炭素は集気びんＥにたまるが，集気びんＥにははじめにあった空気も混ざっている。このあと，栓Ｄを閉じると発生した二酸化炭素が中央部Ｂから下部Ｃにたまり，中央部Ｂにあった塩酸の液面が下に押《お》されて，塩酸が下部Ｃや上部Ａにもどっていく。これによって塩酸と石灰石がふれ合わなくなり，気体の発生が止まる。

国　語 ＜第１回試験＞（50分）＜満点：100点＞

解　答

一　**問１**　あやうさ　**問２**　差別　**問３**　エ　**問４**　イ　**問５**　ウ　**問６**　（例）人を差別する可能性がある私たちが他者と出会い，理解しつながりたいと思いながらつき合っていること。　二　**問１**　**Ａ**　ウ　**Ｂ**　ア　**問２**　イ　**問３**　イ　**問４**　ぱっと死んで，ぴっと入ってくる（もの。）　**問５**　マサオがど(「マサオが)　**問６**　（例）（死んだ者は，）生きている者の心の中で思い出となり，そして生き続けていく（ということ。）　三　**問１**　下記を参照のこと。　**問２**　イ　**問３**　ウ　**問４**　①　絵　②　水　**問５**　ア　**問６**　うかがう

●漢字の書き取り

三　**問１**　①　著名　②　度胸　③　尊厳　④　展望　⑤　熟知　⑥　預(ける)

解　説

一　**出典は好井裕明《よしいひろあき》の『他者を感じる社会学　差別から考える』による。**人は誰《だれ》でも差別をする可能性があることを指摘《してき》し，よりよく他者を理解して生きていくための大切な指針として差別を活用すべきだ，と主張した文章である。

問１　後から「差別する可能性」について書かれている箇所《かしょ》を探すと，「私は～〝差別をめぐる構え〟から，なんとか崩《くず》したいと考えています」以降に筆者の考えが述べられている。「差別する可能性」とは，世の中に存在する「ある人々をめぐる根拠《こんきょ》のない『決めつけ』や恣意《しい》的な『思い込《こ》み』」や「ある問題や出来事をめぐり『歪《ゆが》められ』『偏《かたよ》った』理解の仕方など」に囚《とら》われて，それらをそのまま認めてしまう「あやうさ」のことであると述べられている。設問の文と照らし合わせると，この「あやうさ」があてはまる。

問２　初めてハンセン病者と直接出会った学生がその人に対して「驚《おどろ》くとともに気持ちが悪くなった」というのだから，これは「差別」の感情だと考えられる。また，それに対して「私」はいったん否定しているが，「その後，この問題や彼《かれ》らの生きてきた歴史などを理解するなかで，そうした感情が固まってしまう」ならそうだとしているので，後の空らんにも「差別」があてはまる。

問３　「こうした〝差別をめぐる構え〟」を持つ人とは，差別を「特別な誰かが特別な誰かに対して起こす限られた社会問題」ととらえ，自分が「もし差別をしてしまえば，そのことを常に周囲から言われ続け～〝烙印《らくいん》〟を押《お》されて生きていかざるを得ない」と考えている人のことを指している。よって，エが合う。

問４　Ｂ　直前の「こうした」は，前の段落で述べられた内容を指す。世の中には，「ある人々をめぐる根拠のない『決めつけ』や恣意的な『思い込み』」があると述べられているので，自分以外

の「ある人々」を表す「他者」が入る。　C　空らんは，直前の「『普通《ふつう》』に生きたい」という考えを指しているので，“一般《いっぱん》の人々がもつ普通であたり前の知識や行為《こうい》”を意味する「常識」があてはまる。

問５　後に，「『普通』の世界」には，「他者をめぐる思い込みや決めつけ，過剰《かじょう》な解釈《かいしゃく》など，歪《ゆが》められ，偏《かたよ》り，硬直《こうちょく》した知や情緒《じょうちょ》が充満《じゅうまん》して」いると述べられている。そのなかで「普通」であろうとすることは，「こうした知や情緒を『あたりまえ』のものとして受容してしまう」ことであるので，自分を「普通」だと思い込んでいる人は，自分が，差別につながるような，偏ったものの見方をしていることに気づかないまま，「『差別的日常』を生きている」ということになる。よって，ウがよい。

問６　私たちは「誰もが，どこか均整がとれていないこころ」を持っているために，「誰でも差別する可能性がある」のである。そのような私たちが他者と出会うとき，「他者と多様で多彩《たさい》な〝距《きょ》離《り》〟があることに驚《おどろ》き，悩《なや》み，苦しみながらも，他者を理解しつながりたいという〝意志〟」が沸《わ》き起こってくると筆者は述べている。「均整がとれていないこころの持ち主同士」は，そのような「意志」をもって，つながり合おうとするのである。

二　**出典は中島《なかじま》京《きょう》子《こ》の『樽《たる》とタタン』による。**幼いころ，「わたし」に祖母が死について話し続けたようすを描《えが》いた文章である。

問１　**A**　年を取ると，当然そうなるものとして死は近くなってくるものであるので，必ずそうなるさまを表す「必然的」があてはまる。　**B**　直前の「兄弟孫ひ孫仲良く生きていきなさい」は，悪いことをせず正しいことを行いなさいとすすめるような内容であるので，「道徳的」が合う。

問２　「死」について，「いろんな人がいろんなことを言ってる」ことに対して「どうかなあ」と疑問を示しているのだから，祖母には祖母なりの考え方があるのだと読み取れる。

問３　「とつとつと」は，口ごもりながら，とぎれとぎれに話すさま。

問４　祖母は，「死んだら，ぱっと，電気が消えるみてえに，生きてたときのことがみんな消え」てしまい，「死んだ者」は，「生きてる者の中に，ぴっと入ってくるんじゃねえかなあ」と言葉を続けている。これが，「死」に対する祖母の考えである。よって，「ぱっと死んで，ぴっと入ってくる」という部分がぬき出せる。

問５　祖母は，戦死したマサオが「南の島のどこかで死んで，六文銭《せん》も持たずに三途《さんず》の川を渡《わた》ろうとして着物を剝《は》がされた」のだろうか，「それとも南の島のどこかで，いまでも帰りてえなあと思って」いるのだろうかと想像している。「ぱっと電気が消えるみてえに死んでしまう」のではなかったとして，骨も戻《もど》ってこなかったマサオがもし，どこかで，いまも帰りたいと思っていたら，あまりにもかわいそうだという思いが祖母にはあるのである。

問６　「ここんところ」と言いながら，祖母は自分の胸を指している。このしぐさから，死んだ者は，死ぬと生きている者の心の中に入りこみ，その心の中で思い出として生き続けるのだと祖母が考えていることが読み取れる。

三　**漢字の書き取り，熟語の組み立て，慣用句・ことわざの知識，四字熟語の知識，敬語の知識**

問１　①　名前がよく知られていること。　②　物事に動じない心。　③　尊く，おごそかなこと。　④　景色などを遠くまで見わたすこと。転じて，社会のできごとを見わたしたり，予測したりすること。その予測。　⑤　十分に知っていること。　⑥　音読みは「ヨ」で，「預金」などの熟語がある。

問２　「往復」「問答」「因果」は，反対の意味の漢字を重ねた熟語。「道路」は，似た意味の漢字を重ねた熟語。

問３　「目を疑う」は，“自分の見ているものが現実とはとうてい信じられない”という意味。

問４　①「絵にかいた餅《もち》」は，実際には役に立たないもののたとえ。　②「立て板に水」は，すらすらと，よどみなく話すことのたとえ。

問５　「付和雷同《らいどう》」は，自分なりの意見をもたず，他人の意見にやすやすと同調すること。「疑心暗《あん》鬼《き》」は，“疑う気持ちがあると，ありもしないものにおびえてしまう”という意味。「暗中模索《もさく》」は，手がかりのない問題を解決するために，いろいろとやってみること。「優柔《ゆうじゅう》不断」は，あれこれと迷ってしまい，物事の決断がおそいさま。

問６　「先生」に対する敬意を表すためには，「聞く」の謙譲《けんじょう》語の「うかがう」を用いる。

2022年度　国学院大学久我山中学校

〔電　話〕 (03) 3334－１１５１
〔所在地〕 〒168-0082　東京都杉並区久我山１－９－１
〔交　通〕 京王井の頭線─「久我山駅」より徒歩12分

【算　数】〈ＳＴ第１回試験〉 (60分) 〈満点：150点〉

〔注意〕 1．分度器・コンパスは使用しないでください。
　2．円周率は3.14とします。

1　次の□にあてはまる数を答えなさい。

(1)　11で割り切れる整数のうち，2022にもっとも近い整数は□です。

(2)　計算問題が□問あります。昨日は全体の$\frac{1}{4}$を解き，今日は残りの$\frac{2}{5}$より７問多く解いたところ，解いていない問題は11問でした。

(3)　太郎君の所持金は□円で，次郎君の所持金の４倍です。２人が父から1000円ずつおこづかいをもらうと，太郎君の所持金は次郎君の所持金の２倍になります。

(4)　$\frac{1}{2}$，$\frac{1}{4}$，$\frac{3}{4}$，$\frac{1}{6}$，$\frac{3}{6}$，$\frac{5}{6}$，$\frac{1}{8}$，$\frac{3}{8}$，$\frac{5}{8}$，$\frac{7}{8}$，$\frac{1}{10}$，……のように，ある規則に従《したが》って分数が並んでいます。はじめから28番目までの分数をすべて足すと□です。

(5)　食塩と水の重さの比が１：９の食塩水Ｓと，食塩と水の重さの比が１：19の食塩水Ｔを何ｇかずつ混ぜて食塩水を作ります。ＳとＴの重さの比を３：２の割合で混ぜると，濃度《のうど》が□％の食塩水ができます。

(6)　１個150円のケーキと１個220円のケーキを合わせて10個買って，160円の１つの箱にまとめて入れます。なるべく220円のケーキを多く買って，合計が2000円を超《こ》えないようにするとき，220円のケーキは□個買うことができます。

2　次の問いに答えなさい。

(1)　aは２桁《けた》の整数で19の倍数です。また，$a \times a \times a \times a - a \times a \times a$を計算すると10の倍数になります。このような$a$のうち，もっとも小さい$a$はいくつですか。

(2)　現在の姉の年令は12才です。現在から６年前は，母の年令が姉と弟の年令の和の４倍でした。また，現在から18年後は，母の年令が姉と弟の年令の和と等しくなります。現在の母の年令は何才ですか。

(3)　通常の再生速度で見ると10分かかる動画があります。この動画を，途中《とちゅう》までは通常の再生速度で見て，残りは通常の1.5倍の再生速度で見たところ，全部で９分かかりました。通常の再生速度で動画を見たのは全部で何分ですか。

(4)　１辺１cmの小さな立方体1000個をすき間なく組み合わせて，１辺10cmの大きな立方体を作ります。大きな立方体の６つの面すべてに色を塗《ぬ》るとき，色が塗られた小さな立方体の個数は何個ですか。

(5)　兄と妹がじゃんけんゲームをします。はじめの点数は２人とも30点です。１回のじゃんけんで，勝った人は点数が３点増え，負けた人は点数が２点減ります。また，あいこはじゃんけんの回数に数えません。

① 5回じゃんけんをしたところ，兄は3回勝ちました。妹の点数は何点になりましたか。

② 10回じゃんけんをしたところ，妹の点数は45点になりました。兄は何回勝ちましたか。

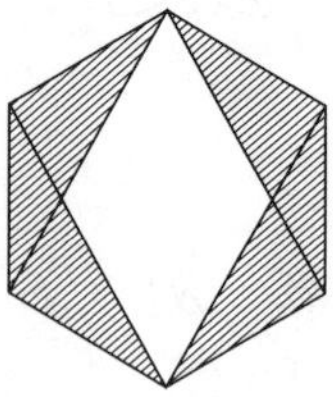

(6) 右の図は，面積が6 cm^2 の正六角形です。斜線《しゃせん》部分の面積は何 cm^2 ですか。

(7) 下の図のように，直方体の容器Aと，２つの直方体を組み合わせた容器Bがあります。AとBを空《から》の状態で，雨が降る水平な地面に置きました。Bは，1辺が5 cm の正方形の部分だけから雨が入ります。Aの水面の高さが10cm になったとき，Bの水面の高さは何 cm ですか。ただし，1 cm^2 あたりに降る雨の量は一定です。

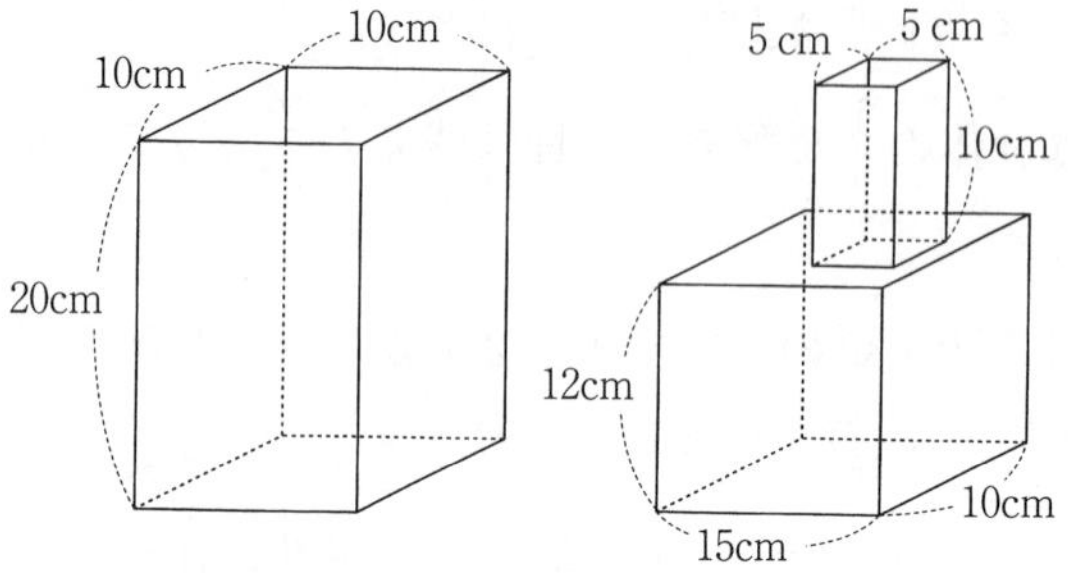

容器A　　容器B

3 右の図のように，1辺が2 cm の正方形の頂点に点Aがあります。

また，袋《ふくろ》の中に，[ア]，[イ]，[ウ]と書かれたカードが1枚ずつ合計3枚入っています。袋の中からカードを1枚引いて，引いたカードによって次のルールに従《したが》い，この正方形を動かします。

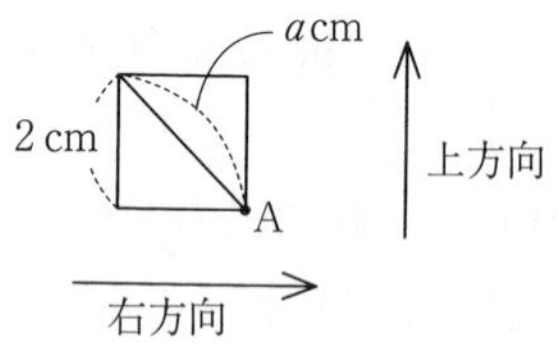

《ルール》

[ア]…正方形を，向きを変えずまっすぐ上方向に2 cm 動かす
[イ]…正方形を，向きを変えずまっすぐ右方向に2 cm 動かす
[ウ]…正方形を，点Aを中心にして時計回りに90° 回転させる

一度引いたカードは袋の中に戻《もど》します。これを何回か繰《く》り返して，上のルールに従い正方形を動かし，正方形の通ったあとの図形の面積を考えます。例えば，カードを1回引いて[ア]を引いたとき，正方形の通ったあとの図形の面積は8 cm^2 です。

ただし，この正方形の対角線の長さを a cm とするとき，$a \times a = 8$ となります。このとき，次の問いに答えなさい。

(1) カードを2回引きます。順に次のカードを引いたとき，正方形の通ったあとの図形の面積はそれぞれ何 cm^2 ですか。

① [ア]→[イ]　② [ウ]→[ウ]　③ [ウ]→[ア]

(2) カードを3回引きます。順に[ウ]→[イ]→[ア]のカードを引いたとき，正方形の通ったあとの図形の面積は何 cm^2 ですか。

(3) カードを3回引きます。正方形の通ったあとの図形の面積が16 cm^2 になるとき，カードの引き方は全部で何通りありますか。

(4)　カードを３回引きます。正方形の通ったあとの図形の面積が$17.14cm^2$になるとき，カードの引き方は全部で４通りあります。順に何のカードを引きますか。すべて答えなさい。

(5)　カードを３回引きます。正方形の通ったあとの図形の面積が$15.42cm^2$になるとき，順に何のカードを引きますか。

4　右の図のようにに地点Ａと地点Ｂがあり，AB 間の直線ルートは６km で，Ａから４km のところに地点Ｓがあります。また，ＡからＢまで道路があり，途中《とちゅう》でＳと交差しています。

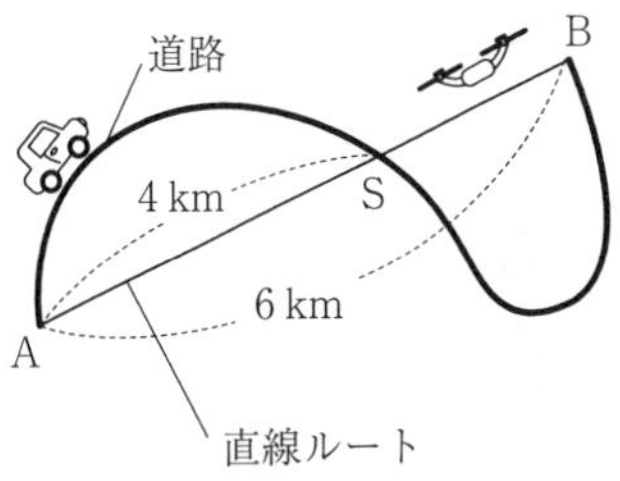

ドローン１機と自動車１台を使って，荷物をＡからＢまで運び続けます。ドローンの速さは時速30km，自動車の速さは時速40km で，どちらも１回の運搬《うんぱん》で10kg の荷物を運びます。

荷物の積み下ろしや受け渡《わた》しにかかる時間は考えないものとします。また，荷物を積んでいてもいなくても，ドローンと自動車の速さは変化しないものとします。このとき，次の問いに答えなさい。ただし，(1)〜(3)は答えのみ，(4)〜(7)は途中の考え方も書きなさい。

１日目は，ドローンは直線ルートを，自動車は道路を進みます。ドローンと自動車はＡから荷物を積んで９時に出発し，どちらもＢに着くとすぐに荷物を下ろしてＡに戻《もど》り，すぐに荷物を積んでＢに向かって進む，ということを繰《く》り返します。ドローンと自動車はＡを９時に出発して，はじめてＳを通過するとき出会いました。また，ドローンが AB 間の直線ルートを３往復する間に，自動車はＡからＢまでの道路を２往復しました。

(1)　ＡからＳまでの道路は何 km ですか。

(2)　ＡからＢまでの道路は何 km ですか。

(3)　自動車がＳからＢまでの道路を進むのにかかる時間は何分ですか。

(4)　荷物を運び始めてから100分後のＢにある荷物は全部で何 kg ですか。

(5)　全部で100kg の荷物をＢに運び終えるのは，何時何分ですか。

２日目は，荷物の運び方を変えました。自動車もドローンも，ＡからＳまでは道路を，ＳからＢまでは直線ルートを進みます。自動車はＡから荷物を積んで，ドローンはＢから荷物を積まずに，９時に出発します。

自動車はドローンに出会うと荷物を渡してすぐにＡに戻り，荷物を積んですぐにＢに向かって進む，ということを繰り返します。

ドローンは自動車に出会うと荷物を受け取ってすぐにＢに戻り，荷物を下ろしてすぐにＡに向かって進む，ということを繰り返します。

(6)　自動車がドローンとはじめて出会うのは，何時何分ですか。

(7)　全部で100kg の荷物をＢに運び終えるのにかかる時間は，１日目と２日目のどちらの運び方が何分早いですか。

② 洗面

ア 宝庫　イ 収支　ウ 納税

エ 損益　オ 除去　カ 車窓

問三 次の各文の中から、ことばの使い方の正しいものを一つ選び、記号で答えなさい。

ア 彼女《かのじょ》は誰からも好かれる、いわゆる八方美人だね。

イ 彼の演説は、残念ながら竜頭蛇尾に終わってしまった。

ウ 電光石火、患者《かんじゃ》の容体が悪化した。

エ 練習が厳しすぎて、からだ中が粉骨砕身だよ。

問四 次の□に入る漢数字の中で、一番大きい数字を漢字で答えなさい。

桃栗□年柿□年

□足のわらじをはく

□死に□生を得る

問五 次の各文の空らんに入ることばのうち、三つは同じグループになることができます。残る一つを答えなさい。

何度も同じことを言われて【　】にたこができる。

【　】であしらうような応対をされて、腹が立った。

調子に乗って買いすぎて、予算から【　】が出た。

つい【　】がすべって、本当のことを言ってしまった。

問六 次の句と同じ季節をよんだものを、ア～エから一つ選び、記号で答えなさい。

閑《しずか》さや岩にしみ入る蟬《せみ》の声　（**芭蕉**）

ア 芋《いも》の露《つゆ》連山影を正しうす　（蛇笏）

イ 菜の花や月は東に日は西に　（蕪村）

ウ 赤蜻蛉《あかとんぼ》筑波《つくば》に雲もなかりけり　（子規）

エ 炎天《えんてん》の遠き帆《ほ》やわがこころの帆　（誓子）

の意見を優先した石川を二度と信じまいと思い、連合チームを諦《あきら》めない尾沢のしつこさにうんざりしている。

イ　自分の気も知らないでものを言う石川にも不満があるが、石川と自分の信頼関係を利用するかのような形でチームを組ませようとする尾沢に腹を立てている。

ウ　連合チームを立ち上げようとずるがしこく立ち回る尾沢にいら立つ一方で、そんな尾沢に良いように利用されている石川のことも心底許せないと思っている。

エ　石川と自分の関係性をよく理解した上で石川を説得した尾沢の策略に気づき、それに気づかなかった自分と石川の情けなさを苦々しく思っている。

問二　――線②とありますが、なぜこのように言ったのですか。最も適当なものを次の中から選び、記号で答えなさい。

ア　キャッチボールで会話のきっかけをつくり、その中で連合チームを組むよう里田を説得するため。

イ　キャッチボールを通して里田の実力を見極《みきわ》め、一緒《いっしょ》に甲子園を目指せるかどうかを見定めるため。

ウ　キャッチボールで里田の怪我の具合を確かめ、今後の練習の具体的な方針について話し合うため。

エ　キャッチボールを通して里田に中学時代を思い出させ、自分のことを信用するよう仕向けるため。

問三　【A】～【C】に補うべき文を次の中からそれぞれ選び、記号で答えなさい。

ア　俺はまだ旅の途中《とちゅう》なんだ。

イ　こいつ、本当に行けると思っているのか？

ウ　それでも今は、尾沢の言葉に乗るわけにはいかない。

問四　[X]に補うべき言葉を、「試合」という語を必ず用いて、10字以上15字以内で記しなさい。

問五　――線③はどのようなことを里田に伝えようとしたのですか。40字以上45字以内で記しなさい。

問六　次のア～オについて、本文の内容に合うものには○、合わないものには×をそれぞれ記しなさい。

ア　誰もいない部室を訪《おとず》れた里田は、自分たちとは対照的に元気に活動するサッカー部をうらやましく思った。

イ　中学時代、他人に遠慮《えんりょ》せず発言する尾沢と一歩引いた立場で話を聞く里田の関係性は良好だった。

ウ　尾沢は戦力分析を披露《ひろう》し、心情に訴《うった》えるなどして、様々な話題で甲子園を目指すよう里田にうながした。

エ　里田は尾沢との会話に集中するあまり、自分がどのような球を投げているのか分からなくなっていた。

オ　尾沢は六割の力で投げた里田に対して、気休めだと分かりながら期待をさせるような言葉がけをした。

三

次の問いに答えなさい。〈問題は**問一**から**問六**まであります。〉

問一　次の①～⑥について、――線部のカタカナを漢字に直しなさい。

① センモン家の意見を聞く。

② 病気の祖母をカンゴする。

③ 野菜をレイゾウ庫にしまう。

④ 町のケイビの仕事をする。

⑤ 皿に料理をモりつける。

⑥ 空が夕日にソまる。

問二　次の熟語の構成の仕方と同じものを、ア～カの中からそれぞれ選び、記号で答えなさい。

① 尊敬

る。プロでも大学でも……こんな事故でチャンスを潰《つぶ》したら駄目《だめ》だ」

それは確かだ。自分のピッチングを多くの人に見せることなく負けたら、高校で野球が終わってしまうかもしれない。

終わりたくない。【Ｂ】

「俺にも夢を見せてくれよ」尾沢がすがるように言った。

「お前の夢は……」

「甲子園でお前の球を受けること」

それは、違《ちが》う高校へ進んだ時点で消えた夢ではないのか？　あの頃、「将来どうするか」と二人で何度も話したことを覚えている。二人とも公立志望。野球も続ける。しかし中学の時点では、尾沢の方が高校野球に対する思いが強かったのは間違いない。だからこそ必死で勉強もして、野球が強い鳥屋野を選んだのだから。一方自分は、尾沢ほどには高校野球に対する思い入れがなかったのだと思う。中学で「伸《の》びきった」感覚もあったし……それで、取り敢《あ》えず部活としての野球ができる高校として、成南を受験した。高校に入って猪狩と出会い、さらに二段階ぐらいレベルが上がるとは思ってもいなかった。

上手《うま》くなれば欲が出てくる。でもその欲は、思いもよらぬ事故で急に萎《しぼ》んだ。そこへ尾沢が、新しい欲を持ってきた。

「やってやれよ。怪我した選手のためにも」

尾沢が静かな口調で言って、ボールを投げ返す。キャッチした里田は、右手に握《にぎ》ったボールを一回、二回と親指でスピンさせて投げ上げた。

「ついでに俺のためにも。お前自身のためにも」

「それじゃ、誰のためにやるのか分からない」

「全員だ」尾沢が力強く宣言する。

「お前ぐらいの力がある奴は、周りの人間全員に対する責任を負ってるんだよ。お前の力で、甲子園に連れて行ってくれ」

「俺が連れて行ってやる」と言っていたのが、今度は逆になった。

【Ｃ】

里田は、そこにない※プレートを踏《ふ》んだ。意図を見抜《みぬ》いた尾沢がさっとしゃがんで構える。右足首に意識を集中しながら、ゆっくりと始動した。むきになるなよ。アスファルトの上じゃ、踏《ふ》ん張《ば》れないんだから——しかしつい力が入り、体の動きがぎくしゃくして※棒球になってしまう。それでもボールは、尾沢が構えたミット——ど真ん中に飛びこんだ。尾沢はしばらくそのまま固まっていた。

「今の、七割だよな」

「六割だ」

「だったらいける。お前が十割の力を出したら、誰も打てない」

十割か。十割でずっと投げ続けたら、すぐにどこかが壊《こわ》れる。そうならないためには……今の力を二割アップさせればいい。そうしたら、今の十割が八割になる。その先に見えているのは——。

甲子園だ。


（堂場瞬一『大連合』による）

※注　猪狩…成南高校野球部の監督。事故によって重傷を負っている。
セカンドオピニオン…納得《なっとく》のいく治療法《ちりょうほう》を選択《せんたく》するために現在と違う医療《いりょう》機関の医師に意見を求めること。
バッテリー…野球におけるピッチャーとキャッチャー
キャッチャーミット…キャッチャー用のグローブ
スライダー…変化球の一種
プレート…野球場での投球時、ピッチャーの足下《あしもと》にある板
棒球…ヒットを打ちやすい、まっすぐで威力《いりょく》のない球

問一　——線①とありますが、この時の里田の心情はどのようなものですか。最も適当なものを次の中から選び、記号で答えなさい。
ア　二年以上組んできた自分の気持ちよりもつきあいの浅い尾沢

「ひでえな。あいつ、重傷なんだぜ。話すのも大変なのに」

「でも、お前も話しただろう」

「俺は……チームメートだから」

　何だか言い訳めいているなと思いながら、里田はボールを強く投げ返した。お、今のはいいボールだった……しっかり指に引っかかり、回転も最高。「汚い回転」の方がボールが不規則に変化してバッターを戸惑《とまど》わせることもあるのだが、基本はやはり、回転のいい速球だ。

「ナイスボール」尾沢がさらりと言った。

「お前、そんなこと言うタイプじゃないだろう」キャッチャーによっては、一球一球褒《ほ》めたり逆に気合いを入れたりする。石川がまさにそういう感じで、里田は言葉でずいぶん育ててもらったと思う。

「今のお前には励《はげ》ましが必要なんじゃないかな」

「別に」里田は視線を逸《そ》らした。

「甲子園に行きたくないか？」

「行きたくない奴なんかいないだろう」

「行けるよ」

「はあ？　マジで言ってるのか」

「マジだよ。俺が連れて行ってやる。俺は去年の秋以来、県内の有力チームをずっと見てきたんだ――暇《ひま》だったからな」

　その言葉が、里田の胸に刺《さ》さる。暇だった――［　X　］

「お前、俺の分析《ぶんせき》シート、ちゃんと読んだか」

「読んでない」

「力作なんだぜ。ちゃんと読め。読んで、今の俺たちが手を組めば、甲子園は夢じゃない」

「だけど……」

「成南の弱点は打線だよな。鳥屋野には俺がいる」

それは認めざるを得ない。尾沢は、打力では石川より上――去年の夏の予選では、決勝までに四割を超える打率を残している。

「二年生にも打てる奴がいる。それにピッチャーも……加茂はよくなったぞ」

「あいつが？」にわかには信じられなかった。加茂は二人の中学の後《こう》輩《はい》でもあるのだが、中学時代は線が細く、体力的に問題があった。練習試合でも、完投したことなど一度もなかったんじゃないか……。

「必死に走りこんで、体力はついてきたよ。右と左の違《ちが》いがあるけど、※スライダーのキレは、お前より上かもしれない」

「まさか」むっとして里田は言い返した。

「実際見てみろよ。いろいろ教えたくなると思うぜ」

「俺には関係ない」

「ピッチャーが二枚揃《そろ》ってれば、行ける」尾沢が断言した。「成南は、それが最大の問題点だっただろう？」

　それは里田も認めざるを得ない。球数制限が導入されて、今は一週間に五百球が限度になっている。完投能力のあるピッチャーが最低でも二人いないと、県大会のような連戦は勝ち上がれない。

「あいつを実戦《じっせん》で育てようよ。それで甲子園に行く」

「俺は――」

「石川を甲子園に連れて行きたくないか？　他の大怪我した選手も。今は動けないかもしれないけど、八月になれば新幹線に乗れるぐらいには回復するだろう。そうしたら、皆《みんな》で甲子園に行けばいいじゃないか」

「プレーはできない」

「③We're the One、だろう」

　そんなことまで知っているのか……尾沢の情報収集能力に、里田は密《ひそ》かに舌を巻いた。何だか気味が悪いぐらいである。

「俺は、お前を甲子園に連れて行く。そうすれば、その後の道も開け

　グラウンドの脇《わき》には、運動部の部室が入ったプレハブの建物がある。野球部の部室に入るのも、何だか久しぶりな感じがした。先週の土曜日、長岡へ出発する前に部室に集合して……あの時は、全員元気だった。珍《めずら》しく、怪我人もいなかった。それが今、何とか無事なのは七人だけ。

　部室はガランとしている。誰《だれ》かが干した練習用のユニフォームが二着、そのままぶら下がっていた。いつもこうだ。洗ったユニフォームは外で干そうと申し合わせてあるのに、天気が悪い時など、必ず部室内に干《ほ》してほったらかしにしている奴《やつ》がいる。

　ベンチに腰《こし》かけ、足元に転がっているダンベルを何となく手にした。こういうのも、ちゃんと一ヶ所に集めて管理しておかないと、すぐに散らかってしまう。実際、部室は雑然としていた。汗《あせ》の臭《にお》いが籠《こも》って……慣れた臭いなのだが、今日は何故《なぜ》か煩《わずら》わしい。掃除《そうじ》しようかとも思ったが、それも面倒臭《めんどうくさ》かった。結局、窓を開けて空気だけ入《い》れ替《か》える。五月の爽《さわ》やかな風が吹《ふ》きこむと同時に、サッカー部の連中の声が飛《と》び込んでくる。「サイド！」「トイメン、カバー！」……あいつら、元気だよなあ。元気でいいな。

　ぼうっとしていると、いきなりドアが開いた。窓も開いているので、風の流れが一気に強くなる。ここのところ雨が降っていないせいで、グラウンドは乾《かわ》き切っており、乾いた土の臭いが急に襲《おそ》ってきた。

　顔を上げると、尾沢が立っている。

「お前……勝手に人の学校に入るなよ」

「別に止められなかったけど」

　尾沢は私服姿だった。ウィンドブレーカーの前を開け、グレーのTシャツを覗《のぞ》かせている。肩《かた》から提《さ》げた大きなスポーツバッグに手を突《つ》っこむと、真新しいボールを取り出し、里田に放って寄越《よこ》す。里田は反射的に左手を伸《の》ばしてボールを受け取った。それを見た尾沢が、今度はバッグから※キャッチャーミットを取り出す。

「②キャッチボール、しようぜ」

「はあ？」いきなり何を言い出すんだ？

「投げられないのか？」

「そんなことないけど……自主練も禁止なんだ」

「練習じゃないよ。ただのキャッチボールだ。アメリカだと、『プレー・キャッチ』って言うんだぜ。つまり、遊びだ」

「そんなの、知らねえよ」

「投げてないと、感覚が鈍《にぶ》るぞ」

　何でお前と……と思いながら、里田は立ち上がり、自分のロッカーからグラブを出した。左手にはめると、自然と刺繍《ししゅう》に目が行く。「We’re the One」——俺《おれ》たちは一つ。選手全員のグラブに同じ刺繍がしてある。去年新チームになった時に、石川が言い出して揃《そろ》えたのだった。

「ほら、早くしろよ」

「うるさいな」

　言いながら、里田はスニーカーを履《は》いた。

【中略】

　二人はしばし、無言でキャッチボールを続けた。尾沢に対してはむかつくことが多いが、それでもキャッチボールをしていると中学時代の感覚が蘇《よみがえ》ってくる。あの頃《ころ》から——いや、野球を始めた小学生の頃から、散々言い合いはしてきた。しかし仲が悪かったわけではない。お互いに言いたいことが言い合える仲だったからこそ、長くバッテリーを組めたのだろう。

【Ａ】

「お前、石川と話しただろう」

「話したよ」尾沢があっさり認めた。

建てる」と答えますと、さらに「そうしてどうするのか」と問われます。「そこでハンモックでもつってゆっくり昼寝《ひるね》をする」と答えると、現地の人が、「われわれは［　　　］」と答えたという笑い話です。

わたしたちであれば、「何のために働くのか」という問いを出されたとき、どう答えるでしょうか。みなさんもぜひ自分自身の問題として考えてみてください。

この問いや、「何をめざして生きていけばよいのか」という問いは、あらためて考えてみると、なかなかむずかしい問いで簡単には答を見つけることができません。ただ、誰《だれ》であれ、自分の人生が意味のあるものであることを願うのではないでしょうか。人生を終えるときに、自分の人生は生きるかいのあったものだと言えたら、どんなによいでしょう。それは容易ではないかもしれませんが、できればそういう人生を歩んでみたいと思います。

二

次の文章を読んで、後の問いに答えなさい。〈問題は**問一**から**問六**までであります。〉

里田が所属する成南高校野球部は甲子園《こうしえん》出場を目指していたが、試合の帰りに選手・監督《かんとく》を乗せたマイクロバスが交通事故を起こし、多くの重傷者が出た。ピッチャーである里田は軽傷で済んだが、チームとして甲子園予選に出ることは絶望的となってしまった。そこへ中学時代にチームメートだった尾沢が、自分の所属する鳥屋野高校と里田の成南高校の連合チームを作ることを提案してきた。里田は断ったが尾沢は諦《あきら》めず、成南高校キャプテンの石川に接触《せっしょく》し、説得を試みた。鳥屋野高校は県内の野球強豪校《きょうごうこう》だったものの、前年に発覚した監督の不祥事《ふしょうじ》をきっかけに多くの部員が辞《や》め、チームとして成立しなくなっていたのだった。

①石川の野郎《やろう》――いや、黒幕は尾沢だな。尾沢が石川に頼《たの》みこんだに違《ちが》いない。

石川と電話で話した後、里田は久しぶりに学校へ向かった。野球部は当然、活動停止。ようやく普通《ふつう》に話せるようになった※猪狩の指示もあり、当面は自主練も含《ふく》めて練習中止が決まっていた。しょうがない。いくら監督がベッドから動けなくても、命令は絶対である。

自転車は普通に漕《こ》げた。右足首にはまだ鈍《にぶ》い痛みが残っていて、何だか硬《かた》くなってしまった感じがしているが、歩いたり自転車を漕いだりする分には問題ない。地元のかかりつけの整形外科医《げかい》にも相談して、「重大な怪我《けが》はない」という※セカンドオピニオンも得ていた。

だから何なんだ、と思うけど。自分の体が万全《ばんぜん》でも、試合ができなければ何の意味がある？

そうやって悶々《もんもん》としている時に、石川から電話がかかってきたのだった。「鳥屋野と組んでやれよ」と。そして「これはキャプテン命令だから」とつけ加えた。

勝手なこと言いやがって。成南として出られないからって、すぐに他のチームと組んで試合ができるわけじゃない。

でも、石川の言葉は重い。二年以上ずっと※バッテリーを組んで、互《たが》いに高め合ってきた仲だ。自分の人生において、一番信頼《しんらい》できる人間の一人。

尾沢は、そこへ無理矢理《むりやり》割《わ》りこんできたようにしか思えない。

日曜日の午前中、サッカー部と陸上部が練習中だった。サッカー部は普段《ふだん》、グラウンドの半分しか使えないのだが、今日は野球部がいないので、全面を使って紅白戦をしている。あいつら、喜んでるんじゃないか、と里田は皮肉に思った。

を失ったり、命を落としたりした人々のことを考えることもとても大切なことです。それも大きな視点から見ることの一例になるでしょう。

⒁　このような問題について考えるときに浮《う》かびあがってくるのは、そもそもわたしたちは何のために生きているのか、という根本の問いです。わたしたちは何をめざして生きているのでしょうか。あるいは何をめざして生きていけばよいのでしょうか。

（藤田正勝『はじめての哲学』による）

問一　問題文を４つの意味段落に区切った場合、どのようになりますか。最も適当なものを次の中から選び、記号で答えなさい。

ア　(1)(2)(3)―(4)(5)(6)(7)―(8)(9)(10)(11)―(12)(13)(14)
イ　(1)(2)―(3)(4)(5)(6)(7)(8)(9)(10)―(11)(12)―(13)(14)
ウ　(1)(2)(3)(4)(5)―(6)(7)(8)―(9)(10)(11)―(12)(13)(14)
エ　(1)―(2)(3)(4)(5)(6)(7)―(8)(9)(10)(11)(12)(13)―(14)

問二　――線①とありますが、「作者」はなぜ「問題」にしたのですか。(4)段落よりあとの本文中から解答らんに合うように35字以上40字以内で抜《ぬ》き出し、記しなさい。

問三　――線②とありますが、叔父さんはなぜ「コペル君」の語ったことを大切だと考えたのですか。次の□に入ることばを本文中から５字で抜き出しなさい。

コペル君が□からものごとを見ているため。

問四　――線③とありますが、なぜですか。その理由として最も適当なものを次の中から選び、記号で答えなさい。

ア　生きる意欲として自分をより成長させるエネルギーとなっていくから。
イ　自分の能力を高め他者に決して負けない競争力を身につけられるから。
ウ　厳しい現実社会を生き抜く力としてすべてを手に入れる源となるから。
エ　生きようとする意欲に満ちることが他者をいつくしむ余裕になるから。

問五　――線④とありますが、「大きな落とし穴が待ちうけてい」るとはどのようなことですか。35字以上40字以内で解答らんに合うように記しなさい。

問六　次のア～オについて、本文の内容に合うものには○、合わないものには×をそれぞれ記しなさい。

ア　私たちはふだんすべてのものごとを自分を中心に見ている。
イ　決して自分を中心にものごとを見ないようにしなければならない。
ウ　生きる意欲はより良いものを求める向上心として私たちを支えている。
エ　世界規模で行われる利益獲得という欲望追求が貧困や飢餓を生み出している。
オ　「どのように生きるか」という問題に私たちはすぐにも答えを出すべきである。

問七　本文の後に続く、次の文章の□にあてはまることばを自分で考えて、10字以内で解答らんに記しなさい。

かなり以前、わたしがまだ大学に籍《せき》を置いていた頃《ころ》でしたが、おもしろい話を耳にしたことがあります。出所は不明ですが、かなり広く知られていた話でした。ある日本の商社員が、どこか遠い南の国に行って、けんめいに働いていたら、現地の人から「なぜ毎日そんなにあくせくと働くのか」と尋《たず》ねられたという話です。それに対して、「よい成績を残し、昇進《しょうしん》して、お金を貯《た》めるためだ」と答えると、「お金を貯めてどうするのか」と尋ねられます。「退職後、どこか風景の美しいところに土地を買って、別荘《べっそう》でも

(6)　この「どのように生きるか」という問いは、哲学《てつがく》にとっても非常に大きな問題の一つです。そしてむずかしい問題です。簡単に答には行きあたりません。

(7)　先ほど、自分を中心にしてものごとを見ているだけでは、その本質が見えなくなってしまうと言いましたが、③もちろん、自分を中心にしてものごとを見ること自体が悪いわけではありません。それは非常に大切なことです。動物の子であれ、人間の子であれ、赤《あか》ん坊《ぼう》は生まれてすぐに母親のお乳を求めます。生きようとする意欲に満ちています。この自分のなかからわきあがってくる意欲がわたしたちの成長を支えています。少し大きくなれば、子どもは言葉を覚えることにとても大きな興味を示します。小学校に入学したときのことを覚えているでしょうか。子どもはそこで学ぶものに大きな関心を示し、次々に吸収し、自分の世界を広げていきます。やがてスポーツでも音楽でも、少しでもうまくなりたい、少しでも力をつけたいと考えるようになります。このよりよいものをめざす向上心がわたしたちを支えています。

(8)　わたしたちはわたしたちのなかにある生きる意欲に衝《つ》き動かされ、さまざまなことに取り組みます。さまざまなことにチャレンジし、自分の可能性を実現し、自分の世界を広げていきます。それは社会に出てからも変わりません。芸術の道に進んだ人は、自分の作品を通して、できるだけ多くの人に感動を与《あた》えたいと思うでしょう。農業に携《たずさ》わる人は、より品質の高いものを消費者に届けたいと努力しますし、会社に入って営業に携わる人はより多くの製品を販売《はんばい》して成績をあげたいと考えます。このようにして自分自身が、そして家族が豊かな生活を送れるようにがんばります。また自分の作品や仕事を通して社会に貢献《こうけん》したいと考えます。

(9)　④このように日々努力することはとても尊いことです。しかしここに一つの大きな落とし穴が待ちうけています。わたしたちの生きる意欲が、欲望に変わってしまう可能性があるのです。生きる上でさしあたって必要でないものでも、目の前にあればそれを手に入れたい、それだけでなく、できるだけ多くのものを手に入れたいと思うようになっていきます。欲望の特徴《とくちょう》は、いったんその対象になっているものを手に入れても、すぐにより多くのものを、より大きなものを追い求めようとする点にあります。欲望はいったん刺激《しげき》されると、かぎりなく大きくなっていきます。わたしたちは欲望の連鎖《れんさ》のなかに簡単にはまり込《こ》んでしまうのです。

(10)　欲望の連鎖のなかにはまり込んでしまうと、頭のなかが欲望追求のことでいっぱいになって、自分自身の中身が空っぽになってしまいますし、他の人を顧《かえり》みる余裕《よゆう》もなくなってしまいます。要するに欲望の奴隷《どれい》になってしまうのです。自分を（あるいは自分だけを）中心にしてものごとを見ることの負の面がここに現れてきます。

(11)　それはわたし一人だけの問題ではありません。現代はグローバル化の時代です。欲望の追求が世界規模でなされています。なりふりかまわない利益追求で富を得る人とそうでない人のあいだに格差が生まれています。あるいは利益の獲得《かくとく》をめぐって対立するグループのあいだに争いが生まれたりしています。自分の利益を守るために、自分のグループ以外の人たちを非難したり、排斥《はいせき》したり、あるいは攻撃《こうげき》したりすることも多くなっています。そのような対立や争いの結果、世界のあちこちで貧困《ひんこん》や飢餓《きが》、迫害《はくがい》などで苦しむ人が増えています。

(12)　いま世界ではそういったことが大きな問題になっています。わたしたちはここで立ちどまって考えなければならないと思います。

(13)　先ほど『君たちはどう生きるか』という本との関わりで、大きな視点から見ることが大切なのだということを言いましたが、たとえば欲望に振《ふ》りまわされている自分を見つめ直すこともその一つだと言えるでしょう。差別や偏見《へんけん》で苦しむ人々や、内戦などのために生きる術《すべ》

二〇二二年度
国学院大学久我山中学校

【国　語】〈ＳＴ第一回試験〉（五〇分）〈満点：一〇〇点〉

〈注意〉1　設問の関係で、原文とは異なるところがあります。

2　句読点（、や。）その他の記号（「や〃など）は1字分として数えます。

一　次の文章を読んで、後の問いに答えなさい。〈問題は**問一**から**問七**まであります。〉

(1)　吉野《よしの》源三郎《げんざぶろう》という名前をご存知《ぞんじ》でしょうか。戦後、雑誌編集者・評論家として活躍《かつやく》し、平和運動にも力を尽《つ》くした人ですが、その吉野が一九三七年に少年少女向けに『君たちはどう生きるか』という本を発表しています。この本は当時から、そしていまに至るまでたいへんよく読まれており、手にされた方も多いのではないでしょうか。

(2)　これはコペル君というあだ名の中学生の物語です。①この本のなかで作者がとくに問題にしたのは、自分を中心としてものごとを考えたり、判断したりする自己中心的なものの見方です。わたしたちはふだん、たとえばお肉は好物で毎日でも食べたいが、野菜は口にしたくないとか、いつも楽しく話しかけてくれるあのクラスメートは好きだが、わたしのやることにいつも文句を言ってくるあの子とはもう顔もあわせたくないし、口もききたくないとか、自分を中心にすべてのことを見ています。地理にしても、わたしたちは自分の家を中心に、身近な周りの家々、住んでいる町や市などを同心円的に配置し、学校などの自分にとって必要な場所を結びつけた地図を頭のなかに入れています。

(3)　この小説に登場する②コペル君の叔父《おじ》さんは、コペル君があるときデパートの屋上から霧雨《きりさめ》の降る町並み、道路の上を走る車や歩行者を眺《なが》めながら、世の中を大きな海に喩《たと》えれば、人間というのは一つの「水の分子」かもしれない、と語ったことをたいへん大切なことだと考え、ノートにコペル君へのメッセージを書き記します。かいつまんで言うと、自分を中心にして、自分の目に映るものだけを見ていては、ものごとの本質が見えなくなってしまう、大きな真理はそういう人の目には決して映らない、というのがそのメッセージです。

(4)　コペル君の経験に即《そく》して言えば、大きな海から自分を（一つの水の分子として）見つめ直すと、自分のいままで見えていなかった面が見えてくるということでしょう。それができたコペル君に、叔父さんはその大切さを強調したかったのだと思います。自分の思っていることや考えていること、あるいは自分の存在そのものを自分の視点からだけではなく、大きな視点から見ることがわたしたちにとって何より大切なのだというのは、作者である吉野自身の考えであったとも言えます。

(5)　その「大きな視点から見る」というのは、具体的に言うと、どういうことを指すのでしょうか。おそらくそれは、単により多くのことを知るということではないと思います。また、ただ詳《くわ》しく知ればよいということでもないと思います。他の人の立場に立って考えるということでもありますし、人間全体のことを（場合によっては地球全体のことを）考えて、どういう未来を作っていったらよいかを考えることでもあると思われます。したがってそれは知識の問題でもありますが、それにとどまらず、自分の生き方そのものにも関わっています。よりよい生き方や、よりよい社会のあり方について深く考え、その実現をめざして努力するということも含《ふく》めて、吉野は「君たちはどう生きるか」と問いかけたのだと思います。

2022年度
国学院大学久我山中学校 ▶解説と解答

算　数 ＜ＳＴ第１回試験＞（60分）＜満点：150点＞

解　答

[1] (1)　2024　(2)　40問　(3)　2000円　(4)　14　(5)　８％　(6)　４個　[2] (1)　76　(2)　38才　(3)　７分　(4)　488個　(5)　①　30点　②　３回　(6)　$3\frac{1}{3}$cm²　(7)　$1\frac{2}{3}$cm　[3] (1)　①　12cm²　②　16.56cm²　③　13.14cm²　(2)　18.28cm²　(3)　８通り　(4)　[ウ]→[ア]→[ア]，[ウ]→[ア]→[イ]，[イ]→[ウ]→[ア]，[ア]→[ウ]→[ア]　(5)　[ウ]→[ア]→[ウ]
[4] (1)　$5\frac{1}{3}$km　(2)　12km　(3)　10分　(4)　70kg　(5)　11時12分　(6)　９時$6\frac{2}{7}$分　(7)　２日目が$6\frac{2}{7}$分早い

解　説

[1] 整数の性質，相当算，倍数算，数列，濃度《のうど》，つるかめ算

(1)　11の倍数で，2022にもっとも近い数を求めればよい。よって，2022÷11＝183余り９より，11×(183＋１)＝2024とわかる。

(2)　全体の問題数を１とすると，昨日解いた問題数は，$1\times\frac{1}{4}=\frac{1}{4}$だから，その残りは，$1-\frac{1}{4}=\frac{3}{4}$となる。したがって，今日解いた問題数は，$\frac{3}{4}\times\frac{2}{5}=\frac{3}{10}$より７問多いので，右の図１のように表すことができる。図１から，$\frac{3}{4}-\frac{3}{10}=\frac{9}{20}$にあたる問題数が，７＋11＝18(問)とわかるから，(全体の問題数)×$\frac{9}{20}$＝18(問)より，全体の問題数は，18÷$\frac{9}{20}$＝40(問)と求められる。

図１
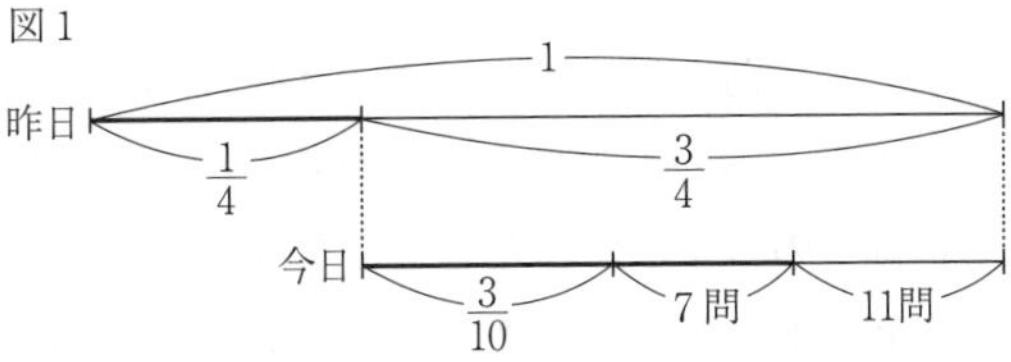

(3)　太郎君と次郎君の最初の所持金の比は４：１であり，父から1000円ずつもらった後の所持金の比は２：１である。このとき，２人の所持金の差は変わらないので，比の差をそろえると右の図２のようになる。よって，そろえた比の，６－４＝３－１＝２にあたる金額が1000円だから，そろえた比の１にあたる金額は，1000÷２＝500(円)となり，太郎君の最初の所持金は，500×４＝2000(円)とわかる。

図２

	太郎		次郎		太郎		次郎
前	4	：	1	＝	4	：	1
		差3		×1		差3	
後	2	：	1	＝	6	：	3
		差1		×3		差3	

(4)　右の図３のように組に分けると，各組に並んでいる分数の数は１個ずつ増える。すると，１＋２＋３＋４＋５＋６＋７＝28より，28番目の分数は，ちょうど７組の最後の分数とわかる。また，各組の和は，$\frac{1}{2}$で始まり$\frac{1}{2}$ずつ増える数になっている。よって，７組の和は，$\frac{1}{2}+\frac{1}{2}\times(7-1)=3\frac{1}{2}$

図３

１組	$\frac{1}{2}$	(和) $\frac{1}{2}$
２組	$\frac{1}{4}$，$\frac{3}{4}$	(和) 1
３組	$\frac{1}{6}$，$\frac{3}{6}$，$\frac{5}{6}$	(和) $1\frac{1}{2}$
４組	$\frac{1}{8}$，$\frac{3}{8}$，$\frac{5}{8}$，$\frac{7}{8}$	(和) 2

なので，１組から７組までの和は，$\left(\frac{1}{2}+3\frac{1}{2}\right)\times 7\div 2=14$と求められる。

⑸　Ｓの重さが300ｇ，Ｔの重さが200ｇの場合の濃度を求めればよい。Ｓの重さが300ｇのとき，Ｓに含《ふく》まれている食塩の重さは，$300\times\frac{1}{1+9}=30$(ｇ)となり，Ｔの重さが200ｇのとき，Ｔに含まれている食塩の重さは，$200\times\frac{1}{1+19}=10$(ｇ)になる。よって，ＳとＴを混ぜると，食塩水の重さは，300＋200＝500(ｇ)，食塩の重さは，30＋10＝40(ｇ)になるから，濃度は，40÷500＝0.08，0.08×100＝８(％)と求められる。

⑹　箱代を除いて，2000－160＝1840(円)以下にすればよい。220円のケーキを10個買うと，220×10＝2200(円)となり，2200－1840＝360(円)多くなってしまう。220円のケーキのかわりに150円のケーキを買うと，１個あたり，220－150＝70(円)安くすることができるから，360÷70＝５余り10より，150円のケーキを，５＋１＝６(個)以上買う必要がある。よって，220円のケーキはもっとも多くて，10－６＝４(個)買うことができる。

２　計算のくふう，整数の性質，年令算，つるかめ算，構成，相似，辺の比と面積の比

⑴　$A\times B-A\times C=A\times(B-C)$となることを利用すると，$a\times a\times a\times a-a\times a\times a=a\times a\times a\times(a-1)$となる。ここで，$a$は19，38，57，76，95のいずれかだから，$a\times a\times a$が10の倍数になることはなく，$(a-1)$が10の倍数になることもない。したがって，この式の値が10の倍数になるのは，$a\times a\times a$と$(a-1)$の一方が２の倍数であり，もう一方が５の倍数の場合である。よって，考えられるaの値は76と95であり，もっとも小さい数は76である。

⑵　現在の弟の年令を①とすると，６年前の姉と弟の年令の和は，(12－６)＋(①－６)＝６＋①－６＝①(才)となる。また，６年前の母の年令はこの４倍なので，①×４＝④(才)とわかり，右の図１のようになる。図１で，18年後の母の年令は姉と弟の年令の和と等しくなるから，④＋24＝30＋①＋18と表すことができる。よって，④－①＝48－24，③＝24より，①＝24÷３＝８(才)と求められるので，現在の母の年令は，８×４＋６＝38(才)とわかる。

図１

	姉	弟	母
６年前(才)	6	①－６	④
現在(才)	12	①	④＋６
18年後(才)	30	①＋18	④＋24

⑶　通常の1.5倍の速度のことを「倍速」と呼ぶことにすると，「通常」と「倍速」の速さの比は，１：1.5＝２：３になる。そこで，「通常」で１分間に見ることができる動画の長さを２，「倍速」で１分間に見ることができる動画の長さを３とすると，この動画の長さは，２×10＝20となるから，上の図２のようにまとめることができる。「倍速」で９分見ると，３×９＝27となり，実際よりも，27－20＝７長くなる。「倍速」のかわりに「通常」で見ると，１分あたり，３－２＝１ずつ短くなるので，「通常」で見た時間は，７÷１＝７(分)と求められる。

図２

「通常」１分間に２｝合わせて
「倍速」１分間に３｝９分で20

⑷　右の図３で，表面に出ていない太線部分の立方体には色が塗《ぬ》られていない。これは１辺の長さが，10－１×２＝８(cm)の立方体だから，太線部分に使われている小さな立方体の数は，８×８×８＝512(個)である。よって，色が塗られている立方体の数は，1000－512＝488(個)とわかる。

図３

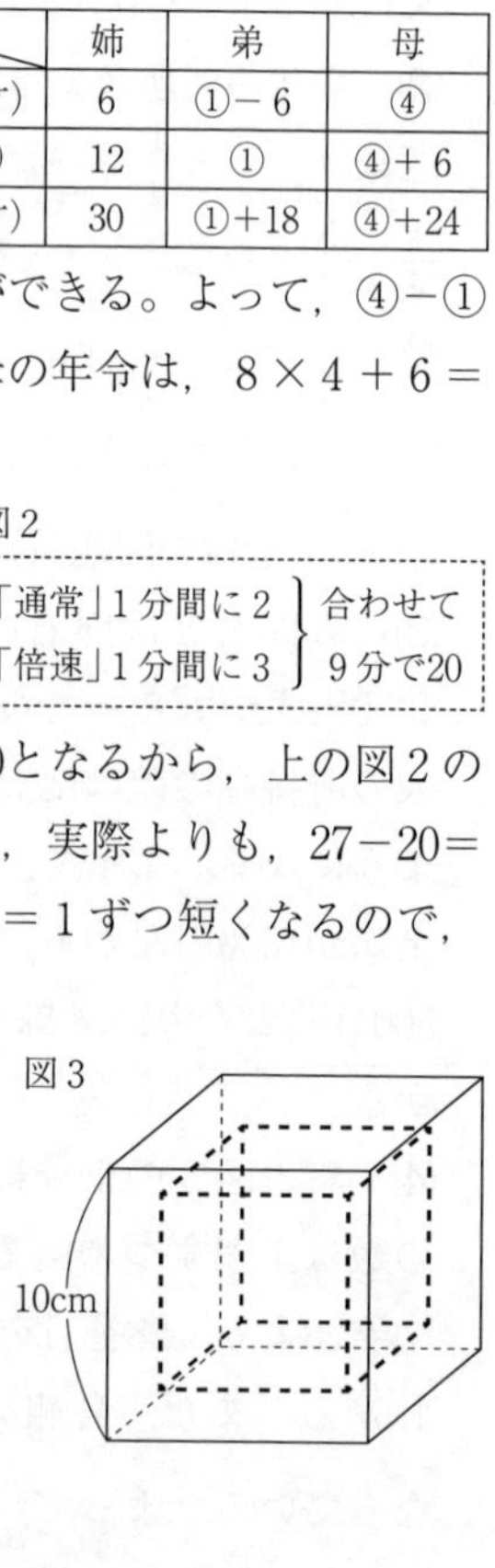

⑸　①　妹の勝った回数は，５－３＝２(回)，負けた回数は３回なの

で，妹の点数は，３×２＝６(点)増えて，２×３＝６(点)減る。よって，妹の点数ははじめと変わらず30点のままである。　②　妹の点数は，45－30＝15(点)増えているから，妹についてまとめると，右の図４のようになる。妹が10回勝ったとすると，３×10＝30(点)増えるので，実際よりも，30－15＝15(点)多くなる。１回負けるごとに，３点増えないばかりか２点減ってしまうから，勝った場合よりも，３＋２＝５(点)低くなる。よって，妹の負けた回数は，15÷５＝３(回)なので，兄の勝った回数も３回とわかる。

図４

(勝ち) ３点増える ⎫ 合わせて
(負け) ２点減る ⎭ 10回で15点増える

(6)　右の図５で，三角形ABDの面積は，$6\times\frac{1}{6}=1$(cm²)である。また，三角形ABEと三角形CDEは相似であり，相似比は，AB：CD＝１：２だから，BE：DE＝１：２とわかる。よって，三角形AEDの面積は，$1\times\frac{2}{1+2}=\frac{2}{3}$(cm²)と求められる。斜線《しゃせん》部分の面積は，三角形ABDの面積２個分と三角形AEDの面積２個分の合計なので，$1\times2+\frac{2}{3}\times2=\frac{10}{3}=3\frac{1}{3}$(cm²)となる。

図５

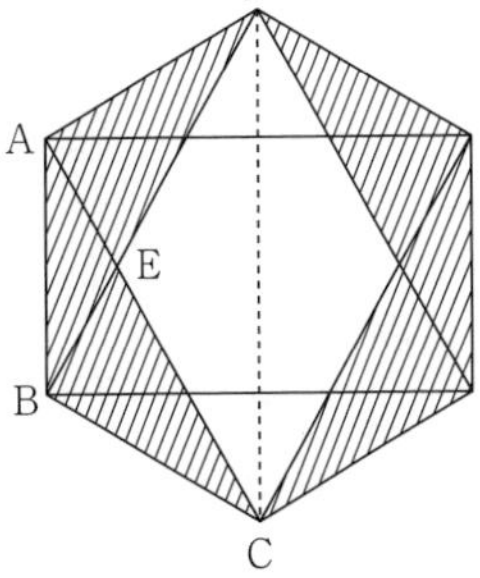

(7)　Aに入った雨の体積は，10×10×10＝1000(cm³)である。また，AとBの雨が入る部分の面積の比は，(10×10)：(５×５)＝４：１だから，同じ時間にAとBに入る雨の体積の比も４：１になる。よって，Bに入った雨の体積は，$1000\times\frac{1}{4}=250$(cm³)なので，Bの水面の高さは，$250\div(10\times15)=\frac{5}{3}=1\frac{2}{3}$(cm)と求められる。

3 平面図形―図形の移動，面積

(1)　①　下の図１のようになる。１辺が２cmの正方形１個の面積は，２×２＝４(cm²)だから，４×３＝12(cm²)とわかる。　②　下の図２のようになる。斜線部分を合わせると１辺が２cmの正方形になるので，斜線部分の面積は４cm²である。また，太線部分は半径が$a$cmの半円だから，面積は，$a\times a$×3.14÷２＝８×3.14÷２＝４×3.14＝12.56(cm²)とわかる。よって，合わせると，４＋12.56＝16.56(cm²)となる。　③　下の図３のようになり，１辺が２cmの正方形３個分と★の部分の面積の合計になる。図１と図２の面積の差は，16.56－12＝4.56(cm²)であり，これは図３の★の部分４個分の面積にあたるので，★の部分の面積は，4.56÷４＝1.14(cm²)とわかる。よって，図３の面積は，４×３＋1.14＝13.14(cm²)と求められる。

図１

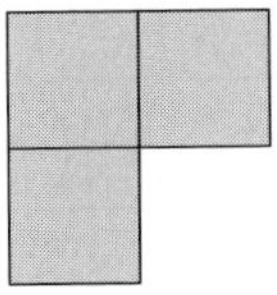

図２

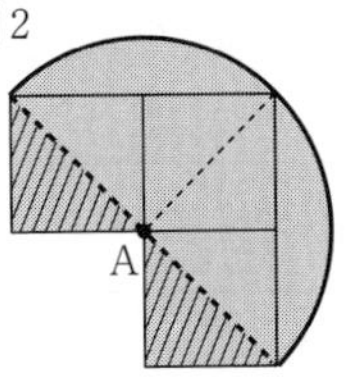

図３

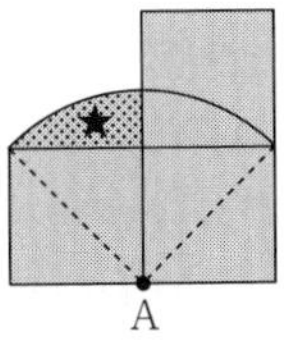

図４

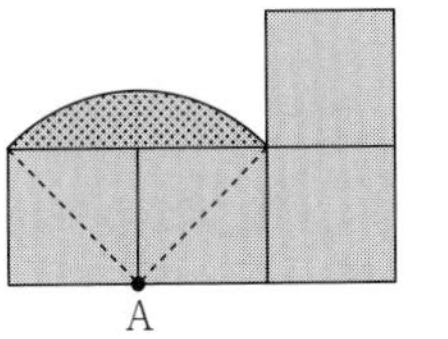

(2)　上の図４のようになり，１辺が２cmの正方形４個分と★の部分２個分の面積の合計になる。よって，４×４＋1.14×２＝18.28(cm²)とわかる。

(3)　１辺が２cmの正方形４個分の面積になればよいから，たとえば下の図５のように，アとイだけを３回引いた場合である。よって，全部で，２×２×２＝８(通り)ある。

図５

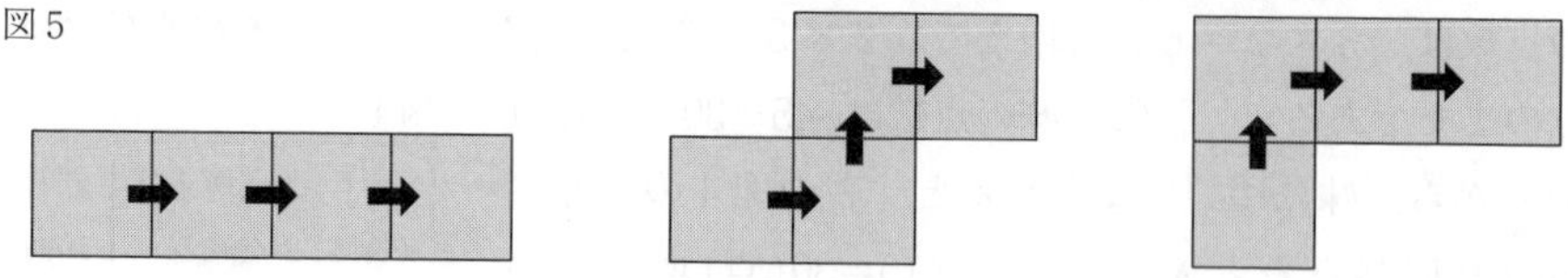

⑷　17.14÷４＝４余り1.14より，１辺が２cmの正方形４個分と★の部分１個分の合計になることがわかる。よって，下の図６の４通りの引き方がある。

図６

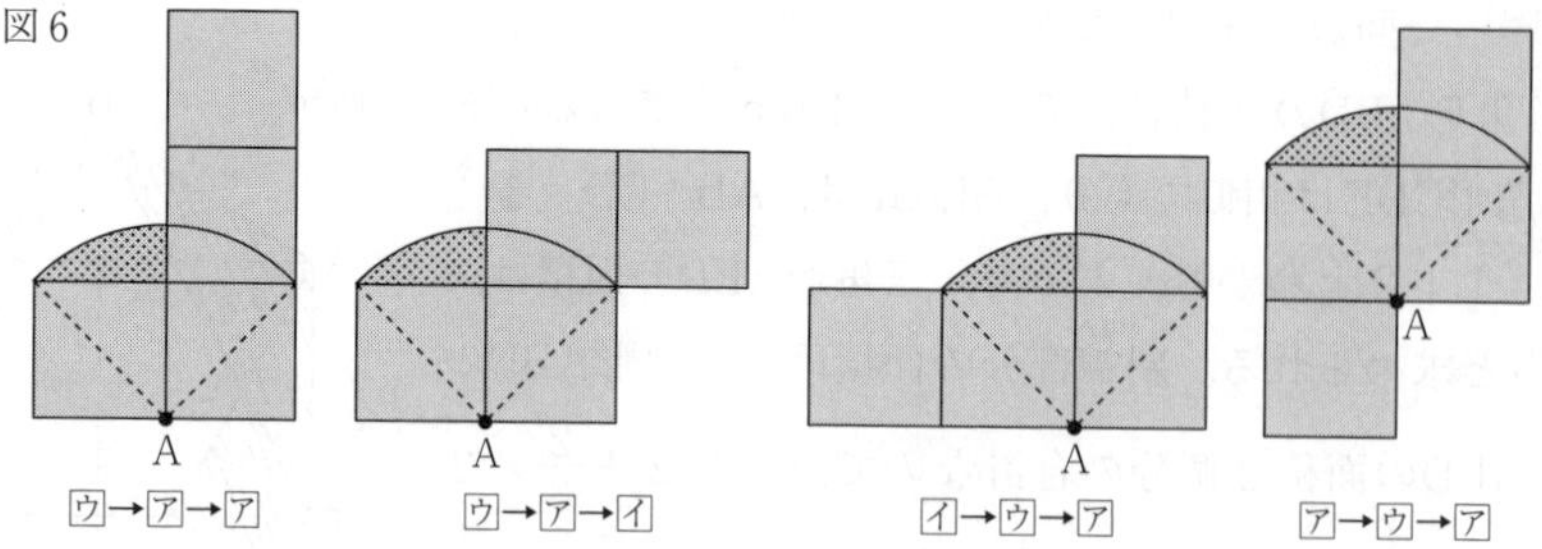

図７

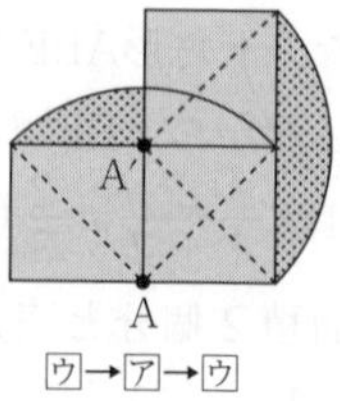

⑸　15.42÷４＝３余り3.42，3.42÷1.14＝３より，１辺が２cmの正方形３個分と★の部分３個分の合計になることがわかる。よって，上の図７のようになる（２回目のウでは，中心はA′になる）。

4　条件の整理，速さと比，旅人算

⑴　ドローンと自動車の速さの比は，30：40＝３：４だから，AS間の直線ルートと道路の距離《きょり》の比も３：４である。よって，AS間の道路の距離は，$4\times\frac{4}{3}=\frac{16}{3}=5\frac{1}{3}$(km)とわかる。

⑵　AB間の直線ルート３往復分の距離は，６×２×３＝36(km)なので，ドローンがこの距離を進むのにかかった時間は，36÷30＝1.2(時間)となる。したがって，自動車は1.2時間でAB間の道路を２往復したから，AB間の道路２往復分の距離は，40×1.2＝48(km)とわかる。よって，AB間の道路の距離は，48÷２÷２＝12(km)と求められる。

⑶　SB間の道路の距離は，$12-\frac{16}{3}=\frac{20}{3}$(km)なので，自動車がこの距離を進むのにかかる時間は，$\frac{20}{3}\div 40=\frac{1}{6}$(時間)，$60\times\frac{1}{6}=10$(分)とわかる。

⑷　ドローンがAB間の直線ルートの片道にかかる時間は，６÷30＝0.2(時間)，60×0.2＝12(分)だから，ドローンは12分後にはじめてＢに着き，その後は，12×２＝24(分)ごとにＢに着く。同様に，自動車がAB間の道路の片道にかかる時間は，12÷40＝0.3(時間)，60×0.3＝18(分)なので，自動車は18分後にはじめてＢに着き，その後は，18×２＝36(分)ごとにＢに着く。したがって，ドローンと自動車がＢに着く時間をまとめると，右の図１のようになる（○は着く順番を表す）。図１から，100分後までに合わせて７回着いていることがわかるから，100分後にＢにある荷物は，10×７＝70(kg)である。

図１

ドローン	12， ①	36， ③	60， ⑤	84， ⑥	108， ⑧	132， ⑩	156， ⑪	…分後
自動車	18， ②	54， ④	90， ⑦	126， ⑨	162， ⑫	198，	234，	…分後

⑸　100÷10＝10(回目)に着くときなので，図１から132分後とわかる。132÷60＝２余り12より，これは２時間12分後となるから，その時刻は，９時＋２時間12分＝11時12分である。

⑹　AS間の道路とSB間の直線ルートの距離の合計は，$\frac{16}{3}+(6-4)=\frac{22}{3}$(km)なので，自動車がドローンとはじめて出会うのは，$\frac{22}{3}\div(40+30)=\frac{11}{105}$(時間後)，$60\times\frac{11}{105}=\frac{44}{7}=6\frac{2}{7}$(分後)である。

よって，その時刻は，９時＋$6\frac{2}{7}$分＝９時$6\frac{2}{7}$分となる。

(7)　右の図２のように，自動車とドローンがはじめて出会う地点をＰとすると，Ｐからそれぞれの出発地点までもどるのにかかる時間も$\frac{44}{7}$分だから，自動車はAP間を，ドローンはBP間を，それぞれ片道$\frac{44}{7}$分かけて往復することになる。したがって，ドローンは，$\frac{44}{7}\times2=\frac{88}{7}$(分)ごとにＢに着くので，10回目にＢに着くのは，$\frac{88}{7}\times10=\frac{880}{7}=125\frac{5}{7}$(分後)と求められる。よって，２日目の方が，$132-125\frac{5}{7}=6\frac{2}{7}$(分)早い。

図２

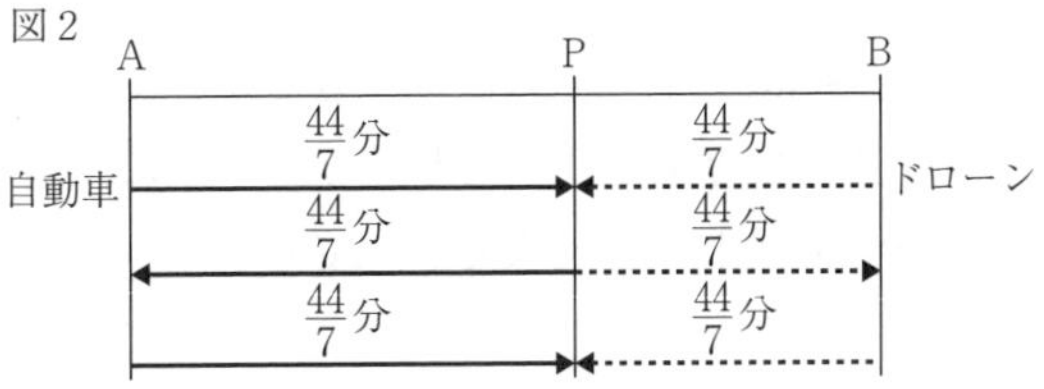

国　語　＜ＳＴ第１回試験＞（50分）＜満点：100点＞

解　答

□一　**問１**　ウ　**問２**　自分を中心にしてものごとを見ているだけでは，その本質が見えなくなってしまう(と考えたから。)　**問３**　大きな視点　**問４**　ア　**問５**　(例)　生きる意欲が欲望の連鎖に変わり，他の人を顧みることができずに欲望の奴隷となる(可能性があるということ。)　**問６**　**ア**　○　**イ**　×　**ウ**　○　**エ**　○　**オ**　×　**問７**　(例)　すでにそうしている　□二　**問１**　イ　**問２**　ア　**問３**　**A**　ウ　**B**　ア　**C**　イ　**問４**　(例)　自分も試合ができずにいる。　**問５**　(例)　プレーできる者もできない者も一つのチームとして心を一つにして甲子園へ行くべきだということ。　**問６**　**ア**　○　**イ**　×　**ウ**　○　**エ**　×　**オ**　×　□三　**問１**　下記を参照のこと。　**問２**　①　オ　②　ウ　**問３**　イ　**問４**　九　**問５**　足　**問６**　エ

●漢字の書き取り

□三　**問１**　①　専門　②　看護　③　冷蔵　④　警備　⑤　盛(り)　⑥　染(まる)

解　説

□一　**出典は藤田《ふじた》正勝《まさかつ》の『はじめての哲学《てつがく》』による。**『君たちはどう生きるか』という本を紹介《しょうかい》して，「どのように生きるか」という問いの大切さを説明し，我々は何のために生きているのか，と問いかけた文章である。

問１　一つめの意味段落は，吉野《よしの》源三郎《げんざぶろう》の『君たちはどう生きるか』という本を紹介し，その本の中で，吉野が「自己中心的なものの見方」を特に問題にしていることを指摘《してき》している。二つめの意味段落では，「自己中心的なものの見方」自体が悪いわけではなく，そこから「生きる意欲」が生まれてくることが説明されている。三つめの意味段落は，その「生きる意欲」が欲望に変わってしまう可能性があり，それが問題なのだ，と述べられている。四つめの意味段落では，欲望に振《ふ》り回されている現状を反省し，わたしたちは何のために生きているのかを考える必要がある，と述べられている。

問２　(3)のまとまりに書かれている内容をみると，「自分を中心にして，自分の目に映るものだけを見ていては，ものごとの本質が見えなくなってしまう」と述べられている。このことを重視して，吉野は，『君たちはどう生きるか』で，「自分を中心としてものごとを考えたり，判断したりする自己中心的なものの見方」を「とくに問題にした」のである。よって，(7)のまとまりにある，「自分を中心に～見えなくなってしまう」という部分がぬき出せる。

問３　叔父《おじ》さんは，「自分の思っていることや考えていること，あるいは自分の存在そのものを自分の視点からだけではなく，大きな視点から見ることがわたしたちにとって何より大切なのだ」と考えていた。だから，コペル君の「世の中を大きな海に喩《たと》えれば，人間というのは一つの『水の分子』かもしれない」という言葉を大きな視点からの発想ととらえ，大切だと考えたのである。

問４　「自分を中心にしてものごとを見ること」は，「生きる意欲」と密接に結びついている。「生きる意欲」や「よりよいものをめざす向上心」が，わたしたちの「成長を支えて」いるのだから，「自分を中心にしてものごとを見ること自体が悪いわけ」ではない。

問５　ぼう線④に続く二つの段落で説明されている。「生きる意欲」が，欲望に変わってしまうと，わたしたちは「欲望の連鎖《れんさ》のなかに簡単にはまり込《こ》んで」しまう。そうなると，「頭のなかが欲望追求のことでいっぱいになって，自分自身の中身が空っぽになって」しまい，「他の人を顧《かえり》みる余裕《よゆう》」もなくなり，「欲望の奴隷《どれい》になってしまう」のである。これらのことを指して「大きな落とし穴」と表現している。

問６　**ア**　(2)のまとまりの内容に合っている。　**イ**　(7)にあるように「生きようとする意欲」や「よりよいものをめざす向上心」につながるため，「自分を中心にしてものごとを見ること自体が悪いわけ」ではないと述べられているので，適当ではない。　**ウ**　「生きる意欲」によって，わたしたちは，「少しでもうまくなりたい，少しでも力をつけたいと考えるように」なり，「このよりよいものをめざす向上心がわたしたちを支えて」いると述べられているので合う。　**エ**　(11)のまとまりに，「欲望の追求が世界規模でなされて」いるために，さまざまな対立や争いが生まれ，その結果，「世界のあちこちで貧困《ひんこん》や飢餓《きが》，迫害《はくがい》などで苦しむ人が増えて」いると説明されているので，適する。　**オ**　(6)で，「『どのように生きるか』という問いは，哲学にとっても非常に大きな問題の一つ」で，「簡単に答《こたえ》には行きあた」らないとあり，すぐにも答えを出すべきとは述べられていないので，適当ではない。

問７　南の国の人に，「なぜ毎日そんなにあくせくと働くのか」と尋《たず》ねられて，日本の商社員が，お金を貯めて，退職後に風景の美しいところに別荘《べっそう》でも建てて，ハンモックでゆっくり昼寝《ひるね》をするためだ，と答えた。これに対して南の国の現地の人が答えた言葉なので，あくせく働かなくても自分たちは今すでにそのような暮らしを手に入れている，という内容だと想像できる。

二　**出典は堂場瞬一《どうばしゅんいち》の『大連合』による。**突然《とつぜん》部室に現れた尾沢とキャッチボールをするうちに，連合チームで甲子園《こうしえん》を目指そうという気持ちに傾《かたむ》いていった里田の心情を描《えが》いた文章である。

問１　里田は，「成南として出られないからって，すぐに他のチームと組んで試合ができるわけじゃない」と考えていた。石川が，そんな里田の気持ちに配慮《はいりょ》せずに，「キャプテン命令」として，鳥屋野と組むようにと指示してきたことに里田はいら立った。しかし，自分が石川を信頼《しんらい》していることを利用して，尾沢が石川にはたらきかけたに違《ちが》いないと思うと，里田は，石川よりも，尾沢に対して腹が立ったのである。

問２　問１でみたように，尾沢には里田たちと連合チームを組みたいという思わくがある。尾沢は，キャッチボールをすることで，何とか里田と話をして，自分のアイデアに同意させたいと考えていたのである。

問３　キャッチボールをするなかでの，里田の心の変化を読み取る。　**A**　里田は，尾沢とキャッチボールをしているうちに，「中学時代の感覚が蘇《よみがえ》ってくる」のを感じていたが，石川を通じて話を持ちかけてきたことに腹を立てていたので，「それでも今は，尾沢の言葉に乗るわけにはいかない」と自分に言い聞かせていたと考えられる。　**B**　尾沢に，「こんな事故でチャンスを潰《つぶ》したら駄目《だめ》だ」と言われて，里田は，このままでは「高校で野球が終わってしまうかもしれない」がまだ「終わりたくない」と思っている。自分は，まだ夢を実現するまでの過程にいる，と里田は考えているのである。　**C**　尾沢は，少し前では，「俺《おれ》は，お前を甲子園に連れて行く」と言い，今度は，「お前の力で，甲子園に連れて行ってくれ」と言っている。尾沢が，自分たちが力を合わせれば，本当に甲子園に行けると信じていることに気づいて，里田は，驚《おどろ》くとともに心を打たれたのだと読み取れる。

問４　ぼう頭に書かれているように，鳥屋野高校は「監督《かんとく》の不祥事《ふしょうじ》をきっかけに多くの部員が辞《や》め，チームとして成立しなくなっていた」ため，尾沢は試合をすることができず，「暇《ひま》だった」のである。里田の所属する成南高校野球部も，交通事故で多くの重傷者が出たために試合ができずにいた。「暇だった」という尾沢の言葉を聞いて，里田は，自分も尾沢と同様に試合ができずにいることを痛感したのである。

問５　「We're the One」は，成南高校野球部の「選手全員のグラブに同じ刺繍《ししゅう》がしてある」スローガンで，「俺《おれ》たちは一つ」という意味である。尾沢は，石川や「他の大怪我《けが》した選手」も，八月には甲子園に試合を見に行くことはできるだろうと言った後に，この言葉を持ち出した。尾沢は，試合に出られる者も，出られない者も，スローガンのように一つのチームとして結束して甲子園を目指そう，と提案している。

問６　**ア**　日曜日の午前中に，野球部の部室はガランとしており，そこを訪《おとず》れた里田は練習するサッカー部を見て「元気でいいな」とうらやましく思っている。　**イ**　里田と尾沢は，「小学生の頃《ころ》から，散々言い合いはしてきた」，「お互《たが》いに言いたいことが言い合える仲だった」とあり，「遠慮《えんりょ》せず発言する尾沢」と「一歩引いた」里田という関係だったとは書かれていないので合わない。　**ウ**　尾沢は，成南の戦力を分析して鳥屋野と組めば甲子園に行けることを指摘し，さらに，自分のためにも，怪我をした選手たちのためにも甲子園を目指してほしいと心情面からもゆさぶりをかけ，なんとか里田を説得しようとしている。　**エ**　里田は，尾沢と話をしながらも，「今のはいいボールだった」などと自分がどんな球を投げたのかを意識しているので合わない。
オ　尾沢は，里田が六割の力で投げたあと，「お前が十割の力を出したら，誰も打てない」と言った。これは尾沢の本心から出た言葉であり，里田も尾沢の言葉が正しいことを理解しているので，ふさわしくない。

三　漢字の書き取り，熟語の組み立て，四字熟語の知識，ことわざ・慣用句の知識，俳句の知識

問１　①「専門」は，一つのことをもっぱら研究したり，担当したりすること。「専門家」は，ある学問分野や物事を専門として，そのことに関してすぐれた知識や技術をもっている人。　②病人やケガ人の手当てをしたり，面どうをみたりすること。　③「冷蔵」は，飲食物などを低

温で保存すること。「冷蔵庫」は，飲食物を冷蔵するために用いられる箱型の装置。　④ 犯罪や争いなどに備えて，注意して守ること。　⑤ 音読みは「セイ」で，「盛大」などの熟語がある。　⑥ 音読みは「セン」で，「染色」などの熟語がある。

問２　① 「尊敬」「除去」は，似た意味の漢字を重ねた熟語。　② 「洗面」「納税」は，上の漢字が動作を表し，下の漢字が動作の対象を表す熟語。　なお，「宝庫」「車窓」は，上の漢字が下の漢字を修飾《しゅうしょく》する熟語。「収支」「損益」は，反対の意味の漢字を重ねた熟語。

問３　「竜頭蛇尾《りゅうとうだび》」は，はじめのうちは勢いがよかったが，終わりは振《ふ》るわないことのたとえなので，イは正しい。なお，「八方美人」は，周囲の全ての人に愛想をふりまくが，誠意はない人のたとえで，よくないことの例として用いられることが多い。「電光石火」は，行動が非常にすばやいことのたとえで，容体の悪化の形容としては不適切。「粉骨砕身《さいしん》」は，必死に努力することのたとえで，体の状態を表すことばではない。

問４　「桃栗《ももくり》三年柿《かき》八年」は，“果樹が芽《め》を出してから実を結ぶまでにそれぞれの年月がかかるように，人間が成果をあげるまでの期間にも，職業や技術などによって差があるものだ”という意味。「二足のわらじをはく」は，同じ人が，ある仕事をしながら同時に異なる仕事をしていることのたとえ。「九死に一生を得る」は，“あやうく死にそうな状況《じょうきょう》で生きのびる”という意味。

問５　「耳にたこができる」は，同じことを何度も言われて，聞きあきること。「鼻であしらう」は，冷たい態度で対応すること。「足が出る」は，予定より多くの出費がかかること。「口がすべる」は，隠《かく》しておきたいことをうっかり言ってしまうこと。「耳」と「鼻」と「口」は顔にあるが，「足」は顔にはない。

問６　「閑《しずか》さや～」の句は，“まわりの岩にしみ入っていく蝉《せみ》の声が，山寺の静かさをいっそう強調している”という意味。季語は「蝉」で，季節は夏。同じ夏の季語は，「炎天の～」の句によまれている「炎天」。なお，「芋《いも》の露《つゆ》～」は，”里芋の葉にたまった露に，連なる山々の影《かげ》が整然と映っていることだ”という意味。季語は「芋の露」で，季節は秋。「菜の花や～」は，“一面に菜の花が広がっていて，月が東から昇《のぼ》り，日は西へと沈《しず》んでいくことだ”という意味。季語は「菜の花」で，季節は春。「赤蜻蛉《あかとんぼ》～」は，“赤とんぼが飛んでおり，遠くの空には筑波山が見えるが，その空には雲一つないことである”という意味。季語は「赤蜻蛉」で，季節は秋。

2022年度　国学院大学久我山中学校

〔電　話〕　(03) 3334－１１５１
〔所在地〕　〒168－0082　東京都杉並区久我山１－９－１
〔交　通〕　京王井の頭線 ―「久我山駅」より徒歩12分

【算　数】〈ＳＴ第２回試験〉（60分）〈満点：150点〉

〔注意〕１．分度器・コンパスは使用しないでください。
　　　　２．円周率は3.14とします。

1　次の □ にあてはまる数を答えなさい。

（１）あるクラブの男子と女子の人数の比は８：５でした。このクラブに女子が６人加わると，男子と女子の人数の比は４：３になりました。男子は □ 人います。

（２）２時から３時の間で時計の長針と短針のつくる角度が45°になる時刻のうち，右の図のようになる時刻は２時 □ 分です。

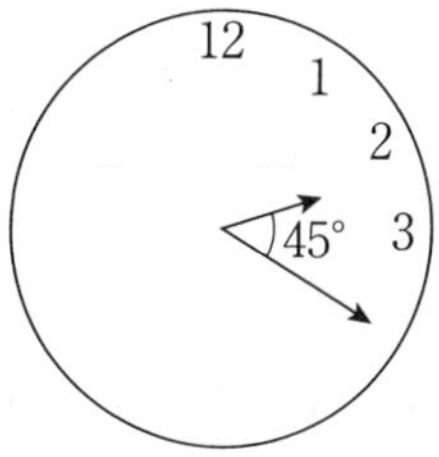

（３）仕入れ値が2700円の品物に，仕入れ値の □ ％の利益を見《み》込《こ》んで定価をつけたところ，3375円になりました。

（４）ある仕事をするのに，高校生３人ではちょうど９日かかり，中学生４人ではちょうど12日かかります。この仕事を高校生２人と中学生２人ですると □ 日目に終わります。

（５）１より大きい整数a，bについて，$a ◎ b = \underbrace{a \times a \times a \times \cdots \times a \times a}_{b\text{個}}$ と表します。

　例えば，3 ◎ 4 = 3 × 3 × 3 × 3 = 81 です。

①　2 ◎ □ = 16

②　（ □ ◎ 2）◎ 3 = 46656

2 次の問いに答えなさい。

（１） 4で割ると3余り，5で割ると2余り，6で割ると5余る整数のうち，もっとも小さい整数はいくつですか。

（２） 40人の生徒が算数の問題A，Bを解いたところ，Aの正解者は生徒全体の80％，Bの正解者は生徒全体の45％でした。A，Bの両方が不正解だった生徒が3人のとき，A，Bの両方が正解だった生徒は何人ですか。

（３） 下の図のように，同じ長方形の紙を一定の長さののりしろでつなげてテープを作ります。長方形の紙を9枚つなげるとテープの長さが70 cm，25枚つなげると190 cm になりました。19枚つなげるとテープの長さは何 cm になりますか。

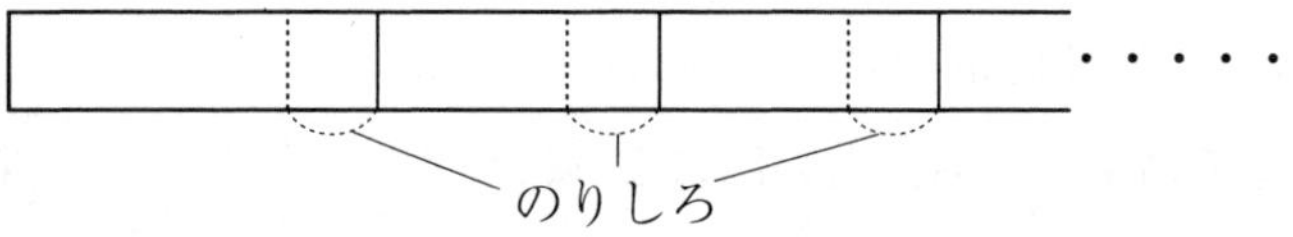

（４） 1個の値段が20円，50円，70円の3種類の商品があります。合計金額が320円になるように，2種類の商品を選んで買います。買い方は全部で何通りありますか。

（５） 電車Sが360 m の鉄橋を渡《わた》り始めてから渡り終わるまでに16秒かかりました。また，1560 m のトンネルを通過するとき，トンネルにSが完全に入っている時間は32秒でした。

① Sの速さは秒速何 m ですか。

② Sの前方に，長さ220 m の電車Tが秒速15 m でSと同じ方向に走っています。SがTに追いついてから完全に追い越《こ》すまでに何秒かかりますか。

（６） 右の図で，同じ印の角度がそれぞれ等しいとき，㋐の角の大きさは何度ですか。

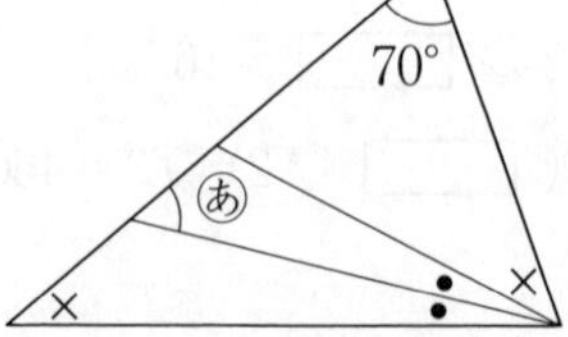

（７）　右の図は１辺が20cmの立方体で，点P，Qはそれぞれ辺AB，BCの真ん中の点です。4点P，E，G，Qを通る平面でこの立方体を切ったとき，２つに分けられた立体の表面積の差は何cm^2ですか。

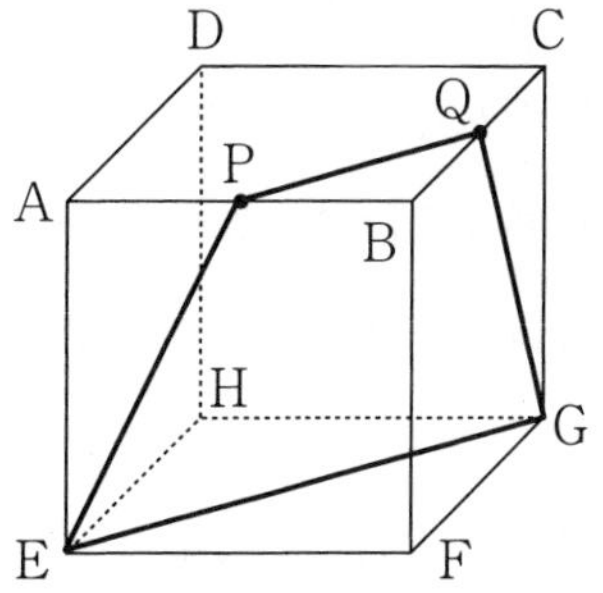

3　aは１より大きい整数とします。１からaまでの連続したa個の整数を１個ずつかけた数を［a］で表します。例えば，$1\times2\times3\times4\times5=120$なので，$[5]=120$となります。このとき，次の問いに答えなさい。

（１）　$\dfrac{[4]}{3}$を計算するといくつですか。

（２）　次のうち，計算すると整数にならないものをすべて選び記号で答えなさい。

ア．$\dfrac{[5]+4}{4}$　　イ．$\dfrac{[4]+5}{5}$　　ウ．$\dfrac{[7]+15}{5}$　　エ．$\dfrac{[5]+14}{7}$　　オ．$\dfrac{[4]+8}{8}$

（３）　bは１より大きい整数とします。$\dfrac{[b]+11}{11}$を計算すると整数にならないようなbは何個かあります。そのうちもっとも大きいbを答えなさい。

（４）　cは１より大きい整数とします。$\dfrac{[14]+c}{c}$を計算すると整数にならないようなcは何個かあります。そのうちもっとも小さいcを答えなさい。

（５）　d，eは２桁《けた》の整数とします。$\dfrac{[d]+e}{e}$を計算すると整数にならないようなd，eは何組かあります。そのうち$[d]+e$を計算してもっとも大きくなるときのd，eの組を答えなさい。

4　右の図のように，２つの直方体を組み合わせた形の空《から》の水そうがあります。この水そうに上から毎秒150cm^3の割合で満水になるまで水を入れ続けます。また，底面には排水《はいすい》弁がついていて，底面から20cmの高さのところには，底面に平行な板があります。

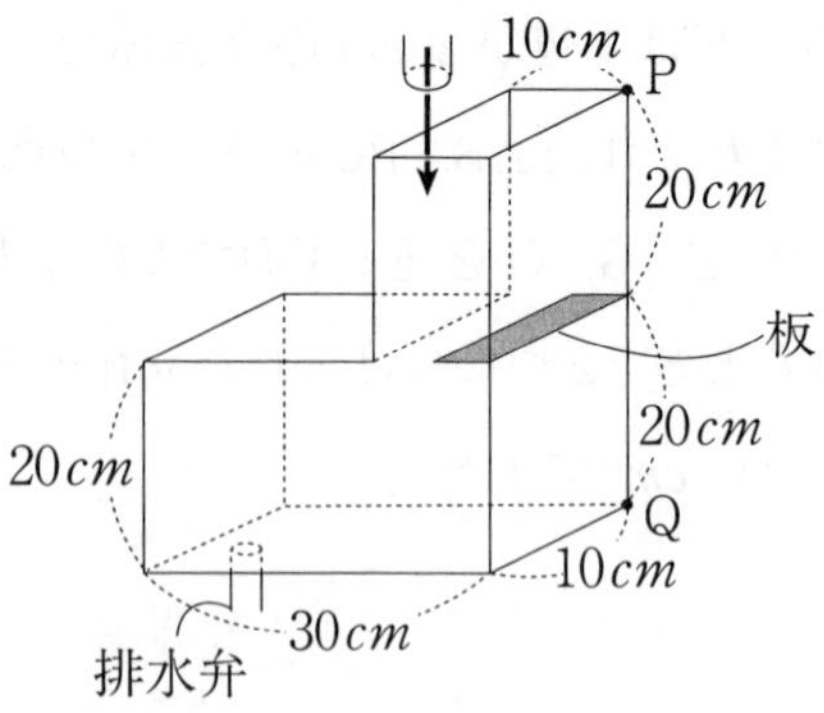

板は毎秒1cmの割合で底面に平行に，上下に動き続けます。板が上に動くときは水は排出《はいしゅつ》されませんが，板が下に動くときは排水弁から毎秒90cm^3の割合で水が排出されます。

板は点Ｐや点Ｑに着くとすぐに向きを変えて動きます。また，板は水面と同じ高さになるとすぐに向きを変えて動きます。

水を入れ始めると同時に板は上に動き始め，Ｐに着くとすぐに下に動きました。板の厚みは考えないものとして，次の問いに答えなさい。ただし，（１），（２），（４）は答えのみ，（３），（５），（６）は途中《とちゅう》の考え方も書きなさい。

（１）　板がはじめてＰに着くときの水面の高さは何cmですか。

（２）　板と水面がはじめて同じ高さになるのは，水を入れ始めてから何秒後ですか。

（３）　水面の高さが20cmになるのは，水を入れ始めてから何秒後ですか。

（４）　水面の高さが20cmになるとき，底面からの板の高さは何cmですか。

（５）　板と水面が２回目に同じ高さになるのは，水を入れ始めてから何秒後ですか。

（６）　水そうが満水になるのは，水を入れ始めてから何秒後ですか。

問三　次の各文の中から、ことばの使い方の正しいものを一つ選び、記号で答えなさい。

ア　今日の演奏は言語道断のできばえだったね。
イ　絶体絶命のチャンスをのがさないようにしよう。
ウ　父は出張で日本中を右往左往している。
エ　定年後は晴耕雨読の毎日を送りたいものだ。

問四　次の□に入る漢数字の中で、一番大きい数字を漢字で答えなさい。

石の上にも□年　□転び□起き　□寸の虫にも□分の魂

問五　次の空らんに入ることばのうち、三つは同じグループになることができます。残る一つを答えなさい。

【　】役者（芸が未熟で下手な俳優のこと。）
大黒【　】（家や団体の中心になって支えている人のこと。）
雨後の【　】（似たようなものがぞくぞくと出てくること。）
【　】に塩（元気をなくしているさま。）

問六　次の句と同じ季節をよんだものを、ア～エから一つ選び、記号で答えなさい。

桐一葉《きりひとは》日当たりながら落ちにけり（虚子）

ア　咳《せき》の子のなぞなぞあそびきりもなや（汀女）
イ　名月を取ってくれろと泣く子かな（一茶）
ウ　ゆさゆさと大枝ゆする桜かな（鬼城）
エ　五月雨をあつめて早し最上川（芭蕉）

問六 次のア～オについて、本文の内容に合うものには○、合わないものには×をそれぞれ記しなさい。

ア 愛衣は夏休みに行われた美術部の緑地公園での写生会に、友だちと一緒《いっしょ》に参加した。

イ 愛衣は日ごろ思っていることを夢の中で吉乃に話して、すっきりと目覚めることができた。

ウ パソコンが家にない愛衣は、睦月が話すインターネットの話を半分も理解することができなかった。

エ 睦月はいまだにキャラクターの真似をしたり、オリジナルの必殺技を考えたりするのが好きである。

オ 睦月の従兄弟の兄ちゃんは情報が氾濫するようになれば、インターネットが盛んになると言っている。

三

次の文章を読んで、後の問いに答えなさい。〈問題は**問一**から**問六**まであります。〉

問一 次の①～⑥について、――線部のカタカナを漢字に直しなさい。

① 合格をカクシンする。

② 検査前に食事をとることはゲンキンです。

③ 美しいキヌ織りのスカーフ。

④ 突然の客のライホウにあわてる。

⑤ アタタかいミルクを飲む。

⑥ 二人の距離がチヂまる。

問二 次の熟語の構成の仕方と同じものを、ア～カの中からそれぞれ選び、記号で答えなさい。

① 興亡

② 誠意

ア 延期　イ 安否　ウ 郷里　エ 育児　オ 精密　カ 食欲

と思っていた。だが、違った。あの言葉は、嘘でも誇張《こちょう》でもなかった。そのことを、愛衣は吉乃の絵に出会って知った。

「本当に、すごくすごく素敵《すてき》だと思う」

「ありがとう、大島さん」

照れたように微笑《ほほえ》んで、吉乃が頷《うなず》く。この顔を、網膜《もうまく》に、脳に焼きつけておきたい。愛衣は願う。しかし、緑地公園の木々も、ぼろぼろの東屋も、吉乃の青いビニールシートも、夏の日差しの中にじわじわと溶《と》けていく。

手のひらで叩《たた》いて目覚まし時計を止めた。薄目《うすめ》を開けて時間を確認《かくにん》する。八時一分。ふぅ、と息が漏《も》れた。夏休み中も平日は八時に起きるよう、母親に言われていた。今年は終業式が金曜だったから、月曜の今日こそが、夏休みの初日のような気持ちだ。

ベッドから起き上がり、両手を挙げて伸《の》びをした。なんだか身体が軽い。いい夢を見たのだろうか。頭の中も不思議にすっきりしていた。カーテンを一息に開ける。太陽はすでに高く昇《のぼ》っている。今日も暑くなりそうだ。

（奥田亜希子「クレイジー・フォー・ラビット」による）

問一　――線①とありますが、「睦月」はだまされた人たちのことをどのように考えているのですか。文中から５字で抜き出して答えなさい。

問二　――線②とありますが、「愛衣」が友だちづきあいにおいて「了解」しているのはどのようなことですか。その内容が記されている35字以上40字以内の一文を、文中から抜き出し、はじめの５字を記しなさい。

問三　□に共通して入る語を、文中の「愛衣」の会話文から漢字２字で抜き出して答えなさい。

問四　――線③とありますが、愛衣が吉乃の絵に感じているのはどのような感覚ですか。解答らんに合うように、文中から10字で抜き出して答えなさい。

問五　――線④とありますが、「愛衣」が心の奥底で、実は信じている「本物の友だち」とはどのようなものですか。「友だちごっこ」ということばを必ず用いて、45字以上50字以内で答えなさい。

ずっと、吉乃とこういう話がしたかった。そんなふうに思った瞬間《しゅんかん》、目に熱いものがこみ上げてきて、愛衣の胸はまたもざわめいた。果たして自分と吉乃は、これほど屈託《くったく》なく話せる間柄《あいだがら》だっただろうか。なにかがおかしい。スケッチの用意をしているあいだにも、嫌な予感はますます大きくなっていく。そもそも自分は、写生会を欠席しようと考えていたはずだった。

「愛衣ちゃん、どうしたの？　体調がよくないの？」

これは夢だ。

吉乃に顔を覗き込まれたとき、愛衣はすべてを悟《さと》った。だとすれば、終わりは間もなくやって来る。吉乃の隣にいられる時間は、決して長くない。心臓の鼓動《こどう》は急激に速くなり、口の中は全力疾走《しっそう》したあとのように乾《かわ》き始めた。今までにこっそり見てきた吉乃の絵が、脳裏に浮《う》かんでは消えていく。家庭科室のやかんにティッシュペーパーの箱、ジュースのペットボトルや、ジャムの空《あ》き瓶《びん》。食品サンプルの果物に、花壇《かだん》のレンガ、そして、花瓶——。

「大丈夫《だいじょうぶ》？　小和田先生を呼んでこようか？」

「ううん、平気。ありがとう」

愛衣は首を横に振り、胸の中で呟《つぶや》いた。

④たぶん私たちは、本物の友だちになれるよ。

この根拠《こんきょ》のない予感を、自分はいつになったら捨てられるのだろう。去年の四月に美術室で会ったときから、仲良くなれたらいいな、と思っていたこと。なのにチャンスが見つからないこと。吉乃の話を聞いてみたいと、吉乃なら自分のどんな話も真剣《しんけん》に聞いてくれたはずだと、どうしようもなく思ってしまう瞬間があること。吉乃の友だちが羨《うらや》ましいこと。

口にすれば、夢の中で気持ち悪がられることは分かっている。だから言わない。遠くでベルが鳴り始めた。外の世界に朝が来たようだ。愛衣は身体ごと吉乃に向き直った。

「私ね、新藤さんの絵が好き」

「えっ」

吉乃の目が丸くなる。愛衣は必死に、新藤さんの絵が好きなの、と繰《く》り返《かえ》した。吉乃の作品を眺《なが》めていると、自分の感情に命が宿るのを感じる。絵に心が動かされるというのは、大人が子どもに芸術を教育したいときの単なる常套句《じょうとうく》だと、ずっ懸命に足を動かしても、進んでいる実感は得られなかった。水筒《すいとう》の肩紐《かたひも》は剥き出しの腕を擦《こす》り、絵の具セットや弁当を詰《つ》めたリュックサックは重い。くじけそうになりながら、それでも休まず歩き続けて、やっと目的地だと思える場所に到着《とうちゃく》した。工事現場で使われているような真っ青なシートの上に、少女が体育座りをしている。愛衣は彼女《かのじょ》に向かって、

「吉乃ちゃーん」

と呼びかけた。

「あっ、愛衣ちゃーん」

雲ひとつない快晴のような笑顔《えがお》で、吉乃はぶんぶんと手を振《ふ》った。愛衣は全速力で吉乃のもとに駆《か》けつけて、彼女の画板を覗《のぞ》き込《こ》む。③途端《とたん》に、心臓が小さくつねられたような気がした。吉乃の画用紙には、古びた東屋《あずまや》が描《えが》かれていた。

「これ描いてるの？」

愛衣は吉乃の正面の東屋を指差した。何十年前に建てられたものなのか、木材は朽《く》ちかけ、全体的に苔《こけ》むしている。屋根には穴が空き、そこから差《さ》し込《こ》む光はまるで糸のようだ。愛衣は吉乃の画用紙に視線を戻《もど》した。まだ細部には着手していないのに、柱の湿《しめ》った匂いが鼻孔《びこう》まで立ち上ってくるみたいだった。

「こういう寂《さび》しいものが好きなんだよね」

小声で言うと、吉乃はふたたび笑顔になって、ねえねえ、愛衣ちゃんも一緒に描こうよ、と隣の芝生を指差した。

「いいの？」

「もちろん。当たり前じゃない」

当たり前？　本当にそうだろうか。胸に芽生えかけた疑問を引《ひ》っこ抜《ぬ》き、愛衣はリュックサックから、カエルのイラストが全面にプリントされたレジャーシートを取り出した。小学校の低学年のときに買ってもらったもので、子どもじみているとは思ったが、それをからかう吉乃でないことは分かっていた。

「わーっ、懐《なつ》かしい」

「私、このキャラクターが好きだったんだ」

「可愛《かわい》いよね。私はかたつむりの子がお気に入りだったよ」

が愛情に近い。愛衣はそう考えている。睦月の目が、トランプゲームでいかさまを見つけたときのように光った。

「女子って、特にそんな感じだよな。□を全然見ようとしない。そんな上《うわ》っ面《つら》な友だちに、なんの意味があるの？」

格好《かっこう》いいだけの言葉だな、と愛衣は口元を緩《ゆる》めた。心の一部を預け合える友だちを切望していたかつての自分が脳裏《のうり》をよぎり、今度は睦月が年下のように思えてくる。ほんの一瞬《いっしゅん》、あのぼさぼさ頭を撫《な》でてみたいと思ったが、フケを認めると同時に我に返り、髪に触《ふ》れる代わりに穏《おだ》やかな声音《こわね》で答えた。

「私たちは、平和に学校生活を送りたいの。無駄に傷つきたくないの。そのために友だち同士で支え合ってるんだよ」

愛衣は問題集の山を崩《くず》さないように階段を上り、睦月の横に並んだ。睦月は「夏休みの友」の題字を凝視《ぎょうし》したまま、全身の動きを止めていた。早く行こうよ、と愛衣に声をかけられて、やっと顔が前を向く。白目がわずかに充血《じゅうけつ》していた。

「俺は、そんなのは嫌だ」

「田中くん」

「俺は、本物の友だちしかいらない」

そう吐《は》き捨《す》て、睦月は駆《か》け出《だ》した。徒競走でスタートを切るような勢いに、愛衣は追いかけることもできない。汗《あせ》でシャツの透《す》けた背中が踊《おど》り場《ば》を曲がったとき、蟬《せみ》の声が一層大きくなったような気がした。

芝生《しばふ》の緑がプールの水面のように輝《かがや》いている。木漏《こも》れ日《び》もペーパーナイフのように鋭《するど》くて、愛衣は目をすがめつつ、アスファルトで固められた小道を進んだ。ここはどこだろう。右手の奥《おく》には、遊具に群がる子どもたち。左手の木陰《こかげ》では、数組のカップルがレジャーシートの上でじゃれ合っている。もしや、自分だけがひとりぼっちなのか。愛衣が不安を覚えたとき、見覚えのある時計台が目に飛《と》び込《こ》んできた。

「あっ、緑地公園」

そうだ、写生会に参加したのだと、愛衣はようやく思い出した。いつの間にか、手には画板を持っている。でも、どうやってここまで来たのだろう。親に送《おく》り迎《むか》えを頼《たの》んだ覚えがない。バスに乗った記憶《きおく》もない。なにもかも曖昧《あいまい》なまま、愛衣は先を急いだ。誰かを探しているような気がしている。自分はその人に会わなければならない。なんとしても。

写真《しゃしん》は、未来の敗者をあぶり出すための実験みたいなものかな。おっかしかったあ。あいつら、全然疑おうとしないんだもん。俺は、負け犬には絶対に頭を下げたくないね」

　愛衣の家にパソコンはない。だからなのか、愛衣には睦月が言っていることの半分も理解できなかった。ひょっとして、睦月自身もよく分かっていないのではないかと思う。ただ音を発しているだけに聞こえる単語がいくつもあった。

「私はインターネットのことは全然分からないけど、でも、真実にそれほど価値はないと思うよ」

　自分の体質を羨《うらや》ましがられたような気がして、むっとした。愛衣にとって、真実とは知らなければよかったこととイコールだ。隠《かく》しごとを嗅《か》ぎつけられる能力に感謝したことはほとんどない。愛衣の言葉に、あー、だからか、と睦月は頷《うなず》いた。

「それ、どういう意味？　田中くんはなにが言いたいの？」

「だから大島さんは、平気な顔で友だちごっこができるんだなあと思って」

　愛衣は目を瞬《またた》いた。友だちごっこという言葉に心当たりはなかった。愛衣の沈黙《ちんもく》を、図星を突《つ》かれたショックによるものと解釈《かいしゃく》したようだ。睦月は勝《か》ち誇《ほこ》ったように続けた。

「大島さんは、本心では原田仁美のことを見下してるよね。だけど、ひとりぼっちになるのが嫌《いや》だから、一生懸命《いっしょうけんめい》、仲がいいふりをしている。そうでしょう？」

「なんだ、そんなこと……」

　愛衣はゆるゆると息を吐《は》いた。腕《うで》の力が抜《ぬ》けて、問題集の束を落としそうになる。慌《あわ》ててきつく抱《かか》え直した。

「そんなこと、私だけじゃなくて、みんなやってるよ」

　愛衣が孤立《こりつ》を恐《おそ》れて仁美と共にいるように、仁美も同じ動機から、愛衣と一緒《いっしょ》にいる道を選んでいる。仁美が本当に仲良くなりたいのは和津で、しかし和津は、部活の暇《ひま》つぶしの相手程度にしか愛衣や仁美を捉《とら》えていない。②すべて暗黙《あんもく》の了解《りょうかい》だ。それでも、互《たが》いに好意がゼロならば、トイレや忘れものを取りに行くのに付き合ったり、手紙を交換《こうかん》したりはしない。友情は、好意と思惑《おもわく》とタイミングが重なる場所に、日々の努力で咲《さ》かせるものなのだ。

「あのね、田中くん。一生懸命、友だちごっこができる相手のことを、友だちって言うんだよ」

　大切なのは、表面を取《と》り繕《つくろ》いたいと思うことと、思われること。剥《む》き出《だ》しの□よりも、手の込《こ》んだ作りもののほう

愛衣は衝動的《しょうどうてき》に、

「あれ、誰《だれ》の写真なの？」

と、尋《たず》ねた。

「従兄弟《いとこ》だけど」

睦月は階段をみっつ上がったところで振《ふ》り返《かえ》った。

「従兄弟？」

「もう大学生だけど。うちの隣に住んでる」

前髪《まえがみ》の隙間《すきま》から覗《のぞ》く睦月の目は、虹彩《こうさい》の色が明るかった。

「え、なに？　大島さんも俺《おれ》に謝ってほしいの？　でも、無駄《むだ》だよ。①謝るくらいなら、俺はやらない。謝るふりもしない」

愛衣は無言で笑う睦月を見上げた。階段で底上げされていることは分かっていたが、普段《ふだん》よりも頭の位置が高いだけで、睦月が急に大人びたように感じられる。笑い声が収まるのを待って、愛衣は、

「別に謝ってほしいわけじゃないよ。ただ理由を知りたかっただけ」

と答えた。

「なんて言ったらいいのかな。真実を見抜ける人間が果たしてうちの学校にどのくらいいるのか、テストしてみようと思ったんだよね」

「テスト？　なにそれ」

ゲームや漫画《まんが》に出てくるキャラクターの真似《まね》でもしているのかと、愛衣は眉《まゆ》をひそめた。整髪料《せいはつりょう》で髪《かみ》を整えているような男子も、女子のいないところでは、いまだにオリジナルの必殺技《ひっさつわざ》を考えて遊んでいると聞いたことがある。男子ってまじで馬鹿《ばか》だよね、と女子の一部に囁《ささや》かれているのは、こういうところが原因かもしれない。あー、ちょっと難しかったよね、と睦月は哀《あわ》れむような目で首を傾《かたむ》けて、

「従兄弟の兄ちゃんが言ってたんだ。インターネットがこれからもっと盛んになれば、情報が氾濫《はんらん》する時代がやって来るって。その中のなにが本当でなにが嘘か、真実を見抜く力のない奴《やつ》は、情報の波に飲《の》み込《こ》まれて死ぬって。つまり、今回の偽《にせ》

問五　――線⑤とありますが、「書なきに如かず」とは、書物がない状況《じょうきょう》よりもよくないという意味です。では「悉く書を信」じるとは、どのようなことをさすのですか。次の文の［　　］に入ることばを文中から10字で抜き出しなさい。

書物に対して［　　］。

問六　次のア～エの中から、本文の内容に合うものを一つ選び、記号で答えなさい。

ア　本を正しく読むための読書習慣を得るには、今日の忙しい生活を根本から変える努力が必要である。

イ　すべての書物を同じ調子で読むのは間違いであり、古典も含《ふく》めてむしろ走り読みの方がよい場合もある。

ウ　著者があまり重要性をおかなかったところは、必ずといってよいほど読者の創造力を引き出すものである。

エ　主体的に本を読むという営みと自分の読書法を見つけるという営みは、同時に並び行われるものである。

二

次の文章を読んで、後の問いに答えなさい。〈問題は**問一**から**問六**まであります。〉

（本文までのあらすじ）

大島愛衣《あい》は中学二年生、友だちの仁美《ひとみ》と和津《かず》とともに美術部に所属する。部には絵の上手な同級生の新藤吉乃《しんどうよしの》がいるが、なかなか仲良くなれない。夏休みに近くの緑地公園に写生会に行く計画もあるが、それも行くかどうか決めかねている。教室で愛衣の隣《となり》の席に座《すわ》るのは、空気の読めない男子の田中睦月《むつき》。ある日、睦月は報道されていない犯罪者の写真を持っていると嘘《うそ》をつき、クラスの人気者になる。しかし愛衣はその嘘を見抜《みぬ》いてしまう。実は、愛衣には嘘や秘密の「匂《にお》い」を感じ取る特殊《とくしゅ》な能力があったのだ。翌日、本物の写真が出回り、睦月の嘘は発覚してしまう。睦月は詐欺師《さぎし》扱《あつか》いを受け、みんなから謝罪を要求される。しかし睦月は絶対に謝《あやま》らなかった。

その日の帰りの会で担任の先生は、自分が職員室に忘れた夏休みの問題集を、日直の愛衣と睦月に取りに行くように命じた。

読むには自分自身に何か問題をもって書物に対しなければならぬ。そして読書に際しても自分で絶えず考えながら読むようにしなければならぬ。④読書はその場合著者と自分との間の[X]になる。この[X]のうちに読書の真の楽しみが見出されねばならぬ。自分で考えることをしないで著者に代《かわ》って考えて貰《もら》うために読書するというのは好くない。もとより自分自身だけで何でも考えることができるものであるならば、読書の必要も存在しないであろう。読書は思索のためのものでなければならず、むしろ読書そのものに思索が結び附《つ》かなければならない。⑤悉《ことごと》く書を信ずれば書なきに如《し》かずと古人も云った。批評的に読むということは自分で思索しながら読むということであり、自分で思索しながら読むということは単に批判的に読むということにのみ止《とど》まらないで、発見的に読むということでなければならぬ。しかも発見的に読むためには既《すで》に云ったように自分自身の読書法を身につけることが必要である。そしてこの読書法そのものも自分が要求をもって読書することによっておのずから発見されるものである。

（三木清「読書と人生」による）

※注　皮相…うわべ。表面的。　文庫…書庫。　予料…予測。

問一　――線①の[　]に入ることばを、文中から７字で抜《ぬ》き出《だ》しなさい。

問二　――線②とありますが、「本に対するこの感覚」とはどのような感覚ですか。次の文の[　]に入ることばを文中から７字で抜き出しなさい。

多くの中から自分に役立つ本を、いいかえると[　]を選ぶことができるような感覚。

問三　――線③は、どのような読書の仕方をさすのですか。「部分」ということばを必ず用いて、解答らんに合うように35字以上40字以内で答えなさい。

問四　――線④における二つの[X]には、同じことばが入ります。次のア～エの中から、最も適当なものを選びなさい。

ア　対立　　イ　契約《けいやく》　　ウ　対話　　エ　調和

めから全体を※予料しながら読んでゆくのであるが、全体は読み終ったとき初めて現実的になるのであって、かくして飜《ひるがえ》って再び読み返すことが要求されるのである。尤《もっと》も我々は必ずしもつねに直《す》ぐ繰り返して読まねばならぬわけではない。読んでみて結局分らなかったものはそのままにしておいて、暫《しば》らく時を経て自分の知識や思索《しさく》が進んだ時に再び取り出して読むようにするのも好い。以前に読んだことのある本を繰り返して読んでみるということは楽しいものである。その当時の記憶《きおく》が甦《よみがえ》ってくるということもあろうし、また思わぬ誤解をしていたことを見出すということもあろうし、また新しい発見をするということもあるであろう。繰り返して読むということの楽しみは、その本と友達になるということの楽しみである。緩やかに読むことは大切であるが、最初から緩やかに読まねばならぬものは古典のように価値の定まった本であって、新しい本を手にした場合にはむしろ最初は一度速く読んでみてその内容の大体を摑《つか》み、それから再び繰り返して今度は緩やかに読むようにするのも好い。緩やかに読むということは本質的には繰り返して読むということである。

　繰り返して読むことは細部を味わうために必要である。一冊の本の全体の意味を摑むだけならば緩やかに読む必要もないのであって、繰り返して緩やかに読むことは寧《むし》ろその部分部分を味わって読むために要求されることである。とりわけ古典的な書物には一見無駄《むだ》に思われるようなところのあるものである。全く無駄のないような書物は善い書物ではない。一見無駄に思われるような部分からひとは思《おも》い掛《が》けぬ真理を発見するに至ることがある。今日の多くの著述家とは違《ちが》って昔の人は彼自身極《きわ》めて緩やかに、自然に書いたということを考えねばならぬ。彼等《かれら》の書物を味わうために我々もまた緩やかに読まねばならず、繰り返して細部に亙《わた》って吟味《ぎんみ》しつつ読まねばならぬ。著者がさほど重要性をおかなかったところに読者が自分自身にとって重要な意味を発見するということは可能である。繰り返して読むことは読書において発見的であるために特に要求されている。

　かように発見的であるということは読書において何よりも大切である。もちろん著者の真意を理解するということはあらゆる場合に必要なことであり、それにはできるだけ客観的に読まなければならず、そしてそれには繰り返して読むということが必要な方法である。自分の考えで勝手に読むのは読まないのと同じである。ひとはそれから何物かを学ぼうという態度で書物に対しなければならぬ。理解は批評の前提として必要である。かようにして客観的に読むということは大切であるが、しかし書物に対しては単に受動的であることは好くない。発見的に読むということが最も重要なことである。発見的に決して読まない本に対して特殊《とくしゅ》な価値の感覚を有している。一つの本を見たとき読書家にも何かそれに類似《るいじ》の感覚がなければならぬ、さもなければ彼は読書において真に発見的であることができぬ。②しかも本に対するこの感覚は本に親しむことによって得られるのである。

　正しく読むためには緩《ゆる》やかに読まねばならぬ。決して急いではならない。その本から学ぶためにも、その本を批評するためにも、その本を楽しむためにも、緩やかに読むことが大切である。然《しか》るに緩やかに読むということは今日の人には次第《しだい》に稀《まれ》な習慣である。生活が忙《いそが》しくなり、書物の出版が多くなった今日においては、新聞や雑誌、映画やラジオなどの影響《えいきょう》が深くなった今日においては、その習慣を得ることは困難になっている。自分で写本して読んだ昔の人には緩やかに読むという善い習慣があった。しかし今日においてもこの習慣を養うことは必要であり、特に学生の時代に努力されねばならぬ。勿論《もちろん》すべての本を緩やかに読まねばならぬというのではない。或る本はむしろ走り読みするのが好《よ》く、また或る本はその序文だけ読めば済み、更《さら》に或る本はその存在を知っているだけで十分である。そのような本が全く不必要な本であるというのでもない。すべての書物を同じ調子で読もうとすることは間違《まちが》っている。しかし様々な本をただ走り読みしたり、拾い読みしたりするのでは根本的な知識も教養も得ることができぬ。自分の身につけようとする書物は緩やかに、どこまでも緩やかに、そして初めから終りまで読まなければならぬ。途中《とちゅう》で気が変《かわ》ることは好くない。最後まで読むことによって最初に書いてあったことの意味も真に理解することができるのである。他の仕事においてと同様、一冊の本にかじりついて読み通すということは読書の能率をあげる所以《ゆえん》である。

　③緩やかに読むということはその真の意味においては繰《く》り返《かえ》して読むということである。ぜひ読まねばならぬ本は繰り返して読まなければならぬ。繰り返して読むということは老人の楽しみであると云われるであろう。老人は新刊書を好まないで、昔読んだ本を繰り返して読むことを好むのが普通である。しかし繰り返して読むことは青年にとってもまた楽しみであり、有益でなければならない。繰り返して読むことは先ずよく理解するために必要である。左右を比較《ひかく》し前後を関係づけることによってよく理解することができる。よく理解するためには精読しなければならないのであって、精読は古来つねに読書の規則とされている。よく理解するためには全体を知っていなければならず、すべての部分は全体に関係づけられ、全体から理解されることによって、初めて真に理解されるのであり、そのためには繰り返して読むことが必要である。ひとは初

二〇二二年度
国学院大学久我山中学校

【国　語】〈ＳＴ第二回試験〉（五〇分）〈満点：一〇〇点〉

〔注意〕1　設問の関係で、原文とは異なるところがあります。
2　句読点（、や。）その他の記号（「や〃など）は1字分として数えます。

一　次の文章を読んで、後の問いに答えなさい。〈問題は**問一**から**問六**まであります。〉

善いものを読むということと共に正しく読むということが大切である。正しく読まなければ善いものの価値も分《わか》らないであろう。正しく読むということは何よりも自分自身で読むということである。マルクス・アウレリウスは彼《かれ》の師について感謝をもって書いている。「ルスティクスは私に、私の読むものを精密に読むこと、※皮相な知識で満足しないこと、また軽薄《けいはく》な批判者が云《い》うことに直ちに同意しないことを教えた」。正しく読むことは自分の見識に従って読むことである。

①正しく読もうというには先《ま》ずその本を［　　］ようにしなければならぬ。借りた本や図書館の本からひとは何等《なんら》根本的なものを学ぶことができぬ。高価な大部の全集とか辞典のようなものは図書館によるのほかないにしても、図書館は普通《ふつう》はただ一寸《ちょっと》見たいもの、その時の調べ物にだけ必要なもの、多数の専門文献《ぶんけん》のために利用されるのであって、一般的《いっぱんてき》教養に欠くことのできぬもの、専門書にしても基礎的《きそてき》なものはなるべく自分で所有するようにするが好《よ》い。しかしただ手当《てあた》り次第《しだい》に本を買うことは避《さ》けねばならず、本を買うにも研究が必要であり、自分の個性に基《もと》づいた選択《せんたく》が必要である。その人の※文庫を見れば、その人がどのような人であるかが分る。ただ沢山《たくさん》持っているというだけでは何にもならぬ。自分に役立つ本を揃《そろ》えることが必要である。ただ善い本を揃えるというのでも足りない、すべての善い本が自分に適した本であるのではない。各人は自分に適した読書法を見出《みいだ》さねばならぬように、自分自身の個性のある文庫を備えるようにしなければならぬ。何を読むべきかについて、ひとは本に対する或《あ》る感覚を養うことが大切である。古本屋は自分の立場からであるにしても自分の

2022年度

国学院大学久我山中学校　▶解　答

※　編集上の都合により，ST第２回試験の解説は省略させていただきました。

算　数　＜ST第２回試験＞（60分）＜満点：150点＞

解　答

[1] (1)　48人　(2)　$19\frac{1}{11}$分　(3)　25％　(4)　９日目　(5)　①　4　②　6　[2] (1)　47　(2)　13人　(3)　145cm　(4)　６通り　(5)　①　秒速40m　②　20秒　(6)　55度　(7)　700cm^2　[3] (1)　8　(2)　イ，エ　(3)　10　(4)　17　(5)　*d*　96　*e*　97　[4] (1)　10cm　(2)　45秒後　(3)　55秒後　(4)　25cm　(5)　65秒後　(6)　$73\frac{1}{3}$秒後

国　語　＜ST第２回試験＞（50分）＜満点：100点＞

解　答

[一] **問１**　自分で所有する　**問２**　自分に適した本　**問３**　（例）　繰り返し読んで部分と全体を関連づけて理解し，細部にわたって吟味しつつ味わう（ような読書の仕方。）　**問４**　ウ　**問５**　単に受動的であること　**問６**　エ　[二] **問１**　未来の敗者　**問２**　友情は，好　**問３**　真実　**問４**　自分の感情に命が宿る（ような感覚。）　**問５**　（例）　表面を取り繕った友だちごっこのような仲のいいふりでなく，自分のどんな話も真剣に聞いてくれる友だち。　**問６**　ア　×　イ　○　ウ　○　エ　×　オ　×　[三] **問１**　下記を参照のこと。　**問２**　①　イ　②　カ　**問３**　エ　**問４**　八　**問５**　柱　**問６**　イ

●漢字の書き取り

[三] **問１**　①　確信　②　厳禁　③　絹　④　来訪　⑤　温（かい）　⑥　縮（まる）

2021年度　国学院大学久我山中学校

〔電　話〕 (03) 3334－１１５１
〔所在地〕 〒168－0082　東京都杉並区久我山１－９－１
〔交　通〕 京王井の頭線一「久我山駅」より徒歩12分

【算　数】〈**第１回試験**〉 (50分) 〈満点：100点〉

〔注意〕 １．分度器・コンパスは使用しないでください。

２．円周率は3.14とします。

1 次の計算をしなさい。

(1) $(1 \div 2 + 3) \times 4 - 5$

(2) $51 \div 5 \times 2.5 \div 5\frac{2}{3}$

(3) $1.5 \div \left\{8\frac{1}{4} - 2 \div \left(\frac{2}{3} - \frac{2}{5}\right)\right\}$

(4) $4.8 - \left\{\frac{1}{4} + \frac{2}{3} \times \left(0.375 - \frac{1}{6}\right)\right\} \times 6$

2 次の問いに答えなさい。

(1) 連続する３つの整数があり，その和は123です。この３つの整数のうち，一番大きい整数はいくつですか。

(2) １個150円の品物Ａと，１個180円の品物Ｂを合わせて18個買ったところ，合計金額は2850円でした。品物Ｂは何個買いましたか。

(3) 子どもにあめを配ります。１人に５個ずつ配ると29個余り，１人に８個ずつ配るとちょうど２人分足りなくなります。あめは全部で何個ありますか。

(4) あるグループでは，女子は全体の人数の$\frac{1}{4}$より６人多く，男子は全体の人数の$\frac{4}{7}$より４人多いです。このグループに女子は何人いますか。

(5) 長さ100ｍの列車が，長さ２kmのトンネルに入り始めてから出終わるまでに２分20秒かかりました。列車の速さは時速何kmですか。

(6) 半径２cm，中心角90°のおうぎ形OABがアのように置いてあります。このおうぎ形が，直線 l の上をすべることなく転がって，はじめてイのようになるまで移動しました。このとき，点Ｏが動いたあとの線の長さは何cmですか。

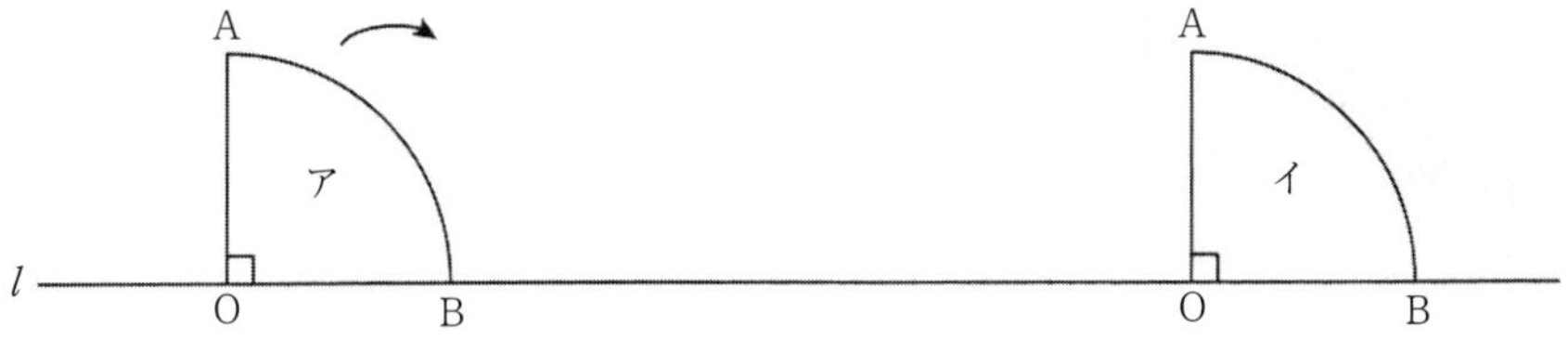

(7) 図１のような体積が18cm^{3}の立体の表面に色をぬった後，図２のように１辺１cmの立方体18個に切りました。この18個の立方体で，色がぬられていない面は全部で何面ありますか。

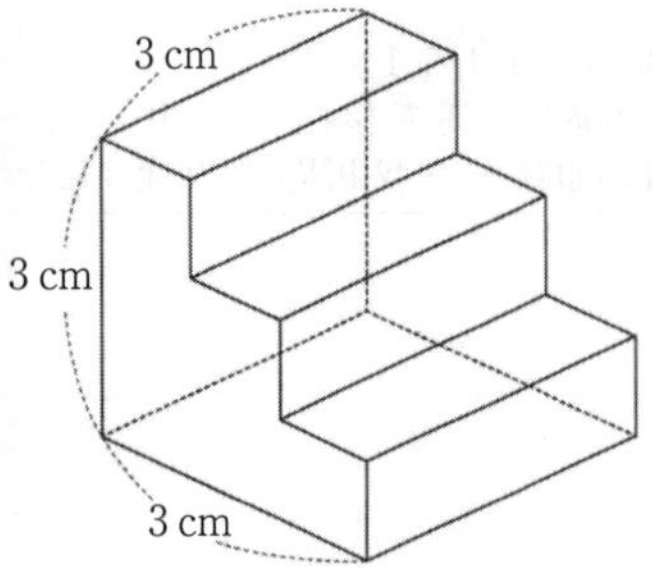

図１

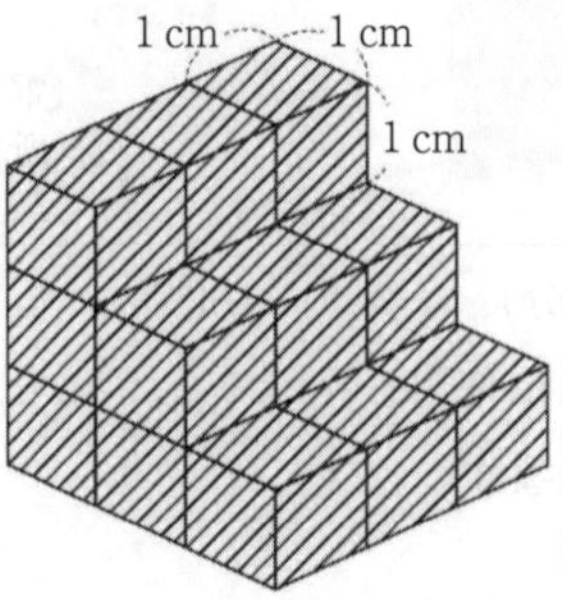

図２

3 容器Aには濃度《のうど》２％の食塩水400ｇ，容器Bには濃度８％の食塩水が入っています。はじめに，容器Bの食塩水を少しずつ容器Aに移して，５％の食塩水を作りました。次に，容器Aにできた食塩水を半分だけ容器Bに戻《もど》しました。

このとき，次の問いに答えなさい。

(1) はじめに容器Aの食塩水に含《ふく》まれる食塩の重さは何ｇでしたか。

(2) ① 容器Bから容器Aに食塩水を移している途中《とちゅう》で，移した食塩水の量が80ｇになったとき，容器Aの食塩水の濃度は何％になりましたか。

② 容器Aに５％の食塩水ができたとき，容器Bに残っていた食塩水の量は，はじめの量の半分でした。はじめに容器Bに入っていた食塩水の量は何ｇでしたか。

(3) 最後に，容器Bにできた食塩水の濃度は何％でしたか。

4 下の図のような直方体の容器が，まっすぐに立っている長方形の仕切りによって，底面がア，イの２つの部分に分けられています。

管Aはアの部分の上から，管Bはイの部分の上から一定の割合で水を入れます。また，イの部分には排水管《はいすいかん》Cがあり，栓《せん》を開くと一定の割合で排水します。管Aからは１分間に12Ｌ，管Bからは１分間に９Ｌ水を入れることができ，排水管Cからは１分間に10Ｌ排水することができます。

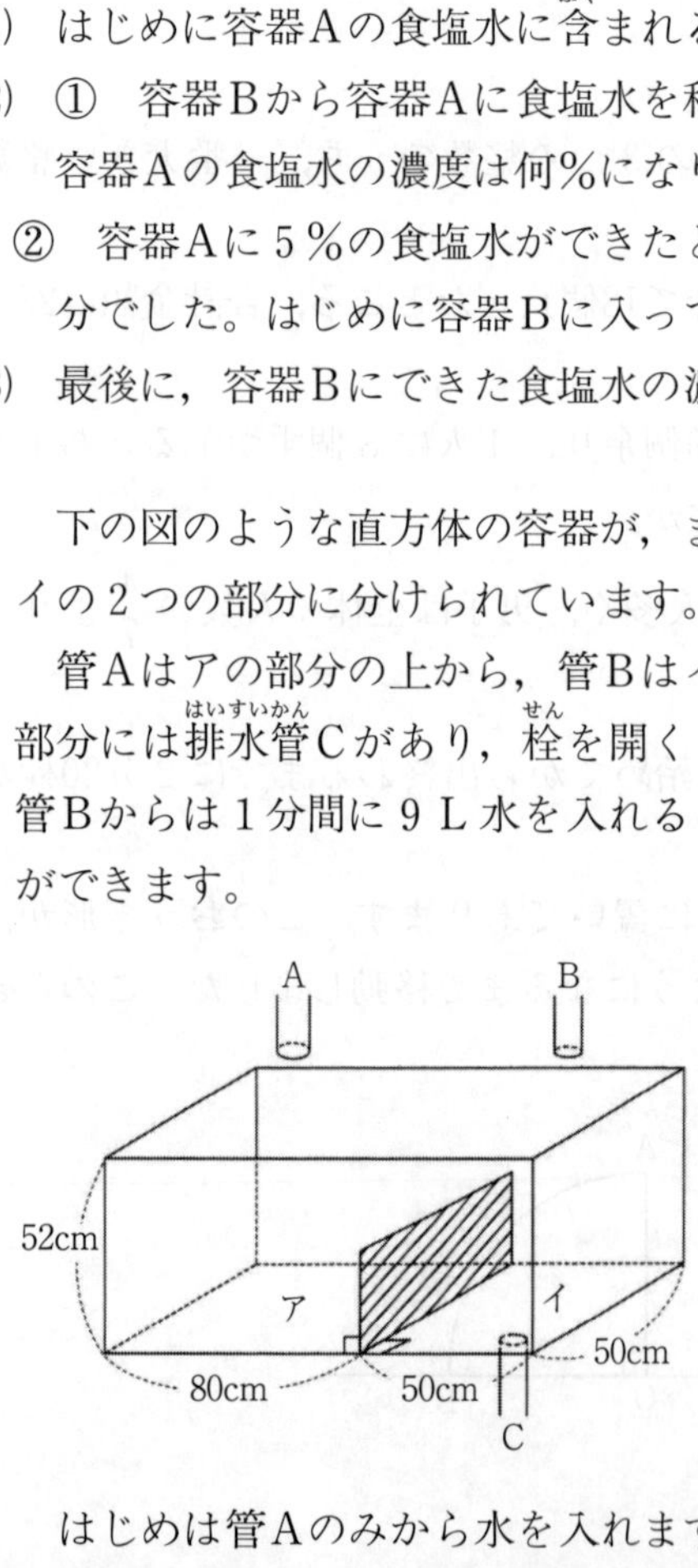

はじめは管Aのみから水を入れます。しばらくしてから管Bからも水を入れ，その後，排水管Cの栓を開きます。このとき，水を入れ始めてから満水になるまでの時間とアの部分の水面の高さの関係を表したグラフは次のようになりました。アの部分の水面の高さは，水を入れ始

めてから10分後までは一定の割合で上がり，10分後からしばらくの間は変わらず，その後は，満水になるまで一定の割合で上がっています。仕切りの厚さは考えないものとして，下の問いに答えなさい。ただし，途中《とちゅう》の考え方も書きなさい。

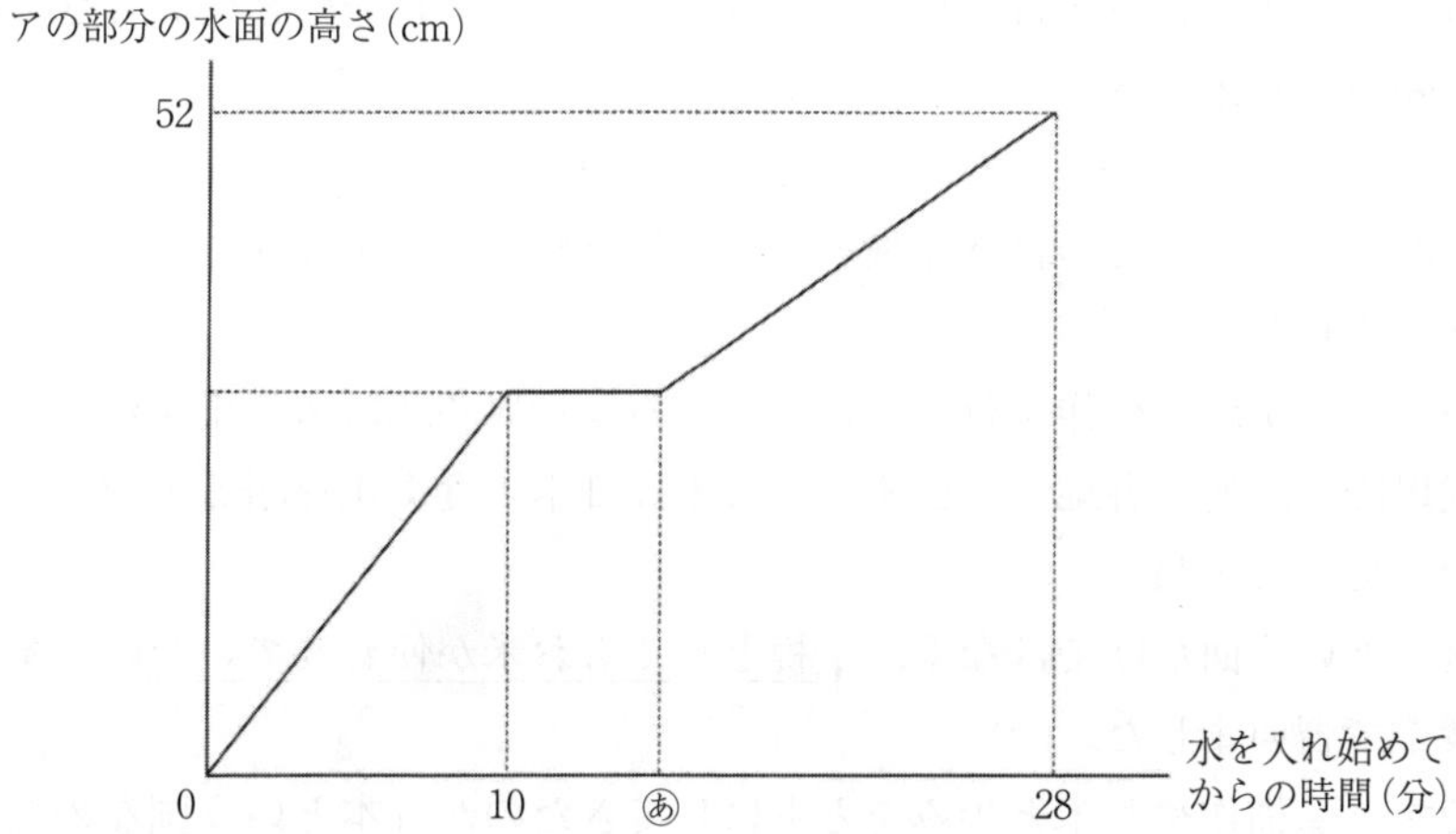

(1)　仕切りの高さは何cmですか。

(2)　グラフの㋐にあてはまる数はいくつですか。

(3)　満水になるまでに，管Aから入れた水の量と管Bから入れた水の量の比が16：7でした。排水管Cの栓を開いたのは水を入れ始めてから何分何秒後ですか。

(4)　満水になったと同時に，管A，管Bから水を入れるのをやめ，排水管Cから排水し続けました。排水管Cから排水されなくなるのは，満水になってから何分何秒後ですか。

【社　会】〈第１回試験〉（40分）〈満点：50点〉

〈編集部注：実物の入試問題では，1 の写真はカラー印刷です。〉

1　久我山中学校では，中学３年生になると，「自然と共生する」というテーマのもと北海道で農作業体験などをする，自然体験教室が行われます。以下の会話は，Ｋ先生と生徒Ａさんの会話です。これを読んで問いに答えなさい。

Ａさん：Ｋ先生，こんにちは。今度の自然体験教室で，私たちの班は米農家で稲作《いなさく》を体験することになりました。

Ｋ先生：それは良かったですね。稲作を行っているところは世界各地にありますが，日本では弥生時代以降，急速に各地へと広まり，お米は日本の食文化を語る上で欠かせない存在となっていますね。

Ａさん：単なる「食」という面だけではなく，①税としてもお米が使われていたのですよね。歴史の授業で習いました。

Ｋ先生：その通りです。②稲作やお米と歩みをともにしてきたのが日本という国なのです。このように私たちに身近なお米ですが，Ａさんはお米についてどれくらい知っているでしょうか。さて，次のうち稲はどれですか。

Ⅰ

Ⅱ

Ⅲ

Ⅳ

Ａさん：難しい。「Ⅰ」ですか。

Ｋ先生：残念。不正解です。「Ⅰ」は【 あ 】ですね。正解は【 い 】です。秋に実った稲穂《いなほ》は，③刈《か》り取られた後，乾燥《かんそう》，脱穀《だっこく》，籾《もみ》すり，精米などの工程を経て，普段《ふだん》私たちが口にする白米になります。

Ａさん：米作りにはさまざまな工程があるのですね。これらの作業は機械で行うのですか。

Ｋ先生：手作業で行うこともありますが，現在では多くの場合，機械を使います。機械化が進んだことで作業時間が大幅《おおはば》に短縮され，効率が良くなりました。

Ａさん：効率が良くなったとはいえ，米作りは多くの時間や手間がかかる上，予測不能な自然を相手にするものですから，私たちはお米を大切にいただかなくてはいけませんね。

Ｋ先生：その通りです。しかしながら，日本の主食である④お米の消費量は，年々低下しているようです。

Ａさん：日本の人口が減少していることも原因の一つとして考えられそうですね。そのような中で現在はお米と一言で言っても，さまざまな種類が販売《はんばい》されていますね。

Ｋ先生：□□□□が盛《さか》んに行われていますからね。温暖な気候で育つ稲が北海道で栽培《さいばい》できるようになったのも，冷害に悩《なや》まされる東北地方の稲作を救ったのも，実は□□□□のおかげなのです。寒さに強いお米が次々と誕生《たんじょう》しました。

Aさん：そうだったのですね。しかし近年の気候を考えると，それとはまた別の強さを持ったお米も求められそうですね。

K先生：毎年のように，さまざまな地域から米粒《つぶ》が白く濁《にご》ってしまう「白未熟粒」の発生が報告されていますからね。これは稲穂が育つ時期に気温が高いと起きやすくなるもので，米粒の見た目に違和感《いわかん》がある他，精米するときに砕《くだ》けやすいので，味や食感を悪くする原因となります。このような問題を乗り越《こ》えるための□□□□も進んでいるのですよ。

Aさん：そうなのですね。さまざまな研究が進んでいるのですね。

K先生：ところでAさん。最近では，⑤消費者の好む食感に合わせたり，料理に合わせた新しいお米が次々と登場しているのは知っていますか。

Aさん：それは知らなかったです。K先生，私はお寿司《すし》が大好物なので，それにぴったりなお米を調べてみたいと思います。

K先生：面白い切り口の調べ学習ですね。私は焼き魚が大好きなので，それにぴったりなお米は何でしょうね。他にもお米を使うさまざまな料理と，それに合うお米は何になるのかを調べてみましょう。

Aさん：K先生，とても楽しい調べ学習ができそうです。頑張《がんば》って調べてみたいと思います。今日はありがとうございました。

問１　下線部①に関連して，お米と税について説明した次の文章のうち，ふさわしくないものを選び，記号で答えなさい。

ア．古代の日本では，班田収授法によって６歳以上の男女に口分田が与えられ，収穫された稲の一部を納める「租」という税があった。

イ．豊臣秀吉は，全国で検地を行い，全国の生産力が米の量で換算《かんさん》された石高制を確立させた。

ウ．徳川家康は，全国の大名が農民から集めた年貢（米）を献上《けんじょう》させ，幕府の財源とした。

エ．現在の日本では，国内の米農家を保護するため，海外から輸入する米に関税をかけている。

問２　下線部②に関連して，日本では昔からお米だけでなく，その副産物である藁《わら》や糠《ぬか》を有効に無駄《むだ》なく日常の生活の中で利用してきました。その利用方法の例を１つ答えなさい。

問３　文中の空欄《らん》【あ】にあてはまる作物，【い】にあてはまる会話文中の写真（Ⅱ～Ⅳ）の組み合わせとしてふさわしいものを選び，記号で答えなさい。

ア．【あ】：小麦　【い】：Ⅱ

イ．【あ】：そば　【い】：Ⅲ

ウ．【あ】：小麦　【い】：Ⅳ

エ．【あ】：そば　【い】：Ⅳ

問４　下線部③に関連して，次の図は刈り取られた後の稲が，白米になるまでの工程を例示したものです。Ａさんは下線部③の作業を，**あ**～**え**のような昔ながらの道具を使って体験することになりました。図の工程にしたがって作業を進めるとき，**あ**～**え**の道具はどの工程で使うのが正しいですか，組み合わせとしてふさわしいものを選び，記号で答えなさい。

図

		工程							
刈り取り	→	乾燥	脱穀	選別	籾すり	選別	精米	→	白米
		稲架《はさ》掛《が》け	①	②	③	④	⑤		

	①	②	③	④	⑤
ア	あ	い	え	い	う
イ	い	あ	う	あ	え
ウ	う	え	い	え	あ
エ	い	う	あ	う	え
オ	あ	え	う	え	い
カ	う	あ	い	あ	え

問５　下線部④に関連して，次の空欄にあてはまる文章を考えて答えなさい。

> 　コメの出来具合は全国的には「平年並み」で，北海道や東北などは「やや良」の豊作という。そんな新米にも新型コロナは災難をもたらす。外食の需要《じゅよう》が落ち込み，いつになくコメ余りとなりそうだ。家庭の消費量は増えたものの，□ことが響《ひび》いている。今まで知らず知らずコメを輸出していたようなもので，外国人の舌も楽しませてきた。目減りを補うまではいかずとも新米をなるだけ味わいたい。
>
> **(2020年10月11日　朝日新聞「天声人語」より抜粋)**

問６　会話文中の□□□□に共通してあてはまる語句を，漢字４字で答えなさい。

問７　下線部⑤に関連して，Ａさんは先生や友人が好きな料理とそれに合うお米を紹介《しょうかい》することにしました。次の表から読みとれることとして最もふさわしいものを選び，記号で答えなさい。

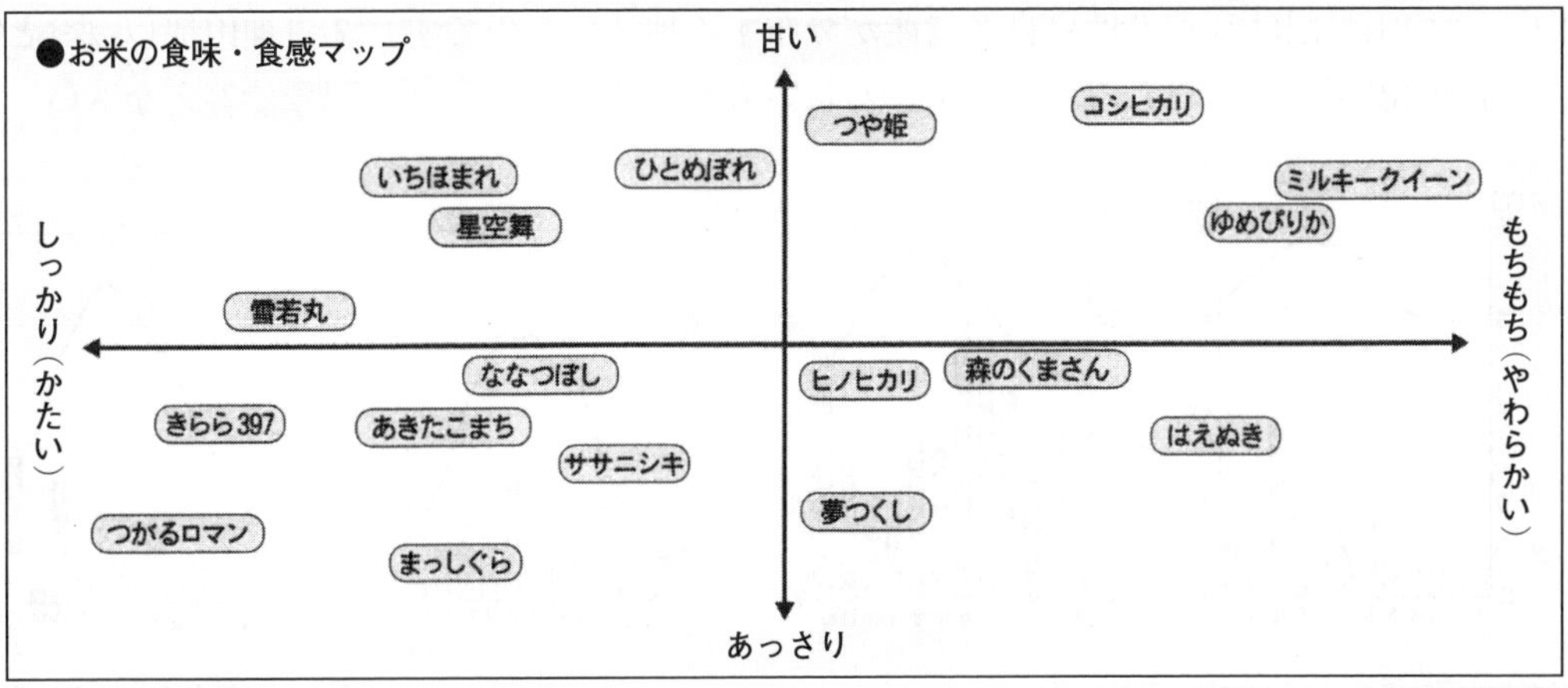

（パナソニックHPより作成）

ア．K先生の好物の焼き魚は，やわらかくあっさりしたお米が合うといわれているので，「夢つくし」より「ミルキークイーン」が適している。

イ．S先生の好物のぎょうざは，やわらかく甘みのあるお米が合うといわれているので，「ゆめぴりか」より「ななつぼし」が適している。

ウ．Aさんの好物のお寿司は，かたくあっさりとしたお米が合うといわれているので，「コシヒカリ」より「ササニシキ」が適している。

エ．Bさんの好物のから揚《あ》げは，かたく甘みのあるお米が合うといわれているので，「いちほまれ」より「ヒノヒカリ」が適している。

2 世界自然遺産である小笠原諸島は，今年の６月に登録10周年を迎《むか》えます。次の地図には日本の世界自然遺産が示されています。これについて，以下の問いに答えなさい。

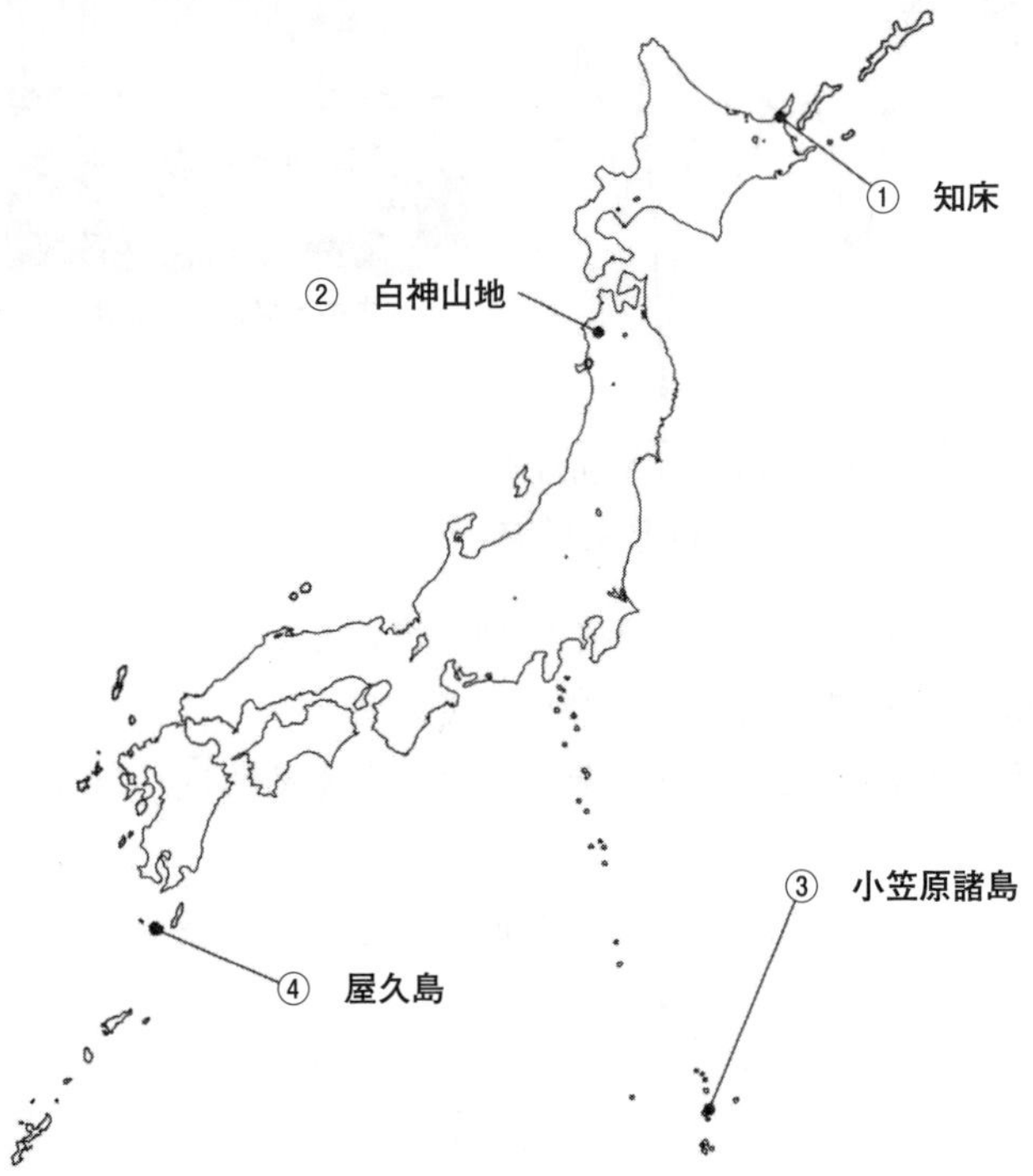

問１　次の雨温図は日本の世界自然遺産が分布する地域のものです。②白神山地(八森)と④屋久島の雨温図を示したものとしてふさわしいものをそれぞれ選び，記号で答えなさい。

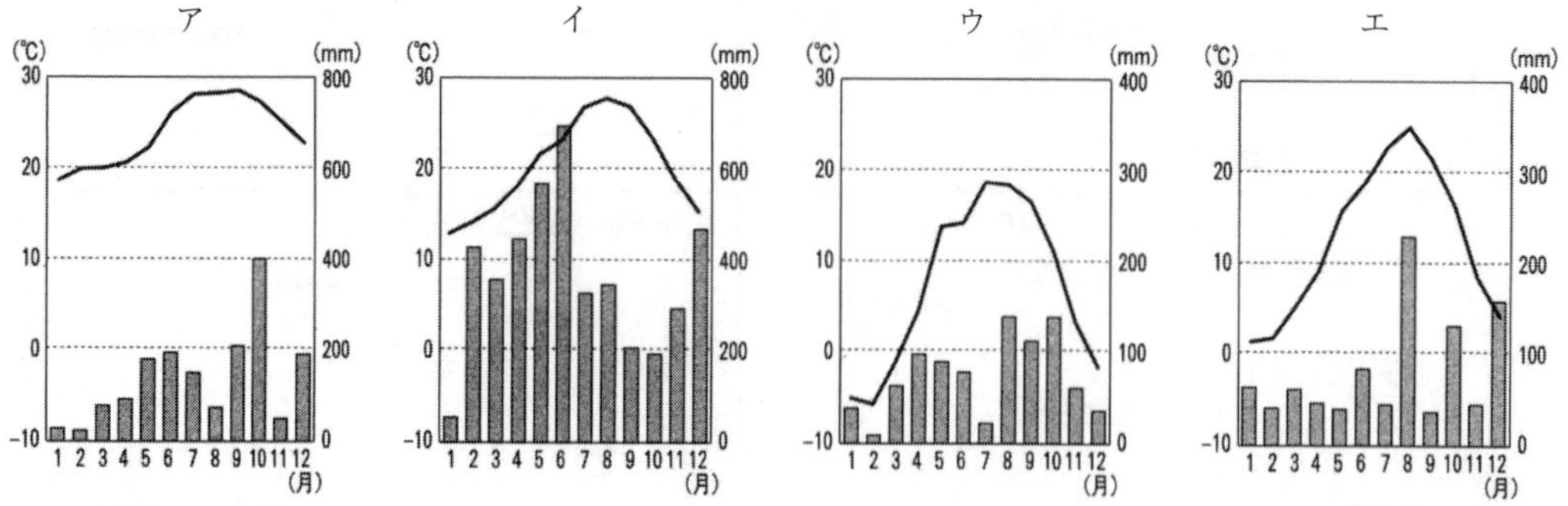

(気象庁HPより作成)

問２　世界自然遺産に登録されている地域に関する次の歴史的なできごとを，年代の古いものから順に並べかえ，解答欄に合うように記号で答えなさい。

ア．ペリー提督は浦賀に来航する前に小笠原に寄港し，数日間滞在《たいざい》した。

イ．ロシア使節のラクスマンが知床沖を通り，根室へ来航した。

ウ．地租改正により，屋久島の山林のほとんどが国有地に編入された。

問３　①について，次のグラフは，オホーツク海の最大海氷域面積の変化を表したものです。このグラフから読み取れることとしてふさわしくないものを選び，記号で答えなさい。

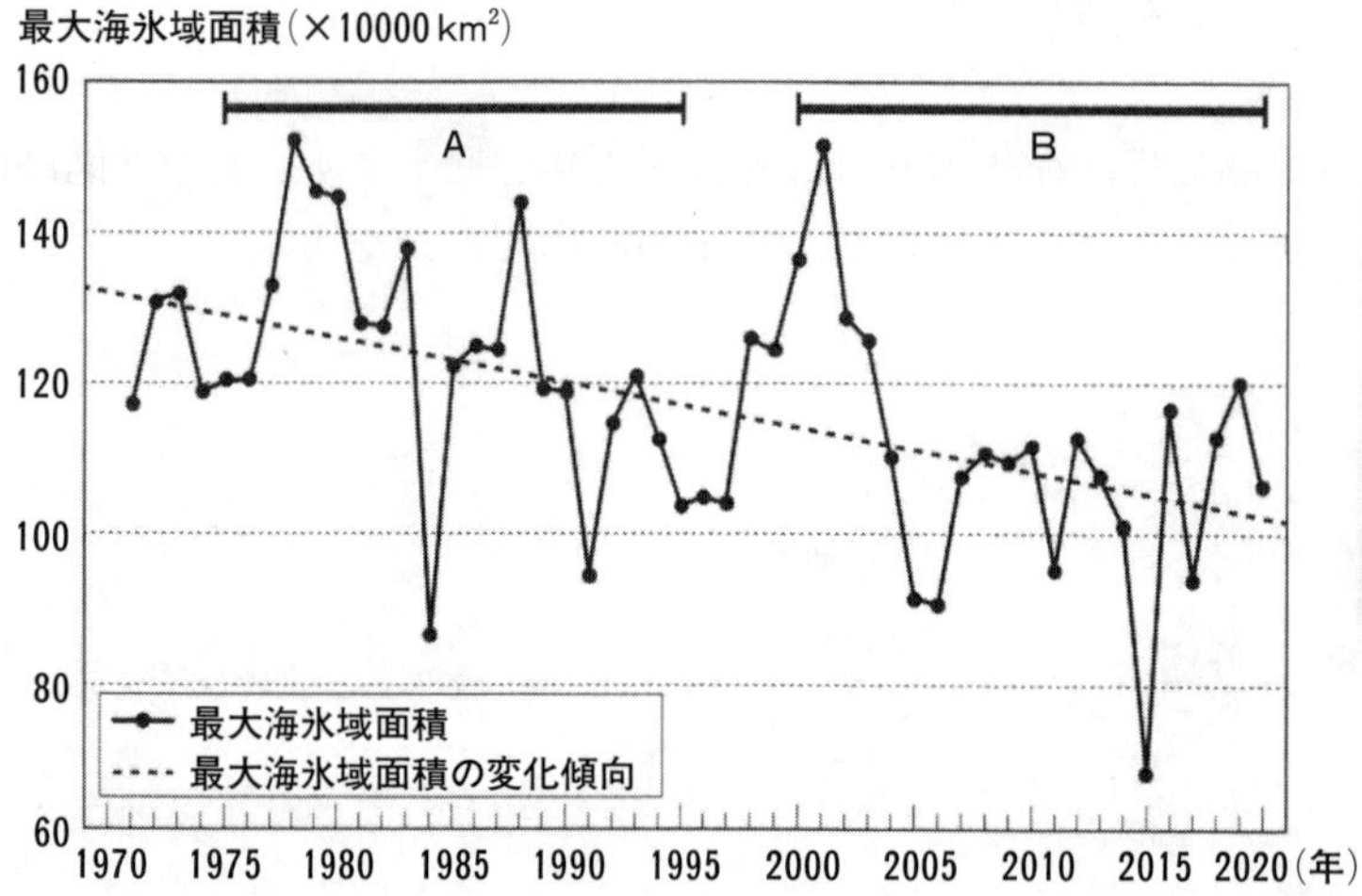

(気象庁HPより作成)

オホーツク海の流氷

ア．オホーツク海の最大海氷域面積は，年によって大きく変動している。

イ．オホーツク海の最大海氷域面積は，長期的に見ると減少している。

ウ．オホーツク海の最大海氷域面積は1984年ごろと2015年ごろに大きく落ち込《こ》んだものの，翌年には回復している。

エ．グラフ中のＡとＢの時期を比べると，最大海氷域面積が最も大きい年と最も小さい年の差は，Ｂの時期のほうが小さくなっている。

問４　①について，右の写真は，環境保全活動の１つであるナショナルトラスト運動への参加証明書です。知床でも行われているこの運動は，寄付金を募《つの》り，その土地を買い取ることで環境保全につなげるというものです。ナショナルトラストが生まれたのは，世界に先駆《さきが》けて産業革命を達成し，環境への懸念《けねん》が増大した国でした。この国はどこか答えなさい。

問５　②について，白神山地には，交通手段の１つとして「リゾートしらかみ」という観光列車が走っており，秋田県と青森県を結んでいます。これに関連して，青森県の三内丸山遺跡でみられる大規模集落が形成された時代について述べた文としてふさわしいものを選び，記号で答えなさい。

ア．この時代の人々は，主に狩猟・漁労・採集を行いながら生活していた。
イ．この時代には争いが頻繁《ひんぱん》におこり，鉄製の武器が使用された。
ウ．同じ時代の遺跡として，野尻湖(湖底)遺跡があげられる。
エ．同じ時代の遺跡として，登呂遺跡があげられる。

問６　③について，小笠原諸島がアメリカから日本に返還《へんかん》された1968年はメキシコシティオリンピックが開催《かいさい》された年でもあります。メキシコシティはメキシコの首都ですが，次のうち，開催都市がその国の首都ではないものを選び，記号で答えなさい。

ア．2016年　リオデジャネイロオリンピック
イ．2004年　アテネオリンピック
ウ．1988年　ソウルオリンピック
エ．1936年　ベルリンオリンピック

問７　③について，小笠原諸島は，1593年に小笠原貞頼によって発見されたことからその名がついたとされています。これと最も近い時期におこった歴史上のできごととしてふさわしいものを選び，記号で答えなさい。

ア．刀狩が行われた。
イ．島原の乱(島原・天草一揆)がおこった。
ウ．種子島に鉄砲が伝来した。
エ．明暦の大火がおこった。

問８　③について，小笠原諸島では「島レモン」が特産品として知られています。これに関連して，レモンやオレンジなどの柑橘《かんきつ》類は，その性質から，一年を通じて温暖であるとともに，日照時間の長い気候が栽培に適しているとされています。次のうち，柑橘類の栽培に最も適した気候としてふさわしい地域を選び，記号で答えなさい。

ア．石川県　　イ．長野県　　ウ．広島県　　エ．沖縄県

問９　④について，屋久島で使われる電力のほぼすべては水力発電でまかなわれています。これに関連して，次のグラフは日本の発電における電源構成(電気をつくる方法)の推移を表したものです。次のグラフをみると，2011年以降に大きな変化がみられるものがあります。その変化とはどのようなものですか，その背景とともに説明しなさい。

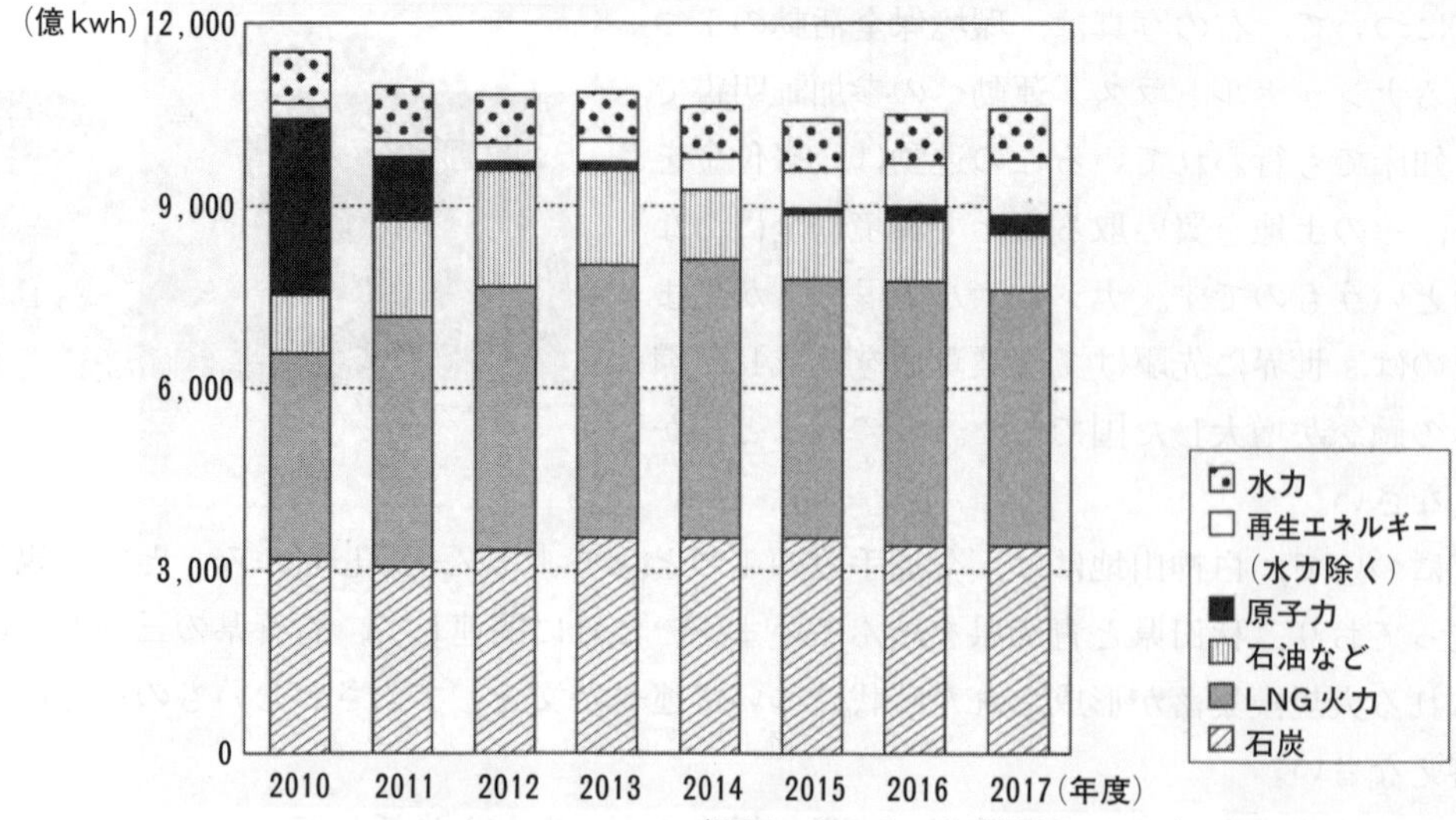

(資源エネルギー庁「総合エネルギー統計」より作成)

問10　④について，屋久島にある永田浜は，アカウミガメが産卵に訪れる海岸として「特に水鳥の生息地として国際的に重要な湿地に関する条約」に登録されています。この条約は採択《さいたく》の地にちなみ，一般的に何と呼ばれていますか。カタカナで答えなさい。

問11　世界自然遺産の例としては，オーストラリアのグレートバリアリーフも有名です。これに関連して，次の表は日本が各国から輸入している品目について，上位５品目とそれらが輸入総額に占《し》める割合(％)をまとめたものです。オーストラリアを示したものとして，ふさわしいものを選び，記号で答えなさい。なお，他の３つは，中国・サウジアラビア・ブラジルのものです。

ア	
原油	92.4
揮発油	2.4
有機化合物	1.6
液化天然ガス	1.5
アルミニウムと同合金	0.7

イ	
鉄鉱石	42.1
鶏肉	11.1
有機化合物	5.1
コーヒー豆	4.7
合金鉄	4.4

ウ	
電気機器	29.0
一般機械	17.3
衣類と同付属品	10.1
化学製品	6.7
金属製品	3.5

エ	
石炭	34.1
液化天然ガス	33.2
鉄鉱石	10.1
牛肉	3.7
銅鉱	3.0

(『地理統計要覧2020年版』より作成)

問12　東京から約1000 km南に位置する小笠原諸島への交通手段は，現在片道約24時間で結ぶ定期船のみとなっています。そのため，近年は移動時間を短縮するために航空路線を開設し，島に空港を建設しようという動きが出てきていますが，さまざまな問題点も指摘《してき》されています。小笠原諸島に空港を建設することに対し，あなたは賛成ですか，反対ですか。解答欄の「賛成・反対」どちらかに○をつけ，その理由を述べなさい。

3　次の文章は久我山中学校３年生の久我山健児くんと担任の三笹先生の会話です。これを読んで，問いに答えなさい。

健児：先生，こんにちは。高校２年生の先輩たちが体育館へ移動していますが，何かあるのですか。

三笹：健児くん，こんにちは。今日は杉並区の選挙管理委員会の方がいらして18歳①選挙権について学ぶ講演会をやるのですよ。去年の７月に行われた東京都知事選挙にも本校の高校３年生の多くが投票に行きました。健児くんも在学中に選挙に行くことになるかもしれませんね。

健児：昨日②70歳の誕生日を迎えた僕の祖父も，東京都知事選挙に行きました。ところで，以前は投票に行くことができるのは20歳からでしたが，投票に参加する年齢を18歳にしたのはどのような意義があるのですか。

三笹：その意味は，総務省・文部科学省の『私たちが拓《ひら》く日本の未来』によると，以下のように説明されています。

> これは，皆さんが，③様々なメディアを通じ多様な情報に接し，自分の考えを育んできた世代であり，また，少子高齢化の進む日本で未来の日本に生きていく世代であることから，現在，また，未来の日本の在り方を決める政治に関与してもらいたいという意図があるのです。

健児：なるほど。選挙年齢の引き下げはそういう意図があるのですね。では，成人式に参加する年齢も引き下げられるのですか。

三笹：その通りです。2022年には成年年齢が18歳に引き下げられます。1898年に施行された④民法では「年齢二十歳をもって，成年とする」と規定しましたが，約130年ぶりに変わります。

健児：ということは18歳になると僕も成年ということになるのですね。もうすぐ大人になるということが想像できません。

三笹：もともと日本では，大人を年齢で区切ることはありませんでした。時代によっても大人として認められるようになるには条件が異なりました。縄文時代は，成人になる際に［　⑤　］という風習があったとされています。これは痛みを与えることによって大人になることを自覚することだと考えられます。

健児：縄文時代の大人になる儀式は本当に痛そうですね…。

三笹：大人になるには責任と覚悟《かくご》が必要だったのでしょうね。また，日本の歴史のなかでは，だいたい男性は15歳前後，⑥女性は13歳前後で大人として扱われるようになります。⑦平安時代の貴族も早ければ15歳ごろに初めて官位をもらい，役人として働き始めていたようです。

健児：ずいぶん早い時期に大人とされたのですね。

三笹：現代に生きる我々からするとそうかもしれませんね。ただ，その時代を生きた人たちからすれば，決して早い年齢ではありません。だからこそ，大人と子どもとの間には明確な違いを設けました。

健児：どんな違いがあったのですか。

三笹：例えば髪型です。江戸時代，⑧武士の家に生まれた男性は15歳前後で「元服」という儀式を行い，前髪をそり落としました。そして，明治時代を迎えて，法律で大人が年齢によって定義されるようになったのです。

健児：なるほど。大人の定義は時代によって様々なものがあるのですね。

問１　下線部①について，日本の選挙権に関する次の文章のうち，ふさわしいものを選び，記号で答えなさい。

ア．1890年の最初の衆議院議員総選挙では，投票に参加できた有権者は人口の約１％にすぎなかった。

イ．1900年に衆議院議員選挙法が改正され，満25歳以上の男子全員に選挙権が与えられた。

ウ．1925年，普通選挙法が成立し，満25歳以上の男女に選挙権が与えられたが，有権者の数はほとんど増えなかった。

エ．1945年，満20歳以上のすべての男女が選挙権を獲得したが，同時に制定された治安維持法により自由な投票は弾圧された。

問２　下線部②に関連して，健児くんの祖父が生まれた年におきたできごととしてふさわしいものを選び，記号で答えなさい。

ア．日本軍は，ハワイのアメリカ軍港やマレー半島のイギリス軍を攻撃した。

イ．中東の戦争がきっかけで石油危機がおこり，世界経済に影響を及ぼした。

ウ．立憲政友会の原敬が内閣総理大臣になり，初の本格的政党内閣を組織した。

エ．サンフランシスコ平和条約が調印され，翌年の日本独立が決まった。

問３　下線部③に関する次の問いに答えなさい。

(1)　メディアの発達していない時代のなかで，絵巻物は当時の様子を伝える重要な史料のひとつです。右の絵巻物は『鳥獣戯画』の一部です。この『鳥獣戯画』は12～13世紀ごろの社会を風刺《ふうし》したとされていますが，その時代のできごととしてふさわしいものを選び，記号で答えなさい。

ア．聖徳太子らが天皇中心の新たな政治の仕組みをつくろうとしたが，なかなか進まなかった。

イ．平清盛が，院政を行っていた上皇の信任を得て，太政大臣に就任し，政治の実権を握るようになった。

ウ．後醍醐天皇が鎌倉幕府を滅ぼし，貴族中心の政治を行ったが，政治の停滞《ていたい》を招いた。

エ．織田信長が天下布武をかかげて勢力を拡大したが，比叡山延暦寺などと対立した。

(2)　次の文章はあるできごとの新聞記事です。このできごとを描いた絵としてふさわしいものを選び，記号で答えなさい。

一日正午，富士火山帯を中心として激震は被害の範囲，意外に広く本社がほとんど全滅せる。通信機関の間をぬってあらゆる方法によりかろうじて収集したる情報を総合すれば沼津付近以東御殿場，駿河駅，箱根，熱海方面の温泉地避暑地より横須賀，横浜，東京方面の惨害は想像の外にして家屋の倒壊死傷者おびただしく随所に大火災起こり混乱名状すべからざるものあり。 (1923年９月２日付　大阪朝日新聞朝刊を一部改変)

ア

イ

ウ

エ

問４　下線部④に関連して，次のうち，民法が施行された年と最も近いできごととしてふさわしいものを選び，記号で答えなさい。

ア．大日本帝国憲法制定　　　　イ．日本の国際連盟加盟

ウ．陸奥宗光による条約改正　　エ．韓国併合

問５　文中の空欄 ⑤ にあてはまる文を考えて答えなさい。

問６　下線部⑥について，次の文章は歴史上活躍したある女性についてのものです。この文章が示す人物は誰か，答えなさい。

> 情熱にあふれた詩を収録した『みだれ髪』を発表し，日露戦争に際しては戦地にいる弟に対して「君死にたまふことなかれ」という詩をつくった。

問７　下線部⑦について，次の文章は平安時代のある貴族についてのものです。この文章が示す人物は誰か，答えなさい。

> この人物は966年に生まれた。父は摂政をつとめた人物であり，兄もいたことから，当初は目立った存在ではなかった。しかし，父の死後，兄も亡くなったため，その地位が高まった。『大鏡』によると，兄の子(甥《おい》)との間で権力争いがおこった際，両者による競弓のなかで，「私が摂政・関白の地位に就《つ》くのであれば，この矢よ中《あた》れ」と言い放って，矢を命中させたとされている。その後，この人物は４人の娘を天皇の后《きさき》にして摂政の地位にも就き，大きな力を持つようになった。

問８　下線部⑧に関連して，鎌倉時代から室町時代にあったできごととしてふさわしくないものを選び，記号で答えなさい。

ア．1232年，鎌倉幕府の執権北条泰時は武士の慣習と源頼朝以来の先例を御成敗式目の形で著した。

イ．1274年，文永の役では，九州の御家人竹崎季長らの活躍もあり，博多に来襲した元軍を撃退した。

ウ．1392年に室町幕府３代将軍足利義満によって南北に分裂していた朝廷が合一し，動乱が終結した。

エ．1467年，将軍の後継者争いをきっかけのひとつとして応仁の乱がおこり，武田信玄を中心とした西軍が戦いを優勢に進めた。

問９　次の史料は，江戸時代末期に活躍した福井藩の橋本左内が15歳(満14歳)のときに人生の指針として著したとされる『啓発録』です。福井県内の多くの中学校では，そのことにちなんで「自分の啓発録」を書いています。もしあなたが中学校入学にあたり，「自分の啓発録」を書くとしたら，どのようなことを書きますか。ひとつ考え，自分の言葉で答えなさい。

> 啓発録
>
> 一．稚心を去る
> 一．気を振う
> 一．志を立てる
> 一．学に勉める
> 一．交友を択ぶ

【理　科】〈第1回試験〉（40分）〈満点：50点〉

1　次のⅠ，Ⅱの各問いに答えなさい。

Ⅰ．次の(1)～(5)の文中の(A)にあてはまる語句または数字を答えなさい。

(1)　同じ温度，同じ体積の水素，ちっ素，酸素，二酸化炭素，空気のうち最も重い気体は(A)です。

(2)　メトロノームは(A)のきまりを利用して一定のテンポで音を出す道具です。

(3)　けんび鏡で観察するときは(A)レンズに目をあてます。

(4)　星の動きは地球が自転しているためにおこる見かけの動きです。北極星のまわりの星は反時計回りに1時間に(A)°回転しているように見えます。

(5)　コイやフナなどの魚のなかまは，水中の酸素を(A)の血管を流れる血液中にとり入れます。

Ⅱ．次の(1)～(5)について，下の①～⑤の中からあてはまるものを1つ選び，番号で答えなさい。

(1)　船が短く汽笛を鳴らし，その音が岸壁《がんぺき》で反射して5秒後に船上の人が聞きました。船は1秒間で20m進む速さで岸壁に向かって進んでいます。海上には風はなく，音は1秒間で340m進むものとします。汽笛を鳴らしたときの船と岸壁の距離《きょり》として正しいものを選びなさい。

①　300m　　②　600m　　③　900m　　④　1500m　　⑤　2000m

(2)　化石としてだけ見つかるものを選びなさい。

①　シジミ　　②　アサリ　　③　サンゴ

④　ホタテ　　⑤　アンモナイト

(3)　ほ乳類のなかまを選びなさい。

①　ウミガメ　　②　クジラ　　③　ヒトデ

④　カツオ　　⑤　イセエビ

(4)　音や光の性質について正しくないものを選びなさい。

①　太鼓《たいこ》をたたくと音は発生するが光は発生しない。

②　音も光も鏡で反射する。

③　光と比べて音は伝わるのに時間がかかる。

④　音は空気中では伝わるが水の中では伝わらない。

⑤　風が吹《ふ》いても光の進み方は変わらない。

(5)　アルコールランプについて正しいものを選びなさい。

①　火をつけるときは，火のついていないアルコールランプに，火がついているアルコールランプを近づける。

②　アルコールランプを使うためにフタを外したら，フタのふちが汚れないように，フタは立たせず横にして置く。

③　アルコールランプの火を消すときは，勢いよく息を吹きかける。それでも消えない場合は，水をかける。

④　アルコールランプの燃料が八分目まで入っていれば，火をつけても芯《しん》がこげることはない。

⑤　アルコールランプの燃料は水を代用することができる。

2 回路についてあとの各問いに答えなさい。

電流とは電気の流れのことで，その量は電流計(図１)で測ることができます。電流の単位は〔A〕が使われていて，1000〔mA〕は１〔A〕です。

図２の回路で豆電球に流れる電流の大きさを電流計で測ってみたところ，0.32〔A〕でした。

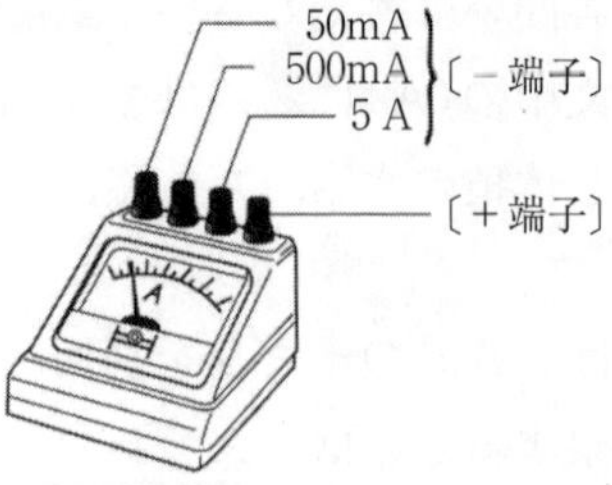

図１

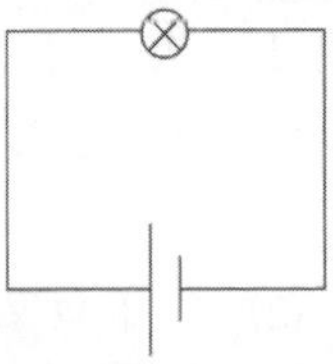
図２

回路に用いる豆電球と電池はすべて同じものとします。

(1) このとき接続する電流計(図１)の「－端子《たんし》」としてふさわしくないものを次の①～③の中から１つ選び，番号で答えなさい。

① 50mA　② 500mA　③ 5 A

(2) このとき電流計の接続のしかたとして正しいものを次の①～④の中から１つ選び，番号で答えなさい。

① 豆電球に対して並列に，そして電流が電流計の「＋端子」から入って，「－端子」から出ていくように接続する。

② 豆電球に対して並列に，そして電流が電流計の「－端子」から入って，「＋端子」から出ていくように接続する。

③ 豆電球に対して直列に，そして電流が電流計の「＋端子」から入って，「－端子」から出ていくように接続する。

④ 豆電球に対して直列に，そして電流が電流計の「－端子」から入って，「＋端子」から出ていくように接続する。

図３，図４の回路の豆電球ア，イ，ウ，エに流れる電流を測ってみたところ，アとイは0.16〔A〕，ウとエは0.32〔A〕でした。図２の豆電球の明るさと比べてみるとウとエは同じ明るさで，アとイは暗くなっていました。また，図４の電池に流れる電流は0.64〔A〕でした。

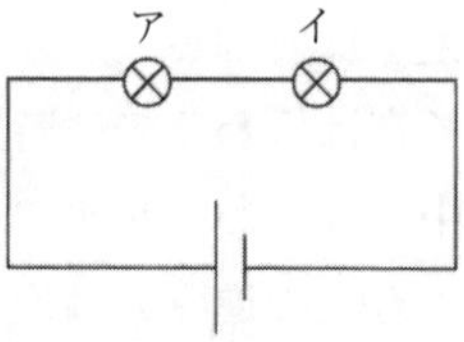

図３

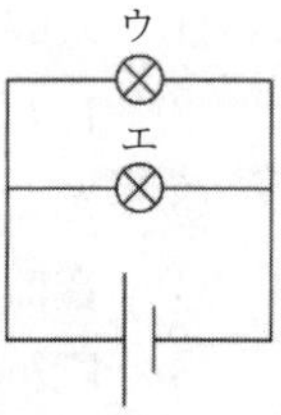

図４

(3) 図３の電池に流れる電流の大きさ〔A〕を答えなさい。

(4) ３つの豆電球を用いて図５の回路をつくりました。このとき電池には0.21〔A〕の電流が流れました。図２，図３，図４での豆電球の明るさを参考にして，図５の豆電球の明るさについて正しいものを次の①～⑤の中から１つ選び，番号で答えなさい。

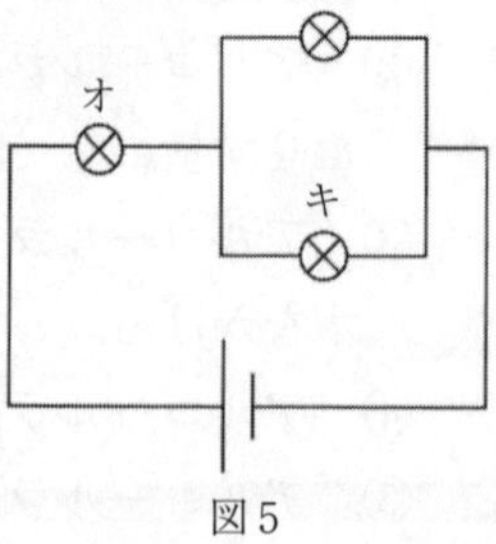

図５

① オとアは同じ明るさである。

② カとキはウとエより明るい。

③ オはカとキより暗い。

④ カとキはイと同じ明るさである。

⑤ オはウとエより暗い。

(5) ３つの豆電球に流れる電流の大きさが，すべて0.32〔A〕になる回路として正しいものを次の

①～⑤の中から１つ選び，番号で答えなさい。

①

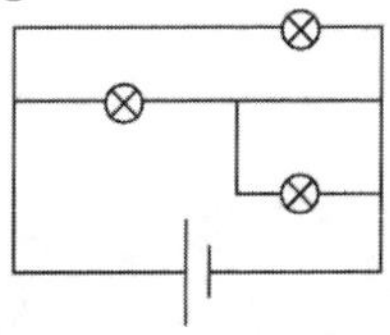

②

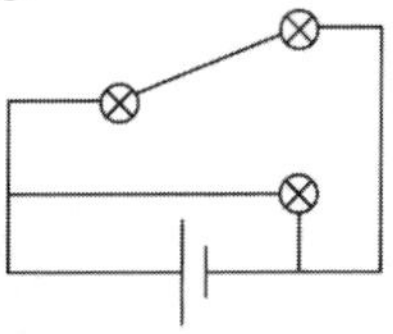

③

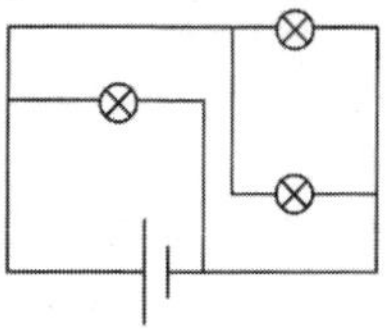

④

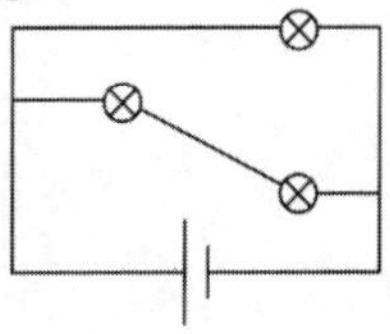

⑤

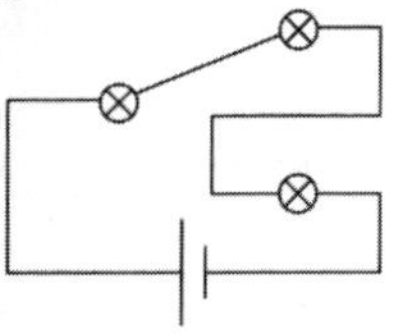

3　次の文章を読み，あとの各問いに答えなさい。

水にものがとけた液のことを水よう液といいます。とけているものが食塩ならば食塩水，または塩化ナトリウム水よう液といいます。食塩のほかに，同じように水にとけるものには硝《しょう》酸カリウムがあります。

水の量によってとかすことができる量は異なります。また，食塩と硝酸カリウムでは同じ温度でも同じ量の水にとかすことができる量は異なります。

20℃の水100ｇに硝酸カリウムをとかしていくと32ｇまでとかすことができます。このとかすことができる限界の量を最大量といいます。図１は，水100ｇにとける食塩および硝酸カリウムの最大量〔ｇ〕と温度の関係を示しています。

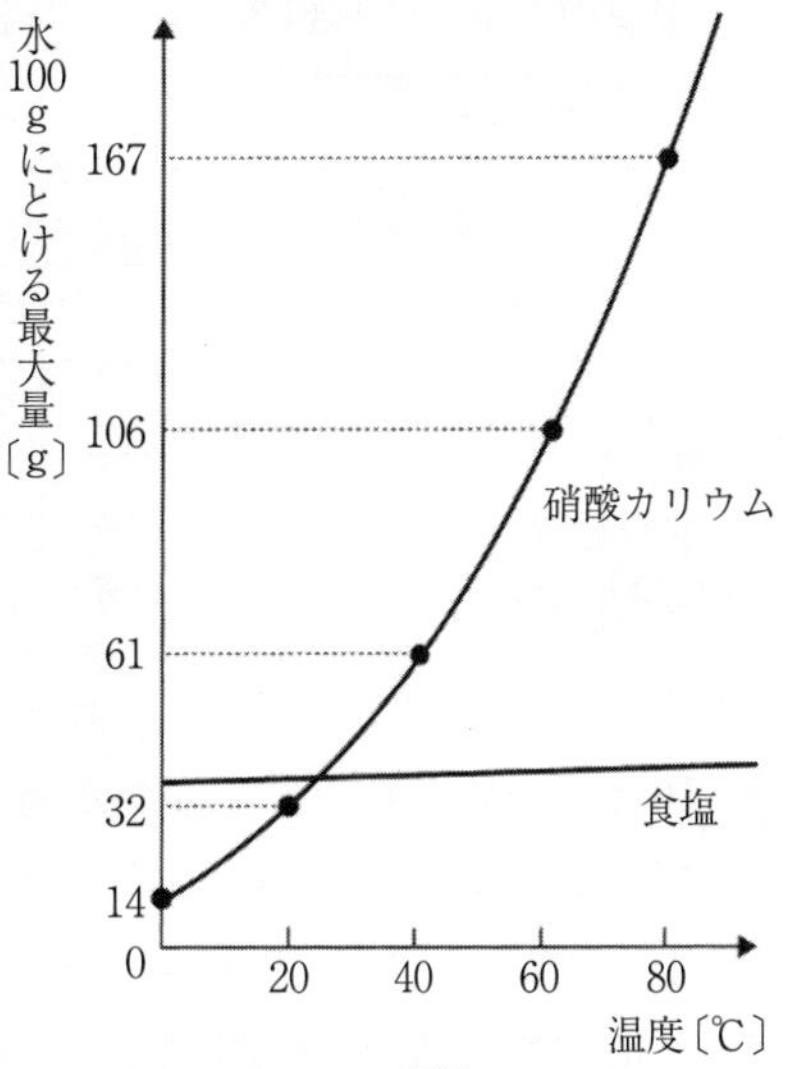

図１

(1)　60℃の水100ｇにとける硝酸カリウムの最大量〔ｇ〕を整数で答えなさい。

〔実験〕　80℃の水200ｇが入ったビーカーに，水分を含《ふく》んで湿《しめ》った硝酸カリウム350ｇをとかし入れ，温度を保ちながらよくかき混ぜました。ビーカー内にあるとけ残り（固体）をすべて取り出し，(ア)固体と水よう液に分けました。固体を乾燥《かんそう》させて重さをはかったところ８ｇでした。新たにビーカーを１つ用意し，80℃の水よう液100ｇを取り分け温度を40℃に保ち続けたところ，(イ)水よう液中から結晶《しょう》（固体）が出てきました。

(2)　下線部(ア)の実験操作には，図２に示すような方法があります。この実験操作の名前を答えなさい。

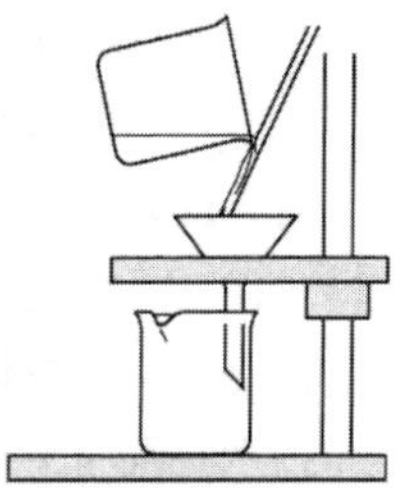

図２

(3)　80℃の水100ｇに，硝酸カリウムが最大量とけた水よう液を40℃まで冷やしたとき，水よう液中から出てくる結晶の重さ〔ｇ〕を整数で答えなさい。

(4)　下線部(イ)でみられた水よう液中から出てきた結晶の重さ〔ｇ〕を求め，小数第一位を四捨五入して整数で答えなさい。

(5)　湿った硝酸カリウム中の水分の重さ〔g〕としてふさわしいものを，次の①～⑤の中から１つ選び番号で答えなさい。

①　1 g　　②　2 g　　③　3 g　　④　4 g　　⑤　5 g

4　コケとよばれる生物のなかまに地衣類《ちいるい》がいます。地衣類は光合成により自らが生きるために必要なものをつくることができ，養分を多くふくむ土がなくても岩や木の幹などに張り付くことで生きていくことができます。

地衣類の成長には長い時間が必要です。右の写真は地衣類のなかまであるウメノキゴケで，葉のようにうすいからだをしていて，外側に向かって成長するため，丸い形をしています。その成長は１年間に直径５mmほどです。次の各問いに答えなさい。

(1)　光合成で使われるものと光合成でつくられるものの組み合わせとして正しいものを次の①～⑤の中から１つ選び，番号で答えなさい。

	使われるもの	つくられるもの
①	酸素と水	でんぷんと二酸化炭素
②	二酸化炭素と水	でんぷんと酸素
③	酸素と二酸化炭素	でんぷんと水
④	でんぷんと酸素	二酸化炭素と水
⑤	でんぷんと二酸化炭素	酸素と水

(2)　右上の写真は直径が５cmのウメノキゴケです。このウメノキゴケが写真の状態から直径10cmに成長するまでにかかる時間として，最もふさわしいものを次の①～⑤の中から１つ選び，番号で答えなさい。

①　２年　　②　５年　　③　10年　　④　20年　　⑤　50年

地衣類は森林や海岸などのいろいろな場所でも見られます。しかし，大気汚染《おせん》には弱い種類が多いので，都市部などの自動車の交通量が多く，大気汚染の度合いが高い場所では，見つかる種類の数は少なくなります。

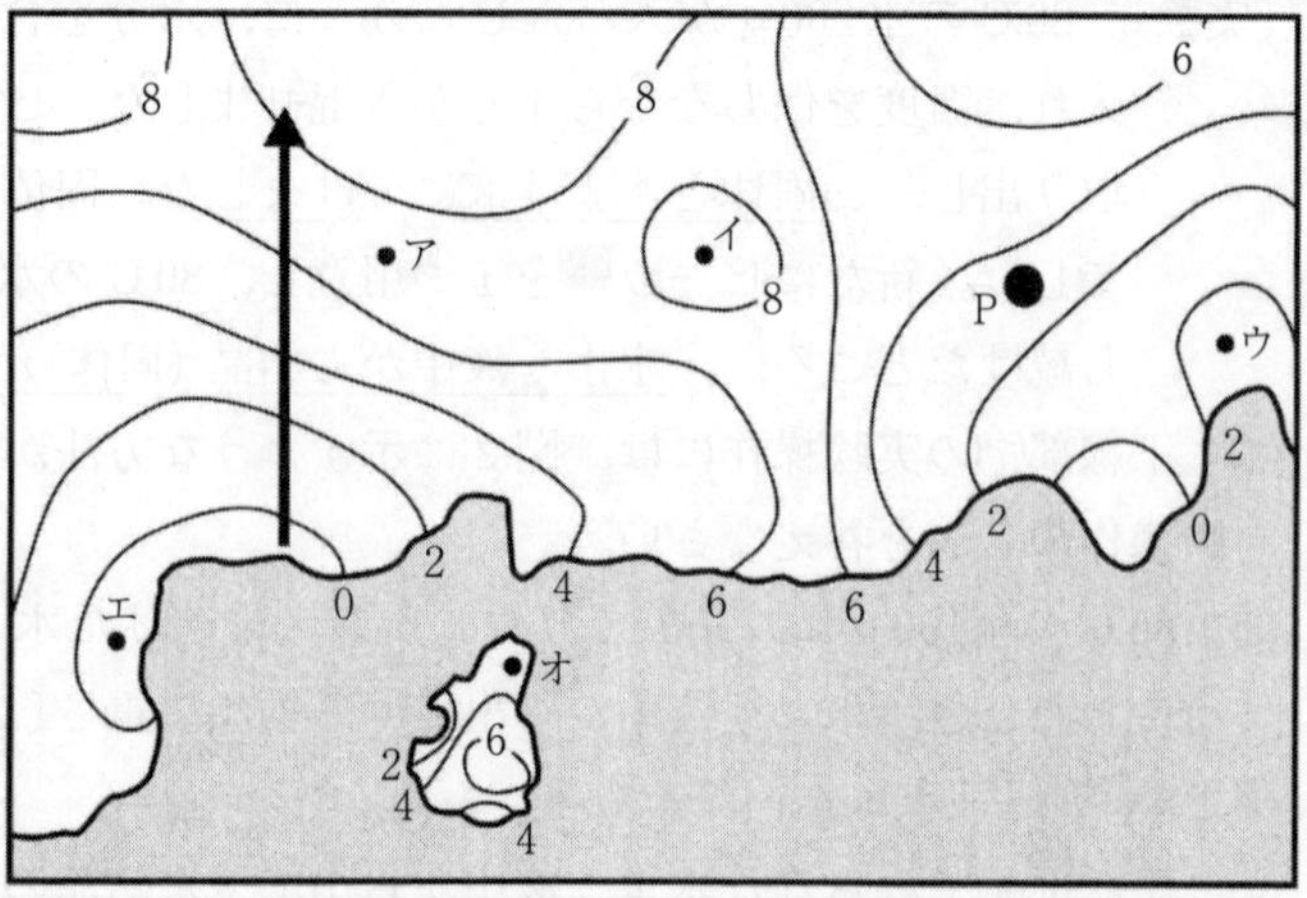

ある地域で観察できる地衣類の種類の数を調べました。調査した場所で見つかった地衣類の種類の数を，０種，１～２種，３～４種，５～６種，７～８種，９種以上の６つの区画にわけて地図にまとめると図のようになりました。

図に示した矢印は地衣類の種類の多かった区画に向かってのびていて，地点Pは地衣類が３～４種類見つかった区画にふくまれています。

(3)　図の地点アで見つかった地衣類の種類の数として，最もふさわしいものを次の①～⑥の中から１つ選び，番号で答えなさい。

①　０種類　　②　１～２種類　　③　３～４種類

④　５～６種類　　⑤　７～８種類　　⑥　９種類以上

(4)　図の地点ア～オについて説明した文として，最もふさわしいものを次の①～⑤の中から１つ選び，番号で答えなさい。

①　地点アは他のどの地点よりも地衣類の種類の数が多いので，大気汚染の度合いが一番低い地域だと考えられる。

②　地点イは他のどの地点よりも地衣類の種類の数が多いので，大気汚染の度合いが一番高い地域だと考えられる。

③　地点ウと地点エを比べると，地衣類の種類の数が同じ地域なので，大気汚染の度合いは同じだと考えられる。

④　地点ウと地点オを比べると，地衣類の種類の数が同じ地域なので，大気汚染の度合いは同じだと考えられる。

⑤　地点アと地点オを比べると，地衣類の種類の数が同じ地域なので，大気汚染の度合いは同じだと考えられる。

(5)　見つかった地衣類の種類の数から考えて，「自動車の交通量が多い都市」がある場所として最もふさわしいものを図の地点ア～オの中から１つ選び，記号で答えなさい。

5　水は地球上のさまざまなところにありますが，雨として降ったり川として流れたり，絶えず移動しています。図１は地球上の水のありかとその量(体積)，そして１年間で移動していく量(体積)を示したものです。図中の□の中の数字はその場所にある水の量を，◯の中の数字はそれぞれの場所から１年間で移動する量を示したものです。この図の数字は１あたり1000 km^3を表しており，氷や水蒸気は液体のときの量を表しています。例えば[178]は17万8000 km^3あることを表しています。

下の各問いに答えなさい。

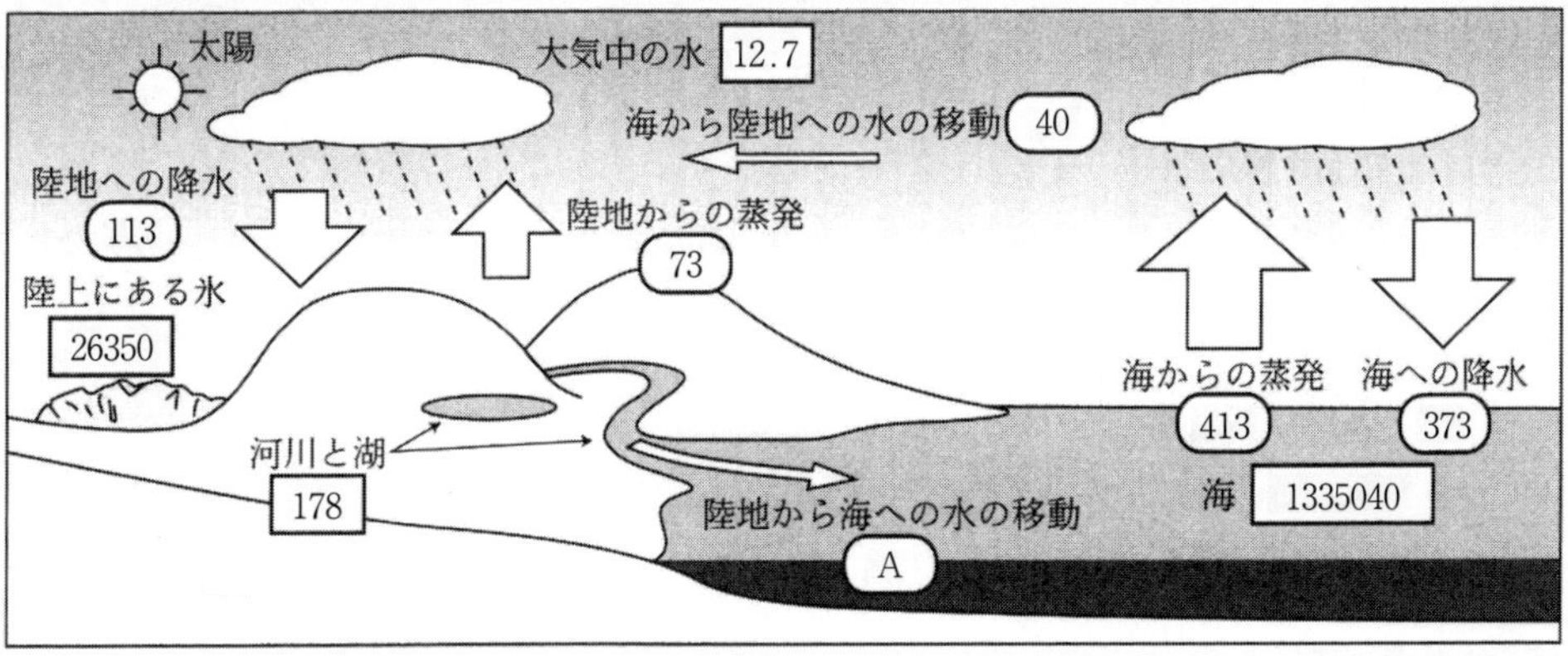

図１

(1)　海の水は大気中の水のおよそ何倍の量になりますか。次の①～⑤の中から正しいものを１つ選び，番号で答えなさい。

①　100倍　　②　1000倍　　③　10000倍　　④　100000倍　　⑤　1000000倍

(2)　図１の中の A に入る数字を答えなさい。

地球温暖化によって陸上の氷がとけ，海水面が上昇《じょうしょう》することが予想されています。陸上の氷が全てとけてしまった場合に，海水面がどれくらい上昇するかを考えます。

(3)　図１の陸上にある氷がとけて水になったときの量は，海の水の量のおよそ何％にあたりますか。次の①～⑤の中から最もふさわしいものを１つ選び，番号で答えなさい。

①　１％　　②　２％　　③　５％　　④　10％　　⑤　20％

(4)　陸上にある氷がとけ，全て海に移動した場合，海水面は何ｍ上昇すると考えられますか。最もふさわしいものを次の①～⑥の中から１つ選び，番号で答えなさい。ただし，海の平均水深は3800ｍ，海水面が上昇しても海の面積は変わらないものとして考えなさい。

①　25ｍ　　②　50ｍ　　③　75ｍ

④　250ｍ　　⑤　500ｍ　　⑥　750ｍ

(5)　図２は日本の標高別の土地面積の割合を示したものです。陸上にある氷が全てとけ，海水面が上昇したとき，日本の土地面積はどの程度(％)減ることになりますか。最もふさわしいものを次の①～⑥の中から１つ選び，番号で答えなさい。

①　10％　　②　20％　　③　30％

④　40％　　⑤　50％　　⑥　60％

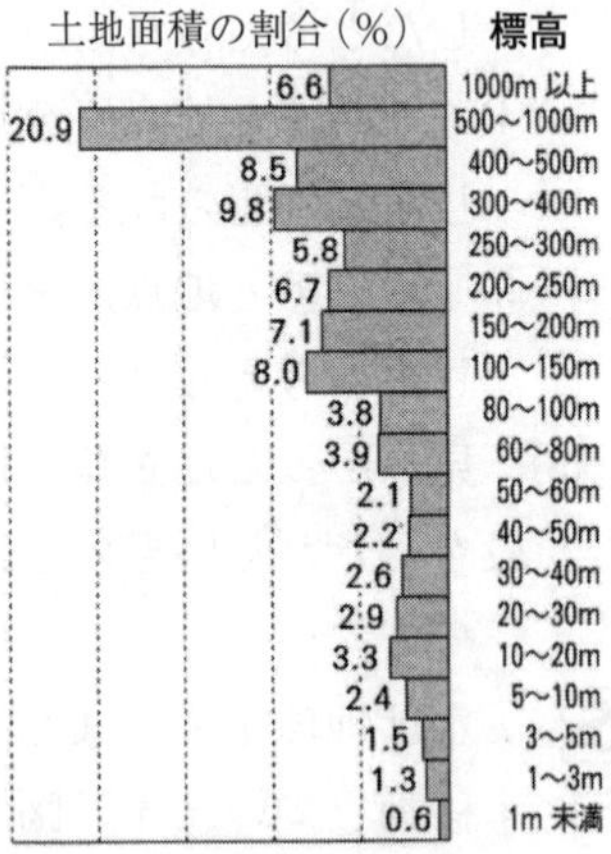

（資料）日本統計協会「統計でみる日本2009」

図２

問五　次のア〜エの中に、誤字を含《ふく》む文が一つあります。その文を選び、記号で答えなさい。

ア　彼の案は議会において賛成多数により採用された。
イ　彼は品行方正で人々の信望をあつめる人物である。
ウ　彼は一日千秋の思いで合格通知を待っている。
エ　彼は一念発気し志望校を目指して勉強を始めた。

問六　次のア〜エのうち、――線部のことばづかいに誤りがあるものを一つ選び、記号で答えなさい。

ア　先生がおっしゃった通りの結果になった。
イ　先生はすでに教室にいらっしゃいます。
ウ　先生が教室に残っていなさいと申された。
エ　先生がおいしそうにお茶を召《め》し上《あ》がった。

なくなるのではないかと危機《きき》感を覚えている。

問二　――線②とありますが、「走」はなぜこのような態度をとったと考えられますか。その理由として最も適当なものを次の中から選び、記号で答えなさい。

ア　国が敗れるという特別な日においても、冷静にこれからの日本を見つめようとする父の偉大《いだい》さを感じ取ったから。

イ　意に反する勇気ある決断をした父親に対して、改めて尊敬の念を抱《いだ》いたことをどうしても伝えたかったから。

ウ　父親の選択《せんたく》は勇気ある賢明《けんめい》な判断であり、それを自分が積極的に認めていることを伝えたかったから。

エ　たとえ卑怯《ひきょう》な選択であっても、父親が生き延びてくれることを何よりも喜ばしく思っていたから。

問三　――線③とありますが、「何か」を話そうとする「父親」は「走」をどのような存在として扱《あつか》おうとしていますか。本文中から最も適当な一語を抜き出し、解答らんに記しなさい。

問四　――線④とありますが、このことばには父のどのような思いがこめられていますか。最も適当なものを次の中から選び、記号で答えなさい。

ア　戦争に負けて国は変わっても、自分たちを包むこの美しい光景が変わらない限り大丈夫だ。

イ　敗戦などという小さなことにくよくよせず、星々を眺《なが》めて気を紛《まぎ》らわせていけば何とかなる。

ウ　日本が戦争に負けたのは悔《くや》しい出来事だが、日本の美しい自然までは奪《うば》われないから心配するな。

エ　敗戦を迎《むか》えた今日という日から努力を重ねれば、いつか必ずあの星々のようにきらめく国になる。

問五　――線⑤とありますが、「そういうこと」とはどのようなことですか。「空」ということばを用いないで、30字以上35字以内で解答らんに合うように記しなさい。

問六　□にあてはまる「走」の返事を、文脈をふまえて考え、解答らんに記しなさい。

三

次の問いに答えなさい。〈問題は**問一**から**問六**までであります。〉

問一　次の①～⑥について、――線部のカタカナを漢字に直しなさい。

①　イギのある生活を送る。

②　ヨウイに解決できる問題だ。

③　新たな政策が国民のシジを得た。

④　メンミツに打ち合わせする。

⑤　家の土台をホキョウする。

⑥　試験にソナえて勉強する。

問二　次の□にそれぞれ漢字1字を入れ、下の意味になるように、ことばを完成させなさい。

①　この本は、私の長年に及《およ》ぶ研究の□大成だ。（多くのことがらを整理し一つにまとめたもの）

②　彼《かれ》は試験で最高点をとり、有□天になっている。（大得意になっているようす）

問三　上の語と反対の意味になるように、下の語の□に漢字1字を入れなさい。

利益 ⇔ □失

問四　次のことわざとほぼ同じ意味のものを、ア～エから一つ選び、記号で答えなさい。

泣き面《つら》に蜂《はち》

ア　ぬかに釘《くぎ》　　イ　弱り目にたたり目

ウ　やぶから棒　　エ　虻蜂《あぶはち》取らず

嘆《なげ》いていた。

（中略）

自転車は白馬のようであった。周平の漕《こ》ぐ勢いは衰《おとろ》えなかった。生暖かい八月の風を切って走る。本当にこのまま空に浮《う》かびそうだと、走は思う。父はそのつもりかもしれない。

集落一つをつっきり、人家もまばらなあたりになって、周平は港の方へハンドルを切った。海へ行くのかと思ったら、港のちょっと手前で山道を登り始める。途中《とちゅう》で自転車を下り、周平は荒《あら》い息を吐《は》きながら、走に、後を押《お》せ、といった。

着いたのは、港を包《つつ》み込《こ》むような形にある低い山のてっぺんで、港と背中合わせのところは海に突《つ》き出《で》た小さな岬《みさき》で、町の人たちは、鰡《ぼら》の鼻といっている。鰡の頭のような形という意味より、春先、鰡の大群が押《お》し寄《よ》せて来る時、ここに潮見《しおみ》が立つからである。

「ここが、都岐《とき》で一番ええところや」

自転車を停《と》め、周平は適当な岩を探して腰《こし》を下ろす。お前もどこかに座《すわ》れといわれて走も、父の近くの丸い岩に尻《しり》を下ろした。海を眺《なが》める。そして、空を見る。星が出ている。信じられないほどの数の星が瞬《またた》く。

「④きれいなもんやのう。これがある限り大丈夫《だいじょうぶ》や。なあ、走、そうやろ。戦争に負けて、星が半分の数になったわけやない」

父は、この星を見せたくて、また、このことがいいたくて、このとんでもない日の夜中に連れて来たのだろうか、と走は思う。しかし、それはどうでもいいことで、父に一人前の扱《あつか》いをされていることが嬉《うれ》しくて、うん、と答えた。

「国が戦争に負けたということはな、わしのような人間には空が失くなったことやが、走たちには、そうやない。蓋《ふた》が失くなって空が見えて来るということや。今日はそういう日や。明日から、お前たちの目には、ほんまもんの空の色が見える。⑤そういうことやど」

といった。

波の音がする。無風で波が立つとも思えないのに、奥《おく》の方でドウッと鳴っている気がする。妙《みょう》に悲しい。父と息子《むすこ》がそれに耳を澄《す》まし、泣いてるみたいや、と息子がいう。

「国が滅《ほろ》びる音にも思えるし、国が生まれる音にも思える。どっちや？」

「　　　」

父の周平が走を抱《だ》きかかえる。いい気持がする。切腹よりずっといい。

しかし、もしかしたら、この星の岬での父との何時間かで、悲しみを知る黒点が、走という少年の胸に生まれたのかもしれない。泣かなくなったが、悲しくなった。

八月十五日は、そんなふうにして終わった。走は、明け方、大量の寝小便《ねしょうべん》をしたが、それはもう八月十六日のことであった。

（阿久　悠「ラヂオ」による）

※注　肥後守…鉛筆《えんぴつ》をけずるときなどに使う小刀。
　　巡邏…パトロール。

問一　――線①とありますが、このときの「走」の心情を説明したものとして最も適当なものを次の中から選び、記号で答えなさい。

ア　厳格な父親が敗戦を素直《すなお》に受け入れることはないと確信し、今後の生活に何とか目を向けさせようとしている。

イ　敗戦を迎《むか》えたこの夜に父に対するぼんやりとした不安が心の隅《すみ》に宿り、声をかけずにはいられなくなっている。

ウ　巡査《じゅんさ》としてこれまで真面目に生きてきた父親が、生きがいを失いはしないかとおおいに心配している。

エ　穏《おだ》やかな父の表情に安心しながらも、今後の生活が立ちゆか

「どないするって、何をどないするってことや。今夜これからのことか、それとも、ここから先の長い長い時代のことか？」

「わからんけど、日本負けたんやろ」

切腹するんかといいかけて、口を噤《つぐ》む。

「そやなあ。わからんなあ。どうなるかはわからんけど、こうなったことは事実や。事実は動かせん。それをちゃんと見つめよう。けど、走、お父ちゃんは腹は切らんぞ。切腹はせん。生きて、この国がどないなるのか見届ける。それでどうや？　そんなのは卑怯《ひきょう》か」

父の周平が、百代を抱《だ》き上《あ》げて胡座《あぐら》の中に入れ、珍《めずら》しく頭を撫《な》でて可愛《かわい》がりながら、なおさらやさしくなった顔でいった。②走は頭を振《ふ》る。思いっきり振る。卑怯やないと伝えたいために懸命《けんめい》に頭を振り、それから、切腹はせんという言葉に安心した。

台所に母のときがいる。水甕《みずがめ》から竹の柄杓《ひしゃく》で水をすくい、夕食の後片づけをしている。走が水が飲みたいと入って行くと、水ぐらい何ぼでも飲み、ガブガブ飲み、と泣き笑いの顔でいった。

夜は長かった。周平は一度自転車に乗って町内の※巡邏《じゅんら》に出掛《でか》けた。国が敗れた日である。何が起こるかわからない。船が沈《しず》む時には鼠《ねずみ》も騒《さわ》ぐ。不心得者《ふこころえもの》がとんでもないことをしでかす心配もある。しかし、二時間ばかりで帰って来た周平は、割りと静かやった、家の中の灯《あか》りが窓からほのぼのと見えて、こりゃ人間の暮らしやなあと思うた、といった。

柱時計のゼンマイが緩《ゆる》んでいて、間延《まの》びのした音で九つ鳴った。走は眠《ねむ》れないでいた。泣き過ぎて脱水症状《だっすいしょうじょう》になったのか、国が敗れた恐怖《きょうふ》に襲《おそ》われるのか、父が死ぬことを選ばなかったことに安堵《あんど》したのか、とにかく、体中がわなわなく感じで眠れなかったのである。

周平は巡邏の汗を拭《ふ》き、それから、勝利の日の祝い酒のために秘蔵していた五合瓶《ごごうびん》の酒を茶碗《ちゃわん》に注《そそ》いで一気に飲み、

「走、お父ちゃんに、ちょっとつき合え」

といった。ちょっとって、こんな時間に子どもを連れてどこへ行きますの？　と母のときが仰天《ぎょうてん》する。そして、ふたたび不安な顔をする。まさか、お父さん、この子を連れて、とおそるおそる訊《たず》ねる。

「アホぬかせ。③こんな日や。男の子の走と一緒《いっしょ》に同じ景色を見て、何か話したいと思うやないか。それでも、お前、心配するか？　わしを信用出来んか？」

「いえ」

ときは首を振り、信用します、信用します、そうですなあ、歴史に残る一日ですものなあ、といった。

「よっしゃ、行くぞ」

走は周平の漕《こ》ぐ自転車の荷台に跨《またが》った。どこへ行くのかわからない。父は、摑《つか》まっとれというと、尻《しり》を立てて力一杯《ちからいっぱい》にペダルを踏《ふ》み込《こ》み、まるで、このまま風になるか、それとも、空に飛び上がるかという勢いで走った。

町は暗かった。父がほのぼのとした感じで見えたという窓の灯《あか》りも、もう消えていた。星あかりだけで道が白く見える。人の姿はどこにもない。静かというより、死んだ町のように思える。不心得者よりも、臆病者《おくびょうもの》の方が多かったのではないかと思う。みんな息を詰《つ》め、身を縮めて家の中にいる。恐《こわ》いのだ。

父が巡邏に出掛けるきっかけになったのも、近所の婆《ばあ》さんが飛《と》び込《こ》んで来て、アメリカ兵は十四歳《さい》から四十歳までの女をみんな殺すいうてるらしいけど、ほんまか、わしは六十で大丈夫《だいじょうぶ》やけど、娘《むすめ》も嫁《よめ》も孫もいる、何とかしてえな、と泣きついたからである。

アホなこといいふらしたらあかん、誰がそんなことというとるんや、と父は怒鳴《どな》っていた。そして、今日の昼まで、負けることなど考えたこともない人間が、わずか半日であんな話を作りよる、恐いもんやと

ウ　ほめることによって人はやる気を出すかどうか、という問題

エ　どういうほうびを与えると人はやる気を出すのか、という問題

問二　――線②とは、どういう現象ですか。最も適当なものを次の中から選び、記号で答えなさい。

ア　ほうびを与えられないと子どもはやる気をなくす、という現象

イ　ほうびを約束された子どもはやる気を失ってしまう、という現象

ウ　ほうびをたくさん与えるほど子どもはやる気を出す、という現象

エ　ほうびを与えようが与えまいが子どもには影響《えいきょう》しない、という現象

問三　[③]に入ることばを、文中から抜《ぬ》き出《だ》して記しなさい。

問四　――線④とはどういう「心理」ですか。25字以上30字以内で解答らんに合うように記しなさい。

問五　[A]および[B]に入ることばとして最も適当なものを後の中からそれぞれ選び、記号で答えなさい。

A　ア　望み通りの　イ　約束された　ウ　思いがけない　エ　ありがたくない

B　ア　大切な　イ　安っぽい　ウ　すばらしい　エ　小さな

問六　――線⑤とありますが、筆者はなぜこのように言うと考えられますか。解答らんに合うように、文中から7字の語句を抜き出して答えなさい。

二　次の文章を読んで、後の問いに答えなさい。〈問題は**問一**から**問六**までであります。〉

合田《ごうだ》家のその夜は淡々《たんたん》としていた。何を食べたのかわからないような夕食のあと、兄の仏壇《ぶつだん》に灯明《とうみょう》が上げられ、周平《しゅうへい》、とき、走《はしる》、百代《ももよ》がそろって手を合わせる。父が、こんなことになってしもうて、と呟《つぶや》く。ときが、あと一カ月やったのに、一カ月生きていてくれたら戦争終わったのに、と泣いた。それに対して、昨日、今日、戦死した人もいるんやからと周平がいうが、それは理屈《りくつ》に合わない慰《なぐさ》めや、と走は思う。

国が敗れた日の庶民《しょみん》に、儀式《ぎしき》があるのかどうか誰《だれ》にもわからない。勝った時の喜び方はいろいろあるが、さて、負けた時に何をすべきなのか、ただの一度も話し合ったことがない。家族そろって白い服を着て、切腹するのだろうかと、走は突然《とつぜん》心配になる。代用教員に抵抗《ていこう》して、※肥後守《ひごのかみ》で腹を突《つ》いたのとわけが違《ちが》う。父の周平は剣道《けんどう》の達人《たつじん》で、やるとなったらスパッと斬《き》るだろうと思う。しかし、なぜか、そんなことはあるまいと打ち消す。家の中が静かで、緊張《きんちょう》が解け、およそ切腹につながるような殺気《さっき》が感じられないのだ。

暑い。夕凪《ゆうなぎ》の時間である。何もしないで座《すわ》っていても、汗《あせ》があふれ出て来る。しかし何をするという意志も働かないので、汗が流れるままにまかせている。

走は、ふと、父の周平は泣いたのだろうかと思う。子どもの自分でさえあれほど泣いたのだから、警官である父はもっと泣いた気がするのであるが、周平は信じられないくらいに穏《おだ》やかな顔をしていた。

「①お父ちゃん、どないするの？」

走が訊《たず》ねた。何を訊《き》きたかったのかわからない。だが、どないするの？　といわないではいられないし、他の言葉もなかった。

被験者を2グループに分け、片方のグループには報酬として多めの金額を提示しました。もう一方のグループにはごくわずかな報酬額《ほうしゅうがく》を提示しました。そして作業終了《しゅうりょう》後には全員に、ごみ拾いがどのくらい楽しかったかを10点満点で採点してもらいました。

すると、謝礼として多めの金額を提示されたグループでは、［③］の度合いの平均値は10点満点中2点となったのに対し、ごくわずかな報酬額を提示されたグループでは平均値が8・5点だったのです。

つまり、何かをさせたいと考えて報酬を高くすると、かえってそのことが楽しさや課題へのモチベーションを奪《うば》ってしまうということが明らかになったのです。

公園のごみ拾いで高い報酬を提示された人たちは、ごほうびをもらえると言われた子どもたちと同じように「高い報酬をもらえるからには、この仕事はきつい、嫌な仕事に違《ちが》いない」と考え、楽しさが激減してしまったのです。

逆に、ごくわずかな報酬を提示された人たちには認知的《にんちてき》不協和が生じ、「わずかな金額でも自分が一生懸命《いっしょうけんめい》になっているということは、この課題は楽しい課題に違いない」と自分で自分に言い聞かせるようになったと考えられます。

類似《るいじ》の実験は課題を変えて何度も再現性が確認《かくにん》されていますが、報酬額や仕事の内容によらず、低い報酬を約束された人は高い報酬の人よりも常に頑張ってしまい、課題の成績も良く、しかも圧倒的《あっとうてき》に楽しいと感じているという傾向《けいこう》が見られます。

④この心理が、ブラック企業《きぎょう》に利用されているのかもしれません。酷使《こくし》されても辞《や》めないケースの中には、低い報酬だからという要因も考えられます。

私自身も疑問に思い、日本テレビ系列の番組『世界一受けたい授業』の制作スタッフに同様の実験をしてもらいました。すると、やはり報酬額の少ないほうがその課題を楽しく感じる、という結果に変わりはありませんでした。

人にやる気を起こさせようとするとき、多額の報酬を与えることはほとんど意味がないということがこれでわかります。短期的には馬力を出すための励《はげ》みになるかもしれませんが、長期的に見ればかえって仕事に対する意欲を失わせる原因になってしまう可能性があります。

人をやる気にさせるのに効果的なのは、その仕事自体が「やりがい」があり、素晴《すば》らしいものだとくり返し伝え続けることと、「『［A］』『［B］』プレゼント」です。予測される報酬ではなく気まぐれに与えられること、しかも少額であることが重要です。多額のものでは、せっかく醸成《じょうせい》されたその人のやる気が失われてしまいかねません。

もともと仕事の内容が嫌なものであることが明らかな場合には、現実的な額の報酬を与え、その後、「あなたのような人でなければできない仕事です」などの心理的報酬、つまり承認《しょうにん》欲求を満たす言葉を上手に使っていくのが効果的です。

逆を言えば今、⑤給料は少ないし休みもないけれどやりがいがある、という状態にあるとの自覚を持っている人は、一度自分の状態が客観的に見てどうなのかを振《ふ》り返《かえ》ってみることが必要かもしれません。

（中野信子「空気を読む脳」による）

※注　モチベーション…やる気。動機。
タスク…仕事。職務。

問一　――線①とは、どういう問題ですか。最も適当なものを次の中から選び、記号で答えなさい。

ア　ほうびによって人のやる気が上がるかどうか、という問題

イ　どういうほめ方をすると人はやる気を出すのか、という問題

二〇二一年度 国学院大学久我山中学校

【国　語】〈第一回試験〉（五〇分）〈満点：一〇〇点〉

〔注意〕句読点（、や。）その他の記号（「や〃など）は1字分として数えます。

一 次の文章を読んで、後の問いに答えなさい。〈問題は**問一**から**問六**まであります。〉

子どもにやる気を出させたいとき、部下に自発的に頑張《がんば》ってほしいとき、自身を鼓舞《こぶ》したいとき等々、自分も含《ふく》めて誰《だれ》かの※モチベーションを上げたい、という場面には頻繁《ひんぱん》に遭遇《そうぐう》します。

多くの人はそんなとき、目に見える報酬《ほうしゅう》を用意して、モチベーションアップにつなげようとするのではないでしょうか？

たとえば、子どもには「成績が上がれば欲《ほ》しいものを買ってあげよう」と伝えてみたり、部下には昇給《しょうきゅう》や昇進《しょうしん》を約束したり、自分自身にも「自分へのごほうび」を期して何ごとかを頑張ろうとしたりする、などです。

しかし、この方法は本当に良い方法と言えるのでしょうか？

①この問題について、実験的に分析《ぶんせき》した人たちがいます。スタンフォード大学の心理学者レッパーの研究グループです。

実験は、子どもたちに絵を好きになってもらうにはどうしたらよいか、というテーマのもとに立案されました。子どもたちをふたつのグループに分け、片方のグループには「良く描《か》けた絵には素晴《すば》らしい金メダルが与《あた》えられる」ということを前もって知らせておきます。もう一方のグループには、メダルが与えられるという話は一切《いっさい》しないでおきます。

この操作のしばらくあとに、子どもたちのグループそれぞれに、実際にクレヨンと紙が渡《わた》されます。そして、子どもたちがどれだけ絵に取り組んでいたか、取り組んだ時間の総計と課題に傾《かたむ》ける熱心さを観察します。

すると、メダルを与えると伝えた子どもたちのグループは、メダルのことを何も知らなかった子どもたちよりも、ずっと課題に取り組む時間が少なかったのです。あたかも報酬を与えることそのものが、子どもたちを絵から遠ざけることになってしまったかのような結果でした。

絵を好きになってもらうために、良かれと思ってごほうびを約束したことが、かえって逆効果になってしまったのです。グループを変えて何度実験してもこの結果は変わらず、データには再現性がありました。

なぜ、②このような現象が生じてしまったのでしょうか？　この実験を行った学者たちは次のように述べています。

子どもは、「大人が子どもに『ごほうび』の話をするときは、必ず『嫌《いや》なこと』をさせるときだ」というスキーマ（構造）をそれまでの経験の中から学習してきており、報酬を与えられた子どもは「大人が『ごほうび』の話をしてきたということは『絵を描くこと』＝『嫌なこと』なんだ」と、報酬そのものの存在が※タスクを嫌なこととして認《にん》知《ち》させてしまう要因になると指摘《してき》したのです。

これは、子どもに限った話ではありません。別の研究者による実験では、大人の被験者《ひけんしゃ》を対象に、公園でのごみ拾いという課題に楽しさをどのくらい感じたか、という心理的な尺度が測定されています。

「目的は公園の美化推進を効率的に行うにはどうすればよいかの調査です」と被験者には伝え、絵を描かせる実験と同様に、この実験でも

2021年度

国学院大学久我山中学校 ▶解説と解答

算　数 ＜第１回試験＞（50分）＜満点：100点＞

解　答

1 (1) 9　(2) $4\frac{1}{2}$　(3) 2　(4) $2\frac{7}{15}$　**2** (1) 42　(2) 5 個　(3) 104個
(4) 20人　(5) 時速54km　(6) 9.42cm　(7) 60面　**3** (1) 8 g　(2) ① 3 %
② 800 g　(3) 6.5%　**4** (1) 30cm　(2) 15　(3) 13分30秒後　(4) 21分48秒後

解　説

1 **四則計算**

(1) $(A+B)\times C=A\times C+B\times C$となることを利用すると，$(1\div 2+3)\times 4-5=\frac{1}{2}\times 4+3\times 4-5=2+12-5=14-5=9$

(2) $51\div 5\times 2.5\div 5\frac{2}{3}=51\times\frac{1}{5}\times\frac{25}{10}\div\frac{17}{3}=\frac{51}{2}\times\frac{3}{17}=\frac{9}{2}=4\frac{1}{2}$

(3) $1.5\div\left\{8\frac{1}{4}-2\div\left(\frac{2}{3}-\frac{2}{5}\right)\right\}=1\frac{1}{2}\div\left\{\frac{33}{4}-2\div\left(\frac{10}{15}-\frac{6}{15}\right)\right\}=\frac{3}{2}\div\left(\frac{33}{4}-2\div\frac{4}{15}\right)=\frac{3}{2}\div\left(\frac{33}{4}-2\times\frac{15}{4}\right)=\frac{3}{2}\div\left(\frac{33}{4}-\frac{30}{4}\right)=\frac{3}{2}\div\frac{3}{4}=\frac{3}{2}\times\frac{4}{3}=2$

(4) $4.8-\left\{\frac{1}{4}+\frac{2}{3}\times\left(0.375-\frac{1}{6}\right)\right\}\times 6=4\frac{4}{5}-\left\{\frac{1}{4}+\frac{2}{3}\times\left(\frac{3}{8}-\frac{1}{6}\right)\right\}\times 6=4\frac{4}{5}-\left\{\frac{1}{4}+\frac{2}{3}\times\left(\frac{9}{24}-\frac{4}{24}\right)\right\}\times 6=4\frac{4}{5}-\left(\frac{1}{4}+\frac{2}{3}\times\frac{5}{24}\right)\times 6=4\frac{4}{5}-\left(\frac{9}{36}+\frac{5}{36}\right)\times 6=4\frac{4}{5}-\frac{14}{36}\times 6=4\frac{4}{5}-\frac{7}{3}=4\frac{4}{5}-2\frac{1}{3}=4\frac{12}{15}-2\frac{5}{15}=2\frac{7}{15}$

2 **数の性質，つるかめ算，過不足算，相当算，通過算，図形の移動，長さ，構成**

(1) 真ん中の整数を□とすると，連続する３つの整数は，□－１，□，□＋１となり，その和は，(□－１)＋□＋(□＋１)＝□×３＝123と表せる。よって，真ん中の整数は，123÷３＝41とわかるから，一番大きい整数は，41＋１＝42である。

(2) 品物Ａを18個買ったとすると，合計金額は，150×18＝2700(円)となり，実際よりも，2850－2700＝150(円)安くなる。そこで，品物Ａを減らして，かわりに品物Ｂを増やすと，合計金額は１個あたり，180－150＝30(円)ずつ高くなる。よって，品物Ｂの個数は，150÷30＝５(個)とわかる。

(3) １人に５個ずつ配るとあめが29個余る。また，１人に８個ずつ配ると，２人分足りなくなるので，全員に配るためには，８×２＝16(個)足りない。そこで，１人に５個ずつ配ったあと，さらに，８－５＝３(個)ずつ配るには，29＋16＝45(個)のあめが必要とわかる。よって，子どもの人数は，45÷３＝15(人)になるから，あめの個数は，５×15＋29＝104(個)と求められる。

(4) このグループ全体の人数を①とすると，右の図１のように表すことができる。図１より，６＋４＝10(人)が，①－$\textcircled{\frac{1}{4}}$－$\textcircled{\frac{4}{7}}$＝$\textcircled{\frac{5}{28}}$にあたるので，グループ全体の人数は，$10\div\frac{5}{28}=56$(人)となる。よって，このグループの女子の人数は，$56\times\frac{1}{4}+6=20$(人)とわかる。

図１
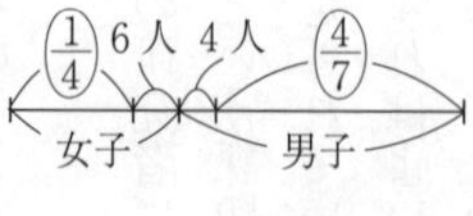

⑸　右の図２のように，トンネルに入り始めてから出終わるまでに走る長さは，2000＋100＝2100（m）とわかる。よって，この列車の速さは，秒速，2100÷140＝15（m），つまり，時速，15×60×60÷1000＝54（km）となる。

図２

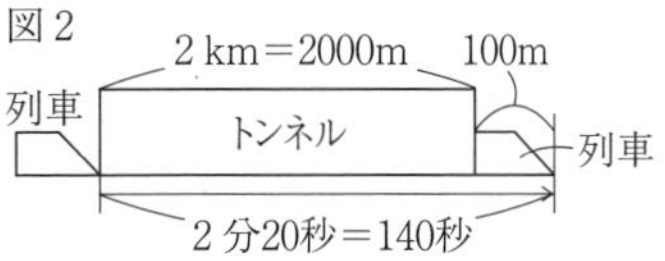

⑹　点Ｏが動いたあとの線は，右の図３の太線のようになる。このうち曲線部分は半径が２cmで中心角が90度のおうぎ形の弧《こ》２個分だから，その長さは，$2\times2\times3.14\times\frac{90}{360}\times2=2\times3.14$（cm）となる。また，直線部分の長さは$x$の長さと同じである。これはおうぎ形の弧ABの長さと等しいので，$2\times2\times3.14\times\frac{90}{360}=1\times3.14$（cm）とわかる。よって，点Ｏの動いたあとの線の長さは，２×3.14＋１×3.14＝（２＋１）×3.14＝３×3.14＝9.42（cm）と求められる。

図３

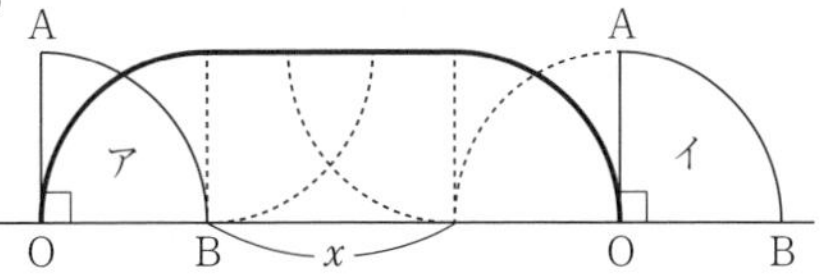

⑺　18個の立方体の面の数は，６×18＝108（面）である。また，この立体の色をぬった面の数は，前後が，（１＋２＋３）×２＝12（面）で，上下左右が，（３×３）×４＝36（面）なので，合わせて，12＋36＝48（面）とわかる。よって，色がぬられていない面は全部で，108－48＝60（面）となる。

３　濃度《のうど》

⑴　（食塩の重さ）＝（食塩水の重さ）×（濃度）より，濃度２％の食塩水400ｇに含《ふく》まれる食塩の重さは，400×0.02＝８（ｇ）である。

⑵　①　濃度８％の食塩水80ｇに含まれる食塩の重さは，80×0.08＝6.4（ｇ）だから，混ぜてできる食塩水，400＋80＝480（ｇ）に含まれる食塩の重さは，８＋6.4＝14.4（ｇ）とわかる。よって，混ぜてできる容器Ａの食塩水の濃度は，14.4÷480×100＝３（％）となる。　②　（２＋８）÷２＝５（％）より，２％の食塩水と８％の食塩水が同じ重さのとき，混ぜてできる食塩水の濃度は５％になる。よって，容器Ｂから容器Ａに移した食塩水の重さは400ｇなので，はじめに容器Ｂに入っていた食塩水の重さは，400×２＝800（ｇ）とわかる。

⑶　容器Ａにできた食塩水の重さは，400＋400＝800（ｇ）だから，容器Ｂに戻《もど》した食塩水の重さは，800÷２＝400（ｇ）である。したがって，容器Ａから容器Ｂに戻した濃度５％の食塩水400ｇに含まれる食塩の重さは，400×0.05＝20（ｇ），容器Ｂに残っていた濃度８％の食塩水400ｇに含まれる食塩の重さは，400×0.08＝32（ｇ）なので，混ぜてできた食塩水，400＋400＝800（ｇ）に含まれる食塩の重さは，20＋32＝52（ｇ）とわかる。よって，最後に，容器Ｂにできた食塩水の濃度は，52÷800×100＝6.5（％）と求められる。

４　グラフ－水の深さと体積

⑴　問題文中のグラフより，水を入れ始めてから10分間は一定の割合で水面の高さが上がるので，イの部分からアの部分に水が流れこむことはない。また，管Ａからは10分間に，12×10＝120（Ｌ）より，120000cm^3の水が入る。よって，アの部分の底面積は，50×80＝4000（cm^2）なので，仕切りの高さは，120000÷4000＝30（cm）である。

⑵　仕切りより上の部分の容積は，50×（80＋50）×（52－30）＝143000（cm^3）より，143Ｌである。㋐から28分までアの部分の水面の高さは一定の割合で上がるので，その間は管Ａと管Ｂから水が入り，排水《はいすい》管Ｃから排水されている。したがって，１分あたり，12＋９－10＝11（Ｌ）ずつ水が入るので，㋐の時刻から，143÷11＝13（分）で水がいっぱいになる。よって，㋐は，28－13＝15（分）とな

る。

⑶　管Ａからは28分で，12×28＝336(Ｌ)の水が入り，管Ｂからは，336×$\frac{7}{16}$＝147(Ｌ)の水が入る。すると，２つの管から，336＋147＝483(Ｌ)の水が入ることになるが，この水そうの容積は，50×(80＋50)×52＝338000(cm^3)より，338Ｌなので，水は，483－338＝145(Ｌ)排水されたことになる。よって，Ｃからは，145÷10＝14.5(分間)排水されるので，28－14.5＝13.5(分後)，つまり，13分30秒後にＣの栓《せん》を開いたとわかる。

⑷　水そうのアの部分の仕切りの高さより下の水は排水されない。よって，排水管Ｃから排水されなくなるのは，満水になってから，(338－120)÷10＝218÷10＝21.8(分後)だから，60×0.8＝48(秒)より，21分48秒後と求められる。

社　会　＜第１回試験＞（40分）＜満点：50点＞

解　答

1　問１　ウ　　問２　(例)　わらじをつくる。(ぬか漬けをつくる。)　　問３　ウ　　問４　イ　　問５　(例)　海外からの観光客が減った　　問６　品種改良　　問７　ウ　　**2**　問１　②　エ　　④　イ　　問２　イ→ア→ウ　　問３　エ　　問４　イギリス　　問５　ア　　問６　ア　　問７　ア　　問８　ウ　　問９　(例)　東日本大震災の発生を背景に原子力発電が減少した。　　問10　ラムサール(条約)　　問11　エ　　問12　賛成…(例)　観光客が多く訪れることで，経済の活性化につながるから。　　反対…(例)　観光客が多く訪れることで，豊かな自然環境が破壊されるから。　　**3**　問１　ア　　問２　エ　　問３　⑴　イ　　⑵　エ　　問４　ウ　　問５　(例)　抜歯をする　　問６　与謝野晶子　　問７　藤原道長　　問８　エ　　問９　(一.)　(例)　約束を守り，人に迷惑をかけない

解　説

1　**お米と稲作についての問題**

問１　徳川家康は1603年に江戸幕府を開くと，政治的に重要な江戸の周辺や京都，大坂(大阪)，経済的に重要な金山や銀山，米の産地などを幕領(天領)とよばれる直轄《ちょっかつ》地としていった。幕府の財源は原則として，この天領にいる農民が納める年貢(米)で成り立っていた。その他の土地で農民から集められた年貢(米)は，それぞれの大名が治める藩の収入となった。また，江戸幕府の第８代将軍徳川吉宗のときには，全国の大名から米を献上《けんじょう》させる代わりに参勤交代をゆるめる上米《あげまい》の制が導入され，献上された米は幕府の財源となった。

問２　米を収穫したあとの稲のくきを乾かした藁《わら》は，わらじや屋根，飼料(家畜のえさ)などに利用された。また，精米したときに出る糠《ぬか》は，糠漬《ぬかづ》けの材料や，飼料，肥料として利用できる。

問３　Ⅰは小麦の写真で，小麦の穂はまっすぐ伸びることが多い。一方，Ⅳの写真にある稲は，実るとたくさんの籾《もみ》をつけた稲穂が重さで首を垂れたようになる。なお，Ⅱはトウモロコシ，Ⅲは大豆。

問４　「あ」は籾と不要物を選別するのに用いられた唐箕《とうみ》で，持ち手を回して起こした風で稲藁や葉のくず，籾すり後の籾殻《もみがら》などを飛ばし，重たい籾は下に落ちるようになっていた。「い」は脱穀《だっこく》

に用いられた千歯こきで，稲穂を引っ張っていくつも並べた歯を通し，籾をとった。「う」は籾すりに用いられた土臼《つちうす》で，上から籾を投入し，遣《や》り木とよばれる棒で上の臼を回転させ，下の臼とすり合わせることで籾殻を取り除いて玄米《げんまい》にした。「え」は米つき臼と足ぶみ式の杵《きね》で，地面に埋《う》めた臼に玄米を入れ，上から足ぶみ式の杵でついて精米し，白米にした。よって，「い」→「あ」→「う」→「あ」→「え」の順に使うことになる。

問５　「新型コロナ」によって引き起こされたことで，「知らず知らずコメを輸出していたようなもので，外国人の舌も楽しませてきた」とあるので，訪日外国人の激減だと判断できる。それまでは観光のために日本を訪れる外国人が年々増え，こうした人たちが日本で和食を楽しむことによって米が消費されていたが，新型コロナの影響で訪日外国人が激減したためそのぶんの消費が減り，米余りの一因になった。

問６　「寒さに強いお米が次々と誕生しました」とあるので，もともとあった品種をかけ合わせるなどして新しい品種をつくる「品種改良」があてはまる。一般的に，品種改良は，寒さや病虫害に強いもの，味のよいものをつくるために行われる。

問７　ア　「ミルキークイーン」はやわらかくて甘いので，あっさりしたものではない。　イ　「ゆめぴりか」はやわらかくて甘いが，「ななつぼし」はどちらかといえばかたくてあっさりしている。　ウ　「コシヒカリ」はかなり甘くてやわらかい。一方，「ササニシキ」は比較《ひかく》的かたくてあっさりしているので，正しい。　エ　「ヒノヒカリ」はどちらかというとやわらかくてあっさりしている。一方，「いちほまれ」はかたく甘みのあるお米だといえる。

２　日本にある世界自然遺産を題材にした問題

問１　冬の寒さが非常に厳しいウには①の知床《しれとこ》が，冬でもかなり温暖なアには，亜《あ》熱帯の気候に属する③の小笠原《おがさわら》諸島があてはまるとわかる。残る２つのうち，全体的に気温が低いエが②の白神山地で，梅雨の影響を強く受けて降水量が多く，年間を通して比較的温暖なイが④の屋久島にあてはまる。

問２　アは1853年，イは1792年，ウは1873年（地租改正条例の公布）のことなので，年代の古い順にイ→ア→ウとなる。

問３　最大海氷域面積が最も大きい年と最も小さい年の差は，Ａの時期ではおよそ60万km^2，Ｂの時期ではおよそ80万km^2で，Ｂの時期のほうが大きいので，エがふさわしくない。

問４　18世紀後半，イギリスは蒸気機関の改良によって手工業から機械工業への転換《てんかん》をはたし，世界に先駆《さきが》けて産業革命を達成した。これによって工場から排水やばい煙が出るようになり，環境への懸念《けねん》が増大した。ナショナルトラスト運動は19世紀末にイギリスで始まり，知床では「しれとこ100平方メートル運動」というナショナルトラスト運動が行われている。

問５　青森県の三内丸山遺跡は縄文時代の大規模集落跡である。三内丸山遺跡からは食用植物を栽培していたことを示すものがみつかったが，縄文時代の人びとはおもに磨製石器や骨角器を使って狩猟《しゅりょう》や漁労を行い，あるいは木の実を採集することで食料を手に入れ，これを縄文土器で煮炊《にた》きしたり保存したりして生活していた。なお，イとエは弥生時代，ウは旧石器時代にあてはまる。

問６　リオデジャネイロはブラジル南東部に位置する同国有数の大都市だが，現在の首都は中部の高原地帯に位置するブラジリアである。なお，アテネはギリシャの首都，ソウルは韓国の首都，ベルリンはドイツの首都。

問７　アは1588年(豊臣秀吉によって刀狩令が出された年)，イは1637年，ウは1543年，エは1657年のできごとなので，アが1593年に最も近い。

問８　「一年を通じて温暖」「日照時間の長い気候」という条件を満たす日本の気候は，瀬戸内の気候である。瀬戸内の気候は，夏の南東の季節風を四国山地に，冬の北西の季節風を中国山地にさえぎられるため，一年を通じて降水量が少なく日照時間が長めで，一年を通じて比較的温暖なことが特徴となっている。よって，瀬戸内地方に属する広島県が選べる。レモンの生産量は，広島県が全国第１位である。なお，沖縄県も「一年を通じて温暖」という条件は満たすが，海から湿った空気が流れこむため，日照時間はそれほど長くない。統計資料は『データでみる県勢』2021年版などによる(以下同じ)。

問９　2011年３月11日に東日本大震災が発生し，東京電力福島第一原子力発電所で放射性物質が外にもれ出すという重大な原子力事故が起こると，全国の原子力発電所は点検などのために次々と稼《か》働《どう》を停止し，原子力発電による発電量は一時ゼロになった。その後，再稼働を認められた原子力発電所が少しずつ発電を始めたが，電源構成に占《し》める割合は再生エネルギーを下回っている。

問10　ラムサール条約は正式には「特に水鳥の生息地として国際的に重要な湿地に関する条約」といい，1971年にイランの都市ラムサールで採択《さいたく》された。登録地およびその生態系の保全をはかるための条約である。

問11　日本はオーストラリアから石炭や液化天然ガス，鉄鉱石といった天然資源を多く輸入しており，いずれも日本の輸入先として最も大きな割合を占めている。なお，輸入総額のほとんどが原油であるアはサウジアラビア，鉄鉱石とともにコーヒー豆が上位に入っているイはブラジル，工業製品とともに衣類が上位に入っているウは中国を表している。

問12　空港が建設され航空路線が開かれれば，移動時間が短縮されるので観光客が増加して，島の経済が豊かになることが期待される。一方，空港建設や観光客の増加は，自然環境の破壊につながるおそれがある。

3　政治のしくみと歴史についての問題

問１　ア　1890年に第一回衆議院議員選挙が実施されたときに選挙権が与えられたのは，直接国税15円以上を納める満25歳以上の男子で，これは国民の約１％にすぎなかった。よって，正しい。　イ，ウ　1925年に普通選挙法が成立したことで，満25歳以上の男子全員に選挙権が与えられたが，女子の選挙権は認められなかった。　エ　治安維持法は，普通選挙法が出された1925年に成立し，第二次世界大戦後の1945年に廃止された。

問２　「去年の７月に行われた東京都知事選挙」とは，2020年の東京都知事選挙のことを指す。健児くんの祖父は「昨日」，つまり2021年に「70歳の誕生日を迎えた」のだから，生まれた年は1951年とわかる。この年に，第二次世界大戦の講和条約として日本と連合国の間でサンフランシスコ平和条約が結ばれ，翌52年にこの条約が発効したことで，日本はGHQ(連合国軍最高司令官総司令部)による間接統治から解放され，独立を回復した。なお，アは1941年，イは1973年，ウは1918年のできごと。

問３　(1)　12世紀～13世紀は1101年～1300年の200年間で，平安時代後期から鎌倉時代後半にあたる。平安時代後期の1167年，院政を行っていた後白河上皇の信任を得た平清盛は，武士として初めて太政《だいじょう》大臣に就任し，政治の実権を握《にぎ》った。なお，アは６世紀末から７世紀初め，ウは14世紀前半，エは16世紀後半のできごと。　(2)　新聞記事が「1923年９月２日付」のものであることから，この前日に発生した関東大震災を報じたものだとわかる。関東大震災は，各家庭が火を使う昼食どきに発生したため，火災による被害が広がった。エはこのときのことを描いたもので，「焼失したる上野驛(駅)」や，「行方不明者を求むるビラ」が張られた上野公園の西郷隆盛像など，被害のようすがうかがえる。なお，関東大震災の発生直後は，被害が富士山の大噴火によるものだという誤報が出回った。なお，アは明治時代初期，言論や集会に弾圧を加える警察官を風刺した絵，イは大正時代の1918年に起こった米騒動のようすを描いた絵，ウは第一次世界大戦の好景気(大戦景気)によって急に金持ちになった成金が，明かりとしてお札に火をともすようすを描いた絵。

問４　アは1889年，イは1920年，ウは1894年，エは1910年のできごとなので，ウが民法の施行された1898年に最も近い。

問５　縄文時代の人骨からは，前歯などをぬいたものがみつかることがある。ここから，縄文時代には，成人になるときの儀式として，健康な歯をぬく抜歯《ばっし》が行われていたと考えられている。

問６　与謝野晶子《よさのあきこ》は明治時代から昭和時代にかけて活躍《かつやく》した歌人・詩人で，代表作に歌集『みだれ髪』がある。1904年に日露戦争が始まると，日露戦争で戦地にいる弟を案じて「君死にたまふことなかれ」という詩を雑誌「明星」に発表し，反戦の意思を示した。

問７　藤原道長は平安時代中期の貴族で，４人の娘を天皇の后にし，生まれた子や孫を天皇にすることで，天皇の親戚《しんせき》として大きな権力を握った。1016年に摂政《せっしょう》となり，翌17年にはその地位を子の頼通《よりみち》にゆずったが，その後も権力を握り続け，父子で藤原氏の摂関政治の全盛期を築いた。

問８　1467年に京都で始まった応仁の乱で西軍の中心となったのは山名持豊(宗全)で，武田信玄は16世紀なかばに活躍した戦国大名である。よって，エがふさわしくない。

問９　「啓発《けいはつ》録」には，「稚心《ちしん》を去る(遊びたいという幼稚な気持ちや親への甘えを捨てる)」「気を振う(常に強い心を持つ)」「志を立てる(将来の目標を立てて努力する)」「学に勉める(成長するためにしっかり勉強する)」「交友を択《えら》ぶ(よい友達を選ぶ)」ことがあげられている。これらも参考にしながら，中学校生活の目標などを書けばよいだろう。

理　科　＜第１回試験＞（40分）＜満点：50点＞

解　答

1　Ⅰ　(1)　二酸化炭素　(2)　ふりこ　(3)　接眼　(4)　15　(5)　えら　Ⅱ　(1)　③　(2)　⑤　(3)　②　(4)　④　(5)　④　**2**　(1)　①　(2)　③　(3)　0.16Ａ　(4)　⑤　(5)　③　**3**　(1)　106ｇ　(2)　ろ過　(3)　106ｇ　(4)　40ｇ　(5)　③　**4**　(1)　②　(2)　③　(3)　⑤　(4)　④　(5)　エ　**5**　(1)　④　(2)　40　(3)　②　(4)　③　(5)　②

解　説

1　小問集合

Ⅰ　(1)　空気の重さを１としたとき，水素は約0.07，ちっ素は約0.97，酸素は約1.1，二酸化炭素は約1.5の重さとなる。したがって，このなかでは二酸化炭素が最も重い。

⑵　メトロノームはふりこのきまりを利用している。支点をはさんで，うでの上下に２個のおもりがつけられていて，上のおもりの位置を調節することでふりこの長さが変わり，ふりこの周期を変えることができる。このとき，おもりを上に移動するとふりこの長さが長くなり，テンポはおそくなる。

⑶　けんび鏡には，接眼レンズと対物レンズの２つのレンズが取りつけられていて，観察するときは接眼レンズを目にあてる。

⑷　北の空の星は，北極星を中心に１日(24時間)で360度，つまり１時間に，360÷24＝15(度)，反時計回りに回転しているように見える。

⑸　水の中で生活している魚のなかまは，えらに張りめぐらされた毛細血管から水中にとけている酸素を取り入れている。

Ⅱ　⑴　船と汽笛の音が５秒間に進んだ距離《きょり》の合計は，(20＋340)×５＝1800(m)となる。したがって，汽笛を鳴らしたときの船と岸壁《がんぺき》の距離は，1800÷２＝900(m)と求められる。

⑵　①～⑤はいずれも化石として見つかるが，アンモナイトは絶滅《ぜつめつ》しているので，化石としてだけしか見つからない。

⑶　ウミガメはは虫類，クジラはほ乳類，カツオは魚類で，ヒトデとイセエビはいずれも背骨をもたない無セキツイ動物のなかまである。

⑷　音は空気中と水の中のどちらでも伝わる。潜水艦《せんすいかん》のソナーや魚群探知機は音が水の中を伝わる性質を利用している。

⑸　アルコールランプを使うときには，燃料が八分目くらいまで入っていることを確認し，フタを外してマッチで横から火をつける。このとき，フタは転がらないように立てておく。また，火を消すときにはフタをななめ上からかぶせる。

[2]　電流計の使い方，回路と豆電球の明るさについての問題

⑴，⑵　電流計は，電流を測りたい部分に直列に接続し，電流が電流計の＋端子《プラスたんし》から入って，−《マイナス》端子から出ていくように接続する。また，回路を流れる電流の大きさが，−端子に書かれた値をこえないようにする。図２の回路では0.32Ａ，つまり320mAの電流が流れているので，50mAの端子を用いてはいけない。なお，流れる電流の大きさがわからない場合は一番大きな電流を測ることができる５Ａの端子を用いる。

⑶　図３は直列回路なので，アとイの豆電球と電池に流れる電流の大きさは全て等しく，0.16Ａとなる。

⑷　図３～５の豆電球を流れる電流の大きさは，アとイはどちらも0.16Ａ，ウとエはどちらも0.32Ａ，オは図５の電池に流れる電流と等しいので0.21Ａ，カとキはどちらも，0.21÷２＝0.105(Ａ)となる。流れる電流の大きさが大きいほど豆電球は明るくつくので，豆電球の明るさの順番は，ウ＝エ＞オ＞ア＝イ＞カ＝キとなる。

⑸　③のように，３つの豆電球が電池に対して並列に接続されている回路では，３つの豆電球に流れる電流の大きさが等しく，全て0.32Ａになる。なお，①の回路では，上の２つの豆電球にはそれぞれ0.32Ａの電流が流れるが，一番下にある豆電球には電流が流れないので，３つの豆電球に流れる電流の大きさが全て0.32Ａになるという条件には合わない。

3 もののとけ方についての問題

(1) 図１より，60℃の水100ｇにとける硝酸《しょうさん》カリウムの最大量は106ｇとわかる。

(2) 固体と水よう液を分けるとき，図２のようにして固体と水よう液の混ざったものをろ紙に注ぐと，水よう液はろ紙の穴を通りぬけるが，固体はろ紙上に残る。この実験操作をろ過という。

(3) 図１より，80℃の水100ｇと40℃の水100ｇにとける硝酸カリウムの最大量はそれぞれ167ｇと61ｇとわかる。したがって，80℃の水100ｇに硝酸カリウムを最大量とかした水よう液を40℃まで冷やしたとき，水よう液中から出てくる結晶《けっしょう》の重さは，167－61＝106(ｇ)となる。

(4) (3)より，80℃の水100ｇに硝酸カリウムを最大量とかした水よう液の重さは，100＋167＝267(ｇ)で，これを40℃に冷やすと106ｇの結晶が出てくることがわかる。したがって，80℃の水に硝酸カリウムを最大量とかした水よう液100ｇを40℃に冷やすと，$106\times\frac{100}{267}=39.7\cdots$より，40ｇの結晶が出てくる。

(5) 実験でろ過した後の水よう液は，80℃の水に硝酸カリウムを最大量とかした水よう液で，その重さは，200＋350－８＝542(ｇ)とわかる。(4)より，80℃の水100ｇに硝酸カリウムを最大量とかしたとき，(水の重さ)：(水よう液の重さ)＝100：267となるので，542ｇの水よう液中の水の重さを□ｇとすると，100：267＝□：542が成り立ち，□＝542×100÷267＝202.9…より，水の重さは約203ｇとなる。最初に加えた水は200ｇだったので，湿《しめ》った硝酸カリウム中の水分の重さは，203－200＝３(ｇ)と求められる。

4 植物と大気汚染《おせん》の関係についての問題

(1) 植物は光のエネルギーを利用して，二酸化炭素と水からでんぷんと酸素をつくる。植物のこのようなはたらきを光合成という。

(2) ウメノキゴケは１年間に直径５mm(0.5cm)ほど成長すると述べられているから，直径５cmから10cmに成長するまでにかかる時間は，(10－５)÷0.5＝10(年)となる。

(3) 図で，２と書かれた線と４と書かれた線の間にある地点Ｐは，地衣《ちい》類が３～４種類見つかったとある。これと同じように考えると，図の地点アは，６と書かれた線と８と書かれた線の間にあることから，地衣類が７～８種類見つかったと考えられる。

(4)，(5) それぞれの地点で見つかった地衣類の種類の数は，地点アは７～８種，地点イは９種以上，地点ウは３～４種，地点エは０種，地点オは３～４種だと考えられる。これらのことから，地点イは地衣類の種類の数が最も多いので，大気汚染の度合いが一番低く，地点ウとオは地衣類の種類の数が同じ地域なので，大気汚染の度合いは同じだと考えられる。また，地点エは地衣類の種類の数が最も少ないので，大気汚染の度合いが一番高く，自動車の交通量が多い都市がある場所だと考えられる。

5 地球上の水の移動についての問題

(1) 海の水の量は，(1335040×1000)km^3で，大気中の水の量は，(12.7×1000)km^3なので，大気中の水の量に対する海の水の量は，1335040÷12.7＝105121.2…より，およそ100000倍となる。

(2) 陸地から海への水の移動量(Ａ)は，(陸地への降水量)－(陸地からの蒸発量)で表されるので，113－73＝40と求められる。

(3) 海の水の量に対する陸上にある氷の量の割合(％)は，$\frac{26350}{1335040}\times100=1.9\cdots$より，およそ２％

となる。

(4)　海の平均水深は3800ｍであり，(3)より，海の水の量に対する陸上にある氷の量の割合はおよそ２％であるから，陸上にある氷がとけて全て海に移動した場合に，海面が上昇《じょうしょう》する高さは，3800ｍのおよそ２％と考えられる。したがって，3800×0.02＝76(ｍ)より，75ｍが選べる。

(5)　(4)より，標高60～80ｍの地域の一部まで海にしずむので，図２からその土地面積の割合を求めると，0.6＋1.3＋1.5＋2.4＋3.3＋2.9＋2.6＋2.2＋2.1＝18.9(％)より大きく，18.9＋3.9＝22.8(％)より小さいとわかる。したがって，陸上にある氷が全てとけて海水面が上昇すると，約20％の土地面積が減ることになる。

国　語　＜第１回試験＞（50分）＜満点：100点＞

解　答

一　**問１**　ア　**問２**　イ　**問３**　楽しさ　**問４**　（例）　低い報酬を約束された人が仕事や課題を楽しく感じてしまう(という心理。)　**問５**　Ａ　ウ　Ｂ　エ　**問６**　（そういう人は）利用されている(可能性があるから。)　二　**問１**　イ　**問２**　ウ　**問３**　一人前　**問４**　ア　**問５**　（例）　戦争に負けたことで，これまでの時代が終わり明るい新しい時代が始まる(ということ。)　**問６**　（例）　国が生まれる音や　三　**問１**　下記を参照のこと。　**問２**　①　集　②　頂　**問３**　損　**問４**　イ　**問５**　エ　**問６**　ウ

●漢字の書き取り

三　**問１**　①　意義　②　容易　③　支持　④　綿密　⑤　補強　⑥　備(え)

解　説

一　**出典は中野信子《なかののぶこ》の『空気を読む脳』による。**人にやる気を起こさせるために，高い報酬《ほうしゅう》を与《あた》えることは，ほとんど意味がないことを紹介《しょうかい》し，低い報酬で満足している人は，うまく操《あやつ》られている可能性があることを指摘《してき》した文章である。

問１　これより前で述べられている内容を読み取る。「この問題」とは，「自分も含《ふく》めて誰《だれ》かのモチベーションを上げたい」ときに，「目に見える報酬を用意」するという方法は「良い方法と言える」のかどうか，という内容を指している。

問２　前で紹介されている実験で，「良く描《か》けた絵には素晴《すば》らしい金メダルが与えられる」ということを知らされた子どもたちのほうが，そのことを知らされなかった子どもたちよりも，「ずっと課題に取り組む時間が少なかった」という結果が得られている。「このような現象」はこの実験，つまり，やる気を出させるためのごほうびが，かえってやる気を失わせてしまう現象を指している。

問３　「ごみ拾いがどのくらい楽しかったかを10点満点で採点して」もらったのだから，その回答は，「楽しさ」の度合いを表している。

問４　問３でみた，ごみ拾いの実験と類似《るいじ》の実験で，「低い報酬を約束された人」の心理を指している。低い報酬を約束された人には，「高い報酬の人よりも常に頑張《がんば》ってしまい～圧倒《あっとう》的に楽しい

と感じているという傾向《けいこう》」が見られる。つまり，低い報酬を約束された人は，仕事や課題を楽しいと感じて，がんばってしまう心理になっているのである。

問５　Ａ，Ｂ　「人をやる気にさせるのに効果的な」プレゼントについて，続く一文に，「気まぐれに与えられること」，かつ「少額であること」が重要だと述べられている。空らんにあてはまるように言いかえると，「思いがけない」「小さな」プレゼントとなる。

問６　「給料は少ないし休みもないけれどやりがいがある」という意識は，問４でみた「低い報酬を約束された人」が仕事などを楽しく感じてがんばってしまう心理と同じだと考えられる。そのような心理状態にある人は，ぼう線④の後で述べられているように，ブラック企業《きぎょう》に「利用されている」可能性がある。そのため，「自分の状態が客観的に見てどうなのかを振《ふ》り返ってみることが必要」だと筆者は述べている。

二　**出典は阿久悠《あくゆう》の『ラヂオ』による。**日本が戦争に敗れた日の夜，走《はしる》と父が，どのように過ごし，どんな話をしたのかが描《えが》かれている。

問１　ここまでの文脈を確認《かくにん》する。日本が戦争に「負けた時に何をすべきなのか」を合田《ごうだ》家では，「一度も話し合ったこと」はなかったので，「切腹するのだろうかと，走は突然《とつぜん》心配」になった。しかし，「切腹につながるような殺気が感じられない」ので，走は「そんなことはあるまいと打ち消」した。それでも，不安がぬぐいきれずに，走は，父に対して声をかけたのだと考えられる。

問２　日本が戦争に負けたことで切腹するのではないかと不安に思っていた走に対して，父は，切腹はせずに「生きて，この国がどないなるのか見届ける」と言い，「そんなのは卑怯《ひきょう》か」と尋《たず》ねてきた。走は，生きるという選択《せんたく》をした父の決断は卑怯などではなく正しいと思っており，頭を「思いっきり振《ふ》る」ことで父にそのことを伝えようとしたのだから，ウが合う。

問３　父は，日本が戦争に負けた「歴史に残る一日」に，男の子の走と「何か話したい」と思った。この時，父は走を子どもとしてではなく，自分と同じ一人の男性として扱《あつか》おうとしていたことが読み取れる。後の，走と一緒《いっしょ》に出かけた時の場面に，「父に一人前の扱いをされている」とあるので，ここがぬき出せる。

問４　父は，海と空を眺《なが》めて，空に「信じられないほどの数の星」が瞬《またた》いているのを見た。父の言葉の「これがある限り大丈夫《だいじょうぶ》」の「これ」は，この美しい星空を指している。父は，戦争に負けて国がどうなろうとも，故郷の美しい自然さえ残っていれば自分たちは大丈夫だ，と思ったのだから，アがよい。

問５　ここでの「空」は一つの時代を表している。父が，「わしのような人間には空が失《な》くなった」と言ったのは，これまでの時代は滅《ほろ》びたと受け止めたからである。明日から，走のような若い世代の子どもたちの目に「ほんまもんの空の色が見える」ということは，明日からは，走たちが切り開く，新しく明るい時代が始まるという意味だと読み取れる。

問６　問５でみたように，前の部分で父は，自分たちの時代は終わり，走たちの時代が始まるのだという意味のことを言っている。妙《みょう》に悲しく聞こえる「波の音」を，父は「国が滅《ほろ》びる音にも思えるし，国が生まれる音にも思える」と言ったが，新しい時代を担《にな》う世代の走には，「国が生まれる音」に聞こえたと考えられる。

三　**漢字の書き取り，三字熟語の完成，対義語の完成，ことわざの知識，誤字の訂正，敬語の知識**

問１　①　それが行われる，または存在するのにふさわしい価値。　②　簡単なこと。　③

その意見に賛成して，後《あと》押《お》しをすること。　④　細かいところにいたるまで，注意がいき届いていること。　⑤　弱いところを補って強くすること。　⑥　音読みは「ビ」で，「準備」などの熟語がある。

問２　①「集大成」は，多くのものを集めて，一つにまとめること。そのまとめたもの。　②「有《う》頂《ちょう》天《てん》」は，喜びで天にも上ったような気持ちでいること。そのさま。

問３　「利益」は，もうけ。対義語は，利益を失うことを意味する「損失」。

問４　「泣き面《つら》に蜂《はち》」は不運に不運が重なることのたとえで，同じ意味のことわざは「弱り目にたたり目」。なお，「ぬかに釘《くぎ》」は，手ごたえや効果がないことのたとえ。「やぶから棒《ぼう》」は，とつぜん物事が起こることのたとえ。「虻《あぶ》蜂取らず」は，あれもこれもねらってみて，結局何も手に入れられないことのたとえ。

問５　「一念発《ほっ》起《き》」は，あることを成しとげようと決心すること。

問６　「申す」は，「言う」の謙《けん》譲《じょう》語。「先生」は，目上の人なので，その動作にへりくだって言うときに使う謙譲語を用いるのはおかしい。さらに，「申された」の「れ」は，尊敬の意味を表す助動詞の「れる」の連用形なので，二重に敬語を使っている点でも誤り。尊敬語の「おっしゃる」を用いて「おっしゃった」とするか，「言われた」とするのが正しい。

2021年度　国学院大学久我山中学校

〔電　話〕(03) 3334－１１５１
〔所在地〕〒168－0082　東京都杉並区久我山１－９－１
〔交　通〕京王井の頭線―「久我山駅」より徒歩12分

【算　数】〈ＳＴ第１回試験〉（60分）〈満点：150点〉

〔注意〕１．分度器・コンパスは使用しないでください。
　　　　２．円周率は3.14とします。

1　次の□にあてはまる数を答えなさい。

(1)　１，２，３，１，２，３，１，…のように，ある規則にしたがって整数を80個並べたとき，その80個の整数をすべて足すと□になります。

(2)　時計の長針と短針が重なってから，次に重なるまで□分かかります。

(3)　ある仕事をするのにＡ君が１人で働くとちょうど10日，Ｂ君が１人で働くとちょうど16日かかります。この仕事を初めの２日間はＢ君だけで働き，３日目からは２人で働いたところ，２人で働き始めてから□日目に仕事が終わりました。

(4)　現在，母の年令は42才で，兄の年令は□才です。兄と弟の年令を足して２倍すると母の年令になり，弟の年令の３倍から３を引くと兄の年令になります。

(5)　都市Ａの時刻が午前９時のとき，都市Ｂの時刻は午前７時です。都市Ａから都市Ｂまでの距《きょ》離《り》は3600 kmあります。都市Ａを午前３時に時速900 kmの飛行機で出発して都市Ｂに着くと，都市Ｂの時刻は午前□時でした。ただし，地球の自転による距離の変化は考えないものとします。

(6)　太郎君がテストを□回受けたところ，太郎君のテストの点数の平均は81.3点でした。次のテストで100点をとったので，太郎君のテストの点数の平均は83点になりました。

(7)　２つの整数 a と b の積は2160で，a と b の最大公約数は６です。b が９の倍数のとき，a は□です。ただし，a は b よりも大きい整数とします。

2　次の問いに答えなさい。

(1)　りんごを１箱に３個ずつ入れると，５個余りました。また，りんごを１箱に６個ずつ入れると，１個も入らない箱が10箱，２個だけ入っている箱が１箱ありました。箱は全部で何箱ありますか。

(2)　空《から》の水そうに満水になるまで水を入れます。毎分６Ｌの割合で水を入れると，毎分11Ｌの割合で水を入れるときよりも10分長くかかります。この水そうの容積は何Ｌですか。

(3)　800 gの水に角砂糖を入れてよくかき混ぜて砂糖水を作ります。角砂糖１個の重さは５ gです。角砂糖を１個ずつ入れるとすると，何個入れたときに砂糖水の濃度《のうど》が初めて８％以上になりますか。

(4)　体積１ cm^3 あたりの金属Ｓの重さは10.5 gで，体積１ cm^3 あたりの金属Ｔの重さは９ gです。金属Ｓと金属Ｔだけを使ってネックレスを作ると，体積は５ cm^3 で重さが48 gになりました。金属Ｓは何ｇ使いましたか。

(5)　下の図１のように，正方形の周りを長方形が矢印の方向に滑《すべ》らずに１周します。このときの点Ｐの通ったあとの長さは何cmですか。

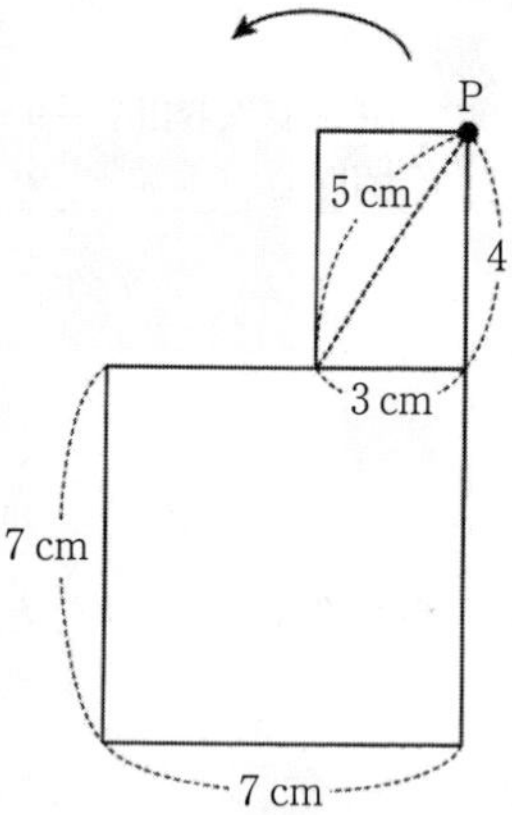

図１

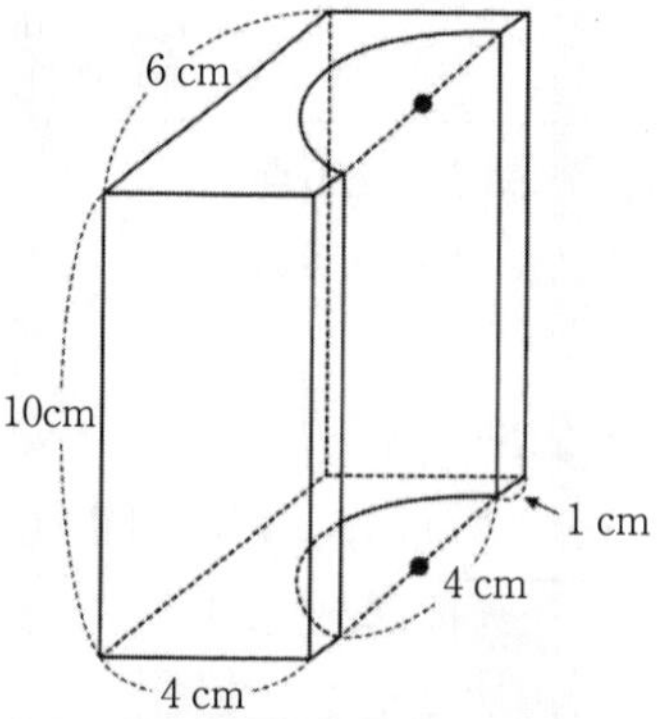

図２

(6)　上の図２のような，直方体から底面の直径が４cmの円柱の半分をくりぬいた立体があります。

①　この立体の体積は何cm^3ですか。

②　この立体の表面積は何cm^2ですか。

3　右の図１のように「スタート」，「Ａ」，「Ｂ」，「ゴール」と書かれた４つのマスと，⚀，⚁，⚂の目が２つずつあるサイコロがあります。コマをスタートにおいて，サイコロを振《ふ》り，出た目の数だけゴールの方向に進むゲームをします。ゲームが終了となるのは，ちょうどゴールに着くときだけです。ゴールまでのマスの数より大きい目が出たときは，その差だけマスを戻《もど》ります。ゲームが終了するまで何回でもサイコロを振ってゴールの方向に進みます。ゲームが終了することを「あがる」といいます。

スタート	Ａ	Ｂ	ゴール

図１

例えば，⚁，⚂，⚀，⚀の目が順に出ると，コマはスタート→Ｂ→Ａ→Ｂ→ゴールと進み，４回目にあがります。これを（２，３，１，１）と表します。

また，２回目にあがる場合は，（１，２），（２，１）の２通りあります。

このとき，次の問いに答えなさい。

(1)　３回目にあがる場合は全部で４通りあります。それらをすべて答えなさい。

(2)　４回目にあがる場合は全部で何通りあるかを次のように考えます。［　　］にあてはまる数を答えなさい。

１回目にあがらない場合は全部で［　ア　］通りあります。２回目にあがる場合は，１回目にあがらない場合のそれぞれに対して１通りずつあります。１回目も２回目もあがらない場合は，１回目にあがらない場合のそれぞれに対して２通りずつあります。

よって１回目も２回目もあがらない場合は全部で［　イ　］通りあります。３回目にあがる場合は，１回目も２回目もあがらない場合のそれぞれに対して１通りずつあります。１回目も２回目も３回目もあがらない場合は，１回目も２回目もあがらない場合のそれぞれに対して２通りずつあります。

よって１回目も２回目も３回目もあがらない場合は全部で［ウ］通りあります。したがって，４回目にあがる場合は全部で［エ］通りあることが分かります。

(3) 10回目にあがる場合は全部で何通りありますか。

次に，下の図２のように「スタート」，「Ａ」，「Ｂ」，「Ｃ」，「Ｄ」，「Ｅ」，「ゴール」と書かれた７つのマスと，⚀，⚁，⚂，⚃，⚄，⚅の目が１つずつあるサイコロに変えて，同じルールでゲームをします。

スタート	A	B	C	D	E	ゴール

図２

(4) ２回目にあがる場合は全部で何通りありますか。

(5) ５回目にあがる場合は全部で何通りありますか。

4 右の図のように，１周700ｍの円形の歩道があります。太郎君は分速70ｍでＡ地点を出発して，時計回りに止まらずに歩き続けます。ロボットＲは分速30ｍで太郎君と同時にＡ地点を出発して，時計回りに太郎君を追いかけて動き始めます。

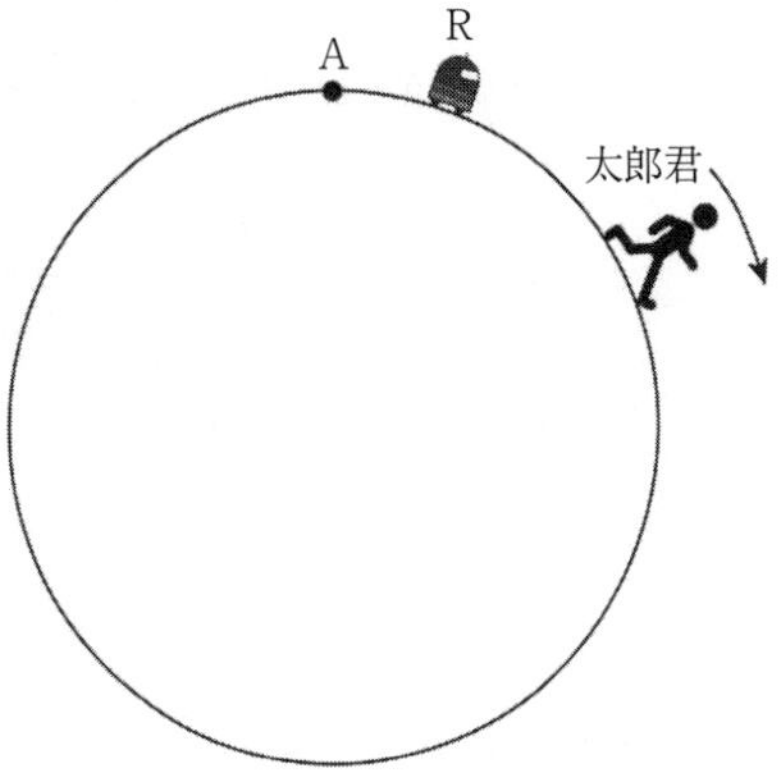

Ｒは太郎君との間の道のりが短い方に向かって動く機能があります。つまり，太郎君とＲの間の道のりがちょうど半周になるとすぐに，Ｒは反対方向に同じ速さで動いて太郎君に近づきます。また，Ｒは太郎君に出会うと，データを記録するため３分間止まります。その後Ｒは，太郎君との間の道のりが短い方に向かって，同じ速さで再び動き始めます。Ｒはこの動きを繰《く》り返します。

次の問いに答えなさい。ただし，(6)は答えのみ，(1)～(5)は途中《とちゅう》の考え方も書きなさい。

(1) 太郎君とＲの間の道のりが初めてちょうど半周になるのは，太郎君が出発してから何分何秒後ですか。

(2) Ｒが太郎君と１回目に出会うのは，太郎君が出発してから何分何秒後ですか。

(3) Ｒが太郎君と１回目に出会う地点は，Ａ地点から時計回りに何ｍですか。

(4) Ｒが太郎君と２回目に出会うのは，太郎君が出発してから何分何秒後ですか。

(5) Ｒが太郎君と２回目に出会う地点は，Ａ地点から時計回りに何ｍですか。

(6) Ｒがこの動きを何回繰り返しても，歩道上で１度も通らない部分があります。その部分の道のりは何ｍですか。

① [ ]石　財[ ]　子[ ]

② [ ]金　白[ ]　[ ]鉄

問三　（例）にならって次の①・②の[A][B]に入れるのに適当な熟語を考え、その両方に共通する漢字１字をそれぞれ答えなさい。

（例）　両親を心から[A]している。（尊敬）
目上の人には[B]を使う。（敬語）　解答…敬

①　店の[A]を書きかえる。
病気の母親を[B]する。

②　久しぶりに[A]に帰る。
[B]の念にかられる。

問四　次にあげる四字熟語のうち、１つには誤字が含《ふく》まれています。それを改め正しい漢字１字を答えなさい。

有名無実　半信半疑　利害徳失　弱肉強食

問五　次の[1]～[4]に入る語の組み合わせとして最も適当なものを後から選び、記号で答えなさい。

1　山口《やまぐち》も　紅《べに》をさしたる　[1]かな　（望一《もういち》）
2　水鳥の　胸に分けゆく　[2]かな　（浪化《ろうか》）
3　花咲《さ》かぬ　身をすぼめたる　[3]かな　（乙由《おつゆう》）
4　草の葉を　落つるより飛ぶ　[4]かな　（芭蕉《ばしょう》）

※山口…山の登り口

ア　1　紅葉　2　柳《やなぎ》　3　蛍《ほたる》　4　桜
イ　1　紅葉　2　桜　3　柳　4　蛍
ウ　1　柳　2　紅葉　3　桜　4　蛍
エ　1　紅葉　2　桜　3　蛍　4　柳

ア　登場人物のくだけた言葉遣《ことばづか》いで、彼らの高校生らしさが表現されている。
イ　登場人物の表情や動作が細かく描《えが》かれており、そこから心情がうかがわれる。
ウ　空の様子が変化していく様を描写《びょうしゃ》することで、読者に時間の経過を伝えている。
エ　きつい風や重いドアの存在で、屋上の場面の寒々しく重たい雰囲気《ふんいき》を表現している。

三　次の文章の【　】の部分には、どのようなことが記されていると考えられますか。文脈に照らし合わせて30字以上40字以内で答えなさい。

詩を書くとき、そのとき、わたしは、「読者」というもののことをはたして考えているのかどうか。少なくとも、最初は、自分のなかの他者に向かって、自分という他者に向かって、わたしは言葉を書いているような気がする。それが、わたしの詩を書く源泉にあり、よろこびとも、なっていたような気がする。自分のなかの他者に向かって書くというのは、自分のために書くというのと少し違《ちが》うように思う。たとえば日常のなにかひとつの現象に出会う。それを、詩に、書いてみようと思うとき、なぜ、自分がそのとき、そのような現象に出会ったのか、そしてなぜ、そのとき、自分の心が驚《おどろ》いたのか、わからないので、書いてみる。まず、最初に、我知らずして、新鮮《しんせん》な驚きがあるのである。そのことをして、自分のなかの他者の存在と、考えている。

詩の言葉が誰《だれ》かに伝わるとき、それは、わたしの言葉であって、そのひとの言葉である。綺麗《きれい》ごとを言っているつもりはない。詠《よ》み人《びと》知らずの状態になることが、わたしの考える、詩のことばの最上の状態だ。自己のなかの他者性がひとつの出入り口となって、そこから、書かれた言葉が広がりを持ち、他者に伝わればうれしいことだが、そうなったとしても、結果だけのことで、そのこと自体は目的ではない。

また、ものやひと、なにものかと関係を結ぶとき、わたしは、一対一という関係こそが、関係の本質であると考える。倫理的《りんりてき》なことをいっているのではなくて、関係というものは、どんな場合も、一対一だというふうに思うのだ。恋人《こいびと》がたくさんいても、わたしと、それぞれの恋人の、一対一の関係がたくさんあるだけ。たとえばオーケストラの指揮者はたった一人で、団員は多数だが、【　　　　　　】というのが、オーケストラの構造ではないか。

それと同じように、詩を書くとき、わたしは、わたしという個人と、不特定多数の、顔の見えない読者という関係を想定したことがないように思う。よくわからないことだけれども、それが誰であるのか、特定の個人ではないけれども、一個という受取人に向かって、言葉を書く。少なくとも、最初は、自分のなかの他者へ向かって。

（小池昌代『詩についての小さなスケッチ』による）

四　次の問いに答えなさい。（問題は**問一**から**問五**まであります。）

問一　次の①～⑥について、――線部のカタカナを漢字に直しなさい。
①　首相《しゅしょう》がアジア各国をレキホウした。
②　体育の時間にテツボウを練習する。
③　新たな大統領がシュウニンした。
④　国の財政のカイカクに着手する。
⑤　会議で的をイた発言をする。
⑥　病気が治りショクヨクが回復する。

問二　次の①・②の□には、それぞれ同じ漢字1字が入ります。その漢字を答えなさい。

「なんで礼言うの？」

本当だ。同じ委員なのに、とわたしは［　　］。

「また送ってやろうか？」

「へ？」

間抜《まぬ》けな問い返しになった。

「やだ？」

坂口くんが制服のポケットに手を突《つ》っ込《こ》んで首をかしげる。

「や、じゃない」

慌《あわ》てて首を横に振ると、坂口くんは嬉《うれ》しそうに笑った。坂口くんはじゃあなと帰ってしまい、わたしはその場に立ち尽《つ》くした。さ来週、また一緒に帰れる。また話ができる。初めて感じる※高揚《こうよう》感に圧《お》されて、わたしはへなへなとその場にしゃがみ込んだ。


（凪良ゆう『わたしの美しい庭』による）

※注　黄昏…夕暮れ。
　　形代…お祓いなどで用いる紙でできた人の形をしたもの。

　　高揚…精神や気分が高まること。

問一　［Ａ］［Ｂ］［Ｃ］に入ることばの組み合わせとして最も適当なものを次の中から選び、記号で答えなさい。

ア　Ａ　やんわりと　Ｂ　ぎょっと　Ｃ　ぼそっと
イ　Ａ　はっきりと　Ｂ　きょとんと　Ｃ　さらっと
ウ　Ａ　しっかりと　Ｂ　むっと　Ｃ　こっそりと
エ　Ａ　さらっと　Ｂ　ほっと　Ｃ　はっきりと

問二　――線①とありますが、なぜ「申し出」たのですか。最も適当なものを次の中から選び、記号で答えなさい。

ア　以前から図書委員の仕事に対して興味を持っていたから。
イ　あまり忙《いそが》しくない自分が仕事をするべきだと思ったから。
ウ　「坂口くん」の役に立つことで彼《かれ》の気を引きたいから。
エ　図書委員の仕事を通じて「坂口くん」を知りたいから。

問三　――線②とありますが、この時の「坂口くん」の心情として最も適当なものを次の中から選び、記号で答えなさい。

ア　「坂口くん」が悪いわけではないと言いたかったのに、まわりに流されて賛成してしまったことへの罪悪感。
イ　「坂口くん」に対する悪口をはっきりと否定することができないままに、本人とふたりになった気まずさ。
ウ　「坂口くん」が悪いとは思っているが、自分一人がそれを伝えざるを得ない状況《じょうきょう》に追《お》い込《こ》まれた焦《あせ》り。
エ　「坂口くん」への悪口を先生から注意してもらいたかったが、その前に解散してしまった悔《くや》しさ。

問四　――線③とありますが、この時の心情として最も適当なものを次の中から選び、記号で答えなさい。

ア　「桃」がわざと自分に気づかないふりを続けていたことを知って、ひそかに腹を立てている。
イ　「桃」の存在に先に気づいていたのに、なかなか声をかけられなかった自分を恥《は》じている。
ウ　「桃」に好意を持っていたのは自分だけだと知って、その思いを諦《あきら》めようとしている。
エ　「桃」の鈍感《どんかん》さに自分に対する関心の薄さを感じて、おもしろくないと思っている。

問五　［　　］に入れるのに最も適当なことばを次の中から選び、記号で答えなさい。

ア　恥ずかしくなった　　イ　ばからしくなった
ウ　憎《にく》らしくなった　　エ　誇《ほこ》らしくなった

問六　本文についての説明として**ふさわしくない**ものを次の中から一つ選び、記号で答えなさい。

坂口くんは人の形をした白い紙の真ん中に『負け試合』と書いた。

「え、じゃあさっきはなにを祈ってたの？」

「言わない。口にしたら叶《かな》わないだろ」

そう言い、坂口くんはお祓《はら》い箱に形代を滑《すべ》り落とした。お祓い箱の中には形代だけでなく、開封《かいふう》されていない煙草《たばこ》や缶《かん》ビール、手作りらしい人形なども入っている。煙草は禁煙《きんえん》で缶ビールは禁酒だろうが、手作り人形はなんだか変に顔が歪《ゆが》んでいて気持ち悪い。

「手作りってことはさ、切って捨てたい相手の髪《かみ》の毛《け》とか中に仕込《しこ》んであるのかな」

「怖《こわ》いこと言わないで」

「けど昔、すげえ怖い男きてたよな」

「アイドルのやつ？」

それそれと盛り上がった。大学生くらいの男の人で、サングラスとマスクで顔を隠して連日お参りにきていた。当時人気のあったアイドルのファンだったようで、熱愛報道のあった人気俳優の名前を形代に書いて何百枚もお祓い箱に入れていた。お賽銭の額も相当だったのだろう、宮司《ぐうじ》をしていた国見のおじさんがさりげなく気持ちを聞いてあげていたのを覚えている。

「芸能人相手に馬鹿《ばか》だよな。もう半分おかしくなってんだ」

「誰かを呪《のろ》ったら自分に返ってくるって国見のおじさんは言ってたね」

「そういえば、俺も見事に返ってきたっけ」

坂口くんはひどい点数の答案用紙をお祓い箱に入れたことがある。しかし国見のおじさん経由で坂口くんの母親に返却《へんきゃく》され、余計に怒られるという事件があった。

「返すなら、俺に返してほしかった」

「馬鹿ね。名前を消してから入れればよかったのに」

そう言うと、坂口くんはなんとも言えない顔をした。

「桃はおとなしそうな顔して意外と腹黒だよな」

「頭の中に線が一本しか通ってない坂口くんに言われたくないよ」

「そんで実は性格もきつい」

懐かしい話をしているうちに、青色と桃色が混ざった柔《やわ》らかな色合いの夕暮れに薄《うす》い月が出た。斜《なな》め下に小さく一番星が光っている。それでも坂口くんは帰るとは言わなかった。

「桃さあ、最初、全然俺に気づかなかったよな」

「最初？」

「高校に入学したとき」

「すぐ気づいたよ。廊下《ろうか》ですれちがったとき」

「あれ四回目だから」

わたしはまばたきをした。

「俺はすぐ気づいて毎回振《ふ》り返《かえ》ってたのに、おまえは冷たい女だよ」

「そうなの？　そんなにすぐ気づいたの？」

「うん」

さっきまで楽しく話していたのに、③坂口くんは急にぶすっとして立ち上がった。

「そろそろ帰る」

「あ、うん」

答える間にも坂口くんはドアへと大股で歩いていく。ずっと楽しく話をしていたのに急に怒られて戸惑《とまど》った。声をかけられずにいると、ふと坂口くんが振り向いた。

「今度の委員会、いつ？」

「さ来週の水曜日」

「じゃあ部活、休み届けとく」

「ありがとう」

さいと言った。坂口くんはえっという顔をし、みんなはそちらを見ないように帰り支度《じたく》をはじめた。みんなが帰っていく中、わたしの横になんとなく坂口くんが並んだ。②わたしはあんまりなタイミングに泣きたくなった。

「送ってやるよ」

昇降口《しょうこうぐち》で靴《くつ》を履《は》き替《か》えていると、［ C ］言われた。

「いいよ、そんな」

「あっそ。だよな。恰好悪い男に送られたくないよな」

坂口くんはぶすっとしている。

「わたし、そんなこと言ってない」

「そうだっけ？」

横目でにらまれ、わたしは唇《くちびる》を噛《か》みしめた。すごくすごく消極的ではあったけれど、わたしは坂口くんの悪口に同意した。最低だ。本当はそんなこと全然思ってないのに。

「……ごめんなさい」

うつむいて鞄《かばん》の持ち手をぎゅっとつかんだ。

誰《だれ》もいなくなった昇降口で、少しの間、わたしたちは無言で向かい合った。

「……嘘《うそ》だよ。ごめん。委員会ずっとサボってた俺《おれ》が悪いし」

坂口くんらしからぬ気まずそうな声音《こわね》に、おそるおそる顔を上げた。

「次はちゃんと出るから、許してくんね？」

こちらをうかがうような目から、反省していることが伝わってくる。口元をへの字に曲げた情けない表情に、いたずらが見つかって親に叱《しか》られている幼い坂口くんを思い出し、わたしは小さく笑った。ふたり並んで駅へと向かい、同じ方向の電車に乗る。

「縁切りさんってまだ屋上にあるの？」

「あるよ。国見のおじさんが毎日お勤めしてるし、おばさんが木や花のお世話してる」

「神社よりオープンカフェとかにしたほうが儲《もう》かりそうなのにな」

「そんなこと言ったらバチが当たるよ」

「けど、そう思わね？」

「ちょっと思う」

話しているうちに、わたしの降りる駅に着いてしまった。楽しい時間はあっという間に終わってしまう。じゃあねとわたしは開いたドアから降りようとした。

「久しぶりに縁切りさんに行ってみようかな」

「え？」

「来月から大会だし、悪運切ってもらおうっと」

そう言いながら、坂口くんはわたしと一緒《いっしょ》に電車を降りてしまった。

（中略）

屋上に続く重いドアを押《お》し開《ひら》くと、びゅうっときつい風が顔に吹《ふ》きつけた。

「おおー、ここは変わってない。すげえ懐《なつ》かしい」

六月の※黄昏《たそがれ》の下、小さな森のような屋上庭園を坂口くんは見渡《みわた》した。砂利《じゃり》が敷《し》き詰《つ》められた小道の奥《おく》に朱色《しゅいろ》の祠《ほこら》が見《み》え隠《かく》れしている。両脇《りょうわき》で祠を護《まも》る狛犬《こまいぬ》に「よ、久しぶり」と挨拶《あいさつ》をし、坂口くんは財《さい》布《ふ》から五円玉を出して賽銭箱《さいせんばこ》に落として大きく手を打ち鳴らした。

坂口くんはかなり長くお参りをしていた。試合のことを祈《いの》ってるんだろうなと、わたしは黙《だま》って後ろで待っていた。しばらくすると、よし、と坂口くんがつぶやいた。坂口くんは祠に向かって一礼をすると、今度は賽銭箱の横に設置されている木箱から紙の※形代《かたしろ》と鉛筆《えんぴつ》を取った。

「縁切り神社だから、すぱっと切ってもらおう」

の内容を**正しく読み取れていない**ものを一つ選び、記号で答えなさい。

ア　本文では「根っこ」という言葉がたくさん出てきました。植物の根が腐《くさ》っていると葉も花も育たないように、地域に根付いているものを育てていかないと地域自体が活発にならないですね。

イ　たしかにそうだわ。でも、地域に住んでいる人が気持ちよく暮らしながらたくさんの人たちに地域の魅力《みりょく》を伝えていくのは難しそうだわ。だから、専門家や事業者と一緒になって地域の価値を伝えていく必要があるのね。

ウ　それができれば、今までは古くて見捨てられていた建物も新しい価値をもって生まれ変われるかもしれないわ。そうすれば多くの人たちが訪れてくれるでしょ。

エ　地域の「根っこ」を育てていくには、これ以上新しいものを持《も》ち込《こ》むことはやめたほうがいいね。そうしないと、古いものは決して残っていけないよね。

二

次の文章を読んで、あとの問いに答えなさい。〈問題は**問一**から**問六**まであります。〉

《本文までのあらすじ》

わたし（高田桃子《ももこ》）は、「縁切《えんき》りさん」と呼ばれる神社が屋上にあるマンションに住んでいる。高校生になった折、かつて同じマンションに住んでいた幼馴染《おさななじみ》の坂口くんと同じクラスになった。魅力《みりょく》的《てき》に成長した坂口くんと同じ図書委員になれたことで、話す機会が増えるかもしれないと心躍《おど》らせていた。

わたしの期待は空振《からぶ》りが続いた。坂口くんは二年になってからサッカー部のレギュラーになり、夏のインターハイに向けて朝も放課後も部活漬《づ》けになっていた。それを知っている女の子たちが①「委員会、代わりに出てあげる」と次々と代打を申し出る。

「いいよ。委員会出てから部活行くから」

「やっぱ高田さんが好きだったりして？」

からかってくる友人に坂口くんは眉《まゆ》をひそめ、「いいよ、じゃあ頼《たの》む」と女の子に代打を頼み、不機嫌《ふきげん》を隠《かく》さない大股《おおまた》で教室を出ていくことが繰《く》り返《かえ》された。

「坂口くんって全然顔見せないね。どうなってるの？」

図書室でリクエストカードの入力をしていると、他の委員の子から訊《き》かれた。それが呼び水になり、次々と坂口くんへの不満が出てくる。代打の女の子はとっくに帰ってしまっていた。

「インターハイがあるからしかたないよ。うちはサッカー部しか強い部活ないし」

わたしは［Ａ］庇《かば》ったが、そのせいで余計に文句に拍車《はくしゃ》がかかった。図書委員が楽だなんて舐《な》めてるよ、ちょっと人気あると思っていい気になってる、別に恰好《かっこう》いいと思わない、と不満が続き、高田さんもそう思うよねとわたしに回ってきた。

「……うーん、そう、かなあ？」

すごく消極的に答えたとき、背後でドアが開いた。

「遅《おく》れてごめん」

坂口くんが入ってきて、みんなが［Ｂ］した。

「え、あの、部活は？」

「途中《とちゅう》で抜《ぬ》けてきた。さすがにサボりすぎだし、悪いと思って」

表情も声も完全に怒《おこ》っている。坂口くんは空いている椅子《いす》にどかっと腰《こし》を下ろしたが、準備室から先生が出てきて、もう遅《おそ》いから帰りなます。「地域の価値」が、地域内・外の人の共感をあつめれば、それだけ多くの人が訪《おとず》れたり、移住したりすることにもつながります。

人びとに真の感動を与えるには、そこに「本物」がなくてはなりません。「根っこ」とは、その地域で人びとが生きてきたことの積み重ねです。歴史や自然や社会と一体になった人びとの知恵《ちえ》の結晶《けっしょう》です。過去からの継承《けいしょう》こそが価値を高めます。

（中略）

普段《ふだん》は認識《にんしき》されていない「根っこ」の価値をわかりやすく抽出《ちゅうしゅつ》するためには、どうしたらよいでしょうか。それには、※能登《のと》の※「まるやま組」の活動や「金沢らしさとは何か」の議論のように、地元の人や専門家と一緒《いっしょ》になって地道に学習するプロセスが必要です。「意味づけ」が価値を高める時代になったからこそ、漠然《ばくぜん》としていた「地域の価値」を言葉にしたり、デザインしたりして、それを共有していく人びとのネットワークが意義をもちます。

金沢の事例でのべたように、観光に利用できるわかりやすいアイコン的な「文化」や「景観」が大事なのではなく、その背後にあるもの、まちの個性や時代の変化にあわせて市民が意識して磨《みが》きつづけてきた「都市格」こそが、都市の文化の「根っこ」にあります。もちろん新しい取り組みを排するのではなく、むしろ過去から継承してきたものに対して、③現代的に磨きをかけていくことが求められます。それが地域の「根っこ」を育て、豊かにしていくことにもつながるのです。

（除本理史・佐無田　光『きみのまちに未来はあるか？
「根っこ」から地域をつくる』による）

※注　金沢…石川県金沢市。
能登…能登半島の北側、奥能登。
「まるやま組」…地域住民による里山の人と自然の関わりを広めていく活動。

問一　A　B　C　に入ることばの組み合わせとして最も適当なものを次の中から選び、記号で答えなさい。

ア　A　ところが　B　あるいは　C　たしかに
イ　A　そして　B　しかし　C　あるいは
ウ　A　しかし　B　ところが　C　もちろん
エ　A　または　B　もしくは　C　さらには

問二　――①とは具体的にどのようなことですか。文中より27字で抜《ぬ》き出《だ》し、はじめの5字を記しなさい。

問三　――②に**あてはまらない**ものを次の中から一つ選び、記号で答えなさい。

ア　規格品をたくさん生産し、値段を安くしていく。
イ　労働を投下して新しい財やサービスをつくりだす。
ウ　地域に産業をおこし、追加費用をかけてモノを増やす。
エ　地元の人や専門家が一緒になって地域に価値を与えていく。

問四　X　に入れるのに最も適当な文を次の中から選び、記号で答えなさい。

ア　その土地自体に価値があります。
イ　あらゆる場所に歴史があります。
ウ　過去より未来の方が大切です。
エ　庶民の暮らしこそが大切です。

問五　――③とはどのようなことですか。最も適当なものを次の中から選び、記号で答えなさい。

ア　時代の変化に応じて新たな価値を付け加えること。
イ　現代の生活に不要なものを排除《はいじょ》していくこと。
ウ　都市生活に合わせてかたちをかえること。
エ　その時の住民が価値観を共有すること。

問六　次にあげる「地域の『根っこ』」に関する会話文の中で、本文きました。しかし、二一世紀の経済では、追加費用をかけて、いま以上にモノを増やしていくビジネスモデルは最小限になっていくでしょう。逆に、地域にあるものをそのまま使うことで、費用を節約することができます。大きな投資がなくても、地域の空間や暮らしそのものが、人びとに求められる「舞台《ぶたい》」となるわけです。

　知識や情動が消費されるいまの時代に、もっともふさわしくない開発方式は、「スクラップ・アンド・ビルド」です。地域空間において営々と積み上げられてきた暮らしの風景は、いちど壊《こわ》されたらもとには戻《もど》りません。

　スクラップ・アンド・ビルドは、工業化・近代化の時代には効率的な開発手法でした。かつては、地域の歴史やその場所のストーリーを「リセット」することこそが開発だ、と考えられていた時代がありました。しかし、建てなおされたその場所は新しくてきれいかもしれませんが、他の場所にも次々と新しいものはできるので、その場所ならではの個性を保っていくのはなかなか大変です。

　これに対して、歴史のある自然や建物を、完全にスクラップせずに、むしろその雰囲気《ふんいき》を守りつつ、時代にあった機能や意味を加えて再生する手法が「リノベーション」です。リノベーションとはもともと建築用語で、中古の建築物に対して、現代的に機能・価値を再生するために全面的に改修する事業をさします。

　たとえば大阪《おおさか》には、昔たくさんつくられた長屋建ての住居があります。その起源は、大阪が商人・町人のまちとして発展した近世にあり、近代に入ってからは自治体の都市計画によって再整備されてきた歴史があります。大阪の長屋は、このように長いあいだ引き継《つ》がれてきた庶民《しょみん》の暮らしを象徴《しょうちょう》する「大阪らしい」建造空間です。一時期はその価値が認められず、老朽化《ろうきゅうか》が進むにつれ取《と》り壊《こわ》されてきましたが、近年は、レトロな雰囲気やコミュニティ感覚が再評価されて、店舗《てんぽ》、事務所、宿泊《しゅくはく》施設《しせつ》などにリノベーションされるようになっています。モノとしては古くなり、その点では価値を失っていても、別の角度から「意味」を与えられることで、価値が再生するのです。

　地域空間に対しても、さまざまなタイプのリノベーションが展開されています。これまでは、開発しやすいように土地を更地《さらち》化するのが大前提で、特別に歴史的に価値があると認められる建物が点的に保護されるだけでしたが、本当は、［　X　］

　巨額《きょがく》の設備投資によって空間を新しくつくりだすよりも、地域の文脈を読みこみ、再解釈して、求められている「生活の質」や「地域らしさ」を表現することが、むしろ現代的な開発手法になっています。このほうが大きな費用をかけずに済みますし、地域に新たな価値を与えることができるのです。大阪の長屋リノベーションも、現代的な市街地再開発だといえます。

　本書の※金沢の事例で見たように、都会では薄《うす》れてしまったローカルな要素――人とのふれあい、近隣《きんりん》で協力しあうコミュニティ、余裕《よゆう》のある時間や空間、山や海など自然環境《かんきょう》への近さ、風土に根ざした衣食住の慣習、歴史を感じるまちの風景、伝統を醸《かも》す職人的なものづくりなど――が再評価され、地域に「価値」を与えています。たとえ新幹線が開通しても、これらがない金沢では、その効果は長つづきしなかったでしょう。

　地域のリノベーションとは、地域固有の自然や景観、伝統、文化、コミュニティなど、暮らしの豊かさを支える「根っこ」の意味を再評価し、地域の資源とすることを意味します。地域住民から見ると、ありふれていて身近な物事かもしれませんが、その歴史的・文化的な意義を知り、新しい面白《おもしろ》さを発見することが重要です。全国各地でおこなわれている「地域おこし」や「まちづくり」は、この意味づけ（意味の再評価）によって「地域の価値」をつくろうとする運動だといえ

二〇二一年度
国学院大学久我山中学校

【国　語】〈ＳＴ第一回試験〉（五〇分）〈満点：一〇〇点〉

〔注意〕句読点（、や。）その他の記号（「や〃など）は1字分として数えます。

一　次の文章を読んで、あとの問いに答えなさい。〈問題は**問一**から**問六**まであります。〉

二〇世紀の経済における一つの特徴《とくちょう》は、規格化された画一的な商品を大量に生産・消費してきたことです。それにともなって、地域の固有性も失われていきました。地域それぞれに、歴史や風土に根ざした多様な暮らしがあったのですが、①近代的な開発のもとでどんどん失われていったのです。

[A] 現代では、そのような経済の仕組みは行き詰《づ》まり、これまで失われてきたものが見直されるようになっています。人びとはこれ以上「モノ」の量的な豊かさを求めるのではなく、それによって得られる「知識」や心温まる「感動」といった無形の要素を重視するようになりました。このようなニーズの変化は、②従来の経済活動や価値に対する考え方を大きく変えています。

たとえば「モノ」の機能は変わらなくても、あるいは時間がたって劣化《れっか》したとしても、そこに「意味」や「物語」（ストーリー）が加わることで価値が大きくなります。芸術作品がわかりやすい例ですが、時間がたつと「モノ」としては劣化しても、歴史的な評価に耐《た》え、生き残ることでむしろその価値は高まります。これは、作品というモノそれ自体ではなく、そこに与《あた》えられた「意味」が価値の根拠《こんきょ》になっているためです。モノの「意味」が深まって、見ている人の知識や情動が高まれば、それにしたがい価値も増加するのです。

従来の経済の常識では、労働を投下して、新しい財やサービスをつくりだすことによってのみ、経済的価値は生まれるとされていました。[B]、何ら新しいものを生産しなくても、すでにあるものに対して「意味」を与えることで価値が高まるのならば、経済活動の様相は一変します。そのため、現代では「モノづくり」だけでなく、「コトづくり」（ストーリーの生産）が重要になっているといわれます。

[C]、見えるもの、ふれられるものがあってこそ五感は刺激されますから、「コトづくり」の時代に入っても「モノづくり」の重要性は失われません。大事な点は、そこに知識や情動、倫理《りんり》や美しさといった無形の要素がどれだけあるかです。

「限界費用ゼロ社会」という表現があるように、すでにあるモノをコピーしたり増やしたりする生産は、デジタル化などの技術によって、限りなく費用ゼロでできるようになりつつあります（ジェレミー・リフキン『限界費用ゼロ社会——〈モノのインターネット〉と共有型経済の台頭』ＮＨＫ出版、二〇一五年。「限界費用」とは経済学の用語で、生産量を一単位増加させたときにかかる追加的費用のこと）。農業にせよ工業にせよ、規格品をたくさん生産するだけでは、値段を安くしていく価格競争に追いこまれてしまいます。

しかしたとえば、技術や知識をもった職人が、厳選された材料から精巧《せいこう》で美しい製品を生み出したならば、その製品はモノそれ自体にとどまらず、他にはない真実のストーリー、固有性を備えるでしょう。そこでは「ストーリー」のほうが主であり、「モノ」はその媒体《ばいたい》になっています。「コトづくり」の重要性が説かれるのは、このようにモノにどんな「意味」を付け加えるかが大事だからなのです。

二〇世紀の常識では、地域の発展のためには産業が必要だと考えて

2021年度

国学院大学久我山中学校 ▶解説と解答

算　数 ＜ＳＴ第１回試験＞（60分）＜満点：150点＞

解　答

[1] (1) 159　(2) $65\frac{5}{11}$分　(3) ６日目　(4) 15才　(5) 午前５時　(6) 10回　(7) 120　[2] (1) 23箱　(2) 132Ｌ　(3) 14個　(4) 21ｇ　(5) 59.66cm　(6) ① 177.2cm³　② 258.24cm²　[3] (1) （１，１，１），（１，３，１），（２，２，１），（２，３，２）　(2) ア　２　イ　４　ウ　８　エ　８　(3) 512通り　(4) ５通り　(5) 625通り　[4] (1) ８分45秒後　(2) 12分15秒後　(3) 157.5m　(4) 22分15秒後　(5) 157.5m　(6) 437.5m

解　説

[1] 数列，時計算，仕事算，年令算，速さ，平均とのべ，整数の性質

(1) ｛１，２，３｝の３個の数が繰《く》り返し並んでいる。80÷３＝26余り２より，３個の数が26回繰り返され，さらに１，２が並ぶから，80個の整数をすべて足すと，（１＋２＋３）×26＋１＋２＝159になる。

(2) 長針は１分間に，360÷60＝６(度)，短針は１分間に，360÷12÷60＝30÷60＝0.5(度)動くので，長針は短針よりも１分間に，６－0.5＝5.5(度)多く動く。時計の長針と短針が重なってから次に重なるまで，長針は短針より360度多く動くので，かかる時間は，$360\div5.5=\frac{720}{11}=65\frac{5}{11}$(分)となる。

(3) この仕事の仕事量を１とすると，Ａ君が１人で働くとちょうど10日で終わるから，Ａ君１人が１日にする仕事量は，$1\div10=\frac{1}{10}$である。また，Ｂ君が１人で働くとちょうど16日で終わるので，Ｂ君１人が１日にする仕事量は，$1\div16=\frac{1}{16}$である。したがって，Ｂ君１人で２日間にする仕事量は，$\frac{1}{16}\times2=\frac{1}{8}$だから，残りの，$1-\frac{1}{8}=\frac{7}{8}$を２人で終わらせることになる。よって，２人が１日にする仕事量は，$\frac{1}{10}+\frac{1}{16}=\frac{13}{80}$なので，$\frac{7}{8}\div\frac{13}{80}=5\frac{5}{13}$(日)より，２人で働き始めてから，５＋１＝６(日目)に仕事が終わる。

(4) 弟の年令を①とすると，兄の年令は弟の年令の３倍から３を引くので，①×３－３＝③－３と表せる。また，兄と弟の年令を足して２倍すると42才になるから，｛(③－３)＋①｝×２＝42と表すことができる。よって，(④－３)×２＝42，④×２－３×２＝42，⑧－６＝42，⑧＝42＋６，⑧＝48より，①にあたる年令は，48÷８＝６(才)となるので，兄の年令は，６×３－３＝15(才)と求められる。

(5) 飛行機が都市Ａから都市Ｂまで行くのにかかる時間は，3600÷900＝４(時間)なので，都市Ｂに着いたときの都市Ａの時刻は，午前３時＋４時間＝午前７時である。都市Ｂは都市Ａより，午前

９時－午前７時＝２時間早いから，このとき都市Ｂの時刻は，午前７時－２時間＝午前５時になる。

⑹　100点をとる前に受けたテストの回数を□回とすると，右の図１のように表すことができる。図１で，かげをつけた部分と太線で囲んだ部分の面積は，どちらもテストの合計点を表しているので，アとイの部分の面積は等しくなる。よって，イの部分の面積は，(100－83)×１＝17(点)にあたるから，□＝17÷(83－81.3)＝10(回)とわかる。

図１

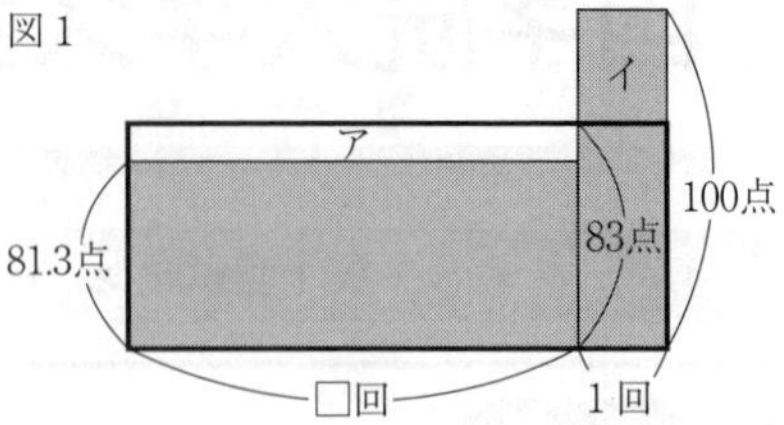

⑺　右の図２のように表すと，$a \times b$＝2160より，$x \times y$＝2160÷６÷６＝60となる。そこで，(x，y)＝(60，１)，(30，２)，(20，３)，(15，４)，(12，５)，(10，６)の６通りが考えられるが，(30，２)，(10，６)の場合は，aとbの最大公約数が６にならないのであてはまらない。また，bは９の倍数だから，３×６＝18より，あてはまる(x，y)の組み合わせは(20，３)だけである。よって，a＝20×６＝120と求められる。

図２

6) a　b
　 x　y

２　過不足算，差集め算，濃度《のうど》，つるかめ算，図形の移動，長さ，体積，表面積

⑴　りんごを１箱に３個ずつ入れると，５個余る。また，１箱に６個ずつ入れると，１個も入らない箱が10箱，２個だけ入っている箱が１箱なので，すべての箱に６個ずつりんごを入れるためには，６×10＋(６－２)＝64(個)足りない。そこで，１箱に３個ずつ入れたあと，さらに，６－３＝３(個)ずつ入れるには，５＋64＝69(個)必要だとわかる。よって，箱は全部で，69÷３＝23(箱)ある。

⑵　毎分11Ｌの割合で水を入れるときにかかる時間を□分とすると，右の図１のように表すことができる。図１で，アとウの部分の面積の和と，イとウの部分の面積の和は，どちらも水そうの容積を表しているから，アとイの部分の面積は等しくなる。したがって，イの部分の面積は，６×10＝60(Ｌ)にあたるので，□＝60÷(11－６)＝12(分)とわかる。よって，この水そうの容積は，11×12＝132(Ｌ)と求められる。

図１

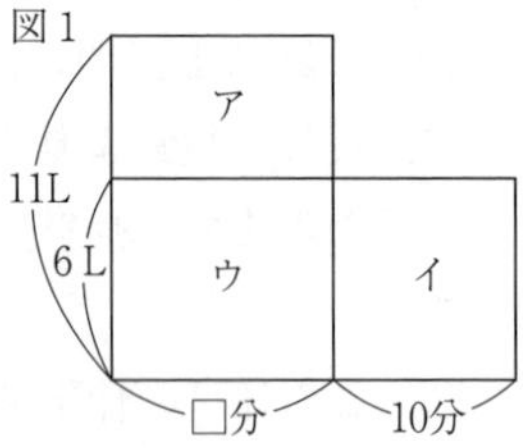

⑶　砂糖水の濃度が８％になったとき，１－0.08＝0.92が水の800ｇにあたる。したがって，８％の砂糖水の重さは，800÷0.92＝$869\frac{13}{23}$(ｇ)になるので，砂糖の重さは，$869\frac{13}{23}$－800＝$69\frac{13}{23}$(ｇ)とわかる。よって，必要な角砂糖の個数は，$69\frac{13}{23}$÷５＝$13\frac{21}{23}$(個)より，13＋１＝14(個)となる。

⑷　金属Ｔを５cm^{3}使ったとすると，ネックレスの重さは，９×５＝45(ｇ)となり，実際よりも，48－45＝３(ｇ)軽くなる。そこで，金属Ｔを減らして，かわりに金属Ｓを増やすと，ネックレスの重さは，１cm^{3}あたり，10.5－９＝1.5(ｇ)ずつ重くなる。よって，金属Ｓの体積は，３÷1.5＝２(cm^3)とわかるから，その重さは，10.5×２＝21(ｇ)である。

⑸　正方形の周りを１周したとき，点Ｐが通ったあとは右の図２の太線のようになる。太線は半径が５cmで中心角が90度のおうぎ形の弧《こ》２つ，半径が３cmの半円の弧２つ，半径が４cmの半円の弧２つに分けられるので，その長さは，$5 \times 2 \times 3.14 \times \frac{90}{360} \times 2 + 3 \times 2$

図２

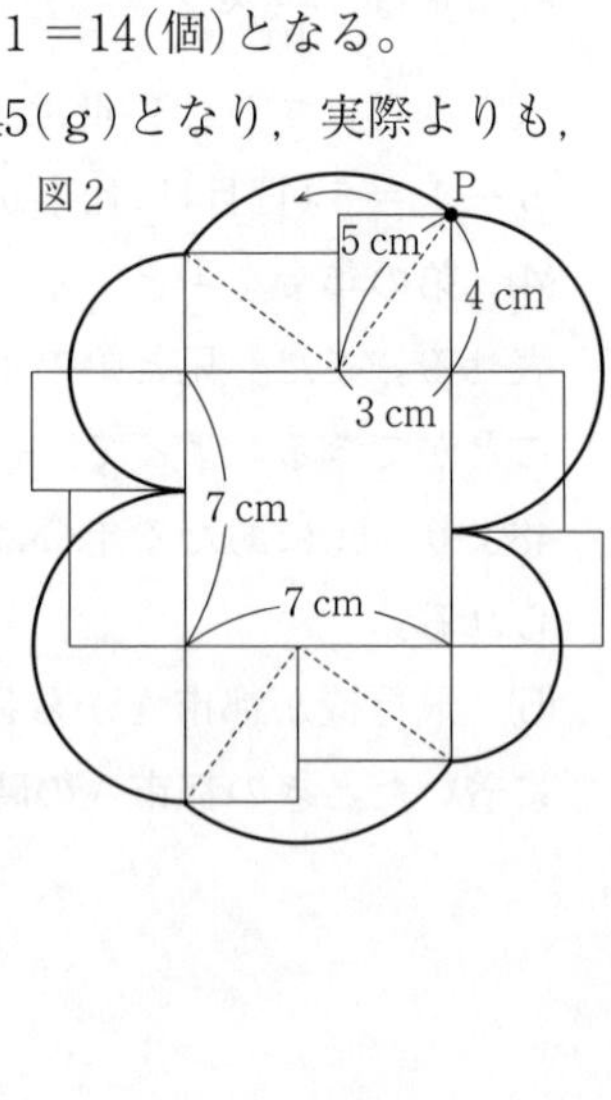

$\times 3.14\times\frac{1}{2}\times 2+4\times 2\times 3.14\times\frac{1}{2}\times 2=(5+6+8)\times 3.14=19\times 3.14=59.66$(cm)と求められる。

(6)　①　この立体の底面はたての長さが6cmで横の長さが4cmの長方形から，半径が，$4\div 2=2$(cm)の半円をのぞいたものだから，その面積は，$6\times 4-2\times 2\times 3.14\times\frac{1}{2}=17.72$(cm²)である。よって，この立体の体積は，$17.72\times 10=177.2$(cm³)になる。　②　この立体の上下の底面積の和は，$17.72\times 2=35.44$(cm²)である。また，この立体の側面積は，(底面の周りの長さ)×(高さ)で求められるので，$\left(4\times 2+6+1\times 2+4\times 3.14\times\frac{1}{2}\right)\times 10=222.8$(cm²)とわかる。よって，この立体の表面積は，$35.44+222.8=258.24$(cm²)となる。

3　調べ

(1)　3回目にあがる場合は，(1，1，1)，(1，3，1)，(2，2，1)，(2，3，2)の4通りある。

(2)　1回目にあがらない場合は，(1)，(2)の2通り(…ア)ある。1回目も2回目もあがらない場合は，1回目にあがらない場合のそれぞれに対して2通りずつあるから，全部で，$2\times 2=4$(通り)(…イ)ある。同様に，1回目も2回目も3回目もあがらない場合は，1回目も2回目もあがらない場合のそれぞれに対して2通りずつあるので，全部で，$4\times 2=8$(通り)(…ウ)ある。よって，4回目にあがる場合は1回目も2回目も3回目もあがらない場合のそれぞれに対して1通りずつあるから，全部で，$8\times 1=8$(通り)(…エ)ある。

(3)　1回目にあがる場合は1通り，2回目は2通り，3回目は4通り，4回目は8通りだから，5回目は，$8\times 2=16$(通り)，6回目は，$16\times 2=32$(通り)，7回目は，$32\times 2=64$(通り)，8回目は，$64\times 2=128$(通り)，9回目は，$128\times 2=256$(通り)，10回目は，$256\times 2=512$(通り)ある。

(4)　2回目にあがる場合は，(1，5)，(2，4)，(3，3)，(4，2)，(5，1)の5通りある。

(5)　(3)と同様に，1回目にあがる場合は1通り，2回目は5通り，3回目は，$5\times 5=25$(通り)，4回目は，$25\times 5=125$(通り)，5回目は，$125\times 5=625$(通り)ある。

4　旅人算

(1)　太郎君とRの速さの差は分速，$70-30=40$(m)なので，太郎君とRの間の道のりが初めてちょうど半周になるのは，$(700\div 2)\div 40=350\div 40=8\frac{3}{4}$(分後)だから，$60\times\frac{3}{4}=45$(秒)より，8分45秒後である。

(2)　Rが太郎君と反対向きに進むと1分間に，$70+30=100$(m)ずつ近づくから，太郎君とRの間の道のりが半周になってから出会うまでにかかる時間は，$350\div 100=3\frac{1}{2}$(分)，つまり，3分30秒である。よって，1回目に出会うのは，太郎君が出発してから，8分45秒＋3分30秒＝12分15(秒後)とわかる。

(3)　Rが太郎君と1回目に出会うまでに，太郎君が進んだ道のりは，$70\times 12\frac{15}{60}=857.5$(m)なので，A地点から時計回りの道のりは，$857.5-700=157.5$(m)になる。

(4)　Rは太郎君と出会ってから3分間止まるので，その間に太郎君は，$70\times 3=210$(m)進む。そして，Rの動く向きが変わるまでに，$(350-210)\div 40=3\frac{1}{2}$(分)かかる。その後，Rと太郎君が出会うまでにかかる時間は$3\frac{1}{2}$分だから，Rが太郎君と2回目に出会うのは，太郎君が出発してから，$12\frac{15}{60}+3+3\frac{1}{2}+3\frac{1}{2}=22\frac{1}{4}$(分後)，つまり，22分15秒後と求められる。

(5)　Ｒが太郎君と２回目に出会うまでに太郎君が進んだ道のりは，$70\times22\frac{1}{4}=1557.5$(m)なので，Ａ地点からの時計回りの道のりは，$1557.5-(700\times2)=157.5$(m)となる。

(6)　ＲはＡ地点から時計回りに$8\frac{3}{4}$分進み，その後，反時計回りに$3\frac{1}{2}$分進み，３分間止まり，時計回りに$3\frac{1}{2}$分進むことを繰り返す。したがって，Ｒが通る部分ははじめの$8\frac{3}{4}$分の間に進んだ部分だけなので，その道のりは，$30\times8\frac{3}{4}=262.5$(m)とわかる。よって，Ｒが１度も通らない部分の道のりは，$700-262.5=437.5$(m)と求められる。

国　語　＜ＳＴ第１回試験＞（50分）＜満点：100点＞

解　答

一　**問１**　ウ　**問２**　地域の歴史　**問３**　エ　**問４**　イ　**問５**　ア　**問６**　エ
二　**問１**　ア　**問２**　ウ　**問３**　イ　**問４**　エ　**問５**　ア　**問６**　エ　三　（例）団員個々と指揮者とが，それぞれ一対一の関係を結び，その関係が複合的に集まっている
四　**問１**　下記を参照のこと。　**問２**　①　宝　②　砂　**問３**　①　看　②　郷　**問４**　得　**問５**　イ

●漢字の書き取り

四　**問１**　①　歴訪　②　鉄棒　③　就任　④　改革　⑤　射　⑥　食欲

解　説

一　**出典は除本理史《よけもとまさふみ》・佐無田《さむた》光《ひかる》の『きみのまちに未来はあるか？　「根っこ」から地域をつくる』による。**現代では「モノづくり」よりも「コトづくり」が重要になっており，まちづくりにおいても，「地域の価値」をつくることが大切だと主張している。

問１　Ａ　前では「二〇世紀の経済における一つの特徴《とくちょう》」として「規格化された画一的な商品を大量に生産・消費してきたこと」があげられており，後では「そのような経済の仕組みは行き詰《づ》まり，これまで失われてきたものが見直されるようになって」いるという内容が述べられている。よって，前のことがらを受けて，それに反する内容を述べるときに用いる「しかし」が合う。

Ｂ　前では「労働を投下して，新しい財やサービスをつくりだすことによってのみ，経済的価値は生まれる」という「従来の経済の常識」が説明されている。これに対して，後では「何ら新しいものを生産しなくても，すでにあるものに対して『意味』を与えることで価値が高まる」というこれから期待される経済活動の形を取りあげているので，前のことがらを受けて，後に対立することがらを述べるときに用いる「ところが」がよい。　Ｃ　前で「『コトづくり』（ストーリーの生産）が重要になっている」と述べられているが，その前提として「見えるもの，ふれられるものがあってこそ五感は刺激《しげき》され」るため「『コトづくり』の時代に入っても『モノづくり』の重要性は失われ」ないと述べられているので，“いうまでもなく”という意味の「もちろん」があてはまる。

問２　「近代的な開発」のもとで「歴史や風土に根ざした多様な暮らし」が失われたと述べられていることに注目する。後を読み進めていくと，「工業化・近代化の時代には効率的な開発手法」だった「スクラップ・アンド・ビルド」があげられている。この手法について説明した「地域の

歴史やその場所のストーリーを『リセット』すること」が，筆者のいう「近代的な開発」を表している。

問３　「従来の経済活動や価値に対する考え方」は，問２でみた「スクラップ・アンド・ビルド」の手法をよしとしている。これに対する未来を見すえた手法として「リノベーション」があげられており，その説明として最後から二番目の段落で「地元の人や専門家と一緒《いっしょ》になって」地域に価値を与《あた》えていくことが述べられているので，エはあてはまらない。

問４　空らんの前後を確認《かくにん》すると，これまでは「特別に歴史的に価値があると認められる建物が点的に保護されるだけ」だったが，歴史的に価値があるものだけを残すのではなく，地域に続いてきた「生活の質」や「地域らしさ」を表現することが現代的な手法だと説明されている。つまり，これまでなら更地《さらち》化されてきたような土地にも歴史があり，価値があるのだから，すべてを含《ふく》めて地域らしさを表現することが現代的な開発だというのである。よって，イがふさわしい。

問５　二段落前からの文脈をみると，「根っこ」とは「その地域で人びとが生きてきたことの積み重ね」であり，「過去からの継承《けいしょう》こそが価値を高め」るとしたうえで，「根っこ」には「まちの個性や時代の変化にあわせて～磨《みが》きつづけてきた『都市格』」があると述べられている。「現代的に磨きをかけて」「根っこ」を育てていくということは，時代の変化に合わせて新しい価値をつくり出し，過去から継承してきたものにつけ加えていくことだといえる。

問６　問５でみたように，最後の段落で「新しい取り組みを排するのではなく～現代的に磨きをかけていくことが求められ」ると述べられているので，エはふさわしくない。

二　**出典は凪良《なぎら》ゆうの『わたしの美しい庭』による。**坂口くんにマンションまで送ってもらい，屋上の神社で話をするうちに，次第《しだい》に「わたし」と坂口くんとの距離《きょり》が縮まっていくようすを描《えが》いた文章である。

問１　Ａ　ほかの図書委員たちが「次々と坂口くんへの不満」を言う中，「わたし」は波風を立てないようにおだやかなようすで庇《かば》ったと想像できるので，「やんわりと」があてはまる。　Ｂ　みんなが「坂口くんへの不満」を言っているときに，とつ然その坂口くんが入ってきて，みんなは驚《おどろ》いたのだから，「ぎょっと」がふさわしい。　Ｃ　これまでのいきさつと「ぶすっとしている」ようすから，坂口くんの機嫌《きげん》があまりよくないようすが読み取れるので，小声でつぶやくように言ったと想像できる。よって，「ぼそっと」がよい。

問２　「魅力《みりょく》的に成長した」坂口くんはサッカー部のレギュラーで，学校の中で人気があったことが想像できる。「女の子たち」は，坂口くんの興味を引きたくて図書委員の「代打を申し出」たと考えられるので，ウがよい。

問３　坂口くんが入ってきたのは，ほかの図書委員たちの坂口くんに対する悪口に対して，消極的な返事をしたときだった。その直後に坂口くんと二人きりになってしまった気まずいタイミングのことを「あんまりなタイミング」と表現している。

問４　高校に入学したとき，坂口くんは，すぐに「わたし」に気づいて，毎回振《ふ》り返っていた。しかし，「わたし」はなかなか坂口くんに気づかず，四回目に廊下《ろうか》ですれ違《ちが》ったときにようやく気がついた。「おまえは冷たい」という言葉から，「わたし」の自分に対する関心の薄《うす》さに坂口くんは気を悪くしていたことが読み取れる。

問５　「なんで礼言うの？」という坂口くんの言葉に，同じ委員なのだから坂口くんが委員会に参加するのはあたり前のことだと気づき，「わたし」は，自分が礼を言ったことが「恥《は》ずかしくなった」のだから，アが合う。

問６　屋上で「わたし」と坂口くんは楽しい時間を過ごしており，「寒々しく重たい雰囲気《ふんいき》」という表現はあてはまらないので，エが選べる。なお，アは「あっそ」「許してくんね？」「や，じゃない」などの言葉づかいによって，現代の高校生らしさが表現されているので，ふさわしい。イは「椅子《いす》にどかっと腰《こし》を下ろした」「こちらをうかがうような目」「口元をへの字に曲げた情けない表情」など，登場人物の心情を表す行為《こうい》や表情が細かく描かれているので，合う。ウは「青色と桃色が混ざった柔《やわ》らかな色合いの夕暮れに薄《うす》い月が出た」という表現によって，時間の経過が示されているので，ふさわしい。

三　出典は小池昌代《こいけまさよ》の『詩についての小さなスケッチ』による。

「わたし」は，「一対一という関係こそが，関係の本質である」と考えており，「関係というものは，どんな場合も，一対一だというふうに思」っている。このことをオーケストラの例にあてはめると，「オーケストラの指揮者はたった一人で，団員は多数」だが，指揮者と一人ひとりの団員は，それぞれ一対一の関係を結んでおり，それらが集まっているのがオーケストラの構造だ，と「わたし」は考えるはずである。

四　漢字の書き取り，熟語の完成，同じ漢字をふくむ熟語，誤字の訂正，俳句の知識

問１　①　さまざまな場所を次々に訪《おとず》れること。　②　鉄の棒を水平に設置した体操用具。③　新たに，ある地位や任務につくこと。　④　制度や組織などを改めること。　⑤　音読みは「シャ」で，「発射」などの熟語がある。　⑥　食べ物を食べたいと思う欲望。

問２　①「宝」を入れると，上から順に「宝石」「財宝」「子宝」という熟語ができる。　②「砂」を入れると，上から順に「砂金」「白砂」「砂鉄」という熟語ができる。

問３　①「看板」は，商店や劇場などで店名や屋号などを書いて，通行人の目につくようにかかげた板。「看病」は，病人につき添《そ》い世話をすること。　②「故郷」「郷里」は，生まれ育った場所。ふるさと。「望郷」「懐郷《かい》」は，故郷を懐《なつ》かしく思うこと。

問４　「利害得失」は，利害と損得のこと。なお，「有名無実」は，名ばかりで実質が伴《ともな》わないこと。「半信半疑」は，半ば信じ，半ば疑うこと。「弱肉強食」は，弱者が強者のえじきになること。強者が，弱者を犠牲《ぎせい》にして栄えること。

問５　１「山口も　紅《べに》をさしたる　紅葉かな」は，“山の入り口の木が紅葉していて，まるで口紅をぬったようだ”という意味。　２「水鳥の　胸に分けゆく　桜かな」は，“水鳥が，水面に浮《う》いた桜の花びらを胸で押《お》し分けながら進んでいくことだ”という意味。　３「花咲《さ》かぬ　身をすぼめたる　柳《やなぎ》かな」は，“花を咲かせることがない柳は，肩身《かたみ》がせまいせいかその身をすぼめているようだ”という意味。　４「草の葉を　落つるより飛ぶ　蛍《ほたる》かな」は，“草の葉の上で光っていた蛍が，葉から落ちたかと思った瞬間《しゅんかん》，飛び去っていった”という意味。

2021年度　国学院大学久我山中学校

〔電　話〕　(03) 3334－１１５１
〔所在地〕　〒168－0082　東京都杉並区久我山１－９－１
〔交　通〕　京王井の頭線 ―「久我山駅」より徒歩12分

【算　数】〈ＳＴ第２回試験〉（60分）〈満点：150点〉

〔注意〕１．分度器・コンパスは使用しないでください。
　　　　２．円周率は3.14とします。

1　次の □ にあてはまる数を答えなさい。

（１）　２つの数Ａ, Ｂがあります。Ａの $\frac{4}{5}$ 倍とＢの $\frac{2}{3}$ 倍が等しいとき，ＡはＢの □ 倍です。

（２）　[1], [2], [3], [4], [5] の異なる５枚のカードの中から，２枚のカードを並べて２桁《けた》の整数をつくります。十の位の数が一の位の数よりも大きくなるような整数は全部で □ 個できます。

（３）　現在，父親の年令は 33 才で，息子の年令は８才です。□ 年後に父親の年令は息子の年令の２倍になります。

（４）　ある年の３月 24 日が金曜日であるとき，その年の５月９日は □ 曜日です。

（５）　花子さんの初めの所持金は □ 円です。初めの所持金の $\frac{1}{3}$ で消しゴムを買い，残りの所持金の $\frac{3}{5}$ でノートを買ったところ，残った所持金は 100 円になりました。

（６）　a と b は整数です。$\frac{a}{b \times b \times b} = \frac{1}{120}$ となる一番小さい整数 a は □ です。

（７）　６％の食塩水が 200 g あります。この食塩水から □ g 取り出し，それと同じ量の水を加えると，濃度《のうど》は 4.5 ％になります。

2 次の問いに答えなさい。

（１） 長さ 120 m の列車Ａが時速 90 km で走っています。列車Ａが，前を走っている長さ 80 m の列車Ｂに追いついてから完全に追い越《こ》すまでに，20 秒かかりました。このとき，列車Ｂは時速何km で走っていますか。

（２） 1 本の値段が 80 円，120 円，200 円の鉛筆《えんぴつ》があり，あわせて 20 本買います。

① 20 本のうち，200 円の鉛筆の本数は 1 本でした。代金が 2000円のとき，120円の鉛筆は何本買いましたか。

② 20 本のうち，200 円の鉛筆の本数は 80 円の鉛筆の本数の 3 倍でした。代金が 3000 円のとき，120 円の鉛筆は何本買いましたか。

（３） K 中学校の前では，開門直前に 120 人の受験生が並んで行列をつくって待っていました。開門後毎分 4 人ずつ受験生が行列に加わります。入り口を 1 つにして開門すると，開門から行列がなくなるまで 30 分かかりました。

① 受験生は入り口から毎分何人の割合で入りましたか。

② 入り口を 2 つにして開門すると，開門から行列がなくなるまで何分かかりますか。

（４） 右の図のように，半径 3 cm，中心角 120° のおうぎ形の点Ｐにひもがついています。ひもを矢印の方向におうぎ形の周りに沿《そ》って 2 周巻き付けると，ひもが 2 cm 残りました。ひもの長さは全部で何cm ですか。ただし，ひもの太さは考えないものとします。

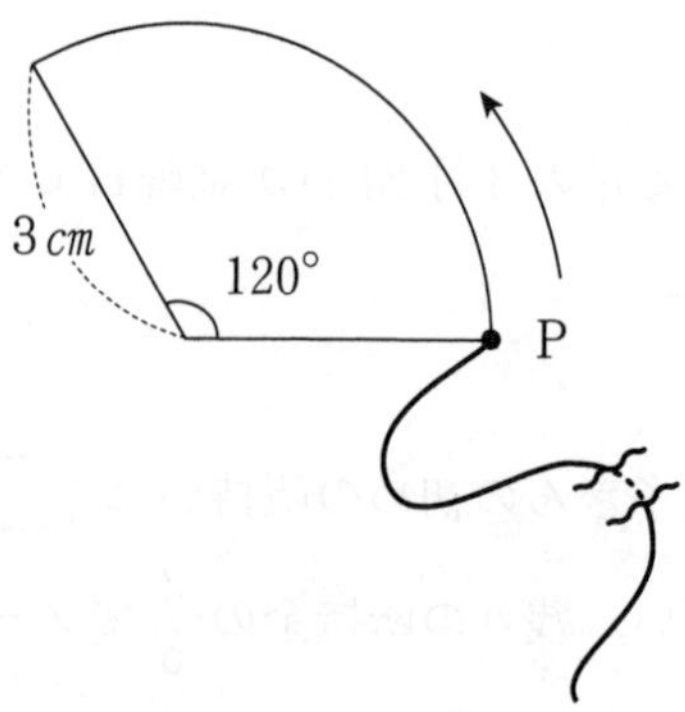

（５） 底面の半径が 5 cm，高さが 12 cm の円柱を，右の図の太線を通る平面で切りました。切ってできた 2 つの立体の表面積の差は何cm^2ですか。

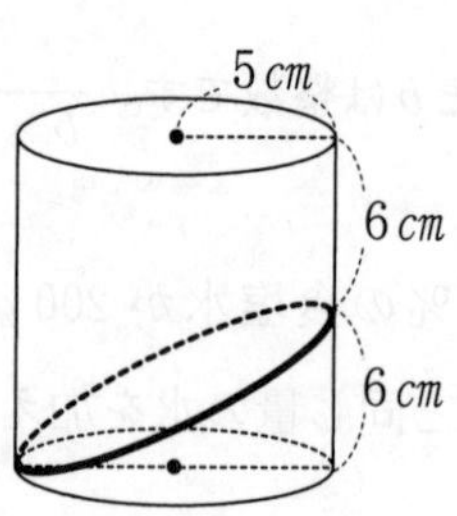

3 右の図１のように，整数が書かれた△または▽のパネルを規則的に並べ，上から１段目，２段目，３段目，…とします。例えば，３段目の左から４番目にあるパネルに書かれた整数は８です。

このとき，次の問いに答えなさい。

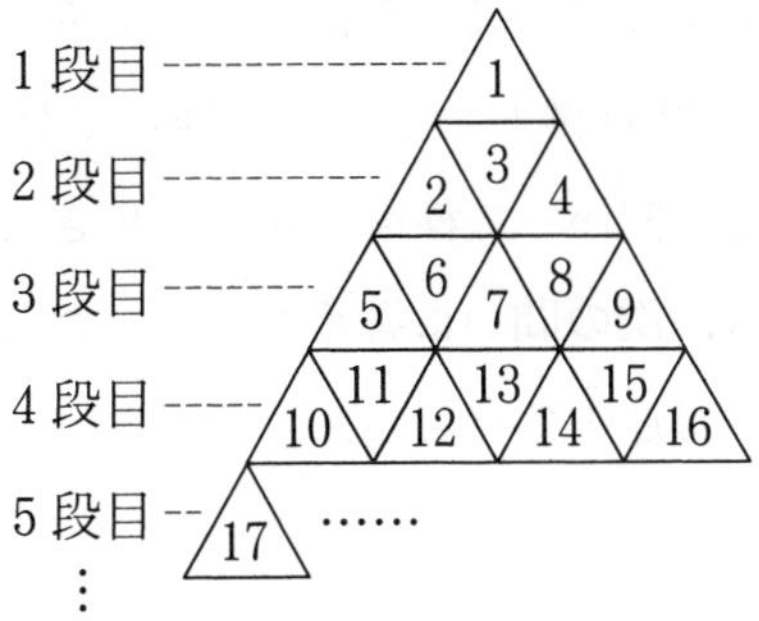

図１

（１） ８段目の左から１番目にあるパネルに書かれた整数はいくつですか。

（２） 101が書かれたパネルは，何段目の左から何番目にありますか。

次に，図１の▽のパネルだけを取り出して，右の図２のように規則的に並べ，上から1段目，２段目，３段目，…とします。例えば，３段目の左から２番目にあるパネルに書かれた整数は13です。

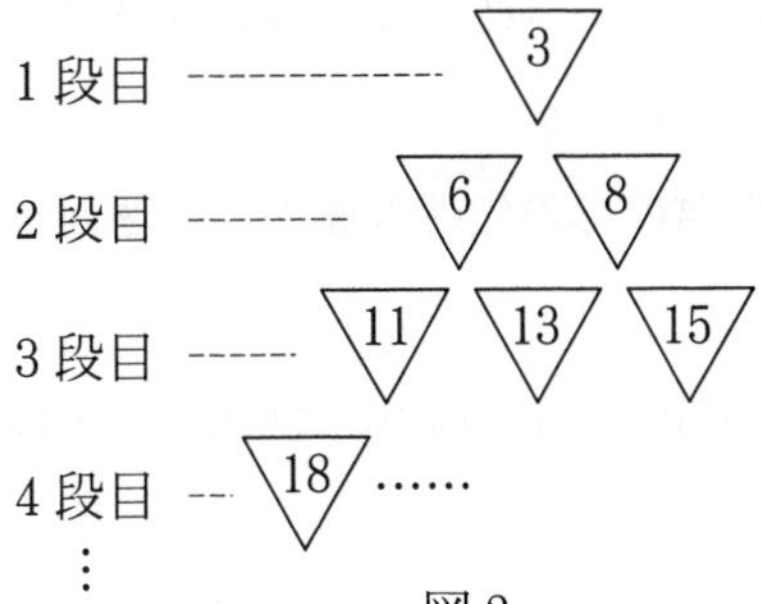

図２

（３） 図２の６段目の左から２番目にあるパネルに書かれた整数はいくつですか。

（４） 図２の６段目の左から２番目にあるパネルは，図１では何段目の左から何番目にありますか。

（５） 112が書かれたパネルは，図２では何段目の左から何番目にありますか。

4 下の図のように，高さ６mの街灯から，東に８m離《はな》れたところに地点Ｓがあり，Ｓから東に22m離れたところに地点Ｔがあります。身長1.2mの太郎君が街灯の真下から東に向かって秒速1.6mで歩きます。

このとき，次の問いに答えなさい。ただし，（１），（３），（４）は答えのみ，（２），（５），（６）は途中《とちゅう》の考え方も書きなさい。

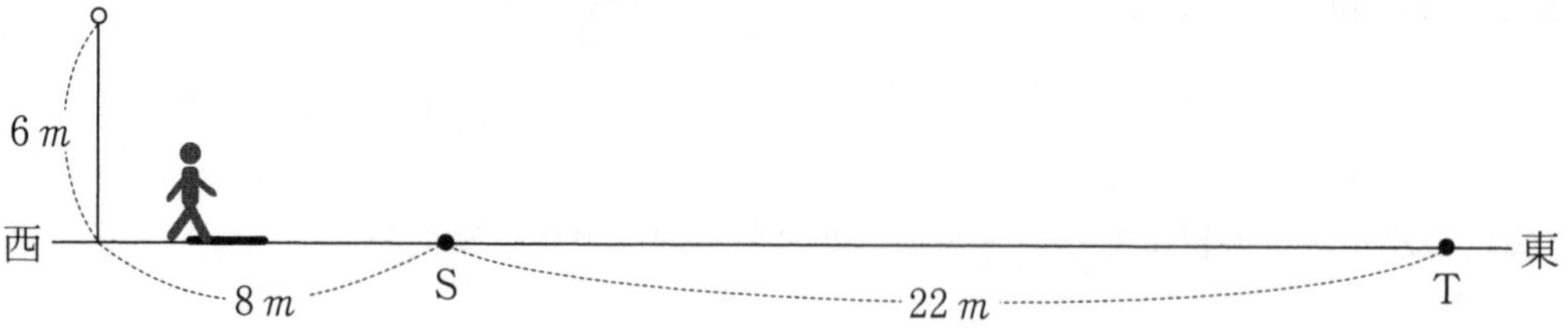

（１） 太郎君が歩き始めてから２秒後の太郎君の影《かげ》の長さは何mですか。

（２） 太郎君の影の先端《せんたん》の速さは秒速何mですか。

（３） 太郎君の影の先端がＳと重なったのは，太郎君が歩き始めてから何秒後ですか。

太郎君の影の先端がＳと重なったとき，自転車に乗った花子さんが秒速６mでＴを出発して西に向かいます。自転車に乗った花子さんの高さは1.5mです。また，自転車の長さは考えないものとします。

（４） 花子さんがＴを出発するとき，太郎君と花子さんの影の長さはそれぞれ何mですか。

（５） 花子さんの影の先端の速さは秒速何mですか。

（６） 太郎君の影と花子さんの影が重なっているのは，花子さんがＴを出発してから，何秒後から何秒後までですか。

②　[A] 応変に対処する。
当店は明日、[B] 休業いたします。

問四　次にあげる四字熟語のうち、１つには誤字が含《ふく》まれています。それを改め正しい漢字１字を答えなさい。

針小棒大　　生存競走　　油断大敵　　危急存亡

問五　次の [1] ～ [4] に入る語の組み合わせとして最も適当なものを後から選び、記号で答えなさい。

1　少年の　犬走らすや [1] の月　（召波《しょうは》）
2　面白《おもしろ》し　雪にやならん [2] の雨　（芭蕉《ばしょう》）
3　しぶ柿《がき》の　閑《しず》かに [3] を　送りけり　（吏登《りとう》）
4　菫《すみれ》咲《さ》く　野はいくすぢ《じ》の [4] の水　（宗長《そうちょう》）

ア　1 夏　2 秋　3 春　4 冬
イ　1 秋　2 冬　3 春　4 夏
ウ　1 春　2 冬　3 夏　4 秋
エ　1 夏　2 冬　3 秋　4 春

四 次の問いに答えなさい。〈問題は**問一**から**問五**まであります。〉

問一 次の①～⑥について、――線部のカタカナを漢字に直しなさい。

① 借りたお金をヘンサイする。
② 平均台はタイソウ種目のひとつだ。
③ 目指す山のイタダキが見えた。
④ 商店街の組合にカメイする。
⑤ 事件のハイケイを調べる。
⑥ 音楽会でピアノをエンソウする。

問二 次の①・②の□には、それぞれ同じ漢字１字が入ります。その漢字を答えなさい。

① □解　□護　代□
② □落　階□　値□

問三 （例）にならって次の①・②の［Ａ］［Ｂ］に入れるのに適当な熟語を考え、その両方に共通する漢字１字をそれぞれ答えなさい。

（例）両親を心から［Ａ］している。　（尊敬）
目上の人には［Ｂ］を使う。　（敬語）　解答……敬

① 彼女の意見を［Ａ］にしてレポートを書く。
歴史のある神社を［Ｂ］する。

たろう。それでも彼には花鳥に情を労するゆとりがあった。そのゆとりの上に芭蕉の旅は成り立っていた。だからこそ、彼は幻想《げんそう》の旅をすることができたのだ。

　そう、「おくのほそ道」は、あくまでイメージの旅である。幻想行である。したがって、芭蕉に同行した※曾良《そら》の日記とくいちがっているのはとうぜんといってよい。ひたすらイメージを求める旅人に、どうして正確な日付や実際の体験の忠実な報告が必要だろうか。そんなものは案内記にまかせておけばよい。彼にとって旅とは詩想を触発《しょくはつ》するための手段にすぎなかった。芭蕉は現実の世界を見きわめるために旅をしたのではなく、自分の内面を見つめるために、そして詩的なイメージを育てるためにみちのくをさまよったのである。そして、これこそが芭蕉のみならず、日本人にとっての理想的な旅、旅の手本なのだ。

　みちにはいろいろなみちがある。中国人はそれを「道」「途」「路」「径」というふうに区別した。「道」とは人の歩くみち、「途」とはある目的地までのみち、「路」とは車馬の往来する広いみち、「径」は狭《せま》く細いみちのことである。日本ではこれらをただ「みち」という一語であらわしているが、その「みち」とは、人びとが歩くことによっておのずから形づくられたみちのことである。芭蕉が歩んだのは、まさしく、そのような先人の踏みかためた道であった。

（森本哲郎『おくのほそ道行』による）

※注　歌枕…和歌などに詠《よ》み込《こ》まれる特定の名所。
　　　芭蕉…江戸《えど》時代中期の俳人、俳諧《はいかい》を芸術領域まで高めた。
　　　路銀…旅費。
　　　曾良…芭蕉の門人で、おくのほそ道の紀行に同行している。

問　筆者が考える芭蕉の「旅」とはどのようなものですか。40字以上50字以内で簡潔に説明しなさい。

三　次の文章を読んで、あとの問いに答えなさい。

日本人にとって、旅とは何なのであろうか。

一言でいうなら、旅を旅することである。旅を旅するというのは、古人の旅を旅すること、つまり、むかしの人の旅のあとをたどることにほかならない。したがって、日本人にとって旅とは未知の世界《テラ・インコグニタ》を探索《たんさく》することではなく、既知の世界《テラ・コグニタ》を確《かく》認《にん》するための行為《こうい》といってもよい。

むろん、見知らぬ土地をめざして旅を試みた旅人がいなかったわけではない。しかし、多くの人びとは、けっしてそのような冒険《ぼうけん》旅行を欲《ほっ》しなかった。そうした旅を仕甲斐《しがい》のある旅とも思わなかった。仕甲斐のある旅とは古人がたどり、記《しる》し、歌にのこした由緒《ゆいしょ》のある旅であり、先人の踏《ふ》んだ道を自分もまた歩いてみたいというのが、日本人にとっての旅への誘《いざな》いなのである。だから、当てもなしに、それこそ雲をつかむような旅に出ることは、およそ考えられないことだった。それほどの勇気は日本人にはなかったと見てもいい。それほどの無分別は日本人の性に合わなかったと考えてもいい。

たしかに日本の旅人たちは「行方《ゆくえ》もしれぬ」「あてどのない」旅を口にしてはいる。けれどもそれはただそういっているだけで、じつはちゃんとした目的があったのである。すなわち、古人の道をたどるという目的が。※歌枕《うたまくら》を訪ねるという目的が。日本の代表的な旅人とされる※芭蕉《ばしょう》もまた例外ではなかった。

「予もいづれの年よりか、片雲《へんうん》の風にさそはれて、漂泊《ひょうはく》の思ひやまず」と彼《かれ》は『おくのほそ道』の冒頭《ぼうとう》に書いている。そして芭蕉はみちのくへと旅立つのであるが、彼が向かったのはけっして〝未知の国〟ではなかった。そこは「耳にふれていまだめに見ぬさかひ」だった。つまり、まだ行ったことはないけれども、いろいろときかされている境であり、彼の目的は古来、歌にうたわれている白川の関を春霞《はるがすみ》の立ちこめるころ越えたい、松島の月をこの目でながめたいということであった。おそらく芭蕉の心の内には、白河の関も、松島の月も、すでに美しいイメージとして鮮《あざ》やかに描《えが》かれていたにちがいない。そのイメージを実際に見、確認することが芭蕉の旅の動機だったのであり、目的でもあったのだ。

むろん、そのような旅であっても、旅をするということはけっして楽ではなかった。「若生《もしいき》て帰らばと定《さだめ》なき頼《たのみ》の末《すゑ》をかけ」と彼が記しているのは、まさしく実感であったろう。しかし、それにしても彼がたどろうとした道は、すでに古人、先人が歩いた道である。行く先々には彼を待つ人がおり、案内者にも事欠かない。まったくの未知の境へ足を踏みこむのとは事情がちがう。※路銀《ろぎん》は心細かったかもしれぬ。四十六歳《さい》の身体を励《はげ》まして一日何里も歩きつづけることは、かなり不安だっ

問五　——線⑤とありますが、このときの斉藤夫人の心情を説明するものとして最も適当なものを次の中から選び、記号で答えなさい。

ア　実際に野菜を作っている淳子を前にして頭を下げているが、斉藤と同様に農業の大変さを理解することなく、内心では農家で働く淳子たちをばかにしている。

イ　淳子たちをはじめとして農家が野菜をつくることの大切さを知っているため、料理で失敗してしまったことを強く反省しながら、この場を取《と》り繕《つくろ》おうとしている。

ウ　せっかくもらった野菜を台無しにして申し訳ないと思いつつも、元気をなくしていた斉藤が前向きな気持で生活を送れるようになった喜びを隠《かく》せないでいる。

エ　斉藤が淳子たちの仕事の邪魔《じゃま》をしていることを知ってはいたが、結婚以来の料理にも挑戦《ちょうせん》するようになった斉藤を働かせつづけるために、へりくだった態度をとっている。

問六　本文の表現に関する説明として最も適当なものを次の中から選び、記号で答えなさい。

ア　淳子の心の声をはっきりと描《えが》くことで、あらゆる場面で彼女に共感できるよう工夫《くふう》されている。

イ　天候の変化が描かれる場面が多く、その変化と淳子の気持ちが変わっていく様子が重ねられている。

ウ　会話文が多く用いられ、緊迫《きんぱく》した場面でも登場人物の思惑《おもわく》が軽快な調子で伝わるように描かれている。

エ　さまざまな人物の視点から描かれることによって、それぞれの心情がはっきりと伝わるようになっている。

問二 ――線②とありますが、このときの斉藤の心情を説明するものとして最も適当なものを次の中から選び、記号で答えなさい。

ア　夫婦の間で均等に家事の分担ができている様子を、淳子と孝宏に見せつけられてねたましく思っている。
イ　会社を退職して農業の手伝いをする自分を気の毒がり、細かに気遣《きづか》いを見せる淳子をうっとうしく思っている。
ウ　仕事ぶりを叱《しか》る淳子に反発したいが、自分でも納得《なっとく》の行く仕事ができていないので何も言いかえせなくて歯がゆく思っている。
エ　会社でうまくいかなくなり北海道までやってきたうえに、淳子に農家の仕事もできないと初心者あつかいされて不満に思っている。

問三 ――線③とありますが、どうして淳子は「絶句した」のですか。その理由として最も適当なものを次の中から選び、記号で答えなさい。

ア　天候が良くなるおまじないという幼稚《ようち》な行動を、斉藤が家でも行っていたことにあきれたから。
イ　お祈りをしようと誘《さそ》ってくれた斉藤のことを思い出し、恥《は》ずかしさで断ってしまったことに後悔《こうかい》したから。
ウ　農業をばかにしていると決めつけていたが、斉藤は家でも天候を気にかけるほどに真剣であることを知ったから。
エ　農家で働く淳子を見下していた斉藤が、家でも冷やかし半分でお祈りするほど自分を嫌《きら》っているとは思わなかったから。

問四 ――線④よりうかがえる斉藤の心情を説明するものとして最も適当なものを次の中から選び、記号で答えなさい。

ア　手作りの料理を作ってくれる妻へのありがたさ。
イ　自分が働く農場で採れた野菜に対する誇《ほこ》らしさ。
ウ　ようやく農業の奥深《おくぶか》さが分かってきた喜び。
エ　これからは料理もがんばりたいという意欲。

⑤せっかくのお芋なのにすみませんでした、と詫《わ》びつつも、口もとはほころんでいる。

斉藤夫人を送り出すと、淳子はリビングへ戻った。食卓を片づけてくれている夫に、声をかける。

「ねえ、孝宏。本部長、明日も来てくれるかな？」

「来るんじゃない？」

孝宏が答えた。

「車から降りるとき、また明日、って言ってたよ」

淳子は窓辺に近づいた。雨は少しだけ小ぶりになってきたようだ。霧雨《きりさめ》に煙《けむ》る羊蹄山に、そっと手を合わせる。

（瀧羽麻子『女神のサラダ』「本部長の馬鈴薯―北海道京極町・新美農場」による）

※注　馬鈴薯…じゃがいも。
饒舌…よくしゃべること。
繁忙期…業務が忙しくなる時期。
冠水…水びたしになること。
顚末…始めから終りまでのいきさつ。
羊蹄山…北海道南西部にある山。晴れるようにと淳子と孝宏が毎日手を合わせてお祈りをしている。

問一　――線①とありますが、このときの淳子の様子を説明するものとして最も適当なものを次の中から選び、記号で答えなさい。

ア　農業を軽《かろ》んじているように見える斉藤へのいらだちを覚えながらも、それを表に出すまいとこらえている様子。
イ　雨がひどくなると安全に帰れなくなってしまうので、残って仕事をしたいと無理を言う斉藤をたしなめる様子。
ウ　斉藤に農業への関心があることは認めるが、孝宏に対してえらそうな態度を取ることには怒《いか》りをかくせない様子。
エ　自分勝手に話を続ける斉藤を注意できない孝宏に不満を感じつつ、それを斉藤にさとられまいと平静をよそおう様子。

ですよ。農業は奥が深いんだぞ、って言って」

淳子は再びぽかんとした。なにか勘違《かんちが》いしたのか、夫人がきまり悪そうにつけ加えた。

「おかしいですよね、自分だって初心者のくせにね」

淳子はあわてて首を振る。

「いえ。みんな、最初は初心者ですから」

父のもとで働き出した当初、わたしも苦しかった。わけもわからないまま作業に追われ、不満ばかりを募《つの》らせていた。なにかとしろうと扱《あつか》いされて腹を立てた。

思い出して、愕然《がくぜん》とする。わたしも今、斉藤に対して、似たような仕打ちをしているじゃないか。

「ちょっと待ってて下さい」

斉藤夫人に言い置いて、淳子は自室に駆《か》けこんだ。本棚《ほんだな》から農業の入門書を二、三冊引《ひ》き抜《ぬ》き、玄関にとって返す。

「これ、よかったらご主人に」

農家の娘《むすめ》に生まれた淳子でさえ、農業が楽しいと感じられるようになるまでに数年かかった。そう考えたら、斉藤のほうが一枚上手《うわて》だろう。自ら意欲と関心を持ち、仕事を楽しんでいこうとする気概《きがい》がある。

「あらまあ、すみません。お借りします」

斉藤夫人が本を両手で受けとり、言《い》い添《そ》えた。

「そうそう、この間のお芋もありがとうございました」

「あ、ポテトサラダにして下さったんですよね。お弁当、見せてもらいました」

④うちの、と斉藤は言っていた。なんだかうれしそうだった。

「はい、半分は」

彼女が微笑《ほほえ》んだ。

「実は、あとの半分は、主人が煮物《にもの》を作ってくれたんですよ。あのひとがお料理なんて、結婚以来はじめてで、わたしもびっくりしちゃって。肝心《かんじん》のお味はね、とにかくしょっぱくて、飲みこむのがやっとだったんですけどね」

心から申し訳なさそうに、斉藤夫人は続けた。

「主人がお宅に携帯電話を忘れておりませんでしょうか？」

電話を切って十分も経《た》たずに、斉藤夫人はやってきた。淳子は玄関口《げんかんぐち》で出迎《でむか》え、椅子《いす》の座面に残されていた携帯電話を渡した。

「お忙《いそが》しいのに、お時間をとらせてしまって恐《おそ》れ入《い》ります」

恐縮《きょうしゅく》しきった様子からして、まだ先ほどの※顚末《てんまつ》は耳に入っていないようで、淳子は少しほっとした。

「全然かまいませんよ。この雨だから、今日はもう休憩しようと思って」

「お天気、早くよくなるといいですね」

夫人が心配そうに片手を頬《ほお》にあてがった。

「収穫作業が遅れたら困るって、主人もゆうべから気にしてました。家でも四六時中、これで天気予報をチェックして」

もう片方の手に握《にぎ》った携帯電話を、ゆらゆらと振《ふ》ってみせる。

「台風も、上陸したら大変だって、もう大騒《おおさわ》ぎ。そうそう、※羊蹄山《ようていざん》にも毎日お祈りしてるんですよ。今日はちょっと効かなかったみたいですけど」

③淳子は絶句した。彼女がけげんそうに首をかしげる。

「こちらで教えていただいたんですよね？　晴れるようにお願いするって」

「ああ、はい」

「よくしていただいて、本当にありがとうございます。この一週間で、うちのひと、みちがえるように元気になりました。一度きちんとお礼を申し上げたかったんです」

「いえ、そんな」

手放しで感謝されては、かえって後ろめたい。

「主人があんなに楽しそうにしてるのって、ひさしぶりです。何冊も本を買いこんで、わたしにもいろいろ教えてくれるん

「そんなことは……」

ない、と言いきれず、淳子は口をつぐんだ。

斉藤たちが出ていった後、淳子はソファにへたりこんだ。寝転《ねころ》がって、目をつぶる。降りしきる雨の音が窓越《まどご》しに響《ひび》いてくる。

ばかにするな、と言ってやりたかった。この一週間ずっとがまんしてきたのだ。とうとう口に出せてすっきりしてもいいはずなのに、どうしてこんなに気が塞《ふさ》ぐのだろう。

よく考えてみれば、いくら斉藤が鈍感《どんかん》でも、役に立てていない自覚がないはずはない。長年勤めあげた会社から放り出され、家にも居場所がなく、妻の知人の厚意《こうい》にすがって得た仕事も満足にこなせないとなれば、自尊心が傷ついて当然だ。

ばかにするなと抗議《こうぎ》したかった。けれど、傷をえぐるつもりもなかった。

起きあがる気力がわかない。やがて、雨の音に重なって、車のエンジン音がかすかに聞こえてきた。孝宏だろう。

孝宏にも迷惑《めいわく》をかけてしまった。謝《あやま》らなければいけない。玄関《げんかん》のドアが開く音がして、淳子がのろのろと体を起こしたところで、電話が鳴った。

「もしもし、新美さんのお宅でしょうか」

上品な女性の声には、聞き覚えがあった。

「斉藤でございます。主人がお世話になっております」

「こちらこそ」

反射的に応えながら、淳子の胸はざわついていた。

なんの用だろう。夫を送り届けた礼だろうか。あるいは、帰宅した斉藤が、もうあそこでは働きたくないと言ったのだろうか。斉藤のことだから、お前から連絡《れんらく》しておけと妻に命じてもおかしくない。あんなふうに別れた直後で、淳子とじかに話すのもいやだろう。

「あのう、申し訳ないんですが」

「大丈夫《だいじょうぶ》です。わたしたちふたりでやりますから」

ため息をこらえ、淳子は即答《そくとう》した。あんたがいようがいまいが、なんにも変わらない。むしろ、いないほうがはかどる。

「そうですか。わかりました」

斉藤がつまらなそうに腰《こし》を上げた。孝宏も席を立つ。

「お気をつけて」

われながら、おざなりな声が出た。孝宏と連れだってリビングを出ていこうとしていた斉藤が、ドアの手前で振り向いた。

「そうだ、奥《おく》さん。例のあれ、昨日はちゃんとやりました？」

「はい？」

「あのお祈《いの》り。山を拝むと晴れるんでしょ？　なんなら、今から三人でやってみます？」

「けっこうです」

つい、きつい口調になってしまった。さすがの斉藤もひるんだのか、わずかに顔をひきつらせた。

「そんな、こわい顔しなくても。冗談《じょうだん》ですよ、冗談」

わざとらしく浮《うわ》ついた調子で、茶化《ちゃか》すように言う。

「冗談じゃない」

吐《は》き出《だ》すように、淳子はつぶやいていた。

「わたしたちは真剣《しんけん》なんです。生活がかかってるんです。そうやってばかにするの、やめてもらえません？」

「ちょっと、淳子さん」

と遠慮《えんりょ》がちに割って入ろうとした孝宏の隣《となり》で、斉藤が淳子をきっとにらみつけた。

「②ばかにしてるのは、どっちですか」

ぼそりと言う。先ほどとは顔つきが変わっていた。お得意の、相手を見下すような薄笑《うすわら》いともまた違《ちが》う、暗く険しい目つきだった。

「あんたたちこそ、おれのことをばかにしてる。どこにも行き場のない、かわいそうな負け犬だって」

「※繁忙《はんぼう》期くらい、僕《ぼく》にできることはやりたいんです。逆に、冬の間は彼女《かのじょ》が家のことをやってくれてますし」

器用に家事をこなす婿《むこ》の姿を見て、孝宏くんが気の毒だべ、と父もよく眉《まゆ》をひそめていたものだ。夫婦《ふうふ》の間で対等に分担しているのだと説明しても、理解できないようだった。

淳子はテーブルを離《はな》れて、窓の外をのぞいた。午前中よりも雨足《あまあし》が強まってきたようだ。淳子の胸にも黒雲が広がっていく。

「台風、今どのへんかな」

斉藤の声を、背中で受けた。

「そうとうでかいらしいね。予報では、明日あたり北海道の上を通るって」

警報が出て休校になるのを待ち望む子どものような、そわそわした口ぶりだった。実際のところ、堂々と休めてうれしいのかもしれない。

淳子はゆっくりと振《ふ》り向《む》いた。斉藤が携帯《けいたい》電話の画面を孝宏に見せている。

「ほら、進路予想。こりゃあ直撃《ちょくげき》したら大事《おおごと》だな」

どれだけ大事か、わかってから言ってもらいたい。長雨が続くと、収穫《しゅうかく》作業が滞《とどこお》るばかりでなく、地中で芋《いも》が腐《くさ》るおそれもある。豪雨《ごうう》で畑が※冠水《かんすい》して芋が流されてしまった年も、雨に打たれて泥《どろ》まみれになりながら手で掘った年もあった。どちらも大事で、そして悲惨《ひさん》だった。

「予報もころころ変わりますからね。案外、手前でそれるかもしれませんよ」

仁王《におう》立ちしている妻を横目でうかがいつつ、孝宏が答えた。

「斉藤さん、今日はもういいですよ」

①淳子は静かに言った。

「雨もひどくなってきたし、早めに帰って下さい。孝宏、車で送ってあげて」

「でも、にんじんの続きは？　雨でもやるんでしょう？」

喜ぶかと思いきや、斉藤は不服そうに問い返してきた。突然《とつぜん》、しかも一方的に帰れと言《い》い渡《わた》されたのが、気にさわったのだろうか。

二 次の文章を読んで、あとの問いに答えなさい。〈問題は**問一**から**問六**まであります。〉

《本文までのあらすじ》
淳子《じゅんこ》と孝宏《たかひろ》は北海道で農業を営んでいる。そこにかつて東京の総合商社で本部長だった斉藤《さいとう》がやってきた。斉藤は出世争いに敗れ、知人の紹介で農業を手伝うことになった。

昼になっても雨はやまなかった。休憩《きゅうけい》時間に、淳子たちは斉藤を家に招き入れ、三人で食卓《しょくたく》についた。

淳子と孝宏はゆうべのカレーをあたため直し、斉藤は弁当を開いた。初日と同じく、色とりどりのおかずがぎっちりと詰《つ》められている。

「これ、うちのですよ」

斉藤が箸《はし》をとり、黄色いかけらをつまんでみせた。意味がわからず箸の先を見つめている淳子の横から、孝宏が相槌《あいづち》を打つ。

「ポテトサラダですか。おいしそうですね」

一拍遅《いっぱくおく》れて、淳子にも合点《がてん》がいった。

「ああ、おとといの」

夫を迎《むか》えにきた斉藤夫人に、掘《ほ》りたての※馬鈴薯《ばれいしょ》をいくつか渡《わた》したのだ。とても喜ばれた。あんなに感じのいい妻が、なぜよりにもよってこの亭主《ていしゅ》と結婚《けっこん》したのか、つくづく謎《なぞ》だ。

食事中、聞き上手の孝宏を前にして、斉藤はいつにも増して※饒舌《じょうぜつ》だった。本部長時代の武勇伝、というか自慢話《じまんばなし》を延々と披露《ひろう》し、弁当箱が空になっても喋《しゃべ》り終える気配がない。この天気ではあせってもしかたがないので、淳子は放っておくことにした。

熱い茶を三人分淹《い》れて食卓に戻《もど》ったら、話題が変わっていた。

「きみも大変だね、週末まで働かされて。家事も手伝ってるんでしょ？」

※注　皆無…なにもないこと。
　　　周到…すみずみまで行き届いていること。

問一　□に共通して入る四字熟語を答えなさい。

問二　[A]　[B]に入ることばの組み合わせとして最も適当なものを次の中から選び、記号で答えなさい。

ア　A　また　　B　よって
イ　A　そして　B　しかし
ウ　A　だから　B　さて
エ　A　ただし　B　なぜなら

問三　Xの文章中、まちがった表現のため文意が通らなくなっているところがあります。その表現を文中から１語で抜き出し、正しく直しなさい。

問四　――①とありますが、ここからどのようなことがわかりますか。これより前の文中から16字で抜き出しなさい。

問五　――②とありますが、「狩り」とはチーターの子どもにとって、どのようなものですか。文中から11字で抜き出しなさい。

問六　本文の内容として**ふさわしくないもの**を次の中から一つ選び、記号で答えなさい。

ア　獲物となる草食獣だが、必ずしも肉食獣よりも弱いとはいえない。
イ　ライオンの社会では、メスや子どもたちよりもオスが優先される。
ウ　チーターは軽量化とひきかえに、他の肉食獣との戦いに不利になった。
エ　チーターのスピードに対応するために、草食動物は進化を遂げてきた。

チーターは生まれつきのハンターではない。狩りの方法を学ばなければハンターとして生きていくことはできない。そのため、②狩りを教えようと母親は懸命《けんめい》だ。

チーターの子育ての時間は長い。しかし、この期間に独り立ちできるまでに狩りを教《おし》え込《こ》もうとするならば、時間は短い。この間に狩りのすべてを教えなければ、子どもたちは自然界で生き抜《ぬ》くことができないのだ。肉食獣であっても、教わることなくできることは何もない。すべては成長する中で学んでゆくことなのだ。

母親はチーターの子どもと同じくらいの大きさの、小さなガゼルの子どもなどを生きたまま子どもたちに与《あた》え、狩りの練習をさせる。

それでも子どもたちは、ガゼルがエサだとわからないから、一緒《いっしょ》に遊んでしまったりする。それでは困るから母親はガゼルにとどめを刺《さ》して食べ始める。ここまでして初めて、子どもたちはエサを狩るということを覚えていくのである。

まさに一から手取り足取りの徹底《てってい》指導である。こうして、チーターは母から子へと生きるための知識と技術を伝えてきた。

ところが、こんなに※周到《しゅうとう》に狩りの能力を鍛《きた》えているのに、それでもチーターの子どもの生存率は低いのだ。

どうしてなのだろう。

チーターは草食獣を追う能力を高めるために、体重を軽量化した。体もしなやかで走るのに適した体型と筋肉を手に入れた。その代わりに、ライオンやハイエナなどの他の肉食獣との戦いに弱くなってしまったのである。そのため、せっかく手に入れた獲物を他の肉食獣に奪《うば》われることも多い。それでも、走るスペシャリストとして進化を遂げたチーターは、それに抗《あらが》う術を知らない。みすみす奪われてしまうのだ。

獲物だけではない。チーターは愛する子どもさえも、他の肉食獣に奪われる。ライオンやハイエナ、ハゲタカなど血に飢えた猛獣《もうじゅう》たちが、か弱いチーターの子どもを獲物として狙うのだ。

無事に大人になることのできるチーターは、一〇～二〇頭に一頭と言われている。世界最速のハンターも、生きていくのは大変なのだ。

食うものも食われるものも必死で生きている。それが□の世界なのである。

（稲垣栄洋『生き物の死にざま　はかない命の物語』による）

ほどである。この短時間に仕留められなければ、草食獣に逃げられてしまうのだ。

チーターは、群れで狩りをするライオンと違《ちが》い、単独で狩りをする。ただ、その成功率は、ライオンが二〇～三〇％であるのに比べれば、けっして低くない。

それなのに、①チーターは一度に五、六頭の子どもを産む。

（中略）

チーターは年に一度、繁殖《はんしょく》し、母親が一頭で子育てをする。妊娠《にんしん》期間は、九〇日程度である。

もちろん、この間もチーターの母親は狩りを続ける。

もっとも、子どもを産んだ後の方が大変だ。肉食獣から逃げ回らなければならない草食動物の子どもは、生まれて間もなく歩けるようになる。しかし、チーターの子どもが歩けるようになるまでにはしばらく日数がかかる。人間に比べればずいぶん早いが、危険に満ちたサバンナで動くことのできない無防備なチーターの子どもは、ライオンやハイエナなどの他の肉食動物からすれば、かっこうの獲物だ。

母親は、敵に見つからないように、数日ごとに子どもを運び隠《かく》れ家《が》を移していく。だが、母親は、子どもたちを残して狩りに行かなければならない。子どもは、じっと隠れ家で身を潜《ひそ》めている。見つかったら終わりだ。しかし、隠れ家といっても、サバンナの中のくぼみのような場所である。この時期に、多くのチーターの子どもたちは、敵に見つかって命を失ってしまう。

やがて、子どもたちは親について歩けるようになる。

それでも、母親は大変だ。自分の分だけであれば、数日に一度、獲物を手に入れられれば生きていくことができる。しかし、子育て中の母親は育《そだ》ち盛《ざか》りの子どもの分までエサを確保しなければならないため、毎日、獲物を獲《と》る必要があるのである。もはや狩りの成功率などと言っている場合ではない。

こんな過酷《かこく》な子育てが、一年半から二年も続くのだ。チーターは狩りに成功しなければ生きていけない。狩りの方法を覚えることは生きるための必須《ひっす》の術《すべ》なのだ。

えているのだ。

ライオンは一頭のオスと複数のメスで群れを作る一夫多妻だが、オスは広いなわばりを外敵から守る役割を担《にな》っている。そして、メスのライオンが、群れを作って狩《か》りをするのだ。ライオンといえども、一頭では獲物《えもの》を仕留めることが難しいのだ。もっとも、メスのライオンがチームで狩りをしても、狩りの成功率は二〇〜三〇%であるという。獲物にありつくのは大変なことなのだ。

しかも、群れで獲物を仕留めたということは、群れで獲物を分けなければならないことになる。

たった一頭仕留めた獲物を、群れで食べていく。まずエサにありつくのは、狩りをしていないオスのライオンだ。［A］、オスのライオンが食べ終わるとメスのライオンや子どものライオンが食べる番だ。

［B］、体の大きいライオンは、食べる量も多い。一頭を仕留めただけではとても食べ物が足りない。オスのライオンがほとんど食べ尽くしてしまうこともある。そうなれば、メスや子どもたちは、わずかに残った肉を争うように食べあさる。こんな状態だから、とても子どものライオンにまで食べ物は回ってこない。子どもたちはお腹《なか》を空《す》かせたまま、飢えて死んでしまうのだ。

これが、肉を食べなければ生きていくことができない肉食獣の宿命である。

X

走るのが速い草食獣を捕らえるために、進化を遂《と》げた動物がいる。

チーターである。

チーターは時速一〇〇キロメートルを超える速度で走ることができる。まさに、世界最速の動物である。この速度から逃《のが》れることのできる動物は※皆無《かいむ》であろう。

ところが、チーターの狩りの成功率は、四〇〜五〇%と言われている。驚《おどろ》くことに半分くらいの確率で、草食獣はチーターから逃れているのだ。

チーターは直線距離《きょり》で走れば時速一〇〇キロメートルで走れるが、獲物となる草食獣のガゼルはジグザグに走ったり、ぴょんぴょん跳《と》んでチーターの狙《ねら》いを惑《まど》わせる。また、チーターは持久力があるため、全速力で走れるのは一〇〜二〇秒

二〇二一年度
国学院大学久我山中学校

【国　語】〈ＳＴ第二回試験〉（五〇分）〈満点：一〇〇点〉

〔注意〕１　設問の関係で、原文とは異なるところがあります。
　　　２　句読点（、や。）その他の記号（「や〃など）は１字分として数えます。

一　次の文章を読んで、あとの問いに答えなさい。〈問題は**問一**から**問六**まであります。〉

□という言葉がある。
シマウマやヌーなどの草食獣《そうしょくじゅう》は、ライオンなどの肉食獣《にくしょくじゅう》の餌食《えじき》になる。

まさに弱いものの肉を強いものが食うのである。

しかし、本当に弱いのはどちらだろうか。


シマウマやヌーなどの草食動物は一度の出産でたった一頭の子どもを産む。

百獣《ひゃくじゅう》の王のライオンは、一度の出産で、二、三頭の子どもを産む。

ライオンの方が子どもの数が多いのは、それだけ、子どもが死ぬ確率が高いということだ。

実際にライオンは、大人になることなく死んでしまうものが多い。ライオンの生後一年以内の死亡率は、六〇％を超《こ》えると言われている。そのため、一度のお産で二、三頭は産まなければ、個体数を維持《いじ》できないのだ。

それにしても、百獣の王であるライオンの子どもたちは、どうして死んでしまうのだろうか。

その一番の原因は「飢《う》え」である。
□とはいっても肉食獣は、簡単に草食獣を捕《と》らえられるわけではない。
草食獣は肉食獣に襲《おそ》われないように群れをなしている。さらには、肉食獣の接近に気がつけば、逃《に》げ切るだけの走力も備

2021年度

国学院大学久我山中学校　▶解　答

※　編集上の都合により，ST第２回試験の解説は省略させていただきました。

算　数　＜ST第２回試験＞（60分）＜満点：150点＞

解　答

[1] (1) $\frac{5}{6}$倍　(2) 10個　(3) 17年後　(4) 火曜日　(5) 375円　(6) 225　(7) 50g　[2] (1) 時速54km　(2) ①　7本　②　8本　(3) ①　毎分8人　②　10分　(4) 26.56cm　(5) 188.4cm^2　[3] (1) 50　(2) 11段目の左から1番目　(3) 40　(4) 7段目の左から4番目　(5) 10段目の左から6番目　[4] (1) 0.8m　(2) 秒速2m　(3) 4秒後　(4) **太郎君**…1.6m，**花子さん**…10m　(5) 秒速8m　(6) 2.75秒後から3.5秒後まで

国　語　＜ST第２回試験＞（50分）＜満点：100点＞

解　答

[一] **問1**　弱肉強食　**問2**　イ　**問3**　ある→ない　**問4**　子どもが死ぬ確率が高いということ　**問5**　生きるための知識と技術　**問6**　エ　[二] **問1**　ア　**問2**　エ　**問3**　ウ　**問4**　イ　**問5**　ウ　**問6**　イ　[三]（例）むかしの人の旅のあとをたどることで，自分の内面を見つめ，詩的なイメージを育てるためのもの。　[四] **問1**　下記を参照のこと。　**問2**　①　弁　②　段　**問3**　①　参　②　臨　**問4**　争　**問5**　エ

●漢字の書き取り

[四] **問1**　①　返済　②　体操　③　頂　④　加盟　⑤　背景　⑥　演奏

Dr.福井の 入試に勝つ！脳とからだのウルトラ科学

記憶に残る“ウロ覚え勉強法”とは？

人間の脳には，ミスしたところが記憶に残りやすい性質がある。順調にいっているときの記憶はあまり残らないが，まちがえて「しまった！」と思うと，その部分がよく記憶されるんだ(これは，脳のヘントウタイという部分の働きによる)。その証拠に，おそらくキミたちも「あの問題を解けたから点数がよかった」ことよりも，「あの問題をまちがえたから点数が悪かった」ことのほうをよく覚えているんじゃないかな？

この脳のしくみを利用したのが“ウロ覚え勉強法”だ。もっと細かく紹介すると，テキストの内容を一生懸命覚え，知識を万全にしてから問題に取り組むのではなく，テキストにざっと目を通した程度(つまりウロ覚えの状態)で問題に取りかかる。もちろんかなりまちがえると思うが，それを気にすることはない。まちがえた部分はよく記憶に残るのだから……。言いかえると，まちがえながら知識量を増やしていくのが“ウロ覚え勉強法”なのである。

ここで，ポイントが2つある。1つは，ヘントウタイを働かせて記憶力を上げるために，まちがえたときは「あ～っ！」とわざとらしく驚くこと。オーバーすぎるかな……と思うぐらいでちょうどよい。

もう1つのポイントは，まちがえたところをそのままにせず，ここできちんと見直すこと(残念ながら，驚くだけでは覚えられない)。問題の解説を読んで理解するのはもちろんだが，必ずテキストから見直すようにする。そうすれば，記憶力が上がったところで足りない知識をしっかり身につけられるし，さらにその部分がどのように出題されるかもわかってくる。頭の中の知識を実戦で役立てられるようにするわけだ。

Dr.福井(福井《ふくい》一成《かずしげ》)…医学博士。開成中・高から東大・文Ⅱに入学後，再受験して翌年東大・理Ⅲに合格。同大医学部卒。さまざまな勉強法や脳科学に関する著書多数。

2020年度　国学院大学久我山中学校

〔電　話〕 (03) 3334－１１５１
〔所在地〕 〒168－0082　東京都杉並区久我山１－９－１
〔交　通〕 京王井の頭線―「久我山駅」より徒歩12分

【算　数】〈第１回試験〉 (50分) 〈満点：100点〉

〔注意〕 １．分度器・コンパスは使用しないでください。
　　　　２．円周率は3.14とします。

1　次の計算をしなさい。

(1)　$800 \div 16 - 13 \times 9 \div 3$

(2)　$14 \div 3\frac{1}{2} \div 0.25 \times 1\frac{3}{4}$

(3)　$0.5 + 3\frac{3}{5} \div \left\{4.8 \div \left(\frac{1}{2} - \frac{1}{3}\right)\right\}$

(4)　$1\frac{1}{5} \div 0.8 - \left\{\frac{2}{3} \times 2.25 - \left(\frac{2}{7} + \frac{1}{3}\right) \div \frac{13}{30}\right\}$

2　次の問いに答えなさい。

(1)　百の位の数字が１，一の位の数字が４の３けたの整数のうち，３の倍数は全部で何個ありますか。

(2)　８％の食塩水200ｇと６％の食塩水600ｇを混ぜてできる食塩水の濃度《のうど》は何％ですか。

(3)　ある品物に原価の４割の利益を見込《みこ》んで定価をつけ，その定価の20％引きの値段で売ったところ，600円の利益がありました。この品物の原価は何円ですか。

(4)　一定の速さで流れる川があります。船がこの川を720ｍ上るのに６分，下るのに３分かかりました。この船の静水時の速さは毎分何ｍですか。

(5)　１匹《ぴき》100円のメダカと１匹120円の金魚をあわせて20匹買ったとき，メダカだけの代金と金魚だけの代金の差が460円でした。買ったメダカは何匹《びき》ですか。

(6)　下の図は，１辺の長さが３cmの正方形の内部に半径が３cmのおうぎ形をかいたものです。斜線《しゃせん》部分の面積は何cm^2ですか。

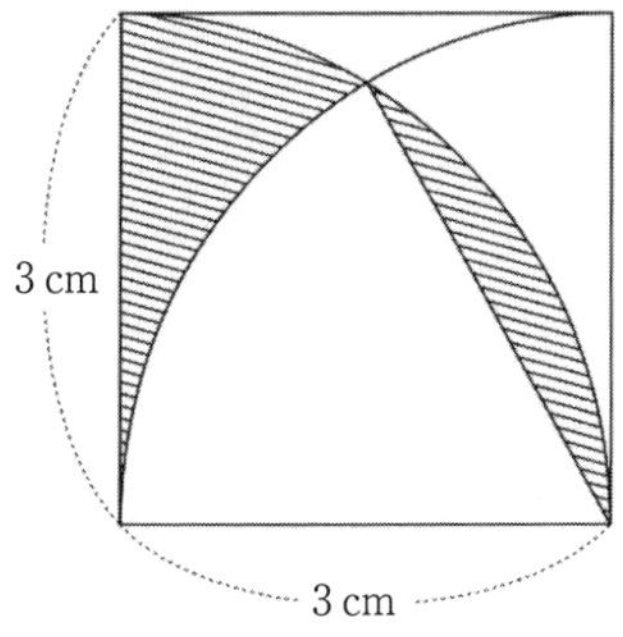

(7)　下の図１は，図２の展開図を組み立てた立方体です。この図１の立方体を３点A，C，Hを通る平面で切るとき，切り口の線を解答用紙の展開図にかきなさい。

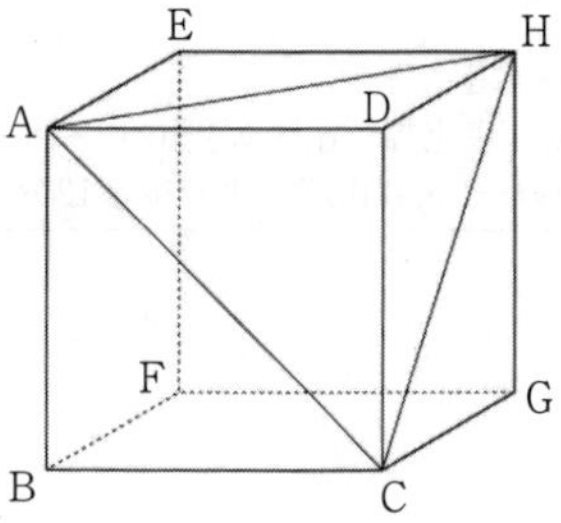

図１

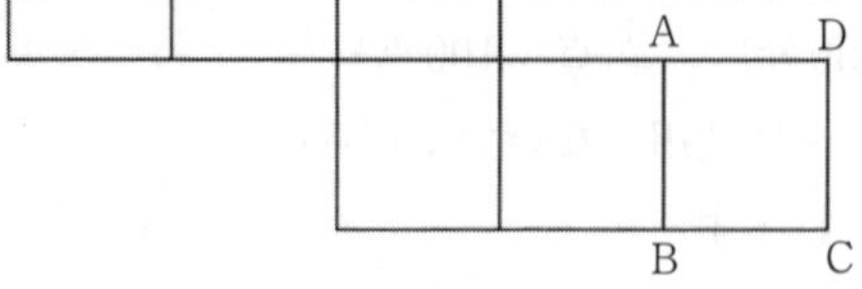

図２

3　下の図のように，１段目には１個，２段目には３個，３段目には５個，……と１段増えるごとにマスを２個ずつ増やしながら並べていき，

１段目には１
２段目には２，３，４
３段目には５，６，…
⋮

と，１から順に整数を入れていきます。10以上の整数はそれぞれのマスに各位の数字を入れることにします。

また，上から○段目，左から△番目のマスを〈○，△〉で表すことにします。

例えば，整数10については，４段目の左から１番目と２番目のマスにそれぞれ１と０が入ります。つまり，〈４，１〉に入る数字は十の位の数字の１，〈４，２〉に入る数字は一の位の数字の０となります。

また，整数13については，〈４，７〉に十の位の数字の１が，〈５，１〉に一の位の数字の３が入ります。

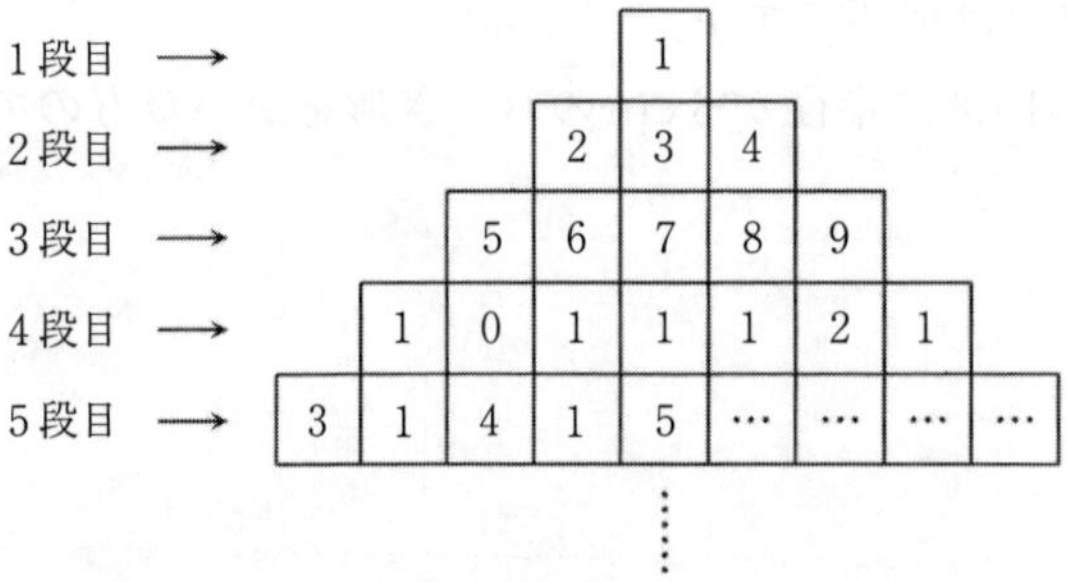

このとき，次の問いに答えなさい。

(1)　20段目に並んでいるマスは何個ですか。

(2)　１段目から50段目まで並んでいるマスは，全部で何個ですか。

(3)　〈11，３〉に入る数字はいくつですか。

(4)　整数1184については，〈ア，イ〉に一の位の数字の４が入ります。ア，イにあてはまる数を答えなさい。

4 15km離《はな》れたＡ駅とＢ駅の間をバスは時速45kmで往復し続け，各駅に着くごとに４分間停車します。太郎君は，行きは８時にバスと同時にＡ駅を出発してＢ駅に歩いて向かい，帰りはＢ駅からバスに乗りＡ駅に戻《もど》ります。太郎君の歩く速さを時速５kmとして，次の問いに答えなさい。

ただし，(1)，(4)は答のみ，(2)，(3)，(5)は途中《とちゅう》の考え方も書きなさい。

(1) バスはＡ駅からＢ駅まで何分かかりますか。

(2) 太郎君がＡ駅を出発してから，Ａ駅行きのバスとはじめて出会うのは，何時何分何秒ですか。

(3) 太郎君がＡ駅を出発してから，Ａ駅行きのバスと２回目に出会うのは，Ａ駅から何kmの地点ですか。

(4) 太郎君がＡ駅を出発してからＢ駅に着くまでに，Ｂ駅行きのバスに何回追い越《こ》されますか。

(5) 太郎君がＡ駅に戻る途中，バスが故障したのですぐにバスを降り，そこから歩いたところ，12時にＡ駅に着きました。バスはＡ駅から何kmの地点で故障しましたか。ただし，バスを降りるのにかかる時間は考えないものとします。

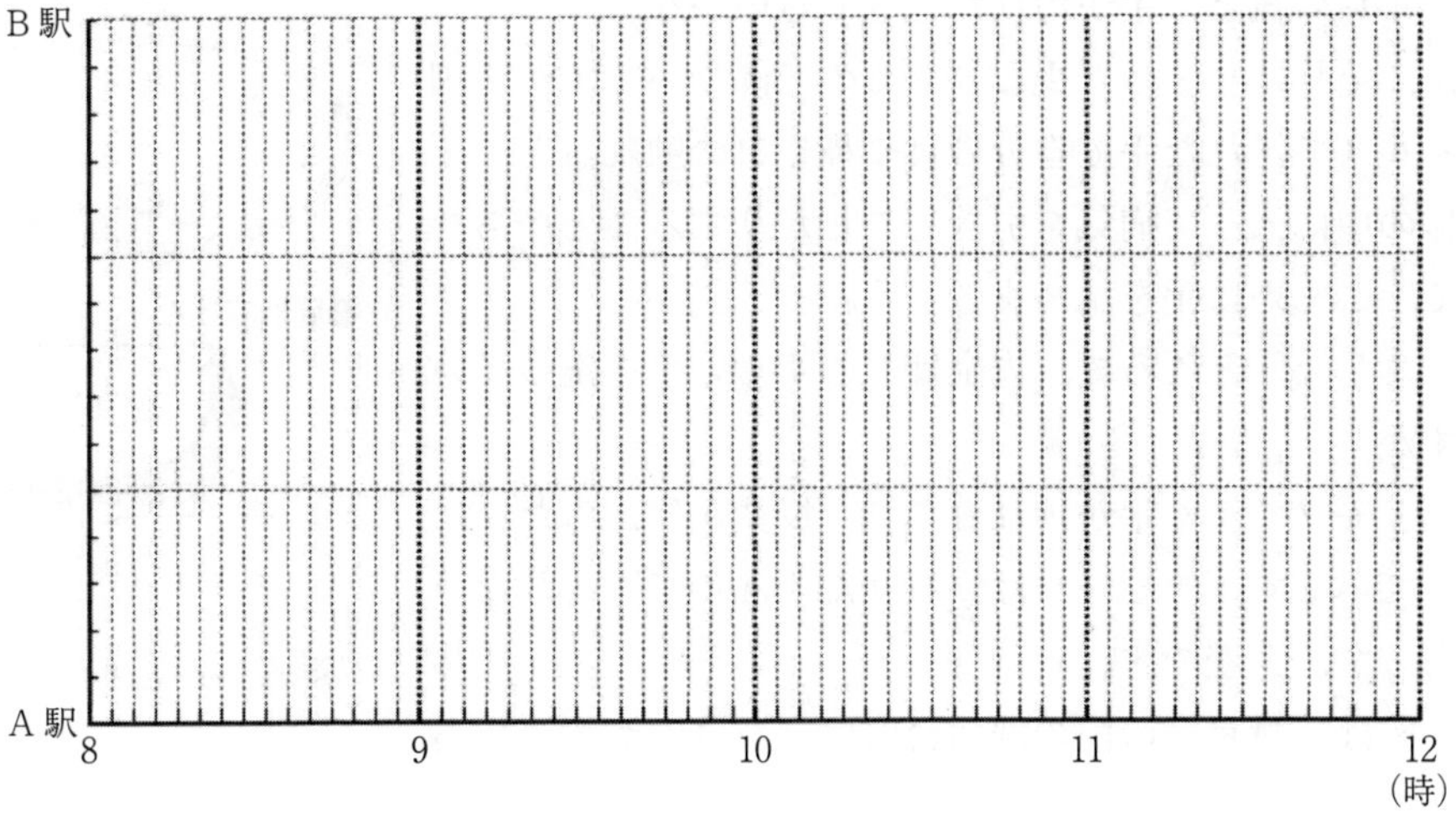

【社　会】〈第１回試験〉（40分）〈満点：50点〉

〈編集部注：実物の入試問題では，**1** の資料６はカラー印刷です。〉

1 以下の会話は，K先生と生徒との会話です。それを読んで問いに答えなさい。

K先生：今週から久我山中学校でもインフルエンザが流行してきました。みなさん，いつも以上に手洗いを心がけて，インフルエンザを予防しましょう。

Aさん：いつも以上って……，どのくらいでしょうか。

K先生：いつもしっかり洗っている人はいつも通りでよいのですが……。①みなさんはどのようなタイミングで手洗いをしているのですか。

Aさん：外から帰ってきた時と，食事をする前と，②トイレに行った後は必ず洗います。

Bさん：私はトイレの後と，手が汚《よご》れたときくらいかな。

K先生：Bさん，それはちょっと少なすぎるのではないですか。細《さい》菌《きん》やウイルスで汚れた手で自分の目や鼻や口に触《ふ》れると，それらが体の中に入って病気を引き起こしたりすることがありますので，こまめに手を洗いましょう。

Bさん：分かりました。ところで，先生はどのくらい手を洗っているのですか。

K先生：私はチョークでよく手が汚れるので，授業が終わるたびに手を洗っています。チョークは③石けんで洗ってもとれないときがあって，大変です。

Aさん：そういえば，職員室の前の洗面台には泡《あわ》石けんが置いてあって，とてもうらやましく思います。

●泡石けん

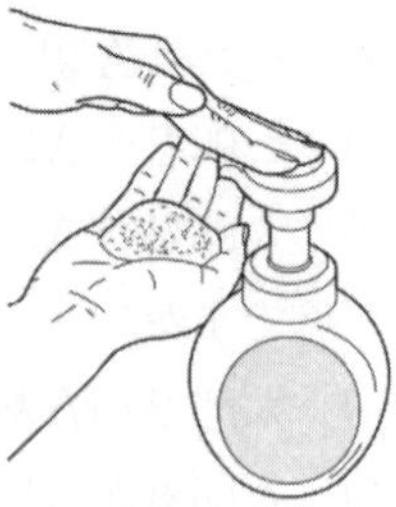

●液体石けん

●固形石けん

K先生：生徒用のトイレにあるのは液体石けんでしたか。固形石けんは，最近あまり見かけなくなりましたね。

Bさん：固形石けんには［　　　　］という長所があるため，家ではよく使っています。

Aさん：でも，固形石けんは泡立てるのに時間がかかるので，手洗いの時に④水を出しっぱなしだと水をむだづかいしてしまうこともあるのではないでしょうか。

K先生：手洗いは手のひらだけでなく，手の甲《こう》や指，爪の間，手首まで洗う必要があるので，石けんの種類に限らず水を一度止めて時間をかけて洗うことが大切です。さらに，きめ細かい泡を立てると，界面活性剤《かいめんかっせいざい》という汚れを包みこんで落とす働きを持つ成分の効果がより高くなるので，手洗いをする時は石けんを十分に泡立てることが大切です。Aさんは１回の手洗いにあまり時間をかけていないのではないですか。

●界面活性剤と泡

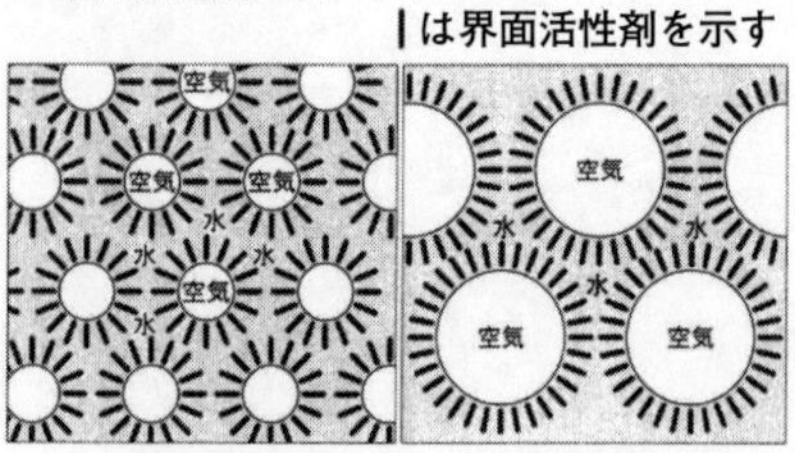

（花王株式会社生活者研究センター「学校生活における子供の手洗い実態」より作成）

Ａさん：言われてみれば……寒い時期は指先を水でぬらしているだけかもしれません。
Ｋ先生：それでは意味がないのではないですか。なんだかとても心配になってきました。
Ｂさん：Ｋ先生，心配しないでください。⑤私は保健委員ですので，どのようにすれば私たちが効果的な手洗いを習慣化できるか，考えてみたいと思います。

問１　下線部①に関連して，**資料１**を見ると，男性よりも女性の方が手洗い回数が多いことが分かります。**資料２**のＡ，Ｂ，Ｃはそれぞれ，「食事の前」，「ご飯を作る時」，「トイレの後」に手を洗っている人の割合を示しています。その組み合わせとしてふさわしいものを選び，記号で答えなさい。

●資料１　男女別１日の手洗い回数

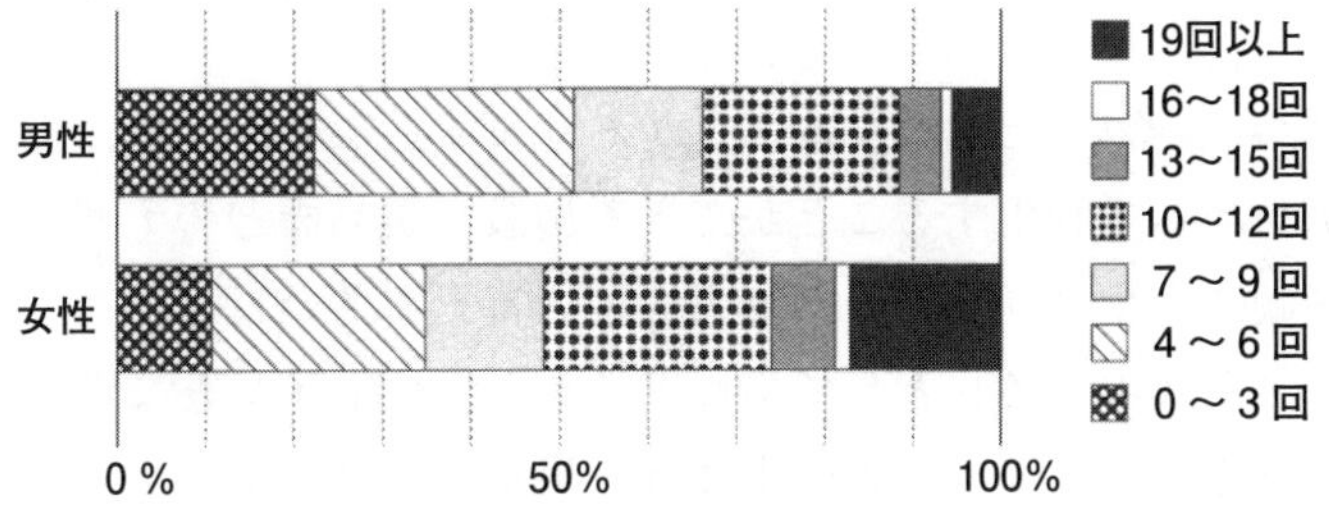

●資料２　男性と女性の手洗いのタイミング

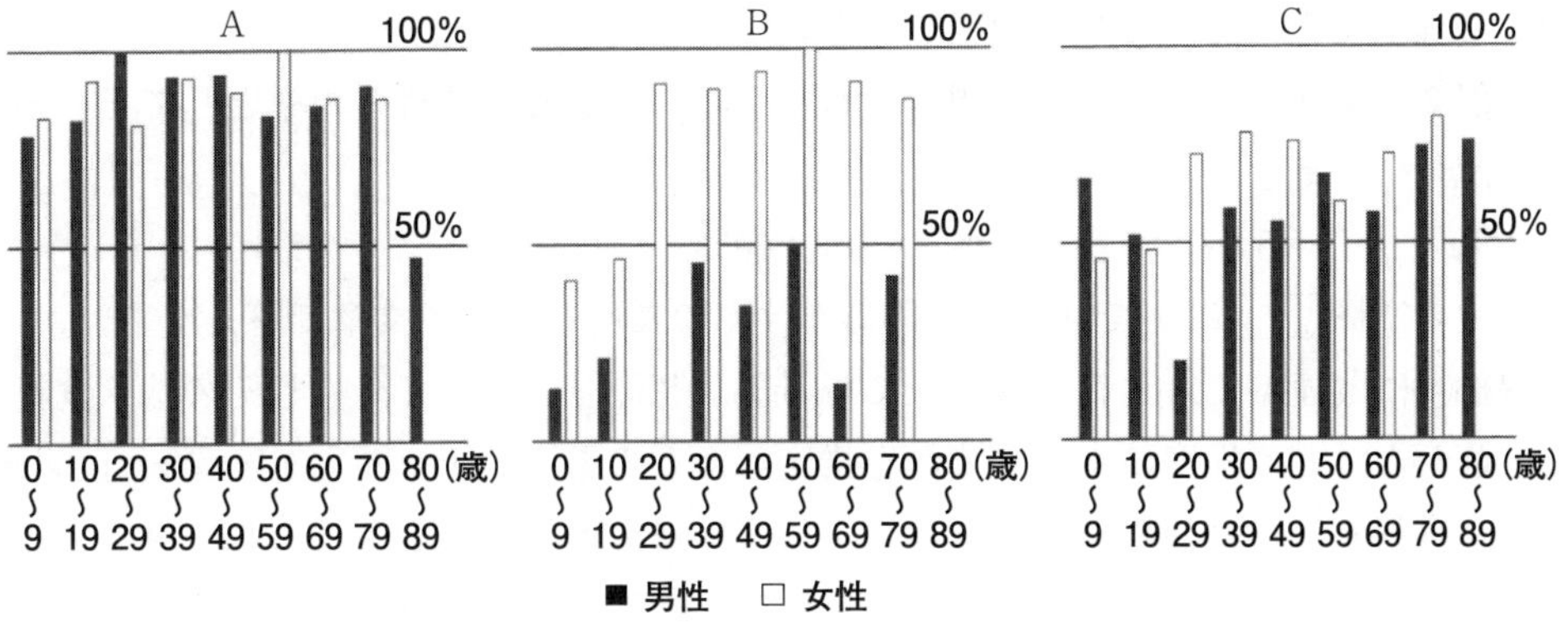

※資料１，資料２は，日本ユニセフ協会が2012年７月から９月初旬《しょじゅん》にかけて，全国47都道府県の子どもたち122名を手洗い調査隊員に任命し，家庭などでの手洗いの調査をお願いして結果をまとめたものです。
※資料２の数値は，調査対象の中で，その行動をする機会の少ない人達もいることが，低い数値の背景のひとつと推測されます。

（日本ユニセフ協会「手洗い白書2012」より作成）

ア．Ａ：食事の前　　　Ｂ：ご飯を作る時　Ｃ：トイレの後
イ．Ａ：食事の前　　　Ｂ：トイレの後　　Ｃ：ご飯を作る時
ウ．Ａ：ご飯を作る時　Ｂ：食事の前　　　Ｃ：トイレの後
エ．Ａ：ご飯を作る時　Ｂ：トイレの後　　Ｃ：食事の前
オ．Ａ：トイレの後　　Ｂ：食事の前　　　Ｃ：ご飯を作る時
カ．Ａ：トイレの後　　Ｂ：ご飯を作る時　Ｃ：食事の前

問２　下線部②に関連して，東京オリンピック・パラリンピックの実施《じっし》に向けて，都内各地では**資料３**のような多機能トイレの設置が進んでいます。車いすの人も入ることができる広いスペース，低い洗面台，手すり，折りたたみ式ベッド，幼児用いすなど，さまざまな機能を備えるこのようなトイレについて，次の各問いに答えなさい。

●資料３

(1)　多機能トイレは，「だれでもトイレ」と呼ばれることがあります。このように，性別，年《ねん》齢《れい》，障がいの有無などにかかわらず利用することができる施設《しせつ》や製品などのデザインのことを何といいますか。解答欄《らん》に合うように，カタカナ６字で答えなさい。

(2)　多機能トイレの多くは，男女共用トイレとして男性トイレと女性トイレとは別に設置されています。多機能トイレを必要としている人の中には，男女別ではなく，男女共用トイレを希望する人も多いようです。多機能トイレを必要としている人が男女共用トイレを希望する理由を考えて，文章で説明しなさい。

問３　下線部③に関連して，石けんを現金で買った時にかかる消費税の税率として正しいものを選び，記号で答えなさい。

ア．３％　　イ．５％　　ウ．８％　　エ．10％

問４　本文中の空欄［　　］にあてはまる，固形石けんの長所を考えて文章で答えなさい。

問５　下線部④に関連して，食料を輸入している国(消費国)において，もしその輸入食料を生産するとしたら，どの程度の水が必要かを推定したものをバーチャルウォーター(仮想水)といいます。**資料４**は，食品のバーチャルウォーター量を示しています。これを見て考えられることを説明した文としてふさわしいものを選び，記号で答えなさい。

●資料４

食　品	バーチャルウォーター量（リットル）	食　品	バーチャルウォーター量（リットル）
牛肉 50g	1030	スパゲティ１食分(100g)	200
ベーコン 30g	177	たまねぎ $\frac{1}{2}$ 個(120g)	19
炊《た》いたごはん １杯《ぱい》(75g)	278	わかめ 10g	0
パン １個(45g)	72	ケチャップ大さじ １杯(18g)	4
うどん １食分(200g)	120	だし汁 １杯(400g)	0.4

（環境省HPより作成）

ア．牛丼《ぎゅうどん》は，ナポリタンスパゲティよりバーチャルウォーター量が少ない。

イ．ナポリタンスパゲティは，わかめうどんよりバーチャルウォーター量が多い。

ウ．ハンバーガーは，わかめうどんよりバーチャルウォーター量が少ない。

エ．わかめうどんは，牛丼よりバーチャルウォーター量が多い。

問６　下線部⑤に関連して，あなたがもし保健委員だったとしたら，小学校低学年の児童たちに感染症《かんせんしょう》予防に効果的な手洗いを実践《じっせん》してもらうために，どのような取り組みをしますか。次の**資料５**，**資料６**を参考に，取り組みの内容・方法や企画《きかく》理由・工夫のポイントを考えて，解答欄に合うようにそれぞれ文章で答えなさい。

●資料５　石けんの種類による泡立ての状態と手洗い時間（小学校低学年）

タイプ	人数	※1泡立ての状態				※２手洗い時間				
		◎	○	△	×	ぬらす➡	洗浄《せんじょう》液をとる➡	こすり合わせ➡	流し	合計
固形	26	3 (11.5%	7 26.9%	4 15.3%	12 46.1%)	2.6秒 (14.8	5.5秒 31.3	4.3秒 24.4	5.2秒 29.5	17.6秒 100.0)
液体	26	12 (46.2%	6 23.1%	0 0.0%	8 30.8%)	1.5 (6.7	1.4 6.2	11.4 50.7	8.2 36.4	22.5 100.0)
泡	22	21 (95.5%	1 4.5%	0 0.0%	0 0.0%)	2.8 (14.4	1.4 7.2	8.4 43.1	6.9 35.4	19.5 100.0)

※１　泡立ちの評価：目視判定による　◎：十分に泡立っている　○：やや泡立っている　△：泡はあるが不十分（泡が少なくヌルヌル）　×：泡立ちなし
※２　手洗い時間の（　）は，合計時間を100としたときの，それぞれの時間の割合

●資料６　小学校低学年の児童の石けんの種類による手洗い効果の違《ちが》い

①洗浄前

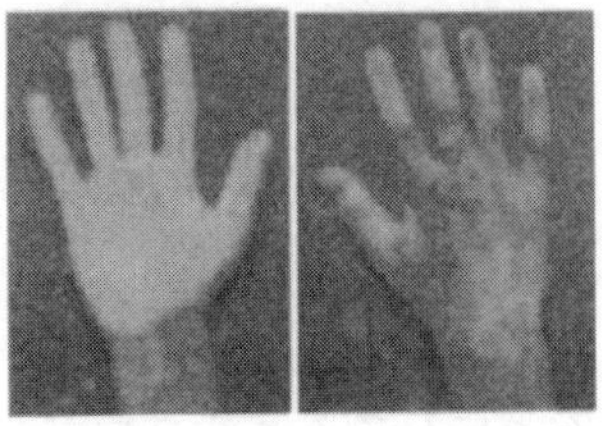

蛍光剤《けいこうざい》入りのクリームを手にぬる
↓
ブラックライトを当てると，クリームがついている部分が白く光る（写真①）
↓
洗浄
↓
ブラックライトを当てると，洗い残しの部分が白く光る（写真②～⑤）

②手洗い指導前
固形石けん
で洗浄

③手洗い指導前
泡タイプ
ハンドソープ
で洗浄

④手洗い指導後
固形石けん
で洗浄

⑤手洗い指導後
泡タイプ
ハンドソープ
で洗浄

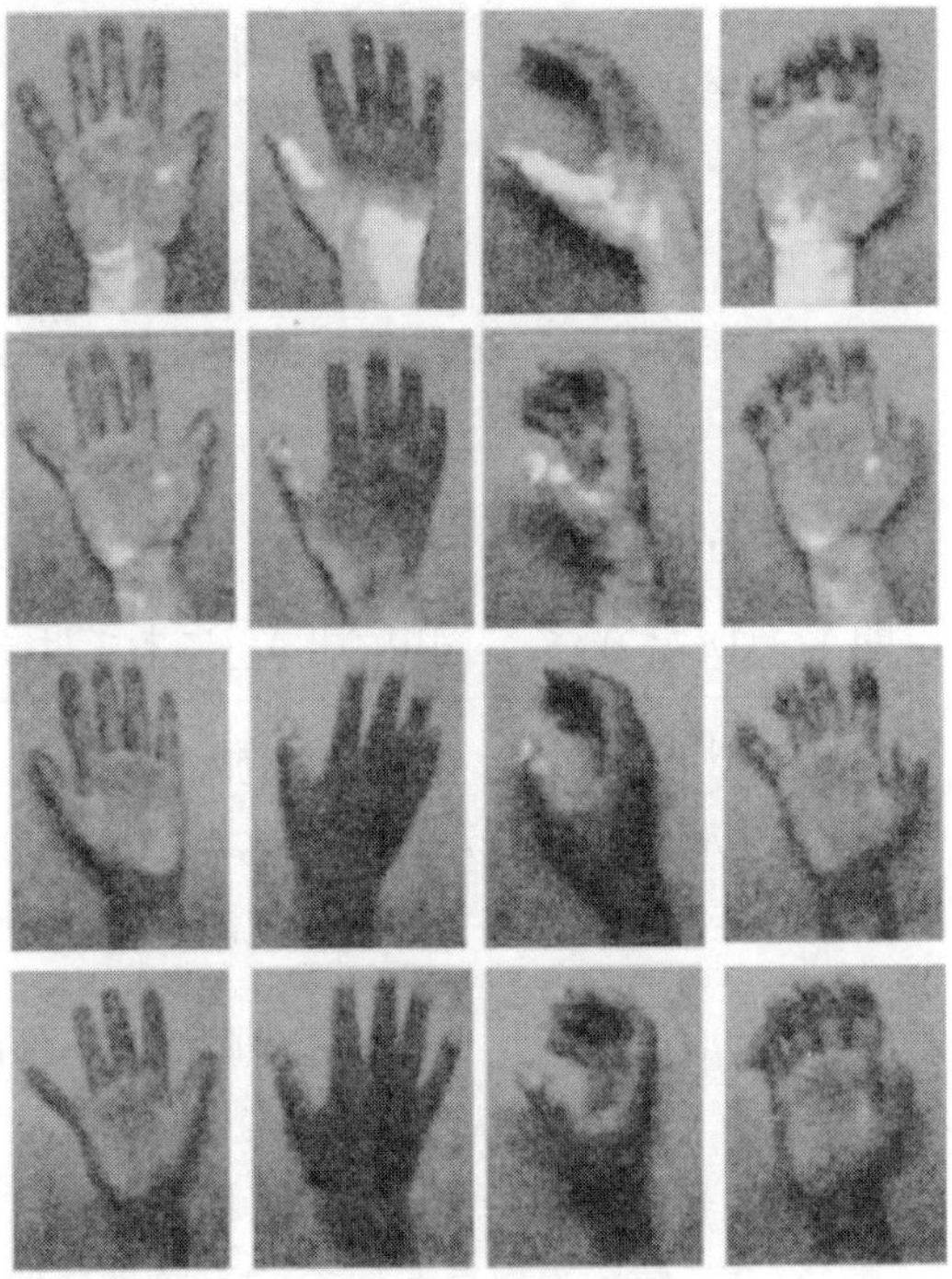

（花王株式会社生活者研究センター「学校生活における子供の手洗い実態」より作成）

※弊社ホームページにて，カラー印刷のものを掲載しています。
必要な方はアクセスしてください。
なお，右のQRコードからもアクセスできます。

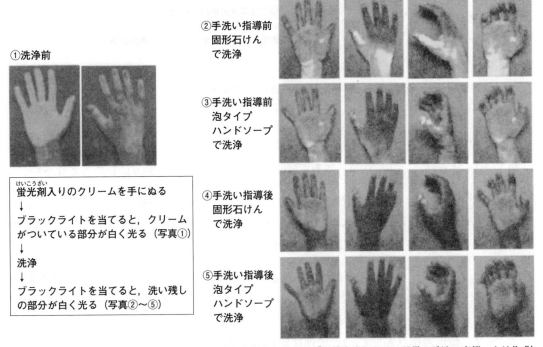

2　次の地図①～⑪は，日本の文化財として，文化庁が認定した主な日本遺産の場所とその名《めい》称《しょう》を示したものです。これに関連して，問いに答えなさい。

問１　①について，図中の [A] にあてはまる語句を，下の文を参考にして答えなさい。

> [A] は主に北海道に居住する人たちで，「神」を意味するカムイに対する言葉で「人間」という意味を持つ。2019年４月には [A] 新法が成立し，[A] は先住民族として初めて法的に位置づけられた。

問２　②について，伊達政宗は政治・軍事面での活躍《かつやく》だけでなく，さまざまな文化を取り入れ，大きく影響《えいきょう》を与えた人物でもあります。それについて以下の問いに答えなさい。

(1)　伊達政宗について説明した文としてふさわしくないものを選び，記号で答えなさい。

ア．政治の拠点《きょてん》として，丘陵《きゅうりょう》地に仙台城を築き，それとともに平野部に城下町の建設をおこなった。

イ．上方の文化を積極的に導入し，畿内から技師・大工らを呼び寄せ，建造物や障壁《しょうへき》画に，桃山文化に特徴《とくちょう》的な雄大《ゆうだい》で豪華《ごうか》な手法を取り入れた。

ウ．西洋への使節を派遣《はけん》するなど，海外の文化にも関心があり，南蛮文化の影響を受けた羽織などを身につけていた。

エ．中国との交流を重視し，大輪田泊を改修して日宋貿易をすすめ，銅銭や織物を輸入し，金や漆器《しっき》を輸出していた。

(2) 都の文化にあこがれた伊達政宗ですが，それとは反対に都の人々もみちのくの地にあこがれ，たくさんの人々がこの地を訪れました。その一人として，松尾芭蕉も『おくのほそ道』でこの地を紹介《しょうかい》しました。その一つが下の**写真１**にある松島です。松島湾では**写真２**のように，ある魚介《ぎょかい》類の養殖《ようしょく》も行われています。この魚介類の名前を答えなさい。なお，下のグラフは，この魚介類の都道府県別生産割合を示したものです。

写真１

写真２

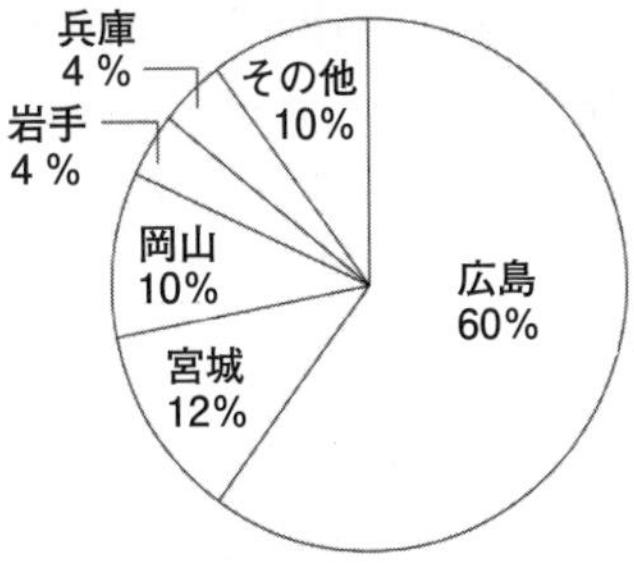

（『地理統計要覧2019年版』より作成）

問３ ③について以下の問いに答えなさい。

(1) 郡山には，「猪苗代湖の水を安積原野へ」という疏水開削《そすいかいさく》の構想が江戸時代から存在していましたが，ある山脈がそびえており猪苗代湖の水は西側へのみ流れ，東側にある安積原野には流れませんでした。この山脈は東北地方の中央部を，南北に延びる日本最長の山脈です。この山脈の名前を答えなさい。

(2) ［B］にあてはまる人物で，明治初期，岩倉使節団に参加し，安積原野の開拓を実施することを決断したものの，事業開始目前の1878年に暗殺されてしまった人物を選び，記号で答えなさい。

ア．大久保利通　　イ．伊藤博文　　ウ．板垣退助　　エ．西郷隆盛

問４ ④について，絹に関連する文としてふさわしくないものを選び，記号で答えなさい。

ア．絹は，桑《くわ》の葉をえさにして育てられた蚕の繭《まゆ》から糸をつむいでつくられる。

イ．絹は，古代から中国で生産され，中国から中央アジアを通る交易路で西洋へともたらされた。

ウ．明治のはじめに，わが国で最初の民営の工場である富岡製糸場がつくられ，絹織物の原料である生糸の生産を行った。

エ．明治時代には，生糸は日本最大の輸出品であったが，現在はほとんど輸入に頼《たよ》っている。

問5　⑤⑥⑦について，次の表は都道府県別のぶどう，茶の収穫《しゅうかく》量，さば類漁獲《ぎょかく》量の上位5都道府県を示したものです。表の中のA～Cに入る都道府県の組み合わせとしてふさわしいものを選び，記号で答えなさい。

	ぶどう〔千t〕		茶(生葉)〔百t〕		さば類〔百t〕	
1位	山梨	43	静岡	1,407	茨城	1,043
2位	A	29	B	1,285	C	1,002
3位	山形	19	三重	290	静岡	432
4位	京都	15	宮崎	180	三重	364
5位	鳥取	8	京都	142	宮崎	355

(『地理統計要覧2019年版』『平成30年漁業・養殖業生産統計』より作成)

	ア	イ	ウ	エ	オ	カ
A	鹿児島	鹿児島	長野	長野	長崎	長崎
B	長野	長崎	鹿児島	長崎	鹿児島	長野
C	長崎	長野	長崎	鹿児島	長野	鹿児島

問6　⑧について，六古窯とは，瀬戸，越前，常滑，信楽，丹波，備前のやきもののことです。次のうち，やきものの名称とその産地である都道府県との組み合わせとしてふさわしくないものを選び，記号で答えなさい。

ア．越前焼―兵庫　　イ．瀬戸焼―愛知

ウ．備前焼―岡山　　エ．信楽焼―滋賀

問7　⑨について，地図中の◎印で示した赤穂市は古くから製塩業が栄えていました。その背景には赤穂市が製塩に適した気候であることがあげられますが，赤穂市はどのような気候か，説明しなさい。

問8　⑩について，下の図は四国八十八カ所の巡礼路を示した図です。Kくんは夏休みに家族でこの巡礼路と同じように図中A→B→C→Dの順で各県をまわりました。下の図を参考に，まわった順番に合うように下のKくんの書いた日記を順に並べかえ，解答欄に合うように記号で答えなさい。

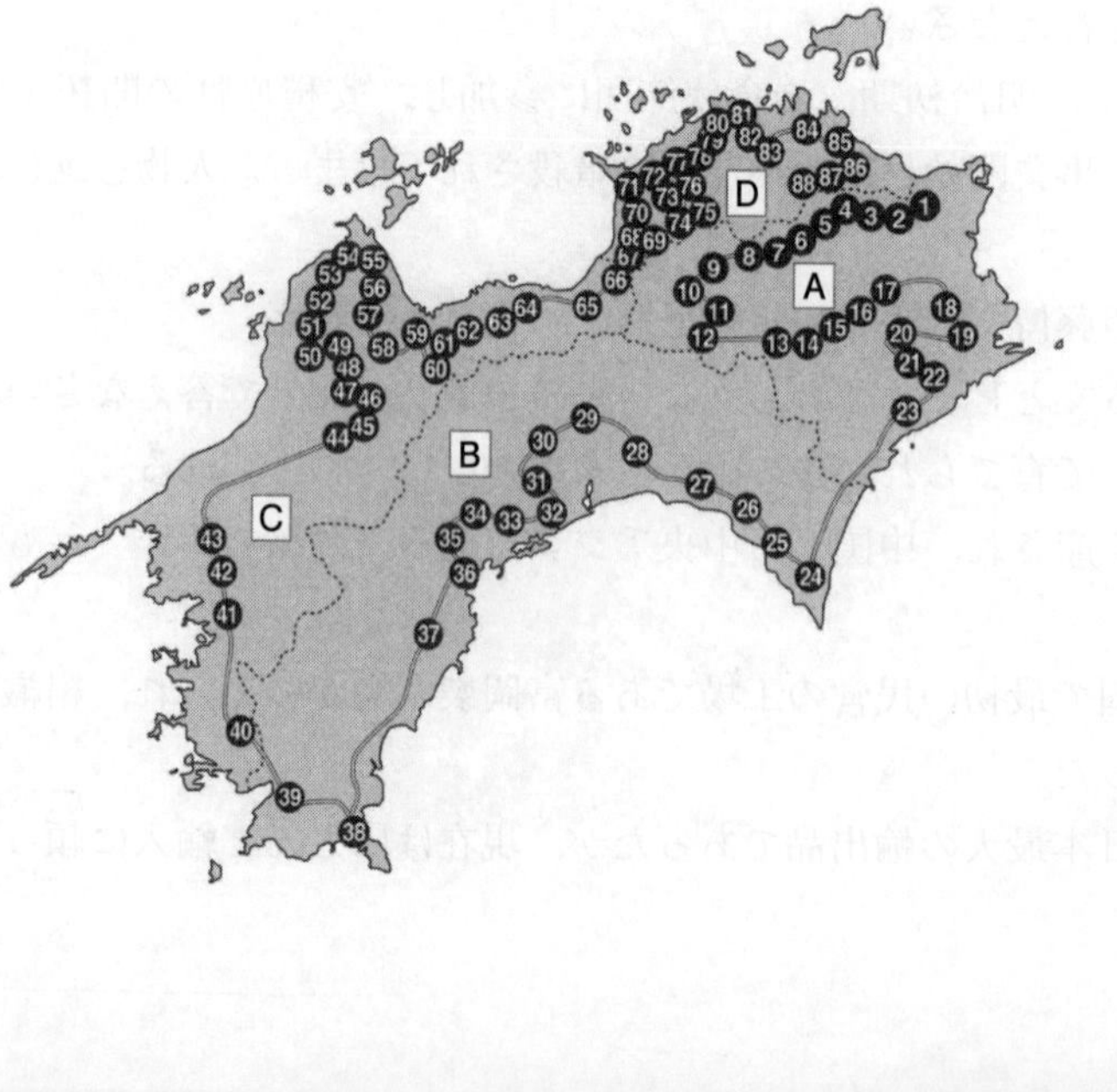

ア．今日は，和紙の紙すき体験をしました。この和紙は，日本最後の清流と呼ばれる川の水を使ってつくられているそうです。途中《とちゅう》，ビニールハウスがたくさんあったのでお父さんに聞くと，この地域では促成栽培が盛んで特になすの生産量は日本一だということです。

イ．今日は，日本最大のため池であり，空海が改修したとされる満濃池を見ました。昼食は，その近くにあるうどん屋さんで食べました。その後「こんぴらさん」とも言われる金刀比羅宮に行きました。長い石段を上がってお参りしましたが，暑くなったので，丸亀市特産のうちわであおぎ，暑さを和らげました。

ウ．今日は，夏目漱石の小説『坊っちゃん』の舞台《ぶたい》となった道後温泉に行きました。その温泉で今治市特産のタオルを使いましたが，とても使い心地が良かったです。お風《ふ》呂《ろ》上がりにはこの地域特産の伊予柑ジュースを飲み，一日の疲《つか》れをいやしました。

エ．今日は，世界最大級の渦潮《うずしお》を見て，その迫力《はくりょく》に圧倒《あっとう》されました。その後「四国三郎」と呼ばれ，日本三大暴れ川の一つである川でラフティングを楽しみました。夜は「踊《おど》る阿呆《あほう》に見る阿呆　同じ阿呆なら踊らにゃ損々」のフレーズで有名な盆踊《ぼんおど》りを見て，心をおどらせました。

問９　⑪について，関門海峡は山口県下関市と福岡県北九州市門司区との間の海峡です。この下関市で結ばれた下関条約と最も関係のある絵を選び，記号で答えなさい。

ア

イ

ウ

エ

問10　各地域の日本遺産を訪れる際に，新幹線は一つの交通手段になります。下の図は日本全国の新幹線鉄道網《もう》を示したものです。この図を見ると，新幹線が通っていない地域があることがわかります。現在，これらの地域に新幹線を建設することには賛否両論あります。あなたは賛成ですか，反対ですか。公共の利益の立場に立って考え，解答欄の賛成・反対どちらかに○をつけ，その理由を述べなさい。

3　古くから，人々はコミュニケーションをとるために，さまざまな情報伝達手段をうみだしてきました。これに関して，次の問いに答えなさい。

問１　人間にとっての最初の情報伝達手段は音声や身《み》振《ぶ》り手振りでした。その後，言葉や文字を使って情報を伝えるようになっていきました。文字に関連して，次の史料が成立した年代を古い順に並べかえ，解答欄に合うように記号で答えなさい(なお，わかりやすく，書き改めたところがあります)。

ア．ぼろぼろに破れたものを身にまとい，たおれかけた小屋の地面にわらをしいて，父母はわたしのまくらの方に，妻子は足元の方でなげき悲しんでいる。かまどには火の気はなく，米を蒸すこしきもくもの巣だらけだ。それなのに，むちをもった里長《さとおさ》が税を取り立てに，寝《ね》ているところまで来て大きな声を上げている。

イ．祇園精舎《ぎおんしょうじゃ》の鐘《かね》の声，諸行《しょぎょう》無常の響《ひびき》あり。沙羅雙樹《さらそうじゅ》の花の色，盛者必衰《じょうしゃひっすい》のことわりをあらわす。おごれる人も久しからず，只《ただ》春の夜の夢のごとし。…

ウ．この世をばわが世とぞ思ふ望月《もちづき》の　かけたることもなしと思へば

問２　古い時代の中国では，敵が攻めてきたことを味方に知らせるために，わらなどに狼《おおかみ》のフンを混ぜて焼いて煙《けむり》を垂直に上げる「狼煙《のろし》」という手段が用いられたといいます。これには，遠距離《きょり》を高速に情報伝達できるという利点がありました。

　日本は，古くからこの中国と関係を築いてきましたが，日本と中国との関係について述べた次の文章のうち，ふさわしいものを選び，記号で答えなさい。

ア．中国の漢の都にならって，京都に平安京がつくられた。

イ．中国の元の攻撃に備えて，六波羅探題がもうけられた。

ウ．1919年，中国国内で反日運動が起こり，五・四運動に発展した。

エ．1945年，日中平和友好条約が結ばれ，両国は国交を正常化した。

問３　江戸時代には，飛脚による通信制度が整備されました。その背景には，諸産業が発達したことや，「ある制度」が行われたことで，全国的に交通路が整備されたことがあります。その制度の名称を，下の文章を参考にして，漢字で答えなさい。

> 　大名は，自分の妻子などを人質として常に江戸の屋敷《やしき》に住まわせ，大勢の家来を連れて自分の領地と江戸の間を行き来しました。

問４　新聞は，国内外の政治や経済，事件や事故，芸能やスポーツなどの多くのニュースを伝えています。新聞に関して，次の(1)・(2)の問いに答えなさい。

(1)　あなたが新聞記者であったとして，あるできごとの内容を記事にしようとしました。そして，内容をまとめて実際に作成したものが，下の新聞です。あなたは，このできごとにどのような見出しをつけますか。内容にふさわしい見出しを考えて答えなさい。

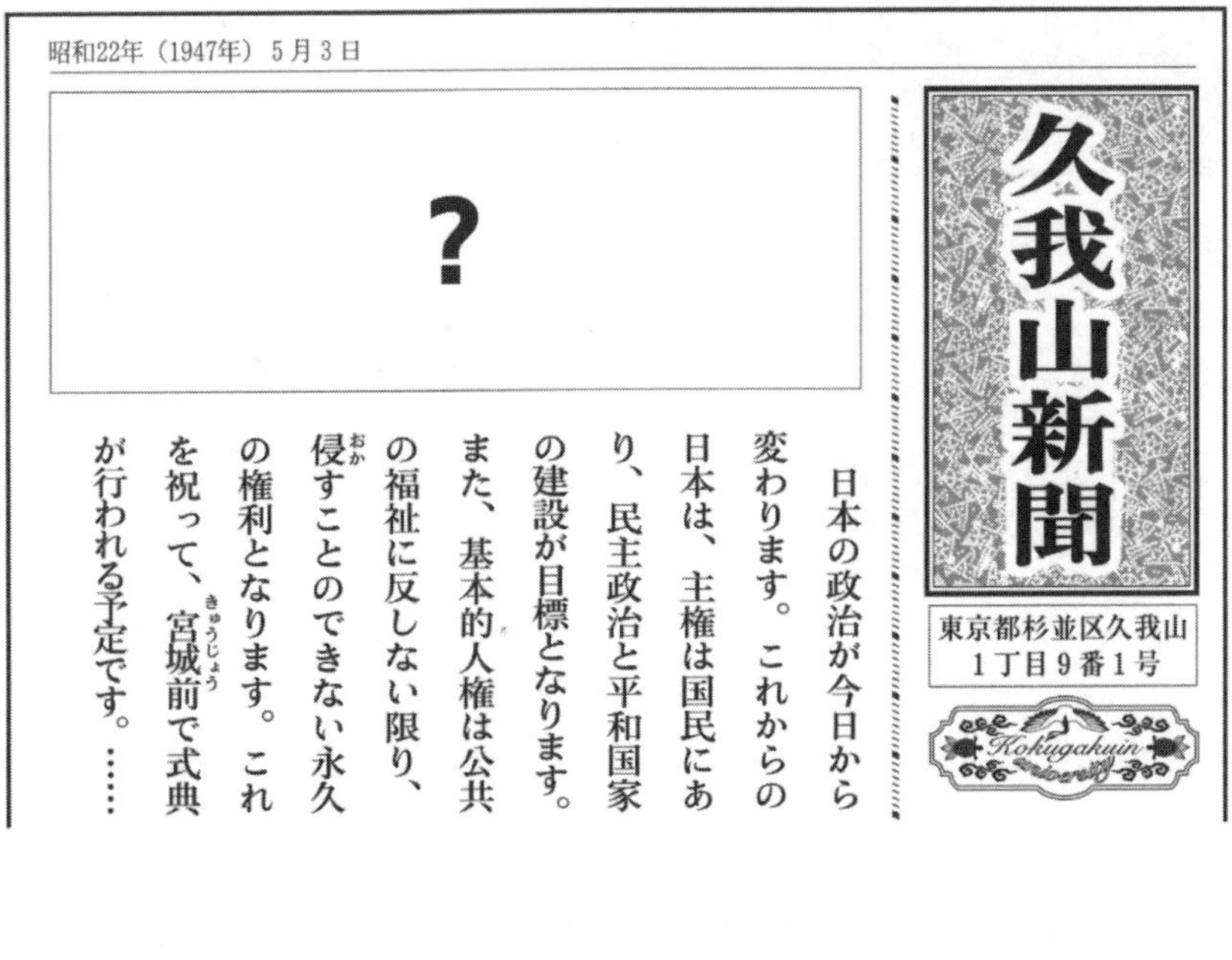
昭和22年（1947年）５月３日

久我山新聞

東京都杉並区久我山
１丁目９番１号

Kokugakuin

？

日本の政治が今日から変わります。これからの日本は、主権は国民にあり、民主政治と平和国家の建設が目標となります。また、基本的人権は公共の福祉に反しない限り、侵《おか》すことのできない永久の権利となります。これを祝って、宮城《きゅうじょう》前で式典が行われる予定です。……

⑵　日本の新聞社は，1960年代ごろまで，ニュースの原稿や写真をある動物を使って運ばせていたといいます。この動物は新聞社の屋上で飼育され，1000kmも離《はな》れた地点から元の場所に戻ることができる帰巣《きそう》本能に優れており，軍事用に使われたこともあります。この動物としてふさわしいものを選び，記号で答えなさい。

ア

イ

ウ

エ

問５　現代では，インターネットを使って，以前より簡単に情報を発信し獲得《かくとく》することができるようになりました。小学生のみなさんも，調べ学習などで一度は使ったことがあるでしょう。ある生徒が，インターネットを使って調べていたら，下の写真を見つけることができました。この生徒は，何という用語で検索《けんさく》をかけたと思われますか。記号で答えなさい。

ア．野尻湖遺跡
イ．登呂遺跡
ウ．稲荷山古墳
エ．白川郷

問６　もし仮に，現在のあなたが過去の偉人《いじん》とのやりとりができたとします。下の文章はあなたと偉人とのやりとりです。この偉人に，最後に言葉をかけるとしたら，どのような言葉がふさわしいと思いますか。記号で答えなさい。

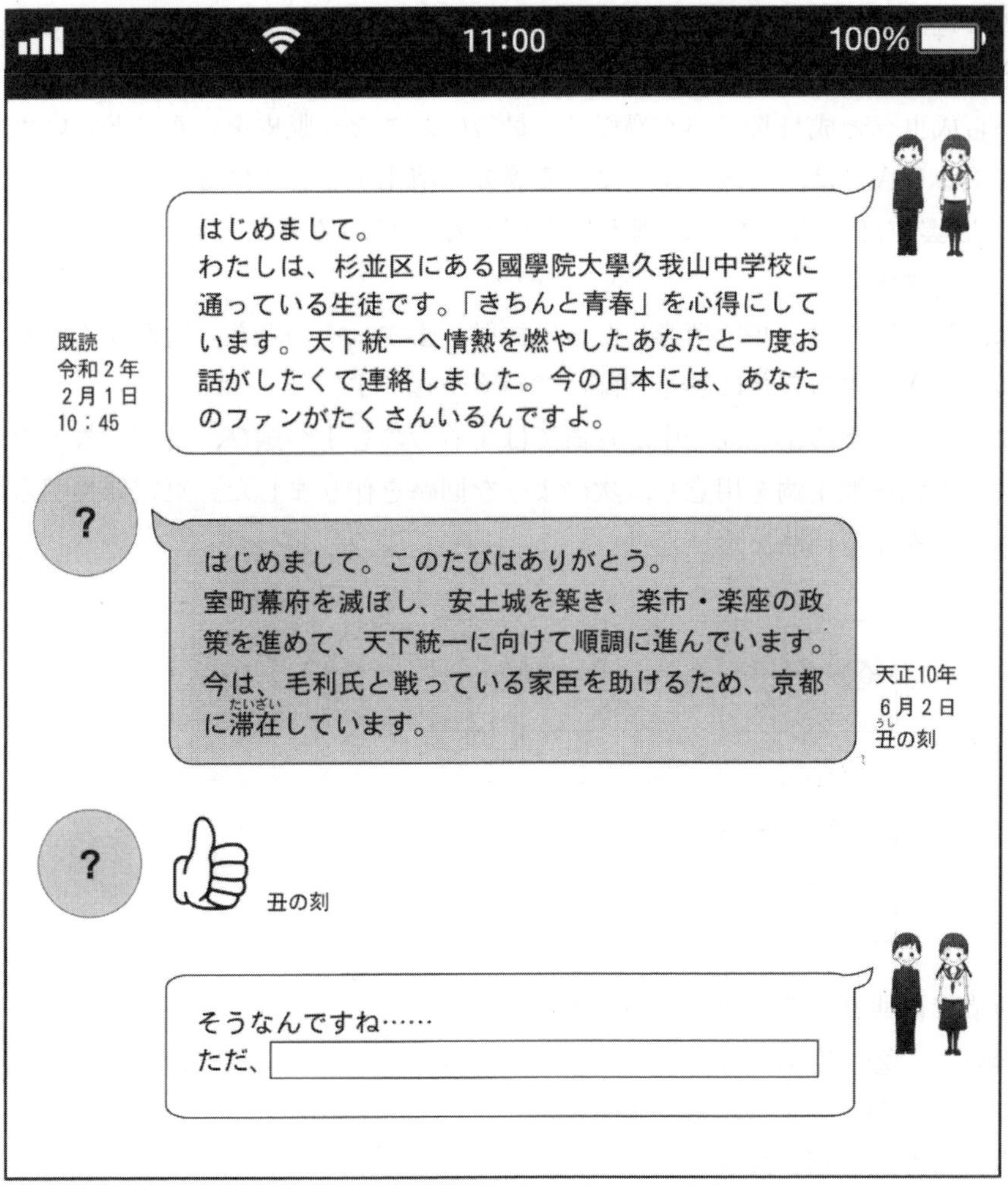

ア．関ケ原で戦うことになる相手は，なかなか手ごわいですよ。

イ．東北の平泉にいる弟さんを，助けてあげてくださいね。

ウ．キリスト教を弾圧《だんあつ》したそうですが，それはやめてくださいよ。

エ．飼い犬に手をかまれないように，念のため用心してくださいね。

【理　科】〈第１回試験〉（40分）〈満点：50点〉

1　次のⅠ，Ⅱの各問いに答えなさい。

Ⅰ．次の(1)〜(5)の文中の（A）にあてはまる語句を答えなさい。

(1)　ある金属の線に電流を流すことによって，発ぽうポリスチレンの板を切ることができます。これは，この金属の線が電気を（　A　）に変えたからです。

(2)　こん虫が卵から成虫へと成長していく過程で，最後におこなう脱皮《だっぴ》を（　A　）といいます。

(3)　口の中に出てくる（　A　）は，ご飯にふくまれる養分を消化するときにはたらきます。

(4)　台風の中心には雲がほとんどなく，雨も風も弱くなっているところがあります。ここは（　A　）とよばれています。

(5)　予防接種では，腕《うで》をアルコールで消毒した後に注射します。そのとき，腕がひんやりするのは，アルコールが（　A　）するときに熱をうばっていくからです。

Ⅱ．次の(1)〜(5)について，下の①〜⑤の中からあてはまるものを１つ選び，番号で答えなさい。

(1)　同じ豆電球３個と乾《かん》電池１個を用意し，次のような回路を作りました。豆電球の明るさのようすがほかの回路と異なる回路を選びなさい。

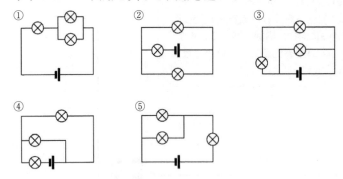

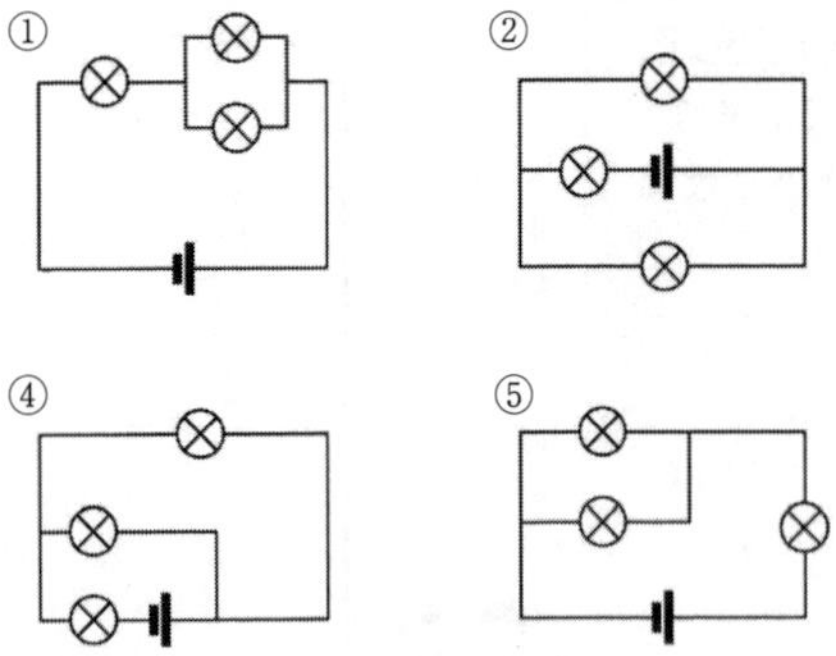

(2)　水素と二酸化炭素に共通する性質を選びなさい。

①　空気より軽い　　②　空気より重い　　③　石灰水に通すと白くにごる

④　においがない　　⑤　火をつけると爆発《ばくはつ》する

(3)　植物だけを食べるものを選びなさい。

①　シオカラトンボ　　②　マイマイカブリ　　③　ハラビロカマキリ

④　ショウリョウバッタ　　⑤　キリギリス

(4)　流れる水のはたらきと関係のないものを選びなさい。

①　山がけずられて，谷がつくられる。　　②　土砂が流されて，下流に運ばれる。

③　れきや砂の角がとれて丸くなる。　　④　上流から流れてきた土砂が，海底に積もる。

⑤　火山がふん火して，火山灰が周囲に降り積もる。

(5)　テレビの衛星放送を受信するためにベランダにパラボラアンテナを設置しているところがあります。このアンテナに入ってきた電波などの信号が１点に集まるところを選びなさい。

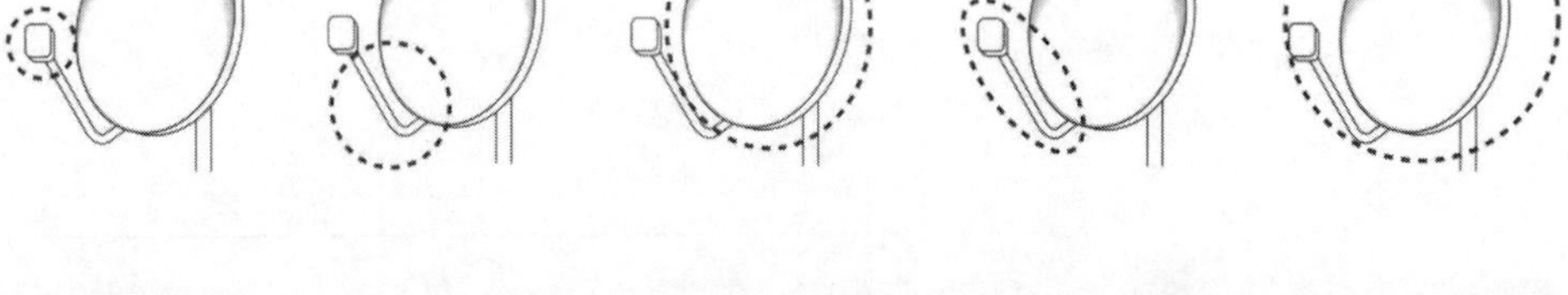

2 太陽や月に関するあとの各問いに答えなさい。

図1は台紙の中央に棒を立て，図中の★印の方向を真北に向けた日時計です。台紙には棒の影《かげ》が映ります。

久我山中学校の校庭に設置して観察しました。

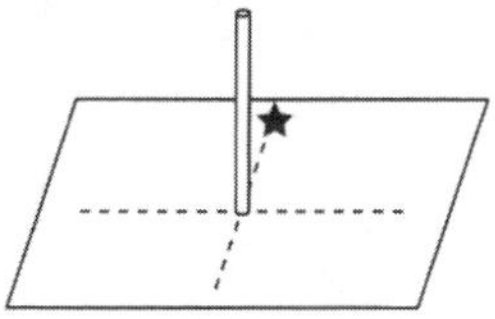
図1

(1) 1年間を通して観察したとき，太陽が南中したときの棒の影が一番長い日として正しいものを次の①～④の中から1つ選び，番号で答えなさい。

① 春分の日　② 夏至の日　③ 秋分の日　④ 冬至の日

(2) 9月中旬の午前10時頃に観察したとき，影のようすとしてふさわしいものを次の①～④の中から1つ選び，番号で答えなさい。

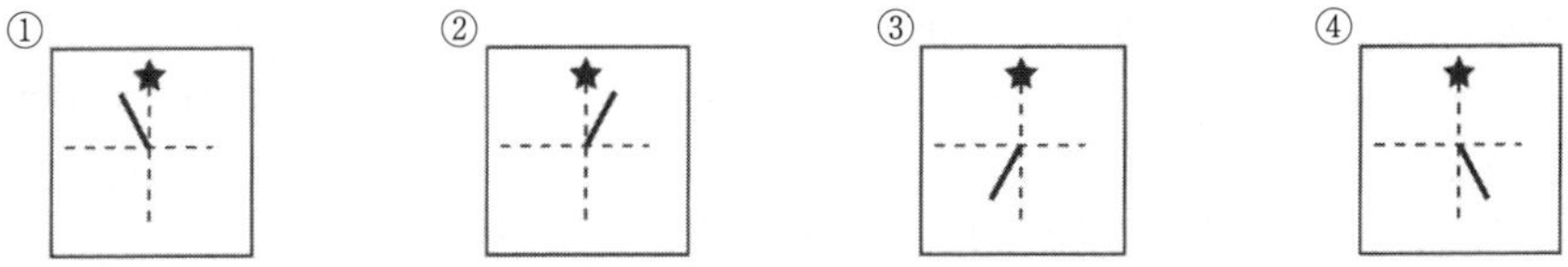

(3) 次の①～④の中で，影の先が東西の線より南側にくるときがある日として正しいものを1つ選び，番号で答えなさい。

① 春分の日　② 夏至の日

③ 秋分の日　④ 冬至の日

図2は，太陽と地球と月の位置や動きを示したものです。地球は太陽の周りを365日で1周します。また，月は地球の周りを27.3日で1周します。そして満月から次の満月まで29.5日かかります。地球の北極側から見ると，地球も月も反時計回りにまわっています。

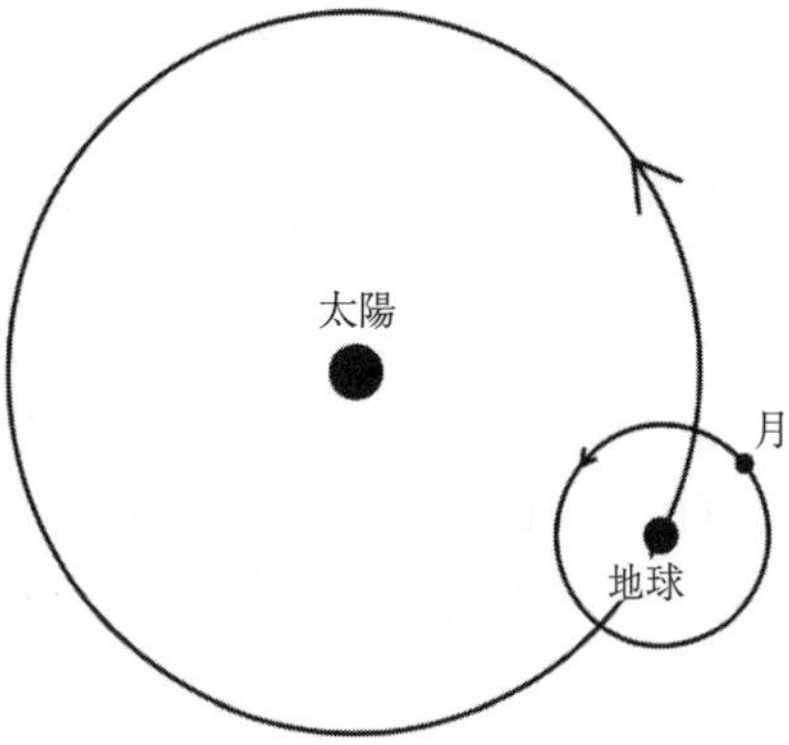

図2

(4) 日食は，地球，月，太陽の位置が変わることでおこる現象です。東京で昼頃に日食めがねで皆既《かいき》日食を観察しました。このとき太陽が欠けていく向きとして正しいものを次の①～④の中から1つ選び，番号で答えなさい。

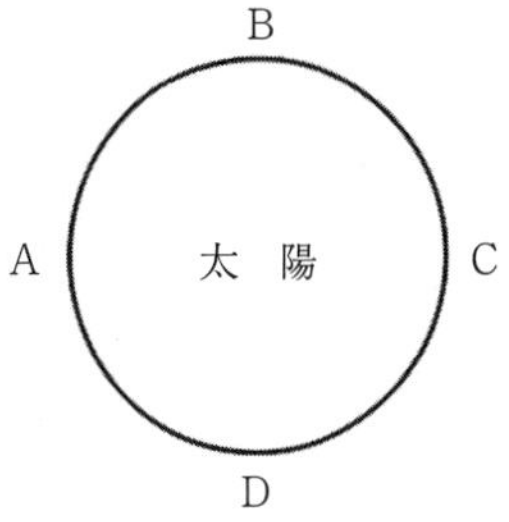

① A→C　② B→D　③ C→A　④ D→B

(5) 月の満ち欠けの見え方を示していないものを次の①～⑤の中から2つ選び，番号で答えなさい。

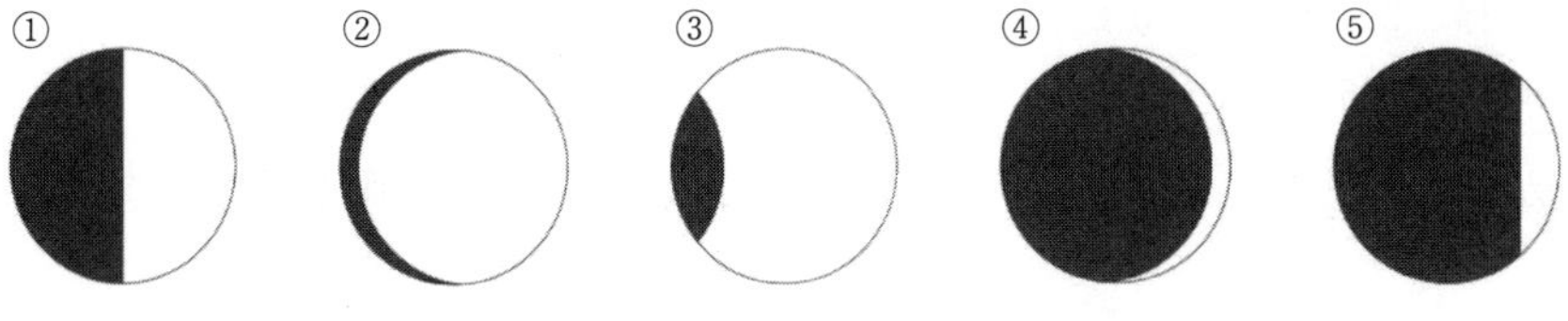

3 金属の伸《の》び縮みに関するあとの各問いに答えなさい。

金属は温度が変わると伸びたり縮んだりします。その伸び具合，縮み具合は素材《そざい》によって異なります。

30℃の鉄の棒をメジャーで測ると30mでした。このメジャーはある素材Aでできており，

Ａは温度が変化しても伸び縮みが無視できる温度変化に強い素材であるとします。

30℃の鉄の棒の温度を変えていくとその伸び縮みは表１のようになりました。

表１

温度〔℃〕	0	10	20	30	40	50	60
鉄の棒の伸び縮み	1.2 cm 縮んだ	0.8 cm 縮んだ	0.4 cm 縮んだ	変わらなかった	0.4 cm 伸びた	0.8 cm 伸びた	1.2 cm 伸びた

(1)　鉄の棒を45℃にしたときの伸びの大きさ[cm]を答えなさい。

(2)　図１は線路の鉄のレールのようすです。直線レールのつなぎ目の部分がゆがんでいます。このようなことが起こりやすい季節とその理由として正しいものを次の①～⑥の中から１つ選び，番号で答えなさい。

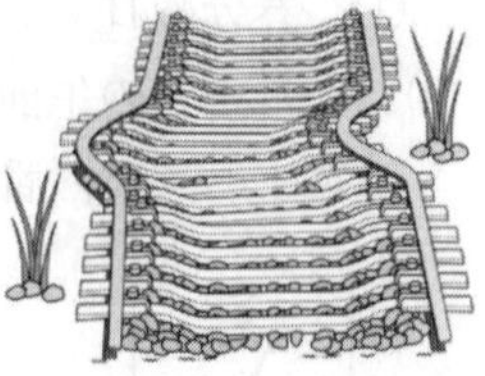

図１

	季節	理由
①	夏	レールのつなぎ目の接着剤がとけてしまった。
②	夏	レールを固定している金具が外れてしまった。
③	夏	レールのつなぎ目にすき間をあけていなかった。
④	冬	レールのつなぎ目の接着剤が固まってしまった。
⑤	冬	レールを固定している金具が外れてしまった。
⑥	冬	レールのつなぎ目にすき間をあけていなかった。

表１とは別の０℃の鉄の棒を３本用意しました。素材Ａのメジャーで測るとそれぞれ30 m，60 m，90 mでした。鉄の棒の温度を変えていったときの伸びを表２に示します。さらに別の40℃の鉄の棒を同じように３本用意し，素材Ａのメジャーで測りました。鉄の棒の温度を変えていったときの縮みを表３に示します。

表２

温度〔℃〕		0	10	20	30
鉄の棒の伸び〔cm〕	30 mの鉄の棒	0	0.4	0.8	1.2
	60 mの鉄の棒	0	0.8	1.6	2.4
	90 mの鉄の棒	0	1.2	2.4	3.6

表３

温度〔℃〕		10	20	30	40
鉄の棒の縮み〔cm〕	30 mの鉄の棒	1.2	0.8	0.4	0
	60 mの鉄の棒	2.4	1.6	0.8	0
	90 mの鉄の棒	3.6	2.4	1.2	0

(3)　表１～３からわかることとしてふさわしくないものを，次の①～⑤の中から１つ選び，番号で答えなさい。

①　10℃冷やしたときの縮みの大きさは，冷やす前の鉄の棒の長さによって決まっている。

②　温度の変化が２倍になれば，鉄の棒の伸びの大きさも２倍になる。

③　伸びの大きさは，温める前の鉄の棒の温度によって決まっている。

④　同じ温度の鉄の棒の長さが２倍になると，温めたときの伸びの大きさも２倍になる。

⑤　同じ温度の鉄の棒の長さを半分にすると，冷やしたときの縮みの大きさも半分になる。

素材Ａのメジャーと同じ目盛りになるように60ｍの鉄製のメジャーを０℃で作りました。

(4)　鉄製のメジャーを20℃に温め，素材Ａでできた棒を測ると30ｍでした。この棒を素材Ａのメジャーで測ったときに示す値として正しいものを，次の①～⑤の中から１つ選び，番号で答えなさい。

①　30ｍよりも1.6cm長い　②　30ｍよりも0.8cm長い　③　ちょうど30ｍ
④　30ｍよりも0.8cm短い　⑤　30ｍよりも1.6cm短い

(5)　(4)の20℃の鉄製のメジャーで40℃の鉄の棒を測ると，長さが30mでした。
この鉄の棒を10℃まで冷やし，素材Ａのメジャーで測ったときの示す値としてふさわしいものを，次の①～⑤の中から１つ選び，番号で答えなさい。

①　30ｍよりも2.0cm長い　②　30ｍよりも0.4cm長い　③　ちょうど30ｍ
④　30ｍよりも0.4cm短い　⑤　30ｍよりも2.0cm短い

4　ニワトリは世界中で食用として飼われています。とり肉に利用されている一つとして骨つき肉があります。骨つき肉のうち，手羽はヒトでいう腕《うで》から指先までの部分であり，つばさを広げるために必要とする筋肉がついています。(図１の★の部分)。図２の手羽は，つばさの先たん側を「手羽先」，つばさのつけ根側を「手羽もと」の２つに分けられます。図２の黒い矢印が示す部分はヒトでいう指にあたります。また，手羽の表面をよく見ると穴が規則正しく並んでいます。その穴は羽毛があったところです。ニワトリのつばさの裏側には羽毛がほとんどはえていないので，つばさをうまくしまうことができます。

図１

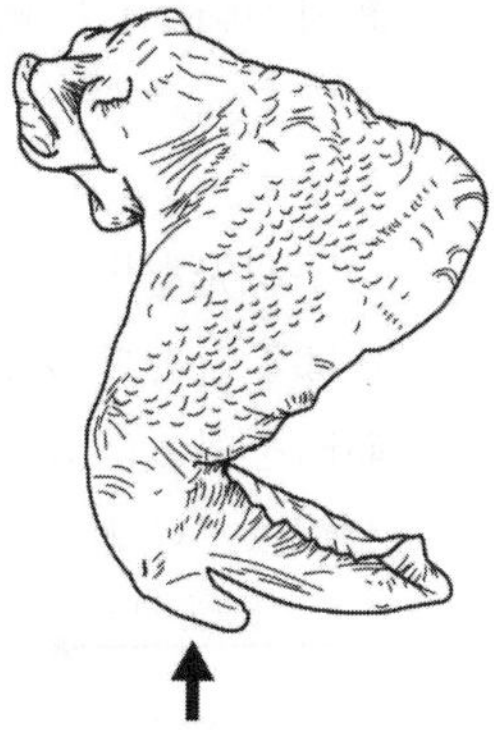
図２

ニワトリはつばさをもっていますが，品種改良《ひんしゅかいりょう》されたため，カラスやスズメのように自由に空を飛べません。次の各問いに答えなさい。

(1)　カラスやスズメのように，自由に空を飛ぶことができる鳥を，次の①～⑤の中から１つ選び，番号で答えなさい。

①　ペンギン　②　ダチョウ　③　カモメ　④　アヒル　⑤　ウズラ

(2)　ニワトリにとっての右のつばさの表側(羽毛が生えていた側)を表しているものを，次の①～④の中から１つ選び，番号で答えなさい。

①
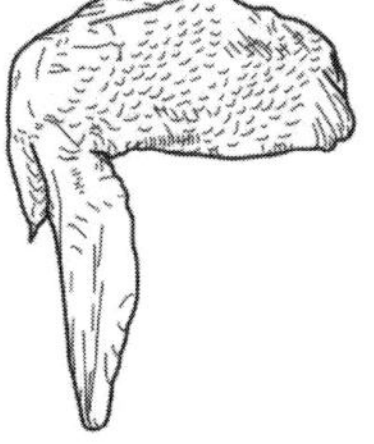
②
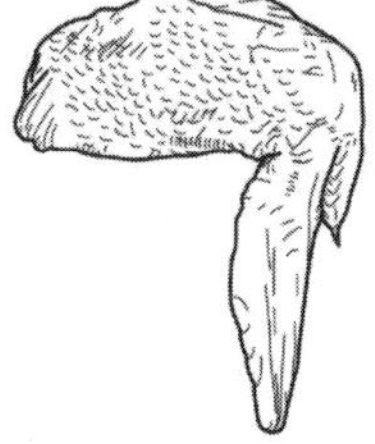
③
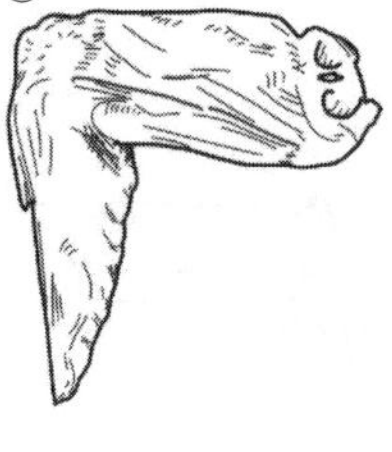
④
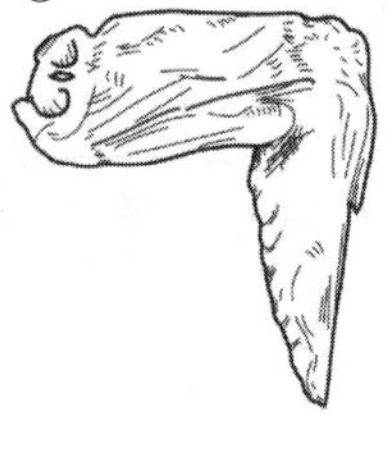

(3)　図３は鳥類とヒトのからだの一部の骨のようすを表しています。図３の説明として正しい文を，次の①～⑤の中から１つ選び，番号で答えなさい。なお，鳥類の指骨《しこつ》の番号はヒトの指骨

の番号に対応し，鳥類に無い番号の指骨はありません。

①　ヒトの指骨は合計５本だが，鳥類の指骨は合計４本である。

②　ヒトも鳥類も上腕骨《じょうわんこつ》という骨１本と，前腕《ぜんわん》(ひじから手首までの部分)に骨３本がある。

③　ヒトは指骨側にとう骨と尺骨《しゃっこつ》があるが，鳥類は指骨側に上腕骨がある。

④　ヒトも鳥類も上腕骨ととう骨と尺骨がある。

⑤　鳥類の骨を見ると，上腕骨よりとう骨・尺骨の長さのほうが短い。

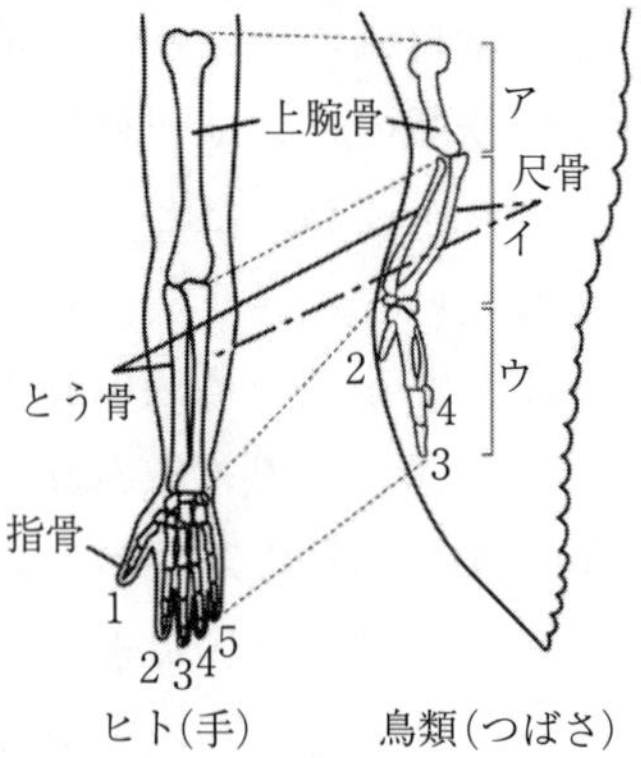

図３

(4)　図３のア～ウのうち「手羽もと」の骨にあたるのはどれか，記号で答えよ。

ヒトは，筋肉を縮めたりゆるめたりすると，うでを曲げたり伸《の》ばしたりできます。それは，筋肉の両はしに細くてじょうぶな「けん」が，関節《かんせつ》をはさんだとなりの骨につながっているからです。鳥もヒトと同じく，筋肉を縮めたりゆるめたりすることで，つばさを動かすことができます。

手羽先を用いてつばさの「広げる」「閉じる」を調べたところ，Ａの筋肉を矢印の方向に引っぱることでつばさが広がり，Ｂの筋肉を矢印の方向に引っぱることでつばさが閉じました。筋肉を引っぱるときに「けん」が筋肉のはしにあるのが見え，ヒトと同じく「けん」は骨につながっていました。

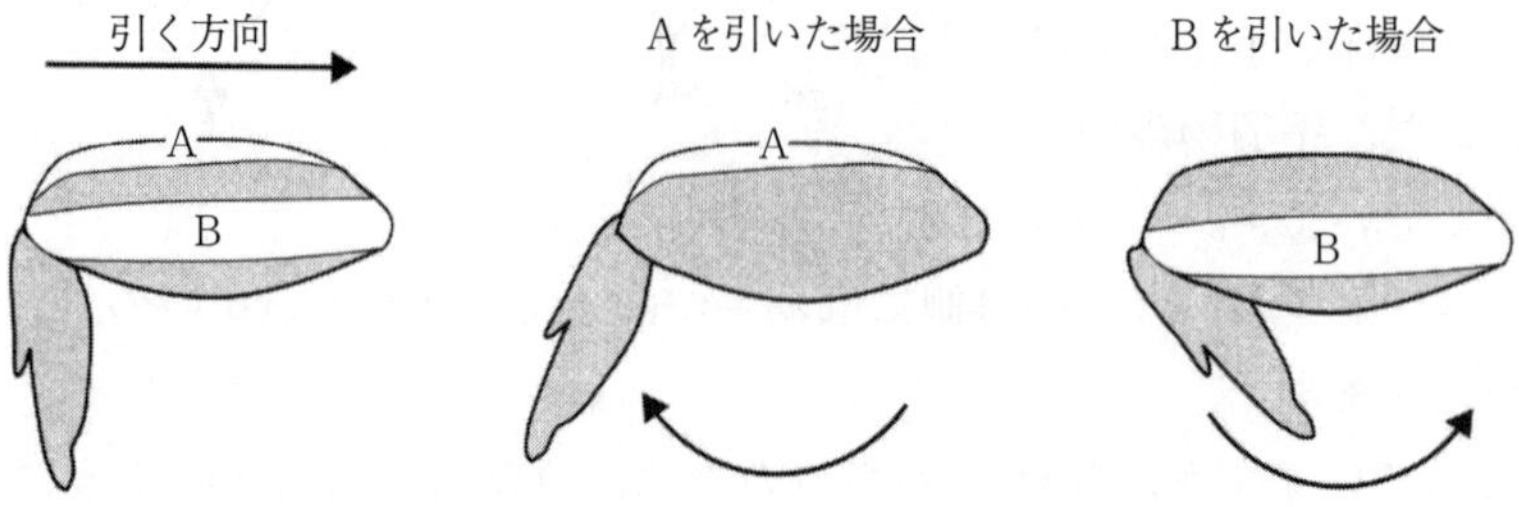

(5)　Ａの筋肉のはしにある「けん」は，どのようにつながっていると考えられるか，最もふさわしいものを次の①～⑤の中から１つ選び，番号で答えなさい。

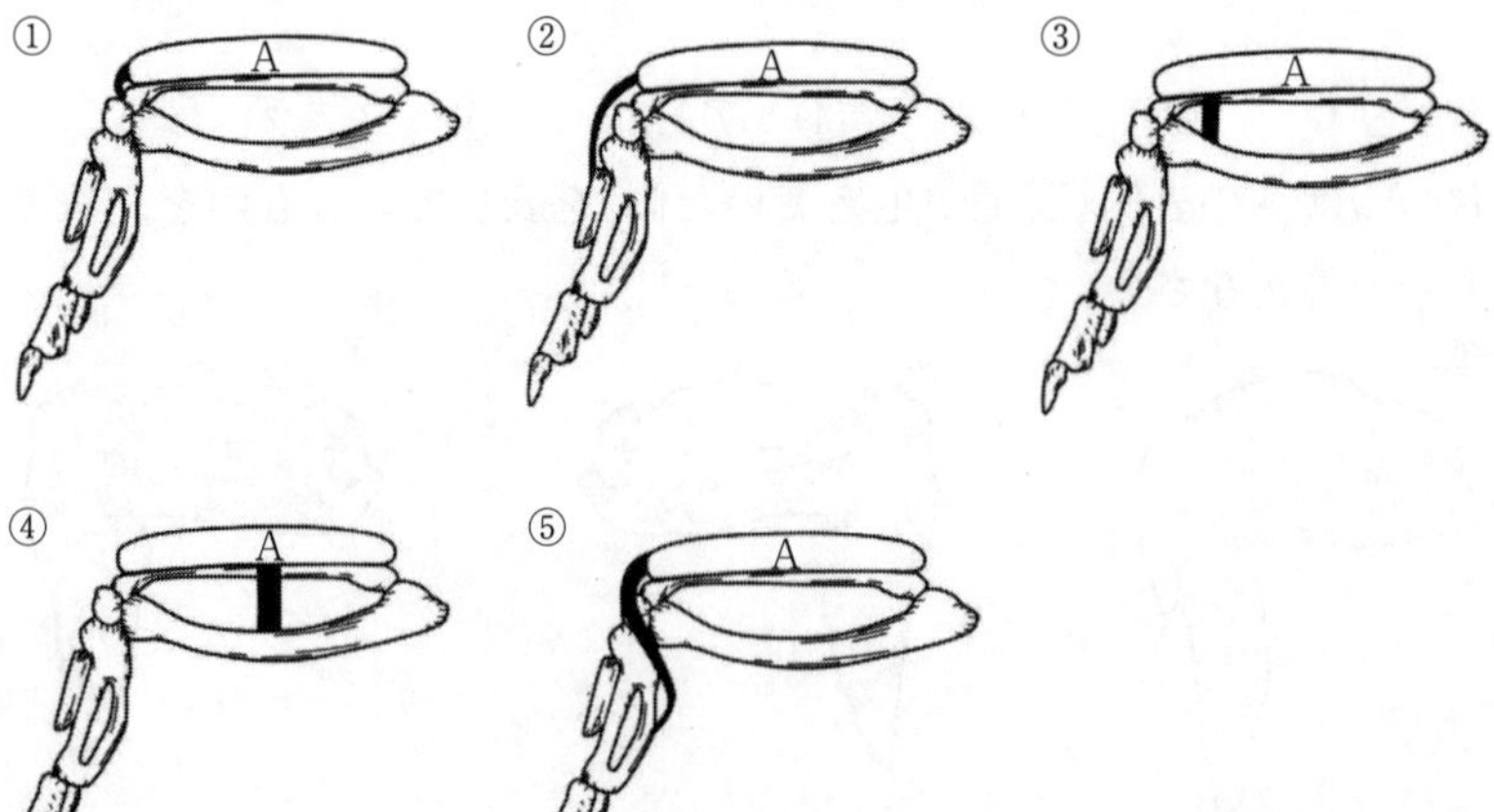

5　うすい塩酸，うすい水酸化ナトリウム水よう液および食塩水を用意し，それぞれの水よう液に緑色のBTBよう液を少量入れました(表1)。BTBよう液との混合によって水よう液のこさが変わることはないものとします。BTBよう液は，水よう液の性質が酸性なら黄色，中性なら緑色，アルカリ性なら青色になります。あとの各問いに答えなさい。

表1

ア	うすい塩酸＋BTBよう液
イ	食塩水＋BTBよう液
ウ	うすい水酸化ナトリウム水よう液＋BTBよう液

(1)　BTBよう液のように，水よう液の性質を知ることができるものを，次の①～⑤の中から1つ選び，番号で答えなさい。

①　ムラサキキャベツの葉の汁《しる》　②　墨汁《ぼくじゅう》　③　セッケン水

④　赤色の絵の具をとかした水　⑤　酢《す》

(2)　水よう液の性質を知ることができるものにリトマス紙があります。リトマス紙にうすい塩酸をつけたときのようすとして正しいものを，次の①～⑤の中からすべて選び，番号で答えなさい。

①　赤色リトマス紙は，青色に変わる。

②　赤色リトマス紙は，赤色のまま変わらない。

③　青色リトマス紙は，青色のまま変わらない。

④　青色リトマス紙は，赤色に変わる。

⑤　赤色リトマス紙も青色リトマス紙も，もとの色のまま変わらない。

［実験1］　試験管に表1のアを10.0mL入れたあとに，イを50.0mL入れたところ，試験管内の水よう液がある色に近づきました。さらに，イを50.0mL入れたところ，試験管内の水よう液の色は変わりませんでした。

(3)　［実験1］のあとの試験管内の水よう液の色としてふさわしいものを，次の①～⑤の中から1つ選び，番号で答えなさい。

①　黄色　②　緑色　③　青色　④　赤色　⑤　無色

［実験2］　試験管に表1のアを10.0mL入れたあとに，ウを50.0mL入れたところ，試験管内の水よう液がある色になりました。さらに，ウを50.0mL入れたところ，試験管内の水よう液の色は変わりませんでした。

(4)　［実験2］のあとの試験管内の水よう液の色としてふさわしいものを，次の①～⑤の中から1つ選び，番号で答えなさい。

①　黄色　②　緑色　③　青色　④　赤色　⑤　無色

［実験3］　5人それぞれが，試験管に表1のアを10.0mL入れたあとに，ウを少量ずつ入れる実験を行ったところ，試験管内で色の変化が確認できました。表2は，5人それぞれが，試験管内の色のようすが緑色と判断したときの加えたウの量です。

表2

班員	Aさん	Bくん	Cくん	Dくん	Eさん
ウの量〔mL〕	9.7	9.8	10.0	10.2	10.3

班の実験結果として，試験管内の色のようすが緑色と判断したときのウの量は，10.0mLとなりました。

そこで，ウを加えた量が０mL，10mL，20mLのときに，確認した試験管内の色のようすを●印で図中に示します。

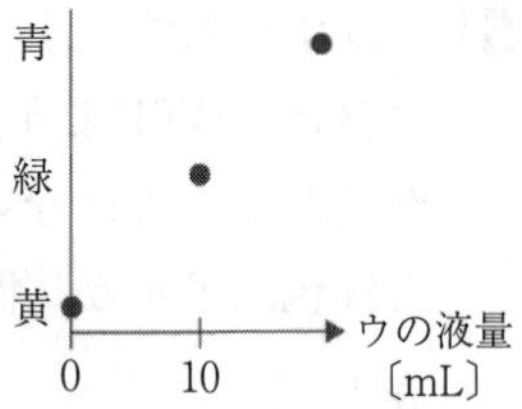

(5)　試験管に表１のアのこさを２倍にしたものを10.0mL入れたあとに，表１のウのこさを３倍にしたものを少量ずつ入れたところ，試験管内で色が変わっていきました。図中の●は，試験管内の色を確認したときを示しています。このときのようすを表す図として正しいものを，次の①～⑥の中から１つ選び，番号で答えなさい。

①
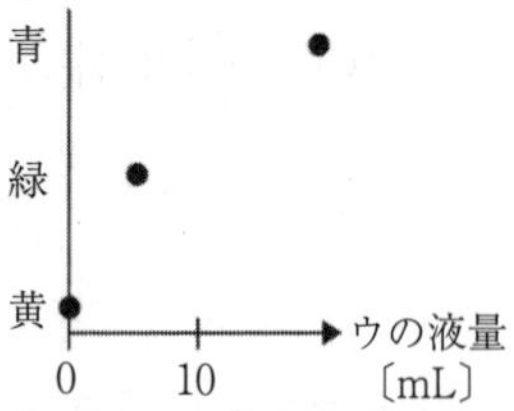

②
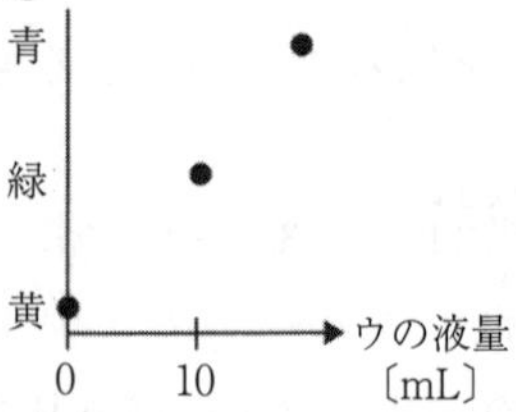

③
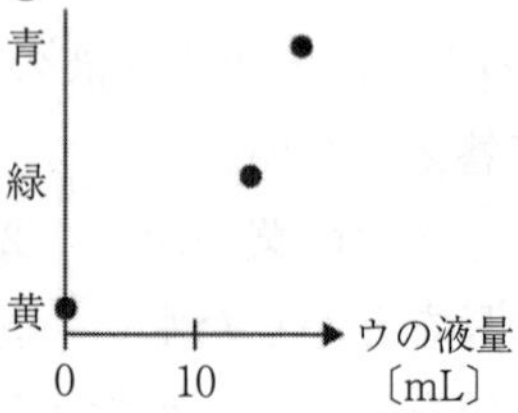

④
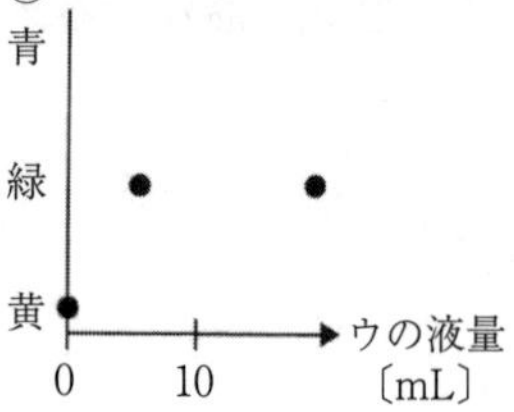

⑤
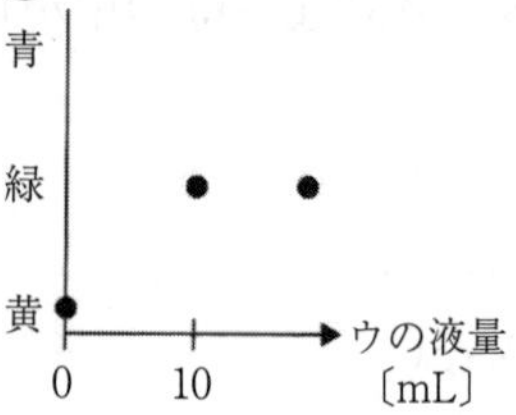

⑥
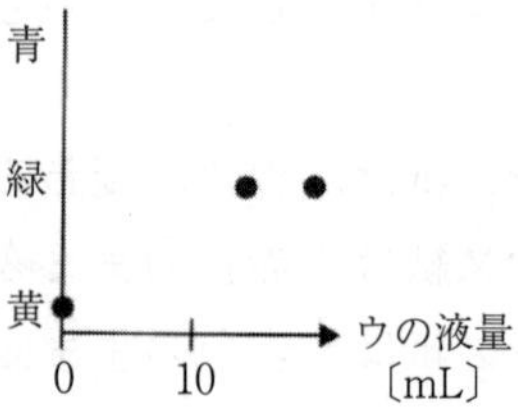

三　次の各問いに答えなさい。〈問題は問一から問五まであります。〉

問一　次の①～⑥について、――線部のカタカナを漢字に直しなさい。

①　火星でのタンサを行う。
②　ドクソウ的な発想が求められる。
③　手紙をユウソウする。
④　仏像をオガむ。
⑤　木の切りカブに腰かける。
⑥　被《ひ》害《がい》のキボが拡大する。

問二　次の①②の□に（　）の意味に合うようにそれぞれ漢字１字を入れ、文を完成させなさい。

①　乗りかかった□だと思って最後まで手助けする。（いったん始めた以上、中止するわけにはいかない。）
②　素《す》晴《ば》らしい演奏に□を巻く。（非常に感心し、驚く。）

問三　次の熟語の中で、成り立ちが違うものを一つ選び、記号で答えなさい。

ア　高貴　　イ　寒冷　　ウ　民衆　　エ　農地

問四　次の①②の□に補うべき漢字をそれぞれ記しなさい。

①　□心不乱
②　花鳥□月

問五　次の文の――線部のことばを、＝＝線部の人物を敬う表現に改めなさい。

先生が本をくれる。

（中島京子「小さいおうち」による）

※注　あまつさえ…そればかりか
　　　四肢…両手と両足

問一　【X】・【Y】・【Z】に入ることばの組み合わせとして最も適当なものを次の中から選び、記号で答えなさい。

ア　X　しかも　Y　そして　Z　だから
イ　X　たしかに　Y　ところが　Z　そこで
ウ　X　しかし　Y　そのうえ　Z　それでも
エ　X　ようやく　Y　ところで　Z　しかたなく

問二　――線①とありますが、なぜですか。その理由として最も適当なものを次の中から選び、記号で答えなさい。

ア　ぼっちゃんが大変な状況《じょうきょう》なのに「通学する」という提案をされても素直《すなお》に喜べるはずがないと思ったから。
イ　自分自身考えてすらいなかった「女中が学校に通う」という提案を奥様がしたことが信じられなかったから。
ウ　女中生活への不満から「学校に行きたい」というわがままを通そうとしたことを悟《さと》られてしまったと思ったから。
エ　ひそかに考えていた「学びたい」という気持ちを奥様が感じとっていたことにびっくりしたから。

問三　□に入る表現として最も適当なものを次の中から選び、記号で答えなさい。

ア　わたしは心の底からうれしかった。
イ　わたしは無学を指摘《してき》されて悔《くや》しかった。
ウ　わたしは一層の忙《いそが》しさを思うと辛《つら》かった。
エ　わたしは女中業との両立には自信がなかった。

問四　――線②とありますが、このときの奥様の思いとして適当でないものを次の中から一つ選び、記号で答えなさい。

ア　自分が息子《むすこ》のマッサージをしてやりたい思いもあるのに、それがうまく出来ないことに対する困惑《こんわく》。
イ　息子が、自分のマッサージよりもタキのマッサージの方を良いと感じていることについての疑問。
ウ　女中のタキの方が実の母である自分よりも息子に認められているということに対する嫉妬《しっと》。
エ　タキが実際に自分にマッサージをすることを通じて、タキと自分との違いを知りたいという好奇心《こうきしん》。

問五　――線③とありますが、なぜですか。その理由として最も適当なものを次の中から選び、記号で答えなさい。

ア　奥様は自分を女学校に行かせたいと思っている様子だったが、経済的な負担を考えると言えないと思ったから。
イ　ぼっちゃんの病気で自分の女学校どころではなくなり、奥様に通わせてほしいと今さら言えないと思ったから。
ウ　ぼっちゃんの病気がきっかけとはいえ、自分自身すでに女学校に行きたいという気持ちは薄《うす》れてしまっていたから。
エ　マッサージの必要がなくなっても、ぼっちゃまの病気は再発する恐れがあり、その時には自分が必要になるから。

問六　――線④とありますが、「わたし」はその理由をどのように考えましたか。25字以上30字以内でこの後に続く一文を自分で考えて記しなさい。

奥様は小中先生の立派な紹介状《しょうかいじょう》を持って、わたしは恭一ぼっちゃんをおんぶして、日本橋へ、いっしょに駆《か》けつけた。お医者様は、ぼっちゃんの脚に電気を当て、まだ反応があるから早いうちに治療《ちりょう》すればよくなる、毎日通うようにとおっしゃった。

【Ｚ】、わたしは毎日毎日ぼっちゃんをおぶってお医者様に通ったのだが、暮れのことで、正月休みが近い。先生がマッサージの方法を伝授するから、今後はお前がするようにと言われたので仰天《ぎょうてん》したが、なにしろ恭一ぼっちゃんの将来にかかわることなので、わたしは必死で按摩《あんま》の方法を覚えたのである。

心臓から遠い、足先のほうから始めて、足の指を一本ずつ指先から根元へ擦《さす》ったり回したり、足の甲《こう》の骨と骨のきわをつかむように押《お》し、くるぶし、すね、ふくらはぎ、太腿《ふともも》の前側、裏返してうつぶせにして、足の裏を拳《こぶし》で押して、とんとんと叩《たた》いてだんだんに骨に沿って上へ、上へ。腰《こし》やお尻《しり》も丹念《たんねん》に揉《も》みあげて、一通り終わると一時間もかかってしまう。

腕《うで》の力加減がちょうどいいのか、ぼっちゃんが、

「おかあちゃまのは、くすぐったい。タキちゃんのほうがいいや」

と言われて、わたしの腕の中ではおとなしく擦られている。それを終えると、ぼっちゃんは安心してお休みになる。

②あるとき、時子奥様は、寝入《ねい》ったぼっちゃんのお顔を見ながら、

「なにが違《ちが》うのかしら」

と、困った表情で、わたしに奥様の脚を擦るようにおっしゃった。

足袋《たび》を脱《ぬ》ぎ、着物の裾《すそ》を捲《まく》られて、同じようにやってみてちょうだいというのだ。わたしは、奥様の乳白色の肌《はだ》の奥に青い血管の浮《う》かぶ細いきれいなおみ足を膝《ひざ》にのせて、こうですよ、こうですよ、と実演して差し上げた。ぼっちゃんのまだ小学校にも上がらない、細い棒切れのような脚と、それはまったく違うものだったが、ともかくわたしは一生懸命《いっしょうけんめい》、揉んで差し上げた。術を施《ほどこ》すと、肌が透《す》き通《とお》るように活力を持った。

「あったかいんだわ」

しばらく黙《だま》って身を任せていた奥様は、ひらめいたように顔を上げた。

「タキちゃんの手、わたしのより、あったかいんだわ」

ね、と言って、奥様は、わたしの手にお手を重ねた。ひんやりとした感触《かんしょく》を、不思議なことにいまでもときどき思い出す。

あの年は、ひたすらぼっちゃんの脚を撫《な》でて過ごした。

恭一ぼっちゃんは小学校入学を一年遅《おく》らせることになった。お医者様がおっしゃるには、一年待てばかなり快復するような話だったので、奥様は、それならいっそのこと家で治療に専念させようと考えられたのだ。

平井家におけるわたしの重要度は、この一件でたいへん高まったように思う。奥様とわたしの絆《きずな》も深まり、ご実家でも、社長さんの家でも、どこへ行くにもごいっしょするようになった。ぼっちゃんをおぶって差し上げなければならないという事情もあった。

夜間女学校の件はその後、誰《だれ》の口からも取りざたされることはなかった。

③一年経《た》って、もう毎晩のマッサージは必要なくなっても、女学校のことを言い出すことはできなかった。その代わりというのもなんだけれど、戦争が激しくなって、女中を置くのは贅沢《ぜいたく》だといわれるようになっても、比較的《ひかくてき》長い間、わたしが平井家にご奉公できたのは、ぼっちゃんの体が弱かったことや、わたしが一生懸命手当てして差し上げたことと、関係があったように思われる。

④奥様は、婦人雑誌やら、女学校時代に読んだ本やらを、しょっちゅうくださったものだった。

なさい。

ア　祭は東京をユニークな大都会にしている。

イ　にぎわいのないお寺のお祭りの中に本来の意味が残されている場合もある。

ウ　古い神話では北極星が地上の世界を支配する王として考えられていた。

エ　竹細工を生業とする人々はイモを「聖なる食物」と考えていた。

二　次の文章を読んで、後の問いに答えなさい。〈問題は**問一**から**問六**まであります。〉

あれは昭和十一年のことであったか、わたしが立ち働いている台所に時子奥様《おくさま》が入っていらして、こんなふうにおっしゃった。

「タキちゃん、来年から夜間女学校に行ったらどうかしら」

時子奥様はときどき人をびっくりさせるようなことを思いつく。

「あなた、雑誌の広告をため息まじりに見ていることがあるでしょう？」

①わたしは驚《おどろ》いて口ごもった。【Ｘ】そのころ家にあった婦人雑誌には、小学校卒業だけではこれからの世の中に取り残されてしまうから、通信で中学や女学校の勉強をして資格を得よう、という広告がさんざん出ていた。※あまつさえ、苦学して女専に進んだ女中の記事なども、たびたび誌面を飾《かざ》っていたのだ。

実はそれを見るたびに、恭一《きょういち》ぼっちゃんが小学校に上がるようになったら、わたしのように教育のないねえやでは役に立たなくなるのではないかと、ひそかに思い悩《なや》んでいたのである。

「わたし、ちょっとお友達に聞いてみたの。そうしたら、夜間の女学校で一年制のところがあるっていうじゃないの。苦学生のための学校だから、学費は無料なんですって。ちょっとたいへんだけど、タキちゃんさえ、その気なら、うちはかまわないわ。恭一も来年から小学校だし、ちょうどいいじゃないの」

□奥様も、恭一ぼっちゃんのことを考えて、わたしにもう少し教育を受けさせておきたいとお考えになったのかもしれないと思うと、身の引き締《し》まる思いもし、翌年には喜んで夜間女学校へ通わせていただこうと決意した。

わたしはもともと小学校の成績は悪くなかったし、勉強を続けることは憧《あこが》れだった。田舎《いなか》にいたころは奉公《ほうこう》して里帰りをして嫁《よめ》に出るのがあたりまえと思っていたから、そんなに強くも願わなかったが、東京のモダンな空気が、わたしにそれを強く意識させたのだ。

どこそこのお宅の女中さんは高女卒だとか、専検を受けたとか、奉公先の子供たちの勉強も女中が見ているとか、そんな記事を雑誌で読むたびに、どうしてわたしにできないことがあるだろうと、若々しい向上心が頭をもたげたものだ。

【Ｙ】その年の暮れに、恭一ぼっちゃんが高熱を出して、一週間ほど寝《ね》込み、熱が引くと今度は脚《あし》が動かなくなった。

あのころ、小児《しょうに》麻《ま》痺《ひ》くらい怖《こわ》い病気はなかった。

高熱の後の、※四肢《しし》のしびれや麻痺症状《しょうじょう》は、子供を持つ親たちを恐怖《きょうふ》のどん底に突《つ》き落《お》としたものである。平井《ひらい》家は大騒《おおさわ》ぎになった。あんなにお気の毒な奥様の姿は、後にも先にもあれきり見たことがない。

わたしは以前、小中先生のお宅に奉公していたころに、日本橋のほうで開業されている小児麻痺の名医のことを、小耳に挟《はさ》んだことがあった。そのことを奥様に申し上げ、奥様はご実家の大奥様《おおおくさま》を介《かい》して小中先生にお手紙を差し上げた。

ている北極星が、鷲の背中に乗って地上に近づいてくることで、太陽が地上に近づいてくることになる。ここでお酉さまの縁日が、どんな季節におこなわれているかを考えてみる必要がある。それは一年のうちで、日没《にちぼつ》が最も早くなる時期に合わせている。つまり、太陽の力が最も弱くなり、昼と夜の長さのバランスが崩《くず》れてしまう季節を選んで、北極星の神さまは、鷲を連れて地上に来臨し、それによって失われた宇宙のバランスを回復しようとしているのだ。

おまけにである、北極星のことを現在でも、北方の狩猟民《しゅりょうみん》たちは地上の森に棲《す》む、動物たちの王である熊と結びつけて考えている。大空には北極星が、そして地上には熊が、それぞれの世界の秩序を守る王として君臨しているというのが、古い神話の考えなのだった。この図柄には、熊の姿は直接描かれていない。しかし鷲と北極星が結びつくと、自然にそこに熊が寄ってくるようになる、これが神話の思考である。

【Ⅰ】宇宙のバランスが崩《くず》れると、秩序に裂《さ》け目ができて、そこから自然の奥《おく》に隠《かく》されていた富が、この世界にあふれ出してくる。【Ⅱ】竹を細工したこの道具をつかって、人々は象徴的《しょうちょうてき》に富を自分のほうに掻き集めようとした。【Ⅲ】そこで熊手の登場である。【Ⅳ】そのわずかなチャンスをねらって、熊の手で一気に掻き込むわけである。

昔は熊手といっしょに、竹でつくった※茶筅《ちゃせん》をセットにして売っていた。竹細工を生業《なりわい》とする人々は、農業をしなかった、とても古い来歴を持つ人たちである。この人々は縄文《じょうもん》時代以来のイモを、大切な「聖なる食物」と考えてきた。そこで大鷲の背中に乗って、北斗七星を頭に戴く北極星が地上に近づく祭には、蒸した巨大《きょだい》なイモを戴いてくるというのが、正しい考えだとされたのであろう。鷲と熊とイモは、北極星に導かれるように、こうして一堂に会することになる。

こうして、ぼくたちの目の前で、お酉さまは異様な祭に変貌《へんぼう》をとげていくことになる。この祭の背後には、とてつもなく古い神話の思考法が、活発に働いている。東京はその意味でも、いまだに神話の思考を生きている、ユニークな現代の大都会なのである。

（中沢新一「アースダイバー」による）

※注 殺風景…変化にとぼしく、味わいのないこと。
合理主義…ここでは、むだなものをなくそうとする考え方のこと。
茶筅…お茶を点《た》てるときに使う道具。

問一 □に入ることばを文中から2字で抜《ぬ》き出して記しなさい。

問二 ――線①とありますが、「お酉さま」の祭が格別に変わっているのはどのような点ですか。30字以上40字以内で説明しなさい。

問三 ――線②とありますが、お酉さまの「本来の意味」を明らかにするために必要なことは何ですか。解答らんに合うように、ここより前の文中から20字以上25字以内で抜き出し、始めと終わりの3字を記しなさい。

問四 ――線③とありますが、この図柄は菩薩が何をしようとしている様子だと筆者は考えていますか。解答らんに合うように、文中から20字以上25字以内で抜き出し、始めと終わりの3字を記しなさい。

問五 □内の段落は文の順番が違《ちが》っています。正しく並《なら》べ替《か》えたものを次の中から選び、記号で答えなさい。

ア【Ⅰ】→【Ⅱ】→【Ⅳ】→【Ⅲ】
イ【Ⅰ】→【Ⅳ】→【Ⅱ】→【Ⅲ】
ウ【Ⅲ】→【Ⅳ】→【Ⅰ】→【Ⅱ】
エ【Ⅲ】→【Ⅱ】→【Ⅰ】→【Ⅳ】

問六 本文の内容に合わないものを次の中から一つ選び、記号で答え

二〇二〇年度
国学院大学久我山中学校

【国　語】〈第一回試験〉（五〇分）〈満点：一〇〇点〉

〈注意〉句読点（、や。）その他の記号（「や〃など）は１字分として数えます。

一　次の文章を読んで、後の問いに答えなさい。〈問題は**問一**から**問六**まであります。〉

　東京には不思議な祭が、いまもたくさん続けられている。大根の張りぼてをみんなで担《かつ》いだり、蛙《かえる》のぬいぐるみを着て行進したり、なんとも意味不明な行動を大の大人たちが大まじめで演じているのを見ると、この都市への愛がわいてくる。東京から祭をなくしてしまったら、なんと※殺風景な都市になってしまうことか。祭があるおかげで東京には□の思考が生き続け、この都市を※合理主義の怪物《かいぶつ》の支配から救っている。

　しかし、①そういう不思議な祭の中でも、「お酉《とり》さま」はまた格別に変わっている。いまでは「幸運を掻《か》き込《こ》む」という熊手《くまで》を、奮発して買ってきて、飲食店や会社に飾《かざ》るために、人混みに押《お》されながら、神社にお参りするのが、お酉さまということになっている。しかし、よく考えてみると、お酉さまというのはもともと大鷲《おおわし》のことで、どうして鷲《わし》の祭と熊《くま》の手をかたどった竹細工が結びついているのか、意味は不明である。それに神社の入り口には、大きなタロイモの蒸《む》したのを、縁起物《えんぎもの》として売っている。鷲と熊とイモが一堂に会して、さていったいなにを主張しようとしているのか。

　この謎《なぞ》を解くためには、神社とお寺とを、無理やり分離《ぶんり》してしまった、明治の神仏分離《ぶんり》令よりも以前の、この祭の姿を知る必要がある。明治のはじめに断行されたこの悪法によって、日本人の宗教はずいぶん痛手を被《こうむ》った。それまで日本人が育ててきた、複雑でデリケートな神話的思考が、それによって単純化され、意味不明なものにされてしまった。だから、神社でいまおこなっている祭が、昔からのものだと、思《おも》い込《こ》まないほうがいい。じっさいこのお酉さまの場合など、繁盛《はんじょう》をきわめている神社のほうの祭は、②本来の意味が不明になってしまい、そのそばでちょっといじけた感じでやられているお寺のお祭りのほうに、古い意味が残されているケースもあるからだ。

　浅草のお酉さまで有名な鷲《おおとり》神社のにぎわいを通《とお》り越《こ》して、しばらく歩いていくと、別名「酉の寺」とも言われている長国寺という、日《にち》蓮宗《れんしゅう》のお寺があらわれてくる。お酉さまの縁日《えんにち》には、こちらにも酉の市が立って、熊手が売られている。しかし、神社のほうのあの派手やかさに比べると、なんとなく寂《さび》しく、熊手売りの呼び声も哀愁《あいしゅう》を漂《ただよ》わせている。しかし、お酉さまのほんとうの意味を知るには、こちらのお寺のお祭のほうが、ずっと深いものを伝えている。

　③このお寺では、すばらしい図柄《ずがら》の熊手を配っている。「鷲妙見大《わしみょうけんだい》菩薩《ぼさつ》」を描《えが》いたこの図柄をよく見ると、七つの星を頭に戴《いただ》いた菩薩さまが、剣《けん》をかざして鷲の背中に乗っているのがわかる。神話のことを少しでも勉強したことのある人なら、この図柄がなにを意味したものであるか、すぐにぴんと来るはずである。鷲の背中に乗っている菩薩さまは、北斗七星《ほくとしちせい》に取り囲まれた北極星をあらわしている。そして、北極星は天空にあって少しも動くことのない星として、新石器時代の神話では、宇宙の秩序《ちつじょ》そのものをあらわしているのだ。

　これにたいして鷲は、太陽に最も近い、高いところを住処《すみか》とする鳥だと言われている。鷲はほかのどの鳥よりも高いところを飛び、高い崖《がけ》などに巣をつくる鳥だと考えられていた。すると宇宙の秩序を守っ

2020年度

国学院大学久我山中学校 ▶解説と解答

算　数 ＜第１回試験＞（50分）＜満点：100点＞

解　答

1 (1) 11　(2) 28　(3) $\frac{5}{8}$　(4) $1\frac{3}{7}$　2 (1) 3個　(2) 6.5％　(3) 5000円　(4) 毎分180m　(5) 13匹　(6) 2.355cm^2　(7) 解説の図２を参照のこと。

3 (1) 39個　(2) 2500個　(3) 6　(4) ア 61　イ 29　4 (1) 20分　(2) 8時39分36秒　(3) 6.9km　(4) 3回　(5) $\frac{3}{8}$km

解　説

1 四則計算

(1) $800\div16-13\times9\div3=50-117\div3=50-39=11$

(2) $14\div3\frac{1}{2}\div0.25\times1\frac{3}{4}=14\div\frac{7}{2}\div\frac{1}{4}\times\frac{7}{4}=14\times\frac{2}{7}\times\frac{4}{1}\times\frac{7}{4}=28$

(3) $0.5+3\frac{3}{5}\div\left\{4.8\div\left(\frac{1}{2}-\frac{1}{3}\right)\right\}=\frac{1}{2}+\frac{18}{5}\div\left\{4\frac{4}{5}\div\left(\frac{3}{6}-\frac{2}{6}\right)\right\}=\frac{1}{2}+\frac{18}{5}\div\left(\frac{24}{5}\div\frac{1}{6}\right)=\frac{1}{2}+\frac{18}{5}\div\left(\frac{24}{5}\times\frac{6}{1}\right)=\frac{1}{2}+\frac{18}{5}\times\frac{5}{144}=\frac{4}{8}+\frac{1}{8}=\frac{5}{8}$

(4) $1\frac{1}{5}\div0.8-\left\{\frac{2}{3}\times2.25-\left(\frac{2}{7}+\frac{1}{3}\right)\div\frac{13}{30}\right\}=\frac{6}{5}\div\frac{4}{5}-\left\{\frac{2}{3}\times2\frac{1}{4}-\left(\frac{6}{21}+\frac{7}{21}\right)\times\frac{30}{13}\right\}=\frac{6}{5}\times\frac{5}{4}-\left(\frac{2}{3}\times\frac{9}{4}-\frac{13}{21}\times\frac{30}{13}\right)=\frac{3}{2}-\left(\frac{3}{2}-\frac{10}{7}\right)=\frac{3}{2}-\left(\frac{21}{14}-\frac{20}{14}\right)=\frac{3}{2}-\frac{1}{14}=\frac{21}{14}-\frac{1}{14}=\frac{20}{14}=\frac{10}{7}=1\frac{3}{7}$

2 数の性質，濃《のう》度《ど》，売買損益，流水算，つるかめ算，面積，展開図

(1) 十の位の数字を□とすると，この３けたの整数は１□４となる。また，各位の数字の和が３の倍数になるとき，その整数は３の倍数になるから，１＋□＋４＝５＋□が３の倍数になる。よって，和が６のとき，□＝６－５＝１，和が９のとき，□＝９－５＝４，和が12のとき，□＝12－５＝７なので，このような３の倍数は114，144，174の３個ある。

(2) ８％の食塩水200gと６％の食塩水600gにふくまれる食塩の重さはそれぞれ，200×0.08＝16(g)，600×0.06＝36(g)である。よって，これらの食塩水を混ぜてできる食塩水の重さは，200＋600＝800(g)となり，そこにふくまれる食塩の重さは，16＋36＝52(g)だから，混ぜてできる食塩水の濃度は，52÷800×100＝6.5(％)になる。

(3) 原価を１とすると，定価は，１×(１＋0.4)＝1.4，定価の20％引きは，1.4×(１－0.2)＝1.12となる。よって，利益は，1.12－１＝0.12となり，これが600円にあたるので，(原価)×0.12＝600(円)より，原価は，600÷0.12＝5000(円)とわかる。

(4) 720m上るのに６分かかるから，上りの速さは毎分，720÷６＝120(m)となり，下るのに３分かかるので，下りの速さは毎分，720÷３＝240(m)である。よって，この船の静水時の速さは，上りと下りの速さの平均になるから，毎分，(120＋240)÷２＝180(m)となる。

(5) １匹《びき》100円のメダカを20匹買うと，その代金は，100×20＝2000(円)となり，メダカだけの代金と金魚だけの代金の差が，2000－０＝2000(円)になる。メダカのかわりに金魚を１匹買うごとに，代金の差は，100＋120＝220(円)ずつ縮まるので，代金の差が460円になるとき，金魚の数は，(2000－460)÷220＝７(匹)となり，メダカの数は，20－７＝13(匹)と求められる。

⑹　右の図１のように，•印の部分を矢印のところに移動すると，斜線《しゃせん》部分は半径３cmのおうぎ形になる。また，三角形ABCは正三角形なので，角ABCの大きさは60度であり，おうぎ形の中心角は，90－60＝30(度)となる。よって，斜線部分の面積は，$3\times3\times3.14\times\frac{30}{360}=2.355(\text{cm}^2)$である。

図１
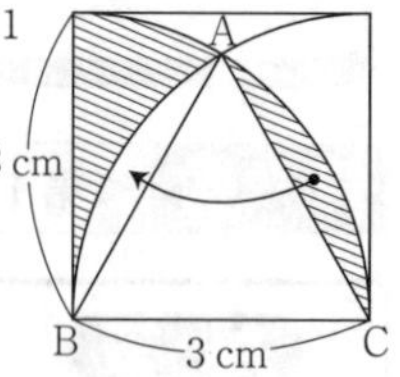

⑺　立方体の頂点の記号をかいて，AC，CH，HAを結ぶと切り口の線がかける。よって，切り口の線は，右の図２のようになる。

図２
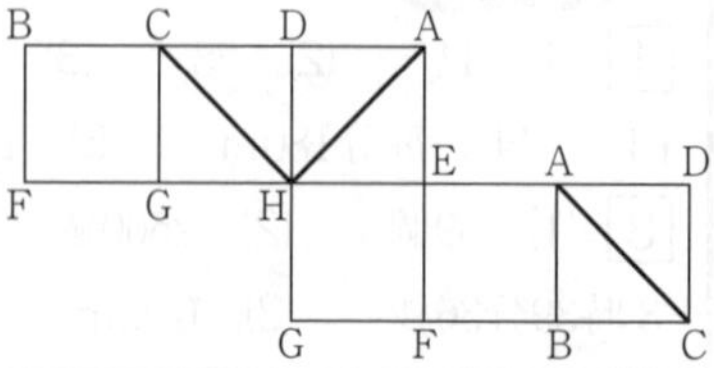

3　規則性

⑴　１段目には１個，２段目には３個，３段目には５個，４段目には７個，…だから，□段目には，２×□－１(個)並んでいる。よって，20段目には，２×20－１＝39(個)ある。

⑵　１段目は１個，２段目までは，２×２＝４(個)，３段目までは，３×３＝９(個)，…なので，□段目までは，□×□(個)並んでいる。よって，１段目から50段目までに並んでいるマスは，50×50＝2500(個)である。

⑶　〈11，３〉までに並んでいるマスは，10×10＋３＝103(個)ある。１けたの整数は１マス，２けたの整数は２マス使うので，(103－９)÷２＝47より，10から数えて47番目の，10＋(47－１)＝56が〈11，２〉と〈11，３〉に入る。よって，〈11，３〉に入る数字は６とわかる。

⑷　１けたの整数は９個，２けたの整数は，99－９＝90(個)，３けたの整数は，999－99＝900(個)，４けたの整数は，1184－999＝185(個)あるから，使うマスは，９＋２×90＋３×900＋４×185＝3629(個)になる。よって，3629－60×60＝29より，４は〈ア，イ〉＝〈61，29〉に入るとわかる。

4　速さ，つるかめ算

⑴　15kmを時速45kmで進むので，かかる時間は，$15\div45=\frac{1}{3}$(時間)，つまり，$60\times\frac{1}{3}=20$(分)である。

⑵　バスがはじめてB駅を出発するのは，８時＋20分＋４分＝８時24分である。24分，つまり，$24\div60=\frac{2}{5}$(時間)で太郎君が歩いた距離《きょり》は，$5\times\frac{2}{5}=2$(km)なので，

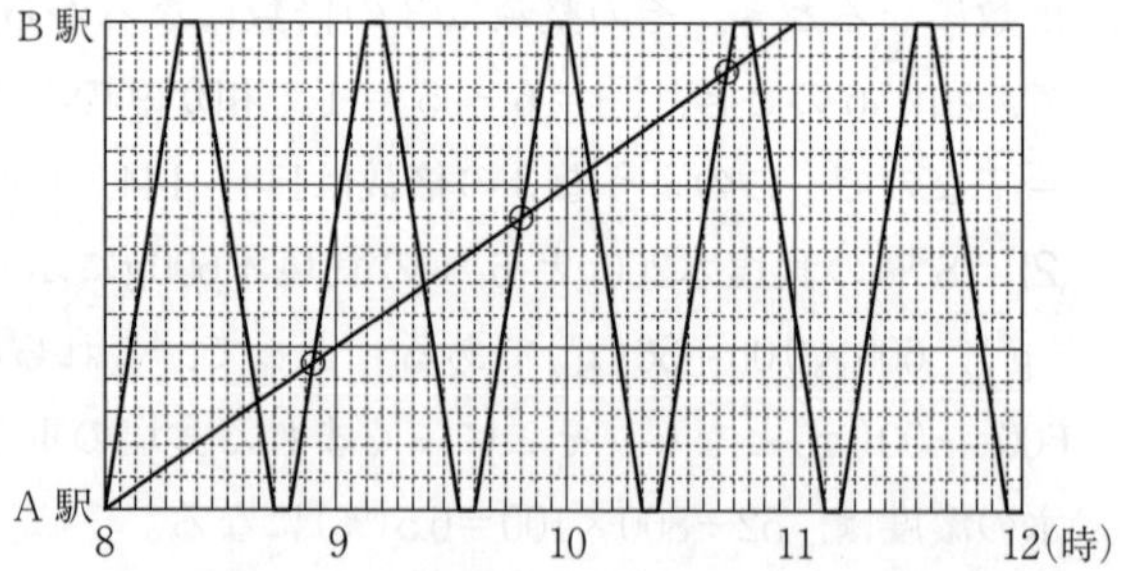

そこから出会うまでにかかる時間は，$(15-2)\div(5+45)=\frac{13}{50}$(時間)，つまり，$60\times\frac{13}{50}=15\frac{3}{5}$(分)，$60\times\frac{3}{5}=36$(秒)より，15分36秒とわかる。よって，太郎君がA駅行きのバスとはじめて出会うのは，８時24分＋15分36秒＝８時39分36秒と求められる。

⑶　バスが２回目にB駅を出発するのは，８時から，24×３＝72(分後)である。72分，つまり，$72\div60=\frac{6}{5}$(時間)で太郎君が歩いた距離は，$5\times\frac{6}{5}=6$(km)なので，そこから出会うまでにかかる時間は，$(15-6)\div(5+45)=\frac{9}{50}$(時間)となる。よって，太郎君がA駅行きのバスと２回目に出

会う地点はＡ駅から，$6+5\times\frac{9}{50}=6.9$(km)の地点である。

(4)　バスと太郎君の進むようすは，上のグラフのようになるので，太郎君がＢ駅行きのバスに追い越《こ》されるのは，○印の３回とわかる。

(5)　グラフより，太郎君は11時36分発のＡ駅行きのバスに乗り，Ａ駅に着くから，かかった時間は，12時－11時36分＝24分である。24分間バスに乗ると，$45\times\frac{2}{5}=18$(km)進むが，実際の距離は15kmなので，太郎君の歩いた時間は，$(18-15)\div(45-5)=\frac{3}{40}$(時間)とわかる。よって，バスはＡ駅から，$5\times\frac{3}{40}=\frac{3}{8}$(km)の地点で故障した。

社　会　＜第１回試験＞（40分）＜満点：50点＞

解　答

1　**問１**　カ　**問２**　(1)　ユニバーサル(デザイン)　(2)　(例)　異性の介助者も一緒に入ることができるから。　**問３**　エ　**問４**　(例)　プラスチックごみが出ない(比較的値段が安い)　**問５**　イ　**問６**　**内容・方法**…(例)　朝礼の時間に，石けんをよく泡立て，時間をかけて手を洗うようよびかける。　**企画理由・工夫のポイント**…(例)　資料を見ると，手洗い指導を行うことが効果的であることがわかるから。　**2**　**問１**　アイヌ　**問２**　(1)　エ　(2)　かき　**問３**　(1)　奥羽(山脈)　(2)　ア　**問４**　ウ　**問５**　ウ　**問６**　ア　**問７**　(例)　瀬戸内気候で，年中雨が少なく日照時間が長い。　**問８**　エ→ア→ウ→イ　**問９**　イ　**問10**　**賛成**…(例)　観光地などへの集客力が高まり，地域が活性化するから。／**反対**…(例)　建設費や維持費がかさみ，財政を圧迫してしまうから。　**3**　**問１**　ア→ウ→イ　**問２**　ウ　**問３**　参勤交代　**問４**　(1)　(例)　新しい日本の夜明け(日本国憲法施行)　(2)　ウ　**問５**　イ　**問６**　エ

解　説

1　**手洗いを題材とした問題**

問１　日本では，どちらかといえば女性のほうが家庭で調理にかかわることが多いので，男女で大きな差があるＢに「ご飯を作る時」があてはまる。ＡとＣのうち，男女にほとんど差がなく，割合も多いＡが「トイレの後」で，残ったＣが「食事の前」と判断できる。

問２　(1)　障がいの有無や国籍・人種・性別・年齢の違《ちが》いに関係なく，だれもが安全で使いやすいように考えられた建築(施設)や製品，情報などの設計(デザイン)のことを，「ユニバーサルデザイン」という。　(2)　資料３の多機能トイレの扉《とびら》にあるピクトグラム(絵文字，絵記号)からもわかるように，多機能トイレは車いす・ベビーカーを利用している人やお年寄り，体に障がいがある人など，さまざまな人が利用できるようになっている。たとえば，車いすを利用している人やお年寄りで，夫婦のどちらかがもう一方を介助《かいじょ》している場合，多機能トイレが男女別だと介助者が入れなくなってしまう。そのため，男女共用の多機能トイレを希望する人がいるのである。

問３　消費税は商品やサービスを購入《こうにゅう》したさいに課される税で，2019年10月に税率がそれまでの８％から10％へと引き上げられた。このとき，酒類や外食をのぞく飲食料品と，定期購読している

新聞の税率は８％のまますえ置くという軽減税率も導入された。なお，アの３％は1989年に消費税が導入されたときの税率，イの５％は1997年に引き上げが行われたさいの税率。ウの８％への引き上げは，2014年に行われた。

問４　一般的に，固形石けんは泡《あわ》石けんに比べて値段が安い。また，洗剤《せんざい》の成分を固めたものであるため洗浄《せんじょう》力がより高く，少量でもしっかり洗えるので，長く使えて割安になる。さらに，プラスチックの容器やつめかえ用の容器も不要であるため，プラスチックごみを出さずにすむ。

問５　牛肉のバーチャルウォーター量に注目するとよい。牛肉のバーチャルウォーター量は，資料４中のほかのすべての食品のバーチャルウォーター量を合計した数値よりも大きいのだから，牛肉を使う料理，つまり牛丼《ぎゅうどん》とハンバーガーはバーチャルウォーター量が多いと判断できる。ここから，ア，ウ，エが誤りとわかるので，イが選べる。なお，それぞれの料理のバーチャルウォーター量は単純に計算すると，「牛肉」「たまねぎ」「炊《た》いたごはん」を使う牛丼が，1030＋19＋278＝1327（リットル），「スパゲティ」「ベーコン」「たまねぎ」「ケチャップ」を使うナポリタンスパゲティが，200＋177＋19＋４＝400（リットル），「うどん」「わかめ」「だし汁」を使うわかめうどんが，120＋０＋0.4＝120.4（リットル），「牛肉」「たまねぎ」「パン」「ケチャップ」を使うハンバーガーが，1030＋72＋19＋４＝1125（リットル）となる。

問６　資料５と資料６の②，③から，固形石けんで洗った場合には，泡立ての状態が悪く手洗い時間も短いため，手洗い効果が泡タイプハンドソープに比べて低いとわかる。しかし，資料６の④，⑤を見ると，手洗い指導後には固形石けんと泡タイプハンドソープの手洗い効果に違いがなく，きれいに洗えていることがわかる。ここから，きちんと手を洗うためには手洗い指導が効果的だとわかるので，朝礼の時間や給食のとき，集会のときなどに手洗いをよびかけ，洗い方を指導するといった取り組みを考えるとよいだろう。

[2] 文化庁が認定したおもな日本遺産を題材とした問題

問１　アイヌは，蝦夷《えぞ》地（北海道）・千島列島・樺太《からふと》（サハリン）に古くから住んでいた先住民族で，狩りや漁をして暮らし，独自の生活習慣や文化を築きあげていた。しかし，明治時代に入り，日本政府が北海道旧土人保護法（1899年）を制定して同化政策をすすめたため，アイヌの人々は土地を失ったり，独自の言語や伝統文化をうばわれたりした。1997年にアイヌ文化振興《しんこう》法が成立して北海道旧土人保護法はようやく廃止され，2019年にはアイヌ新法が成立したことで，アイヌ民族が先住民族として法的に位置づけられた。

問２　(1)　平安時代後期に大輪田泊《おおわだのとまり》（現在の神戸港の一部）を改修して日宋貿易をすすめたのは平清盛なので，エがふさわしくない。なお，ウについて，伊達政宗は1613年に支倉常長《はせくらつねなが》をヨーロッパやメキシコに派遣して通商を求めた（慶長遣欧《けんおう》使節）が，目的ははたせなかった。　(2)　広島県が都道府県別生産割合の第１位となっている養殖魚介《ぎょかい》類なので，かきだとわかる。かきの養殖は，広島県や岡山県などの瀬戸内海沿岸地域や，リアス海岸がのびる宮城県や岩手県の三陸海岸でさかんに行われている。

問３　(1)　奥羽山脈は東北地方の中央部を約500kmにわたって南北に走る日本最長の山脈で，東北地方を東の太平洋側と西の日本海側に分けている。なお，安積《あさか》疏水は奥羽山脈にトンネルを通すなどの工事を行い，明治時代前半の1882年に完成した。　(2)　大久保利通《としみち》は薩摩藩（鹿児島県）出身の政治家で，1866年には同郷の西郷隆盛とともに長州藩（山口県）との間で薩長同盟を結ぶことに成功するなど，討幕《とうばく》と明治維新に活躍《かつやく》した。明治新政府でも重職につき，1871年には木戸孝允《たかよし》や伊藤博文らとともに岩倉使節団の一員として欧米に渡った。帰国後は内務卿《きょう》として殖産興業政策をおしすすめ，日本の近代化に貢献《こうけん》したが，1878年に紀尾井坂（東京都千代田区）で暗殺された。

問４　明治時代はじめの1872年，群馬県富岡で操業を開始した富岡製糸場は，殖産興業政策をすすめ，民間に手本を示すために政府がつくった官営模範工場である。よって，ウがふさわしくない。

問５　ぶどうの収穫《しゅうかく》量が山梨県についで全国第２位であるＡには，盆地での果樹栽培がさかんな長野県があてはまる。長野県は，ぶどうとりんごの収穫量が全国第２位，ももの収穫量が全国第３位となっている。茶の生産量が全国第２位のＢには，鹿児島県があてはまる。鹿児島県は県域の大部分にシラスとよばれる火山灰地が広がっており，稲作には不向きであるため，農業はさつまいもや茶などの畑作と畜産が中心となっている。さば類の漁獲《ぎょかく》量が全国第２位のＣは長崎県で，長崎県北部に位置する松浦港は全国有数のあじ・さば類の水揚《みずあ》げ港として知られる。統計資料は『データでみる県勢』2020年版による（以下同じ）。

問６　越前《えちぜん》は福井県北部の旧国名なので，アがふさわしくない。なお，六古窯《ろっこよう》の産地はそれぞれ，瀬戸焼と常滑《とこなめ》焼が愛知県，越前焼が福井県，信楽《しがらき》焼が滋賀県，丹波《たんば》焼が兵庫県，備前焼が岡山県。

問７　兵庫県南部に位置する赤穂《あこう》市は，瀬戸内海に面している。瀬戸内海沿岸地域は，夏の南東季節風を四国山地に，冬の北西季節風を中国山地にさえぎられ，季節風の影響が少ないため，一年を通して雨が少なく日照時間が長い。この気候をいかし，江戸時代に赤穂藩が沿岸部の砂浜に大規模な塩田を開発したため，赤穂は塩の一大産地として知られるようになった。

問８　🄰・エは徳島県で，北東部沿岸の鳴門《なると》海峡は巨大な渦潮《うずしお》が発生することで知られる。また，「四国三郎」ともよばれる吉野川は，徳島市で紀伊水道に注ぐ。徳島市で行われる盆踊《ぼんおど》りである「阿波《あわ》踊り」には，多くの観光客が訪れる。🄱・アは高知県で，南西部には「日本最後の清流」とよばれる四万十《しまんと》川が流れている。南部の高知平野では温暖な気候をいかした野菜の促成栽培がさかんで，高知県のなすの生産量は全国第１位である。また，高知市やいの町などでは古くから和紙づくりがさかんで，「土佐和紙」として知られている。🄲・ウは愛媛県で，県庁所在地の松山市にある道後温泉は，夏目漱石《そうせき》の小説『坊《ぼ》っちゃん』の舞台《ぶたい》として知られる。愛媛県ではかんきつ類の生産がさかんで，伊予柑《かん》の生産量は全国第１位，みかんの生産量は全国第３位となっている。🄳・イは香川県で，中南部のまんのう町には，空海が改修したとされる日本最大のため池である満濃池がある。北西部の丸亀《まるがめ》市ではうちわが特産品となっているほか，「讃岐《さぬき》うどん」として知られるうどんや金刀比羅宮《ことひらぐう》などを目当てに訪れる観光客が多い。よって，訪れた順にエ→ア→ウ→イとなる。

問９　1894年に日清戦争が始まり，翌95年に講和条約として下関条約が結ばれた。この戦争は朝鮮半島をめぐる東アジア情勢の緊張《きんちょう》を背景として始まり，イはそのときの状況《じょうきょう》を風刺《ふうし》したフランス人画家ビゴーの風刺画である。この絵では，朝鮮に見立てられた魚を，日本（左の男性）と清（中国，右の男性）が釣りあげようとしており，２国の争いに乗じてロシア（橋の上の男性）が横取りのチャンスをねらっているようすが描かれている。なお，アとウは日露戦争（1904～05年），エはノルマントン号事件（1886年）を風刺した絵である。

問10　新幹線の建設には多くの時間と予算，労力がかかるため，それに見合うだけのものが得られることが賛成の条件となる。たとえば，北陸新幹線の開業によって金沢市（石川県）などは観光客が増加したが，新幹線の開業によって廃止されたり減便されたりする路線もあった。また，地方には鉄道の電化がすすんでいないところも多い。地域の活性化は期待できるが，開発が環境におよぼす影響を考える必要もある。こうしたことをふまえ，自分の意見を述べればよいだろう。

3 情報伝達手段の移り変わりを題材にした問題

問１　アは奈良時代の歌人・山上憶良《やまのうえのおくら》がよんだ「貧窮問答歌《ひんきゅうもんどうか》」で，日本最古の歌集である『万葉集』に収められている。イは鎌倉時代に成立した『平家物語』の書き出しで，『平家物語』は「盛者《じょうしゃ》」「おごれる人」と表現された平氏が栄え，源氏との戦いを経て滅《ほろ》ぶまでのようすを中心に描いた軍記物語である。ウは「望月《もちづき》の歌」とよばれる歌で，平安時代に藤原道長が三女の威子《いし》を後一条天皇のきさきとした祝いの席でよんだ歌である。したがって，年代順にア→ウ→イとなる。

問２　ア　平安京は，唐(中国)の都・長安にならってつくられた。　イ　六波羅《ろくはら》探題は1221年の承久の乱のあと，朝廷の監視などのために京都にもうけられた鎌倉幕府の出先機関である。　ウ　第一次世界大戦後の日本と中国の関係を正しく説明している。　エ　日本と中国の国交正常化は1972年の日中共同声明によって達成され，1978年に日中平和友好条約が結ばれた。

問３　江戸幕府の第３代将軍徳川家光は1635年，大名を統制するための法令である武家諸法度《しょはっと》を改定し，参勤交代を制度化した。これにより，大名は１年おきに江戸と領地に住むことを義務づけられ，大名の妻子は人質として江戸に置くことを命じられた。その結果，各地には街道が整備され，街道沿いには宿場町が発展した。

問４　(1)　新聞の日付は「昭和22年(1947年)５月３日」で，この日は日本国憲法が施行された日である。また，記事にあたる文には，国民主権・基本的人権の尊重・平和主義という日本国憲法の三大原則にかかわる内容が見られるので，こうしたことを見出しにすることが考えられる。　(2)　ハトは帰巣《きそう》本能が優《すぐ》れているため，訓練したうえで軍隊や新聞社などが通信に利用していた。このようなハトは，伝書バトとよばれる。

問５　写真に写っているのは，弥生時代に収穫物を保管する目的でつくられた高床倉庫である。よって，多数の木製の農具や水田の跡《あと》が発掘され，弥生時代の稲作のようすがわかる遺跡として知られる登呂《とろ》遺跡(静岡県)だとわかる。なお，アの野尻湖《のじりこ》遺跡(長野県)は旧石器時代，ウの稲荷山《いなりやま》古墳(埼玉県)は古墳時代の遺跡。エの白川郷(岐阜県)は，合掌《がっしょう》造り集落があることで知られる。

問６　やりとりの内容から，「この偉人」は織田信長だとわかる。信長は，1573年に第15代将軍足利義昭《よしあき》を追放して室町幕府を滅ぼした。1576年からは全国統一事業の根拠《こんきょ》地として琵琶湖東岸に安土城を築き，翌77年に城下を楽市・楽座とした。返信の日付となっている「天正10年」は1582年にあたり，この年，信長は毛利氏と戦う羽柴《はしば》(豊臣)秀吉を助けるために中国地方に向かっていたが，その途中に滞在《たいざい》した京都の本能寺で家臣の明智光秀《あけちみつひで》に裏切られ，自害した。「飼い犬に手をかまれる」はふだんから大事にしていた人に裏切られることをたとえた表現なので，エがあてはまる。

理　科　＜第１回試験＞（40分）＜満点：50点＞

解　答

1　Ⅰ　(1)　熱　(2)　羽化　(3)　だ液　(4)　台風の目　(5)　蒸発　Ⅱ　(1)　③　(2)　④　(3)　④　(4)　⑤　(5)　①　2　(1)　④　(2)　①　(3)　②　(4)　③　(5)

③，⑤　**3** (1)　0.6cm　(2)　③　(3)　③　(4)　②　(5)　④　**4** (1)　③または⑤　(2)　②　(3)　④　(4)　ア　(5)　②　**5** (1)　①　(2)　②，④　(3)　②
(4)　③　(5)　①

解説

1 小問集合

Ⅰ　(1)　ニクロム線のように，電流を流しにくい金属でできた線に電流を流すと発熱する。これは，金属の線が電気を熱に変えたからである。

(2)　こん虫はからだの外側に固いからを持っているため，脱皮《だっぴ》をして成長する。このうち，完全変態のこん虫の場合，卵から幼虫への変化をふ化，幼虫からさなぎへの変化をよう化，さなぎから成虫への変化を羽化という。また，不完全変態のこん虫では，幼虫から成虫になるときの脱皮が羽化となる。

(3)　口で出される消化液をだ液という。だ液には，ご飯にふくまれるデンプンを麦芽糖《ばくがとう》などに消化するはたらきがある。

(4)　台風の中心に近いところでは雲がほとんどなく，雨も風も弱くなっていて晴れていることが多い。この部分を台風の目(たんに“目”でもよい)という。

(5)　液体が蒸発して気体になるとき，まわりから熱をうばう。この熱のことを気化熱という。アルコールは水より気化熱が小さく，蒸発しやすいため，よりひんやりと感じる。

Ⅱ　(1)　①，②，④，⑤の回路は，並列につながれた２個の豆電球に１個の豆電球が直列につながれているが，③の回路は，直列につながれた２個の豆電球に１個の豆電球が並列につながれている。

(2)　水素には，色もにおいもない，空気より軽い(空気の約0.07倍の重さ)，水にほとんどとけない，火をつけると爆発《ばくはつ》的に燃えるなどの性質がある。また，二酸化炭素には，色もにおいもない，空気より重い(空気の約1.5倍)，水に少しとける，石灰水に通すと白くにごるなどの性質がある。

(3)　シオカラトンボとハラビロカマキリは他の小動物を食べ，マイマイカブリはおもにカタツムリや樹液，キリギリスは他のこん虫や草などを食べる。ショウリョウバッタは植物だけをえさとし，おもにイネ科の植物の葉を食べる。

(4)　流れる水のはたらきのうち，①と③はしん食作用，②は運ぱん作用，④はたい積作用によって見られる現象である。火山がふん火して，火山灰が周囲に降り積もるのは，ふき上げられた火山灰が上空の風によって運ばれて積もる現象で，流れる水のはたらきとは直接関係はない。

(5)　パラボラアンテナは皿のような形をしていて，中心軸《じく》に平行に入ってきた電波などの信号を，アンテナのへこんだ面で反射し，１点に集めるように設計されている。この部分に信号を受け取る装置を置くことで，信号を効率よく受け取ることができる。

2 太陽の動きと月の見え方についての問題

(1)　棒の影《かげ》の長さは太陽の高度が高いと短くなり，低いと長くなる。したがって，太陽が南中したときの棒の影が一番長い日は，太陽高度が一番低い冬至の日である。

(2)　日本では，太陽は東→南→西へと動いて見えるので，棒の影は西→北→東へと移動する。このことから，午前10時頃《ごろ》に太陽は南東の空にあるので，棒の影は北西にのびる。

⑶　春分の日から秋分の日までの間，太陽は真東より北寄りから出て南の空の高いところを通り，真西より北寄りにしずむ。このため，夏の頃は棒の影の先が東西の線より南側にくるときがある。

⑷　日食は太陽を月がかくすことで太陽が欠けて見える現象で，このとき月は新月である。図２より，太陽と地球の間を横切る月を地球から見たとき，月は太陽を西側からかくし，東側にぬける。

⑸　月は球体で，太陽の光を反射して光るので，明るい部分と暗い部分の境界は，月の北極と南極を結ぶ線となり，③や⑤のように満ち欠けすることはない。

3　温度による金属の伸《の》び縮みについての問題

⑴　表１から，長さ30mの鉄の棒は，温度が10℃変化すると0.4cmずつ伸び縮みすることがわかる。したがって，温度を45℃にしたときの伸びの大きさは，0.4×(45−30)÷10＝0.6(cm)である。

⑵　直線のレールがあたためられて伸びたために曲がったと考えられるので，季節は夏である。このようなことを防ぐためには，レールとレールのつなぎ目に，あらかじめすき間をあけておけばよい。

⑶　表１～３から，棒の長さの変化は温度の変化に比例し，その大きさは鉄の長さにも比例することがわかる。また，表２は０℃，表３は40℃の鉄の棒で実験していて，どの長さでも温度変化による伸び縮みが同じであることから，伸びの大きさは鉄のもとの温度によらないことがわかる。

⑷　表２より，60mの鉄製のメジャーを20℃に温めたときの長さは，60mより1.6cm長い。メジャーは全体が均一に伸びるので，このメジャーの「30」の目盛りが示す長さは30mより，1.6÷２＝0.8(cm)長い。

⑸　⑷より，この40℃の鉄の棒は30mより0.8cm長い。表３より，この鉄の棒を10℃に冷やすと，1.2cm縮む。よって，10℃のときの実際の長さは，30mより，1.2−0.8＝0.4(cm)短い。

4　ニワトリの骨格と筋肉についての問題

⑴　渡《わた》り鳥であるカモメやウズラは，自由に空を飛ぶことができる。一方，ペンギンは上手に泳ぐことができ，ダチョウは速く走ることができるように進化したが，飛ぶことはできない。また，家《か》畜《ちく》として品種改良されたアヒルも飛ぶことはできない。

⑵　表側は羽毛が生えていた側であるから①か②の図が当てはまる。指にあたるところを下にすると，つばさの先たんは後ろ側を向くことから，①は左のつばさ，②は右のつばさを表していると考えられる。

⑶　図３から，ヒトも鳥類も１本の上腕《じょうわん》骨，前腕《ぜんわん》にとう骨と尺骨という２本の骨があることがわかる。よって，④が正しい。手首から先の指骨は，ヒトには５本，鳥類には３本ある。また，鳥類では上腕骨よりとう骨・尺骨のほうが長いこともわかる。

⑷　手羽もとはつばさのつけ根側の上腕骨にあたり，手羽先はつばさの先たん側の尺骨ととう骨，指骨にあたる。

⑸　図で，Ａの筋肉を引っぱると，つばさが広がるように指骨が動くことから，けんは指骨の外側についていると考えられる。

5　塩酸と水酸化ナトリウム水よう液の中和についての問題

⑴　ムラサキキャベツの葉の汁は，中性でむらさき色を示し，酸性で赤色，アルカリ性で緑色や黄色を示す。このように，水よう液などの性質を知ることのできる薬品を指示薬という。

⑵　塩酸は酸性の水よう液である。リトマス紙に酸性の水よう液をつけると，赤色のリトマス紙は

赤色のまま変わらず，青色のリトマス紙は赤色に変わる。

(3)　うすい塩酸は酸性，食塩水は中性，うすい水酸化ナトリウム水よう液はアルカリ性の水よう液なので，はじめ，アは黄色，イは緑色，ウは青色になっている。実験１で，アのうすい塩酸10.0mLにイの食塩水50.0mLを入れると，酸性の性質がうすめられて色が変化する。さらにイを入れても色の変化が見られなかったことから，うすい塩酸が食塩水で十分にうすめられて，水よう液が中性に近づき，色は緑色になったと考えられる。

(4)　酸性の水よう液にアルカリ性の水よう液を加えると，たがいの性質をうちけしあって中性に近づくが，さらにアルカリ性の水よう液を加えると，全体がアルカリ性になる。ア10.0mLにウ50.0mLを入れたときに色が変化し，さらにウ50.0mLを入れても色の変化が見られなかったことから，はじめにウ50.0mLを加えたときにはすでに，水よう液はアルカリ性で，色は青色になっていたと考えられる。

(5)　実験３で，水よう液が中性になったときに加えたウの量の平均は，$(9.7+9.8+10.0+10.2+10.3)\div 5=10$(mL)となるから，ア10.0mLとウ10.0mLが過不足なく反応して中性の水よう液になることがわかる。アのこさを２倍にした水よう液10.0mLと過不足なく反応するとき，ウの体積は，$10.0\times 2=20.0$(mL)となるが，ウのこさを３倍にした水よう液を使うと，過不足なく反応する体積は，$20.0\div 3=6.6\cdots$より，約6.7mL である。これらのことから，ウを約6.7mL加えたときに水よう液の色は緑色に変化し，それより多い量のウを加えると青色に変化する。

国　語　＜第１回試験＞（50分）＜満点：100点＞

解　答

一　**問１**　神話　**問２**　(例)　本来大鷲の祭なのに，一見関係のない熊手や大きなタロイモが一堂に会している点。　**問３**　明治の～を知る(こと。)　**問４**　(菩薩さまが)失われ～ている(様子。)　**問５**　エ　**問６**　ウ　二　**問１**　イ　**問２**　エ　**問３**　ア　**問４**　ウ　**問５**　イ　**問６**　(例)　女学校に行けなかったわたしをかわいそうに思ったからだろう。　三　**問１**　下記を参照のこと。　**問２**　①　船(馬)　②　舌　**問３**　エ　**問４**　①　一　②　風　**問５**　くださる

●漢字の書き取り

三　問１　①　探査　②　独創　③　郵送　④　拝(む)　⑤　株　⑥　規模

解　説

一　**出典は中沢新一《なかざわしんいち》の『アースダイバー』による。**東京の不思議な祭の一つである「お酉《とり》さま」では，熊手《くまで》やタロイモが売られているが，それは古い神話の考え方に由来している。

問１　祭があるおかげで，どのような思考が東京に生き続けているのかを考える。東京で続けられている，一見不思議で意味不明な祭の例として「お酉さま」をあげたうえで，この祭の背後には，実は「古い神話の考え方」が働いていると筆者は述べている。つまり，東京は「合理主義」に支配されているようで，いまだに「神話の思考を生きている，ユニークな」大都市だというのだから，空らんには「神話」が入る。

問２　同じ段落で説明されている。「お酉さま」では，幸運を掻《か》き込《こ》むための熊手や，蒸してある「大きなタロイモ」が縁起《えんぎ》物として売られているが，「お酉さま」が大鷲《おおわし》であることを考えると，「鷲と熊とイモ」という関係のなさそうなものが，祭の場に「一堂に会して」いる点が，変わっているといえる。

問３　同じ段落の最初にある，「この謎《なぞ》を解くためには～必要がある」という一文に注目する。「この謎」は，問２でみたように，「鷲と熊とイモ」が，祭で一堂に会していることをさしているので，これを解明するには，「神社とお寺とを，無理やり分離《ぶんり》」してしまった「明治の神仏分離令よりも以前の，この祭の姿を知る」ことが必要だというのである。ぼう線②をふくむ一文では，神社の祭は「本来の意味が不明」で，寺の祭りのほうに「古い意味が残されている」と述べられているので，神社とお寺とを分ける以前のことを知ることが有効だといえる。

問４　直後に，「鷲妙見大《わしみょうけんだい》菩薩《ぼさつ》」の図柄《ずがら》において，鷲の背中に乗っている菩薩さまは，「北斗七星《ほくとしちせい》に取り囲まれた北極星」をあらわし，北極星は「宇宙の秩序《ちつじょ》そのもの」をあらわすと書かれている。一方，鷲は「太陽に最も近い，高いところ」にすむ鳥なので，「北極星が，鷲の背中に乗って地上に近づいてくる」ことは「太陽が地上に近づいてくる」ことになる。お酉さまの縁日《えんにち》は，日没《にちぼつ》が最も早い時期，つまり「太陽の力が最も弱くなり，昼と夜の長さのバランスが崩《くず》れてしまう季節」に行われるので，北極星の神が「鷲を連れて地上に来臨」することで，「失われた宇宙のバランスを回復しようとしている」のだと考えられる。

問５　前の段落で，「鷲と北極星」が結びつくと，動物たちの王，地上の王である「熊」が寄ってくるという「神話の思考」が書かれているので，そこで「熊手」が「登場」することとなる。竹を細工したこの熊手を使って「人々は象徴《しょうちょう》的に富を自分のほうに掻き集めよう」とするようになった。その富は，「宇宙のバランス」が崩れ，秩序にできた「裂《さ》け目」からあふれ出したものであり，「そのわずかなチャンス」をねらって人々は「熊の手で一気に掻き込む」ようになったというのである。よって，Ⅲ→Ⅱ→Ⅰ→Ⅳの順になる。

問６　問４，５でみたように，古い神話では，北極星が空で，熊が地上で，それぞれ「王として君臨して」いたとあるので，ウが合わない。

二　**出典は中島京子《なかじまきょうこ》の『小さいおうち』による。**平井家の女中であった「わたし」は，病弱な恭一《きょういち》ぼっちゃんの世話を通じて，時子奥様《おくさま》との心の結びつきを深めていく。

問１　Ｘ　奥様は，「わたし」が「ため息まじり」に雑誌の広告を見ていたと言い，夜間女学校に通うことを勧《すす》めてくれた。「わたし」は婦人雑誌の通信で勉強して資格を得ようという広告を見て思い悩《なや》んでいたので，“まさにそのとおり”という意味の「たしかに」が合う。　Ｙ　「わたし」が，勉強に対して「若々しい向上心が頭をもたげた」という内容の後に，「恭一ぼっちゃんが高熱を出し」て「脚《あし》が動かなくなった」という内容の文が続いているので，前のことがらを受けて，期待に反することがらを導く「ところが」が入る。　Ｚ　前では，「お医者様」が「毎日通うようにとおっしゃった」とあり，後では，「わたし」は「毎日毎日ぼっちゃんをおぶってお医者様に通った」とあるので，前のことがらを受けて，そこから導かれることがらに移るときに用いる「そこで」があてはまる。

問２　「わたし」は，「通信で中学や女学校の勉強をして資格を得よう」という広告や「苦学して女専に進んだ女中の記事」などを見るたび，自分のような「教育のないねえや」では，恭一ぼっちゃんが小学生になったら役に立たなくなるのではないかと悩んでおり，教養を身につけたいと思っていた。そこへ，ちょうど夜間女学校に通ってはどうかという提案があったので，奥様が自分の気持ちをくみ取ってくれていたと知り，「わたし」は驚《おどろ》いたのである。

問３　問２でみたように，「わたし」は勉強したいと思っていたところだったので，奥様からの夜間女学校に通ってもよいという提案を聞き，心からうれしいと思ったのである。

問４　この後，奥様は「わたし」にマッサージをさせてみて「あったかいんだわ」と納得《なっとく》している。また，恭一ぼっちゃんへの一生懸命《けんめい》なマッサージのおかげで，平井家における「わたし」の重要度は高まり，「奥様とわたしの絆《きずな》」も深まったと書かれているので，ウは誤り。

問５　恭一ぼっちゃんの病気で平井家が大騒《おおさわ》ぎになるなか，「お気の毒な奥様の姿」を目の当たりにした「わたし」は，毎日一生懸命，ぼっちゃんのお世話をしていた。一年たって状況《じょうきょう》は落ち着いたものの，平井家での重要度が高まっていった「わたし」は，女学校に通うというわがままともいえる話を自分からは切り出せなくなったのだから，イが選べる。

問６　恭一ぼっちゃんの病気のことや当時の社会の状況を考え，「わたし」は自分から夜間女学校のことを切り出せないでいた。奥様は，一度は夜間女学校のことを提案しただけに，心のどこかで「わたし」のことを気にかけており，かわいそうに思っていたため，雑誌や本をたくさんくれたものと考えられる。

三　漢字の書き取り，慣用句の完成，熟語の組み立て，四字熟語の完成，敬語の知識

問１　①　未知の事物について探《さぐ》って調べること。　②　独自の発想でつくり出すこと。　③　郵便で送ること。　④　音読みは「ハイ」で，「拝礼」などの熟語がある。　⑤　木を切った後に残った部分。　⑥　構造や内容の大きさ。

問２　①　「乗りかかった船」は，少しでも関係した以上は途中《とちゅう》でやめるわけにはいかないということのたとえ。　②　「舌を巻く」は，“あまりにも優《すぐ》れているためにとても驚く”という意味の慣用句。

問３　エの「農地」は，農業をする土地，と読め，上の漢字が下の漢字を修飾《しゅうしょく》している組み立て。なお，「高貴」，「寒冷」，「民衆」はいずれも，似た意味の漢字を重ねた組み立て。

問４　①　「一心不乱」は，一つのことに集中してほかに気をとられないこと。　②　「花鳥風月」は，自然の美しい景色や事物。

問５　目上の「先生が」が主語なので，尊敬表現の「くださる」などを用いるのが適切である。

Memo

2020年度　国学院大学久我山中学校

〔電　話〕 (03) 3334－１１５１
〔所在地〕 〒168－0082　東京都杉並区久我山１－９－１
〔交　通〕 京王井の頭線－「久我山駅」より徒歩12分

【算　数】 〈ＳＴ第１回試験〉 (60分) 〈満点：150点〉

〔注意〕 １．分度器・コンパスは使用しないでください。
　　　　２．円周率は3.14とします。

1　次の□にあてはまる数を答えなさい。

(1)　ある品物に，仕入れ値の30％の利益を見込《みこ》んで定価をつけました。定価が3120円のとき，仕入れ値は□円です。

(2)　１個のさいころを２回振《ふ》って，出た目の数を順に a，b とします。
　$(a+b)\div a$ を計算して整数になるときの a，b の組は□組あります。

(3)　Ａ，Ｂ，Ｃ，Ｄ，Ｅの５人のテストの平均点は66.6点です。Ａ，Ｂ，Ｃの３人の平均点とＣ，Ｄ，Ｅの３人の平均点はどちらも68点です。Ｃの点数は□点です。

(4)　身長が1.5ｍのＫ君が，高さ４ｍの街灯から３ｍ離《はな》れて立っているとき，Ｋ君の影《かげ》の長さは□ｍです。

(5)　あるボールは落ちた高さの $\frac{2}{7}$ だけ跳《は》ね上がります。このボールを□cmの高さから落としたところ，３回目に跳ね上がった高さは16cmでした。

(6)　１ドルが106円で，１ユーロが118円のとき，53ユーロは□ドルです。

2　次の問いに答えなさい。

(1)　コップが100個あります。Ａ君はこのコップを運ぶ仕事をします。コップを１個運ぶと50円もらえますが，運んでいる途中《とちゅう》でコップを１個壊《こわ》してしまうと，50円もらえず，20円支払《しはら》わなければなりません。Ａ君はコップを何個か壊してしまったので，もらったお金は4160円でした。壊したコップの個数は何個ですか。

(2)　１辺が５cm，重さが２ｇの立方体のスポンジがあります。このスポンジは，上に物を乗せると２ｇにつき0.2cmずつ高さが縮みますが，高さが３cm未満になることはありません。このスポンジを右の図のように30個積み重ねて作った立体の高さは何cmになりますか。

(3)　電車Ａと電車Ｂがあり，電車の長さはどちらも120ｍです。あるトンネルに入り始めてから出終わるまでに，Ａは１分30秒，Ｂは２分24秒かかりました。また，ＡとＢの速さの差は時速15kmです。

　①　ＡとＢの速さの比を，最も簡単な整数の比で表しなさい。

　②　このトンネルの長さは何ｍですか。

(4)　Ａの容器には10％の食塩水が400ｇ，Ｂの容器には５％の食塩水が600ｇ入っています。Ａ，Ｂの２つの容器から同じ量の食塩水を取り出して，Ａから取り出した分をＢに，Ｂから取り出した分をＡに移してそれぞれよくかき混ぜたところ，ＡとＢの濃度《のうど》が等しくなりました。

① かき混ぜた後のＡの濃度は何％ですか。

② Ａから取り出した食塩水は何ｇですか。

(5) 下の図１のように，四角形ABCDを４つの直角三角形と１つの長方形に分けました。
長方形の面積が16cm²のとき，四角形ABCDの面積は何cm²ですか。

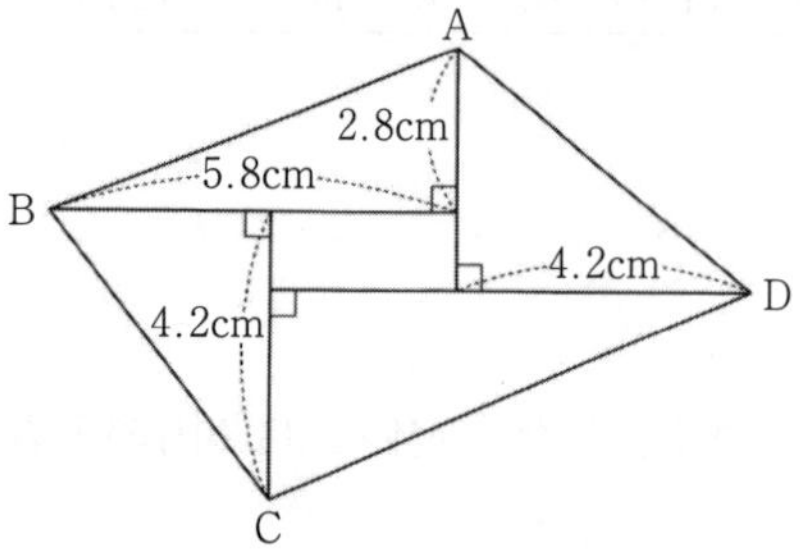

図１

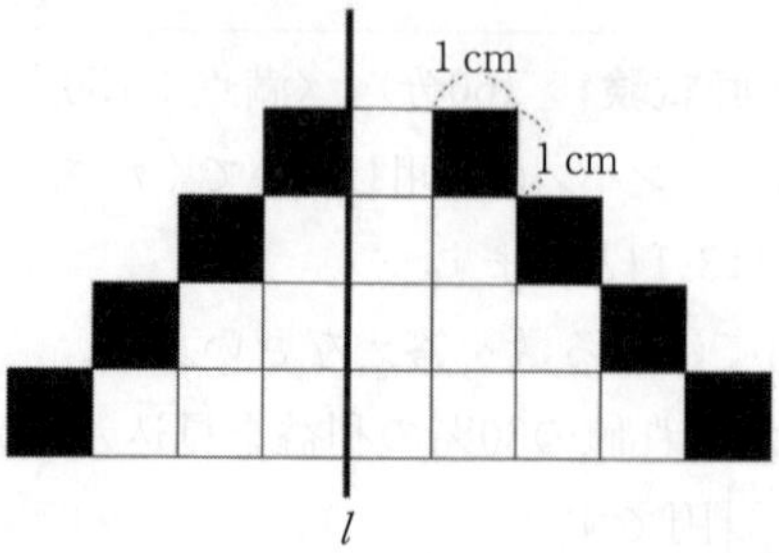

図２

(6) １辺が１cmの黒と白の正方形をしきつめて，上の図２のような図形を作りました。
この図形を直線 *l* を軸《じく》にして１回転させたとき，黒い部分が通ってできる立体の体積は何cm³ですか。

3 右の図のように，部屋に３つのライトと，それぞれに対応する３つのスイッチ(あ)，(い)，(う)があります。

スイッチを１回押《お》すと対応するライトが，消えているときにはつき，ついているときには消えます。

はじめにいくつかのライトがついているとき，スイッチを

(あ)→(い)→(う)→(い)→(あ)→(い)→(う)→(い)→(あ)→…

の順に規則的に押していきます。

例えば，はじめに(う)に対応するライトだけがついているとき，(あ)→(い)→(う)→(い)→(あ)とスイッチを５回押すとすべてのライトが消えます。

次の問いに答えなさい。

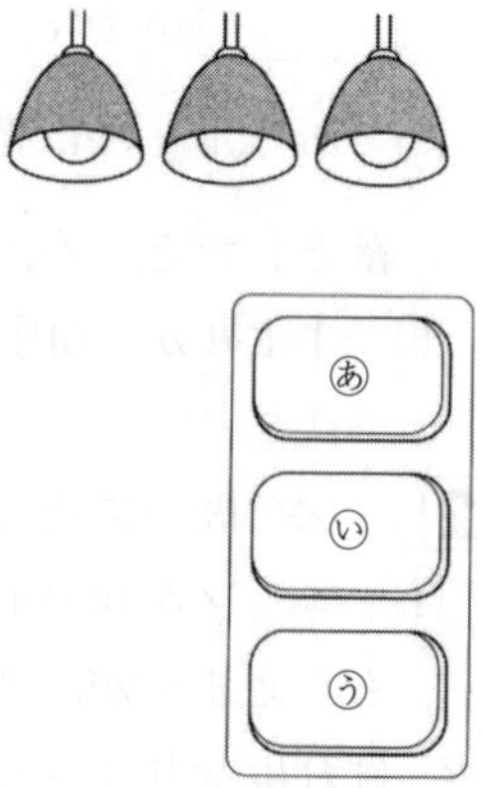

(1) はじめに(い)と(う)に対応するライトだけがついています。はじめてすべてのライトが消えるのは，スイッチを何回押したときですか。

(2) はじめにいくつかのライトがついているとき，スイッチを７回押すとすべてのライトが消えました。はじめについていたライトに対応するスイッチをすべて答えなさい。

(3) はじめに(あ)と(い)に対応するライトだけがついています。３度目にすべてのライトが消えるのは，スイッチを何回押したときですか。

(4) はじめにいくつかのライトがついているとき，スイッチを2020回押すとすべてのライトが消えました。

① スイッチを2020回押すまでにすべてのライトが消えたのは何度ありましたか。ただし，2020回目も数えます。

② はじめについていたライトに対応するスイッチをすべて答えなさい。

4　右の図のように，直方体から直方体を切り取った形をした空《から》の水そうが，水平に置いてあります。底面Ｐの真上から，液体Ａを毎秒80 cm^{3}の割合で，液体Ｂを毎秒20 cm^{3}の割合で同時に入れ続けます。液体を入れるとすぐに液体Ａが上に，液体Ｂが下になるように分かれ，液体Ａと液体Ｂは混ざることはありません。また，液体を入れ始めてから，８秒から10秒までの２秒間，18秒から20秒までの２秒間，28秒から30秒までの２秒間，……と規則的な間隔《かんかく》で，面Ｑに付けられている排出管《はいしゅつかん》で液体を毎秒100 cm^{3}の割合で排出します。

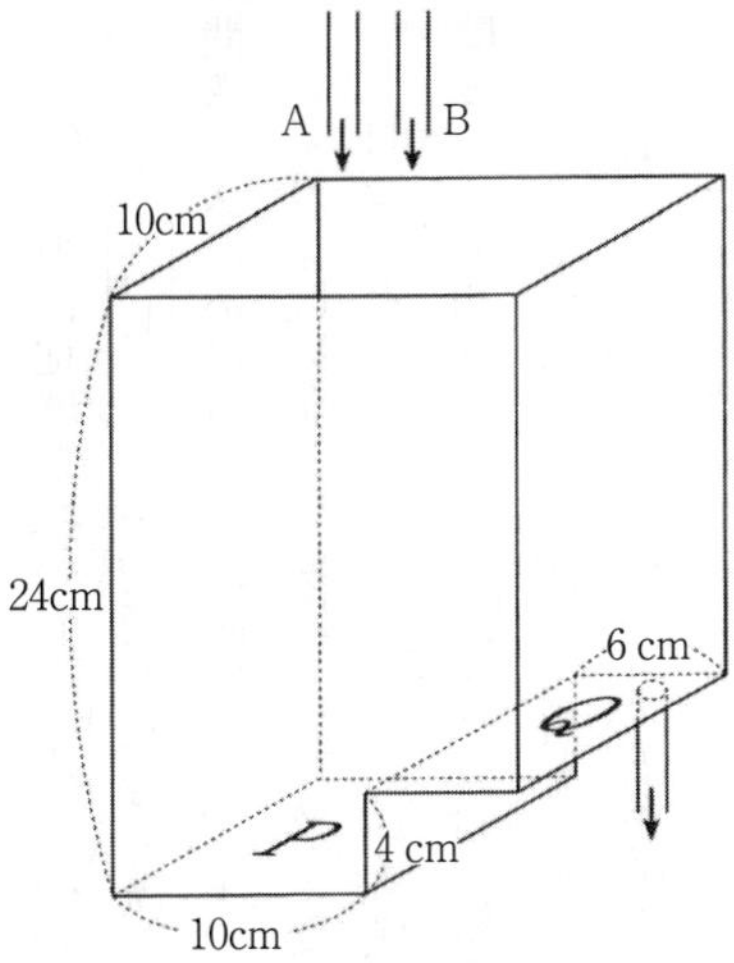

次の問いに答えなさい。ただし，(1)，(2)は答えのみ，(3)～(5)は途中《とちゅう》の考え方も書きなさい。

(1)　①　液体を入れ始めてから，８秒後の底面Ｐから液体Ａの上の面までの高さは何cmですか。

②　液体を入れ始めてから，８秒後の底面Ｐから液体Ｂの上の面までの高さは何cmですか。

(2)　①　液体を入れ始めてから，10秒後の底面Ｐから液体Ａの上の面までの高さは何cmですか。

②　液体を入れ始めてから，10秒後の底面Ｐから液体Ｂの上の面までの高さは何cmですか。

(3)　①　液体を入れ始めてから，20秒後の底面Ｐから液体Ａの上の面までの高さは何cmですか。

②　液体を入れ始めてから，20秒後の底面Ｐから液体Ｂの上の面までの高さは何cmですか。

(4)　液体を入れ始めてから，30秒後の底面Ｐから液体Ｂの上の面までの高さは何cmですか。

(5)　この水そうが初めて満水になったとき，底面Ｐから液体Ｂの上の面までの高さは何cmですか。

四 次の問いに答えなさい。（問題は**問一**から**問五**まであります。）

問一 次の①～⑥について、――部のカタカナを漢字に直しなさい。

① 会議で活発なトウロンが交わされた。
② テレビでセンデンしている商品を買う。
③ 試験合格のロウホウが届いた。
④ 球場に大勢のカンシュウがつめかけた。
⑤ 魚のホネがのどにつかえる。
⑥ 保健室で包帯をマく。

問二 次の①・②の□にそれぞれ同じ漢字一字が入ります。その漢字を答えなさい。

① □心　幕□　□閣
② 参□　□方　□目

問三 （例）にならって次の①・②の[A]・[B]に入れるのに適当な熟語を考え、その両方に共通する漢字一字をそれぞれ答えなさい。

（例） 先生を心から[A]している。（尊敬）
お客様には[B]を使う。（敬語）
解答…敬

① 彼女の話はいつも[A]でわかりやすい。
こまめに手を洗い調理場を[B]に保つ。
② 彼は地球物理学の[A]家だ。
[B]の小僧《こぞう》習わぬ経を読む。

問四 次にあげる四字熟語のうち、１つには誤字が含まれています。それを改め正しい漢字一字を答えなさい。

明鏡止水　　枝葉末節　　馬耳東風　　無我無中

問五 次の和歌の[1]～[4]に入る語の組み合わせとして最も適当なものを後から選び、記号で答えなさい。

君がため[1]の野に出《い》でて若菜摘《つ》む
わが衣手《ころもで》に雪は降りつつ
（光孝《こうこう》天皇）

山里は[2]ぞ寂《さび》しさまさりける
人目も草もかれぬとおもへ《え》ば
（源《みなもとのむねゆき》　宗于）

奥山に紅葉踏み分け鳴く鹿の
声聞く時ぞ[3]は悲しき
（猿丸大夫《さるまるたいふ》）

春過ぎて[4]来《き》にけらし
白妙《しろたえ》の衣ほすてふ《ちょう》天《あま》の香具山《かぐやま》
（持統《じとう》天皇）

ア　１ 春　２ 秋　３ 冬　４ 夏
イ　１ 冬　２ 秋　３ 春　４ 夏
ウ　１ 春　２ 冬　３ 秋　４ 夏
エ　１ 春　２ 秋　３ 夏　４ 冬

どは例外ですが、多くは肝心《かんじん》の英語さえままならなかったはずです。だけど尊敬されて帰って来た。

　彼らの身につけていたものは何か。まず日本の古典をきちんと読んでいた。それから※漢籍《せき》、すなわち※漢文をよく読んでいた。そして武士道精神をしっかり身に付けていた。この三つで尊敬されて帰って来たのです。美しい情緒《じょうちょ》と形で武装していたわけです。

　いま海外に百万人近い日本人が住んでいますが、その中のどれぐらいの人が尊敬されているでしょうか。※羨望《せんぼう》はされても尊敬されている人は非常に少ないのではないでしょうか。

　国際社会というのはオーケストラみたいなものです。オーケストラには、例えば弦楽器《げんがっき》ならヴァイオリンとヴィオラとチェロとコントラバスがある。だからといって、ヴァイオリンとヴィオラとチェロとコントラバスを合わせたような音色の楽器を作って、オーケストラに参加しようとしても、必ず断られる。オーケストラはそんな楽器は必要としないからです。ヴァイオリンはヴァイオリンのように鳴ってはじめて価値がある。日本人は日本人のように思い、考え、行動して初めて国際社会の場で価値を持つ。ガーナ人はガーナ人のように思い、考え、行動して初めて価値があるということです。

　私がことあるごとに「外国語にかまけるな」「若い時こそ名作を読め」と言っているのは、私自身の取り返しのつかない過去への※悔恨《かいこん》もあるからです。小中学校では古典的名作をだいぶ読みましたが、大学、大学院、若手研究者の時代には数学に没頭《ぼっとう》していたから殆ど読めず、名作に戻《もど》ったのは三十代後半からです。無論、大量に読む時間的余裕はなかったし、若者特有の感性もかなり失っています。若い時に感動の涙とともに読むのが何と言っても理想です。情緒や形を育てる主力は読書なのです。

　社会に出てからは、すぐに読むべき本が多すぎて、名作にはなかなか手が伸びない。心理的余裕もない。名作は学生時代に読まないと一生読めないと考えた方がよい。なのに私は、※余暇《よか》を外国語などにうつつを抜かして、その機会を失ってしまったのです。

　英語ばかりでなく、中学、高校とドイツ語やフランス語にも精を出し、大学以降はロシア語、スペイン語、ポルトガル語にまで手を出したのです。恥ずかしいことに、外国語オタクだったのです。高校時代に買った※『チボー家の人々』全五巻、大学時代に買った※『戦争と平和』、谷崎潤一郎訳の『源氏物語』全十巻は今も本棚《ほんだな》を飾っており、目にするたびに「まだ読まないね」と私を見下します。

　もちろん語学だって出来ないよりは出来た方が遥《はる》かに良い。しかし、【　　　　】。

（藤原正彦『国家の品格』による）

※注　福沢諭吉、新渡戸稲造、内村鑑三、岡倉天心…明治時代に活躍した思想家。
シェイクスピア…一五〇〇年代に活躍したイギリスの劇作家。
ディケンズ…一八〇〇年代に活躍したイギリスの小説家。
漢籍、漢文…昔の中国の書物、文章。
羨望…強いうらやみの気持ち。
悔恨…過ちを後悔すること。
余暇…自由になる時間のこと。
『チボー家の人々』…フランス文学作品。ロジェ・マルタン・デュ・ガール作。
『戦争と平和』…ロシア文学作品。レフ・トルストイ作。

た時に宜《よろ》しく言って下さいませ……皆さんさようなら）

祖母の文字は世間には通用しないだろう。けれど、一生の終りまで自らを充実《じゅうじつ》させて生き抜《ぬ》いたその態度が、文面によく表れていて、それは私にとっての大切な贈《おく》り物《もの》となっている。

（杉田多津子『みずひきの咲く庭』による）

※注　白寿…九十九歳のこと。
　　茶毘に付される…火葬される。
　　古希…七十歳のこと。
　　喜寿…七十七歳のこと。
　　還暦…六十歳のこと。

問一　――線①の「……」の部分に当てはまる祖母のことばを考えて、10字以上15字以内で記しなさい。

問二　――線②から読み取れることとして、最も適当なものを次の中から選び、記号で答えなさい。

ア　正式な手紙の書き方が分からないので、せめて字だけでもきれいに書こうと慎重《しんちょう》になっている。
イ　一つ一つの字に一生懸命《けんめい》に向き合い、自分の書いた文字が相手に伝わるよう心配りをしている。
ウ　たとえ当て字であろうとも、自分が漢字を覚えたことを人に知らせたい気持ちがあふれている。
エ　ルビを振ったり何度も書き直したりして、字がうまく書けない恥ずかしさを隠そうとしている。

問三　――線③とありますが、筆者はなぜこのように後悔《こうかい》しているのですか。最も適当なものを次の中から選び、記号で答えなさい。

ア　祖母は新聞に書いてある内容を知りたかったのではなく、実は漢字が読めるようになりたかったのだと気づいたから。
イ　伝わるかどうかも分からない当て字を使ってまで、漢字で手紙を書こうとした祖母の熱心さに尊敬の念を覚えたから。
ウ　祖母が漢字とひらがなの使い方の違いを知っていたならば、もっと満足のゆく手紙を残せたに違いないと思ったから。
エ　漢字とはどういうものかを知ることで、漢字に強い思いを抱《いだ》いていた祖母の楽しみがいっそう増したと思われるから。

問四　(1)　――線④に対する筆者なりの答えが述べられている箇所《かしょ》を、文中から2文続きで探し、はじめの3字を記しなさい。

(2)　また、その2文からどのような祖母の性格（人柄）がうかがえますか。文中から11字で抜き出しなさい。

問五　――線⑤のような祖母の生き方を、筆者はどのように受けとめていますか。そのことが書かれている1文を文中から抜き出し、はじめの3字を答えなさい。

三

次の文章の【　】の部分には、どのようなことが記されていると考えられますか。文脈に照らし合わせて30字以上40字以内で答えなさい。

真の国際人には外国語は関係ない。例えば明治初年の頃、多くの日本人が海外に留学しました。彼らの殆《ほとん》どが下級武士の息子でした。※福沢諭吉、新渡戸稲造、内村鑑三、岡倉天心と、みな下級武士の息子です。

彼らの多くは、欧米に出向いていって、賞賛を受けて帰って来る。海を渡る前、おそらく彼らは、西欧のエチケットはほとんど知らなかったはずです。レディー・ファーストやフォークとナイフの使い方もよく知らないし、※シェイクスピアや※ディケンズも読んでいない。世界史も世界地理もよく知らなかった。福沢、新渡戸、内村、岡倉なた。驚《おどろ》いたことにはそれは祖母自筆の手紙だった。

『知ばラ九ごぶサ立オえ《い》田知待《ま》知立、見名サ待にわオカわりごサエ待せんカ……』（しばらくご無沙汰《ぶさた》を致《いた》しました。皆様《みなさま》にはお変りございませんか）という書き出しで、田舎の者は皆《みな》元気で暮らしているからご安心下さい……寒くなるから風邪《かぜ》をひかないようにして働いて下さいませ。（新井かの　字を見て意味が分かったら皆に知らせて下さいませ）と結んでいる。

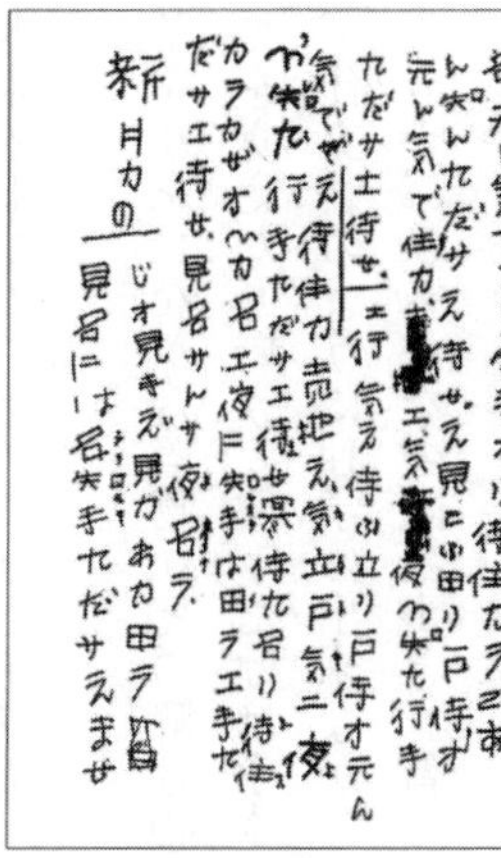

新井カの

『じオ見手え《い》見がわカ田ラ
見名には名知手《シラセて》九だサえませ』

手紙の書き方を知らなかった祖母は、便箋《びんせん》などの中で、最後に――様と、先方の氏名を書く上の方の場所に、自分の名前を書いてしまっている。もっとも自分の名前だから、様の字だけはとり除いてあった。

手紙の書体にも特徴《とくちょう》がある。②鉛筆《えんぴつ》を握《にぎ》りしめて字に力をこめて、罫《けい》に正しくそって、隅《すみ》から隅まで書き、自分の書いた漢字が読めないと困ると思い、カタカナ、ひらがなのルビまで振られている。幾度《いくど》か書いては消した跡《あと》も残っている。生まれて初めて見た祖母の漢字。当て字に祖母独特の漢字が使われ、祖母の漢字に対する強い憧《あこが》れがいとおしい。

私が田舎に行くと、「新聞を読んでおくれ」と言ったものだった。

③あの時、ひと言漢字に意味のあること、やさしい辞書で字の引き方を教えてあげておけばよかった。そうすれば心豊かに、漢字の世界に旅することも出来たのではなかったか、と悔《く》やまれる。④祖母は家の人たちに漢字の読み方、書き方を尋《たず》ねなかったという。漢字の出所は何処《どこ》にあったのだろうか？

家人が仕事で留守がちな家の中で、祖母はよくひとり、陽当りの良い広い縁側《えんがわ》に座《すわ》っていた。向かいに見える山肌が新緑をまとったり、紅葉に染まったり、またあるときは庭に続く桑畑《くわばたけ》に積もった雪が陽に照《て》り映《は》える、それらを眺めながら、様々な追憶《ついおく》に耽っていたことであろう。

明治、大正、昭和と、たび重なる戦争の苦渋《くじゅう》の日々のこと。村の年寄りたちの他界を知らされた日の深い寂寥感《せきりょうかん》。白内障を患《わずら》い、神経痛に悩《なや》まされながら、孫やひ孫たちの結婚式《けっこんしき》の写真や、絵入りの手紙などあかずに眺めた楽しい日々のこと。それらを思い出しながら、⑤密《ひそ》かに九十の手習いを始めていたのだった。

思えば、ひ孫たちの手紙からルビのある漢字を拾ったり、昔、孫たちの読んだ大きな活字で、漢字にルビの振ってある童話の本を探し出し、やさしい文字だけ拾ったに違《ちが》いない。それを綺麗《きれい》な包装紙の裏に覚え書きにと、漢字とひらがなを並べて書き、祖母専用の当て字の辞書を作っていたのかも知れない。どのように独学に苦心したのかだれにも口外することなく、他界にまで持参してしまった。

祖母は、用件だけならひらがなの手紙で済むのに、自分の独り学びの漢字が果たして通じるものか、通じないものか、※還暦《かんれき》を過ぎた自分の末娘だけに、心おきなく披露《ひろう》したのではないだろうか？　その祖母が、晩秋の霜《しも》が真っ白に降りた日、遅咲《おそざ》きの野菊《のぎく》やコスモスの花がゆれている村の小道を、杖《つえ》を突《つ》き突き、郵便ポストへと歩いて行ったそうだ。

『気立戸気《キタトキ》ニ夜ら知九《よろしく》行手九だサエ待《ま》せ……見名《ミナ》サんサ夜名ラ』（来

Ｎｏ《ノー》で答えるとするなら「　　　　」である。

※注　知見…見解。

命題…課せられた問題。

二

次の文章を読んで、後の問いに答えなさい。〈問題は**問一**から**問五**まであります。〉

立春の声をきいた朝、※白寿《はくじゅ》の祝いを間近にした母方の祖母は、群馬の静かな山村で眠《ねむ》るように逝《い》った。子ども、孫、ひ孫たちが※荼毘《だび》に付される祖母の供をして、神流《かんな》川に沿って伸《の》びている三十数キロの道を、十数台の車に分乗し最後の旅をした。

凍《い》てついた青空が山肌《やまはだ》の裸《はだか》木の梢《こずえ》の上に広がり、杉林《すぎばやし》の下に淡雪《あわゆき》がまだらに残っている。私はそれらを車窓から眺《なが》めながら、祖母の思い出に耽《ふけ》っていた。

明治十六（一八八三）年、雪深い新潟《にいがた》の寒村で生まれ育ち、九歳《さい》の頃《ころ》から子守奉公《こもりぼうこう》に出された祖母は、十八歳で大工の棟梁《とうりょう》である祖父の所に嫁《とつ》いだ。五、六人の内弟子《うちでし》の世話をしながら七人の子どもを育てた。

何事にも研究熱心だったから、子守りをしながら着物などの解《ほど》き物をさせられた時、解《と》きながら仕立てを覚えたという。文字だけは手本があって読み方が分からないから、仕立物のように独学は出来なかった。六十の手習いで孫の一人にカタカナ、ひらがなの読み書きを習ったそうだ。

※古希《こき》をすぎた祖母は、祖父が逝った後も世田谷で一人、隠居《いんきょ》暮らしをしていた。その時、一度だけ祖母の留守のとき、自筆の字を見たことがある。それは、裏が真っ白い広告紙を綴《と》じ合わせて作った家計《かけい》簿《ぼ》に、筆字で書き留められていた。

十ガツ八カ、ホウれんソウ、××エん
　　　　　トウふ、　　　××エん
　　　　　わカメ、　　　××エん

ひらがなカタカナ入り乱れた文字。あの家計簿は、※喜寿《きじゅ》の祝いを済ませ郷里に戻《もど》る際、紙屑《かみくず》として灰となってしまったのかもしれない。

その後、祖母のもとへ孫やひ孫たちから、ひらがなの手紙が時々届いた。娘《むすめ》も小学校に入学し漢字を習うと、うれしくて、「ひい祖母《おばあ》ちゃんへ――紀子《のりこ》より」と、漢字にルビを振《ふ》って出したものである。祖母の悲報を知らされた朝、娘は最後の手紙を涙《なみだ》にくれながら書き、私に託《たく》したものだった。それをお棺《かん》に入れた。

山影《やまかげ》を湖面に映した神流《かんな》湖に車が差しかかると、湖水の上に風が吹《ふ》き渡《わた》り、冷たい冬の陽《ひ》は踊《おど》り、銀色のさざ波が見られた。それらに目を落としたとき、①私はふと祖母の声を聞いたように思う。〈孫やひ孫たちに沢山《たくさん》手紙をもらって、また今日も……〉いつしかその声は、静《せい》寂《じゃく》な湖の中に吸《す》い込《こ》まれていった。

ある春も浅い日。久びさに叔母《おば》の家で、祖母の思い出を語り合ったとき、私が、

「おばあさんは田舎《いなか》でも、ひらがなの家計簿、付けていたのかしら？」

と言うと、叔母は何を思ったのか、

「母から、手紙がきたことがあるのよ」

と手箱から、一通の古い封書《ふうしょ》を取り出した。

私はきっと、その手紙は、伯父《おじ》の代筆によるものだと思った。それでも、懐《なつ》かしい祖母の語り口に会えるのが楽しみで、そっと開いてみ

れるような仕組み。

イ　発想があまりに子供じみているために、大人が馬鹿《ばか》にしたくなるような仕組み。

ウ　人をごまかしてもかまわないという、ずうずうしさを感じさせるような仕組み。

エ　これでは本当の勝負にならないではないかと、文句をつけられるような仕組み。

問二　［Ｘ］に共通して入る言葉として最も適当なものを次の中から選び、記号で答えなさい。

ア　信仰《しんこう》　イ　信用　ウ　経験　エ　試験

問三　――線②とありますが、これらの「考え方」が成り立つために必要となる条件は何ですか。それを説明した次の文の空らんに入れるのに最も適当な部分を、文中から20字以上25字以内で抜《ぬ》き出《だ》し、はじめとおわりの3字を記しなさい。

この世界は［　　　　］と考えること。

問四　――線③とありますが、「『そんなバカなこと』」にあたる内容として最も適当なものを次の中から選び、記号で答えなさい。

ア　現実世界の様々な要因によって、結果が左右されることを前提として研究すること。

イ　ありのままの自然現象を観測し、最も一般性の高い法則を見つけ出そうとすること。

ウ　複雑な観察結果をできるだけ単純化して、本来の生命現象の仕組みを考察すること。

エ　実験に影響を与える要因を生物から排除し、より純粋《じゅんすい》な科学的真理を追究すること。

問五　――線④の説明として最も適当なものを次の中から選び、記号で答えなさい。

ア　科学が世界の謎《なぞ》を解き明かし真理を明らかにしていくイメージは、全く根拠がないものであるということ。

イ　現実世界で通用する科学において、すべての場合に当てはまる真理というものは存在しないということ。

ウ　何が真理かは個人の考えで決めることだから、誰もが認める正しさというものはあり得ないということ。

エ　科学における真理は科学者だけが理解できるもので、日常の生活には何の意味もないものだということ。

問六　次にあげる文章（問題文の中略部分）の［　］に入れるのに適当なことばを考え、5字以上10字以内で記しなさい。

　この「おっさんの茶々」問題は、科学を考える上で、実は一つの重要なポイントである。最初に書いたように科学的な物の考え方の基礎《きそ》には、この世界は「法則」に支配されており、同じことをすれば同じ結果が返ってくるという前提がある。そうであるなら、「正しい」ことというのは、1足す1が2になるように、常に〝１００％正しい〟ものとして与えられるはずである。しかし、現実の世界では、同じことをしても同じ結果が返って来ない（正確に言えば、まったく同じ条件を2度作ることが現実的にできない）。

　従って、そういった現実的な問題に対する科学的な※知見というのは、「これまでどれくらい、この薬の使用例があり、そのうちどのくらいの人で効果がありました」というような統計学的なものにならざるを得ない。つまり「この薬はこの人のこの病気に効くのか？」といった現実的な※命題に対する科学的な回答というのは、たとえば「60％の確率で効果がある」というような確率的なものになってしまう。Ｙｅｓ《イエス》／

はウイルスのレセプター自体に人によって微妙《びみょう》に異なったいくつかの種類があったり、といったような様々なことである。そういった多くの要素が、その個人の持つ遺伝子のタイプ、年齢《ねんれい》や性別、あるいは食べ物や環境《かんきょう》といったものたちの影響《えいきょう》を受けて、患者一人一人で違っている。その影響で薬の効き目も違ってくる。それは本来、地球の中心に向けて重力加速度に基づき真《ま》っ直《す》ぐに落下するはずのリンゴが、現実の世界では空気抵抗や台風の風で、理論通りには落ちてこないこと、基本的には同じである。

　それじゃ、リンゴの落下実験で真空にしたように、細胞の研究でもそういった※攪乱《かくらん》要因を取り除けばいいじゃないか、複雑な現象を単純化して、その中にある「法則」を見つけ出すのが科学じゃないか、そう言う人もいるだろう。まったくもって、ごもっともな意見である。しかし、この問題が深刻なのは、現実の生物・細胞を使った研究などでは、攪乱要因の数があまりに多く、それらを完全に排除《はいじょ》した状態を作ることが、実務上、不可能に近いという点である。あちらこちらに「おっさん」がいて、茶々を止めないのだ。

　また、もう一つの問題は、そういった攪乱要因を取り除けば取り除くほど、〝現実〟から離れていってしまうという※ジレンマである。極端《きょくたん》な話、試験管の中でウイルスとレセプターと薬のみを入れれば、「科学的な真理」を得られるかも知れないが、人に投与して効き目がなければ、そんな「真理」は役に立たない。ニーチェは、※『ツァラトゥストラはかく語りき』で「神は死んだ」と宣言したが、どっこい「茶々を入れるおっさん」は生きている。それが現実の世界であり、そこで通用する科学は茶々の存在を前提にしたものでなければならない。

〈中略〉

批判を承知で単純化して言えば、科学には実は性格の異なった二つのものがあるのだ。一つはこの世の真理を求め、単純化された条件下で１００％正しいような法則を追い求めるもの。そしてもう一つは元来〝１００％の正しさ〟などあり得ない、茶々を前提とした、より現実的なものである。このかなり性格の異なった二つのものが、「科学」という名の下でごっちゃになっている。特に前者の「科学」が持つ、この世界の真理や真実を解き明かしていくというイメージは、あたかもその対象が何であっても「正しい」ことと「正しくない」ことを判定し、明確な回答を与えてくれるような期待を抱《いだ》かせる。

　しかし、実情を言えば、一般的に思われているより遥《はる》かに多くの「科学」が後者のグループに属している。特に、人の生活に密接に関連するような話は、ほとんどがそうである。つまり④「１００％の正しさ」など元々ない。

（中屋敷　均『科学と非科学』による）

※注　醍醐味…本当の面白さ。
秋には道頓堀だ〜！…プロ野球・阪神タイガースのファンが優勝を祝って大阪の道頓堀に飛び込むことをさす。
パラダイム転換…ものの見方や考え方の枠組《わくぐ》みが変化すること。
構築…組み立て築くこと。
阻害…へだてさえぎること。
攪乱…かき乱すこと。
ジレンマ…相反することの板ばさみになって、どちらとも決めかねる状態。
『ツァラトゥストラはかく語りき』…哲学者《てつがくしゃ》ニーチェの著書。

問一　――線①とありますが、「どっかのおっさんの茶々が入るような仕組み」とは、どのような「仕組み」ですか。最も適当なものを次の中から選び、記号で答えなさい。

ア　単純なつくりであるのに面白い効果を生むので、興味を引かしかし、帰納法というのは単純な理屈の上から言えば、さほど根拠《こんきょ》がしっかりした考え方という訳でもない。たとえば、昨日、阪神《はんしん》が勝っていたとする、そしてなんと今日も勝っているではないか。帰納法が成り立つなら、明日も勝つし、明後日も勝つ。おお、※秋には道頓《どうとん》堀《ぼり》だ〜！　という理屈が成立するか、という話である（ちょっと違うか？）。これまでそうだったから、この先も必ずそうなるという論理は、一般的には成立しない。では、リンゴはいつ見ても地面に落ちるが、それはこれまでの観測ではそうであっただけで、この先、落ちないことが起こる可能性はまったくないのだろうか？　ないと言うなら、どうしてそう言えるのだろう？

実は帰納法と演繹法が世界を説明する論理として成り立つためには、重要な前提がある。それはこの世界は同じことをすれば、同じ結果が返ってくるようにできている、という仮定である。別の言葉で言うなら、この世は、ある種、機械的な「法則」により支配されているという仮定だ。この前提で考えれば、事例を集めて「法則」の発見にたどり着けば、その後はすべてそれに従って現象を説明・予測できることになる。この前提は「神々が支配していた世界」から、人類の理性で世界を説明できるとする「理性が支配する世界」への※パラダイム転《てん》換《かん》に伴《ともな》って得られたものであり、現代科学の根幹となっている。この前提が絶対的に正しいのか、それは誰《だれ》にも分からない。ただ、それに基《もと》づいて※構築された近代の科学は、この世の多くのことを説明・予測するのに成功し、実際に役立ってきた。この世には消える魔球もおっさんの茶々もなく、同じことをすれば、同じ結果が返ってくるようにできている、だから世界は説明できる、と現代人は信じている。私も科学の世界に身を置く者の一人として、大筋でこの世界観に異論を持つ訳では、もちろんない。そう、だからリンゴは木から落ちてきたし、今からも落ち続けるはずなのだ。

おっさんは生きている

しかし、少しだけ待って欲《ほ》しい。本当にリンゴはこの世でいつも同じように地面に落ちるだろうか？　物理学では地球上における物体の落下速度（v）は、初速が0であれば、v＝gt（gは重力加速度、tは時間）で与《あた》えられるとされる。だが、地球上のどこでリンゴを落としても、この公式通りにリンゴは落下などしはしない。それは空気抵抗《ていこう》があるからである。もっと言えば、たとえば台風の風で落ちるリンゴを見てみよう。場合によっては、リンゴは落下どころか風に飛ばされ舞《ま》い上《あ》がるかも知れない。こんなことを書いていたら、何をバカなことを言っているのだ、そんなことは当たり前ではないか、重力加速度通り（法則通り）の速度を計測したいのなら、真空条件でやらないといけないに決まっているだろうと、物理学の先生に笑われるのがオチである。しかし③「そんなバカなこと」を大真面目《おおまじめ》にやっているのが、同じ科学と言っても、たとえば生命科学である。

それはどういう意味か？　一例を挙げれば、あるウイルス病の薬としてウイルスの細胞《さいぼう》への侵入《しんにゅう》部位であるレセプターとウイルスの結合を※阻害《そがい》する薬があったとしよう。ウイルスとレセプターとその薬だけを試験管内で混ぜれば、なんと百発百中結合を阻害する。すごい薬ができたと、喜んで患者《かんじゃ》にその薬を投与《とうよ》してみたら、10％の人にしか効果がない、というようなことが、普通《ふつう》に起こるのだ。つまり「法則」的な意味では（試験管の中では）１００％効果がある薬の効き目に「茶々を入れるおっさん」が、現実の人間の体の中にはいる。「消える魔球」のように薬の効果が消えてしまうのだ。

その理由は、たとえば、せっかくの薬を分解して体外に排出《はいしゅつ》してしまう酵素《こうそ》の力であったり、薬を患部《かんぶ》までうまく運べないという問題であったり、薬の効きを阻害する物質が細胞の中にあったり、あるい

二〇二〇年度 国学院大学久我山中学校

【国 語】〈ＳＴ第一回試験〉（五〇分）〈満点：一〇〇点〉

〈注意〉句読点（、や。）その他の記号（「や〃など）は1字分として数えます。

一 次の文章を読んで、後の問いに答えなさい。〈問題は**問一**から**問六**まであります。〉

野球盤《ばん》ゲーム

小学生の頃《ころ》、よく野球盤で友だちと遊んだ。パチンコ玉のようなボールをピッチャーが投げて、もう一人が野球盤に固定されたバットでタイミングよく打ち返すというゲームである。ところが、このゲームのピッチャー側には、秘密兵器の「消える魔球《まきゅう》」が用意されている。これは野球盤のホームベースの前に切《き》れ込《こ》みがあり、それが下がって、ボールが床下《ゆかした》に消えてしまうというものである。これをやられるとバッター側はもうお手上げだ（消える魔球をボールが落ちる前に無理矢《むりや》理《り》打つという強者もいるにはいたが……）。野球の勝負の※醍醐味《だいごみ》が、いかにピッチャーの球にタイミングを合わせて打ち返すか、だとするなら、①消える魔球はその勝負にどっかのおっさんの茶々が入るような仕組みである。なんで、こんな「おっさんの茶々」を許すような仕組みになっているのだろうと思わないでもないが、野球盤に「消える魔球」が登場して以来、なくなることなく現在に至っており、どこか人の心を魅了《みりょう》する部分があるのだろう。

「正しい」こととは？

科学というと、この世にある法則や原理の発見など、世界の真理や真実を解き明かしていくというイメージが強いものである。しかし、この世の真実、つまり「正しい」こととは、一体、何なのか？ 以下、屁理屈《へりくつ》のような話が続くことになるが、これは実際、単純な話ではない。たとえば「リンゴが木から落ちる」という現象がある。これはニュートンが万有《ばんゆう》引力を発見したきっかけとなったとされる「由緒《ゆいしょ》正しい」物理現象であるが、この「リンゴが木から落ちる」というのは〝正しい〟のだろうか？ もし、〝正しい〟とするなら、それはどうしてそう言えるのだろう？

人間が把握《はあく》できることというのは、基本的に［ X ］から来ており、「リンゴが木から落ちる」ことが正しいと信じられているのは、リンゴを枝から切り離せば地上に落下するということを、これまでずっと人類が［ X ］してきたからである。そして、そこからニュートンは、万物《ばんぶつ》はすべて互《たが》いに引き合っているという、「リンゴと地球」の関係だけに留《とど》まらない、たとえば星と星の関係のような、より一般《いっぱん》的《てき》な現象に適用できる「万有引力の法則」を発見した。そしてそれが今では物理学上の「正しい」法則と信じられている。この例は科学的な「正しさ」についての非常に重要な二つの考え方を含《ふく》んでいる。

一つは「繰《く》り返《かえ》し起こることは法則化できる」という考え方である。そして、もう一つは「法則化できたことは、他の現象にも応用できる」という考え方である。②これらは「帰納法」および「演繹法《えんえきほう》」と呼ばれる論理であり、科学を支える非常に重要な考え方となっている。

リンゴはいつ見ても、木から切り離されれば、地面に落ちるし、それを地球とリンゴが引っ張り合った結果と考えると、より多くの現象にも同じ考え方を適用できるようになる。実際、その法則を使えば、惑《わく》星《せい》や彗星《すいせい》の動きまで正確に予測できるようになるのだから、それは確かに素晴《すば》らしいことである。

2020年度

国学院大学久我山中学校 ▶解説と解答

算 数 ＜ＳＴ第１回試験＞（60分）＜満点：150点＞

解 答

1 (1) 2400円 (2) 14組 (3) 75点 (4) 1.8m (5) 686cm (6) 59ドル
2 (1) 12個 (2) 101cm (3) ① 8：5 ② 880m (4) ① 7％ ② 240ｇ (5) 43cm^2 (6) 125.6cm^3 3 (1) 6回 (2) ㋑ (3) 18回 (4) ① 253度 ② ㋐と㋒ 4 (1) ① 6.5cm ② 1.6cm (2) ① 6.5cm ② 2cm (3) ① 11.5cm ② 4cm (4) 4cm (5) 4.5cm

解 説

1 割合，場合の数，平均，相似，長さ，比例

(1) 仕入れ値を１とすると，定価は，１×（１＋0.3）＝1.3となり，これが3120円にあたる。よって，（仕入れ値）×1.3＝3120（円）より，仕入れ値は，3120÷1.3＝2400（円）とわかる。

(2) $(a+b)\div a=a\div a+b\div a=1+\frac{b}{a}$より，$\frac{b}{a}$が整数になる組み合わせを考えればよい。$a=1$のとき，$b=1$～６の６組，$a=2$のとき，$b=2$，４，６の３組，$a=3$のとき，$b=3$，６の２組，$a=4$のとき，$b=4$の１組，$a=5$のとき，$b=5$の１組，$a=6$のとき，$b=6$の１組あるから，$a$，$b$の組は，６＋３＋２＋１＋１＋１＝14（組）ある。

(3) （平均点）＝（合計点）÷（人数）より，（合計点）＝（平均点）×（人数）となるので，５人の合計点は，66.6×５＝333（点），Ａ，Ｂ，Ｃの３人とＣ，Ｄ，Ｅの３人の合計点はそれぞれ，68×３＝204（点）である。よって，Ｃの点数は，（Ａ＋Ｂ＋Ｃ）＋（Ｃ＋Ｄ＋Ｅ）－（Ａ＋Ｂ＋Ｃ＋Ｄ＋Ｅ）で求められるから，204＋204－333＝75（点）となる。

(4) 図に表すと右のようになる。三角形ABCと三角形DECは相似なので，BC：EC＝AB：DE＝４：1.5＝８：３になる。よって，BE：EC＝（８－３）：３＝５：３となるから，ECの長さ，つまり，Ｋ君の影《かげ》の長さは，$3\times\frac{3}{5}=1.8$（m）とわかる。

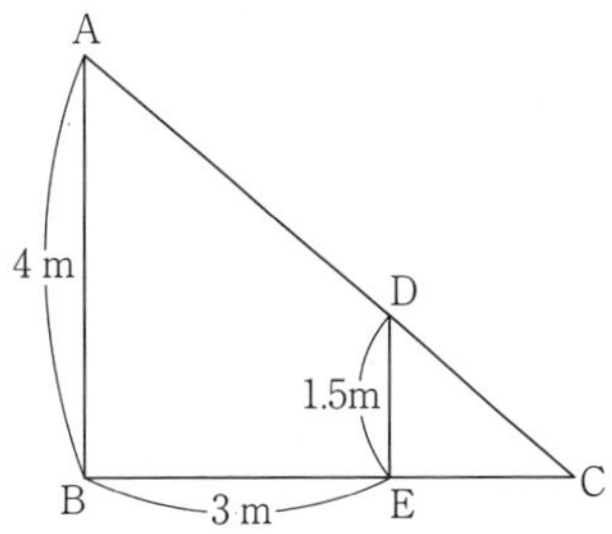

(5) （跳《は》ね上がった高さ）＝（落ちた高さ）×$\frac{2}{7}$より，（落ちた高さ）＝（跳ね上がった高さ）÷$\frac{2}{7}$となるので，このボールを落とした高さは，$16\div\frac{2}{7}\div\frac{2}{7}\div\frac{2}{7}=686$（cm）と求められる。

(6) １ユーロが118円だから，53ユーロは，118×53＝6254（円）になる。よって，１ドルは106円なので，6254円は，6254÷106＝59（ドル）となる。

2 つるかめ算，長さ，通過算，濃度《のうど》，面積，体積

(1) コップ100個を運ぶと，もらえるお金は，50×100＝5000（円）となり，実際にもらったお金は4160円だから，5000－4160＝840（円）少なくなる。よって，コップを１個壊《こわ》すと，50＋20＝70（円）

ずつ少なくなるので，壊したコップの個数は，840÷70＝12(個)とわかる。

⑵　高さが，５－３＝２(cm)縮むのは，２÷0.2＝10(個)以上スポンジを積み重ねたときだから，一番下から，30－10＝20(個)は３cmになっている。また，上から積み重ねた10個のうち２番目から10番目までは，0.2cm，0.2×２＝0.4(cm)，…，0.2×９＝1.8(cm)ずつ縮んでいるので，縮んだ長さの和は，0.2＋0.4＋…＋1.8＝(0.2＋1.8)×９÷２＝９(cm)とわかる。よって，この立体の高さは，３×20＋５×10－９＝101(cm)と求められる。

⑶　①　距離《きょり》が同じとき，かかる時間の比と速さの比は逆比になる。よって，１分30秒は，60＋30＝90(秒)，２分24秒は，60×２＋24＝144(秒)だから，ＡとＢの速さの比は，$\frac{1}{90}:\frac{1}{144}$＝８：５とわかる。　②　ＡとＢの速さの比の差は，８－５＝３で，これが時速15kmにあたるので，Ａの速さは時速，15÷３×８＝40(km)，つまり，秒速，40×1000÷(60×60)＝$\frac{100}{9}$(m)になる。よって，電車の長さとトンネルの長さの和は，$\frac{100}{9}$×90＝1000(m)だから，このトンネルの長さは，1000－120＝880(m)である。

⑷　①　ＡとＢの濃度が等しくなるとき，ＡとＢの食塩水をすべて混ぜ合わせた食塩水の濃度と同じになる。10％の食塩水400gと５％の食塩水600gにふくまれる食塩の重さはそれぞれ，400×0.1＝40(ｇ)，600×0.05＝30(ｇ)となり，混ぜ合わせてできる食塩水の重さは，400＋600＝1000(ｇ)で，そこにふくまれる食塩の重さは，40＋30＝70(ｇ)なので，かき混ぜた後のＡの濃度は，70÷1000×100＝７(％)になる。　②　ＡとＢを，400：600＝２：３の割合で混ぜ合わせた食塩水の濃度と等しくなるから，Ａの容器に注目すると，(Ａに残っている食塩水の重さ)：(Ａから取り出した食塩水の重さ)＝２：３とわかる。よって，Ａから取り出した食塩水は，400×$\frac{3}{2+3}$＝240(ｇ)である。

⑸　右の図１で，大きい長方形のたてと横の長さはそれぞれ，2.8＋4.2＝７(cm)，5.8＋4.2＝10(cm)なので，長方形の面積は，７×10＝70(cm^2)である。また，かげをつけた長方形をのぞいた部分は４つの直角三角形の２倍になるから，４つの直角三角形の面積は，(70－16)÷２＝27(cm^2)とわかる。よって，四角形ABCDの面積は，27＋16＝43(cm^2)となる。

図１

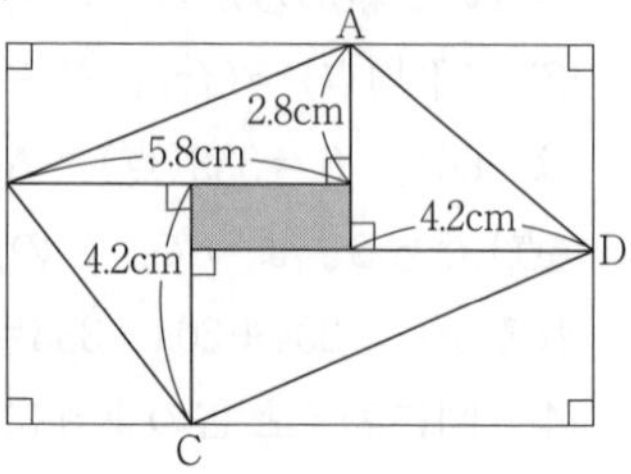

⑹　右の図２のように，黒い正方形を４個ずつ横一列にそろえて１回転させたとき，黒い部分が通ってできる立体は，半径４cmで高さ１cmの円柱と，半径５cmで高さ１cmの円柱から半径１cmで高さ１cmの円柱をのぞいた立体になる。よって，できる立体の体積は，４×４×3.14×１＋５×５×3.14×１－１×１×3.14×１＝(16＋25－１)×3.14＝40×3.14＝125.6(cm^3)と求められる。

図２

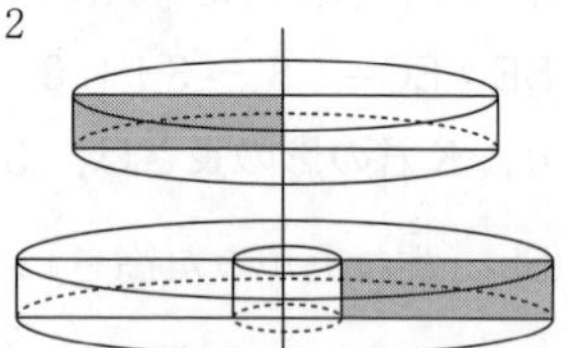

3　調べ

⑴　規則的にスイッチを押《お》していくと，下の表１のようになる(○がついているライト，×が消えているライト)ので，はじめてすべてのライトが消えるのは，スイッチを６回押したときである。

⑵　７回から戻《もど》っていくと，下の表２のようになるから，はじめについていたライトに対応するスイッチは(い)とわかる。

(3)　下の表３のように，スイッチを２回押すとはじめてすべてのライトが消える。その後，スイッチを，10－２＝８(回)押すごとにすべてのライトが消えるので，３度目にすべてのライトが消えるのは，10＋８＝18(回)押したときになる。

(4)　①　2020÷８＝252あまり４より，４回押したときから2020回押したときまで，１＋252＝253(度)すべてのライトが消える。　②　スイッチを４回押すとはじめてすべてのライトが消えるので，下の表４より，はじめについていたライトに対応するスイッチは㋐と㋒とわかる。

表１

回	0	1	2	3	4	5	6
押		㋐	㋑	㋒	㋑	㋐	㋑
㋐	×	○	○	○	○	×	×
㋑	○	○	×	×	○	○	×
㋒	○	○	○	×	×	×	×

表２

回	0	1	2	3	4	5	6	7
押		㋐	㋑	㋒	㋑	㋐	㋑	㋒
㋐	×	○	○	○	○	×	×	×
㋑	○	○	×	×	○	○	×	×
㋒	×	×	×	○	○	○	○	×

表３

回	0	1	2	3	4	5	6	7	8	9	10
押		㋐	㋑	㋒	㋑	㋐	㋑	㋒	㋑	㋐	㋑
㋐	○	×	×	×	×	○	○	○	○	×	×
㋑	○	○	×	×	○	○	×	×	○	○	×
㋒	×	×	×	○	○	○	○	×	×	×	×

表４

回	0	1	2	3	4
押		㋐	㋑	㋒	㋑
㋐	○	×	×	×	×
㋑	×	×	○	○	×
㋒	○	○	○	×	×

4　水の深さと体積

(1)　①　８秒間で入れた液体の量は，(80＋20)×８＝100×８＝800(cm^3)である。底面Ｐから４cmの高さまでの体積は，10×10×４＝100×４＝400(cm^3)だから，残りの，800－400＝400(cm^3)は高さ４cmより上に入る。よって，その底面積は，10×(10＋６)＝160(cm^2)なので，４cmから上の高さは，400÷160＝2.5(cm)となり，底面Ｐからの高さは，４＋2.5＝6.5(cm)になる。　②　８秒間で入れた液体Ｂの量は，20×８＝160(cm^3)なので，底面Ｐから液体Ｂの上の面までの高さは，160÷100＝1.6(cm)である。

(2)　①　10秒間で入れた液体の量は，100×10＝1000(cm^3)で，８秒後から10秒後までの２秒間で，100×２＝200(cm^3)排出《はいしゅつ》するから，入った液体の量は，1000－200＝800(cm^3)となる。よって，底面Ｐからの高さは(1)の①と同じ6.5cmである。　②　10秒間で入れた液体Ｂの量は，20×10＝200(cm^3)なので，求める高さは，200÷100＝２(cm)となる。

(3)　①　10秒後から18秒後までの８秒間で，液体Ａの高さは，100×８÷160＝５(cm)高くなる。18秒後から20秒後までの液体Ａの高さは変わらないので，20秒後のＡの高さは，6.5＋５＝11.5(cm)になる。　②　液体Ｂははじめの10秒間と同じ変化となるから，20秒後の液体Ｂの高さは，２×２＝４(cm)である。

(4)　20秒後から28秒後までの８秒間で，液体Ｂの高さは，20×８÷160＝１(cm)高くなる。その後，160×１÷(100－20)＝２(秒)かけて液体Ｂの高さは１cm低くなる。よって，28＋２＝30(秒後)の液体Ｂの高さは４cmとわかる。

(5)　10秒後からは10秒ごとに液体Ａの高さは５cmずつ高くなっているので，40秒後のＡの高さは，6.5＋５×３＝21.5(cm)になる。よって，あと，24－21.5＝2.5(cm)だけ高くなると満水になるので，40秒後から満水になるまでの時間は，160×2.5÷100＝４(秒)である。また，液体Ｂの40秒後の高さは４cmなので，この後の４秒間で液体Ｂの高さは，20×４÷160＝0.5(cm)高くなる。したがって，満水時の液体Bの高さは，４＋0.5＝4.5(cm)と求められる。

国　語　＜ＳＴ第１回試験＞（50分）＜満点：100点＞

解　答

一　**問１**　エ　**問２**　ウ　**問３**　ある種～ている　**問４**　ア　**問５**　イ　**問６**　(例)　分からない　二　**問１**　(例)　手紙をくれてどうもありがとう　**問２**　イ　**問３**　エ　**問４**　(1)　思えば　(2)　何事にも研究熱心だった　**問５**　けれど　三　(例)　名作を読むことによって育まれる情緒や形は大切で，読書に勝るものはないのである　四　**問１**　下記を参照のこと。　**問２**　①　内　②　上　**問３**　①　潔　②　門　**問４**　夢　**問５**　ウ

●漢字の書き取り

四　問１　①　討論　②　宣伝　③　朗報　④　観衆　⑤　骨　⑥　巻(く)

解　説

一　**出典は中屋敷均《なかやしきひとし》の『科学と非科学―その正体を探《さぐ》る』による。**「科学」には，真理を求めるものと，より現実的なものの二通りがあることを，さまざまな例をあげながら，帰納法と演繹《えんえき》法の区別を中心に説明している。

問１　「消える魔球《まきゅう》」の存在は，野球のルールや楽しみの枠《わく》の外にあるものである。「おっさんの茶々」とは，ある枠組みのなかでの真剣《しんけん》勝負に水を差すようなもののことで，ルールの「正しさ」にしたがわないものを指している。科学に置きかえると，100％の正しさを求めることを常にじゃまするような，ルール外の事態のことをいう。

問２　「科学」は，自然界で起きる現象を観察したり，実験によって再現したりすることで，発展してきた学問である。人間は「経験」によって事象を把握《はあく》し，「リンゴが木から落ちる」ことも，これまでくり返し「経験」してきたから正しいといえるので，ウがふさわしい。

問３　二つ後の段落で，「帰納法と演繹法が世界を説明する論理として成り立つためには，重要な前提がある」と述べられていることに注目する。それは，「同じことをすれば，同じ結果が返ってくるようにできている」という仮定だとあり，さらに，「ある種，機械的な『法則』により支配されている」という仮定だと言いかえられている。

問４　「そんなバカなこと」とは，わかりきっているような「当たり前」のことである。ここでは，空気抵抗《ていこう》や風などの要因により，物理学の法則どおりの実験結果にはならないということを指す。

問５　筆者は，科学には，「単純化された条件下で100％正しいような法則を追い求めるもの」と，「元来“100％の正しさ”などあり得ない」ことを前提とした「より現実的なもの」の二つがあると考えている。そして，多くの場合が「後者」に属するため，100％の正しさはないと主張しているのである。

問６　「確率的なもの」とは，イエス(100％)と，ノー(０％)の間にあるもののことである。よって，イエスとノーで答えることは不可能なのである。

二　**出典は杉田多津子《すぎたたつこ》の『みずひきの咲《さ》く庭』による。**読み書きを習わなかった祖母が，九十を過ぎて漢字を独学して，叔母《おば》に手紙をおくっていたことを思い出し，亡《な》くなった祖母の人生をふりか

えっている。

問１　前の段落に，孫やひ孫たちから祖母が手紙を受け取っていたことと，最後の手紙を「私」の娘《むすめ》が祖母のお棺《かん》に入れたことが書かれているので，「また今日も」どうしたのかを考えると，手紙をもらったのだろうと推測できる。そして，そのことをうれしく思っているものと想像できる。

問２　「漢字に対する強い憧《あこが》れ」を持つ祖母の手紙は，せいいっぱい文字と向き合いながら，なんとかして伝えようとする思いにあふれている。ルビや筆づかいから，そのことが読み取れる。

問３　筆者は，祖母が漢字の読み方を知っていれば，「心豊かに，漢字の世界に旅することも出来たのではなかったか」と，ふりかえっている。祖母は漢字への憧れを持っていたので，漢字の意味がわかれば，きっと喜んだにちがいないと思ったのである。

問４　(1)　三つ後の段落に，「思えば」という「私」の推測が述べられていることに注目する。祖母は，ひ孫たちの手紙や童話の本から，漢字とその読み方をぬき出して，「祖母専用の当て字の辞書を作っていたのかも知れない」とある。　(2)　九十歳《さい》になってもなお，自分で辞書を作って漢字を学ぼうとする姿勢は，最初から四つ目の段落に書かれている，祖母の「何事にも研究熱心」な性格に由来するものである。

問５　本文の最後の一文は，亡くなった祖母の人生をふりかえりながら，その人柄《ひとがら》をしのぶものとなっている。

三　**出典は藤原正彦《ふじわらまさひこ》の『国家の品格』による。**読書の重要性について述べられている。

まず，「真の国際人」になるのに必要なのは，「外国語」ではないということが述べられている。そして，明治時代に，海外に留学して尊敬された日本人を例にあげ，彼《かれ》らは，「日本の古典」「漢籍《かんせき》」「武士道精神」の三つによって尊敬されたのだと筆者は説明している。また，筆者自身の経験をもとに，若いころに情緒《じょうちょ》や形を育てるための「読書」を，もっと大切にすべきだったとふりかえっている。そして，「読書」すべき本として，「名作」とされる本をあげている。よって，「読書」の重要性について，「名作」「情緒と形」といったキーワードにふれながら書くとよい。

四　**漢字の書き取り，熟語の知識，和歌の知識**

問１　①　議論をかわすこと。　②　多くの人に商品のよさを知ってもらおうとすること。　③　よい知らせ。　④　多くの観客。　⑤　音読みは「コツ」で，「骨格」などの熟語がある。　⑥　音読みは「カン」で，「圧巻」などの熟語がある。訓読みにはほかに「まき」がある。

問２　①　「内心」は，人には打ち明けない心の中。「幕内」は，すもうで前頭より上の位のこと。「内閣」は，行政を行う機関。　②　「参上」は，目上の人のところへ行くことを表す古いことば。「上方」は，関西をあらわす古いことば。「上目」は目だけ上を向くこと。

問３　①　Ａには簡単でわかりやすいという意味の「簡潔」，Ｂには衛生的であるという意味の「清潔」があてはまる。　②　Ａには“その分野の研究だけを行う”という意味の「専門」，Ｂには，“日ごろから見たり聞いたりしていることはいつの間にか覚えている”という意味の「門前の小僧《こぞう》習わぬ経を読む」が入る。

問４　「無我夢中」は，我を忘れて熱中するようす。

問５　1　「若菜」は，「春」に芽ばえたばかりの草や葉のことである。　2　「かれぬ」とは，「枯《か》れてしまう」と「離《はな》れてしまう」の二つの意味がかけられている。草木が枯れてしまうのは，「冬」である。　3　「紅葉」の季節は「秋」である。　4　春が過ぎてやってくる季節は

「夏」である。

2020年度　国学院大学久我山中学校

〔電　話〕　(03) 3334－１１５１
〔所在地〕　〒168－0082　東京都杉並区久我山１－９－１
〔交　通〕　京王井の頭線 ―「久我山駅」より徒歩12分

【算　数】〈ＳＴ第２回試験〉（60分）〈満点：150点〉

〔注意〕１．分度器・コンパスは使用しないでください。
　　　　２．円周率は3.14とします。

1　次の □ にあてはまる数を答えなさい。

（１）　男子 20 人，女子 10 人のクラス全体の身長の平均は 157 *cm* です。女子全体の身長の平均は 155 *cm* で，男子全体の身長の平均は □ *cm* です。

（２）　12 %の食塩水が 300 *g* あります。この食塩水から 100 *g* 取り出し，水を 100 *g* 入れると濃度《のうど》は □ %になります。

（３）　りんご，みかん，なしが合わせて 186 個あります。りんごの個数はみかんの個数の 1.5 倍で，りんごの個数となしの個数の比は，7 ： 9 です。みかんの個数は □ 個です。

（４）　右の表のように，ある規則で整数が並んでいます。1 番上の段の左から 10 番目の数は □ です。

1	2	5	10	17	
4	3	6	11	18	
9	8	7	12	⋮	
16	15	14	13	⋮	

（５）　いちごを 1 箱に 12 個ずつ入れると，3 個余りました。また，いちごを 1 箱に 15 個ずつ入れると，いくつかの箱にちょうどいちごが入り，空《から》箱が 2 箱できました。箱は全部で ① 箱で，いちごは全部で ② 個です。

（６）　点 P は毎秒 3 *cm*，点 Q は毎秒 7 *cm* の速さで，長さ 63 *cm* の AB 間を往復します。P，Q は点 A を同時に出発してから □ 秒後に初めて重なりました。

2 次の問いに答えなさい。

（１） ある年の９月１日が水曜日であるとき，その年の11月11日は何曜日ですか。

（２） a は整数とします。a 以上100以下の整数の中に，５の倍数は16個，７の倍数は11個あります。a はいくつですか。考えられるものをすべて答えなさい。

（３） １個50円のあめと１個70円のクッキーと１個110円のチョコレートを合わせて34個買い，2700円支払《しはら》いました。あめを10個買ったとき，チョコレートは何個買いましたか。

（４） Ａ君とＢ君は１周400 *m* のトラックを走ります。Ａ君が４歩進む距離《きょり》を，Ｂ君は５歩で進みます。また，Ａ君が10歩進む間に，Ｂ君は11歩進みます。

① Ａ君とＢ君の歩幅《ほはば》の長さの比を，最も簡単な整数の比で表しなさい。

② Ａ君が３周したとき，Ｂ君は何 *m* 進みましたか。

（５） 右の図のように，折れ線と１辺が２ cm の正三角形があります。この三角形を，頂点Ｐが初めて点Ａと重なるまで，折れ線上を矢印の方向に滑《すべ》らずに転がしたとき，点Ｐの動いた後の線の長さは何 cm ですか。

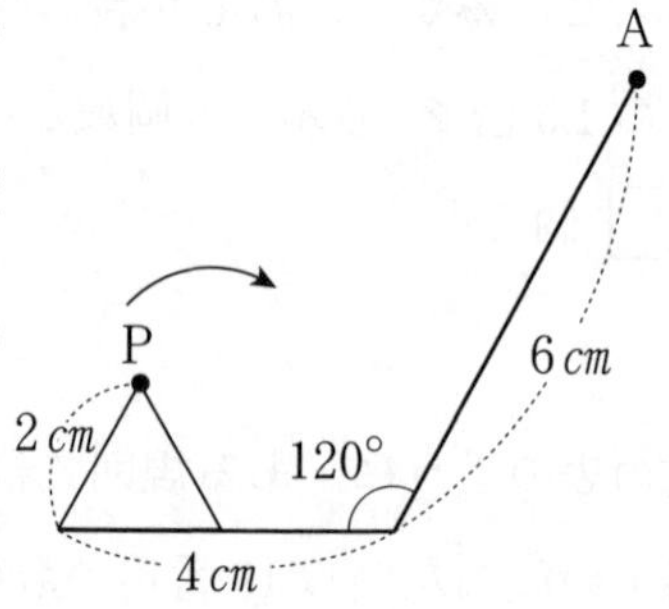

（６） 右の図のように，底面は１辺が４ cm の正方形で，高さが10 cm の直方体があります。１本のひもで，ひもの長さが最も短くなるように，点Ａから側面を１周した後，点Ｆまで巻きつけます。EIの長さは何 cm ですか。

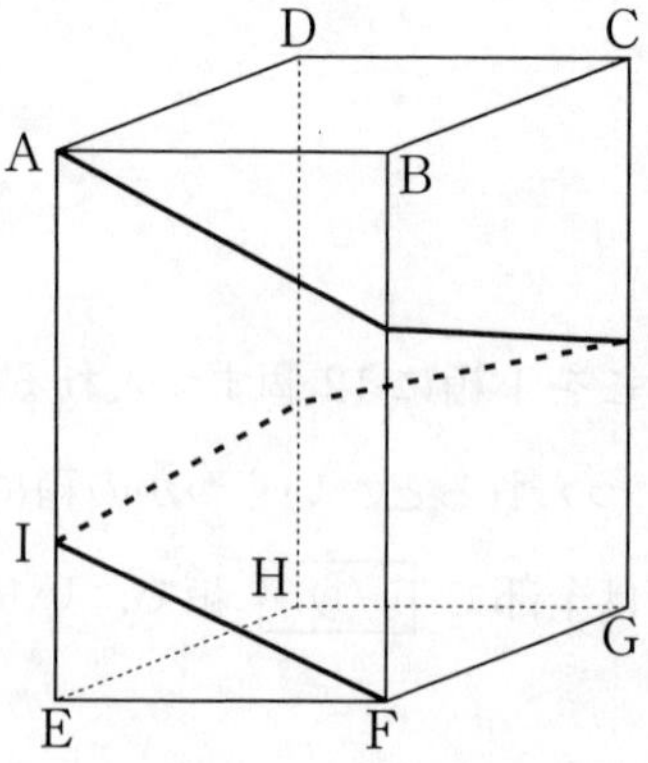

3　2をa回かけた数を2^aと表します。例えば，$2^3=2\times2\times2$なので，$2^3=8$です。ただし，$2^1=2$とします。

bの桁《けた》数を$< b >$と表します。例えば，$< 2^1 > = < 2 > = 1$，$< 2^7 > = < 128 > = 3$です。

cの一番大きい位の数字を$[\ c\ ]$と表します。例えば，3桁の数は百の位の数字となり，4桁の数は千の位の数字となるので，$[\ 2^7\ ]=[\ 128\ ]=1$，$[\ 2^{12}\ ]=[\ 4096\ ]=4$です。ただし，1桁の数はその数とします。例えば，$[\ 2^1\ ]=[\ 2\ ]=2$です。

次の問いに答えなさい。

（1）　$< 2^4 > + [\ 2^4\ ]$を計算するといくつですか。

（2）　$< 2^d > = 2$となり，$[\ 2^d\ ]=6$となるdはいくつですか。

（3）　$< 2^e > = 3$となるeは何個ありますか。

2^{25}について，$< 2^{25} > = 8$，$[\ 2^{25}\ ]=3$であることがわかりました。

（4）　$< 2^{27} > + [\ 2^{27}\ ]$を計算するといくつですか。

（5）　27個の数$< 2^1 >$，$< 2^2 >$，$< 2^3 >$，……，$< 2^{25} >$，$< 2^{26} >$，$< 2^{27} >$は1，1，1，2，……となります。この27個の数のうち，同じ数をすべてまとめて組を作り，（1，1，1），（2，…，2），（3，…，3），……とします。（1，1，1）のように1つの組の中にちょうど3個の数がある組は全部で何組ありますか。

4 右の図のように，1周 20 km の池の周りに沿って，反時計回りにバス停①～⑧が等間隔《かんかく》にあります。

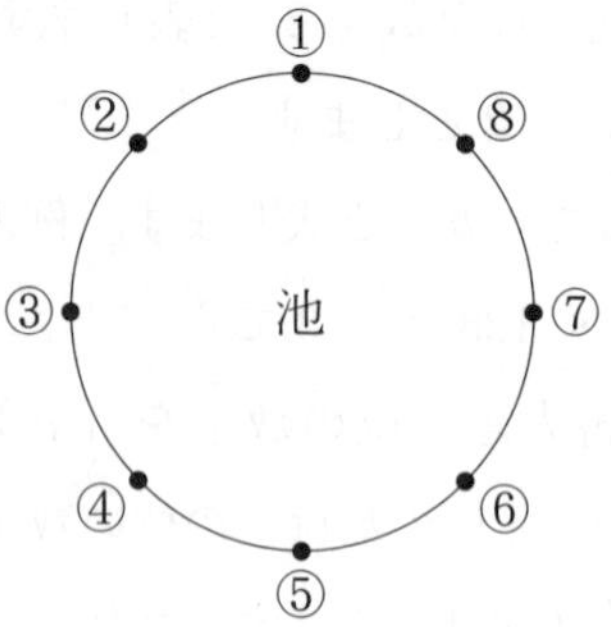

バスＡは，8時にバス停①を出発し，反時計回りに時速 30 km で池の周りを回り続けます。また，すべてのバス停で停車し，停車する時間はそれぞれ1分間です。

次の問いに答えなさい。ただし，（1），（2）は答えのみ，（3）～（5）は途中《とちゅう》の考え方も書きなさい。

（1） バスＡが8時にバス停①を出発してから1周し，バス停①を2回目に出発するのは何時何分ですか。

バスＢは，8時にバス停①を出発し，反時計回りに時速 45 km で池の周りを回り続けます。また，バス停①，③，⑤，⑦では停車し，バス停②，④，⑥，⑧では通過します。停車する時間は，停車するすべてのバス停で同じです。

バスＢが8時にバス停①を出発してから1周し，バス停①を2回目に出発するのは8時 28 分です。

（2） バスＢが停車するバス停では，何分間停車しますか。

（3） バスＡが2回目にバス停④を出発するときに，バスＢはバス停③から反時計回りに何 km のところにいますか。

（4） バスＡが2回目にバス停④を出発した後，バスＢがバスＡに初めて追いつくのは何時何分ですか。

（5） 太郎君は8時 55 分にバス停⑤にいます。このあと，バス停②になるべく早く行くために，下のア，イ，ウの3つの方法を考えました。バス停②に着く時間をそれぞれ求めて，一番早く着く方法を記号で答えなさい。ただし，太郎君の走る速さは時速 10 km です。

ア 「8時 55 分からすぐに時計回りに走ってバス停②に行く方法」

イ 「8時 55 分からバス停⑤でバスＡを待ち，その後初めて来たバスＡに乗ってバス停②に行く方法」

ウ 「8時 55 分からバス停⑤でバスＢを待ち，その後初めて来たバスＢに乗ってバス停①に行き，バス停①に着いた後すぐに反時計回りに走ってバス停②に行く方法」

② 費用は利益を得る人々が［Ａ］するべきだ。
事故の［Ｂ］者は救急車で病院へ運ばれた。

問四 次にあげる四字熟語のうち、１つには誤字が含まれています。それを改め正しい漢字1字を答えなさい。

賛非両論　　南船北馬　　起死回生　　温故知新

問五 次の和歌の［１］～［４］に入る語の組み合わせとして最も適当なものを後から選び、記号で答えなさい。

朝ぼらけ有明の月と見るまでに　吉野《よしの》の里にふれる白［１］　（坂上是則《さかのうえのこれのり》）

天つ風［２］の通ひ《い》路《じ》吹《ふ》き閉ぢ《じ》よ　をとめ《お》の姿しばしとどめむ　（僧正遍昭《そうじょうへんじょう》）

［３］たつ長き春日に子どもらと　手まりつきつつこの日くらしつ　（良寛《りょうかん》）

くれなゐ《い》の二尺伸びたる薔薇《ばら》の芽の　針やは《わ》らかに春［４］の降る　（正岡子規《まさおかしき》）

ア　１　雲　２　露《つゆ》　３　霞《かすみ》　４　雨

イ　１　雪　２　雲　３　霞　４　雨

ウ　１　雪　２　霞　３　雲　４　雨

エ　１　雪　２　雲　３　霰《あられ》　４　雪

四 次の問いに答えなさい。〈問題は**問一**から**問五**まであります。〉

問一 次の①～⑥について、――線部のカタカナを漢字に直しなさい。

① 銀行預金のリリツが下がった。

② 日本列島にソうように黒潮が流れる。

③ 世界イサンとなった建造物を訪《おとず》れる。

④ 友だちとショウライの夢を語り合う。

⑤ 選手がタテ一列に整列した。

⑥ コウソウビルが立ち並ぶ地区。

問二 次の①・②の□には、それぞれ同じ漢字１字が入ります。その漢字を答えなさい。

① □位　□言　□法

② □議　面□　□計

問三 （例）にならって次の①・②の［Ａ］・［Ｂ］に入れるのに適当な熟語を考え、その両方に共通する漢字１字をそれぞれ答えなさい。

（例） 先生を心から［Ａ］している。（尊敬）
お客様には［Ｂ］を使う。（敬語）
解答…敬

① 環境《かんきょう》破壊についての［Ａ］文を読む。
あの店は料理の味がよいともっぱらの［Ｂ］だ。

自分のいるべきところへやっと帰ってきたという思いがある。生まれてこのかた、ずっと同じところに住んでいるくせに、やはり季節によって居ごこちが微妙《びみょう》に違うようだ。秋から冬に「待つ」思いがつのるというのも、それだけ、この季節には自らの生命感が充実《じゅうじつ》しているのかもしれない。

　こたつのあるくらしが、毎日の起きふしにすっかりなじんだころ、外では、いちょうの木の黄葉《こうよう》を最後に秋が退場して、木たちが一年じゅうでいちばん美しい姿をあらわしはじめる。いっさいの葉をふるいおとして、巨大な葉脈のような梢《こずえ》を空にさらして立ちつくしている冬の木々は、一年のこの季節にだけ、お互《たが》いどうしの気らくなおしゃべりを楽しんでいるようだ。その下にたたずんでいると、頭上でひそひそとささやく声がきこえるのだが、なにを話しているのかは、耳をすましても聞きとれない。しかし、かれらはおそらく、何かを待っているにちがいないという気がする。来るべきものについて、それだけを、あれこれ話し合っているにちがいない、と。

　なにを待っているのか。おそらく、人間と同じものを。雪――を、であろう。

　その、いくらか不安げにみえるささやきが、いざ雪がくると、ぴたりと静まる。空いっぱいにのばした枝々が、ひとしく重い冷たい来訪者を迎《むか》えるとき、木たちは急に巨大になり、土に根を張るものの自信にあふれて、いささかも動じない。

　おもしろいことに、人間にも同じことがおこる。【　　　　　】。半年の間、待ちつづけたことに、ついに決着がついたことの安堵《あんど》かもしれない。それを見越《みこ》していながら、今はまだ、不安と期待とを半々に、ひたすら待つ季節のさなかである。

（杉みき子『がんぎの町から』による）

※注　夜気…夜になってからの冷たい外気。　妙高山…新潟県《にいがたけん》妙高市にある山。
罹患…病気にかかること。　双璧…優劣の付けがたい二つのもの。

三　次の文章の【　　　　】の部分には、どのようなことが記されていると考えられますか。文脈に照らし合わせて40字以上50字以内で答えなさい。

静かな寺町の住宅街に、きんもくせいのある家がほどよく並んでいて、歩むにつれてたえまなく新しい香《かお》りの流れてくるうれしさ。夜の小路《こうじ》の角を曲がったとたん、つめたい※夜気《やき》の中から、あふれるほどの香りにつつまれるときのよろこび。生きているということは、こんなにもすばらしいと、くりかえしくりかえし、自分に向かってつぶやかずにはいられない。

このころはすでに雨風が繁《しげ》く、きんもくせいとの出会いが、ほんの数日の栄華《えいが》にすぎないとよくわかっているだけに、なおのこと、このささやかなぜいたくは、雪くる前の自然からの最大のおくりものとして、心を満たすのである。

〈中略〉

さて、冬のあしおとはしだいに近づく。夜ふけてから急に冷えこんだと思っていると、明ければ※妙高山《みょうこうさん》に初雪。南の空に、この巨大《きょだい》な一輪のバラを仰《あお》ぐとき、自分は前世にどんな徳を積んだおかげで、こんなに美しいものを見る権利を得たのだろう、といつも思わずにはいられない。こんな美しいものを、あんまり長く見つづけていたら、しまいには心が平衡《へいこう》を失《しっ》してしまうのではないかとさえ思う。ただでさえ、ものよろこびをしすぎるきらいのある私のことだから、もし歓喜狂《かんききょう》というような病気があるなら、もうとっくに※罹患《りかん》しているのかもしれない。

冬がくる前のよろこびには、もうひとつ、こたつを出す日のことがある。

子どものころ、こたつを出す朝というのは、障子《しょうじ》がふしぎに明るかった。しんしんと底冷えがして、そのかわり、縁側《えんがわ》には白い日ざしがさしこみ、ふと鳥かげがかすめたりする。そのころは掘《ほ》りごたつで、部屋のまん中の小さな畳《たたみ》をあげ、新しいわら灰をほっこりと入れて、炭をつぐ。やぐらを立て、ふとんをかけると、日なたくさいにおいが部屋いっぱいにひろがって、いよいよ冬がどっしりと家の中に腰《こし》をすえた、という感じになる。

子どものときは、夏になって蚊帳《かや》をつるのと、冬が来てこたつを出すのとが、季節のしたくの楽しみの※双璧《そうへき》であった。いまはもう蚊帳はつらないし、こたつも電気ごたつになってしまったから、昔ほどわくわくする手間《てま》はかからなくなったが、それでもやはり、こたつを出すのはうれしい。こたつにはまりこんで、すっぽりとおちつくと、冬生まれの私にはことに、

問二 ――線①の「ぼく」の心情を説明したものとして最も適当なものを次の中から選び、記号で答えなさい。

ア　有村さんの前で陽介と健太に先をこされるようになることは、リーダーとして絶対に避けたいと考えている。
イ　陽介と健太の言動に勇気づけられ、自分たちの真剣《しんけん》な思いを有村さんに伝えようと思っている。
ウ　たとえクラスのみんなが笑っても、有村さんだけは自分たちの思いを受け止めてくれると信じている。
エ　自分たちの真剣な思いを笑われたことに対して、恥ずかしさを通《とお》り越《こ》して怒《いか》りを感じている。

問三 ――線②とありますが、「それ」の指す具体的内容として最も適当なものを次の中から選び、記号で答えなさい。

ア　騎士団のレディに選ばれた有村さんの反応
イ　堂々と騎士団の宣言をした「ぼく」への賞賛
ウ　周囲のからかいに怯《ひる》まなかった陽介と健太の勇気
エ　立派な男になるために必要不可欠な騎士団の精神

問四 ――線③とありますが、「二人」と異なり「怯んでしまったぼく」は、ぼく自身をどのように感じましたか。ここより前の文中から1文で抜き出し、はじめの5字を記しなさい。

問五 ――線④とありますが、安西先生が「遠藤たち」を「立派だと思っている」と言ったのはなぜですか。解答らんに合うように文中から8字で抜き出し、答えなさい。

問六 ――線⑤とありますが、このときの「健太」の心情を、「ぼく」はどのようなものと推察していますか。文中から7字で抜き出しなさい。

「古今の名作やドラマは、そういう精神で生まれたものが多い。もちろん女性にとっても、かっこいい王子様に憧《あこが》れるのはいいことだと思う。男女同権は大事なことだが、それと同時に、恋《こい》においては、互《たが》いに憧れ、崇拝する気持ちはとても大切やと思っている」

女の子たちは「きゃあ」という嬉しそうな声を上げた。男子も嬉しそうだった。

⑤ぼくの前の席の健太の背中が伸びたのがわかった。

（百田尚樹『夏の騎士』による）

問一 次の①～④の文はそれぞれ文中の【A】～【D】のいずれかの場所に入ります。その組み合わせとして、最も適当なものを後から選び、記号で答えなさい。

① ぼくはますます焦《あせ》ってしまった。
② もうだめだと思った。
③ ぼくは完全にパニックになった。
④ ぼくは小さく深呼吸した。

ア 【A】① 【B】③ 【C】② 【D】④
イ 【A】② 【B】① 【C】④ 【D】③
ウ 【A】③ 【B】④ 【C】② 【D】①
エ 【A】④ 【B】③ 【C】① 【D】②

な」

教室の笑いがさらに大きなものになった。皆がぼくらをドン・キホーテとみなしたのは明らかだった。

「ドン・キホーテは、騎士には理想の姫《ひめ》が必要と考え、田舎娘《いなかむすめ》ドルネシアを姫として崇《あが》め奉《たてまつ》るんや」

教室は爆笑の渦になった。ぼくは恥ずかしさのあまり思わず下を向いた。陽介と健太にも恥ずかしい思いをさせて申し訳ないと思った。しかし有村由布子を田舎娘に譬《たと》えたとしたら、それは安西先生の間違いだ。

「みんな静かに！」

安西先生は言った。

「④先生は遠藤たちをバカにしているんじゃない。むしろその反対で、立派だと思っている。実際の騎士は汚いものだったかもしれないが、だからこそ、そんな生き方をしたくないと考える騎士たちが存在したのもたしかや。そういう理想を持つことは素晴《すば》らしいことだと思う。そして実際に高貴な騎士もいた。フランスには『ノブレス・オブリージュ』という言葉がある。これは高貴な人は社会に対する義務を負うという意味で、騎士の精神を引《ひ》き継《つ》いだものともいえる」

いつのまにか笑い声は消えていた。

「騎士というのは、日本で言えば侍《さむらい》だな。日本に武士道があるように、西洋には騎士道がある。この二つはよく似ているが、実は決定的に違うことがひとつある。」

安西先生はクラスを見渡《みわた》して言った。

「さっきドン・キホーテの話でしたように女性に対する姿勢や。武士道には女性は出てこないが、騎士道は女性に愛と忠誠を誓う。実はレディーファーストというのは、その名残《なご》りなんや」

生徒たちは感心したようにうなずいた。陽介が、そうなのかという顔でぼくを見たが、ぼくは知らないという意味で小さく首を振《ふ》った。

「遠藤と木島と高頭の騎士団は、有村をその対象として選んだらしいが、なかなか面白い！　今の世の中は男女同権となっていて、もちろんそれは正しいのだけど、先生は、男は素敵な女性を崇拝する心を持っていてもいいと思う」

安西先生はそう言って朗《ほが》らかに笑った。

「あ、有村さんも、か、感動していたもんな」

②それは違うと言いたかった。

ぼくなんかよりもずっと格好よかったのは陽介と健太だ。③あのとき、クラス中の生徒に笑われて怯《ひる》んでしまったぼくに代わって、二人は臆《おく》せず立ち向かった。ぼくには二人が男に見えた。あの瞬間《しゅんかん》、陽介と健太は騎士になったのかもしれない。

ぼくはその後に有村さんの前で忠誠の宣言をしたかもしれないが、あれは陽介と健太が道を切り拓《ひら》いたからだ。最初に茨《いばら》に剣《けん》を入れたのは二人だ。ぼくは二人の騎士に付いていた従者のようなものだ。

でもそのことは陽介と健太には恥《は》ずかしくて言えなかった。いつかぼくも騎士になってから、打ち明けようと思った。

〈中略〉

騎士団のことはすぐに担任の安西《あんざい》先生にも知られることになった。安西先生は二十代後半の若い教師で、男子女子問わず生徒たちに人気があった。明るい人柄《ひとがら》で、授業中にもしばしば脱線《だっせん》して、面白《おもしろ》い冗談《じょうだん》で生徒たちを笑わせた。スポーツが好きで、放課後はたまに男子生徒たちと一緒《いっしょ》にサッカーをしたりした。

「このクラスに騎士がいるそうやな」

ある日の授業中、安西先生は突然言った。クラスの生徒たちは笑った。ぼくは何をからかわれるのだろうかと緊張して身構えた。

「騎士団というのは、なかなか素敵《すてき》じゃないか」安西先生は笑顔を浮かべながら言った。「騎士団というのは、ある意味で、ヨーロッパの中世の貴族の理想の姿や。正義を貫《つらぬ》き、勇気に満ちた行動をとる」

ぼくは自分が褒められているようで誇《ほこ》らしい気持ちになった。

「しかし――」と安西先生はにやりと笑った。「それはあくまで理想像であって、実際の騎士はなかなか汚《きたな》い存在だったんやで」

クラスにどっと笑いが起こった。

「そうした騎士道をバカにして書かれたのが、『ドン・キホーテ』という小説や。主人公のドン・キホーテは、田舎《いなか》の老人だったが、騎士道小説を読みすぎて、いつのまにか自分が騎士だと思い込み、はちゃめちゃな行動を起こすようになるんや

①クラスの何人かはまだ笑っていたが、もう気にならなかった。
ひとり有村さんだけは、まったく笑っていなかった。

「有村さんに愛と忠誠を誓うというのは、どういうことなんだ？」

大橋一也が訊いた。こいつは天羽市生まれのくせに有村さんの真似《まね》をして標準語を使う、鼻持ちならない奴だ。

「騎士の生き方の一つや。多分――立派な男になるための道なんやと思う」

ぼくの隣《となり》で陽介が「そうなのか？」と小さな声で訊いた。

「有村さんには何の迷惑《めいわく》もかけへん。ぼくらにとって有村さんが崇拝《すうはい》するレディで、有村さんを守りたいという気持ちを持っていることを伝えたいだけや」

男子たちはまだ笑っていたが、突然《とつぜん》、有村さんが立ち上がって、ぼくの前に右手を差し出した。

「ありがとう。嬉《うれ》しいわ」

そして、微笑《ほほえ》みながら目を閉じゆっくりうなずいた。それは有村さんがときたま見せる最高の表情だ――ぼくらはそれを密かに「天使の笑《え》み」と呼んでいた。ぼくは予期せぬことにどうしていいかわからなかった。健太が肘《ひじ》でぼくの脇腹《わきばら》をつついた。

ぼくは右手を伸《の》ばして有村さんと握手《あくしゅ》した。本当は鎧《よろい》をまとった騎士のように、跪《ひざまず》いてその手の甲《こう》にキスをしたかったが、さすがにそれをする度胸はなかった。彼女はぼくよりも大きな手で、柔《やわ》らかく包むようにぼくの手を握《にぎ》った。ぼくは生まれて初めて有村さんの手に触《ふ》れた緊張で、指に力が入らなかった。

そのとき、始業のベルが鳴って、皆《みな》、それぞれの席に戻《もど》った。席に着いても、右手はまだ自分の手ではないようだった。何度も自分の掌《てのひら》を見た。喜びが遅《おく》れてやってきた。ぼくは有村由布子の手を握ったのだ――。

あれから三十一年の月日が流れたが、あのときの握手の感触《かんしょく》は今でも思い出せる。ぼくの指には今も、有村由布子の指の柔らかさの記憶《きおく》が残っている。

放課後、陽介と健太はぼくの堂々とした「宣言」を褒《ほ》めた。

「ヒロの宣言、格好よかったで」

有村さんの周囲の子たちは、何のことかわからなかったらしく、ポカンとした顔をした。【Ｃ】

「円卓《えんたく》の騎士は、正義と勇気を持った騎士の集まりです」

棒読みみたいなセリフに、有村さんの周囲にいた子たちは爆笑《ばくしょう》した。

【Ｄ】騎士どころか、完全に道化《どうけ》だ。こんな状況《じょうきょう》で有村さんに向かって「愛と忠誠を誓《ちか》う」なんて言おうものなら、百年は笑いものにされる。ここは無様《ぶざま》でも引き返すしかない。

ぼくは陽介と健太に、「帰ろう」と言って、その場を離《はな》れかけたが、二人は動かなかった。それどころか、いきなり健太が口を開いた。

「き、き、騎士団のリーダーは遠藤や。そ、それで、俺《おれ》たち騎士は、レディに愛と忠誠を誓うことを、あ、有村さんに言いに来たんや」

クラスはもう爆笑の渦《うず》だった。机を叩《たた》いて笑っている男子もいた。ぼくはもう穴があったら、頭からダイビングしたい気持ちだった。その穴は地球の裏側まで続いてほしい――。

「な、なんで、笑うんや！」健太は言った。「お、俺たちは、し、真剣なんや」

健太の顔は真っ赤だった。ぼくは健太がぼくらの前以外でこんなに喋《しゃべ》っているのを初めて見た。

「そうや。人の真面目《まじめ》な話を笑うな！」

陽介が大きな声で言った。ぼくはさっきまでその場を一刻も早く離れたいと思っていたのも忘れ、二人をぽかんと見つめていた。

陽介と健太が偉大《いだい》な男に見えた。とくにすごいのは健太だ。ぼくは穴があったら飛《と》び込《こ》みたいと考えていた自分がこの上なく小さな男に思えた。二人がここまで言ったなら、ぼくも腹を括《くく》るしかない。というか、二人だけを戦わせるわけにはいかない。

ぼくは一歩前に出て、周囲の者に言った。

「たしかに、ぼくらはクラスの落ちこぼれや。勉強も運動もでけへん。そやけど、いつかはちゃんとした男になりたいと思てる。そやから、騎士団を結成したんや。それを笑いたかったら、笑《わろ》たらええ」

二

次の文章を読んで、あとの問いに答えなさい。〈問題は**問一**から**問六**まであります。〉

《本文までのあらすじ》

小学校の最後の夏、図書館で借りた『アーサー王の物語』に感動した「ぼくら三人」は「騎士団《きしだん》」を結成した。
「騎士はレディに愛と忠誠を捧《ささ》げる」という一文を読んだ「ぼく」の脳裡《のうり》に浮《う》かんだのは、学校一の美少女である有村由布子だった。彼女《かのじょ》を騎士団のレディにすることに決めた三人は、そのことを本人に告げることにした。

翌日の火曜日、一時間目の終わった休み時間に、ぼくらは三人揃《そろ》って有村由布子の席の前に行った。

有村さんの席は前から三列目の中央にあった。椅子《いす》に座《すわ》っている有村さんの周囲には、いつものように何人かの取り巻きの女子と男子がいた。まさに教室の中の女王という感じだ。取り巻きの中には、クラス一の優等生の大橋一也の顔もあった。こいつは勉強ができることを鼻にかけた嫌な奴《やつ》だ。有村さんのことが好きらしく、いつも彼女のそばにいる。

白いブラウスを着て椅子に座っていた有村さんはぼくらに気付いた。【Ａ】

「有村さん、話があります」

「何なの？」

有村さんはにっこりと笑った。その途端《とたん》、ぼくの全身は緊張《きんちょう》でかちんこちんになった。頭が真っ白になり、あれだけ考えていたセリフも、いっぺんに吹《ふ》き飛《と》んでしまった。

「どうしたの？」

有村さんは重ねて訊《き》いた。その周りにいた子たちもぼくを凝視《ぎょうし》したので、緊張はさらに増した。

「あ、あ、有村さん――」

「どうした？　高頭《たかとう》のどもりがうつったのか」

大橋一也の言葉に何人かが笑い、クラスの他《ほか》の生徒たちもぼくらに注目した。【Ｂ】

「ぼくらは騎士団です！」

動揺《どうよう》していたのか、自分でもびっくりするくらいの大声になってしまった。それでクラス中の注目がぼくらに集まった。

問五 ――線②とありますが、筆者はどのようなことについて「奇妙だと思」っていますか。最も適当なものを次の中から選び、記号で答えなさい。

ア 中世の西洋では、すべての生きものには命と魂があるというアニミズムが強かったということ。

イ 古来より人々は「原生自然」を恐《おそ》ろしがり、悪魔が、住んでいるところだと考えていたということ。

ウ 一九世紀に進行した産業革命では、森林を大規模に伐採することに抵抗がなかったということ。

エ 「自然破壊」によって、今まで必要がなかった「自然保護」という考え方が生まれたということ。

問六 本文の内容としてふさわしくないものを次の中から一つ選び、記号で答えなさい。

ア 西洋の影響を受けた「二次的自然」という考え方は、原生自然との間に優劣をつくり、序列化をはかるものだ。

イ 西洋では、人間は自然の一部であるという考えが根強いからこそ、人々の中から自然保護の運動が起こった。

ウ 西洋の影響を受けたことで、たくさんの生きものを育む田んぼを「自然破壊」だと見なす考え方が生じた。

エ 西洋では、かつて自然に手を加えるときは、それぞれを守護する神々に許しを得ることが必要だった。

※注　序列化…一定の基準に従って順々に並べること。
暗黙のうちに…言葉に表さないが
異端…正統でない神々。
倫理問題…人として守らなければならない善悪の基準に関わる問題。
アニミズム…すべてのものには霊《れい》や魂が宿っているという考え方。

問一　――線①とありますが、「身近な自然」とは、どのような自然を指しますか。文中から10字で抜《ぬ》き出《だ》しなさい。

問二　［Ａ］［Ｂ］に入ることばの組み合わせとして最も適当なものを次の中から選び、記号で答えなさい。

ア　Ａ　つまり　　Ｂ　ところが
イ　Ａ　ところで　Ｂ　だから
ウ　Ａ　だから　　Ｂ　そのうえ
エ　Ａ　あるいは　Ｂ　すると

問三　次の脱落文は、文中の【１】～【４】のどこに入りますか。最も適当な場所を数字で答えなさい。

〈脱落文〉　原生自然のすばらしさに触《ふ》れた旅行者の提案によるものです。

問四　［Ｘ］［Ｙ］［Ｚ］に入ることばの組み合わせとして最も適当なものを次の中から選び、記号で答えなさい。

ア　Ｘ　保全　Ｙ　保存　Ｚ　保存
イ　Ｘ　保全　Ｙ　保存　Ｚ　保全
ウ　Ｘ　保存　Ｙ　保全　Ｚ　保存
エ　Ｘ　保存　Ｙ　保全　Ｚ　保全

園になったヨセミテ渓谷《けいこく》にダムの建設が持ち上がったのです。【4】ダム容認派《ようにんは》は自然を賢明《けんめい》に利用する「保全」を訴《うった》え、反対派は自然そのものの「保存」を主張したのですが、一九一三年にダムの建設はアメリカ政府によって認められてしまいます。「保全」とは、人間のために自然を持続的に利用し続けることです。「保存」とは、人間のためではなく、自然のために自然を残すことです。この論争では、「X」派の言い分が弱かったと言われています。つまり「Y」派の主張が人間のための実利を伴《ともな》っていたのに、「Z」派の「原生自然」に手を入れてはならないという主張の根拠《こんきょ》は、人間の感情や感性に訴えるだけだったのです。たしかに人間のための利益は簡単に見つかりますが、自然のための理由は、案外見つからないのです。なぜなら、西洋では人間は自然の生きものではないからです。しかし、この問題はこれで決着がついたわけではありません。現在でも形を変えて、続いているのです。「開発か保存か」「生かすか殺すか」「人間中心主義か自然の代理か」という問題は、じつは「人間は自然の一員か、そうではないのか」という問いを含んでいます。このことは※倫《りん》理《り》問題として、あらゆるところで顔を出すものです。

〈中略〉

②みなさんは奇妙《きみょう》だと思いませんか。「自然保護」の考え方は、たかだか一〇〇年余りの歴史しかないのです。それまでは、「原生自然」は怖《こわ》くて悪魔《あくま》が住んでいるところだと考えられていました。しかも中世の西洋では、すべての生きものには命と魂《たましい》があるという※アニミズムが強かったそうです（日本と似ていますね）。ところがキリスト教が布教されることによって、自然の生きものに気をつかうことがなくなり、自然を開発することに抵抗《ていこう》がなくなったのです。したがって一八世紀末から一九世紀に進行していった産業革命で、森林は大規模に伐採《ばっさい》され、木炭として産業革命のエネルギー源とすることに抵抗はありませんでした。その結果、皮肉なことに「自然破壊」が誰《だれ》の目にも明らかになったのです。

「自然破壊」がなければ、当然「自然保護」も必要がなかったわけです。つまり日本人は明治時代以降、「自然破壊」を伴う近代化産業を西洋から取り入れ、その結果「自然保護」の考え方も輸入せざるをえなくなってしまったのです。

（宇根豊『日本人にとって自然とはなにか』による）

れています。それは「原生自然」を守る運動として始まったからです。みなさんも「原生自然は守るべきだ」と思っていませんか。私もそう思います。しかし、そのために知らず知らずのうちに、①「身近な自然」は後回しになるのです。

そこで、どうして自然保護の考え方が生まれたのか、その歴史をたどってみましょう。自然保護の運動はアメリカから始まりました。一七八七年にアメリカ合衆国が成立した後も、アメリカ人は西部開拓《かいたく》でつぎつぎと「原生自然」を開墾《かいこん》していきました。大規模な「自然破壊」が始まったのです（ヨーロッパもかつては森林に覆《おお》われていたのですが、とっくに開墾は終わっていました）。

アメリカの開拓では、原生自然は開拓者に立ちふさがる障害であり、これを切り開いて牧場や畑にすることが、フロンティアを広げていくことだと誇《ほこ》りに思われていたのです。［Ａ］、それまでは、ヨーロッパでもアメリカでも、原生自然の開墾は、決して「自然破壊」だとは思われていなかったのです。

何よりも西洋で一番信者が多いキリスト教の教えでは、「神（唯一《ゆいいつ》の神）は人間のために自然を造った」のですから、人間は自然を支配していいということになります。しかし、キリスト教がヨーロッパに行《い》き渡《わた》る中世までは、木を切り、山を掘《ほ》り、川をせき止めるときには、それぞれを守っている様々な神々に許しを得ることが必要でした。【１】キリスト教ではこういう神々は※異端《いたん》だとして、無視されるようになったのが、自然が破壊された最大の理由です。

したがってアメリカでも、原生自然を開拓して入植していった百姓《ひゃくしょう》たちには、自分たちの行為《こうい》を「自然破壊」だと思っていた人はいませんでした。［Ｂ］、開拓が終わり、めっきり少なくなってしまった原生自然を「国立公園」にして保存しようとする運動が始まりました。【２】アメリカバイソンやネイティヴ・アメリカンたちが滅《ほろ》んでいることを嘆《なげ》いた人たちの運動によって、一八七二年にイエローストーンがアメリカの最初の国立公園に指定されました。

私は「自然保護」は大切な考え方だと思います。しかし、日本で生まれた考え方ではありませんし、何よりもそこで暮らしている人間から生まれたものではないところに問題があります。【３】また「原生自然」が本来の自然だとすると、人間の自然への働きかけは「自然破壊」ということになります。そして人間が手を入れた「少し破壊された自然」は、原生自然に比べて、質が劣《おと》ると見なされることになります。しかし、こういう考え方は間違《まちが》っているような気がします。

原生自然を守るために始まった「自然保護」は大きな壁《かべ》にぶつかります。自然保護運動の成果として一八九〇年に国立公

二〇二〇年度 国学院大学久我山中学校

【国　語】〈ＳＴ第二回試験〉（五〇分）〈満点：一〇〇点〉

〔注意〕１　設問の関係で、原文とは異なるところがあります。
２　句読点（、や。）その他の記号（「や〃など）は１字分として数えます。

一　次の文章を読んで、あとの問いに答えなさい。〈問題は**問一**から**問六**まであります。〉

あるときに学者から「田んぼって、もともとあった自然を切り開いてこさえたのだから、自然破壊《はかい》ですよね」と言われて、びっくりしました。「ちがうんじゃないかな。私は農薬も化学肥料も使わないし、田んぼには生きものもいっぱいいるし……」と反論したら、「それはとてもいいことですが、それらの生きものは、元々の自然ではなく、自然を破壊した田んぼという二次的自然に適応して生きているだけですよ」と説得されそうになりました。

この「二次的自然」という考え方は、田んぼは本来の自然とは程遠《ほどとお》いが、まあ自然に入れてもいいと言っているようです。何か、自然を※序列化して、優劣《ゆうれつ》をつけているようで、いやな気持ちになります。元々の本来の自然とは何でしょうか。人間の手の入っていない「原生自然」のことのようです。そんな自然は日本にはほとんどないので、日本では本来の自然について話すことができなくなります。

〈中略〉

田んぼの自然と山奥《やまおく》の自然は同じではありませんが、かつては自然として優劣をつけることはありませんでした。なぜ科学的な見方では、原生自然と人間が手入れした自然を区別するのでしょうか。※暗黙《あんもく》のうちに、原生自然の方が身近な自然よりも価値があると思っているとしか思えません。これは西洋由来の見方の影響《えいきょう》でしょう。

このように自然を差別するようになったのは、「自然保護」の考え方の影響です。自然保護の思想には大きな問題が含《ふく》ま

2020年度

国学院大学久我山中学校 ▶解　答

※　編集上の都合により，ST第２回試験の解説は省略させていただきました。

算　数　＜ST第２回試験＞（60分）＜満点：150点＞

解　答

1 (1) 158cm　(2) 8％　(3) 42個　(4) 82　(5) ① 11箱　② 135個　(6) 12.6秒後　2 (1) 木曜日　(2) 22，23，24，25　(3) 13個　(4) ① 5：4　② 1056m　(5) 12.56cm　(6) 2cm　3 (1) 3　(2) 6　(3) 3個　(4) 10　(5) 6組　4 (1) 8時48分　(2) $\frac{1}{3}$分間　(3) $2\frac{1}{4}$km　(4) 9時7分　(5) ウ

国　語　＜ST第２回試験＞（50分）＜満点：100点＞

解　答

一 **問1**　人間が手入れした自然　**問2**　ア　**問3**　【2】　**問4**　ウ　**問5**　エ　**問6**　イ　二 **問1**　エ　**問2**　イ　**問3**　イ　**問4**　ぼくは穴が　**問5**　（遠藤たちが結成した騎士団には）女性を崇拝する心（があると思ったから。）　**問6**　誇らしい気持ち　三 （例）　それまで雪への不安な気持ちを口にしていた人びとが，いざ雪が降ると急に落ち着いてしまうのである　四 **問1**　下記を参照のこと。　**問2**　① 方　② 会　**問3**　① 評　② 負　**問4**　否　**問5**　イ

●漢字の書き取り

四 **問1**　① 利率　② 沿(う)　③ 遺産　④ 将来　⑤ 縦　⑥ 高層

Memo

Memo

Memo

2025年度用

中学スーパー過去問

■編集人 声の教育社・編集部
■発行所 株式会社 声の教育社
〒162-0814 東京都新宿区新小川町8-15
☎03-5261-5061㈹ FAX03-5261-5062
https://www.koenokyoikusha.co.jp

※本書の内容についての一切の責任は当社にあります。内容・解説・解答・その他は当社ホームページよりお問い合わせ下さい。

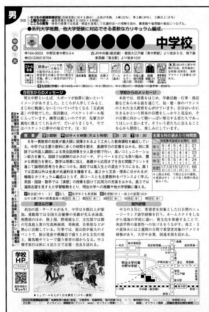

よくある解答用紙のご質問

01

実物のサイズにできない

拡大率にしたがってコピーすると，「解答欄」が実物大になります。配点などを含むため，用紙は実物よりも大きくなることがあります。

02

A3用紙に収まらない

拡大率164％以上の解答用紙は実物のサイズ（「出題傾向＆対策」をご覧ください）が大きいために，A３に収まらない場合があります。

03

拡大率が書かれていない

複数ページにわたる解答用紙は，いずれかのページに拡大率を記載しています。どこにも表記がない場合は，正確な拡大率が不明です。

04

１ページに２つある

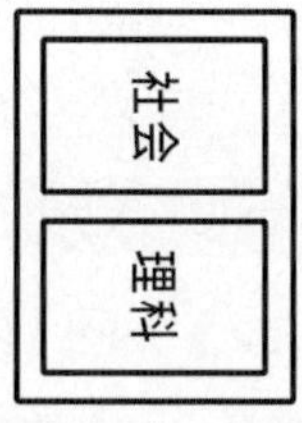

１ページに２つ解答用紙が掲載されている場合は，正確な拡大率が不明です。ほかの試験回の同じ教科をご参考になさってください。

国学院大学久我山中学校

【別冊】入試問題解答用紙編

解答用紙は本体からていねいに抜きとり、別冊としてご使用ください。

※　実際の解答欄の大きさで練習するには、指定の倍率で拡大コピーしてください。なお、ページの上下に小社作成の見出しや配点を記載しているため、コピー後の用紙サイズが実物の解答用紙と異なる場合があります。

●入試結果表

年度	回	項目		国語	算数	社会	理科	2科合計	4科合計	2科合格	4科合格
2024	第1回	配点(満点)		100	100	50	50		300		最高点
		合格者平均点	男	72.3	72.8	30.6	36.9		212.6		男 246
			女	76.8	69.4	28.6	34.0		208.8		女 246
		受験者平均点	男	59.3	61.9	26.1	31.0		178.3		最低点
			女	63.5	58.9	24.3	30.5		177.2		男 197
		キミの得点									女 192
	ＳＴ第1回	配点(満点)		100	150			250		最高点	
		合格者平均点	男	71.6	124.7			196.3		男 229	
			女	71.9	116.3			188.2		女 211	
		受験者平均点	男	60.9	100.6			161.5		最低点	
			女	64.7	90.8			155.5		男 184	
		キミの得点								女 176	
	ＳＴ第2回	配点(満点)		100	150			250		最高点	
		合格者平均点	男	75.3	131.5			206.8		男 227	
			女	79.8	116.3			196.1		女 211	
		受験者平均点	男	60.4	98.6			159.0		最低点	
			女	69.1	91.6			160.7		男 196	
		キミの得点								女 189	
2023	第1回	配点(満点)		100	100	50	50		300		最高点
		合格者平均点	男	69.0	75.0	30.8	29.7		204.5		男 232
			女	67.6	68.1	29.0	28.9		193.6		女 222
		受験者平均点	男	58.0	63.9	26.1	25.2		173.2		最低点
			女	58.3	58.8	25.3	24.3		166.7		男 191
		キミの得点									女 175
	ＳＴ第1回	配点(満点)		100	150			250		最高点	
		合格者平均点	男	65.2	121.6			186.8		男 223	
			女	72.3	119.1			191.4		女 217	
		受験者平均点	男	56.3	92.2			148.5		最低点	
			女	62.6	89.3			151.9		男 172	
		キミの得点								女 174	

〔参考〕満点(合格者最低点)　2023年：ＳＴ第2回2科 250(男 163・女 161)
2022年：第1回4科 300(男 203・女 182)　ＳＴ第1回2科 250(男 155・女 160)　ＳＴ第2回2科 250(男 166・女 171)
2021年：第1回4科 300(男 219・女 200)　ＳＴ第1回2科 250(男 175・女 175)　ＳＴ第2回2科 250(男 207・女 199)
2020年：第1回4科 300(男 207・女 200)　ＳＴ第1回2科 250(男 156・女 146)　ＳＴ第2回2科 250(男 180・女 172)

※　表中のデータは学校公表のものです。ただし、2科合計・4科合計は各教科の平均点を合計したものなので、目安としてご覧ください。

声の教育社

2024年度　国学院大学久我山中学校

算数解答用紙　第1回

番号		氏名		評点	/100

1

(1)	(2)	(3)	(4)

2

(1)	(2)	(3)	(4)
個	%	分後	g
(5)	**(6)**	**(7)**	
個	cm^2	倍	

3

(1)	(2)	(3)

(4)	(5)

4

(1)

毎秒　cm^3

(2)

（考え方）

（答）　秒後

(3)

（考え方）

（答）　秒後

(4)

（考え方）

（答）　毎秒　cm^3

(5)

秒後

（注）この解答用紙は実物を縮小してあります。204%拡大コピーをすると、ほぼ実物大の解答欄になります。

〔算　数〕100点(学校配点)

1　20点　2　35点　3　22点　4　23点　(以下推定配点)　1　各5点×4　2　各5点×7　3　(1)～(3)　各4点×3　(4)，(5)　各5点×2　4　(1)，(2)　各4点×2　(3)～(5)　各5点×3

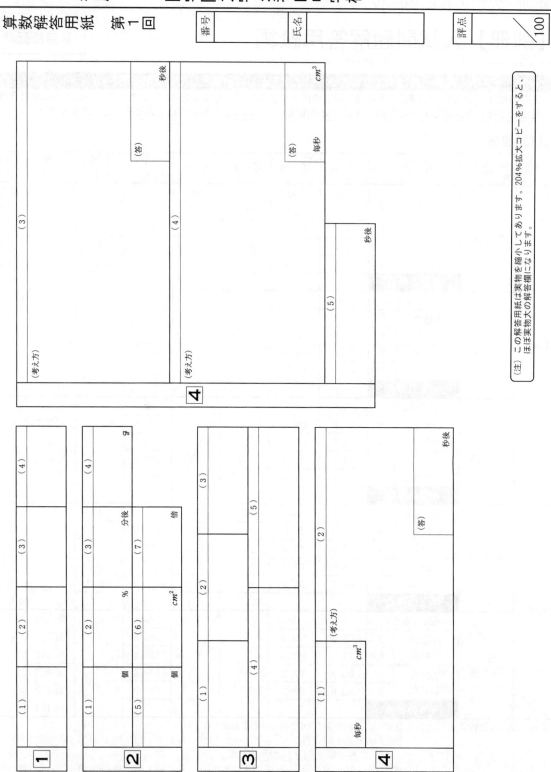

２０２４年度　国学院大学久我山中学校

社会解答用紙　第１回

番号		氏名		評点	／50

1

問1				問2	問3			

問4

問5	問6

問7

2

問1	問2	問3	問4	問5	問6
					(1)

問6
(2)

問7	問8	問9	問10	問11	問12
		川	世紀		

問13

問14

3

問1

問2	問3	問4	問5	問6	問7
					年

（注）この解答用紙は実物を縮小してあります。Ｂ５→Ｂ４(141%)に拡大コピーすると、ほぼ実物大の解答欄になります。

〔社　会〕50点(学校配点)

1　15点　2　20点　3　15点　（以下推定配点）　1　問1～問3　各2点×3　問4　3点　問5～問7　各2点×3　2　問1～問5　各1点×5　問6　(1)　1点　(2)　2点　問7～問10　各1点×4　問11～問14　各2点×4　3　問1　3点　問2～問7　各2点×6

２０２４年度　　国学院大学久我山中学校

理科解答用紙　第１回

番号		氏名		評点	／50

1

(1)	(2)	(3)	(4)	(5)

(6)	(7)
	倍

2

(1)	(2)	(3)
		m

(4)	(5)	(6)	(7)
m			

3

(1)	(2)	(3)	(4)	(5)

(6)	(7)

4

(1)	(2)	(3)	(4)

(5)	(6)	(7)
の貝殻	%	g

（注）この解答用紙は実物を縮小してあります。Ｂ５→Ｂ４(141%)に拡大コピーすると、ほぼ実物大の解答欄になります。

〔理　科〕50点(学校配点)

1 12点　2 12点　3 13点　4 13点　(以下推定配点)　1 (1)，(2)　各１点×２　(3)～(7)　各２点×５＜(6)は完答＞　2 (1)，(2)　各１点×２　(3)～(7)　各２点×５＜(6)は完答＞　3 (1)　１点　(2)～(7)　各２点×６　4 (1)　１点　(2)～(7)　各２点×６

２０２４年度　　国学院大学久我山中学校

国語解答用紙　第一回

番号		氏名		評点	／100

一

問一　(1) Ⅰ　Ⅱ　(2) Ⅲ

問二

問三

問四

問五

問六　・

二

問一

問二

問三

問四

問五

問六　Ⅰ　Ⅱ

三

問一　①　②　③　④　⑤　⑥

問二

問三

問四

問五　①　②

問六

（注）この解答用紙は実物を縮小してあります。Ｂ５→Ｂ４（141%）に拡大コピーすると、ほぼ実物大の解答欄になります。

〔国　語〕100点(学校配点)

一　35点　二　35点　三　30点　(以下推定配点)　一　問1，問2　各5点×2＜問1は完答＞　問3　10点　問4〜問6　各5点×3＜問6は完答＞　二　問1〜問4　各5点×4　問5　10点　問6　5点＜完答＞　三　問1　各2点×6　問2〜問6　各3点×6

2024年度　国学院大学久我山中学校

算数解答用紙　ST第1回

番号　　氏名　　評点　/150

1
(1)　(人)
(2)
(3)　(オ)
(4)　(cm)
(5)　(cm)

2
(1)　L
(2)　個
(3)　① 分速　m　②　m
(4)　%引き
(5)　%
(6)　cm^2
(7)　cm^3

3
(1)　①（　,　,　）　②（　,　,　）
(2)　回
(3)　回
(4)　回
(5)（　,　,　）

4
(1)　①　秒間　②　秒後
(2)　①　秒間　②　秒後
(3)　(考え方)　(答)　秒後
(4)　1回目　2回目　3回目　4回目
(5)　(考え方)　(答)　秒後

（注）この解答用紙は実物を縮小してあります。204%拡大コピーをすると、ほぼ実物大の解答欄になります。

〔算　数〕150点(学校配点)

1 30点　2 48点　3 36点　4 36点　(以下推定配点)　1 各6点×5　2 各6点×8　3 各6点×6　4 (1), (2) 各4点×4　(3) 6点　(4) 各2点×4　(5) 6点

２０２４年度　国学院大学久我山中学校

国語解答用紙　ＳＴ第一回

番号		氏名		評点	／100

一

問一

問二

問三

問四　食文化の進化と思われていた食材の多くは、（40）（30）という変化に過ぎないということ。

問五

問六

二

問一（50）（60）

問二　A　B

問三

問四

問五

問六　ア　イ　ウ　エ　オ

三

問一　①　②　える　③　む　④　⑤　しく　⑥

問二　①　②

問三　①　②

問四

問五

問六

（注）この解答用紙は実物を縮小してあります。Ｂ５→Ｂ４（141％）に拡大コピーすると、ほぼ実物大の解答欄になります。

〔国　語〕100点（学校配点）

一　35点　二　35点　三　30点　（以下推定配点）　一　問1〜問3　各5点×3　問4　10点　問5，問6　各5点×2　二　問1　10点　問2〜問5　各5点×4<問2は完答>　問6　各1点×5　三　問1　各2点×6　問2〜問6　各3点×6<問2は完答>

2024年度　国学院大学久我山中学校

算数解答用紙　ＳＴ第２回

番号		氏名		評点	/150

1

(1)	(2) ①	(2) ②	(2) ③
(円)			
(3)	**(4)**	**(5)**	**(6)**
(cm^2)	(人)	(個)	(円)

2

(1)	(2)	(3)	(4)
g	円	秒	セット
(5) ①	**(5) ②**	**(6)**	**(7)**
個	個	cm	m^2

3

(1)	(2)	(3)
cm^2	→ 　 →	通り
(4)		**(5)**
→ 　 → 　 →	→ 　 → 　 →	通り
(6)		
回		

4

(1)	(2)	(3)
分後	度	分後
(4)	**(5)**	
m	度	

4

(6)

（考え方）

（答）　　分後

(7)

（考え方）

（答）　　回

（注）この解答用紙は実物を縮小してあります。204％拡大コピーをすると、ほぼ実物大の解答欄になります。

〔算　数〕150点(学校配点)

1　30点　2　48点　3　35点　4　37点（以下推定配点）　1　各5点×6＜(2)は完答＞　2　各6点×8　3　各5点×7＜(2)は完答，(4)は各々完答＞　4　(1)～(5)　各5点×5　(6)，(7)　各6点×2

２０２４年度　国学院大学久我山中学校

国語解答用紙　ＳＴ第二回

番号		氏名		評点	／100

一

問一

問二

問三　A　B

問四

問五　45　55

二

問一

問二

問三

問四　10

問五　45　35

問六　ア　イ　ウ　エ　オ

三

問一　①　②　③　④　⑤　⑥　ねる

問二　①　②

問三　①　②

問四

問五

問六

（注）この解答用紙は実物を縮小してあります。Ｂ５→Ｂ４（141％）に拡大コピーすると、ほぼ実物大の解答欄になります。

〔国　語〕100点（学校配点）

一　35点　二　35点　三　30点　（以下推定配点）　一　問１～問４　各５点×５＜問３は各々完答＞　問５　10点　二　問１～問４　各５点×４　問５　10点　問６　各１点×５　三　問１　各２点×６　問２～問６　各３点×６＜問２は完答＞

2023年度　国学院大学久我山中学校

算数解答用紙　第1回

番号		氏名		評点	/100

1

(1)	(2)	(3)	(4)

2

(1)	(2)	(3)	(4)
m	倍	%	円

(5)	(6)	(7)
cm^2	:	本

3

(1)	(2)
	のらんの　番目の式

(3) ア	(3) イ	(3) ウ	(4)

4

(1)
m

(2)

(考え方)

(答)　毎分　m

(3)

(考え方)

(答)　分後

(4)

(考え方)

(答)　分後

(注) この解答用紙は実物を縮小してあります。204%拡大コピーをすると、ほぼ実物大の解答欄になります。

〔算　数〕100点(学校配点)

1 20点　2 35点　3 22点　4 23点　(以下推定配点)　1 各5点×4　2 各5点×7　3 (1), (2) 各5点×2　(3), (4) 各6点×2<(3)は完答>　4 (1) 5点　(2)～(4) 各6点×3

２０２３年度　　国学院大学久我山中学校

社会解答用紙　第１回

番号		氏名		評点	／50

1

問1		
(1) 記号	理由	(2)

問2

問3	問4	問5	問6

問7

2

問1	問2	問3	問4	問5
				→ → →

問6

問7	問8	問9	問10

問11

3

問1	問2

問3

問4

問5		問6
(1)	(2)	年

（注）この解答用紙は実物を縮小してあります。Ｂ５→Ｂ４(141%)に拡大コピーすると、ほぼ実物大の解答欄になります。

〔社　会〕50点(学校配点)

1　15点　2　20点　3　15点　(以下推定配点)　1　問1～問3　各2点×4＜問1の(1)は完答＞　問4，問5　各1点×2　問6　2点　問7　3点　2　問1　2点　問2　1点　問3～問7　各2点×5＜問5，問7は完答＞　問8，問9　各1点×2　問10　2点　問11　3点　3　問1，問2　各2点×2　問3，問4　各3点×2　問5　(1)　1点　(2)　2点　問6　2点

2023年度　国学院大学久我山中学校

理科解答用紙　第1回

番号		氏名		評点	／50

1	I	A		II	
		(1)		(1)	
		(2)		(2)	
		(3)		(3)	
		(4)		(4)	
		(5)		(5)	

2	(1)	(2)	(3)	(4)	(5)

3	(1)	(2)	(3)	(4)	(5)
				mA	mA

4	(1)	(2)	(3)	(4)	(5)
				g	g

5	(1)	(2)	(3)	(4)	(5)

（注）この解答用紙は実物を縮小してあります。B５→B４(141%)に拡大コピーすると、ほぼ実物大の解答欄になります。

〔理　科〕50点(学校配点)

1　10点　2　10点　3　10点　4　10点　5　10点　(以下推定配点)　1　各１点×10　2　各２点×5　3　各２点×5＜(1)は完答＞　4　各２点×5　5　各２点×5

二〇二三年度　国学院大学久我山中学校

国語解答用紙　第一回

番号　　氏名　　評点　／100

一

問一　東京が　～　ことの例としてあげられている。

問二

問三

問四

問五

問六　　こと。

二

問一

問二

問三　　から。

問四

問五　子どもたちが　　こと。

問六

三

問一　①　②　③　④　⑤　⑥

問二

問三

問四　①　②

問五

問六

（注）この解答用紙は実物を縮小してあります。Ｂ５→Ａ４（115%）に拡大コピーすると、ほぼ実物大の解答欄になります。

〔国　語〕100点(学校配点)

一 35点　二 35点　三 30点　(以下推定配点)　一 問1～問5　各5点×5　問6　10点　二 問1，問2　各5点×2　問3　10点　問4～問6　各5点×3　三 問1　各2点×6　問2～問6　各3点×6

２０２３年度　国学院大学久我山中学校

算数解答用紙　ＳＴ第１回

番号　　氏名　　評点　/150

1
(1)
(2) (本)
(3) (m)
(4) (年前)
(5) (cm)
(6) (時間)

2
(1) 時速 km
(2) ① に ② 歩 回
(3) 点
(4) 個
(5) あめ 個 ケーキ 個
(6) cm^2
(7) cm

3
(1) cm^2
(2) (,), (,), (,)
(3) (,)
(4) ① ② 通り
(5) 通り

4
(1) 秒後
(2) 秒後
(3) cm
(4) 秒後
(5) (考え方)
(答) 液体 A cm 液体 B cm
(6) (考え方)
(答) : :
(7) (考え方)
(答) : :

(注) この解答用紙は実物を縮小してあります。189%拡大コピーをすると、ほぼ実物大の解答欄になります。

〔算　数〕150点(学校配点)

1 30点　2 50点　3 36点　4 34点　(以下推定配点)　1 各5点×6　2 (1)～(5) 各6点×6<(5)は完答>　(6)，(7) 各7点×2　3 各6点×6<(2)，(4)の①は完答>　4 (1) 4点　(2)～(7) 各5点×6<(5)は完答>

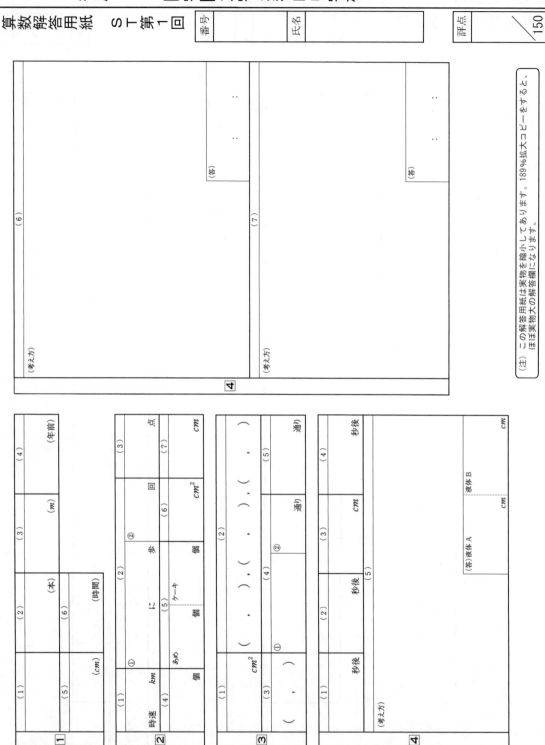

二〇二三年度　国学院大学久我山中学校

国語解答用紙　ＳＴ第一回

番号		氏名		評点	／100

一

問一

問二

問三

問四　はじめ　～　終わり　から。

問五

問六

二

問一

問二

問三

問四

問五　が分かって心が救われたから。

問六　ア　イ　ウ　エ　オ

三

問一　①　②　③　④　⑤　⑥　り

問二

問三

問四　(1)　(2)

問五

問六

(注)　この解答用紙は実物を縮小してあります。Ｂ５→Ｂ４(141%)に拡大コピーすると、ほぼ実物大の解答欄になります。

〔国　語〕100点(学校配点)

一　35点　二　35点　三　30点　(以下推定配点)　一　問１～問４　各５点×４　問５　10点　問６　５点　二　問１～問４　各５点×４　問５　10点　問６　各１点×５　三　問１　各２点×６　問２～問６　各３点×６

２０２３年度　国学院大学久我山中学校

算数解答用紙　ＳＴ第２回

番号		氏名		評点	/150

1

(1)	(2)	(3) ①	(3) ②
(個)	(通り)	(m)	(cm^2)
(4)	(5)	(6)	
(分)	(点)	(%)	

2

(1)	(2)	(3) ①	(3) ②
人	時　分	円	円
(4)	(5)	(6)	(7)
人	オ	cm^2	cm^3

3

(1)	(2)	(3)
円	円	マス

(4) 〈　,　,　〉,〈　,　,　〉

(5) ①	(5) ②	(6)
(マス)	(通り)	通り

4

(1) 太郎君　時　分　花子さん　時　分

(2) ①(考え方)

(答)　時　分

②(考え方)

(答)　時　分

(3) (考え方)

(答)　分間

(4) (考え方)

(答)　時　分

(5) (考え方)

(答)　が　分早く着く

（注）この解答用紙は実物を縮小してあります。185%拡大コピーをすると、ほぼ実物大の解答欄になります。

〔算　数〕150点(学校配点)

1 35点　2 44点　3 35点　4 36点　(以下推定配点)　1 各5点×7　2 (1)～(3) 各5点×4　(4)～(7) 各6点×4　3 各5点×7＜(4)は完答＞　4 各6点×6＜(1)は完答＞

二〇二三年度　国学院大学久我山中学校

国語解答用紙　ＳＴ第二回

番号		氏名		評点	／100

一

問一

問二

50

60

問三

問四

問五

問六　ア　イ　ウ　エ　オ

二

問一

問二

から。

30

40

問三

問四

問五

～

ところ。

問六

三

問一　①　②　③　④　⑤　⑥

問二

問三

問四　(1)　(2)

問五

問六

（注）この解答用紙は実物を縮小してあります。Ｂ５→Ｂ４（141%）に拡大コピーすると、ほぼ実物大の解答欄になります。

〔国　語〕100点（学校配点）

一　35点　二　35点　三　30点　（以下推定配点）　一　問１　５点　問２　10点　問３～問５　各５点×３　問６　各１点×５　二　問１　５点　問２　10点　問３～問６　各５点×４　三　問１　各２点×６　問２～問６　各３点×６

２０２２年度　国学院大学久我山中学校

算数解答用紙　第１回

番号		氏名		評点	/100

1
- (1)
- (2)
- (3)
- (4)

2
- (1) km
- (2) 曜日
- (3) g
- (4) 円
- (5) 毎分 m
- (6) cm
- (7) m^2

3
- (1) 個
- (2) 個
- (3)① 個
- (3)②

4
- (1) (考え方) (答) 毎分 cm^3
- (2) (考え方) (答)
- (3) (考え方) (答)
- (4) (考え方) (答)

(注) この解答用紙は実物を縮小してあります。204%拡大コピーをすると、ほぼ実物大の解答欄になります。

〔算　数〕100点(学校配点)

1 20点　2 35点　3 22点　4 23点　(以下推定配点)　1 各5点×4　2 各5点×7　3 (1), (2) 各6点×2　(3) 各5点×2　4 (1), (2) 各5点×2　(3) 6点　(4) 7点

２０２２年度　　国学院大学久我山中学校

社会解答用紙　第１回

番号		氏名		評点	／50

1

※解答らんの順番に注意してください。

問１	問２	問３		問６

問４

問５

問７
・
・

2

問１	問２	問３	問４	問６	問７
		→ → →			

問５	問８	問10	問11	問12
				銀山

問９

問13	
チーム名	由来

3

問１	問２	問３	問４	問７

問５

問６

（注）この解答用紙は実物を縮小してあります。Ｂ５→Ｂ４（141%）に拡大コピーすると、ほぼ実物大の解答欄になります。

〔社　会〕50点（学校配点）

1　15点　2　20点　3　15点　（以下推定配点）　1　問１～問４　各２点×４　問５　３点　問６　２点　問７　各１点×２　2　問１，問２　各２点×２　問３　１点＜完答＞　問４　２点　問５　１点　問６　２点　問７，問８　各１点×２　問９　２点　問10～問12　各１点×３　問13　３点　3　問１～問５　各２点×５　問６　３点　問７　２点

２０２２年度　国学院大学久我山中学校

理科解答用紙　第１回

番号		氏名		評点	／50

1			
I	A		
	(1)	II	(1)
	(2)		(2)
	(3)		(3)
	(4)		(4)
	(5)		(5)

2	(1)		(2)	(3)		(4)		(5)
	前	後						

3	(1)	(2)	(3)	(4)	(5)
		mm		mm	m

4	(1)	(2)	(3)	(4)	(5)
	秒	g	秒	秒	

5	(1)	(2)	(3)	(4)	(5)		
					ア	イ	ウ

（注）この解答用紙は実物を縮小してあります。Ｂ５→Ｂ４（141%）に拡大コピーすると、ほぼ実物大の解答欄になります。

〔理　科〕50点（学校配点）

1 10点　2 10点　3 10点　4 10点　5 10点　（以下推定配点）　1 各１点×10　2 各２点×５＜(1)，(3)，(4)は完答＞　3 各２点×５　4 各２点×５　5 各２点×５＜(5)は完答＞

二〇二二年度　国学院大学久我山中学校

国語解答用紙　第一回

番号		氏名		評点	／100

一

問一

問二

問三

問四

問五

問六

二

問一　A　B

問二

問三

問四　……もの。

問五

問六　死んだ者は、……ということ。

三

問一　①　②　③　④　⑤　⑥　……ける

問二

問三

問四　①　②

問五

問六

（注）この解答用紙は実物を縮小してあります。Ｂ５→Ａ４（115%）に拡大コピーすると、ほぼ実物大の解答欄になります。

〔国　語〕100点（学校配点）

一　35点　二　35点　三　30点　（以下推定配点）　一　問１～問５　各５点×５　問６　10点　二　問１～問５　各５点×５＜問１は完答＞　問６　10点　三　問１　各２点×６　問２～問６　各３点×６

２０２２年度　国学院大学久我山中学校

算数解答用紙　ST第１回

番号		氏名		評点	/150

1

(1)	(2)	(3)	(4)
	(問)	(円)	

(5)	(6)
(%)	(個)

2

(1)	(2)	(3)	(4)
	オ	分	個

(5) ①	(5) ②	(6)	(7)
点	回	cm^2	cm

3

(1) ①	(1) ②	(1) ③	(2)
cm^2	cm^2	cm^2	cm^2

(3)	(4)	(5)
通り		

4

(1)	(2)	(3)
km	km	分

(4)

(考え方)

(答)　　kg

(5)

(考え方)

(答)　　時　　分

(6)

(考え方)

(答)　　時　　分

(7)

(考え方)

(答)　　日目が　　分早い

（注）この解答用紙は実物を縮小してあります。189%拡大コピーをすると、ほぼ実物大の解答欄になります。

〔算　数〕150点(学校配点)

1　30 点　2　48 点　3　35 点　4　37 点　(以下推定配点)　1　各 5 点×6　2　各 6 点×8　3　(1)　各 2 点×3　(2), (3)　各 7 点×2　(4)　8 点＜完答＞　(5)　7 点＜完答＞　4　(1)～(5)　各 5 点×5　(6), (7)　各 6 点×2

二〇二二年度　国学院大学久我山中学校

国語解答用紙　ＳＴ第一回

番号		氏名		評点	／100

一

問一

問二　と考えたから。

問三

問四

問五　可能性があるということ。

問六　ア　イ　ウ　エ　オ

問七

二

問一

問二

問三　A　B　C

問四

問五

問六　ア　イ　ウ　エ　オ

三

問一　①　②　③　④　⑤　り　⑥　まる

問二　①　②

問三

問四

問五

問六

（注）この解答用紙は実物を縮小してあります。Ｂ５→Ｂ４（141%）に拡大コピーすると、ほぼ実物大の解答欄になります。

〔国　語〕100点（学校配点）

一　35点　二　35点　三　30点　（以下推定配点）　一　問1～問4　各4点×4　問5　10点　問6　各1点×5　問7　4点　二　問1～問4　各5点×4＜問3は完答＞　問5　10点　問6　各1点×5　三　問1　各2点×6　問2～問6　各3点×6

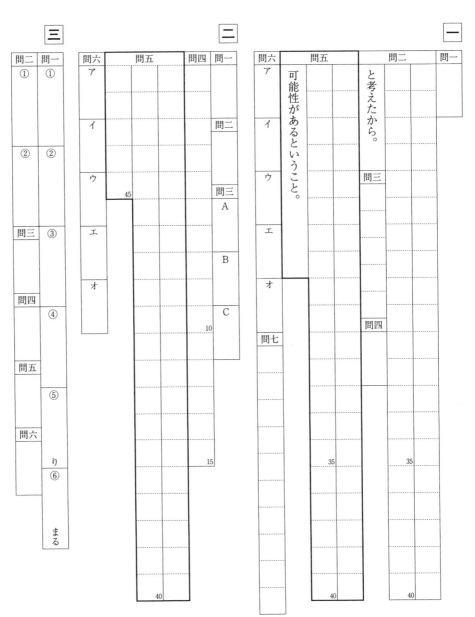

２０２２年度　国学院大学久我山中学校

算数解答用紙　ＳＴ第２回

番号		氏名		評点	/150

1

(1)	(人)
(2)	(分)
(3)	(%)
(4)	(日目)
(5) ①	
(5) ②	

2

(1)	
(2)	人
(3)	cm
(4)	通り
(5) ①	秒速　m
(5) ②	秒
(6)	度
(7)	cm^2

3

(1)	
(2)	
(3)	
(4)	d
(5)	e

4

(1)	cm
(2)	秒後
(3)	(考え方)　(答)　秒後
(4)	cm
(5)	(考え方)　(答)　秒後
(6)	(考え方)　(答)　秒後

(注)　この解答用紙は実物を縮小してあります。189％拡大コピーをすると、ほぼ実物大の解答欄になります。

〔算　数〕150点(学校配点)

1　30点　2　48点　3　32点　4　40点　(以下推定配点)　1　各5点×6　2　各6点×8　3　(1)　6点　(2)　7点<完答>　(3)，(4)　各6点×2　(5)　7点　4　(1)，(2)　各6点×2　(3)～(6)　各7点×4

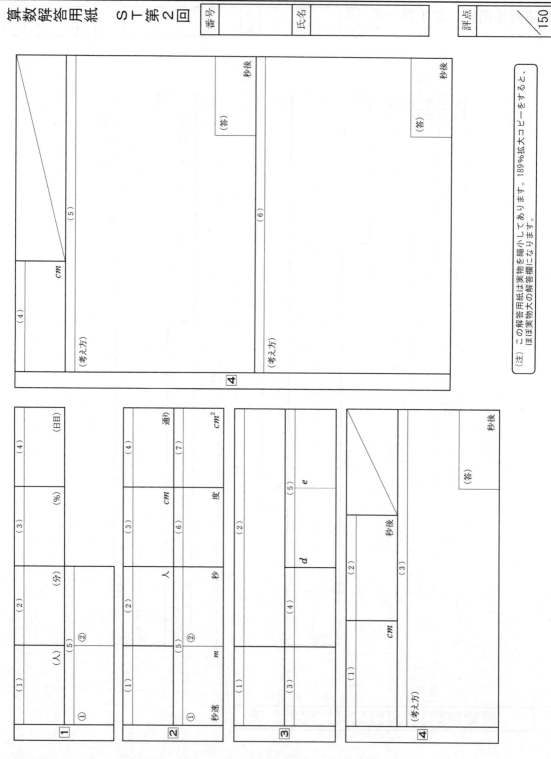

二〇二二年度　国学院大学久我山中学校

国語解答用紙　ＳＴ第二回

番号		氏名	

評点	／100

一

問一

問二

問三

ような読書の仕方。

問四

問五

問六

二

問一

問二

問三

問四

ような感覚。

問五

問六

ア

イ

ウ

エ

オ

三

問一

①

②

③

④

⑤ かい

⑥ まる

問二

①

②

問三

問四

問五

問六

（注）この解答用紙は実物を縮小してあります。Ｂ５→Ｂ４（141％）に拡大コピーすると、ほぼ実物大の解答欄になります。

〔国　語〕100点（学校配点）

一　35点　二　35点　三　30点　（以下推定配点）　一　問１，問２　各５点×２　問３　10点　問４～問６　各５点×３　二　問１～問４　各５点×４　問５　10点　問６　各１点×５　三　各２点×６　問２～問６　各３点×６

２０２１年度　国学院大学久我山中学校

算数解答用紙　第１回

番号　　氏名　　評点　/100

1　(1)　(2)　(3)　(4)

2　(1)　人　(2)　個　(3)　個　(4)　人
(5) 時速　km　(6)　cm　(7)　面

3　(1)　g　(2)①　%　(2)②　g　(3)　%

4　(1)（考え方）（答）　cm
(2)（考え方）（答）
(3)（考え方）（答）　分　秒後
(4)（考え方）（答）　分　秒後

（注）この解答用紙は実物を縮小してあります。208％拡大コピーをすると、ほぼ実物大の解答欄になります。

〔算　数〕100点(学校配点)

1　20点　2　35点　3　22点　4　23点　(以下推定配点)　1　各5点×4　2　各5点×7　3　(1) 6点　(2)　各5点×2　(3)　6点　4　(1)　5点　(2)～(4)　各6点×3

２０２１年度　国学院大学久我山中学校

社会解答用紙　第１回

番号		氏名		評点	／50

※解答らんの順番に注意してください。

1

問1	問2				
問3	問4	問6			問7
問5					

2

問1		問2	問3	問4	
②	④	→ →			
問5	問6	問7	問8	問10	問11
				条約	
問9					
問12					
賛成・反対					

3

問1	問2	問3		問4	問5
		(1)	(2)		
問6		問7		問8	
問9					
一.					

（注）この解答用紙は実物を縮小してあります。Ｂ５→Ｂ４（141%）に拡大コピーすると、ほぼ実物大の解答欄になります。

〔社　会〕50点（学校配点）

1　15点　2　20点　3　15点　（以下推定配点）　1　問1～問4　各2点×4　問5　3点　問6，問7　各2点×2　2　問1～問8　各1点×8<問1，問2は完答>　問9　4点　問10，問11　各2点×2　問12　4点　3　問1～問4　各1点×5　問5～問9　各2点×5

２０２１年度　国学院大学久我山中学校

理科解答用紙　第１回

番号		氏名		評点	／50

1					
	I	A		II	
		(1)		(1)	
		(2)		(2)	
		(3)		(3)	
		(4)		(4)	
		(5)		(5)	

2	(1)	(2)	(3)	(4)	(5)
			A		

3	(1)	(2)	(3)	(4)	(5)
	g		g	g	

4	(1)	(2)	(3)	(4)	(5)

5	(1)	(2)	(3)	(4)	(5)

（注）この解答用紙は実物を縮小してあります。Ｂ５→Ｂ４（141％）に拡大コピーすると、ほぼ実物大の解答欄になります。

〔理　科〕50点(学校配点)

1　10点　2　10点　3　10点　4　10点　5　10点　（以下推定配点）　1　各１点×10　2　各２点×５　3　各２点×５　4　各２点×５　5　各２点×５

二〇二一年度　国学院大学久我山中学校

国語解答用紙　第一回

番号		氏名	

評点	／100

一

問一

問二

問三

問四

という心理。

問五

A

B

問六

そういう人は

可能性があるから。

二

問一

問二

問三

問四

問五

ということ。

問六

三

問一

①

②

③

④

⑤

⑥

え

問二

①

②

問三

問四

問五

問六

（注）この解答用紙は実物を縮小してあります。Ｂ５→Ａ４（115%）に拡大コピーすると、ほぼ実物大の解答欄になります。

〔国　語〕100点（学校配点）

一　35点　二　35点　三　30点　（以下推定配点）　一　問1～問3　各5点×3　問4　10点　問5，問6　各5点×2＜問5は完答＞　二　問1～問4　各5点×4　問5　10点　問6　5点　三　問1　各2点×6　問2～問6　各3点×6

2021年度　国学院大学久我山中学校

算数解答用紙　ST第1回

番号		氏名		評点	/150

1

(1)	(2)	(3)	(4)
(時)	(分)	(日目)	(才)
(5) (午前)	(6) (回)	(7)	

2

(1) 箱	(2) L	(3) 個	(4) g
(5) cm	(6) ① cm^3	② cm^2	

3

(1) （　，　，　）（　，　，　）（　，　，　）（　，　，　）

(2) ア　イ　ウ　エ

(3) 通り　(4) 通り　(5) 通り

4

(1)（考え方）（答）分　秒後

(2)（考え方）（答）分　秒後

(3)（考え方）（答）m

(4)（考え方）（答）分　秒後

(5)（考え方）（答）m

(6)（答）m

（注）この解答用紙は実物を縮小してあります。182%拡大コピーをすると、ほぼ実物大の解答欄になります。

〔算　数〕150点(学校配点)

1 35点　2 42点　3 32点　4 41点　(以下推定配点)　1 各5点×7　2 各6点×7　3 (1), (2) 各7点×2＜各々完答＞　(3)～(5) 各6点×3　4 (1)～(5) 各7点×5　(6) 6点

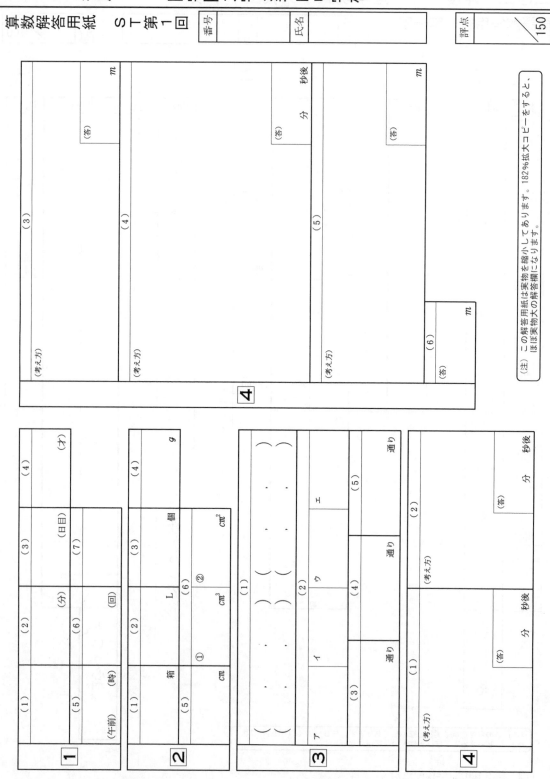

二〇二一年度　国学院大学久我山中学校

国語解答用紙　ＳＴ第一回

番号		氏名		評点	／100

一

問一

問二

問三

問四

問五

問六

二

問一

問二

問三

問四

問五

問六

三

30

40

四

問一
①
②
③
④
⑤
⑥

問二
①
②

問三
①
②

問四

問五

（注）この解答用紙は実物を縮小してあります。Ｂ５→Ｂ４（141％）に拡大コピーすると、ほぼ実物大の解答欄になります。

〔国　語〕100点（学校配点）

一　30点　二　30点　三　10点　四　30点　（以下推定配点）　一　各５点×６　二　各５点×６　三　10点　四　問１　各２点×６　問２～問５　各３点×６

２０２１年度　国学院大学久我山中学校

算数解答用紙　ＳＴ第２回

番号　　氏名　　評点　／150

1

(1) (倍)　(2) (個)　(3) (年後)　(4) (曜日)

(5) (円)　(6)　(7) (g)

2

(1) 時速 km

(2) ① 本　② 本

(3) ① 毎分 人　② 分

(4) cm

(5) cm²

3

(1) 段目の左から 番目

(2) 段目の左から 番目

(3) 段目の左から 番目

(4) 段目の左から 番目

(5) 段目の左から 番目

4

(1) m

(2) (考え方)　(答) 秒速 m

(3) 秒後

(4) 太郎君 m　花子さん m

(5) (考え方)　(答) 秒速 m

(6) (考え方)　(答) 秒後から 秒後まで

(注) この解答用紙は実物を縮小してあります。182%拡大コピーをすると、ほぼ実物大の解答欄になります。

〔算　数〕150点(学校配点)

1　35点　2　42点　3　30点　4　43点　(以下推定配点)　1　各5点×7　2　各6点×7　3　各6点×5　4　(1)～(5)　各7点×5＜(4)は完答＞　(6)　8点

二〇二一年度　国学院大学久我山中学校

国語解答用紙　ＳＴ第二回

番号		氏名		評点	／100

一

問一

問二

問三

↓

問四

問五

問六

二

問一

問二

問三

問四

問五

問六

三

50

40

四

問一

①

②

③

④

⑤

⑥

問二

①

②

問三

①

②

問四

問五

（注）この解答用紙は実物を縮小してあります。Ｂ５→Ｂ４（141％）に拡大コピーすると、ほぼ実物大の解答欄になります。

〔国　語〕100点(学校配点)

一　30点　二　30点　三　10点　四　30点　(以下推定配点)　一　各5点×6　二　各5点×6　三　10点　四　問1　各2点×6　問2～問5　各3点×6

２０２０年度　国学院大学久我山中学校

算数解答用紙　第１回

番号　　　氏名　　　評点 ／100

（注）この解答用紙は実物を縮小してあります。208%拡大コピーすると、ほぼ実物大で使用できます。（タイトルと配点表は含みません）

1
(1)
(2)
(3)
(4)

2
(1)　　個
(2)　　%
(3)　　円
(4)　毎分　　m
(5)　　匹
(6)　　cm²
(7)

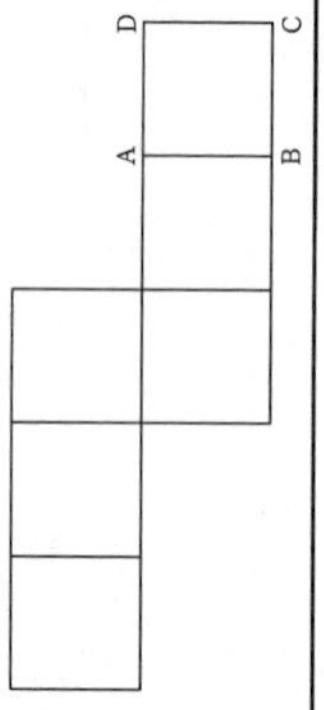

3
(1)　　個
(2)　　個
(3)
(4)　ア　　イ

4
(1)　　分
(2)　(考え方)　(答)　　時　　分　　秒
(3)　(考え方)　(答)　　km
(4)　　回
(5)　(考え方)　(答)　　km

〔算　数〕100点(学校配点)

1　20点　2　35点　3　22点　4　23点　(以下推定配点)　1　各5点×4　2　各5点×7　3　(1)，(2)　各5点×2　(3)，(4)　各6点×2＜(4)は完答＞　4　(1)　4点　(2)，(3)　各5点×2　(4)　4点　(5)　5点

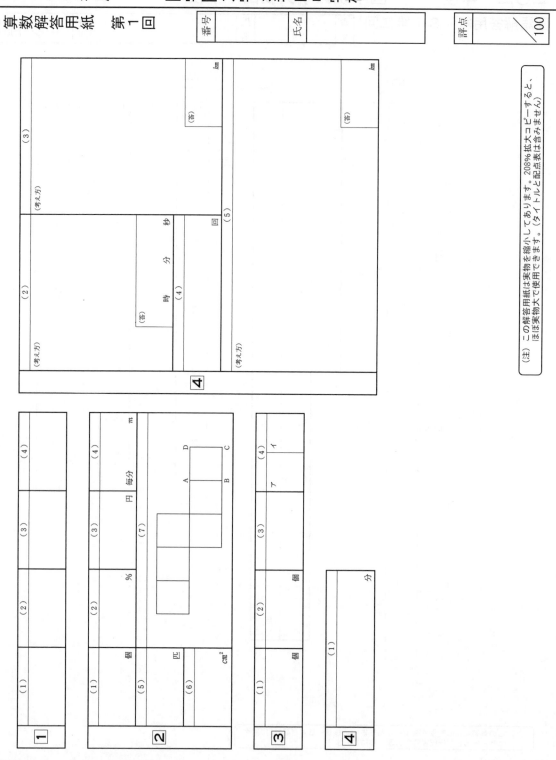

２０２０年度　国学院大学久我山中学校

社会解答用紙　第１回

番号		氏名		評点	／50

※解答らんの順番に注意してください。

1

問1	問2	問3	問5
	(1)　　　　　　　デザイン		

問2
(2)

問4

問6
内容・方法
企画理由・工夫のポイント

2

問1	問2	
	(1)	(2)

問3		問4	問5	問6
(1)　　　　山脈	(2)			

問7

問8	問9
→　→　→	

問10
賛成・反対

3

問1	問2	問3
→　→		

問4	
(1)	(2)

問5	問6

（注）この解答用紙は実物を縮小してあります。Ｂ４用紙に127%拡大コピーすると、ほぼ実物大で使用できます。（タイトルと配点表は含みません）

〔社　会〕50点（学校配点）

1　15点　2　20点　3　15点　（以下推定配点）　1　問1～問5　各2点×6　問6　3点　2　問1～問3　各2点×5　問4～問6　各1点×3　問7，問8　各2点×2＜問8は完答＞　問9　1点　問10　2点　3　問1～問3　各2点×3＜問1は完答＞　問4　(1)　3点　(2)　2点　問5，問6　各2点×2

２０２０年度　国学院大学久我山中学校

理科解答用紙　第１回

番号		氏名	

評点	／50

1	Ⅰ A	(1)		Ⅱ (1)	
		(2)		(2)	
		(3)		(3)	
		(4)		(4)	
		(5)		(5)	

	(1)	(2)	(3)	(4)	(5)
2					

	(1)	(2)	(3)	(4)	(5)
3	㎝				

	(1)	(2)	(3)	(4)	(5)
4					

	(1)	(2)	(3)	(4)	(5)
5					

(注)　この解答用紙は実物を縮小してあります。Ｂ４用紙に119％拡大コピーすると、ほぼ実物大で使用できます。(タイトルと配点表は含みません)

〔理　科〕50点(学校配点)

1　10点　2　10点　3　10点　4　10点　5　10点　(以下推定配点)　1　各１点×10　2　各２点×５＜(5)は完答＞　3　各２点×５　4　各２点×５　5　各２点×５＜(2)は完答＞

二〇二〇年度　国学院大学久我山中学校

国語解答用紙　第一回

番号		氏名	

評点	／100

一

問一

問二

問三　〜　こと。

問四　菩薩さまが　〜　〜　様子。

問五

問六

二

問一

問二

問三

問四

問五

問六

三

問一　①　②　③　④　む　⑤　⑥

問二　①　②

問三

問四　①　②

問五

（注）この解答用紙は実物を縮小してあります。A４用紙に115％拡大コピーすると、ほぼ実物大で使用できます。（タイトルと配点表は含みません）

〔国　語〕100点（学校配点）

一　35点　二　35点　三　30点　（以下推定配点）　一　問１　５点　問２　10点　問３〜問６　各５点×４　二　問１〜問５　各５点×５　問６　10点　三　問１　各２点×６　問２〜問５　各３点×６

2020年度　国学院大学久我山中学校

算数解答用紙　ST第1回

番号		氏名		評点	/150

1

(1)	(2)	(3)	(4)	(5)	(6)
(円)	(組)	(点)	(m)	(cm)	(ドル)

2

(1)	(2)	(3) ①	(3) ②	(4) ①	(4) ②	(5)	(6)
個	cm	：	m	%	g	cm^2	cm^3

3

(1)	(2)	(3)	(4) ①	(4) ②
回		回		度

4

(1) ①	(1) ②	(2) ①	(2) ②
cm	cm	cm	cm

4

(3) ①
(考え方)
(答)　cm

(3) ②
(考え方)
(答)　cm

(4)
(考え方)
(答)　cm

(5)
(考え方)
(答)　cm

(注) この解答用紙は実物を縮小してあります。182%拡大コピーすると、ほぼ実物大で使用できます。(タイトルと配点表は含みません)

〔算　数〕150点(学校配点)

1　30点　2　48点　3　30点　4　42点　(以下推定配点)　1　各5点×6　2　各6点×8　3　各6点×5＜(2)，(4)の②は完答＞　4　(1)，(2)　各4点×4　(3)　各6点×2　(4)，(5)　各7点×2

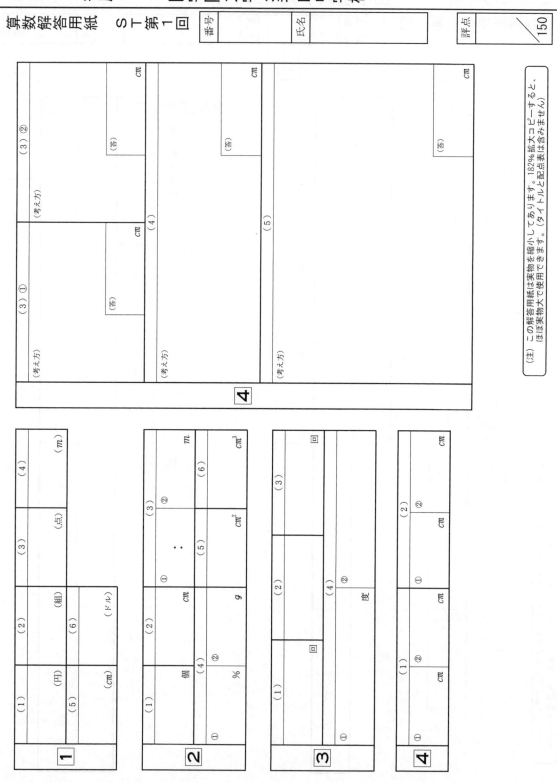

二〇二〇年度　国学院大学久我山中学校

国語解答用紙　ＳＴ第一回

番号		氏名	

評点	／100

一

問一

問二

問三

〜

問四

問五

問六

二

問一

問二

問三

問四

①

②

問五

三

四

問一

①

②

③

④

⑤

⑥

く

問二

①

②

問三

①

②

問四

問五

（注）この解答用紙は実物を縮小してあります。Ａ４用紙に118％拡大コピーすると、ほぼ実物大で使用できます。（タイトルと配点表は含みません）

〔国　語〕100点(学校配点)

一　30点　二　30点　三　10点　四　30点　（以下推定配点）　一　各５点×６　二　各５点×６　三　10点　四　問１　各２点×６　問２〜問５　各３点×６

２０２０年度　国学院大学久我山中学校

算数解答用紙　ＳＴ第２回

番号　氏名　評点　／150

1

(1)	(2)	(3)	(4)
(cm)	(%)	(個)	

(5) ①	(5) ②	(6)
(箱)	(個)	(秒後)

2

(1)	(2)	(3)
曜日		個

(4) ①	(4) ②	(5)	(6)
：	m	cm	cm

3

(1)	(2)	(3)	(4)	(5)
		個		組

4

(1)	(2)
時　分	分間

(3)
(考え方)
(答)　km

(4)
(考え方)
(答)　時　分

(5)
(考え方)
(答)

〔算　数〕150点(学校配点)

1　35点　2　42点　3　30点　4　43点　(以下推定配点)　1　各５点×7　2　各６点×7＜(2)は完答＞　3　各６点×5　4　(1)～(3)　各８点×3　(4)　9点　(5)　10点

二〇二〇年度　国学院大学久我山中学校

国語解答用紙　ＳＴ第二回

番号　氏名　評点　／100

一

問一　問二　問三　問四　問五　問六

二

問一　問二　問三　問四

問五　遠藤たちが結成した騎士団には　　　　があると思ったから。

問六

三

(40)　(50)

四

問一　①　②　う　③　④　⑤　⑥

問二　①　②

問三　①　②

問四

問五

〔国　語〕100点(学校配点)

一　30点　二　30点　三　10点　四　30点　(以下推定配点)　一　各５点×6　二　各５点×6　三　10点　四　問１　各２点×6　問２～問５　各３点×6

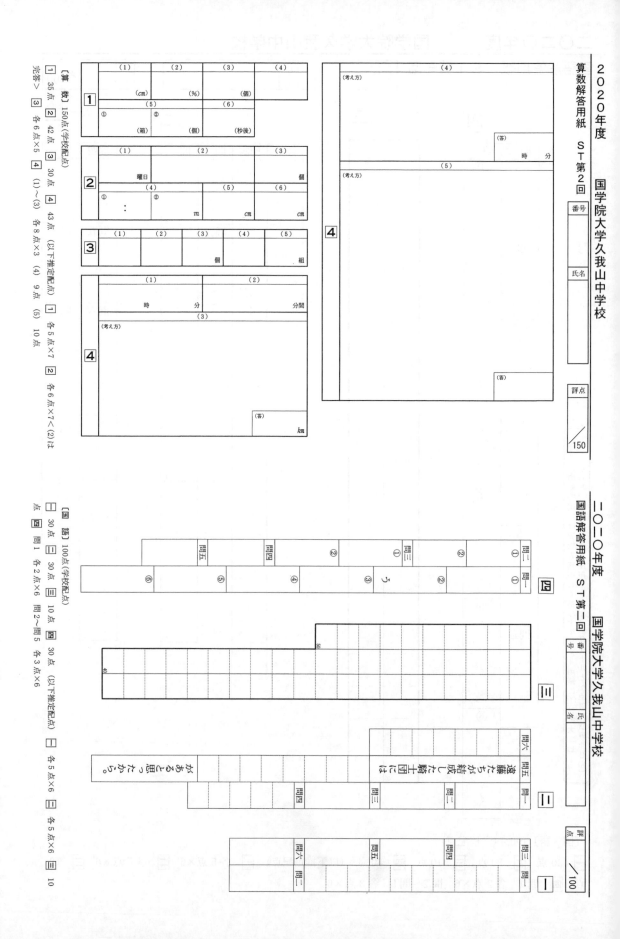